합격에 자신있는 무역 시리즈

합격자

보세사
기출이 답이다

시대에듀

머리말 PREFACE

편저자의 말

보세사(Bonded Goods Caretaker)는 보세창고 운영인이 보세창고를 운영하기 위해서 반드시 채용해야 하는 국가공인 전문자격사입니다. 그 외에도 AEO 인증을 필요로 하는 업체나 물류 및 수출입관리 분야에 필요한 전문지식을 갖추고 있다는 것을 증명하는 자격사로서 그 수요가 날로 늘어가고 있습니다.

보세사는 현장에서 물품을 입고하거나 출고하는 전 과정을 지휘·감독하고 보세화물관리에 관한 총책임을 담당하고 있기 때문에 맡은 바 업무에 정확성과 책임감이 요구되며 또한 독립심이 강해야 합니다. 그러므로 직업에 종사하면서 자신의 전문성을 끊임없이 계발하고 혼자서 단독으로 일처리를 하는 데 능한 분에게 맞는 직업이라 할 수 있습니다.

우리 저자들은 보세사 시험의 출제경향을 면밀히 분석하고, 더불어 개정 법령과 최신 고시 규정들을 최대한 반영하여 개정판을 내게 되었습니다.

> **첫 째** **최신 법령 및 고시 규정을 반영하였습니다.**
> 관세법령 및 고시 규정은 매해 개정이 이루어지기 때문에 출제 당시에 적용되었던 규정이 바뀌는 경우가 많습니다. 이 때문에 수험생들이 보세사 기출문제를 학습하고자 하여도 지난 법령과 현행 법령을 이중 삼중으로 확인해야 하는 번거로움이 있습니다. 따라서 본서에서는 최대한 기출 원문을 살리되, 현행 규정을 반영하여 문제를 변경하거나 해설에 'Plus One' 보충 설명을 실어 개정된 규정 중 중요 사항을 짚고 넘어갈 수 있도록 구성하였습니다.
>
> **둘 째** **시험의 빠른 합격에 초점을 맞추었습니다.**
> 보세사 시험은 관세법령 및 고시 규정, 그 밖에 여러 세부적인 지침에서 출제되고 있습니다. 학습 시간을 단축하여 효율적으로 합격하기 위해서는 수험적으로 자주 출제되는 부분에 선택과 집중이 필요합니다. 본 교재는 7개년 기출문제를 수록하여 수험생들이 빈출유형을 파악하고 빠른 합격의 기쁨을 누릴 수 있도록 마련되었습니다.

여러분의 새로운 도전을 응원합니다. 수험생 여러분의 합격을 진심으로 기원합니다. 아무쪼록 여러분이 멋진 보세사가 되어 우리나라 무역의 일선에서 활약할 수 있길 바랍니다.

편저자 드림

편집자의 말

먼저 올해 저희 시대에듀 합격자 시리즈 〈보세사 기출이 답이다〉를 선택해 주신 독자 여러분들께 감사의 인사를 올립니다. 이번에 출간한 저희 교재는 독자님들의 합격에 대한 간절함이 얼마나 큰 줄 알기에 저자와 편집자 간 치열한 개정방향 논의를 통해 독자님들께서 합격에 더욱 가깝게 다가설 수 있도록 꼼꼼하게 구성되었습니다.

이 책의 특징은 다음과 같습니다.

첫 째 **2024년 보세사 시험을 반영한 출제경향분석을 가이드에 수록하였습니다.**
본서로 학습하시는 독자님께서는 가장 최신의 출제흐름을 파악하고 이를 바탕으로 최신 출제유형에 완벽히 대비하여 2025년 보세사 시험장에 들어가실 수 있습니다.

둘 째 **2024~2018년의 7개년 기출문제와 상세한 해설을 수록하였습니다**
최근 7개년(2024~2018년) 기출문제와 해설을 통해 빈출유형을 파악할 수 있습니다. 또한 학습할 때 일일이 법령을 대조하며 확인하는 수고로움을 덜 수 있도록 해설에 상세한 조문주소를 기재하였습니다. 참고한 법령의 시행일은 본서의 513~514쪽에서 확인할 수 있습니다. 이처럼 수시로 개정되는 법령을 가장 최신으로 반영하였기 때문에 독자님들께서는 안심하고 학습하실 수 있습니다.

사람의 인연은 길에서 우연하게 만나거나 함께 살아가는 것만을 의미하지는 않습니다. 책을 펴내는 출판사와 그 책을 읽는 독자의 만남도 소중한 인연입니다. 세계를 무대로 대한민국 무역 일선에서 활약하게 될 예비 보세사 여러분의 건승을 빕니다.

끝으로 시대에듀는 항상 독자의 마음을 헤아리기 위해 노력하고 있습니다. 늘 독자와 함께하겠습니다.

편집자 드림

◇ 수출입통관 업무의 핵심, 보세사(Bonded Goods Caretaker)

보세사는 보세화물관리에 전문적인 지식을 지니고 보세화물관리에 대한 세관공무원의 업무 중 일부를 위탁받아 수행하고 있으며, 특허보세구역 운영인이 반드시 채용하여야 하는 보세화물 전문관리자입니다. 또한 지정보세구역의 화물관리인이나 특허보세구역 운영인이 자신의 보세구역을 세관으로부터 자율관리보세구역으로 지정받기 위해서도 보세사 채용이 의무화되어 있습니다.

◇ 수행직무

보세사는 「관세법 시행령」과 관세청장이 정하는 보세화물관리를 수행하여야 하는데, 그에 대한 직무내용은 다음과 같습니다(「관세법 시행령」 제185조 제1항, 「보세사제도 운영에 관한 고시」 제10조).

보세화물 확인 시
입회 및 감독

각종 대장 등
비치대장 작성 및 확인

보세구역 출입
관리 · 감독

견본품의
반출 및 회수

◇ 시험일정

원서접수기간	시험시행일	가답안 공개 및 의견제시	최종정답 공고	합격자 발표
24.04.08 ~ 24.04.19 빈자리 추가접수 기간 24.06.24 ~ 24.06.25	24.07.06	24.07.08 ~ 24.07.12	24.08.01	24.08.13

※ 2025년 시험 일정이 아직 발표되지 않은 관계로 2024년 자료를 수록하였습니다. 정확한 시험 일정의 확인을 위하여 반드시 시행처 사이트(www.kcla.kr)를 확인하시기 바랍니다.

◇ 시험과목

구 분	세부내용	문항수
수출입통관절차	관세법 일반, 수출입통관절차 전반	25문항
보세구역관리	보세구역관리 전반	25문항
화물관리	보세화물관리 전반, 수출입환적화물관리, 보세운송제도 전반, 관세법상 운송수단, 화물운송주선업자 포함	25문항
수출입안전관리	관세국경감시제도, AEO제도	25문항
자율관리 및 관세벌칙	자율관리보세구역제도 전반, 보세사제도, 자유무역지역제도, 관세법상 벌칙 및 조사와 처분	25문항

◇ 최근 5개년 합격률

구 분	2020년	2021년	2022년	2023년	2024년
응시자(명)	2,841	3,017	2,695	3,177	3,097
합격자(명)	680	1,034	695	1,213	532
합격률(%)	23.9	34.3	25.8	38.2	17.2

※ 위 통계는 관세청 보도자료에 따른 사항이며, 일부 수치에 오차가 있을 수 있습니다.

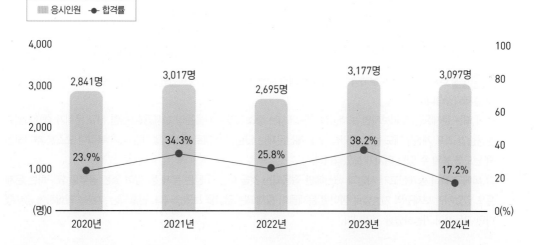

◇ 2024년 기출 출제경향분석

[제1과목 수출입통관절차]

세부이론	출제 문항 수	세부이론	출제 문항 수
관세법 일반	3	수입통관절차	2
납세의무	6	수출통관절차	3
관세감면과 환급, 분할납부, 권리구제	2	기타(반송, 환적 등)	2
통관의 제반사항	7		

※ 세부이론은 문제 분석에 따라 달라질 수 있습니다.

제1과목 수출입통관절차의 2024년 시험 난도가 아주 높았습니다. 사례 응용문제가 출제되지는 않았지만, 단원별로 기존에 기출되지 않았던 부분에서 출제되거나, 아주 세부적인 부분을 묻는 문제들이 당락에 유의미하게 영향을 미칠정도로 많이 출제되었습니다. 예를들어 안전성검사 관련 센터의 이름이나 위임관계는 생소한 수험생이 많았을 것입니다.

그 외에도 통관의 보류사유에서 지방세의 체납처분 위탁이 근거가 되는지를 아는지 물어보는 문제는 단순히 키워드를 암기하는 방식으로는 풀기 어려웠을 것이며, 지식재산권 파트에서는 국경조치 개시 대상 신고가 구체적으로 어떤 것인지까지 세세하게 알고 있어야 문제를 풀 수 있었습니다. 위임규정이 대통령령인지, 관세청장 고시인지 묻는 문제들은 법령 위임의 구조를 알고 있어야 문제를 풀 수 있었을 것입니다.

전반적으로 어렵게 출제되었던 만큼, 아는 부분을 중심으로 오답을 소거해 나가며 차분히 합격선의 점수를 지키는 방식으로 접근하는 전략이 유효할 것입니다.

[제2과목 보세구역관리]

세부이론	출제 문항 수	세부이론	출제 문항 수
보세구역 통칙	1	보세전시장	1
지정보세구역	1	보세건설장	1
특허보세구역 통칙	7	보세판매장	4
보세창고	1	종합보세구역	3
보세공장	5	수입활어장치장	1

※ 세부이론은 문제 분석에 따라 달라질 수 있습니다.

제2과목 보세구역관리는 보세공장과 보세판매장 관련 문제가 많이 출제되었고, 전 범위를 아우르는 문제들도 여럿 출제되었습니다.

눈에 띄는 문제들을 살펴보자면 보세공장 파트에서는 중소기업형 자율관리 보세공장 관련 신규 문제가 출제되었고 혼용승인 과표 계산문제도 눈에 띄었습니다. 계산문제는 단순한 형태로 출제되었지만 향후 복잡한 요소를 추가하는 등 난도를 높일 수 있는 여지가 보였습니다.

그 외에도 특허 승계신고가 사망과 해산에만 적용되는 것을 아는지 묻는 문제 등 깊이 있는 공부를 요구하는 문제들도 있었지만 보세구역 기능별로 평이한 문제들이 출제되는 경향을 보였습니다. 빈출되는 부분을 확실하게 공부했다면 고득점이 가능하였을 것입니다.

[제3과목 화물관리]

세부이론	출제 문항 수	세부이론	출제 문항 수
보세화물의 장치	3	입출항화물관리	5
보세화물의 반출입절차	2	환적화물관리	2
보세화물의 관리 · 감독	1	화물운송주선업자	2
보수 · 해제 · 절단작업 등	1	보세운송제도	5
체화 · 국고귀속물품 등 관리	3	보세운송업자	1

※ 세부이론은 문제 분석에 따라 달라질 수 있습니다.

제3과목 화물관리는 입출항화물관리와 보세운송제도와 관련된 문제가 많이 출제되었고, 전반적으로 기존의 출제 경향에서 크게 벗어난 문제들은 보이지 않았습니다.

적하목록 작성책임자와 제출의무자를 바꿔서 혼동을 유발하거나, 화물운송업자의 등록요건에서 지방세를 포함시켜 혼동을 유발하는 문제 및 보세구역 외 장치 허가수수료에서 지엽적인 함정을 섞은 문제 등 만점을 방지하기 위한 문제들이 눈에 띄었습니다만, 대부분의 문제의 경우 이미 출제되었던 부분에서 연속하여 출제된 것이므로 빈출된 부분을 위주로 학습한 수험생이었다면 합격점을 받는 데 무리가 없었을 것입니다. 신고대상과 승인(허가)대상, 숫자 및 신고단위 등 쉽게 바꾸어 출제할 수 있는 부분을 집중적으로 학습하는 전략이 필요하겠습니다.

[제4과목 수출입안전관리]

세부이론	출제 문항 수
관세국경감시제도	10
AEO제도	15

※ 세부이론은 문제 분석에 따라 달라질 수 있습니다.

제4과목 수출입안전관리에서는 시험의 변별력을 위하여 '밀수 등 신고자 포상에 관한 훈령', '항공기용품의 관리 제도', '선박용품의 관리 제도' 등 법령이 아닌 하위 행정규칙이 출제되어 난이도를 높이는 문제가 일부 있었습니다. 또한 AEO통관절차상의 혜택 및 정기 자율 평가서에서 실무적인 문제가 출제되어 수험생들을 매우 당황하게 했습니다. 제4과목은 매년 지엽적인 부분에서 출제되는 비중이 높아지고 있습니다. 그러므로 교재 내용을 빠짐없이 탐독하고 세세한 부분까지 암기를 해야 좋은 점수가 나올 것으로 예상됩니다. 비교적 난이도가 낮거나 평이한 문제도 충분히 섞여 있었으므로 앞부분에서 어려운 문제가 나오더라도 당황하지 않고 자신이 풀 수 있는 문제부터 차근차근 풀어나간 수험생은 합격권의 점수를 받을 수 있었을 것입니다.

출제경향분석 ANALYSIS

[제5과목 자율관리 및 관세벌칙]

세부이론	출제 문항 수
자율관리제도	8
자유무역지역제도	7
관세 관련 법규 위반 및 처분	10

※ 세부이론은 문제 분석에 따라 달라질 수 있습니다.

제5과목 자율관리 및 관세벌칙은 이번에도 역대 기출문제와 동일한 패턴으로 '관세 관련 법규 위반 및 처분' 파트에서 많은 비중으로 문제가 출제되었습니다. 매년 벌칙과 관련된 문제가 다수 출제되기에 이 부분에 대한 정확한 이해와 암기가 선행되어야 했습니다. '자유무역지역 제도' 파트에서는 충분히 대비할 수 있었던 기출유형의 문제들이 출제 되었습니다. 다만 후반부에 지엽적인 부분이라 할 수 있는 관세범 조사 파트에서 2문제가 출제되어 변별력을 주었습니다. 전반적인 제5과목의 난이도는 중하 정도 수준이었습니다. 암기를 통하여 대비가능한 관세 관련 법규 위반 및 처분 파트를 섭렵하고 나머지 파트에서 기출문제 위주로 우선순위를 두어 공부를 하면 충분히 고득점이 가능하였을 것입니다.

이 책의 구성과 특징 STRUCTURE

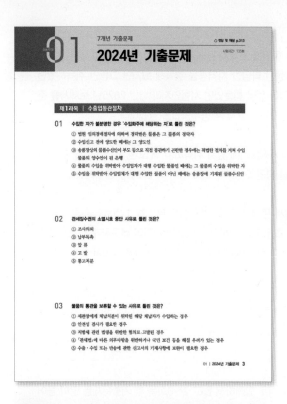

문제편 7개년 기출문제

최근 7개년(2024~2018년) 기출문제를 수록하였습니다. 시험 직전 7개년 기출문제를 풀어보면서 자연스럽게 자주 나오는 유형에 대비할 수 있으며, 최신 출제경향을 파악할 수 있습니다. 학습의 마무리 단계에서 기출문제를 풀어보면서 자신의 실력을 최종 점검해 볼 수 있습니다.

문제편 정답 및 해설

현직 관세사 저자들이 관세법 등 최신 개정 법령에 기반을 두고 작성한 해설을 실었으며, 출제 당시와 다르게 변동된 규정이나 보충이 필요한 내용은 'Plus One'을 통해 상세하게 기술하였습니다. 또한 문제와 해설을 분리하여 실전처럼 풀어볼 수 있도록 하였습니다.

**2024년 합격생
이○진**

안녕하세요. 저는 〈시대에듀 합격자 보세사 한권으로 끝내기〉 덕분에 2024년 보세사에 합격한 수험생입니다. 그동안 다양한 자격증을 취득해 왔지만 그동안 취득해왔던 자격증 중에서 준비하는 과정이 워낙 힘들었던 시험인지라 내년 2025년 보세사를 준비하시는 분들께 조금이라도 도움 되고자 제 공부방법을 남깁니다.

저는 비전공자였기에 공부를 시작하기에 앞서 취득까지 꽤 오랜 기간이 걸릴 것 같다는 생각으로 하루 순공시간을 평균 4~6시간으로 잡아 약 2개월간 공부하였습니다.

저의 공부방법은 먼저, "실제 시험시간보다 단축해서 문제 풀기"입니다. 135분간 총 125문항을 풀어야 하는데 법과 관련된 문제라 지문과 문항의 길이가 길고 깊이 생각하다 보면 시험시간이 빠듯하게 느껴집니다. 또한, 시험장에서 긴장할 수 있으니 실제 시험시간보다 더 단축해서 문제를 푸는 연습을 하면서 실전 감각을 키우는게 좋습니다.

두 번째, "법령 용어 체크하기"입니다. 단어가 비슷해 헷갈리는 경우가 있습니다. 하지만 비슷한 것 같아도 전부 다른 말이고 뜻이 다르기 때문에 꼭 체크하고 헷갈리지 않게 용어들을 따로 정리하면서 학습하는 것이 좋습니다.

세 번째, "이론보다 기출에 집중하기"입니다. 이론에 너무 할애하지 않고 2~3회독 후 기출문제를 많이 풀어 실전 감각을 올리고 시험 직전 부족한 부분만 보충해서 공부하면 충분히 합격할 수 있습니다. 출제 스타일은 다르지만 자주 빈출되는 내용들이 있기에 출제 유형을 익히고 실전 감각을 키우는 것이 더 중요합니다.

마지막으로 "개정법령 확인하기"입니다. 공부방법보다는 유의사항인데, 시험 전 시대에듀 홈페이지에서 개정법령을 꼭 확인하기 바랍니다. 보세사 시험은 항상 최근 법령을 기반으로 출제됩니다. 관세법과 보세사 관련 법들이 매년 개정되기 때문에 시험 전에 꼭! 시대에듀 홈페이지나 인터넷에서 최신 법령을 확인해 시험에 큰 차질이 없도록 준비하시기 바랍니다.

역대 보세사 합격률을 보면서 시험 난이도가 꽤 높겠다고 예상은 했지만, 올해 시험은 예상한 것 보다도 너무 어려워서 시험 푸는 내내 떨어질거라 생각했습니다. 올해 합격률은 17.2%로 보세사 시험 시행 이후 역대 3번째로 낮은 합격률이었습니다. 처음엔 보세사 시험이 꽤 어렵다는 것만 알고 있었지 이렇게까지 어려운 과목인 줄은 몰랐습니다. 오히려 아무것도 몰랐기 때문에 도전할 수 있었고, 감사하게도 좋은 결과가 따라줬던 것 같습니다.

이렇게 책만으로도 합격할 수 있는 만큼 시대에듀 책이 정말 좋습니다!! 올해 극악의 난이도에도 함께 합격하신 분들 정말 축하드리고, 내년 보세사를 준비하시는 분들께도 좋은 결과가 있길 기도드립니다!

※ 시대에듀 홈페이지에 남겨주신 합격수기를 바탕으로 재구성하였습니다.

**2024년 합격생
박○빈**

안녕하세요. 저는 현재 무역과 관련 학과에 다니고 있는 대학생입니다. 무역 관련 학과 학생으로 무역 분야 자격증 중 어떤 자격증을 취득할까 고민하던 중에 보세사에 관심이 갔고, 시대에듀를 통해 시험 준비를 하게 되었습니다.

공부를 하면 할수록 생각보다 더 방대한 범위를 다루는 것을 알게 되면서 막막함이 날로 커졌습니다. 더군다나 대학생 신분으로서 학업을 병행하며 보세사 공부를 해야 했기에 가끔은 포기할까 싶은 생각도 들었습니다. 하지만 포기하지 않고 시간이 날 때마다 틈틈이 강의를 보면서 조금씩, 길게 공부하고자 마음을 다잡았습니다.

강의와 함께하니 방대한 양의 공부를 수월하게 해낼 수 있었습니다. 혼자였다면 이 많은 분량을 어떻게 준비할까 막막했겠지만, 강의에서 말해준 핵심 내용들을 중심으로 빠르게 이론들을 정리해나갔습니다. 이후 기출문제와 최종모의고사를 N회독 하며 시험에 대한 실전 감각을 길렀습니다. 시험 전날에는 틀린 문제들을 중점으로 이론 점검을 했으며 시험 당일에는 책 뒤편에 수록된 핵심요약집을 들고 가 마지막까지 훑어보았습니다. 시험을 보면서는, 특히 4과목에서 생소한 문제들도 나왔지만 나를 믿고 지금까지 공부해왔던 것을 모두 쏟아내어 결국 합격이라는 귀중한 성과를 얻어낼 수 있었습니다.

보세사를 준비했던 이 모든 과정이 결코 헛되지 않았음을 느끼며, 앞으로의 무역 업무에 큰 도움이 될 것을 기대합니다.

내년에 보세사에 도전하시는 여러분도 꼭 좋은 결과를 얻으시길 바랍니다!

※ 시대에듀 홈페이지에 남겨주신 합격수기를 바탕으로 재구성하였습니다.

이 책의 목차 CONTENTS

자격증 · 공무원 · 금융/보험 · 면허증 · 언어/외국어 · 검정고시/독학사 · 기업체/취업
이 시대의 모든 합격! 시대에듀에서 합격하세요!
www.youtube.com ➡ 시대에듀 ➡ 구독

문제편

7개년 기출문제

관련법령은 수시로 개정될 수 있으니 관세법령정보포털(https://unipass.customs.go.kr/clip/index.do)의 내용을 필수적으로 참고하시어 학습하시기를 권유합니다.

※ 추록(최신 개정법령) : 도서출간 이후 법령개정사항은 도서의 내용에 맞게 수정하여 도서업데이트 게시판에 업로드합니다 (시대에듀 : 홈 ▶학습자료실 ▶도서업데이트).

남에게 이기는 방법의 하나는 예의범절로 이기는 것이다.

– 조쉬 빌링스 –

  끝까지 책임진다! 시대에듀!

QR코드를 통해 도서 출간 이후 발견된 오류나 개정법령, 변경된 시험 정보, 최신기출문제, 도서 업데이트
자료 등이 있는지 확인해 보세요! 시대에듀 합격 스마트 앱을 통해서도 알려 드리고 있으니 구글 플레이나
앱 스토어에서 다운받아 사용하세요. 또한, 파본 도서인 경우에는 구입하신 곳에서 교환해 드립니다.

2024년 기출문제

제1과목 | 수출입통관절차

01 수입한 자가 불분명한 경우 '수입화주에 해당하는 자'로 틀린 것은?

① 법원 임의경매절차에 의하여 경락받은 물품은 그 물품의 경락자

② 수입신고 전에 양도한 때에는 그 양도인

③ 송품장상의 물품수신인이 부도 등으로 직접 통관하기 곤란한 경우에는 적법한 절차를 거쳐 수입 물품의 양수인이 된 은행

④ 물품의 수입을 위탁받아 수입업자가 대행 수입한 물품인 때에는 그 물품의 수입을 위탁한 자

⑤ 수입을 위탁받아 수입업체가 대행 수입한 물품이 아닌 때에는 송품장에 기재된 물품수신인

02 관세징수권의 소멸시효 중단 사유로 틀린 것은?

① 조사의뢰

② 납부독촉

③ 압 류

④ 고 발

⑤ 통고처분

03 물품의 통관을 보류할 수 있는 사유로 틀린 것은?

① 세관장에게 체납처분이 위탁된 해당 체납자가 수입하는 경우

② 안전성 검사가 필요한 경우

③ 지방세 관련 법령을 위반한 혐의로 고발된 경우

④ 「관세법」에 따른 의무사항을 위반하거나 국민 보건 등을 해칠 우려가 있는 경우

⑤ 수출·수입 또는 반송에 관한 신고서의 기재사항에 보완이 필요한 경우

04 「관세법 제226조에 따른 세관장확인물품 및 확인방법 지정 고시」에서 사용하는 용어의 뜻이다. ( ) 안에 들어갈 내용으로 바르게 나열한 것은?

> • (A)(이)란 수출입 시 허가·승인 등의 증명이 필요한 물품을 수출입 하려는 자가 요건확인기관의 장에게 허가·승인 그 밖의 조건을 구비하기 위하여 신청하는 것을 말한다.
> • (B)(이)란 관련 법령에 따라 수출입 요건이 면제되는 물품으로 면제절차는 이 고시 또는 관련 법령을 적용한다.
> • (C)(이)란 수출입신고 시 세관장확인을 생략하고 통관 이후 요건확인기관이 사후적으로 관리하도록 관세청장과 요건확인기관의 장이 협의하여 지정한 기업을 말한다.

	(A)	(B)	(C)
①	요건신청	요건면제물품	자율확인우수기업
②	세관장확인신청	확인면제물품	자율확인우수기업
③	요건신청	요건면제물품	수출입안전관리공인업체
④	세관장확인신청	요건면제물품	자율확인우수기업
⑤	요건신청	확인면제물품	수출입안전관리공인업체

05 세관장은 관세청장에게 신고된 지식재산권을 침해하였다고 인정될 때에는 그 지식재산권을 신고한 자에게 통보하여야 한다. 이에 해당하는 물품이 아닌 것은?

① 수출입 신고된 물품
② 보세구역에 반입 신고된 물품
③ 보세운송 신고된 물품
④ 물품폐기 신고된 물품
⑤ 환적 또는 복합환적 신고된 물품

06 물품검사에 따른 손실보상제도에 대한 설명으로 맞는 것은?

① 검사대상 물품을 포장한 용기는 손실보상 대상이 아니다.
② 손실 보상해야 할 물품을 수리할 수 없는 경우 해당 물품의 구입가격을 손실보상금액으로 한다.
③ 손실 보상해야 할 운송수단이 수리할 수 없는 경우 손실보상 금액은 구매가격 및 손실을 입은 자가 청구하는 금액을 고려하여 관세청장이 합리적인 범위에서 인정하는 금액으로 한다.
④ 손실보상의 지급절차 및 방법, 그 밖에 필요한 사항은 세관장이 정한다.
⑤ 수리할 수 있는 물품의 손실보상 금액 한도는 수리비 상당액을 지급하되 200만 원을 초과할 수 없다.

07 수출물품 검사에 관한 설명으로 틀린 것은?

① 수출입 안전관리 우수업체로 공인된 업체가 수출하는 물품은 검사대상으로 선별하지 않을 수 있다.

② 원상태수출물품은 부정환급 우려가 있으므로 신고지 검사를 할 수 없다.

③ 적재지 검사대상 물품이 적재지 보세구역에 반입된 때에는 운영인은 관할 세관장에게 즉시 반입보고를 해야 한다.

④ 세관장이 검사입회 통보를 하여도 검사일시에 수출화주나 신고인 또는 그 소속 종사자가 입회하지 않은 때에는 장치장소의 관리인 또는 그를 대리하는 소속 종사자의 입회하에 검사를 실시한다.

⑤ 부정수출 등 우범성 정보가 있는 경우에는 수출물품을 보세구역에 반입하게 한 후 검사할 수 있다.

08 보세구역 등 반입 후 수출신고에 관한 설명으로 틀린 것은?

① 밀수출 등 불법행위가 발생할 우려가 높거나 감시단속을 위하여 필요하다고 인정하여 대통령령으로 정하는 물품은 관세청장이 정하는 장소에 반입한 후 수출의 신고를 하게 할 수 있다.

② 국내에서 제작한 신형자동차는 보세구역 등 반입 후 수출신고를 하여야 하는 물품이다.

③ 보세구역 등 반입대상 물품이 검사로 지정된 경우 수출검사 담당직원은 다른 물품에 우선하여 신속하게 검사하여야 한다.

④ 수출입 안전관리 우수업체로 공인된 업체가 수출하는 물품은 보세구역 등 반입 후 신고물품에서 제외할 수 있다.

⑤ 보세구역 운영인 등은 통관과 관련된 이해관계자(수출업자, 관세사, 포워딩업체)에게 신속하고 원활한 통관을 위하여 보세구역 반입정보를 제공하여야 한다.

09 반송에 대한 설명으로 틀린 것은?

① 세관장은 반송신고 물품에 대하여 신고사항 및 신고서류에 이상이 없는 때와 물품검사를 하는 경우 신고사항과 현품이 일치하는 등 이상이 없는 때에 검사결과 이상 유무를 수출통관시스템에 등록하고 신고를 수리하여야 한다.

② 반송은 적하목록, 선하증권(B/L), 항공화물상환증(AWB) 상의 수하인 또는 해당 물품의 화주(해당 물품의 처분권리를 취득한 자를 포함한다)가 할 수 있다.

③ 수출신고 수리된 물품을 외국으로 반출하는 것을 반송이라 한다.

④ 반송신고물품에 대한 검사는 검사대상으로 선별되었거나 사회관심 품목 등 소비재와 정상 수출입을 가장한 부정무역의 우려가 있는 물품 등 세관장이 필요하다고 인정하는 경우에는 검사할 수 있다.

⑤ 반송신고는 해당 물품을 외국으로 반출하고자 하는 선박 또는 항공기적재단위[선하증권(B/L) 또는 항공화물상환증(AWB)]별로 하여야 한다.

10 세관장확인물품 및 확인방법에 대한 설명으로 맞는 것은?

① 수출입 시 허가·승인 등의 증명이 필요한 물품을 수출입 하려는 자는 요건신청을 통관포털을 이용하여 세관장에게 할 수 있다.

② 요건신청 시 제출하여야 하는 서류, 서류의 정정 등 그 밖의 요건신청과 관련된 절차는 개별 법령에 따라 세관장이 정하는 바에 따른다.

③ 요건확인기관의 장은 개별 법령의 개정 등으로 인하여 통관포털을 이용한 요건신청 서식 및 업무절차의 변경이 필요한 경우에는 기획재정부장관과 미리 협의하여야 한다.

④ 요건신청의 효력발생 시점은 통관포털을 통하여 전송된 자료가 관세청수출입통관시스템에 접수된 시점으로 한다.

⑤ 「수산생물질병 관리법」, 「가축전염병 예방법」 대상 물품은 「대외무역법 시행령」 제19조에 따른 수출입승인면제대상에 해당할 경우에도 세관장은 수출입 요건 구비 여부를 확인하여야 한다.

11 수입신고에 대한 설명으로 틀린 것은?

① 수입신고의 시기에는 출항 전 신고, 입항 전 신고, 보세구역 도착 전 신고, 보세구역 장치 후 신고가 있다.

② 농·수·축산물이나 그 가공품으로서 수입신고하는 때와 입항하는 때의 물품의 관세율표 번호 10단위가 변경되는 물품은 입항 전에 신고를 할 수 없다.

③ 보세구역 도착 전 신고는 해당 물품이 도착할 보세구역을 관할하는 세관장에게 신고하여야 한다.

④ 출항 전 신고나 입항 전 신고는 해당 물품을 적재한 선박 등이 우리나라에 입항하기 5일 전(항공기에 의한 경우에는 1일전)부터 할 수 있다.

⑤ 농·수·축산물이나 그 가공품으로서 수입신고하는 때와 입항하는 때의 과세단위(수량이나 중량)가 변경되는 물품은 입항 전에 신고를 할 수 있다.

12 관세 및 내국세 등의 부과·징수에 대한 설명으로 틀린 것은?

① 관세를 납부하여야 하는 물품에 대하여는 다른 조세, 그 밖의 공과금 및 채권에 우선하여 그 관세를 징수한다.

② 수입물품에 대하여 세관장이 부과·징수하는 내국세 등에 대한 담보제공 요구, 국세충당, 담보 해제, 담보금액 등에 관하여는 「국세기본법」 중 담보 관련 규정을 적용한다.

③ 수입물품에 대하여 세관장이 부과·징수하는 내국세 등의 체납이 발생하였을 때에는 징수의 효율성 등을 고려하여 필요하다고 인정되는 경우 납세의무자의 주소지를 관할하는 세무서장이 체납세액을 징수할 수 있다.

④ 「관세법」에 따른 가산세 및 강제징수비의 부과·징수·환급 등에 관하여는 「관세법」 중 관세의 부과·징수·환급 등에 관한 규정을 적용한다.

⑤ 국세징수의 예에 따라 관세를 징수하는 경우 강제징수의 대상이 해당 관세를 납부하여야 하는 물품이 아닌 재산인 경우에는 관세의 우선순위는 「국세기본법」에 따른 국세와 동일하게 한다.

13 「관세법」상 기간 및 기한에 대한 설명으로 맞는 것은?

① 「관세법」에 따른 기간을 계산할 때 「관세법」 제252조에 따른 수입신고 수리 전 반출승인을 받은 경우에는 그 반출일을 수입신고의 수리일로 본다.

② 「관세법」에 따른 기간의 계산은 이 법에 특별한 규정이 있는 것을 제외하고는 「국세기본법」에 따른다.

③ 「관세법」에 따른 기한이 토요일 및 일요일, 공휴일에 관한 법률에 따른 공휴일 및 대체공휴일에 해당하는 경우에는 그 다음 날을 기한으로 한다.

④ 국가관세종합정보시스템이 장애로 가동이 정지되어 「관세법」에 따른 기한까지 신고, 신청, 승인, 납부 등을 할 수 없게 되는 경우에는 그 장애가 복구된 날을 기한으로 한다.

⑤ 「관세법」 제38조 제1항에 따른 납세신고를 한 경우 관세의 납부기한은 납부고지를 받은 날부터 15일 이내이다.

14 「관세법」 제24조의 규정에 의한 담보의 종류가 아닌 것은?

① 자동차

② 지방채

③ 납세보증보험증권

④ 세관장이 인정하는 유가증권

⑤ 세관장이 인정하는 보증인의 납세보증서

15 「관세법령」상 가격신고를 생략할 수 있는 물품이 아닌 것은?

① 「공공기관의 운영에 관한 법률」 제4조에 따른 공공기관이 수입하는 물품

② 방위산업용 기계와 그 부분품 및 원재료로 수입하는 물품. 다만, 해당 물품과 관련된 중앙행정기관의 장의 수입확인 또는 수입추천을 받은 물품에 한정한다.

③ 「특정연구기관 육성법」의 규정에 의한 특정연구기관이 수입하는 물품

④ 종가세 적용물품. 다만, 종량세와 종가세 중 높은 세액 또는 높은 세율을 선택하여 적용해야 하는 물품의 경우에는 제외한다.

⑤ 과세가격이 미화 1만 불 이하인 물품. 다만, 개별소비세, 주세, 교통·에너지·환경세가 부과되는 물품과 분할하여 수입되는 물품은 제외한다.

16 「관세법」상 수정 및 경정에 대한 설명이다. (   ) 안에 들어갈 내용을 바르게 나열한 것은?

> - 납세의무자는 신고납부한 세액, 보정신청한 세액 및 수정신고한 세액이 과다한 것을 알게 되었을 때에는 최초로 납세신고를 한 날부터 (A) 이내에 신고한 세액의 경정을 세관장에게 청구할 수 있다.
> - 세관장은 경정의 청구를 받은 날부터 (B) 이내에 세액을 경정하거나 경정하여야 할 이유가 없다는 뜻을 그 청구를 한 자에게 통지하여야 한다.
> - 경정을 청구한 자가 (C) 이내에 통지를 받지 못한 경우에는 그 (D)이 되는 날의 다음 날부터 이의신청, 심사청구, 심판청구 또는 감사원법에 따른 심사청구를 할 수 있다.

	(A)	(B)	(C)	(D)
①	3년	1개월	1개월	1개월
②	3년	2개월	2개월	2개월
③	5년	1개월	2개월	1개월
④	5년	2개월	1개월	1개월
⑤	5년	2개월	2개월	2개월

17 「관세법」상 불복의 신청에 대한 설명으로 틀린 것은?

① 수입물품에 부과하는 내국세등의 부과, 징수, 감면, 환급 등에 관한 세관장의 처분에 불복하는 자는 이의신청·심사청구 및 심판청구를 할 수 있다.

② 동일한 처분에 대하여는 심사청구와 심판청구를 중복하여 제기할 수 없다.

③ 「관세법」에 따른 처분으로 권리나 이익을 침해받게 되는 제2차 납세의무자 등은 그 처분에 대하여 심사청구 또는 심판청구를 하여 그 처분의 취소 또는 변경이나 그 밖에 필요한 처분을 청구할 수 있다.

④ 「감사원법」에 따른 심사청구는 그 처분을 한 것을 안 날(처분의 통지를 받았을 때에는 그 통지를 받은 날을 말한다)부터 90일 이내에 하여야 한다.

⑤ 「관세법」에 따른 통고처분으로 인해 권리나 이익을 침해당한 자는 그 처분의 취소 또는 변경을 청구하거나 필요한 처분을 청구할 수 있다.

18 「관세법」 제71조(할당관세)를 적용할 수 있는 요건으로 맞는 것은?

① 특정물품의 수입증가로 인하여 동종물품 또는 직접적인 경쟁 관계에 있는 물품을 생산하는 국내 산업이 심각한 피해를 받거나 받을 우려가 있음이 조사를 통하여 확인된 경우

② 교역상대국이 관세 또는 무역에 관한 국제협정이나 양자 간의 협정 등에 규정된 우리나라의 권익을 부인하거나 제한하는 경우

③ 공중도덕 보호, 인간·동물·식물의 생명 및 건강 보호, 환경보전, 한정된 천연자원 보존 및 국제평화와 안전보장 등을 위하여 필요한 경우

④ 수입가격이 급등한 물품 또는 이를 원재료로 한 제품의 국내가격을 안정시키기 위하여 필요한 경우

⑤ 국내 산업이 실질적인 피해를 받거나 받을 우려가 있는 경우 또는 국내산업의 발전이 실질적으로 지연된 경우

19 「관세법」 제246조의3에서 규정한 안전성 검사에 관한 설명이다. (   ) 안에 들어갈 내용으로 바르게 나열한 것은?

- 관세청장은 안전성 검사를 위하여 (A)를 주요 공항·항만에 설치할 수 있다.
- 세관장은 안전성 검사대상 물품으로 지정된 물품에 대하여 (B)과 협력하여 안전성 검사를 실시하여야 한다.
- 관세청장은 안전성 검사 결과 불법·불량·유해 물품으로 확인된 물품의 정보를 (C)을/를 통하여 공개할 수 있다.

	(A)	(B)	(C)
①	수출입기업지원센터	화물관리인	관세청 인터넷 홈페이지
②	협업검사센터	중앙행정기관의 장	관보 또는 일간신문
③	수출입기업지원센터	화물관리인	관보 또는 일간신문
④	협업검사센터	화물관리인	관보 또는 일간신문
⑤	협업검사센터	중앙행정기관의 장	관세청 인터넷 홈페이지

20 수출통관에 대한 설명으로 틀린 것은?

① 물품을 수출하려면 해당 물품의 품명·규격·가격 등을 세관장에게 신고하여야 한다.

② 수출신고는 수출화주, 화물운송주선업자, 관세사, 관세법인 또는 통관취급법인의 명의로 하여야 한다.

③ 수출신고의 효력발생 시점은 전송된 신고자료가 통관시스템에 접수된 시점으로 한다.

④ 수출신고 물품에 대한 신고서의 처리방법은 전자통관심사, 화면심사, 서류심사, 물품검사 등으로 구분한다.

⑤ 적재지 관할 세관장은 필요하다고 인정되는 경우 물품검사 생략대상으로 수출신고 수리된 물품에 대하여도 컨테이너검색기 등의 검사를 실시할 수 있다.

21 관세부과의 제척기간에 대한 설명으로 맞는 것은?

① 부정한 방법으로 관세를 포탈하거나 환급 또는 감면을 받은 경우에는 관세를 부과할 수 있는 날로부터 5년이 지나면 부과할 수 없다.

② 관세부과 제척기간에도 불구하고, 심판청구에 대한 결정이 있는 경우에는 그 결정이 확정되거나 회신을 받은 날로부터 2년 이내에 관세를 부과할 수 있다.

③ 의무불이행 등의 사유로 감면된 관세를 징수하는 경우에는 그 사유가 발생한 날의 다음 날을 과세를 부과할 수 있는 날로 한다.

④ 보세구역에 장치된 외국물품이 멸실되거나 폐기된 때의 관세부과 제척기간의 기산일은 그 발생사실을 세관장에게 보고한 날의 다음 날로 한다.

⑤ 잠정가격을 신고한 후, 기간 내에 확정된 가격을 신고하지 않은 경우에는 해당 기간의 만료일을 관세를 부과할 수 있는 날로 한다.

22 「관세법」 제90조에 따른 학술연구용품의 감면대상으로 맞는 것은?

① 교회, 사원 등 종교단체의 의식에 사용되는 물품으로서 외국으로부터 수입하는 물품

② 우리나라를 방문하는 외국의 원수와 그 가족 및 수행원의 물품

③ 공공직업훈련원, 박물관에서 훈련용, 연구용으로 사용할 물품 중 기획재정부령이 정하는 물품

④ 시각장애인을 위한 용도로 특수하게 제조된 물품 중 기획재정부령으로 정하는 물품

⑤ 폐기물 처리(재활용을 포함한다)를 위하여 사용하는 기계·기구로서 기획재정부령으로 정하는 것

23 수출입화물 검사비용 지원 요건으로 틀린 것은?

① 「중소기업기본법」 제2조에 따른 중소기업이 해당 물품의 화주일 것

② 예산의 범위에 따라 관세청장이 정하는 기준을 충족할 것

③ 검사 결과 법령을 위반하여 통고처분을 받거나 고발되는 경우가 아닐 것

④ 검사 결과 제출한 신고 자료(적재화물목록은 제외한다)가 실제 물품과 일치할 것

⑤ 벌크(Bulk)로 운송되는 물품으로서 관세청장이 정하는 별도 검사 장소로 이동하여 검사받는
물품일 것

24 보세구역 반입명령에 대한 설명으로 맞는 것은?

① 해당 물품이 수입신고 수리를 받은 후 1개월이 경과 하였거나 관련 법령에 따라 관계 행정기관의
장의 시정조치가 있는 경우는 반입명령 대상에서 제외한다.

② 보세구역 반입명령은 관세청장, 수입신고 수리 세관장, 반입명령대상물품의 소재지를 관할하는
세관장이 할 수 있다.

③ 반입명령인은 보세구역 반입명령을 이행하면서 발생되는 운송료, 보관료 및 기타 비용을 부담해
야 한다.

④ 원산지표시가 적법하게 표시되지 아니하였거나 수출입신고 수리 당시와 다르게 표시되어 있는
경우 반입명령 할 수 없다.

⑤ 반입명령인은 반입 물품이 폐기되었을 때 당초의 수출입신고 수리를 취소할 수 없다.

25 수입물품의 검사방법으로 틀린 것은?

① 발췌검사

② 원격지화상검사

③ 협업검사

④ 안전성분석검사

⑤ 파괴검사

01 보세판매장에 관한 설명으로 맞는 것은?

① 운영인은 보세판매장에서 판매하는 물품과 동일 또는 유사한 물품을 수입하여 내수판매를 하지 않아야 한다.

② 운영인이 보세판매장에서 판매물품을 진열·판매하는 때에는 상표 단위별 진열장소의 면적은 매장면적의 10분의 1을 초과할 수 있다.

③ 운영인은 출국하는 내국인에게 미화 5,000달러 이하의 구매 한도 범위 내에서 물품을 판매하여야 한다.

④ 시내면세점은 국산 가전제품 중 여행자의 휴대반출이 곤란하거나 세관장이 필요하다고 인정하는 품목에 대하여는 쿠폰으로 판매하여야 한다.

⑤ 출국장면세점 운영인은 해당 보세판매장에 중소·중견기업 제품매장을 설치해야 한다.

02 보세판매장 판매용물품의 반입신고 및 반입검사신청에 대한 설명으로 틀린 것은?

① 운영인은 보관창고에 반입된 물품을 7근무일 이내에 관할 세관장에게 반입검사를 신청하여야 한다.

② 운영인이 사전에 세관장에게 반입 전 판매를 신청한 물품은 판매 이후에 보세판매장 보관창고에 반입하여 관할 세관장에게 반입검사를 신청할 수 있다.

③ 냉장 보관이 필요한 내국물품은 세관장이 재고관리에 문제가 없다고 인정하는 경우 매장으로 바로 반입할 수 있다.

④ 운영인은 보세운송된 물품을 보관창고에 반입하는 때에는 전자문서방식으로 반입신고 하여야 하며, 보세운송 도착보고는 별도로 해야 한다.

⑤ 세관장은 영업개시일 전이라도 감시단속에 문제가 없는 경우 보세판매장에 물품 반입을 허용할 수 있다.

03 보세판매장의 보세사 임무가 아닌 것은?

① 보세운송 물품의 확인 및 이상 보고 및 도착 확인 등록

② 반입검사 신청한 물품의 검사

③ 세관봉인대의 잠금·봉인 및 관리

④ 보관창고와 매장간 반출입 물품의 입회 및 확인

⑤ 보세운송 행낭의 잠금·봉인과 이상 유무 확인과 이상보고

04 보세판매장 미인도 물품의 처리에 관한 설명으로 틀린 것은? (정답 2개)

① 인도자는 판매취소 등 구매자의 미인수 의사가 명확한 미인도 물품에 대하여는 인도장 반입 후 5일 경과 전이라도 운영인에게 인계할 수 있다.

② 인도자는 판매물품이 인도장에 반입된 후 5일 이상이 경과하여도 구매자에게 인도되지 아니하는 때에는 운영인에게 인계할 수 있다.

③ 운영인은 인계받은 미인도 물품을 보세판매장으로 보세운송하는 경우 보세운송신고 수리일부터 7근무일 이내에 해당 보세판매장에 반입하여야 한다.

④ 운영인은 보세판매장에 재반입된 미인도 물품에 대하여 지체 없이 구매자의 해외주소를 확인하고 해당 물품을 즉시 우편 등으로 송부하여야 한다.

⑤ 운영인은 보세판매장에 재반입된 미인도 물품은 반입된 날부터 5일이 경과 한 후 미인도 물품 해제 신청을 거쳐 재판매할 수 있다.

05 「관세법」에 따른 종합보세구역 지정 등에 대한 설명으로 틀린 것은?

① 관세청장은 관계 중앙행정기관의 장이나 지방자치단체의 장의 요청에 따라 일정한 지역을 종합보세구역으로 지정할 수 있다.

② 관세청장은 종합보세구역으로 지정됨으로써 외국인투자촉진·수출증대 또는 물류촉진 등의 효과가 있을 것으로 예상되는 지역을 직권으로 종합보세구역으로 지정할 수 있다.

③ 관세청장은 지정요청자의 요청에 의하여 종합보세기능의 수행이 예정되는 지역을 3년의 범위 내에서 종합보세구역예정지역으로 지정할 수 있다.

④ 종합보세구역에서 종합보세기능을 수행하려는 자는 그 기능을 정하여 세관장에게 종합보세사업장의 설치·운영에 관한 신고를 하여야 한다.

⑤ 보세판매장의 기능을 수행하는 종합보세구역에서 판매용 내국물품의 반입·반출신고는 생략하거나 간소한 방법으로 할 수 있다.

06 종합보세구역의 물품 반출입 및 보관·관리에 대한 설명으로 맞는 것은?

① 운영인은 종합보세구역에 반입된 물품을 종합보세기능별로 구분하여 관리하여야 한다.

② 종합보세구역의 운영인 상호 간에 이동하는 물품은 세관장에게 신고할 필요없이 장부 또는 전산처리장치를 이용하여 그 기록을 유지하면 된다.

③ 종합보세구역에서 제조·가공에 사용되는 시설기계류 및 그 수리용 물품은 소비 또는 사용전에 세관장에게 사용신고 하여야 한다.

④ 종합보세구역에 장치된 물품에 대하여 보수작업을 하려는 자는 세관장의 허가를 받아야 한다.

⑤ 운영인은 종합보세사업장에 반입한 날부터 6개월이 경과한 외국물품이 화주가 분명하지 아니한 경우에는 세관장에게 그 외국물품의 매각을 요청할 수 없다.

07　종합보세구역에 대한 설명으로 틀린 것은?

① 종합보세사업장의 설치·운영기간은 관세청장이 정하는 기간으로 한다.

② 운영인이 종합보세사업장을 폐업하거나 30일 이상 계속하여 휴업하고자 할 때에는 운영인은 세관장에게 즉시 그 사실을 신고하여야 한다.

③ 폐업신고를 받은 세관장은 해당 종합보세사업장에 대하여 재고조사 등 필요한 조치를 취하여야 한다.

④ 종합보세사업장에 외국으로부터 도착한 물품 또는 보세운송되어 반입하는 물품에 대하여는 House B/L단위로 반출입신고를 하여야 한다.

⑤ 운영인이 동일 종합보세사업장에서 종합보세기능 간에 물품을 이동하는 경우에는 반출입신고를 하지 아니한다.

08　보세전시장에 대한 설명으로 맞는 것은?

① 보세전시장의 운영인은 해당 박람회 등의 주최자 명의로서 하여야 하며, 보세전시장의 특허기간은 해당 박람회 등의 회기기간으로 한다.

② 보세전시장에서 외국물품의 사용은 그 물품의 성질 또는 수량에 변경을 가하거나 전시장에서 소비하는 행위를 포함한다.

③ 박람회의 주최자가 보세전시장에서 그 업무수행을 위하여 사용할 외국물품 중 사무용비품 및 소모품은 반입신고를 생략한다.

④ 보세전시장에서 불특정다수의 관람자에게 오락용으로 관람케 하거나 사용하게 할 물품 중 유상으로 제공되는 물품은 수입신고 후 사용이 가능하다.

⑤ 보세전시장에서 불특정다수의 관람자에게 판매할 것을 목적으로 하는 외국물품은 보세전시장에 반입할 수 없다.

09　보세건설장에 대한 설명으로 맞는 것은?

① 중요산업(관세감면 또는 분할납부업종)인 경우에는 기존 시설의 보수 및 개수를 목적으로 하는 보세건설장의 설치·운영을 특허할 수 있다.

② 산업시설 건설에 사용되는 외국물품인 기계류 설비품 및 공사용 장비는 수입신고 수리 전에 사용할 수 있다.

③ 보세건설장 외 보세작업을 하고자 하는 때에는 세관장에게 신고하여야 한다.

④ 보세건설장에서 건설된 시설을 시험목적으로 일시 가동하려면 수입신고 수리 후에만 가능하다.

⑤ 보세건설장에 반입된 외국물품에 대한 관세는 수입신고 한 날의 법령에 따라 부과한다.

10 화물관리인을 지정한 지정장치장에 반입된 외국물품이 도난된 경우 도난물품에 대한 관세의 납세의무자는?

① 물품을 수입한 화주
② 물품을 반입한 운송인
③ 지정장치장의 화물관리인
④ 물품을 통관하는 관세사
⑤ 물품을 보세운송한 보세운송업자

11 우리나라로 수입되는 활어의 장치 및 관리에 관한 기준을 설명한 것으로 맞는 것은?

① 활어장치장은 CCTV 영상을 상시 녹화할 수 있고 녹화된 영상을 15일 이상 보관할 수 있는 감시 장비를 보유하여야 한다.
② 활어를 장치하기 위한 보세구역 외 장치장은 세관으로부터 최대 40km 범위내에 위치하여야만 세관장으로부터 보세구역 외 장치 허가를 받을 수 있다.
③ 세관장은 수출된 활어의 반송품을 관할 구역 내의 활어를 장치하기 위한 시설이 갖추어진 지정장치장(세관지정 보세창고 포함)에 반입하게 할 수 있다.
④ 운영인 등은 폐사어를 별도의 냉동·냉장시설에 수조별로 구분하여 보관하여야 한다.
⑤ 동일 선박으로 반입된 동일 화주의 활어는 반입일자별로 구분하여 수입신고하여야 한다.

12 「관세법」상 보세구역에 대한 설명으로 모두 맞는 것은?

> A. 검역물품인 외국물품과 내국운송 신고를 하려는 내국물품은 보세구역이 아닌 장소에 장치할 수 없다.
> B. 보세구역에 장치된 외국물품을 부패·손상되거나 그 밖의 사유로 승인을 받아 폐기한 경우 폐기 후에 남아 있는 부분에 대하여는 폐기 후의 성질과 수량에 따라 관세를 부과한다.
> C. 보세구역에 장치된 물품에 대하여는 그 원형을 변경하거나 해체 절단 등의 작업을 할 수 있으며, 그러한 작업을 할 수 있는 물품의 종류는 관세청장이 정한다.
> D. 보세구역에 출입하는 자는 물품 및 보세구역 감시에 관한 세관장의 명령을 준수하고 보세사의 지휘를 받아야 한다.
> E. 종합보세구역에서는 보세창고·보세공장·보세전시장·보세건설장 또는 보세판매장의 기능 중 둘 이상의 기능을 수행할 수 있다.

① A, B, C
② A, D, E
③ B, C, D
④ B, C, E
⑤ C, D, E

13 「관세법」상 특허보세구역의 물품반입 정지와 특허취소에 대한 설명으로 맞는 것은?

① 세관장은 보세공장에 대한 재고조사 결과 원자재소요량 관리가 적정하지 않은 경우 6개월의 범위 내에서 해당 보세공장의 물품반입을 정지시킬 수 있다.

② 세관장은 보세창고 운영인이 최근 2년 이내에 「관세법」에 따른 절차 등을 위반하는 경우 해당 보세창고에 물품반입을 정지시킬 수 있다.

③ 세관장은 반입정지 처분이 공익을 해칠 우려가 있는 경우 보세창고 운영인에게 반입정지 처분을 갈음하여 매출액의 6천분의 1 이하의 과징금을 부과할 수 있다.

④ 세관장은 반입정지 처분을 갈음하여 과징금을 부과하는 경우 위반행위의 정도, 위반횟수 등을 고려하여 과징금의 100분의 3의 범위에서 그 금액을 감경할 수 있다.

⑤ 세관장은 보세판매장 운영인이 1년 이내에 3회 이상 물품반입 정지 처분(물품반입 정지 처분에 갈음하는 과징금 부과처분을 제외)을 받은 경우 해당 보세판매장의 특허를 취소할 수 있다.

14 특허보세구역의 특허 및 관리에 대한 설명으로 맞는 것은?

① 운영인이 특허를 갱신하려면 특허기간 만료 3개월 전까지 세관장에게 갱신신청서를 제출하여야 한다.

② 보세창고의 특허 수수료는 보세창고별로 연간 매출액을 기준으로 정한다.

③ 보세창고와 보세판매장의 특허기간은 5년 이내로 한다.

④ 운영인이 특허작업의 종류를 변경하고자 하는 때에는 특허를 새로 받아야 한다.

⑤ 운영인이 장치물품의 수용능력을 증감하려면 세관장의 승인을 얻어야 한다.

15 특허보세구역의 특허취소 사유로 틀린 것은?

① 거짓이나 그 밖의 부정한 방법으로 특허를 받은 경우

② 2년 이상 물품의 반입실적이 없어서 세관장이 특허보세구역의 설치 목적을 달성하기 곤란하다고 인정하는 경우

③ 1년 동안 계속하여 물품의 반입·반출 실적이 없거나, 6개월 이상 보세작업을 하지 않은 경우

④ 운영인이 파산선고를 받고 복권되지 아니한 경우

⑤ 특허보세구역 운영인이 다른 사람에게 자신의 성명·상호를 사용하여 특허보세구역을 운영하게 한 경우

16 특허보세구역 특허의 효력상실과 승계에 대한 설명으로 틀린 것은?

① 운영인이 해산하거나 사망한 경우 특허의 효력을 상실한다.

② 특허받은 사업체를 양수하여 특허보세구역을 운영하려는 양수인은 양수일부터 30일 이내에 승계신고를 하여야 한다.

③ 특허의 효력이 상실되었을 때에는 6개월의 범위에서 세관장이 지정하는 기간 동안 그 구역은 특허보세구역으로 본다.

④ 특허보세구역 승계신고서를 받은 세관장은 이를 심사하여 신고일부터 5일 이내에 그 결과를 신고인에게 통보하여야 한다.

⑤ 특허보세구역 운영인의 결격사유(「관세법」 제175조)에 해당하는 자는 특허의 승계신고를 할 수 없다.

17 보세창고를 설치·운영하려는 자(신청인)가 갖추어야 할 요건이 아닌 것은?

① 「관세법」 제175조(운영인의 결격사유) 각 호의 어느 하나에 해당하지 않을 것

② 체납된 관세 및 내국세가 없을 것

③ 신청인이 보세사 자격증을 취득했거나 1명 이상의 보세사를 관리자로 채용할 것

④ 자가용 보세창고를 설치·운영하려는 경우 자본금 2억 원 이상의 법인이거나 특허를 받으려는 토지 및 건물(2억원 이상)을 소유하고 있는 개인일 것

⑤ 위험물품을 보세창고에 장치·제조·전시 또는 판매하는 경우에는 관계 행정기관의 장의 허가 또는 승인 등을 받을 것

※ 해당 문제는 개정 규정을 반영하여 수정되었습니다.

18 특허보세구역 운영인의 의무사항을 설명한 것으로 맞는 것은?

① 장치화물에 관한 각종 장부와 보고서류(전산자료 포함)를 5년간 보관하여야 한다.

② 30일 이상 계속하여 특허보세구역의 운영을 휴지 하고자 하는 때에는 세관장의 승인을 받아야 한다.

③ 특허보세구역의 특허 효력이 상실되었을 때에는 해당 특허보세구역에 있는 외국물품을 세관장이 지정하는 다른 보세구역으로 즉시 반출하여야 한다.

④ 보세구역에 종사하는 직원을 채용하거나 면직한 때에는 지체 없이 세관장에게 보고하여야 한다.

⑤ 운영인은 100분의 10의 범위 내에서는 세관장이 정한 수용능력을 초과하여 물품을 장치할 수 있다.

19 **특허보세구역의 관리에 대한 설명으로 틀린 것은?**

① 세관장은 운영인에게 그 업무 종사자의 성명 기타 인적사항을 보고하도록 명할 수 있다.

② 세관장은 특허보세구역의 운영과 관련 없는 시설·기계 및 기구의 설치를 명할 수 있다.

③ 세관장은 필요하다고 인정되는 장소에는 2중으로 자물쇠를 채우게 하고, 그중 1개소의 열쇠를 세관공무원에게 예치하도록 할 수 있다.

④ 특허보세구역 운영인은 그 업무에 종사하는 자, 기타 보세구역에 출입하는 자에 대하여 상당한 단속을 하여야 한다.

⑤ 특허보세구역 운영인은 보세구역 내 일정한 장소에 특허장, 보관요율(자가용 보세창고는 제외) 및 보관규칙 등을 게시하여야 한다.

20 **보세창고에 대한 설명으로 틀린 것은?**

① 보세창고에는 외국물품이나 통관을 하려는 물품을 장치한다.

② 운영인은 미리 세관장에게 신고를 하고 외국물품이나 통관하려는 물품의 장치에 방해되지 아니하는 범위에서 보세창고에 내국물품을 장치할 수 있다.

③ 운영인은 보세창고에 1년(동일 보세창고에서 수입신고 수리된 물품은 6개월) 이상 계속하여 내국물품만을 장치하려면 세관장의 승인을 받아야 한다.

④ 세관장에게 신고하고 보세창고에 장치중인 내국물품으로서 장치기간이 지난 물품은 그 기간이 지난 후 10일 내에 운영인의 책임으로 반출하여야 한다.

⑤ 동일한 보세창고에 장치되어 있는 동안 수입신고가 수리된 물품을 계속하여 장치하려면 세관장에게 신고하여야 한다.

21 **중소기업형 자율관리 보세공장에 대한 설명으로 틀린 것은?**

① 특허요건, 신고절차 등을 간소화하여 중소기업의 제조활동과 수출경쟁력 강화를 지원할 목적으로 도입되었다.

② 세관장은 보세공장의 특허요건을 충족하지 못하였으나, 관세행정 목적에 부합하다고 인정되는 경우 일정 기간 내 특허요건을 구비하는 조건으로 특허할 수 있다.

③ 운영인은 특례적용 사항에 대하여 자체 기록·관리하여야 하며, 회계연도 종료 3개월이 지난 후 15일 이내에 운영상황 보고서를 세관장에게 제출하여야 한다.

④ 운영인은 관할 세관장으로부터 특례적용 대상으로 지정받은 작업, 품목, 장소 등에 한하여 특례를 적용받을 수 있다.

⑤ 운영인이 장외작업 장소, 작업범위, 작업원료, 생산물품 등을 사전에 제출한 경우 운영인은 세관장의 별도의 허가 없이 특허기간 동안 장외작업을 할 수 있다.

22 보세공장 물품의 보세운송 및 선적 절차에 대한 설명으로 틀린 것은?

① 보세공장에서 다른 보세구역 또는 다른 보세공장으로 반출하는 물품은 보세운송 절차에 따른다.

② 보세공장에서 제조 · 가공되어 수출신고 수리된 물품은 수출신고서에 운송(신고)인 및 운송기간을 기재하는 방법으로 간이하게 보세운송할 수 있다.

③ 수출신고 수리되어 보세운송된 물품의 수출신고를 취하하고자 하는 경우 운영인은 수출신고 수리물품을 원보세공장에 반입한 후 수출신고 취하를 신청하여야 한다.

④ 보세구역 운영인 등은 수출신고 수리물품 등의 관리에 있어 수입물품에 준하여 관리하여야 하며, 세관장의 정당한 허가, 승인 없이는 반출을 허용하여서는 안된다.

⑤ 관할 세관에 보세운송신고자로 등록한 운영인은 수출신고 수리된 물품을 보세공장 소유의 차량을 이용하여 보세운송할 수 있다.

23 세관장의 혼용승인을 받고 보세공장에서 외국물품과 내국물품을 혼용하여 제조한 제품을 국내로 수입하는 경우이다. 제품에 부과되는 관세로 맞는 것은?

• 제품가격	: 10,000,000원	• 제품 관세율	: 10%
• 외국원자재 가격	: 3,000,000원	• 내국원자재 가격	: 2,000,000원

① 1,000,000원

② 800,000원

③ 600,000원

④ 400,000원

⑤ 300,000원

24 보세공장 외 작업 허가에 대한 설명으로 틀린 것은?

① 세관장은 허가의 신청을 받은 날부터 10일 이내에 허가 여부를 신청인에게 통지하여야 한다.

② 허가받은 보세공장 외 작업장에 반입된 외국물품은 지정된 기간이 만료될 때까지는 보세공장에 있는 것으로 본다.

③ 지정된 기간이 지난 경우 보세공장 외 작업장에 허가된 외국물품이 있을 때에는 해당 물품의 허가를 받은 보세공장의 운영인으로부터 그 관세를 즉시 징수한다.

④ 세관장은 물품 1단위 생산에 장기간이 소요된다고 인정하는 경우 5년의 범위에서 보세공장 외 작업을 허가할 수 있다.

⑤ 보세공장 외 작업허가를 받은 자는 허가받은 기간이 끝나는 날부터 5일 이내에 세관장에게 보세공장 외 작업완료 결과를 통보해야 한다.

25 보세공장 재고조사에 대한 설명으로 틀린 것은?

① 보세공장 재고조사는 서면심사 및 실지조사의 방법으로 회계연도 종료 3개월 이후 연 1회 실시를 원칙으로 한다.

② 세관장은 재고조사 대상 보세공장에 대하여 재고조사 개시일부터 서면심사의 경우 7일 이내, 실지조사의 경우는 10일 이내에 완료하여야 한다.

③ 세관장은 재고조사 대상 보세공장 운영인에게 재고조사 개시일부터 10일 이전에 재고조사기간 등을 기재한 통지서를 송부하여야 한다.

④ 운영인은 회계연도 종료 3개월이 지난 후 15일 이내에 자율점검표를 작성하여 전산시스템으로 전송하거나 관할 세관장에게 서류로 제출하여야 한다.

⑤ 세관장은 설치·운영특허가 상실된 경우에는 반드시 실지조사를 하여야 한다.

01 항공 입항화물의 하기결과 이상물품에 대한 적용특례 관련 설명이다. (　) 안에 들어갈 내용을 바르게 나열한 것은?

> • 적재화물목록 작성책임자는 별도 관리중인 물품에 대해 하기결과보고일로부터 (A) 이내에 이상사유를 규명하여 적재화물목록 정정 등의 절차를 거쳐 하기장소에 반입해야 한다.
> • 적재화물목록 작성책임자는 항공기 운항 사정상 동일 AWB의 물품이 전량 미기적 또는 분할기적 된 경우로서 최초 적재화물목록을 제출한 항공기의 입항일로부터 (B) 이내에 미기적 되었던 물품이 도착 된 경우 후착화물과 병합하여 별도관리 물품 해제 신청서를 세관장에게 제출하여 승인을 받은 후 하기장소에 반입해야 한다.

	(A)	(B)
①	10일	10일
②	15일	15일
③	15일	30일
④	30일	15일
⑤	30일	30일

02 하선(하기)장소의 물품반입기간에 대한 설명이다. (　) 안에 들어갈 내용을 바르게 나열한 것은?

구 분	해상 컨테이너화물	해상 벌크화물 (원목, 곡물, 원유 등)	항공화물	항공 위험물품
하선(하기) 반입기간	(A)	입항일로부터 10일 이내	(B)	지체 없이

	(A)	(B)
①	입항일로부터 3일 이내	입항시점으로부터 24시간 이내
②	입항일로부터 3일 이내	입항 다음 날까지
③	입항일로부터 5일 이내	입항시점으로부터 24시간 이내
④	입항일로부터 5일 이내	입항 다음 날까지
⑤	입항일로부터 7일 이내	입항시점으로부터 48시간 이내

03 해상출항 적재화물목록 제출시기에 관한 설명이다. (   ) 안에 들어갈 내용을 바르게 나열한 것은?

구 분	원 칙	근거리	벌크화물	선상수출신고물품 (수출통관 사무처리에 관한 고시 제32조 해당물품)
제출시기	적재 (A)시간 전	적재 전 (출항 30분 전 최종마감 제출)	출항 전	(B)까지

	(A)	(B)
①	12	출항일 자정
②	12	출항시간 12시간 이내
③	24	출항시간 24시간 이내
④	24	출항 다음 날 오전
⑤	24	출항 다음 날 자정

04 해상 입항화물의 적재화물목록 정정에 대한 설명으로 모두 맞는 것은?

> A. 보세운송으로 보세구역에 반입된 화물의 적재화물목록 정정신청은 입항지 보세구역을 관할하는 세관장에게 해야 한다.
> B. 하선결과보고서가 제출된 물품의 적재화물목록 정정신청은 보고서 제출일로부터 15일 이내에 할 수 있다.
> C. 특수저장시설에 장치가 필요한 냉동화물 등을 하선과 동시에 컨테이너 적입작업을 하는 경우의 적재화물목록 정정신청은 작업완료 다음 날까지 할 수 있다.
> D. 그 밖의 사유로 적재화물목록을 정정하려는 경우는 선박 입항일로부터 90일 이내에 할 수 있다.
> E. 포장단위 물품으로서 중량의 과부족이 15% 이내이고 포장상태에 이상이 없는 경우 적재화물목록 정정신청을 생략할 수 있다.
> F. 포장파손이 용이한 물품(예 비료, 설탕, 시멘트 등)의 경우 그 중량의 과부족이 5% 이내인 경우 적재화물목록 정정신청을 생략할 수 있다.

① A, B, C   ② B, D, F

③ B, E, F   ④ A, D, E

⑤ B, C, F

05 적재화물목록에 대한 설명으로 틀린 것은?

① "적재화물목록 제출의무자"란 국제무역선(기)을 운항하는 선사(그 업무를 대행하는 자를 포함), 항공사(그 업무를 대행하는 자를 포함)를 말한다.

② 하우스적재화물목록 작성책임자는 화물운송주선업자(그 업무를 대행하는 자를 포함)이다.

③ 공동배선의 경우에는 용선선사가 작성하여 제공한 적재화물목록 자료를 운항선사가 이를 취합하여 세관장에게 제출해야 한다.

④ 적재화물목록 작성책임자는 선박 미입항 등의 사유로 제출된 적재화물목록을 취하하려는 때에는 그 사유를 기재한 적재화물목록 취하신청서를 제출해야 한다.

⑤ House B/L 내역이 있는 경우에는 운항선사가 하우스적재화물목록 작성책임자로부터 하우스적재화물목록을 제출받아 이를 취합하여 세관장에게 제출해야 한다.

06 내국환적운송 대상물품에 대한 설명으로 틀린 것은?

① 우리나라로 수입하려는 외국물품으로서 최초 입항지에서 선하증권에 기재된 최종 목적지로 운송하려는 화물

② 선박으로 반입한 화물을 긴급한 사유로 다른 항만으로 운송하여 우리나라로 수입하려는 외국물품

③ 환적화물

④ 수출신고가 수리된 화물

⑤ 내국물품인 공컨테이너

07 복합환적화물 중 적재화물목록에 보세운송인과 목적지를 기재하여 제출하는 것으로 보세운송신고 (승인)를 갈음할 수 있는 물품을 모두 고른 것은?

A. 선박으로 반입한 화물을 공항으로 운송하여 반출하는 물품

B. 항공기로 반입한 화물을 항만으로 운송하여 반출하는 물품

C. 선박 또는 항공기로 반입한 화물을 차량 또는 철도로 반출하는 물품

D. 차량 또는 철도로 반입한 화물을 항만 또는 공항으로 운송하여 선박 또는 항공기로 반출하는 물품

E. 항공기로 반입한 화물을 다른 공항으로 운송하여 반출하는 물품

---

① A   ② A, B

③ A, B, C   ④ A, B, C, D

⑤ A, B, C, D, E

08 화물운송주선업자 등록의 효력상실 사유로 틀린 것은?

① 화물운송주선업자가 최근 2년 이내 3회 이상 업무정지처분을 받는 때
② 등록이 취소된 때
③ 화물운송주선업자가 사망한 때
④ 등록기간이 만료된 때
⑤ 화물운송주선업을 폐업한 때

09 화물운송주선업자의 등록요건에 대한 설명으로 틀린 것은?

① 「관세법」 제175조 각 호의 어느 하나에 해당하지 않을 것
② 「물류정책기본법」 제43조에 따른 국제물류주선업의 등록을 하였을 것
③ 관세, 국세 및 지방세의 체납이 없을 것
④ 「관세법」 또는 「관세법」에 따른 세관장의 명령에 위반하여 관세범으로 조사를 받고 있거나 기소 중에 있지 않을 것
⑤ 자본금 3억 원 이상을 보유한 법인(법인이 아닌 경우에는 자산평가액이 6억 원 이상)일 것

10 보세운송업자의 등록업무에 대한 설명으로 맞는 것은?

① 보세운송업자의 등록 유효기간은 5년으로 하되 갱신할 수 있다.
② 보세운송업자의 등록 갱신신청은 기간만료 15일 전까지 하여야 한다.
③ 한국관세물류협회의 장은 등록갱신 대상 보세운송업자에게 등록의 유효기간이 끝나는 날의 2개월 전까지 사전안내문을 발송해야 한다.
④ 한국관세물류협회의 장은 보세운송업자등록신청서를 접수한 때에는 15일 이내에 처리해야 한다.
⑤ 보세운송업자의 등록이 취소된 자로서 취소일로부터 3년이 경과되지 아니한 자는 보세운송업자로 등록할 수 없다.

11 수입화물 보세운송신고에 대한 설명으로 맞는 것은?

① 보세운송신고를 하려는 자는 화물관리번호가 부여되기 전에도 할 수 있다.

② 배차예정내역신고를 한 자가 사용할 운송수단을 변경하고자 하는 경우 도착지 보세구역 도착 다음 날까지 다시 신고해야 한다.

③ 항공사가 국내 개항 간에 항공기를 보세운송하려는 경우 보세운송신고서는 도착지세관에 출항 적재화물목록을 제출하는 것으로 갈음할 수 있다.

④ LCL화물 중 컨테이너에서 적출하지 아니한 상태로 보세운송하는 경우 House B/L 단위로 신고 해야 한다.

⑤ 보세운송신고를 한 자는 보세구역 출발 이후 차량고장 등으로 운송수단이 변경되는 경우 해당 사정이 발생한 때로부터 다음날까지 다시 배차예정 내역을 신고해야 한다.

12 보세운송 승인에 대한 설명으로 맞는 것은?

① 양륙과 동시에 차상반출 할 물품의 경우에는 입항 후에 하선(기)장소로 반입되기 이전이라도 보세운송 승인신청을 할 수 있다.

② 세관장은 보세운송을 승인한 물품의 감시단속을 위하여 필요한 경우에도 운송통로를 제한할 수 없다.

③ 보세운송 승인신청인은 보세운송 신청에 관한 자료를 3년간 보관하여야 하고, 마이크로필름 · 광디스크 등 자료전달매체에 의하여 보관할 수 있다.

④ 특정물품 간이보세운송업자가 「관리대상화물 관리에 관한 고시」에 따른 검사대상 화물을 하선 (기)장소에서 최초 보세운송하려는 물품은 보세운송 승인대상이다.

⑤ 항공사가 개항 간 입항적하목록(적재화물목록) 단위로 일괄하여 항공기로 보세운송하려는 물품 은 보세운송 승인대상이다.

13 우리나라로 수입하려는 물품의 보세운송 신고 또는 승인신청을 할 수 있는 자로 모두 맞는 것은?

> A. 「관세법」 제222조에 따라 등록한 보세운송업자
> B. 화 주
> C. 관세사
> D. 보세구역 운영인
> E. 화물운송주선업자

① A   ② A, B

③ A, B, C   ④ A, B, C, D

⑤ A, B, C, D, E

14 보세운송 절차를 반드시 거쳐야 하는 물품으로 모두 맞는 것은?

> A. 송유관을 통해 운송하는 석유제품
> B. 보세공장에서 제조·가공하여 수출하는 물품
> C. 여행자 휴대품 중 반송되는 물품
> D. 「우편법」에 따라 체신관서의 관리하에 운송되는 물품
> E. 수출조건으로 판매된 몰수품 또는 국고귀속된 물품
> F. 국가기관에 의하여 운송되는 압수물품
> G. 내륙컨테이너기지 등 관할 보세구역에 위치한 집단화지역 내에서 운송되는 물품

① A, B, C   ② B, C, E
③ C, D, G   ④ C, E, F
⑤ E, F, G

15 보세운송에 대한 설명으로 틀린 것은?

① 보세운송물품은 보세운송 출발일로부터 해상화물 10일, 항공화물 5일 이내에 목적지에 도착하여야 한다.
② 냉장 또는 냉동화물 등 특수한 경우에는 사전에 세관장의 승인을 얻어 일반업체의 운송수단으로 운송할 수 있다.
③ 출발지 보세구역운영인 또는 화물관리인은 보세운송업자가 운송하는 경우 보세운송수단의 등록 여부를 확인한 후 물품을 반출해야 한다.
④ 한 건의 보세운송에 대하여 복수의 운송수단을 이용할 경우 보세운송신고 또는 승인신청 시에 복수의 운송수단을 함께 기재하여 신고 또는 승인신청을 할 수 있다.
⑤ 보세운송업자가 보세운송업을 폐업한 때 등록의 효력이 상실된다.

16 보세구역물품 반출입절차 등에 대한 설명으로 맞는 것은?

① 하선장소 보세구역에 컨테이너 상태로 반입하는 경우 반입신고는 House B/L 단위로 제출하여야 한다.
② 동일 사업장 내 보세구역 간 장치물품의 이동은 물품반출입신고와 보세운송신고를 해야 한다.
③ B/L제시 인도물품을 반출하려는 자는 화물관리공무원에게 B/L 원본을 제시하여 반출승인을 받아야 한다.
④ 보세창고에서 6개월 이상 계속하여 내국물품만을 장치하려는 자는 내국물품 장치신청서를 제출하여야 한다.
⑤ FCL 컨테이너화물로 통관우체국까지 운송하는 국제우편물의 경우에는 반출승인 신청서를 관할 세관장에게 제출하여야 한다.

17 수입신고 수리물품의 반출의무와 보세구역 외 장치의 허가업무에 대한 설명이다. ( ) 안에 들어갈 내용을 바르게 나열한 것은?

> • 수입신고 수리물품 반출의무 및 신고지연 가산세 적용대상 보세구역에 반입된 물품이 수입신고가 수리된 때에는 그 수리일로부터 (A) 이내에 해당 보세구역에서 반출하여야 한다.
> • 세관장은 보세구역 외 장치 허가신청을 받은 경우 보세구역 외 장치 허가기간에 (B)을 연장한 기간을 담보기간으로 하여 담보제공을 명할 수 있다.

	(A)	(B)
①	15일	1개월
②	15일	2개월
③	15일	3개월
④	30일	1개월
⑤	30일	2개월

18 보세구역에 반입된 물품의 반출명령에 대한 설명으로 틀린 것은?

① 세관장은 보세구역에 반입된 물품이 보세구역의 수용능력을 초과하여 추가로 물품반입이 곤란할 때 해당 물품을 다른 보세구역으로 반출하도록 명령할 수 있다.

② 세관장은 태풍 등 재해로 인하여 보세화물에 피해의 우려가 있다고 인정될 때 해당 물품을 다른 보세구역으로 반출하도록 명령할 수 있다.

③ 위험물 장치허가를 받지 아니한 특허보세구역 운영인으로부터 위험물 반입 보고를 받은 세관장은 위험물을 장치할 수 있는 장소로 즉시 반출명령 하여야 한다.

④ 반출명령을 받은 해당 물품의 운송인, 보세구역 운영인 또는 화물관리인은 세관장이 지정한 기간 내에 해당 물품을 다른 보세구역으로 반출하고 그 결과를 세관장에게 보고하여야 한다.

⑤ 세관장은 운영인이 반출명령을 이행하지 않은 경우에는 「관세법」 제276조에 따라 벌금을 부과한다.

19 보세구역 외 장치에 대한 설명으로 맞는 것은?

① 보세구역과의 교통이 불편한 지역에 양륙된 물품으로서 보세구역으로 운반하는 것이 불합리한 물품은 세관장에게 신고하고 보세구역 외에 장치할 수 있다.

② 보세구역 외 장치의 허가기간은 3년의 범위내에서 세관장이 필요하다고 인정하는 기간으로 정한다.

③ 보세구역 외 장치 허가기간을 연장하려는 자는 보세구역 외 장치 기간연장(신청)서를 제출하여 세관장으로부터 승인을 받아야 한다.

④ 보세구역 외 장치 허가수수료는 허가건수 단위로 징수한다. 이 경우, 동일모선으로 수입된 화물이 동일 장소에 반입된 때에는 화주가 다르더라도 1건의 보세구역 외 장치로 허가할 수 있다.

⑤ 보세구역 외 장치 담보액은 수입통관 시 실제 납부하여야 할 관세 상당액의 120%로 한다.

20 보세구역 내에 장치된 외국물품의 견품 반출입에 대한 설명으로 맞는 것은?

① 세관장은 국제무역선에서 물품을 하역하기 전에는 견품 반출을 허가할 수 없다.

② 견품 반출은 필요한 최소한의 수량으로 제한하여야 하므로 외국물품의 전부를 견품으로 반출하는 것은 허용되지 아니한다.

③ 견품 반출 허가를 받은 자는 반출기간 종료 다음 날까지 해당 물품이 장치되었던 보세구역에 반입하고 견품재반입보고서를 세관장에게 제출하여야 한다.

④ 보세구역 운영인은 견품 반출 허가를 받은 물품이 해당 보세구역에서 반출입될 때 견품 반출 허가사항을 확인한 경우에는 견품반출입대장 기록은 생략할 수 있다.

⑤ 세관공무원은 보세구역에 반입된 물품에 대하여 검사상 필요하면 그 물품의 일부를 견품으로 채취할 수 있다.

21 보세구역에서의 보수작업에 대한 설명으로 맞는 것은?

① 외국물품은 수입될 물품의 보수작업의 재료로 사용할 수 있다.

② 보수작업으로 외국물품에 부가된 내국물품은 내국물품으로 본다.

③ 운영인은 포괄보수작업승인을 받은 경우에는 매 월말 기준으로 다음 달 3일까지 보수작업 완료 보고서를 일괄하여 제출할 수 있다.

④ 수출이나 반송 과정에서 부패·변질의 우려가 있는 경우 등 세관장이 타당하다고 인정하는 경우에는 관세율표(HSK 10단위)의 변화를 가져오는 것도 보수작업으로 인정할 수 있다.

⑤ 운영인은 보세구역에 장치된 물품의 통관을 위하여 개장, 분할구분, 합병, 원산지표시, 그 밖에 이와 유사한 작업을 하려는 경우 보수작업 신고를 하여야 한다.

22 보세구역에 반입한 물품에 대한 반출통고의 주체가 다른 하나는?

① 영업용보세창고

② 보세판매장

③ 보세구역 외 장치장

④ 자가용보세창고

⑤ 보세공장

23 세관장은 보세구역에 장치된 물품 중 화주 또는 반입자에게 반송 또는 폐기할 것을 명할 수 있다. 다음 중 그 대상물품으로 틀린 것은?

① 사람의 생명이나 재산에 해를 끼칠 우려가 있는 물품

② 변질될 우려가 있는 물품

③ 유효기간이 지난 물품

④ 상품가치가 없어진 물품

⑤ 위조상품, 모조품, 그 밖의 지식재산권 침해물품

24 입항 전 또는 하선(기) 전에 수입신고나 보세운송신고를 하지 않은 보세화물의 장치장소 결정을 위한 화물분류 기준에 대한 설명으로 틀린 것은?

① 선사는 화주 또는 그 위임을 받은 자가 운영인과 협의하여 정하는 장소에 보세화물을 장치하는 것을 원칙으로 한다.

② 화주 또는 그 위임을 받은 자가 장치장소에 대한 별도의 의사표시가 없는 경우에 Master B/L화물은 선사가 선량한 관리자로서 장치장소를 결정한다.

③ 화물운송주선업자가 선량한 관리자로서의 의무를 다하지 못할 경우에는 세관지정장치장 또는 세관지정 보세창고를 장치장소로 한다.

④ 위험물은 해당 물품을 장치하기에 적합한 요건을 갖춘 보세구역에 장치해야 하나 관리대상화물(검사대상화물)로 선별된 경우에는 세관지정장치장에 장치하여야 한다.

⑤ 보세구역 외 장치의 허가를 받은 물품은 그 허가를 받은 장소에 장치한다.

25 장치기간이 경과 한 외국물품의 매각절차에 대한 설명으로 맞는 것은?

① 장치기간 경과물품의 매각은 공고를 거친 후에만 할 수 있다.

② 매각된 물품의 질권자나 유치권자는 다른 법령에도 불구하고 그 물품을 매수인에게 인도하여야 한다.

③ 매각대행기관이 매각을 대행하는 경우에는 매각대행기관의 장을 관세청장으로 본다.

④ 경쟁입찰의 방법으로 매각하려는 경우 매각되지 아니하였을 때에는 5일 이상의 간격을 두어 다시 입찰에 부칠 수 있으며 그 예정가격은 최초 예정가격의 100분의 20 이내의 금액을 입찰에 부칠 때마다 줄일 수 있다.

⑤ 매각공고는 공매예정가격산출서를 통보받은 날부터 30일의 기간 내에 소관세관관서의 게시판과 관세청 및 본부세관 홈페이지에 공고해야 한다.

01 국제항과 국제항이 아닌 지역에 대한 설명으로 맞는 것은?

① 국제항은 대통령령으로 지정하며 국제항의 시설기준 등에 관하여 필요한 사항은 기획재정부령으로 지정한다.

② 공항의 경우에는 정기여객기가 연간 50회 이상 입항하거나 입항할 것으로 예상될 것이 국제항의 지정요건 중 하나이다.

③ 항구의 경우에는 국제무역선인 3천 톤급 이상의 선박이 주 6회 이상 입항하거나 입항할 것으로 예상될 것이 국제항의 지정요건 중 하나이다.

④ 국제항의 협소 등 입항여건을 고려하여 관세청장이 정하는 일정한 장소에 입항하는 경우에는 국제항이 아닌 지역에 대한 출입허가수수료를 징수하지 않는다.

⑤ 국제항이 아닌 지역에 대한 출입허가수수료가 1만 원에 미달하는 경우에는 수수료를 징수하지 않으며 수수료의 총액은 50만 원을 초과하지 못한다.

02 국제무역선(기)의 입출항절차에 대한 설명이다. ( ) 안에 들어갈 내용을 바르게 나열한 것은? (해설 참고)

> • 국제항이 아닌 지역에 대한 출입의 허가를 받은 경우 세관장은 허가의 신청을 받은 날부터 (A) 이내에 허가 여부를 신청인에게 통지하여야 하며, 정한 기간 내에 허가 여부를 통지하지 아니하면 그 기간이 (B)에 허가를 한 것으로 본다.
> • 국제무역선이 국제항(「관세법」 제134조 제1항 단서에 따라 출입허가를 받은 지역을 포함한다)에 입항하였을 때에는 (C) 세관장에게 입항보고를 하여야 한다.
> • 국제무역선이나 국제무역기가 국제항을 출항하려면 선장이나 기장은 (D)에 세관장에게 출항허가를 받아야 한다.

	(A)	(B)	(C)	(D)
①	7일	끝난 날의 다음 날	입항 후 4시간 이내에	출항하기 4시간 전
②	10일	끝난 날	입항 후 4시간 이내에	출항하기 전
③	10일	끝난 날의 다음 날	지체 없이	출항하기 4시간 전
④	7일	끝난 날의 다음 날	지체 없이	출항하기 전
⑤	10일	끝난 날	지체 없이	출항하기 전

03 국제무역선의 자격전환 및 승선신고에 대한 설명으로 틀린 것은?

① 선박용품 주문을 받기 위한 경우에는 승선을 제한할 수 있다.

② 선박용품 적재 등 허가(신청)서에 승선자 명단을 기재하여 허가를 받은 경우에는 승선신고를 한 것으로 갈음한다.

③ 장기간 운항계획 없이 정박 또는 수리 예정인 국제무역선은 국내운항선으로 자격전환승인을 받아야 한다.

④ 국제무역선에서 국내운항선으로 전환신청한 선박에 과세대상 물품이 있는 경우에는 과세대상 물품의 수입신고 수리필증을 확인 후 전환승인을 해야 한다.

⑤ 외국을 왕래하려는 실습선은 국내운항선에서 국제무역선으로 자격전환승인을 받아야 한다.

04 국제무역선이 재해나 그 밖의 부득이한 사유로 「관세법」상 면책 받을 수 있는 사항으로 틀린 것은?

① 선박용품 하역 허가

② 입항보고

③ 외국물품 일시양륙 신고

④ 항외하역 허가

⑤ 국제무역선의 국내운항선으로의 자격전환 승인

05 선박용품 관리에 대한 설명으로 맞는 것은?

① 본선 보세운송의 경우에는 선박용품 등이 도착 전이라도 적재허가를 신청할 수 있으며 적재완료 보고로 도착보고를 갈음한다.

② 선박용품 하선허가를 받은 자는 허가일로부터 10일 이내에 하선허가를 받은 물품을 보세구역에 반입해야 한다.

③ 「관세법」 제224조의2에 따라 보세운송업자등의 등록의 효력이 상실되었을 때에는 공급자 및 판매자, 수리업자, 선박회사는 외국 선박용품에 대해 지체 없이 화물관리번호를 부여받아 보세화물로 전환해야 한다.

④ 조건부 하역한 외국선박용품을 해당 선박이 입항하지 않거나 부득이한 사유로 외국으로 반출하려는 때에는 「수출통관 사무처리에 관한 고시」를 따른다.

⑤ 선박용품의 양도·양수는 화물관리번호를 부여받아 보세화물로 전환하여 물품공급업 또는 선박내판매업으로 등록된 자에 한하여 할 수 있다.

06 항공기용품 등의 관리에 관한 설명으로 틀린 것은?

① 기물, 세탁물 등 반복적으로 사용하는 외국항공기용품은 월별로 적재내역을 취합하여 적재허가를 신청할 수 있다.

② 공급자 등은 국내운항 후 국제무역기로 자격전환하여 외국으로 출항 예정인 국내운항기에 대해서 사전에 국내운항 출발 국제항에서 용품의 적재허가 신청을 할 수 있다.

③ 국제무역기에서 용품을 하기한 이후 외국용품 하기허가 신청을 하려는 공급자는 하기한 용품을 보세창고 등에 반입하고 하기 당일에 하기내역을 취합하여 하기 신청해야 한다.

④ 공급자 등은 자격전환하여 국내구간을 운항할 예정인 국제무역기에 대해서 용품의 재고관리를 하는 국제항의 보세구역을 하기장소로 하여 하기허가 신청을 할 수 있다.

⑤ 세관장의 허가를 받지 아니하고 출국대기중인 자에게 식음료를 제공한 때에는 「관세법」 제239조 제2호에 따라 소비 또는 사용으로 보지 아니하며, 세관장은 즉시 그 관세를 징수해야 한다.

07 관리대상화물에 대한 설명으로 맞는 것은?

① 검색기검사화물의 경우에는 검사를 마친 경우에만 하선장소에 반입할 수 있다.

② 환적화물은 검사대상화물로 선별하여 검사할 수 없다.

③ "하선(기)감시화물"이란 선별한 감시대상화물 중 하선(기)장소 또는 장치예정장소까지 추적감시하는 화물을 말한다.

④ 세관장은 검색기검사를 실시할 때 화주로부터 참석요청을 받은 때에는 참석할 수 있도록 검사일시·검사장소·참석가능시간 등을 통보해야 한다.

⑤ 반입 후 검사화물에 대하여는 검색기를 이용한 검사를 할 수 없다.

08 관리대상화물에 대한 세관의 검사 및 감시에 대한 설명 중 틀린 것은?

① 물품 특성상 내부에 밀수품을 은닉할 가능성이 있는 화물은 검색기검사화물로 선별하여 검사한다.

② 수(중)량 차이의 가능성이 있는 화물은 수입신고 후 검사화물로 선별하여 검사한다.

③ 하선(기)감시 결과 컨테이너 화물로 봉인번호가 상이하거나 봉인이 훼손되는 등 밀수가 의심되는 화물은 반입 후 검사화물로 선별하여 검사한다.

④ 반송 후 재수입되는 컨테이너 화물로 밀수입 등이 의심되는 화물은 즉시검사화물로 선별하여 검사한다.

⑤ 검사대상화물이 운송도중 다른 화물로 바꿔치기 우려가 있는 화물은 운송추적감시대상화물로 선별하여 감시한다.

09 밀수 등 신고자 포상에 관한 설명으로 맞는 것은?

① 위해물품 또는 위변조화폐 등을 적발한 경우 적발사실이 확인된 때 포상을 하며, 고발 또는 송치사건의 경우 법원의 판결이 있은 때 포상한다.

② 관세포상심사위원회는 관세청, 본부세관 및 각 세관별로 두며, 포상대상자, 공로의 평가, 포상 종류, 지급액 등을 심의·의결한다.

③ 원산지표시 위반에 따른 과징금 부과건 및 「외국환거래법」 제32조에 따른 과태료 부과건의 경우 각각 과징금 또는 과태료 부과사실을 통지하였을 때 포상을 실시한다.

④ 포상금 산정 시에는 하나의 범칙물품에 대하여 각각의 법령을 적용하여 산출하되 「마약류 관리에 관한 법률」 위반 사범의 포상금 최고액은 3억 원이다.

⑤ 관세행정의 개선이나 발전에 특별히 공로가 있는 자에 대해서도 그 공로에 따라 200만 원의 범위에서 포상금을 지급할 수 있다.

10 「국민보호와 공공안전을 위한 테러방지법」에 따라 테러 예방 및 대응을 위하여 관계기관 합동으로 구성하거나 관계기관의 장이 설치하는 전담조직(협의체를 포함한다)이 아닌 것은?

① 지역 테러대책협의회

② 대테러합동조사팀

③ 공항·항만 테러대책협의회

④ 국가테러대책위원회

⑤ 화생방테러대응지원본부

11 수출입 안전관리 우수업체의 공인 부문으로 모두 맞는 것은?

① 수출부문, 화물운송주선업부문, 특송업부문

② 항공사부문, 하역업부문, 전자상거래업부문

③ 수입부문, 보세구역운영인부문, 선박회사부문

④ 보세운송업부문, 관세사부문, 해외구매대행업부문

⑤ 보세구역운영인부문, 특송업부문, 선박회사부문

12 수출입 안전관리 우수업체의 공인기준 심사에 대한 설명이다. (   ) 안에 들어갈 내용을 바르게 나열한 것은?

> • 공인심사 결과 법규준수도가 85점인 경우 공인기준을 (A)한 것으로 본다.
> • 공인심사 결과 내부통제시스템 기준의 평가점수가 75점인 경우 공인기준을 (B)한 것으로 본다.
> • 부채비율이 120%(동종업종 평균 부채비율은 70%임)인 경우 공인기준을 (C)한 것으로 본다.
> • 안전관리 기준 중에서 충족이 권고되는 기준의 평가 점수가 75점인 경우 공인기준을 (D)한 것으로 본다.

	(A)	(B)	(C)	(D)
①	충 족	충 족	미충족	충 족
②	충 족	미충족	충 족	충 족
③	충 족	미충족	미충족	충 족
④	미충족	충 족	미충족	미충족
⑤	미충족	미충족	충 족	미충족

13 수출입 안전관리 우수업체의 공인을 받고자 신규로 신청하여 공인기준을 모두 충족한 업체에 대한 관세청장의 공인등급 결정으로 틀린 것은?

① 법규준수도가 80점이어서 A등급을 부여하였다.

② 법규준수도가 90점이어서 AA등급을 부여하였다.

③ 원산지인증수출자 인증 기업이어서 공인등급을 부여할 때 우대하였다.

④ 공인부문에 해당하는 거래업체 중에서 수출입 안전관리 우수업체 공인기업의 비율이 높은 경우라서 공인등급을 부여할 때 우대하였다.

⑤ 수출입 안전관리 관련 우수사례가 있고, 법규준수도가 95점이어서 AAA등급을 부여하였다.

14 「수출입 안전관리 우수업체 공인 및 운영에 관한 고시」에서 사용하는 용어의 정의이다. (   ) 안에 들어갈 내용을 바르게 나열한 것은?

- (A) : 「통합 법규준수도 평가와 운영에 관한 고시」에 따라 측정한 점수를 말한다.
- (B) : 공인 또는 갱신심사를 신청하기 전에 업체가 희망하여 관세청장이 공인을 신청할 때 준비하여야 하는 서류의 종류와 내용을 안내하고, 공인기준 중에서 일부를 정해서 업체의 수출입 관리현황이 이를 충족하는지 예비적으로 확인하는 것을 말한다.
- (C) : 관세청 및 세관 소속 공무원으로서 관세청장이 수출입 안전관리 우수업체가 공인기준과 통관적법성을 충족하는지를 점검하고 지원하기 위하여 제21조에 따라 지정한 사람을 말한다.

	(A)	(B)	(C)
①	신고정확도	사전심사	수출입관리책임자
②	법규준수도	예비심사	기업상담전문관
③	법규준수도	사전심사	기업상담전문관
④	법규준수도	예비심사	수출입관리책임자
⑤	신고정확도	예비심사	기업상담전문관

15 수출입 안전관리 기준 준수도의 측정·평가의 절차 및 활용 등에 대한 설명으로 틀린 것은?

① 관세청장은 수출입 안전관리 우수업체로 공인받기 위해 신청을 한 경우에 한하여 안전관리 기준 준수도를 측정·평가할 수 있다.

② 「관세법」 제172조 제2항에 따른 화물관리인은 수출입 안전관리 기준 준수도의 측정평가 대상이다.

③ 관세청장은 수출입 안전관리 기준 준수도를 측정·평가한 결과를 대통령령이 정하는 바에 따라 활용할 수 있다.

④ 「관세법」 제254조 및 「관세법 시행령」 제258조 제1호에 따른 특별통관대상업체는 기준 준수도의 측정·평가 대상이다.

⑤ 수출입 안전관리 기준 준수도 측정·평가에 대한 평가항목, 배점 및 등급 등 세부 사항은 관세청장이 정하여 고시한다.

16 「수출입 안전관리 우수업체 공인 및 운영에 관한 고시」 제18조(정기 자율 평가)에서 규정하고 있는 보세구역운영인부문 정기 자율평가 체크리스트 중 일부를 발췌한 것이다. (   ) 안에 들어갈 내용을 바르게 나열한 것은?

No	자율평가	확인사항
1	(통제환경) 경영방침 및 세부목표	
	☐ Yes ☐ No	세부목표는 (A)을 초과하지 않는 범위에서 검토하고 있습니까?
11	(정보기술관리) 정보기술 관리	
	☐ Yes ☐ No	전산시스템 백업을 주기적(B)으로 시행하고 있습니까?
	☐ Yes ☐ No	암호를 주기적(C)으로 변경하고 있습니까?
15	(기타) 변동신고 사항	
	☐ Yes ☐ No	화재, 침수, 도난, 불법유출 등 수출입화물 안전관리와 관련한 특이사항 발생 시 (D) 이내 신고하고 있습니까?

	(A)	(B)	(C)	(D)
①	3개월	30일	30일	15일
②	3개월	60일	60일	20일
③	6개월	30일	90일	30일
④	6개월	60일	120일	30일
⑤	6개월	90일	150일	60일

17 수출입 안전관리 우수업체 심의위원회에 대한 설명으로 틀린 것은?

① 수출입 안전관리 우수업체의 공인등급 조정은 심의위원회 심의 사항이다.
② 위원장은 관세청 차장이 된다.
③ 회의는 구성원 과반수 출석으로 개의하고 출석위원 과반수 찬성으로 의결한다.
④ 위원의 임기는 2년으로 하고, 연임할 수 없다.
⑤ 위원장이 부득이한 사유로 그 직무를 수행하지 못하는 경우에는 위원장이 지명하는 위원이 그 직무를 대신한다.

18 수출입 안전관리 우수업체 공인 절차에 관한 설명이다. ( ) 안에 들어갈 내용을 바르게 나열한 것은?

> • 예비심사 : 예비심사 신청서를 접수한 날로부터 (A) 이내에 예비심사를 마쳐야 한다.
> • 서류심사 : 관세청장은 신청업체가 제출한 서류를 통해서 공인기준을 충족하는지를 확인하기 어려운 경우에는 (B)의 범위 내에서 신청업체에 보완을 요구할 수 있다.
> • 현장심사 : 관세청장은 현장심사를 시작한 날부터 (C) 이내에 그 심사를 마쳐야 하며, 신청업체의 사업장을 직접 방문하는 기간은 (D) 이내로 한다.

	(A)	(B)	(C)	(D)
①	30일	30일	30일	15일
②	30일	60일	60일	15일
③	40일	30일	60일	15일
④	40일	60일	30일	30일
⑤	40일	30일	60일	30일

19 보세구역운영인 부문의 수출입 안전관리 우수업체 공인을 획득한 기업에 제공되는 혜택으로 틀린 것은?

① 「월별납부제도 운영에 관한 고시」 제3조에 따른 월별납부
② 「특허보세구역 운영에 관한 고시」 제17조에 따른 특허보세구역 갱신기간 연장
③ 「특허보세구역 운영에 관한 고시」 제18조 제3항에 따른 반입정지기간을 50% 범위 내에서 하향 조정 가능
④ 법규위반 시 행정형벌보다 통고처분, 과태료 등 행정질서벌 우선 고려
⑤ 「관세법 등에 따른 과태료 부과징수에 관한 훈령」에 따른 과태료 경감

20 국가 간 수출입 안전관리 우수업체의 상호인정약정 체결 절차가 아닌 것은?

① 공인기준의 상호 비교
② 상호방문 합동 공인심사
③ 상호인정약정의 혜택 및 정보교환 등 운영절차 마련
④ 관세당국 최고책임자 간 서명
⑤ 협정 체결국 국회의 비준

21 수출입 안전관리 우수업체 보세구역운영인 부문에 대한 안전관리 공인 기준으로 맞는 것은?

① 신청업체와 신청인이 관세 등 국세와 지방세의 체납이 없어야 한다.

② 운영인은 거래업체를 선정하기 위한 절차를 마련하여야 한다.

③ 운영인은 화물을 반출입하는 경우 즉시 신고할 수 있는 체계를 구축하여야 한다.

④ 운영인은 수출입물품의 이동과 물품취급 거래내역에 관한 관리절차를 마련하고, 관련 법령에 따라 보관하여야 한다.

⑤ 신청업체는 통합법규준수도시스템 또는 현장심사를 통하여 측정한 관세행정법규준수도가 수출입 안전관리 우수업체 공인기준을 충족하여야 한다.

22 「수출입 안전관리 우수업체 공인 및 운영에 관한 고시」 별표 1 보세구역운영인 부문의 내부통제시스템 기준이다. ( ) 안에 들어갈 내용을 바르게 나열한 것은?

> • 운영인은 (A)의 법규준수와 안전관리에 대한 경영방침과 이를 이행하기 위한 세부목표를 수립하여야 한다.
> • 운영인은 법규준수와 안전관리 관련 업무 처리에 부정적 영향을 주는 (B)의 식별, 평가, 관리대책의 수립, 개선 등을 포함한 절차를 마련하여야 한다.
> • 운영인은 법규준수와 안전관리를 위하여 관세행정 전문가, (C)와(과) 정기적으로 협의하여야 한다.

	(A)	(B)	(C)
①	최고경영자	위험요소	거래업체
②	최고경영자	위 험	기업상담전문관
③	이사회	위험요소	거래업체
④	이사회	위 험	기업상담전문관
⑤	총괄책임자	위험요소	거래업체

23 수출입 안전관리 우수업체 사후관리에 대한 설명으로 틀린 것은?

① 보세구역 특허변동으로 법적지위의 변경에 해당하는 사실이 발생한 경우 그 사실이 종료된 날로부터 30일 이내 수출입관리 현황보고서를 관세청장에게 보고하여야 한다.

② 범칙행위, 부도 등 공인유지에 중대한 영향을 미치는 변동사항이 발생한 경우 지체 없이 관세청장에게 보고하여야 한다.

③ 관리책임자가 변경된 경우는 변경된 날부터 180일 이내에 공인 후 교육을 받아야 한다.

④ 수출입 안전관리 우수업체가 여러 공인부문에 걸쳐 공인을 받은 경우는 공인일자가 가장 빠른 공인부문을 기준으로 자율 평가서를 함께 제출할 수 있다.

⑤ 관세청장은 수출입 안전관리 우수업체가 갱신검사를 신청한 경우는 공인의 유효기간이 끝나는 날이 속한 연도에 실시하는 정기 자율 평가를 생략하게 할 수 있다.

24 보세구역운영인부문의 수출입 안전관리 우수업체 관리책임자의 지정 및 교육에 대한 설명으로 틀린 것은?

① 수출입 관련 업무에 3년 이상 근무한 경력이 있는 사람으로 수출입관리책임자를 지정하여야 한다.

② 보세사는 수출입 관련 업무 경력과 관계없이 수출입관리책임자로 지정할 수 있다.

③ 공인 전 교육을 이수한 후 5년이 지나서 공인신청을 할 경우 공인신청 전에 공인 전 교육을 다시 이수하여야 한다.

④ 관리책임자는 법규준수 및 수출입 안전관리를 위한 관리책임자의 역할 등이 포함된 공인 후 교육을 매년 이수하여야 한다.

⑤ 관세청장이 관리책임자에게 공인 후 교육을 받도록 권고하였음에도 특별한 사유없이 이를 이행하지 않으면 수출입 안전관리 우수업체 혜택 적용이 정지될 수 있다.

25 A등급 수출입 안전관리 우수업체의 통관절차 및 관세행정 상의 혜택으로 틀린 것은?

① A社(수출업체)는 「수출물품 선별검사에 관한 훈령」에 따른 수출화물 선별검사 시 우선검사를 받을 수 있다.

② B社(수입업체)는 「관세조사 운영에 관한 훈령」에 따른 관세조사를 제외할 수 있다.

③ C社(관세사)의 대표자, 총괄책임자는 여행자 정보 사전확인제도 운영에 관한 훈령에 따른 여행자 검사대상 선별에서 제외된다(다만, 현행범, 중대·명백한 탈루정보가 있는 경우 제외).

④ D社(보세운송업자)는 「통고처분 벌금상당액 가중·감경 기준에 관한 고시」에 따른 통고처분 금액의 15%를 경감 받을 수 있다.

⑤ E社(보세구역운영인)는 「특허보세구역운영에 관한 고시」에 따른 반입정지기간을 50% 범위 내에서 하향 조정이 가능하다.

01 자율관리 보세구역에 대한 설명으로 맞는 것은?

① 보세구역의 화물관리인이나 운영인은 자율관리보세구역의 지정을 받으려면 관세청장에게 지정을 신청하여야 한다.

② 자율관리보세구역으로 지정받기 위해서는 화물의 반출입, 재고관리 등 실시간 물품관리가 가능한 전산시스템(WMS, ERP 등)을 구비하여야 한다.

③ 자율관리보세구역의 지정을 신청하려는 자는 해당 보세구역에 장치된 물품을 관리하는 관세사를 채용하여야 한다.

④ 자율관리보세구역에 장치한 물품은 「관세법」에 따른 절차 중 세관장이 정하는 절차를 생략한다.

⑤ 관세청장은 자율관리보세구역의 지정을 받은 자가 「관세법」에 따른 의무를 위반하거나 세관감시에 지장이 있다고 인정되는 경우 등 대통령령으로 정하는 사유가 발생한 경우에는 자율관리보세구역 지정을 취소할 수 있다.

02 자율관리 보세구역에 대한 설명이다. (   ) 안에 들어갈 내용을 바르게 나열한 것은?

• 운영인은 회계연도 종료 (A)이 지난 후 (B) 이내에 자율관리 보세구역 운영 등의 적정여부를 자체 점검하고, 자율점검표를 작성하여 세관장에게 제출하여야 한다.

• 운영인은 「관세법 시행령」 제3조 제1항 제3호에 따라 해당 보세구역에서 반출입 된 화물에 대한 장부를 (C)간 보관하여야 한다.

	(A)	(B)	(C)
①	2개월	10일	3년
②	2개월	10일	2년
③	2개월	15일	3년
④	3개월	15일	2년
⑤	3개월	10일	3년

03 자율관리보세구역 운영인 등의 의무에 대한 설명으로 틀린 것은?

① 운영인 등은 당해 보세구역에 작업이 있을 때는 보세사를 상주근무하게 하여야 한다.

② 운영인 등은 보세사를 채용, 해고 또는 교체하였을 때에는 관세청장에게 즉시 통보하여야 한다.

③ 운영인 등은 관세청장이 정하는 절차생략 등에 따른 물품 반출입 상황 등을 보세사로 하여금 기록·관리하게 하여야 한다.

④ 운영인 등은 해당 보세구역 반출입 물품과 관련한 생산, 판매, 수입 및 수출 등에 관한 세관공무원의 자료요구 또는 현장 확인 시에 협조하여야 한다.

⑤ 운영인 등은 보세사가 아닌 자에게 보세화물관리 등 보세사의 업무를 수행하게 하여서는 아니 된다.

04 자율관리보세구역 제도에 대한 설명으로 모두 맞는 것은?

A. 보세구역 운영인 등이 자율관리보세구역 지정기간을 갱신하려는 때에는 지정기간이 만료되기 2개월 전까지 세관장에게 자율관리보세구역 신청을 하여야 한다.

B. 세관장은 자율관리보세구역의 운영실태 등을 확인하기 위하여 연 2회 정기감사를 실시하여야 한다.

C. 세관장은 운영인 등과 보세사가 보세화물관리에 관한 의무사항을 불이행한 때에는 사안에 따라 경고처분 등의 조치를 할 수 있다.

D. 보세화물을 자율적으로 관리할 능력이 없다고 세관장이 인정하는 경우에는 「관세법」 제328조에 따른 청문절차 없이 자율관리보세구역 지정을 취소할 수 있다.

E. 자율관리보세구역 지정신청서는 세관장에게 제출하며, 신청서류는 우편 또는 FAX 등 정보통신망 등을 이용하여 제출할 수 있다.

① A, B

② A, C

③ B, D

④ A, E

⑤ C, E

05 보세사 제도운영에 대한 설명으로 틀린 것은?

① 「관세법 시행령」 제185조 제9항에 따라 보세사 시험업무를 위탁하는 기관은 국가자격검정 관련 전문기관 또는 사단법인 한국관세물류협회를 말한다.

② 보세사는 직무와 관련하여 부당한 금품을 수수하거나 알선·중개하여서는 아니된다.

③ 보세사시험 수행기관장은 보세사에 대한 시험을 매년 실시하여야 한다. 다만, 보세구역 및 보세사의 수급상황을 고려하여 필요하다고 인정하면 관세청장의 승인을 받아 격년제로 실시할 수 있다.

④ 보세사 징계의 종류는 견책, 6월의 범위내 업무정지, 등록취소의 3종으로 한다.

⑤ 보세사징계위원회는 간사 1인을 두며, 간사는 보세사업무를 담당하는 한국관세물류협회위원이 된다.

06 보세사 등록 및 취소에 대한 설명으로 맞는 것은?

① 보세사 등록을 신청하고자 하는 사람은 보세사 등록 신청서에 입사예정 증명서 또는 재직확인 증명서를 첨부하여 관세청장에게 제출하여야 한다.

② 한국관세물류협회장은 운영인 또는 등록보세사로부터 보세사의 퇴사·해임·교체통보 등을 받을 때에는 그 등록을 취소하고, 그 사실을 전산에 등록하여야 한다.

③ 보세사자격증을 교부받은 사람이 분실 등으로 재발급 받고자 하는 경우에는 보세사자격증교부(재교부)신청서에 재발급사유서를 첨부하여 관세청장에게 신청하여야 한다.

④ 관세청장은 보세사로 등록된 자가 「관세법」이나 「관세법」에 따른 명령을 위반한 경우에는 등록을 취소하여야 한다.

⑤ 보세사 등록이 취소된 사람은 그 취소된 날로부터 3년 내에 다시 등록하지 못한다.

07 수출입물류업체에 대한 법규수행능력측정 및 평가관리에 대한 설명으로 틀린 것은?

① 법규수행능력이란 수출입물류업체가 관세법규 등에서 정하는 사항을 준수한 정도로 측정한 점수를 말한다.

② 법규수행능력 평가대상 수출입물류업체에 대한 점검은 현지점검을 원칙으로 하며, 7일 이내의 기간을 정하여 현지점검을 실시할 수 있다.

③ 세관장이 법규수행능력 평가 현지점검을 실시한 때에는 「특허보세구역운영에 관한 고시」에 따른 보세구역운영상황의 점검을 생략할 수 있다.

④ 세관장이 법규수행능력 평가 점검결과 수출입물류업체가 시설장비 등의 부족으로 보세화물취급에 지장이 있다고 판단하는 때에는 시정을 명할 수 있다.

⑤ 법규수행능력 점검반이 수출입물류업체에 대한 법규수행능력 점검을 완료한 때에는 그 결과를 세관장에게 보고하고 즉시 법규수행능력평가시스템에 등록하여야 한다.

08 세관장이 실시하는 수출입물류업체 법규수행능력 평가에 대한 설명이다. (   ) 안에 들어갈 내용을 바르게 나열한 것은?

> 세관장이 법규수행능력 평가시스템에 의하여 수출입물류업체의 법규수행능력을 평가할 수 있는 주기는 연 1회를 원칙으로 하며, 신규업체가 법규수행능력 평가를 요청할 때에는 보세구역, 자유무역지역은 설립 후 (A) 경과한 경우에 평가를 실시할 수 있으며, 운송사, 선사, 항공사, 포워더는 세관신고 (B) 이상을 충족하는 경우에 평가를 실시할 수 있다.

	(A)	(B)
①	3개월	100건
②	3개월	150건
③	6개월	100건
④	6개월	150건
⑤	6개월	250건

09 자유무역지역에서 물품을 국외로 반출 또는 수출하는 절차에 대한 설명으로 맞는 것은?

① 외국물품 등이 아닌 물품을 자유무역지역에서 국외로 반출하려는 자는 국외반출신고를 하여야 한다.

② 단순반송하거나 통관보류되어 국외반출하려는 물품 등에 대하여는 수출신고를 하여야 한다.

③ 국외반출신고가 수리된 물품은 30일 이내에 선(기)적하여야 하며, 세관장은 재해·선(기)적 일정 변경 등 부득이한 사유로 기간 연장의 신청이 있는 때에는 1년의 범위에서 그 기간을 연장할 수 있다.

④ 국외반출신고가 수리된 물품을 선적하기 위하여 보세운송하는 경우에는 수출신고서 서식을 사용하여 보세운송신고 할 수 있다.

⑤ 국외반출신고 시 자유무역지역이나 다른 보세구역에서 제조가공한 물품 및 사용 소비신고한 물품에 대하여는 「반송절차에 관한 고시」를 준용한다.

10 「자유무역지역의 지정 및 운영에 관한 법률」 제40조의2(반입정지 등)에 대한 설명이다. (   ) 안에 들어갈 내용을 바르게 나열한 것은?

> 세관장은 물품반입의 정지처분이 그 이용자에게 심한 불편을 주거나 공익을 해칠 우려가 있는 경우에는 입주기업체에 대하여 물품반입의 정지처분을 갈음하여 해당 입주기업체 운영에 따른 매출액의 (A) 이하의 과징금을 부과할 수 있으며, 1일당 과징금 금액은 해당 자유무역지역의 사업에 따른 연간 매출액의 (B)에 상당하는 금액으로 한다.

	(A)	(B)
①	100분의 2	4천분의 1
②	100분의 2	3천분의 1
③	100분의 1	5천분의 1
④	100분의 3	4천분의 1
⑤	100분의 3	6천분의 1

11 자유무역지역 입주기업체의 역외작업에 대한 설명으로 틀린 것은?

① 세관장은 자유무역지역 입주기업체가 외국물품 등을 가공 보수하기 위하여 적법하게 역외작업 신고 시에는 이를 지체 없이 수리하여야 한다.

② 자유무역지역 입주기업체의 역외작업의 범위, 반출기간, 대상물품 등에 관한 사항은 산업통상자원부령으로 정한다.

③ 입주기업체가 역외작업에 의하여 가공 또는 보수된 물품을 반출장소 외의 관세영역으로 반출하려는 경우에는 수입신고를 하고 관세 등을 내야 한다.

④ 입주기업체가 역외작업의 공정에서 발생한 폐품을 처분하려는 경우에는 세관장에게 신고하여야 한다.

⑤ 역외작업의 신고 수리에 관하여는 「관세법」 제187조(보세공장 외 작업 허가) 제5항 및 제7항을 준용한다. 이 경우 "허가"는 "신고 수리"로 "보세공장"은 "자유무역지역"으로, "운영인"은 "입주기업체"로 본다.

12 자유무역지역 관리권자와 입주기업체 간의 입주계약의 해지 등에 대한 설명으로 틀린 것은?

① 관리권자는 입주기업체 또는 지원업체가 부정한 방법으로 입주계약을 체결한 경우에는 입주계약을 해지하여야 한다.

② 관리권자는 입주기업체 또는 지원업체가 입주계약을 체결한 사업 외의 사업을 한 경우 입주계약을 해지할 수 있다.

③ 관리권자는 입주기업체 또는 지원업체가 폐업한 경우 입주계약을 해지할 수 있다.

④ 입주계약이 해지된 자는 그 해지 당시의 수출 또는 수입 계약에 대한 이행업무 및 산업통상자원부령으로 정하는 잔무 처리업무를 제외하고는 그 사업을 즉시 중지하여야 한다.

⑤ 입주계약이 해지된 자는 자유무역지역에 소유하는 토지나 공장·건축물 또는 그 밖의 시설을 대통령령이 정하는 바에 따라 관리권자에게 양도하여야 한다.

13 「자유무역지역의 지정 및 운영에 관한 법률」(이하 "「자유무역지역법」")과 다른 법률과의 관계에 대한 설명으로 틀린 것은?

① 입출항 및 하역 절차 등 통관을 위하여 필수적인 절차가 「자유무역지역법」에 규정되어 있지 아니한 경우에는 「관세법」을 적용한다.

② 자유무역지역의 지정 및 운영에 관하여 「경제자유구역의 지정 및 운영에 관한 특별법」에 「자유무역지역법」과 다른 규정이 있는 경우에는 「자유무역지역법」을 우선하여 적용한다.

③ 물품의 통관에 관하여 「관세법」을 적용하는 것이 입주기업체에 유리한 경우에는 「관세법」을 적용한다.

④ 입주기업체 중 외국인투자기업은 「장애인고용촉진 및 직업재활법」에 따른 사업주의 장애인 고용 의무 규정을 준수하여야 한다.

⑤ 물품의 반입·반출을 효율적으로 관리하기 위하여 필요한 통제시설이 설치되어 있지 아니한 경우에는 「관세법」을 적용한다.

14 자유무역지역의 관리권자에 대한 내용이다. ( ) 안에 들어갈 내용을 바르게 나열한 것은?

- 산업단지 – 산업통상자원부장관
- 물류터미널 및 물류단지 – 국토교통부장관
- 공항 및 배후지 – (A)
- 항만 및 배후지 – (B)

	(A)	(B)
①	국토교통부장관	산업통상자원부장관
②	산업통상자원부장관	해양수산부장관
③	국토교통부장관	해양수산부장관
④	산업통상자원부장관	국토교통부장관
⑤	해양수산부장관	국토교통부장관

15 자유무역지역에서 반출입되는 외국물품 등의 보세운송에 대한 설명으로 맞는 것은?

① 국외반출신고가 수리된 물품의 보세운송기간은 신고 수리일부터 20일 이내로 하며, 선(기)적은 국외반출신고가 수리된 날부터 20일 이내에 선(기)적하여야 한다.

② 동일 자유무역지역 내 입주기업체 간에 외국물품 등을 이동하려는 때에는 관세청 전자통관시스템에 의한 수출입신고로 보세운송신고를 갈음할 수 있다.

③ 외국물품을 역외작업장소로 직접 반입하려는 자는 역외작업신고서 원본을 첨부하여 도착지세관장에게 보세운송신고하여야 한다.

④ 국외반출신고가 수리된 물품을 선적하기 위하여 보세운송하는 경우에는 수입신고서 서식을 사용하여 보세운송신고 할 수 있다.

⑤ 자유무역지역에서 제조·가공한 물품을 다른 자유무역지역으로 보세운송하는 경우에는 보세운송기간을 7일로 하며 7일 이내의 범위에서 연장할 수 있다.

16 「관세법」상 벌칙 조항에 관한 내용이다. (   ) 안에 들어갈 내용을 바르게 나열한 것은?

> • 화폐 · 채권이나 그 밖의 유가증권의 위조품 · 변조품 또는 모조품을 수출하거나 수입한 자는 7년 이하의 징역 또는 (A) 이하의 벌금에 처한다.
> • 제241조 제1항 · 제2항 또는 제244조 제1항에 따른 신고를 하지 아니하고 물품을 수입한 자는 (B) 이하의 징역 또는 관세액의 10배와 물품원가 중 높은 금액 이하에 상당하는 벌금에 처한다.
> • 제241조 제1항 · 제2항 또는 제244조 제1항에 따른 수입신고를 한 자 중 세액결정에 영향을 미치기 위하여 과세가격 또는 관세율 등을 거짓으로 신고하거나 신고하지 아니하고 수입한 자는 3년 이하의 징역 또는 포탈한 관세액의 (C)와 물품원가 중 높은 금액 이하에 상당하는 벌금에 처한다.

	(A)	(B)	(C)
①	7천만 원	5년	5배
②	7천만 원	3년	5배
③	5천만 원	5년	3배
④	5천만 원	3년	3배
⑤	3천만 원	5년	5배

17 「관세법」 제276조(허위신고죄 등)에 해당하는 행위 중 과실인 경우에도 벌금에 처하는 것으로 맞는 것은?

① 종합보세사업장의 설치 · 운영에 관한 신고를 하지 아니하고 종합보세기능을 수행한 자
② 부정한 방법으로 적재화물목록을 작성하였거나 제출한 자
③ 「관세법」 제38조(신고납부) 제3항 후단에 따른 자율심사 결과를 거짓으로 작성하여 제출한 자
④ 세관공무원의 질문에 대하여 거짓의 진술을 하거나 그 직무의 집행을 거부 또는 기피한 자
⑤ 「관세법」 제135조(입항절차) 제1항에 따른 입항보고를 거짓으로 한 자

18 「관세법」상 미수범과 예비범을 처벌할 수 있는 조항이 아닌 것은?

① 「관세법」 제268조의2(전자문서 위조 · 변조죄 등)
② 「관세법」 제269조 제1항(금지품수출입죄)
③ 「관세법」 제269조 제2항(밀수입죄)
④ 「관세법」 제270조 제1항 제1호(관세포탈죄)
⑤ 「관세법」 제270조의2(가격조작죄)

19 「관세법」 제165조의2 제2항을 위반하여 다른 사람의 성명·상호를 사용하여 보세사의 임무를 수행하거나 자격증 또는 등록증을 빌린 자에 대한 처벌은?

① 1년 이하의 징역 또는 1천만 원 이하의 벌금

② 1년 이하의 징역 또는 3천만 원 이하의 벌금

③ 3년 이하의 징역 또는 1천만 원 이하의 벌금

④ 3년 이하의 징역 또는 3천만 원 이하의 벌금

⑤ 1천만 원 이하의 과태료

20 「관세법」 제303조(압수와 보관)에 따라 관세청장이나 세관장이 압수물품을 피의자나 관계인에게 통고한 후 매각하여 그 대금을 보관하거나 공탁할 수 있는 사유가 아닌 것은?

① 피의자나 관계인이 매각을 요청하는 경우

② 처분이 지연되면 상품가치가 크게 떨어질 우려가 있는 경우

③ 사람의 생명이나 재산을 해칠 우려가 있는 경우

④ 보관하기가 극히 불편하다고 인정되는 경우

⑤ 부패 또는 손상되거나 그 밖에 사용할 수 있는 기간이 지날 우려가 있는 경우

21 「관세법」 제294조(출석요구)제1항에 대한 내용이다. (　) 안에 들어갈 내용을 바르게 나열한 것은?

> 세관공무원이 관세범 조사에 필요하다고 인정할 때에는 (A) 또는 (B)의 출석을 요구할 수 있다.

	A	B
①	당사자	대리인
②	조사를 한 사람	관세범
③	소유자·점유자	보관자
④	피의자·증인	참고인
⑤	진술인	참여자

22 「관세법」상 관세범 조사에 관한 설명으로 틀린 것은?

① 현행범인에 대한 조사로서 긴급히 처리할 필요가 있을 때에는 그 주요 내용을 적은 서면으로 조서를 대신할 수 있다.

② 이 법에 따라 수색·압수를 할 때에는 관할 지방법원 판사의 영장을 받아야 한다. 다만, 긴급한 경우에는 사후에 영장을 발급받아야 한다.

③ 세관공무원은 범죄사실을 증빙하기에 충분한 물품을 피의자가 신변(身邊)에 은닉하였다고 인정될 때에는 이를 내보이도록 요구하고, 이에 따르지 아니하는 경우에는 신변을 수색할 수 있다.

④ 관세범의 현행범인이 그 장소에 있을 때에는 누구든지 체포할 수 있고, 범인을 체포한 자는 지체 없이 경찰공무원에게 범인을 인도하여야 한다.

⑤ 세관공무원은 피의자·증인 또는 참고인에 대한 조사·검증·수색 또는 압수 중에는 누구를 막론하고 그 장소에의 출입을 금할 수 있다.

23 관세범에서 규정하고 있는 통고처분 제도에 대한 설명으로 맞는 것은?

① 관세청장이나 세관장은 관세범을 조사한 결과 범죄의 확증이 없더라도, 벌금에 상당하는 금액, 몰수에 해당하는 물품, 추징금에 해당하는 금액을 납부할 것을 통고할 수 있다.

② 「관세법」 제311조 제1항에 따른 통고가 있는 때에는 공소의 시효는 중단된다.

③ 관세범인이 통고의 요지를 이행하였을 때에는 동일사건에 대하여 다시 처벌을 받지 아니한다.

④ 관세징수권의 소멸시효는 통고처분의 사유로 정지된다.

⑤ 「관세법」 제311조 제8항에 따른 통고처분 면제는 벌금에 상당하는 금액이 50만 원 이하 또는 몰수에 해당하는 물품의 가액과 추징금에 해당하는 금액을 합한 금액이 150만 원 이하인 관세범을 대상으로 한다.

24 「관세법」상 법정 징역형이 가장 중한 범죄는?

① 「관세법」 제269조 제1항(금지품수출입죄)

② 「관세법」 제269조 제2항(밀수입죄)

③ 「관세법」 제275조의2 제1항(강제징수면탈죄 등)

④ 「관세법」 제274조 제1항(밀수품의 취득죄 등)

⑤ 「관세법」 제268조의2 제1항(전자문서 위조・변조죄)

25 보세구역에 물품을 반입하지 아니하고 거짓으로 「관세법」 제157조 제1항에 따른 반입신고를 한 자에 대한 처벌은?

① 200만 원 이하의 과태료

② 500만 원 이하의 과태료

③ 1천만 원 이하의 과태료

④ 5천만 원 이하의 과태료

⑤ 1억 원 이하의 과태료

CHAPTER 02

2023년 기출문제

제1과목 | 수출입통관절차

01 「관세법」제240조의 '수출입의 의제'에 해당하는 물품이 아닌 것은?

① 보세구역 장치기간이 지난 물품
② 「관세법」에 따라 매각된 물품
③ 「관세법」에 따라 몰수된 물품
④ 법령에 따라 국고에 귀속된 물품
⑤ 「관세법」에 따라 몰수를 갈음하여 추징된 물품

02 수입신고의 시기, 요건, 신고세관에 관한 설명으로 틀린 것은?

① 수입하려는 자는 출항 전 신고, 입항 전 신고, 보세구역 도착 전 신고, 보세구역 장치 후 신고 중에서 필요에 따라 요건에 맞는 신고방법을 선택하여 수입신고할 수 있다.
② 출항 전 신고나 입항 전 신고는 수입물품을 적재한 선박 등의 입항예정지를 관할하는 세관장에게 하여야 한다.
③ 출항 전 신고나 입항 전 신고는 해당 물품을 적재한 선박 등이 우리나라에 입항하기 5일 전(항공기에 의한 경우에는 1일 전)부터 할 수 있다.
④ 보세구역 도착 전 신고는 해당 물품이 출발한 보세구역을 관할하는 세관장에게 신고하여야 한다.
⑤ 보세구역 장치 후 신고는 해당 물품이 장치된 보세구역을 관할하는 세관장에게 신고하여야 한다.

03 수입신고를 생략하거나 신고서에 의한 간이신고를 할 수 없는 물품은?

① 우리나라에 내방하는 외국의 원수와 그 가족 및 수행원에 속하는 면세대상물품
② 해당 물품의 총 과세가격이 미화 250달러 이하의 면세되는 상업용 견본품
③ 설계도 중 수입승인이 면제되는 것
④ 미화 1,500달러 상당의 우편물
⑤ 「외국환거래법」에 따라 금융기관이 외환업무를 영위하기 위하여 수입하는 지급수단

04 「수입통관 사무처리에 관한 고시」상 B/L분할신고 및 수리에 관한 규정으로 틀린 것은?

① 검사·검역 결과 일부는 합격되고 일부는 불합격된 경우이거나 일부만 검사·검역 신청하여 통관하려는 경우에는 B/L을 분할하여 신고할 수 있다.
② 신고물품 중 일부만 통관이 허용되고 일부는 통관이 보류되는 경우에는 B/L을 분할하여 신고를 할 수 있다.
③ B/L을 분할하여도 물품검사와 과세가격 산출에 어려움이 없는 경우로서 분할신고된 물품의 납부세액이 1만 원 미만이 되는 경우에도 B/L을 분할하여 신고할 수 있다.
④ B/L분할신고에 따른 수입물품이 물품검사 대상인 경우 처음 수입신고할 때 분할 전 B/L물품 전량에 대하여 물품검사를 하여야 한다.
⑤ B/L분할신고에 따른 수입물품이 물품검사 대상인 경우 2차 이후 분할신고되는 물품에 대하여는 물품검사를 생략할 수 있다.

05 「반송절차에 관한 고시」의 내용으로 틀린 것은?

① "통관보류물품"이란 외국으로부터 보세구역에 반입된 물품으로서 수입신고를 하였으나 수입신고 수리요건 등을 갖추지 못하여 통관이 보류된 물품을 말한다.
② 반송물품에 대한 보세운송신고는 보세운송업자 또는 화주의 명의로 하여야 하며, 그 보세운송기간은 10일로 지정한다.
③ 통관보류물품 등 수입신고된 물품이 반송신고된 경우에는 세관장은 그 수입신고의 취하 여부를 심사한다.
④ 반송은 적재화물목록, 선하증권(B/L), 항공화물운송장(AWB)상의 수하인 또는 해당 물품의 화주가 할 수 있다.
⑤ 반송신고 수리 세관장은 반송신고 수리물품이 수리일로부터 30일을 경과하였을 때에는 적재 여부를 확인하여야 한다.

06 다음 빈칸에 공통으로 들어갈 내용으로 맞는 것은?

> 「관세법」 제229조 제1항 제2호의 규정에 의하여 2개국 이상에 걸쳐 생산·가공·제조된 물품의
> 원산지는 당해 물품의 생산과정에 사용되는 물품의 품목분류표상 (   ) 품목번호와 다른 (   ) 품
> 목번호의 물품으로 최종적으로 생산한 국가로 한다.

① 2단위
② 4단위
③ 6단위
④ 8단위
⑤ 10단위

07 컨테이너에 적입하여 수출하는 물품 중 관세청장이 보세구역에 반입한 후 수출신고를 하도록 고시
하고 있는 물품으로 맞는 것은?

① 마스크, 생활폐기물
② 마스크, 중고휴대폰
③ 생활폐기물, 중고자동차
④ 중고휴대폰, 중고자동차
⑤ 중고휴대폰, 생활폐기물

08 「관세법」상 물품검사에 대한 설명으로 틀린 것은?

① 세관공무원은 수출·수입 또는 반송하려는 물품에 대하여 검사를 할 수 있다.
② 관세청장은 검사의 효율을 거두기 위하여 검사대상, 검사범위, 검사방법 등에 관하여 필요한
   기준을 정할 수 있다.
③ 화주는 수입신고를 하려는 물품에 대하여 수입신고 전에 관세청장이 정하는 바에 따라 확인할
   수 있다.
④ 관세청장 또는 세관장은 세관공무원의 적법한 물품검사로 인하여 물품에 손실이 발생한 경우에
   는 그 손실을 입은 자에게 보상할 필요가 없다.
⑤ 세관장은 효율적인 검사를 위하여 부득이하다고 인정될 때에는 관세청장이 정하는 바에 따라
   해당 물품을 보세구역에 반입하게 한 후 검사할 수 있다.

09 수출검사에 관한 설명으로 틀린 것은?

① 수출신고물품의 검사는 원칙적으로 생략하나, 물품을 확인할 필요가 있는 경우에는 물품검사를 할 수 있다.

② 수출물품의 검사는 신고지검사를 원칙으로 한다.

③ 세관장은 수출물품의 효율적인 검사를 위하여 필요한 경우 포장명세서 등 관계 자료의 제출을 요구할 수 있다.

④ 세관장은 신고지검사를 완료한 수출물품에 대하여 봉인조치를 하거나 보세운송을 통하여 적재지 보세구역으로 운송하도록 할 수 있다.

⑤ 적재지검사 대상물품이 적재지 보세구역에 반입된 때에는 운영인은 관할 세관장에게 즉시 반입보고를 하여야 한다.

10 수입신고의 취하 또는 각하에 관한 설명으로 맞는 것은?

① 수입신고 취하승인(신청)서를 접수한 세관장이 접수일로부터 10일 이내에 승인 여부를 통지하지 않으면 해당 처리기간이 끝난 다음 날에 승인을 한 것으로 본다.

② 세관장은 거짓이나 그 밖의 부정한 방법으로 수입신고가 된 경우에는 수입신고를 취하한다.

③ 세관장은 수입계약 내용과 상이한 물품을 해외공급자 등에게 반송하기로 한 경우로서 화주 등이 요청하는 경우 직권으로 수입신고를 각하할 수 있다.

④ 세관장은 입항 전 수입신고한 화물이 도착하지 않은 경우에는 화주 등으로부터 수입신고 취하승인(신청)서를 접수받아 취하승인을 하여야 한다.

⑤ 세관장은 수입신고가 수리된 물품에 대하여는 수입신고의 취하를 승인할 수 없다.

11 「관세법」상 수출신고 수리물품의 적재와 관련된 설명이다. 빈칸 안에 들어갈 내용을 바르게 나열한 것은?

> 수출신고가 수리된 물품은 수출신고가 수리된 날부터 (A) 이내에 운송수단에 적재하여야 한다. 다만, 기획재정부령으로 정하는 바에 따라 (B)의 범위에서 적재기간의 연장승인을 받은 것은 그렇지 않다.

	A	B
①	30일	3개월
②	30일	6개월
③	30일	1년
④	60일	3개월
⑤	60일	6개월

12 수입통관에 곤란한 사유가 없는 물품으로서 수입신고 수리 전 반출 승인 대상이 아닌 것은?

① 사전세액심사 대상물품(부과고지물품을 포함한다)으로서 세액결정에 오랜 시간이 걸리는 경우
②「조달사업에 관한 법률」에 따른 비축물자로 신고된 물품으로서 실수요자가 결정된 경우
③ 완성품의 세번으로 수입신고 수리받고자 하는 물품이 미조립상태로 분할선적 수입된 경우
④ 품목분류나 세율결정에 오랜 시간이 걸리는 경우
⑤ 수입신고 시「관세법 시행령」제236조 제1항 제1호에 따라 원산지증명서를 세관장에게 제출하지 못한 경우

13 임시개청 및 시간 외 물품 취급과 관련한 설명으로 맞는 것은?

① 세관의 업무시간이 아닌 때에 통관절차를 진행하고자 하는 경우 사전통보는 부득이한 경우를 제외하고는 공무원의 근무시간 외에 하여야 한다.
②「관세법」제241조에 따라 신고를 하여야 하는 우편물을 취급하는 경우에는 통보서를 세관에 제출할 필요가 없다.
③ 개청시간 외 통관절차를 진행함에 따른 수수료를 계산함에 있어 관세청장이 정하는 물품의 경우 여러 건의 수출입물품을 1건으로 하여 통관절차를 신청하는 때에를 이를 1건으로 한다.
④ 개청시간 및 물품취급시간 외 통관절차 등을 진행함에 따른 기본수수료는 평일과 공휴일 구분 없이 동일하다.
⑤ 세관의 개청시간 외에 통관절차·보세운송절차를 진행하기 위해 세관에 제출한 통보서상의 시간 외에 물품을 취급하는 경우에는 통보서를 별도로 세관에 제출할 필요가 없다.

14 「관세법」에서 규정하는 용어의 정의로서 틀린 것은?

① 수입에는 여행자가 휴대품을 국제무역기에서 소비하는 경우를 포함한다.
② 외국물품에는 「관세법」제241조 제1항에 따른 수출의 신고가 수리된 물품을 포함한다.
③ 우리나라의 선박이 공해에서 포획한 수산물은 내국물품에 해당한다.
④ 수리용 예비부분품이 해당 선박에서만 사용되는 경우 선박용품에 해당한다.
⑤ 복합환적이란 입국 또는 입항하는 운송수단의 물품을 다른 세관의 관할구역으로 운송하여 출국 또는 출항하는 운송수단으로 옮겨 싣는 것을 말한다.

15 관세의 납부기한에 대한 설명으로 맞는 것은?

① 세관장은 관세청장이 정하는 요건을 갖춘 성실납세자가 신청을 할 때에는 납부기한이 동일한 달에 속하는 세액에 대하여 그 기한이 속하는 달의 다음 달 말일까지 한꺼번에 납부하게 할 수 있다.

② 수입신고 전 즉시반출신고를 한 경우에는 수입신고 전 즉시반출신고일부터 15일 이내 관세를 납부해야 한다.

③ 납세의무자는 납세신고한 세액을 납부하기 전에 그 세액이 과부족하다는 것을 알게 된 때에는 납세신고한 세액을 정정할 수 있으며, 이 경우 납부기한은 당초 납부기한의 다음 날까지로 한다.

④ 납세의무자가 부족한 세액에 대한 세액의 보정을 신청한 경우에는 해당 보정신청을 한 날의 다음 날까지 해당 관세를 납부하여야 한다.

⑤ 납세의무자는 신고납부한 세액이 부족한 경우에는 일정한 기간 내에 수정신고를 할 수 있으며, 이 경우 수정신고한 날까지 해당 관세를 납부하여야 한다.

16 아래의 사실관계에 기초하여 「관세법」상 규정을 설명한 것으로 틀린 것은? (정답 2개)

> 우리나라에 소재하는 K-주식회사는 미국에 소재하는 A사로부터 승용차 100대를 국내 판매용으로 구매('22.9.30.) 후 수입한다. 해당 물품은 미국 L.A 산타모니카항에서 선적('22.11.30.)되어 부산항 보세구역에 반입('23.1.1)된 후 수입신고('23.1.10)하여 관세 등을 납부하고 통관되었다.

① 해당 물품에 대한 관세의 납세의무자는 K-주식회사이다.

② 해당 물품에 대한 관세액은 승용차의 가격에 기초하여 결정한다.

③ 해당 물품에 대한 관세율은 수입신고 당시의 법령에 따라 적용한다.

④ 해당 물품에 대한 관세는 부산항 보세구역에 반입된 때의 물품의 성질과 그 수량에 따라 부과한다.

⑤ 해당 물품에 대한 관세의 과세가격 결정 시 적용할 과세환율은 관세청장이 정한 수입신고를 한 날이 속하는 주의 전주(前週)의 기준환율을 평균한 율을 적용한다.

17 「관세법」상 규정을 설명한 것으로 맞는 것은?

① 관세부과의 제척기간은 통고처분 등에 의해 중단된다.

② 의무불이행 등의 사유로 감면된 관세를 징수하는 경우에는 그 사유가 발생한 날의 다음 날부터 5년이 지나면 부과할 수 없다.

③ 납세의무자가 신고납부한 세액이 과다한 것을 알게 되어 「관세법」 제38조의3 제2항에 따라 경정청구를 하는 경우 그 청구일부터 3개월 이내에 세관장은 경정한다.

④ 부정환급 등의 사유로 관세를 징수하는 경우에는 환급한 날의 다음 날부터 5년이 지나면 부과할 수 없다.

⑤ 「행정소송법」에 따른 소송에 대한 판결이 있는 경우에는 그 판결이 확정된 날부터 2년 이내에 세관장은 그 판결에 따라 경정이나 그 밖에 필요한 처분을 할 수 있다.

18 「관세법」상 과세가격의 가산요소로 틀린 것은?

① 구매자가 부담하는 수수료와 중개료. 다만, 구매수수료는 제외한다.

② 해당 수입물품과 동일체로 취급되는 용기의 비용과 해당 수입물품의 포장에 드는 노무비와 자재비로서 구매자가 부담하는 비용

③ 연불조건의 수입인 경우에는 해당 수입물품에 대한 연불이자

④ 해당 수입물품을 수입한 후 전매·처분 또는 사용하여 생긴 수익금액 중 판매자에게 직접 또는 간접으로 귀속되는 금액

⑤ 특허권, 실용신안권, 디자인권, 상표권 및 이와 유사한 권리를 사용하는 대가로 지급하는 것으로서 대통령령으로 정하는 바에 따라 산출된 금액

19 아래의 물품 중 간이세율을 적용하지 않는 물품을 모두 고른 것은?

> A. 관세율이 무세인 물품과 관세가 감면되는 물품
> B. 수출용 원재료
> C. 「관세법」상 범칙행위에 관련된 물품
> D. 당해 물품의 수입이 국내산업을 저해할 우려가 있다고 관세청장이 정하는 물품
> E. 관세청장이 상업용으로 인정하는 수량의 물품

① A

② A, B

③ A, B, C

④ A, B, C, D

⑤ A, B, C, D, E

20 아래 설명에 해당하는 수입물품에 적용되는 세율은?

> 일괄하여 수입신고가 된 물품으로서 물품별 세율이 다른 물품에 대하여는 신고인의 신청에 따라 그 세율이 가장 높은 세율을 적용할 수 있다.

① 합의에 따른 세율
② 용도세율
③ 간이세율
④ 편익관세
⑤ 국제협력관세

21 「관세법」상 관세감면에 관한 규정에 대한 설명으로 맞는 것은?

① 관세감면을 받으려는 자는 예외 없이 해당 물품의 수입신고 수리 전에 신청서를 세관장에게 제출하여야 한다.
② 관세청장은 관세감면물품의 사후관리기간을 정하려는 경우, 동일 물품에 대한 사후관리기간이 다르면 그중 가장 긴 기간으로 하여야 한다.
③ 「관세법」 제89조에 따른 세율불균형물품에 대한 관세의 감면은 세관장으로부터 제조·수리공장을 지정받은 중소기업만 적용받을 수 있다.
④ 수출물품을 해외에서 설치, 조립 또는 하역하기 위해 사용하는 장비로서 우리나라에서 수출신고 수리일부터 2년 내에 재수입되는 물품은 그 관세를 면제할 수 있다.
⑤ 세관장의 승인을 얻어 관세감면을 받은 물품을 용도 외 사용하거나 양도·임대하는 경우에는 감면된 관세를 징수하지 않는다.

22 「관세법」상 가산세 적용대상이 아닌 것은?

① 우리나라로 거주를 이전하기 위하여 입국하는 자가 관세를 납부하여야 할 물품에 해당하는 이사물품을 신고하지 않아 과세하는 경우
② 수입신고 전 반출신고 후 10일 이내에 수입신고를 하지 않은 경우
③ 재수출면세를 적용받은 물품이 규정된 기간 내에 수출되지 않은 경우
④ 여행자가 관세를 납부하여야 할 물품에 해당하는 휴대품을 신고하지 않아 과세하는 경우
⑤ 세액을 납부하기 전에 세액정정을 하는 경우

23 관세감면대상 중 「관세법」 제102조에 따른 사후관리대상인 것은?

① 정부용품 등의 면세

② 종교용품, 자선용품, 장애인용품 등의 면세

③ 소액물품 등의 면세

④ 여행자 휴대품 및 이사물품 등의 감면

⑤ 해외임가공물품 등의 감면

24 관세행정 구제제도에 관한 설명이다. 다음 빈칸 안에 들어갈 내용을 바르게 나열한 것은?

> 과세 전 적부심사는 과세 전 통지를 받은 날부터 (A) 이내에 청구할 수 있고 심사청구는 처분이
> 있은 날로부터 (B) 이내에 청구하여야 한다.

	A	B
①	20일	60일
②	20일	90일
③	30일	30일
④	30일	60일
⑤	30일	90일

25 「대외무역법 시행령」 제19조에 따른 수출입승인 면제물품에 해당하는 경우라도 「관세법」 제226조 제2항에 따라 세관장이 수출입요건 구비 여부를 확인하는 물품이 아닌 것은?

① 「마약류 관리에 관한 법률」 해당 물품

② 「어린이제품 안전 특별법」 해당 물품

③ 「총포 · 도검 · 화약류 등의 안전관리에 관한 법률」 해당 물품

④ 「가축전염병 예방법」 해당 물품

⑤ 「식물방역법」 해당 물품 중 식물, 종자, 원목, 원석, 가공목재

01 지정장치장에 대한 설명으로 맞는 것은?

① 지정장치장은 통관을 하려는 물품을 일시 장치하기 위한 장소로서 시설주의 신청에 의하여 세관장이 지정하는 구역이다.

② 지정장치장에서의 물품 장치기간은 6개월이며, 세관장은 6개월 범위에서 그 기간을 연장할 수 있다.

③ 세관장은 화물관리인을 지정할 수 없을 때에는 해당 시설의 관리자를 화물관리인으로 지정하여야 한다.

④ 화물관리인은 화물관리에 필요한 비용을 화주로부터 징수할 수 있다. 다만, 그 요율에 대하여는 세관장의 승인을 받아야 한다.

⑤ 지정장치장의 화물관리인은 중소기업의 장치물품에 대하여 세관설비 사용료를 납부하지 않는다.

02 영업용 보세창고에의 물품반입을 정지시킬 수 있는 경우로서 틀린 것은?

① 장치된 외국물품이 멸실된 때에 운영인이 세관장에게 멸실신고를 하지 않은 경우

② 해당 시설의 미비 등으로 보세창고 설치 목적을 달성하기 곤란하다고 인정되는 경우

③ 운영인 또는 그 종업원이 합법가장 밀수를 인지하고도 세관장에게 보고하지 않고 보관 또는 반출한 경우

④ 운영인 또는 그 종업원의 관리소홀로 해당 보세창고에서 밀수행위가 발생한 경우

⑤ 운영인이 장치물품에 대한 관세를 납부할 자금능력이 없다고 인정되는 경우

※ 해당 문제는 개정 규정을 반영하여 수정되었습니다.

03 특허보세구역 설치·운영에 관한 세관장의 감독사항으로 틀린 것은?

① 특허보세구역의 설치·운영에 관한 보고를 명할 수 있다.

② 세관공무원에게 특허보세구역의 운영상황을 검사하게 할 수 있다.

③ 특허보세구역의 운영에 필요한 시설·기계 및 기구의 설치를 명할 수 있다.

④ 특허보세구역의 설치 목적에 합당하지 않은 물품의 반출을 명할 수 있다.

⑤ 특허보세구역과 거래하는 업체의 종사자 인적사항을 보고하도록 할 수 있다.

04 보세구역에 대한 설명이다. 다음 빈칸 안에 들어갈 내용을 바르게 나열한 것은?

> 보세구역은 (A) · (B) 및 (C)으로 구분하고, (A)은 지정장치장 및 세관검사장으로 구분하며,
> (B)은 보세창고 · 보세공장 · 보세전시장 · 보세건설장 및 보세판매장으로 구분한다.

	A	B	C
①	지정보세구역	특수보세구역	자유무역지역
②	지정보세구역	종합보세구역	자유무역지역
③	지정보세구역	특허보세구역	종합보세구역
④	자유무역구역	특허보세구역	종합보세구역
⑤	종합보세구역	특허보세구역	자유무역지역

05 특허보세구역 운영인의 의무에 대한 설명으로 틀린 것은?

① 장치화물에 관한 각종 장부와 보고서류(전산자료 포함)를 2년간 보관하여야 한다.

② 보세구역의 건물, 시설 등에 관하여 소방서 등 행정관청으로부터 시정명령을 받은 때에는 지체 없이 세관장에게 보고하여야 한다.

③ 보세구역의 수용능력을 증가시키는 설치 · 운영시설의 증축 등의 공사를 하려는 때에는 세관장 에게 신고하여야 한다.

④ 보세구역의 장치물품의 종류를 변경하려는 때에는 미리 세관장의 승인을 받아야 한다.

⑤ 운영인은 관세법령에서 정하는 바에 따라 특허보세구역 특허수수료를 납부하여야 한다.

06 보세창고 운영인에 대한 행정제재로 틀린 것은?

① 1년에 주의처분을 3회 받은 때에는 경고 1회로 한다.

② 현장점검, 감사 등의 결과에 따라 수 개의 동일 위반사항이 적발된 경우 이를 1건으로 주의처분 하거나 경고처분할 수 있다.

③ 거짓이나 그 밖의 부정한 방법으로 특허를 받은 경우에는 특허를 취소하여야 한다.

④ 보세창고 운영인 또는 그 사용인이 「관세법」을 위반하여 물품반입을 정지하는 경우 범칙시가에 따라 정지기간을 산정한다.

⑤ 세관장은 자체 특허심사위원회의 사전심사를 거쳐 반입정지 기간을 하향 조정하는 경우, 기준일 의 50%의 범위에서 조정할 수 있다. 다만, 반입정지 기간은 7일 미만으로 할 수 없다.

※ 해당 문제는 개정 규정을 반영하여 수정되었습니다.

07 보세공장에서의 물품 수출입 및 반송 등에 대한 설명 중 틀린 것은?

① 해당 보세공장 부설 연구소에서 사용될 시설 기자재·원재료 등은 보세공장 반입일로부터 30일 이내에 수입 또는 반송신고하여야 한다.

② 원료과세 적용신청 물품으로서 FTA 협정관세를 적용받고자 하는 경우에는 사용신고를 할 때 해당 원산지와 원산지증명서 구비 여부(Y), 세율란(FTA 관세율)을 기재하여 사용신고를 하여야 한다.

③ 생산계획 변경, 제조품목의 사양변경 또는 보세작업 과정에서 발생하는 잉여 원재료는 반입신고 시의 원재료 원상태로 국외반출을 할 수 있다.

④ 운영인은 잉여물품을 수입신고 전에 즉시 반출하려는 경우 세관장에게 보세공장 잉여물품 수입 신고 전 반출신고서를 제출해야 한다.

⑤ 수입신고 전 반출한 잉여물품은 반출신고서를 제출한 날로부터 30일 이내에 반출신고서 건별로 수입신고하여야 한다.

08 보세공장 장외작업에 대한 설명으로 틀린 것은?

① 세관장은 장외작업 허가기간이 경과한 물품이 장외작업장에 장치되어 있는 때에는 지체 없이 보세공장 반입명령을 하여야 한다.

② 장외작업으로 보세작업한 물품은 장외작업장소에 장치한 상태에서 원보세공장 관할 세관으로 수출·수입신고, 양수도, 반출신고 등을 할 수 있다.

③ 세관장은 운영인이 거대중량 등의 사유로 1년의 범위에서 계속하여 장치하려는 경우 장외작업기 간 연장을 승인할 수 있다.

④ 장외작업의 허가를 받은 물품은 원보세공장 관할 세관에서 관리하거나 관리가 어려운 경우 장외 작업장 관할 세관장에게 관리·감독을 의뢰할 수 있다.

⑤ 임가공계약서 등으로 전체 장외작업의 내용을 미리 알 수 있어 여러 건의 장외작업을 일괄 허가 하는 경우 1년 이내에서 장외작업 허가를 받을 수 있다.

09 자가용 보세창고를 공동보세창고로 특허하는 경우에 대한 설명으로 틀린 것은?

① 공동보세창고를 운영하려는 자는 전체 창고면적을 특허면적으로 하여 특허를 신청하여야 한다.

② 정부 또는 정부투자기관이 관리하는 보관·비축시설에 관련 업체의 수입물품을 일괄 보관하는 경우 공동보세창고로 특허할 수 있다.

③ 「물류시설의 개발 및 운영에 관한 법률」에 따라 물류단지를 운영하는 자가 입주기업체의 수입품 을 일괄하여 보관하는 경우 공동보세창고로 특허할 수 있다.

④ 운영인은 장치물품의 종류와 특성에 따른 내부 화물관리 규정을 갖추어야 한다.

⑤ 수출입업을 영위할 수 있는 중소기업협동조합에서 회원사의 수입원자재를 수입하여 보관하려는 경우 공동보세창고로 특허할 수 있다.

※ 해당 문제는 개정 규정을 반영하여 수정되었습니다.

10 보세창고 운영인이 보세창고 내 일정한 장소에 게시하여야 하는 사항으로 틀린 것은?

① 보세창고 출입자 명단
② 보세창고 특허장
③ 위험물품장치허가증 등 관계행정기관의 장의 허가, 승인 또는 등록증(위험물품, 식품류를 보관하는 보세창고에 한정)
④ 화재보험요율
⑤ 보관요율(자가용 보세창고는 제외) 및 보관규칙

※ 해당 문제는 개정 규정을 반영하여 수정되었습니다.

11 보세공장 원재료의 범위 등에 관한 설명으로 틀린 것은?

① 해당 보세공장에서 생산하는 제품에 물리적 또는 화학적으로 결합되는 물품은 보세공장 원재료에 해당한다.
② 해당 보세공장에서 생산하는 제품을 제조·가공하는 공정에 투입되어 소모되는 물품은 보세공장 원재료에 해당한다.
③ 기계·기구 등의 작동 및 유지를 위한 연료, 윤활유 등 제품의 생산작업에 간접적으로 투입되어 소모되는 물품은 보세공장 원재료에 해당된다.
④ 해당 보세공장에서 수리·조립·검사·포장 작업에 직접적으로 투입되는 물품은 보세공장 원재료에 해당된다.
⑤ 보세공장 원재료는 해당 보세공장에서 생산하는 제품에 소요되는 수량을 객관적으로 계산할 수 있는 물품이어야 한다.

12 자율관리 보세공장의 특례에 대한 설명으로 틀린 것은?

① 연 1회 실시하는 재고조사를 생략할 수 있다.
② 물품의 반출입을 할 때, 동일 법인에서 운영하는 자율관리 보세공장 간에는 보세운송절차를 생략할 수 있다.
③ 물품의 반출입을 할 때 동일 법인에서 운영하는 자율관리 보세공장과 자유무역지역 입주기업체 간에는 보세운송절차를 생략할 수 있다.
④ 자율관리 보세공장에서 무상으로 수출하는 미화 1만 달러(FOB기준) 이하 견본품은 보세운송절차를 생략할 수 있다.
⑤ 자율관리 보세공장에서 내·외국물품 혼용작업을 하는 경우 세관장의 승인을 생략한다.

13 보세전시장의 폐회 후 물품처리로 틀린 것은?

① 박람회 등의 회기가 종료되면 해당 보세전시장에 있는 외국물품은 이를 외국으로 반송하는 것을 원칙으로 한다.

② 기증·매각됨으로써 보세전시장에 있는 외국물품을 국내로 반입하려는 자는 수입신고를 하여야 한다.

③ 보세전시장에 있는 외국물품을 폐기하려는 때에는 미리 세관장의 승인을 받아야 한다.

④ 회기가 종료되고 반송, 수입 또는 폐기처리되지 않은 외국물품은 해당 보세전시장의 특허기간 만료 후 30일 이내에 다른 보세구역으로 반출하여야 한다.

⑤ 폐기 후의 잔존물이 가치가 있는 때에는 폐기 후의 성질과 수량에 따라 관세를 부과한다.

14 보세전시장의 운영에 대한 설명으로 틀린 것은?

① 보세전시장의 운영인은 해당 박람회 등의 주최자 명의로서 하여야 한다.

② 보세전시장으로 특허받을 수 있는 장소는 해당 박람회 등의 전시장에 한정한다.

③ 보세전시장의 특허기간은 해당 박람회 등의 회기와 그 회기의 전후에 박람회 등의 운영을 위한 외국물품의 반입과 반출 등에 필요하다고 인정되는 기간을 고려해서 세관장이 정한다.

④ 세관장에게 반입신고를 한 외국물품이 보세전시장에 반입된 경우 운영인은 그 물품에 대하여 세관공무원의 검사를 받아야 한다.

⑤ 해당 보세전시장에서 불특정다수의 관람자에게 판매할 것을 목적으로 하는 외국물품은 보세전시장에 반입할 수 없다.

15 보세건설장에 대한 설명으로 맞는 것은?

① 보세건설장의 부대시설을 건설하기 위해 반입되는 외국물품은 사용·소비신고 후 사용하여야 한다.

② 외국물품인 기계류 설비품은 건설공사에 투입되기 전에 세관장에게 사용신고를 하여야 한다.

③ 보세건설장에서 건설된 시설을 수입신고 수리 전에 시험목적으로 일시 가동하고자 하는 경우에는 세관장의 승인을 받아야 한다.

④ 공사용 장비는 일시 사용신고를 하고 건설공장에 투입하여 사용할 수 있다.

⑤ 운영인은 전체 산업시설의 건설이 완료되면 완료일부터 1개월 이내에 세관장에게 건설 완료보고를 해야 한다.

16 보세판매장의 물품판매절차에 대한 설명으로 틀린 것은?

① 운영인이 물품을 판매한 때에는 구매자 인적사항 및 판매사항을 세관에 전자문서로 실시간 전송(시내면세점에서 판매된 물품을 보세운송하는 경우 보세운송신고 시)하여야 한다.

② 운영인은 보세판매장의 물품을 전자상거래의 방법에 의하여 직접 판매하거나 제3자가 운영하는 사이버몰을 통하여 판매할 수 없다.

③ 출국장면세점의 판매물품을 이동판매 방식에 의해 판매하려는 경우 세관장의 승인을 받아야 한다.

④ 외국 원수와 그 가족이 시내면세점에서 구입한 물품은 보세판매장에서 현장인도할 수 있다.

⑤ 인수자가 교환권을 분실한 경우 인도자는 구매자가 동일인임을 확인한 후 교환권을 재발행할 수 있다.

17 보세판매장의 인도장 및 인도자에 대한 설명 중 틀린 것은?

① 교환권의 여권번호가 다른 경우 인도자는 구매자의 인적사항과 서명 등을 구매내역과 비교하여 동일인임을 확인한 후 인도하여야 한다.

② 인도자는 전자식 교환권의 경우 전자서명을 받고 구매 시의 서명이나 인적사항을 대조 확인하여야 한다.

③ 세관장은 인도장의 수용능력을 초과하는 경우 출국장 인접 보세구역에 1년의 범위 내에서 임시 인도장을 지정할 수 있다.

④ 인도자는 회수된 교환권을 정리하여 세관장에게 보고한 후 매월 10일 또는 세관장이 지정한 일자 단위로 판매자에게 송부하여야 한다.

⑤ 인도장에서 보세판매장 판매물품을 구매자에게 인도하는 업무를 담당하려는 자는 인도장 관할 세관장으로부터 지정을 받아야 한다.

18 보세판매장 판매물품의 인도에 대한 설명으로 틀린 것은?

① 인도자는 인도장의 업무량을 고려하여 적정인원의 보세사를 채용해야 한다.

② 인도자는 인도업무를 직접 수행하여야 하며, 보세사에게 위임할 수 없다.

③ 인도자는 인도자와 인도보조자의 근무시간 및 근무방법을 세관장에게 보고해야 한다.

④ 세관장은 운영인이 운송한 물품을 인도자에게 인도할 장소를 지정한다.

⑤ 인도자는 인도장에 보세운송된 물품의 인수를 완료할 때에는 세관공무원에게 이상 유무를 보고해야 한다.

19 보세판매장 특허심사위원회에 관한 설명으로 틀린 것은?

① 특허심사위원회는 위원장을 포함하여 100명 이내의 위원으로 성별을 고려하여 구성한다.

② 보세판매장의 신규 특허 수 결정을 심의한다.

③ 보세판매장 특허 신청자의 평가 및 선정을 심의한다.

④ 보세판매장 특허 갱신 심사를 심의한다.

⑤ 특허심사위원회 심의 후 참여 위원 명단을 공개한다.

20 보세판매장 운영인의 의무로 틀린 것은?

① 시내면세점 운영인은 중소·중견기업 제품 매장을 설치하여야 한다.

② 운영인은 보세판매장에서 판매하는 물품과 동일 또는 유사한 물품을 수입하여 내수판매를 하지 않아야 한다.

③ 운영인은 해당 월의 보세판매장의 업무사항을 다음 달 7일까지 보세판매장 반출입물품 관리를 위한 전산시스템을 통하여 세관장에게 보고하여야 한다.

④ 운영인은 보세판매장에 근무하는 사람 중 소속직원에 대해 보세판매장 협의단체에서 주관하는 교육을 연 1회 이상 이수하도록 하여야 하며, 다른 법인 등에 소속된 판촉사원에 대해서는 해당 교육의 이수를 생략한다.

⑤ 운영인은 물품을 판매하는 때에는 구매자의 인적사항을 여권 또는 외국인임을 확인할 수 있는 자료, 그 외 세관장이 인정하는 신원확인방법을 통해 확인해야 한다.

21 보세판매장 운영인이 팸플릿, 인터넷 홈페이지와 게시판 등을 통해 홍보해야 하는 것으로 틀린 것은?

① 입국장인도장에서 인도받을 물품의 구매한도액, 입국장 면세점의 구매한도액 및 면세한도액의 혼동 방지

② 면세점에서 구입한 면세물품의 원칙적인 국내반입 제한(입국장 면세점 판매물품 및 입국장인도장 인도물품은 제외한다)

③ 면세물품의 교환·환불절차 및 유의사항

④ 현장인도받은 내국물품의 외국반출 의무

⑤ 해당 월의 보세판매장 업무상황

22 종합보세구역의 물품 반출입에 대한 설명으로 틀린 것은?

① 외국으로부터 도착한 물품 또는 보세운송되어 반입하는 물품에 대하여는 House B/L 단위로 반입신고를 하여야 한다.

② 동일 종합보세구역 내의 종합보세사업장 간의 물품의 이동에는 보세운송신고를 하여야 한다.

③ 운영인이 동일 종합보세사업장에서 종합보세기능 간에 물품을 이동하는 경우에는 반출입신고를 하지 않는다.

④ 운영인은 반입된 물품이 반입예정정보와 품명·수량이 상이한 경우에는 즉시 세관장에게 보고하여야 한다.

⑤ 소방관련 법령 등에 의한 위험물 장치허가를 받지 않은 종합보세사업장 운영인은 화물 반입 시 위험물 여부를 확인하여야 하며, 위험물을 발견하였을 때에는 즉시 세관장에게 보고하여야 한다.

23 종합보세구역에서 종합보세사업장 설치·운영 등에 대한 설명으로 맞는 것은?

① 종합보세구역에서 종합보세기능을 수행하고자 하는 자는 종합보세사업장 설치·운영특허 신청서를 제출하여 세관장에게 특허를 받아야 한다.

② 운영인이 종합보세사업장을 15일 이상 계속하여 휴업하고자 할 때에는 운영인은 세관장에게 즉시 그 사실을 신고하여야 한다.

③ 종합보세사업장의 설치·운영기간은 30년의 범위 내에서 운영인이 정하는 기간으로 한다.

④ 종합보세사업장의 토지·건물 등을 임차한 경우 종합보세사업장의 설치·운영기간은 임대차계약기간 만료 10일 전까지 기간연장된 임대차계약서 또는 시설사용허가서 사본을 제출하는 조건으로 운영인이 정하는 기간으로 한다.

⑤ 설치·운영기간 이후에도 계속하여 종합보세기능을 수행하고자 할 때에는 설치·운영기간 만료 30일 전까지 설치·운영 변경신고에 의하여 설치·운영기간을 연장하여야 한다.

24 관세청장이 지정하는 종합보세구역의 대상지역에 해당하지 않는 것은?

① 「외국인투자촉진법」에 의한 외국인투자지역

② 「산업입지 및 개발에 관한 법률」에 의한 산업단지

③ 「자유무역지역의 지정 및 운영에 관한 법률」에 따라 운영시기가 공고된 자유무역지역

④ 「유통산업발전법」에 의한 공동집배송센터

⑤ 「물류시설의 개발 및 운영에 관한 법률」에 따른 물류단지

25 **수입활어의 관리에 관한 사항으로 맞는 것은?**

① "활어"란 「관세법」의 별표 관세율표 제0301호에 해당하는 물품으로서 관상용과 양식용(이식용, 시험연구조사용)을 포함한 것을 말한다.

② 세관장은 검역 불합격품이 발생한 경우 해당 화주에게 불합격 사실을 통보를 받은 날부터 15일 이내에 반송 또는 폐기하도록 명령하여야 한다.

③ 운영인 등은 활어장치장 내에 설치된 CCTV의 전원을 차단하거나, 촬영에 방해가 되는 물체를 배치하려는 경우에는 세관장에게 통보하여야 한다.

④ 동일 선박 또는 항공기로 반입된 동일 화주의 활어는 장치된 수조별로 수입신고를 하여야 한다.

⑤ 운영인 등은 세관공무원의 관리 감독을 용이하게 하기 위하여 활어의 수조와 CCTV의 배치 도면을 활어장치장 입구에 게시하여야 한다.

01 보세구역의 물품 반출에 대한 설명으로 맞는 것은?

① B/L제시 인도물품을 반출하려는 자는 화물관리공무원에게 B/L 원본을 제시하여 반출승인을 받아야 한다.

② 외교행낭으로 반입되는 영사관 직원이 사용하기 위한 엽총은 B/L제시로 반출할 수 있다.

③ 장례를 위한 유해(유골)와 유체는 B/L제시로 반출할 수 없다.

④ 보세구역 외 장치장에 반입한 화물 중 수입신고 수리된 화물은 반출 시에 세관장에게 반출신고를 하여야 한다.

⑤ 폐기승인을 받은 물품은 폐기완료보고 후 반출신고한다.

02 보세구역 물품 반입절차에 대한 설명으로 맞는 것은?

① 컨테이너장치장(CY)에 반입한 물품을 다시 컨테이너 화물조작장(CFS)으로 반입한 때에는 반입신고를 생략한다.

② 운영인은 보세운송물품 도착 시 보세운송 건별로 도착일시, 인수자, 차량번호를 기록하여 장부 또는 자료보관 매체에 1년간 보관해야 한다.

③ 도착물품의 현품에 과부족이 있는 경우 물품을 즉시 인수한 후 반입물품 이상보고서를 세관장에게 제출해야 한다.

④ 반입신고는 Master B/L 단위로 해야 한다. 다만, 하선장소 보세구역에 컨테이너 상태로 반입하는 경우 House B/L 단위로 할 수 있다.

⑤ 동일 사업장 내 보세구역 간 장치물품의 이동은 물품반출입신고로 보세운송신고를 갈음할 수 있다.

03 보세창고에 장치할 수 있는 내국물품에 관한 설명으로 맞는 것은?

① 운영인은 외국물품이나 통관을 하려는 물품의 장치에 방해되지 않는 범위에서 보세창고에 내국물품을 장치한 후 세관장에게 신고를 하여야 한다.

② 운영인은 보세창고에 5개월 이상 계속하여 내국물품만을 장치하려면 세관장에게 허가를 받아야 한다.

③ 자율관리 보세구역으로 지정받은 자가 장부를 비치하고 반출입사항을 기록관리하는 경우 내국물품(수입신고가 수리된 물품은 제외한다)의 반출입신고를 면제하거나 기재사항의 일부를 생략하게 할 수 있다.

④ 동일한 보세창고에 장치되어 있는 동안 수입신고가 수리된 물품은 신고 없이 2년 동안 장치할 수 있다.

⑤ 내국물품으로서 장치기간이 지난 물품은 그 기간이 지난 후 30일 이내에 그 운영인의 책임으로 반출하여야 한다.

04 보세구역 외 장치 허가에 대한 설명으로 맞는 것은?

① 보세구역 외 장치 허가를 받으려는 자는 장치허가수수료 18만 원을 납부하여야 한다.

② 동일한 선박 또는 항공기로 수입된 동일한 화주의 화물을 동일한 장소에 반입한 때에는 1건의 보세구역 외 장치허가수수료를 징수한다.

③ 협정에 의하여 관세가 면제되는 물품의 보세구역 외 장치 허가를 받으려면 장치허가수수료를 납부하여야 한다.

④ 세관장은 보세구역 외 장치 허가신청을 받은 경우 보세구역 외 장치 허가기간 이내를 담보기간으로 하여 담보제공을 명할 수 있다.

⑤ 세관장은 제조업체가 수입하는 수출용 농산물 원자재는 보세구역 외 장치 허가신청 시 담보제공을 생략하게 할 수 있다.

05 수입 또는 반송신고를 지연한 경우의 가산세에 대한 설명으로 맞는 것은?

① 관세청장이 정하는 보세구역에 반입한 물품은 그 반입일로부터 20일이 경과하여 수입신고한 경우 가산세를 부과한다.

② 신고기한 내에 수입 또는 반송의 신고를 하지 않은 경우에는 경과기간에 상관없이 해당 물품 과세가격의 1천분의 5에 상당하는 금액의 가산세를 징수한다.

③ 신고지연 가산세액은 1,000만 원을 초과할 수 없다.

④ 한국전력공사에서 직접 수입하여 사용할 물품은 신고지연가산세 징수 대상이다.

⑤ 계절관세 적용물품 중 관세청장이 공고한 물품은 가산세 부과 대상이 된다.

06 보세화물을 취급함에 있어 세관장의 허가를 받아야 하는 작업으로 모두 맞는 것은?

```
A. 보세구역 외 장치
B. 견본품 반출
C. 보수작업
D. 장치물품의 폐기
E. 해체 · 절단 작업
```

① A, B, D

② A, B, E

③ A, C, D

④ B, C, E

⑤ B, D, E

07 보세구역에 장치된 물품의 보수작업에 대한 설명으로 맞는 것은?

① 보세구역 밖에서 보수작업을 하려면 세관장에게 신고하여야 한다.

② 세관장은 보수작업 승인의 신청을 받은 날부터 20일 이내에 승인 여부를 신청인에게 통지하여야 한다.

③ 보수작업으로 외국물품에 부가된 내국물품은 외국물품으로 본다.

④ 외국물품은 수입된 물품의 보수작업의 재료로 사용할 수 있다.

⑤ 보세구역에 장치된 물품의 통관을 위하여 개장, 분할구분, 합병의 작업을 하려는 경우에는 보수작업의 승인을 받지 않아도 된다.

08 보세구역에 반입되는 물품의 장치기간에 대한 설명으로 맞는 것은?

① 인천공항 항역 내 지정장치장에 반입하는 물품의 장치기간은 6개월로 한다. 다만, 세관장이 필요하다고 인정할 때에는 6개월의 범위에서 그 기간을 연장할 수 있다.

② 보세창고에 반입하는 정부비축물품의 장치기간은 1년으로 하되 세관장이 필요하다고 인정할 때에는 1년의 범위에서 그 기간을 연장할 수 있다.

③ 장치장소의 특허변경으로 장치기간을 다시 가산하여야 하는 물품은 특허변경 전 장치장소에 반입한 날부터 장치기간을 합산한다.

④ 여행자 또는 승무원의 휴대품으로서 예치물품의 장치기간은 예치증에 기재된 출국예정시기에 2개월을 가산한 기간으로 한다.

⑤ 보세전시장 반입물품의 장치기간은 전시에 필요한 기간에 1개월을 가산한 기간으로 한다.

09 보세화물의 장치기간과 관련하여 화주, 반입자 또는 그 위임을 받은 자(화주 등)에 대한 반출통고 설명으로 맞는 것은?

① 보세창고에 반입한 외국물품의 장치기간이 지나 매각하려면 그 화주 등에게 통고일부터 2개월 내에 해당 물품을 수출·수입 또는 반송할 것을 통고하여야 한다.

② 장치기간이 2개월 미만인 물품(유치·예치물품 등)의 반출통고는 장치기간 만료 10일 전까지 하여야 한다.

③ 보세건설장에 반입한 물품에 대한 반출통고는 보세구역 설영특허기간 만료 30일 전까지 하여야 한다.

④ 영업용 보세창고에 반입한 물품의 반출통고는 관할 세관장이 화주 등에게 하며, 지정장치장에 반입한 물품의 반출통고는 화물관리인이 화주 등에게 하여야 한다.

⑤ 보세전시장에 반입한 물품에 대해서는 특허기간 만료시점에 관할 세관장이 화주 등에게 반출통고하여야 한다.

10 보세구역에 장치된 물품의 폐기에 관한 설명으로 맞는 것은?

① 보세구역에 장치된 외국물품이 폐기되었을 때에는 세관장의 승인 여부와 관계없이 그 운영인이
나 보관인으로부터 즉시 그 관세를 징수한다.

② 세관장의 폐기 또는 반송명령을 받은 화주, 반입자 또는 그 위임을 받은 자는 동 물품을 자기
비용으로 폐기 또는 반송하여야 한다.

③ 품명미상의 물품으로서 1년이 경과한 물품은 그 장치기간에도 불구하고 화주에게 2개월의 기간
을 정하여 폐기 또는 반송을 명할 수 있다.

④ 「행정대집행법」에 따라 폐기대집행을 한 세관장은 보세구역 운영인에게 해당 비용의 납부를
명하여야 하며, 이 경우 납기는 10일로 한다.

⑤ 폐기승인을 받은 외국물품 중 폐기 후에 남아 있는 부분에 대하여는 보세구역 반입 당시의 성질
과 수량에 따라 관세를 부과한다.

11 보세운송과 관련된 설명이다. 빈칸 안에 들어갈 내용을 바르게 나열한 것은?

> • 수출신고가 수리된 물품은 (A)이 따로 정하는 것을 제외하고는 보세운송절차를 생략한다.
> • 화물이 국내에 도착된 후 최초로 보세구역에 반입된 날부터 (B)이 경과한 물품은 보세운송
> 승인을 받아야 한다.
> • 자율관리 보세구역으로 지정된 (C)에 반입하는 물품은 보세운송 승인신청 시 담보를 제공하지
> 않아도 된다.

	A	B	C
①	관세청장	30일	보세창고
②	관세청장	20일	보세공장
③	세관장	20일	보세창고
④	관세청장	30일	보세공장
⑤	세관장	20일	보세창고

※ 3과목 A형 11번은 ③·⑤의 보기가 동일한 오류가 있었던 문제로, 시험 중 공지되었습니다.

12 보세운송에 관한 설명 중 틀린 것은?

① 「우편법」에 따라 체신관서 관리하에 운송되는 물품은 보세운송절차가 필요 없다.

② 보세운송신고는 화주, 관세사 및 화물운송주선업자가 할 수 있다.

③ 보세운송인은 보세운송 도중 경유지 보세구역에서 보세운송물품의 개장, 분리, 합병 등의 작업
을 할 수 없다.

④ 보세운송업자의 등록이 취소된 자로서 취소일로부터 2년이 경과되지 않은 자는 보세운송업자로
등록할 수 없다.

⑤ 송유관을 통해 운송하는 석유제품은 보세운송절차를 생략할 수 있다.

13 수입화물 보세운송 신고와 승인 중 신고대상으로 맞는 것은?

① 특정물품 간이보세운송업자가 「관리대상화물 관리에 관한 고시」에 따른 검사대상 화물을 하선 장소에서 최초 보세운송하려는 물품

② 도착지가 비금속설만을 전용으로 장치하는 영업용 보세창고로서 간이보세운송업자가 운송하는 비금속설

③ 화주 또는 화물에 대한 권리를 가진 자가 직접 보세운송하는 물품

④ 특정물품 간이보세운송업자가 운송하는 부피가 작고 고가인 귀석·귀금속·향료 등 수출물품 제조용 원재료

⑤ 「위험물안전관리법」에 따라 물품을 취급할 수 있는 보세구역으로 운송하는 위험물

14 보세운송물품의 도착 관련 설명으로 틀린 것은?

① 보세운송인은 물품이 도착지에 도착한 때 지체 없이 B/L번호 및 컨테이너번호(컨테이너화물인 경우)를 보세구역 운영인 또는 화물관리인에게 제시하고 물품을 인계하여야 한다.

② 보세운송 기간연장을 신청하지 않은 경우 항공화물은 보세운송 신고 수리(승인)일로부터 15일 이내에 목적지에 도착하여야 한다.

③ 도착지 보세구역 운영인 또는 화물관리인은 보세운송 도착과 동시에 수입신고가 수리된 물품은 보세구역에 입고시키지 않은 상태에서 물품을 화주에게 즉시 인도하고 반출입신고를 동시에 해야 한다.

④ 발송지 세관 검사대상으로 지정된 경우 보세운송신고인은 도착 즉시 운영인에게 확인을 받은 후 그 결과를 세관에 전송한다.

⑤ 국내 국제항 간 항공기로 보세운송하는 경우 보세운송물품 도착보고는 도착지 세관에 입항적재 화물목록을 제출하는 것으로 갈음할 수 있다.

15 항공입항화물 적재화물목록 제출 및 정정과 관련하여 틀린 것은?

① 특송화물의 경우에는 항공기가 입항하기 2시간 전까지 제출해야 한다.

② 적재화물목록 이상사유가 오탈자 등 단순기재오류로 확인되는 경우 정정신청을 생략할 수 있다.

③ 포장단위 물품으로서 중량의 과부족이 10% 이내이고 포장상태에 이상이 없는 경우 정정신청을 생략할 수 있다.

④ B/L 양수도 및 B/L 분할·합병의 경우에는 정정기간을 제한하지 않는다.

⑤ 보세운송으로 보세구역에 반입된 화물은 도착지 보세구역을 관할하는 세관장에게 적재화물목록 정정신청을 해야 한다.

※ 해당 문제는 개정 규정을 반영하여 수정되었습니다.

16 해상입항 적재화물목록 정정신청을 생략할 수 있는 범위에 대한 설명이다. 빈칸 안에 들어갈 내용을 바르게 나열한 것은?

> • 벌크화물(예 광물, 곡물 등)로서 그 중량의 과부족이 (A)% 이내인 경우
> • 용적물품(예 원목 등)으로서 그 용적의 과부족이 (B)% 이내인 경우
> • 포장파손이 용이한 물품(예 비료, 시멘트 등)으로서 그 중량의 과부족이 (C)% 이내인 경우
> • 포장단위 물품으로서 중량의 과부족이 (D)% 이내이고 포장상태에 이상이 없는 경우

	A	B	C	D
①	5	5	5	10
②	5	5	5	5
③	10	10	10	10
④	10	5	5	5
⑤	10	5	5	10

17 적재화물목록의 정정신청기간에 대한 설명이다. 다음 빈칸 안에 들어갈 내용을 맞게 나열한 것은?

> • 하기결과보고서 및 반입결과 이상보고서가 제출된 물품의 경우에는 보고서 제출일로부터 (A)일 이내
> • 해상 출항물품을 적재한 선박이 출항한 날로부터 (B)일 이내
> • 항공 출항물품을 적재한 항공기가 출항한 날로부터 (C)일 이내

	A	B	C
①	15	60	30
②	30	60	60
③	30	60	30
④	30	90	60
⑤	15	90	60

18 해상입항 보세화물의 하선에 대한 설명으로 틀린 것은?

① 화물을 하선하려는 때에는 Master B/L 단위의 적재화물목록을 기준으로 하선신고서를 세관장에게 전자문서로 제출해야 한다.

② B/L 단위로 구분하여 하선이 가능한 경우에는 세관장에게 서류로 하선신고를 할 수 있으며 하선작업 완료 후 다음 날까지 하선신고서를 세관장에게 전자문서로 제출해야 한다.

③ 입항 전에 수입신고 또는 하선 전에 보세운송신고가 된 물품으로서 검사가 필요하다고 인정하는 물품은 선사가 지정하는 장소에 하선한다.

④ 하선장소가 부두 밖 보세구역인 경우에는 등록된 보세운송차량으로 운송해야 한다.

⑤ 선사가 수입 또는 환적 목적이 아닌 외국물품을 하역 작업상의 필요 등에 의하여 일시양륙하려는 경우에는 하선 전에 세관장에게 일시양륙신고를 해야 한다.

19 해상입항화물의 하선장소 반입에 대한 설명으로 맞는 것은? (정답 2개)

① 하선장소를 관리하는 보세구역 운영인은 LCL 화물로서 해당 하선장소 내의 CFS 내에서 컨테이너 적출 및 반입 작업을 하지 않는 물품은 Master B/L 단위로 반입신고할 수 있다.

② 하선신고를 한 자는 원목, 곡물, 원유 등 벌크화물은 입항일로부터 15일 이내에 하선장소에 반입해야 한다.

③ 하선신고를 한 자는 컨테이너화물은 입항일로부터 5일 이내에 하선장소에 반입해야 한다.

④ 입항 전 수입신고 수리 또는 하선 전 보세운송신고 수리가 된 물품을 하선과 동시에 차상반출하는 경우에는 반출입신고를 해야 한다.

⑤ 하선장소 보세구역 운영인은 하선기한 내 공컨테이너가 반입되지 않은 경우 하선기한 만료일로부터 15일 이내에 세관장에게 보고해야 한다.

20 물품의 하역 및 일시양륙에 대한 설명으로 틀린 것은?

① 국제무역선은 입항절차를 마친 후가 아니면 물품을 하역하거나 환적할 수 없다. 다만, 세관장의 허가를 받은 경우에는 그렇지 않다.

② 외국물품을 운송수단으로부터 일시적으로 육지에 내려 놓으려면 세관장에게 허가를 받아야 한다.

③ 국제무역기에 물품을 하역하려면 세관장에게 신고하고 현장에서 세관공무원의 확인을 받아야 한다. 다만, 세관공무원이 확인할 필요가 없다고 인정하는 경우에는 그렇지 않다.

④ 국제무역선에는 내국물품을 적재할 수 없으며, 국내운항선에는 외국물품을 적재할 수 없다. 다만, 세관장의 허가를 받았을 때에는 그렇지 않다.

⑤ 세관장은 감시 · 단속을 위하여 필요할 때에는 물품을 하역하는 장소 및 통로와 기간을 제한할 수 있다.

21 보세화물의 입출항 하선 하기에 대한 설명으로 맞는 것은?

① 하선신고는 하역업체로 등록한 업체만 할 수 있다.

② "House B/L"이란 선박회사(항공사)가 화주에게 직접 발행한 선하증권(항공화물운송장)을 말한다.

③ "환적화물"이란 국제무역선(기)에 의하여 우리나라에 도착한 외국화물을 외국으로 반출하는 물품으로서 반송신고대상이다.

④ "화물관리번호"란 적재화물목록상의 적재화물목록관리번호에 Master B/L일련번호와 House B/L일련번호를 합한 번호를 말한다.

⑤ 화물운송주선업자는 적재화물목록 작성책임자가 아니다.

22 출항화물 관리에 대한 설명으로 맞는 것은?

① 수출신고 수리가 되기 전의 수출화물은 내국물품이므로 선적지(적재지) 보세구역에 반입하는 때에는 화물반출입대장에 기록하고 반입신고하여야 한다.

② 반송물품을 보세구역에 반입하려는 보세구역 운영인은 반입신고와 보세운송 도착보고를 반드시 별도로 해야 한다.

③ 선적지(적재지) 보세구역에 반입된 물품의 부패·손상 시에는 세관장의 승인을 받고 폐기할 수 있다.

④ 선적지(적재지) 보세구역에 반입된 수출물품은 선적예정 선박 또는 항공기에 적재하고자 하는 경우를 제외하고 선적지(적재지) 보세구역으로부터 반출할 수 없다.

⑤ 보세구역 운영인은 물품을 적재하기 전 적재신고를 해야 한다.

23 보세구역에 일시장치된 환적화물의 비가공증명을 위하여 보세구역 운영인이 발행하는 일시장치 확인서의 기재사항으로 틀린 것은?

① 일시장치 장소

② B/L(AWB)번호

③ 운송경로

④ 품명, 반입중량, 수량

⑤ 반입일자

24 화물운송주선업자의 등록요건에 대한 설명으로 틀린 것은?

① 「물류정책기본법」 제43조에 따른 국제물류주선업의 등록을 하였을 것

② 관세 및 국세의 체납이 없을 것

③ 하우스적재화물목록 제출 등을 위한 전산설비를 갖추고 있을 것

④ 「관세법」 또는 동법에 따른 세관장의 명령을 위반하여 관세범으로 조사받고 있거나 기소 중에 있지 않을 것

⑤ 자본금 2억 원 이상을 보유한 법인일 것

25 화물운송주선업자에 대한 업무감독 및 행정제재에 대한 설명으로 틀린 것은?

① 세관장은 등록된 화물운송주선업자의 본사 또는 영업소에 대하여 매년 단위로 자체계획을 수립하여 등록사항의 변동 여부 등에 대한 업무점검을 할 수 있다.

② 세관장은 화물운송주선업자 또는 그 임원, 직원, 사용인이 「관세법」 또는 동법에 따른 세관장 명령사항 등을 위반한 경우 행정제재를 할 수 있다.

③ 관세행정 발전에 기여한 사람으로서 관세채권확보 등에 어려움이 없는 경우에는 기준일수의 50% 이내에서 업무정지기간을 하향 조정할 수 있다. 이 경우 최소 업무정지기간은 5일 이상이어야 한다.

④ 세관장은 경고처분을 하려는 경우 세관장(본부세관은 국장)을 위원장으로 하는 5명 이상의 위원회를 구성하여 심의한 후 결정하여야 한다.

⑤ 세관장은 화물운송주선업자에 대하여 등록취소 또는 업무정지를 하려는 때에는 사전에 화물운송주선업자에게 통보하여 의견을 청취하여야 한다.

01 「관세법」에서 정한 보세운송업자 등의 등록에 관한 내용 중 맞는 것은?

① 보세운송업자 등록의 유효기간을 갱신하려는 자는 등록갱신신청서를 기간 만료 2개월 전까지 관할지 세관장에게 제출하여야 한다.

② 하역업 등록을 한 자는 등록사항에 변동이 생긴 때에는 1개월 이내에 등록지를 관할하는 세관장에게 신고해야 한다.

③ 보세화물을 취급하려는 자로서 다른 법령에 따라 화물운송의 주선을 업으로 하는 자는 등록 대상이다.

④ 국내운항선 안에서 판매할 물품 등을 공급하는 것을 업으로 하는 자는 등록 대상이다.

⑤ 보세운송업자 등록의 유효기간은 2년이다.

02 「관세법」에서 정한 선박용품으로 틀린 것은?

① 해당 선박에서 사용하는 음료

② 수출용 선박엔진 부분품

③ 해당 선박에서 사용하는 소모품

④ 해당 선박에서 사용하는 밧줄

⑤ 해당 선박에서 사용하는 식품

03 「밀수 등 신고자 포상에 관한 훈령」의 내용으로 틀린 것은?

① 밀수 등 신고란 민간인 등이 포상의 대상에 해당하는 행위를 인편, 구두, 전화, 인터넷 및 팩스 등을 통하여 관세청이나 세관에 알리는 행위를 말한다.

② 위해물품이란 총포류, 실탄류 및 화약·폭약류 및 도검류 등 「밀수 등 신고자 포상에 관한 훈령」에서 규정하고 있는 물품을 말한다.

③ 위변조된 화폐 등의 불법 수출입 사범을 밀수신고센터에 신고한 자는 이 훈령에 따른 포상 대상이다.

④ 마약, 향정신성의약품 및 대마의 밀수출입거래는 국민 보건 관련 전문분야에 해당되므로 관세청 또는 세관 밀수신고센터가 아닌 식품의약품안전처장에게 신고하여야 한다.

⑤ 국고수입액이란 해당 사건과 직접 관련된 벌금, 몰수판매대금 또는 몰수에 갈음하는 추징금, 부족세액 추징금, 과징금, 과태료 등 실제 국고납부액의 합계를 말한다.

04 항공기용품의 관리 제도에 대한 내용으로 맞는 것은?

① 외국용품의 반송신고가 수리된 때에는 공급자 등은 용도 외 처분한 날로부터 10일 이내에 반입 등록한 세관장에게 용품의 용도 외 처분보고서를 제출해야 한다.

② 용품의 양도 및 양수는 물품공급업, 항공기취급업 또는 항공기내판매업으로 등록된 자에게 할 수 있다.

③ 보세구역 운영인은 외국물품을 용품으로 보세구역에 반입한 때에는 즉시 관할지 세관장에게 외국용품 반입등록을 해야 한다.

④ 공급자 등은 식자재 용기, 세탁물 등 반복적으로 사용하는 외국항공기용품의 적재내역을 일별로 취합하여 적재신청하여야 한다.

⑤ 용품을 양도한 자는 보세운송 신고일로부터 7일 이내에 반입등록한 세관장에게 용품의 양도양수보고서를 제출해야 한다.

05 「관리대상화물 관리에 관한 고시」에 따른 검사대상화물 중 세관장이 검사지정을 직권으로 해제할 수 있는 물품으로 맞는 것은?

> A. 원자재(수출, 내수용 포함) 및 시설재
> B. 보세공장, 보세건설장, 보세전시장, 보세판매장에 반입하는 물품
> C. 「수출입 안전관리 우수업체 공인 및 운영에 관한 고시」제15조에 따라 수출입 안전관리 우수업체(수입업체)가 수입하는 물품
> D. 국가(지방자치단체)가 수입하는 물품 또는 SOFA 관련 물품
> E. 학술연구용 실험기자재이거나 실험용품

① A, B
② B, C
③ C, D
④ D, E
⑤ A, E

06 국제무역기의 자격전환에 대한 설명으로 맞는 것은?

① 국제무역기를 국내운항기로 전환하려면 기장은 항공기의 명칭 등 제원이나 전환하고자 하는 내용 및 사유를 기재한 신청서를 세관장에게 제출하고 허가를 받아야 한다.

② "기장 등"이란 해당 항공기의 기장과 그 소속 항공사를 말하며 해당 항공사의 직무를 대행하는 자는 제외된다.

③ 국제무역기의 자격전환 등 업무는 전자통관시스템을 통한 전자적인 방법으로 심사할 수 없다.

④ 국제무역기가 수입신고 수리되거나 국내운항기가 수출신고 수리된 경우에는 전환신청을 생략할 수 있다.

⑤ 정부를 대표하는 외교사절이 전용하는 항공기는 국제무역기에 관한 규정을 준용하므로 전환할 때마다 세관장에게 전환신청서를 제출하여야 한다.

07 「위해물품 보고 및 포상에 관한 훈령」 별표에 게시된 물품으로서, 「총포·도검·화약류 등의 안전관리에 관한 법률」에서 정한 총포, 도검, 화약 등 위해물품으로 틀린 것은?

① 총포신 및 기관부
② 탄창 및 탄피
③ 실탄 및 공포탄
④ 총포형 및 막대형 전자충격기
⑤ 소음기 및 조준경

08 선박과 항공기의 입출항절차에 대한 설명으로 맞는 것은?

① 재해나 그 밖의 부득이한 사유로 국내운항선이 외국에 임시 정박하고 우리나라에 되돌아왔을 때에는 선장은 7일 이내에 그 사실을 세관장에게 보고하여야 한다.

② 국제무역선이 국제항을 출항하려면 선장은 출항하기 전에 세관장에게 출항보고를 하여야 한다.

③ 외국을 항행한 요트가 국내 마리나 거점 요트계류장에 입항 시에는 세관의 입항절차를 요하지 않는다.

④ 세관장은 신속한 입항 및 통관절차의 이행과 효율적인 감시·단속을 위하여 필요할 때에는 관세청장이 정하는 바에 따라 여객명부·적재화물목록 등을 입항하기 전에 제출하게 할 수 있다.

⑤ 국제무역선이 국제항의 바깥에서 물품을 하역하거나 환적하려는 경우 선장은 세관장에게 신고하여야 한다.

09 선박용품 관리에 대한 설명으로 틀린 것은?

① 공급자는 보세운송 승인받은 선박용품을 도착지 보세공장 운영인에게 확인을 받아 적재한 후 출발지 관할 세관장에게 도착보고를 해야 한다.

② 조건부 하역한 외국선박용품이 수리 지연 등 부득이한 사유가 있다고 세관장이 인정하는 경우에는 5월의 범위 내에서 적재 기간을 연장할 수 있다.

③ 선박회사는 관할 세관장에게 국제항의 출국장 내 지정보세구역 중에서 출국대기자에게 식음료를 제공할 수 있는 보세구역 지정을 요청할 수 있다.

④ 공급자는 국제무역선 자격을 취득하기 전의 새로 건조된 선박에 외국선박용품(소비용품 제외)을 적재할 필요가 있는 경우에는 해당 선박을 건조하는 보세공장을 장치장소로 하여 전자통관시스템에 등록 관리할 수 있다.

⑤ 수리업자 등이 수리·점검 등을 위하여 일시 하선하는 외국선박용품의 하선 신청 및 허가는 「관세법」제158조에 따른 보수작업의 신청 및 승인으로 본다.

※ 해당 문제는 개정 규정을 반영하여 수정되었습니다.

10 국제무역선이나 국제무역기의 국제항이 아닌 지역 출입 허가 등에 대한 설명 중 맞는 것은?

① 국제무역선의 경우 출입 횟수 1회 기준 해당 선박의 총톤수 1톤당 100원의 수수료를 납부하여야 한다.

② 국제무역기의 경우 출입 횟수 1회 기준 해당 항공기의 자체무게 1톤당 1천 원의 수수료를 납부하여야 한다.

③ 국제항의 협소 등 입항여건을 고려하여 관세청장이 정하는 일정한 장소에 입항하는 경우에도 국제항이 아닌 지역이라면 출입허가수수료를 납부하여야 한다.

④ 유조선의 청소 또는 가스발생선박의 가스제거작업을 위하여 법령 또는 권한 있는 행정관청이 정하는 일정한 장소에 입항하는 경우에도 출입허가수수료를 납부하여야 한다.

⑤ 국제무역선 또는 국제무역기 항행의 편의도모나 그 밖의 특별한 사정이 있는 경우 허가신청서를 출입지역 관할 세관장이 아닌 다른 세관장에게 제출할 수 있다.

11 수출입 안전관리 우수업체 공인기준으로 틀린 것은?

① 법규준수
② 내부통제시스템
③ 재무건전성
④ 기업규모
⑤ 안전관리

12 수출입 안전관리 우수업체 공인심사에 대한 설명으로 틀린 것은?

① 공인부문에는 수출자, 수입자 등 총 9개의 공인부문이 있다.

② 인적사항 명세서 제출 대상자는 대표자 및 관리책임자이다.

③ 관세청장은 공인심사 신청서를 접수한 날로부터 120일 이내에 서류심사를 마쳐야 한다.

④ 공인심사 신청 시 관리책임자 교육이수 확인서를 제출하여야 한다. 다만, 관리책임자의 교체, 사업장 추가 등 불가피한 경우에는 현장심사를 시작하는 날까지 제출할 수 있다.

⑤ 법인 단위(개인사업자를 포함한다)로 신청하여야 한다.

13 수출입 안전관리 우수업체 보세구역 운영인 부문 공인기준에 대한 설명이다. 빈칸 안에 들어갈 내용을 바르게 나열한 것은?

> 1.1.2 신청업체와 신청인(관리책임자를 포함한다)이 「관세법」 제268조의2를 위반하여 벌금형 또는 통고처분을 받은 사실이 있는 경우에는 벌금형을 선고받거나 통고처분을 이행한 후 (A)이 경과하여야 한다.
>
> 3.2.1 신청업체는 부채비율이 동종업종의 평균 부채비율의 (B) 이하이거나 외부신용평가기관의 신용평가 등급이 투자적격 이상 또는 매출 증가 등으로 성실한 법규준수의 이행이 가능할 정도의 재정을 유지하여야 한다.
>
> 4.5.4 운영인은 물품을 수하인 등에게 인계할 때 검수하여야 하며, 물품의 불일치 또는 부적절한 인계 등이 발생하였을 때에는 즉시 (C)에게 보고하여야 한다.
>
> 4.8.2 운영인은 법규준수와 안전관리를 위하여 (D)에 대한 교육을 실시하여야 한다.

	A	B	C	D
①	1년	150%	세관장	통관적법성
②	2년	200%	관세청장	수출입물류업무
③	2년	150%	관세청장	수출입물류업무
④	2년	200%	세관장	수출입물류업무
⑤	1년	150%	관세청장	통관적법성

14 수출입 안전관리 우수업체 공인신청의 기각에 대한 설명으로 틀린 것은?

① 공인유보업체를 재심사한 결과, 공인기준을 충족하지 못한 것으로 확인된 경우

② 교육이수 확인서를 제출하지 않은 경우

③ 현장심사 결과, 공인기준을 충족하지 못하였으며 보완 요구의 실익이 없는 경우

④ 공인심사를 할 때에 제출한 자료가 거짓으로 작성된 경우

⑤ 공인신청 후 신청업체의 법규준수도 점수가 80점 미만으로 하락한 경우

15 수출입 안전관리 우수업체 공인의 유효기간으로 맞는 것은?

① 수출입 안전관리 우수업체 증서상의 발급한 날로부터 3년

② 수출입 안전관리 우수업체 심의위원회를 개최하는 날로부터 3년

③ 수출입 안전관리 우수업체 증서상의 발급한 날로부터 5년

④ 수출입 안전관리 우수업체 심의위원회를 개최하는 날로부터 5년

⑤ 현장심사를 마친 날로부터 5년

16 보세구역 운영인 부문에 적용되는 통관절차 등의 혜택에 대해 빈칸 안에 들어갈 내용을 바르게 나열한 것은?

공인 부문	혜택기준	수출입 안전관리 우수업체		
		A	AA	AAA
모든 부문	「관세법 등에 따른 과태료 부과징수에 관한 훈령」에 따른 과태료 경감 *적용시점은 과태료 부과시점	(A)	30%	50%
	「관세범의 고발 및 통고처분에 관한 훈령」 제3조 제2항에 따른 통고 처분금액의 경감	15%	(B)	50%
보세구역 운영인	「특허보세구역 운영에 관한 고시」 제7조에 따른 특허 갱신기간 연장 *공인 수출입업체의 자가용 보세창고의 경우에도 동일혜택 적용	(C)	8년	10년

	A	B	C
①	20%	30%	6년
②	20%	20%	5년
③	15%	30%	6년
④	15%	20%	5년
⑤	10%	30%	6년

17 수출입 안전관리 우수업체의 관리책임자에 대한 공인 전·후 교육에 대한 설명이다. 다음 빈칸 안에 들어갈 내용을 바르게 나열한 것은?

> 관리책임자는 수출입 안전관리 우수업체의 공인 전·후에 아래와 같이 관세청장이 지정하는 교육을 받아야 한다.
> ① 공인 전 교육 : (A)는 16시간 이상, 다만, 공인 전 교육의 유효기간은 해당 교육을 받은 날부터 (B)임
> ② 공인 후 교육 : (C)마다 총괄책임자는 4시간 이상, 수출입관리책임자는 8시간 이상[처음 교육은 공인일자를 기준으로 (D) 이내 받아야 함]. 다만, 관리책임자가 변경된 경우에는 변경된 날부터 180일 이내에 해당 교육을 받아야 한다.

	A	B	C	D
①	수출입관리책임자	3년	매년	2년
②	총괄책임자	5년	매 2년	2년
③	수출입관리책임자	5년	매 2년	1년
④	총괄책임자	3년	매년	1년
⑤	수출입관리책임자	5년	매년	1년

18 수출입 안전관리 우수업체인 P社가 공인 전후에 행한 활동이다. 「수출입 안전관리 우수업체 공인 및 운영에 관한 고시」 내용을 잘못 적용한 것은? (정답 2개)

> P사 공인부문 : 보세구역 운영인
> 공인유효기간 : 2018년 11월 15일 ~ 2023년 11월 14일

① 수출입물품과 관련된 주요 절차를 담당하는 부서의 책임자(임원)인 A 전무를 총괄책임자로 지정하였다.

② 수출입관련 업무 경력 3년 이상으로 보세사 자격증을 보유한 B 과장을 수출입관리책임자로 지정하였다.

③ 2019년부터 2022년까지 매년 12월 15일 관세청장에게 정기 자율평가서를 제출하였고 2023년도는 공인의 유효기간이 끝나는 날이 속하는 연도로 정기 자율평가를 생략하였다.

④ 2023년 2월 1일 사업내용의 변경이 발생하여 2023년 2월 20일 관세청장에게 수출입 관리현황 변동 보고를 실시하였다.

⑤ 수출입 안전관리 우수업체 공인을 갱신하고자 2023년 6월 30일 갱신심사를 신청하였다.

19 수출입 안전관리 우수업체 공인제도 운영에 대한 설명으로 틀린 것은?

① 수출입관리책임자는 수출입물품의 제조, 운송, 보관, 통관, 반출입 및 적출입 등과 관련된 주요 절차를 담당하는 부서장 또는 직원으로 한다.

② 관세청장은 공인심사를 할 때에는 서류심사와 현장심사의 순으로 구분하여 실시한다.

③ 수출입 안전관리 우수업체가 여러 공인부문에 걸쳐 공인을 받은 경우에는 공인일자가 가장 빠른 공인부문을 기준으로 자체평가서를 함께 제출할 수 있다.

④ 갱신이 아닌 때에 공인등급 조정을 신청하고자 하는 경우에는 공인의 유효기간이 1년 이상 남아 있어야 한다.

⑤ 관세청장은 수출입 안전관리 우수업체에 대한 공인을 취소하려는 때에는 심의위원회의 심의를 거치지 않는다.

※ 해당 문제는 개정 규정을 반영하여 수정되었습니다.

20 수출입 안전관리 우수업체의 변동사항 중 관세청장에게 지체 없이 보고하여야 하는 사항으로 맞는 것은?

① 합병으로 인한 법적 지위의 변경

② 부도 등 공인유지에 중대한 영향을 미치는 경우

③ 대표자의 변경

④ 사업장의 폐쇄

⑤ 화재, 침수 등 수출입화물 안전관리와 관련한 특이사항

21 관세청장이 수출입 안전관리 우수업체의 정기 자율평가서 및 확인서를 확인하는 절차로서 빈칸 안에 들어갈 내용을 바르게 나열한 것은?

> 관세청장은 정기 자율평가서 및 확인서에 대해서 공인기준을 충족하는지를 확인할 경우에는 「수출입 안전관리 우수업체 공인 및 운영에 관한 고시」 제18조 제3항에서 정한 (A)에게 관련 자료를 요청하거나, 수출입 안전관리 우수업체의 사업장 등을 방문하여 확인할 수 있다.
> 관세청장은 위의 확인 결과, 수출입 안전관리 우수업체가 (B)을 충족하지 못하거나 (C)의 하락으로 공인등급의 하향 조정이 예상되는 경우에는 공인기준 준수 개선을 요구하여야 한다.

	A	B	C
①	확인자	자체평가기준	공인점수
②	확인자	공인기준	법규준수도
③	공인업체	공인기준	법규준수도
④	공인업체	자체평가기준	공인점수
⑤	기업상담전문관(AM)	공인기준	법규준수도

22 수출입 안전관리 우수업체와 관련하여 세관의 기업상담전문관(AM)이 담당하는 업무로 맞는 것은?

① 변동사항, 정기 자율평가, 세관협력도의 확인 및 점검
② 수출입 안전관리 기준 준수도 측정
③ 수출입 안전관리 우수업체에 대한 현장심사
④ 수출입 안전관리 우수업체 심의위원회 운영
⑤ 공인 및 갱신심사 신청업체에 대한 예비심사 수행

23 국가 간 수출입 안전관리 우수업체의 상호인정약정에 대한 설명으로 틀린 것은?

① 국제표준화기구(ISO)의 국제 물류보안 경영시스템(ISO28000)을 적용하고 있는 국가의 관세당국과 체결한다.
② 공인기준 상호비교, 상호방문 합동 공인심사, 혜택 및 정보교환 등 운영절차 마련, 관세당국 최고책임자 간 서명 등의 절차에 따라 체결한다.
③ 관세청장은 상대국의 수출입 안전관리 우수업체의 공인이 취소된 경우에는 제공된 통관절차상의 혜택 제공을 즉시 중단하여야 한다.
④ 수출입업체는 혜택 적용을 위해 상대국 해당업체의 공인번호를 연계한 해외거래처부호를 전자통관시스템에 등록하여야 한다.
⑤ 상호인정약정의 혜택 점검, 이행절차 개선, 제도 설명 등을 위해 상대국 관세당국과 이행협의를 실시할 수 있다.

24 수출입 안전관리 우수업체 공인취소 사유가 아닌 것은?

① 「관세법」 제276조(허위신고죄 등)에 따라 통고처분을 받은 경우
② 「관세법」 제269조(밀수출입죄)에 따라 통고처분을 받은 경우
③ 공인의 유효기간 내에 혜택 적용의 정지 처분을 5회 이상 받은 경우
④ 혜택 적용 정지에 따른 관세청장의 시정요구 또는 개선 권고사항을 특별한 사유 없이 이행하지 않는 경우
⑤ 거짓으로 공인을 받은 경우
※ 해당 문제는 개정 규정을 반영하여 수정되었습니다.

25 관세청장이 수출입 안전관리 우수업체에 대한 통관절차 등의 혜택 적용을 정지할 수 있는 경우로 틀린 것은?

① 정당한 사유 없이 변동사항을 보고하지 않은 경우
② 정당한 사유 없이 정기 자율평가서를 제출기한으로부터 1개월 이내에 제출하지 않은 경우
③ 공인의 유효기간 중에 기업상담전문관으로부터 공인기준 준수 개선 요구를 3회 이상 받은 경우
④ 관리책임자 공인 후 교육을 받도록 권고받은 이후에 특별한 사유 없이 교육을 받지 않은 경우
⑤ 양도, 양수, 분할 및 합병 등으로 처음에 공인한 수출입 안전관리 우수업체와 동일하지 않다고 판단되는 경우

01 과실범은 법률에 특별한 규정이 있는 경우에 한하여 처벌한다. 「관세법」상 과실범을 처벌할 수 있는 경우로 맞는 것은?

① 과실로 「관세법」 제248조에 따른 수입신고 수리 전 반출금지를 위반한 자

② 과실로 「관세법」 제238조에 따른 보세구역 반입명령에 대하여 반입대상 물품의 일부를 반입하지 않은 자

③ 과실로 「관세법」 제274조에 따른 밀수입품의 취득·보관·운반한 자

④ 과실로 「관세법」 제226조에 따른 법령에 따라 수입에 필요한 허가 또는 그 밖의 조건을 갖추지 않고 수입한 자

⑤ 과실로 「관세법」 제227조에 따른 세관장의 의무 이행 요구를 이행하지 않은 자

02 「질서위반행위규제법」 내용에 대한 설명 중 틀린 것은?

① 법률상 의무의 효율적인 이행을 확보하고 국민의 권리와 이익을 보호하기 위하여 질서위반행위의 성립요건과 과태료의 부과·징수 및 재판 등에 관한 사항을 규정하는 것을 목적으로 한다.

② 법인의 대표자, 법인 또는 개인의 대리인·사용인 및 그 밖의 종업원이 업무에 관하여 법인 또는 그 개인에게 부과된 법률상의 의무를 위반한 때에는 법인 또는 그 개인에게 과태료를 부과한다.

③ 과태료의 부과·징수, 재판 및 집행 등의 절차에 관한 다른 법률의 규정 중 이 법의 규정에 저촉되는 것은 이 법으로 정하는 바에 따른다.

④ 자신의 행위가 위법하지 않은 것으로 오인하고 행한 질서위반행위는 그 오인에 정당한 이유가 있는 때에 한하여 과태료를 부과하지 않는다.

⑤ 과태료는 행정청의 과태료 부과처분이나 법원의 과태료 재판이 확정된 후 3년간 징수하지 않거나 집행하지 않으면 시효로 인하여 소멸한다.

03 「관세법」 제279조 제2항에 따라 양벌 규정의 적용을 받는 개인으로 틀린 것은?

① 세관지정장치장 화물관리인

② 특허보세구역 또는 종합보세사업장의 운영인

③ 수출·수입 또는 운송을 업으로 하는 사람

④ 관세사

⑤ 국제항 안에서 물품 및 용역의 공급을 업으로 하는 사람

04 「관세법」에서 정한 관세범인의 조사와 처분에 대한 설명으로 맞는 것은?

① 해양경찰공무원은 관세범인(「특정범죄 가중처벌 등에 관한 법률」 제외)에 관한 사건을 발견하였을 때는 관세청이나 세관에 인계하지 않고 직접 조사하여야 한다.

② 세관공무원이 피의자를 조사하였을 때에는 조서를 작성해야 한다. 다만, 현행범 조사 등 긴급한 경우에는 주요 내용을 적은 서면으로 조서를 대신 할 수 있다.

③ 소유자 · 점유자 또는 보관자가 임의로 제출한 물품이라도 관할 지방법원 판사의 영장을 발급받아 압수해야 한다.

④ 관세범인의 현행범이 그 장소에 있을 때에는 세관공무원만 체포할 수 있다.

⑤ 해 진 후부터 해 뜨기 전까지는 검증 · 수색 또는 압수를 할 수 없으므로 해 지기 전부터 시작한 검증 · 수색 또는 압수라도 해가 지면 중단하여야 한다.

05 관세범인에 대한 통고처분 및 고발에 대한 설명으로 맞는 것은?

① 세관장이 통고처분을 할 때 벌금에 상당하는 금액은 해당 벌금 최고액의 100분의 30으로 하되 관세청장이 정하는 바에 따라 100분의 50 범위에서 그 금액을 늘리거나 줄일 수 있다.

② 관세범인에 대한 세관장의 통고처분이 있는 때에도 공소 시효는 진행된다.

③ 벌금에 상당하는 금액이 30만 원 이하이면 관세청장이나 세관장이 직권으로 해당 통고처분을 면제할 수 있다.

④ 관세범인이 통고의 요지를 이행한 경우에도 동일 사건에 대해 다시 조사할 수 있다.

⑤ 관세범인이 통고서의 송달을 받은 날로부터 20일 이내에 이행하지 않으면 관세청장이나 세관장은 즉시 고발해야 한다.

06 「관세법」에 따른 압수물품의 보관 · 폐기 · 처분에 대한 설명으로 틀린 것은?

① 세관공무원은 관세범인 조사에 의하여 발견한 물품이 몰수해야 하는 것으로 인정될 때에는 압수할 수 있다.

② 「관세법」 제269조의 밀수입죄에 해당되어 압수된 물품에 대해 압수일로부터 6개월 이내에 해당 물품의 소유자 및 범인을 알 수 없는 경우 유실물 공고를 해야 한다.

③ 유실물로 공고된 압수물품에 대해 공고일로부터 1년이 지나도 소유자 및 범인을 알 수 없는 경우에는 국고로 귀속된다.

④ 세관장은 압수물품이 사람의 생명이나 재산을 해칠 우려가 있는 경우에는 즉시 폐기하고 피의자나 관계인에게 통고하지 않는다.

⑤ 세관장은 처분이 지연되면 상품가치가 크게 떨어질 우려가 있는 경우 피의자나 관계인에게 통고한 후 매각하여 그 대금을 보관하거나 공탁할 수 있다.

07 「관세법」제269조(밀수출입죄) 제1항에서 처벌하는 수출입의 금지품으로 틀린 것은?

① 화폐의 위조품

② 화폐의 변조품

③ 총기류·폭발물

④ 정부의 기밀을 누설하는 물품

⑤ 헌법질서를 문란하게 하는 서적·간행물

08 「관세법」제269조(밀수출입죄)에 따른 처벌 대상 행위로 틀린 것은?

① 여행자가 해외에서 구입한 2천만 원 상당의 다이아몬드를 세관에 신고하지 않고 여행가방 바닥에 숨겨서 수입한 행위

② 무역회사가 1억 원 상당의 치과용 의료기기를 수입하면서 세관장에게 수입신고를 하였으나 관세를 적게 납부할 의도로 물품의 가격을 5천만 원으로 신고하여 수입한 행위

③ 무역회사가 참깨 1톤을 수입하면서 세관장에게 수입신고할 때에는 품명을 플라스틱 파이프라고 신고하여 수입한 행위

④ 가정주부가 해외직구를 통해 300만 원 상당의 판매용 진공청소기를 구입해서 개인통관고유부호를 부여받아 자가소비용으로 세관에 수입신고하면서 품명을 식품으로 신고하여 수입한 행위

⑤ 무역업체가 고춧가루 1톤을 수입하면서 세관장에게 수입신고할 때에는 품명을 양념다대기로 신고하여 수입한 행위

09 관세청장이나 세관장이 고발하여야 하는 경우로 틀린 것은?

① 범죄의 정상이 징역형에 처해질 것으로 인정되는 경우

② 관세범인이 통고를 이행할 수 있는 자금능력이 없다고 인정되는 경우

③ 관세범인이 3회 이상의 출석요구에 불응하는 경우

④ 관세범인의 주소 및 거소가 분명하지 않거나 그 밖의 사유로 통고를 하기 곤란하다고 인정되는 경우

⑤ 관세범인이 통고서의 송달을 받은 날부터 15일 이내에 이행하지 않았을 경우. 다만, 15일이 지난 후 고발이 되기 전에 통고처분을 이행한 경우에는 그렇게 하지 않는다.

10 「관세법」제282조에 따라 몰수하지 않을 수 있는 물품으로 맞는 것은?

① 밀수입된 「관세법」제234조의 수출입의 금지물품

② 밀수입 범죄를 예비한 범인이 소유 또는 점유하는 물품

③ 보세구역에 신고를 한 후 반입한 외국물품 중 밀수입품

④ 범인이 소유하는 밀수출물품

⑤ 범인이 소유하는 밀수품의 취득죄에 해당하는 물품

11 「관세법」 제164조에 따른 자율관리 보세구역에서 관세청장이 정하는 절차의 생략대상으로 틀린 것은?

① 「보세화물관리에 관한 고시」에 따른 재고조사 및 보고의무 생략

② 「특허보세구역 운영에 관한 고시」에 따른 보세구역 운영상황의 점검 생략

③ 「보세화물관리에 관한 고시」에 따른 장치물품의 수입신고 전 확인신청(승인) 생략

④ 「약사법」 및 「화장품법」 등에 따른 표시작업(원산지표시 제외)의 경우 「관세법」 제158조에 따른 보수작업 신청(승인) 생략

⑤ 벌크화물의 사일로(Silo) 적입을 위한 포장제거작업의 경우 「관세법」 제158조에 따른 보수작업 신청(승인) 생략

12 자율관리 보세구역 운영인 등의 의무에 대한 설명으로 맞는 것은?

① 운영인 등은 어떠한 경우에도 보세사가 아닌 자에게 보세화물관리 등 보세사의 업무를 수행하게 하여서는 안 된다.

② 운영인 등은 보세사가 해고 또는 취업정지 등의 사유로 업무를 수행할 수 없는 경우에는 1개월 이내에 다른 보세사를 채용하여 근무하게 하여야 한다.

③ 운영인은 회계연도 종료 2개월이 지난 후 15일 이내에 자율관리 보세구역 운영 등의 적정 여부를 자체점검하고 자율점검표를 작성하여 세관장에게 제출하여야 한다.

④ 운영인이 자율점검표를 보세구역 운영현황 및 재고조사 결과와 함께 제출하려는 경우 자율점검표를 다음 해 2월 말까지 제출할 수 있다.

⑤ 운영인 등은 관세법령에 따라 해당 보세구역에서 반출입된 화물에 대한 장부를 3년간 보관하여야 한다.

13 자율관리 보세구역 지정 취소 등에 대한 설명으로 틀린 것은?

① 세관장은 자율관리 보세구역 운영인이 「관세법」에 따른 의무를 위반한 경우 자율관리 보세구역 지정을 취소할 수 있다.

② 보세사가 해고 또는 취업정지 등의 사유로 업무를 수행할 수 없게 되었음에도 일정기간 이내에 보세사를 채용하지 않을 때에는 자율관리 보세구역 지정 취소 사유가 된다.

③ 세관장은 자율관리 보세구역의 지정을 취소하려는 때에는 미리 해당 운영인 등의 의견을 청취하는 등 기회를 주어야 한다.

④ 세관장이 운영인 등의 의견청취를 할 때에는 의견청취 예정일 5일 전까지 의견청취 예정일 등을 지정하여 유선 또는 구두로 통지하여야 한다.

⑤ 보세구역 운영인 등 또는 그 대리인이 출석하여 의견을 진술한 때에는 세관공무원은 그 요지를 서면으로 작성하여 출석자 본인으로 하여금 이를 확인하게 한 후 서명날인하게 하여야 한다.

14 보세사 제도에 대한 설명으로 맞는 것은?

① 보세사 등록을 신청하고자 하는 사람은 보세사 등록 신청서에 입사예정 증명서 또는 재직확인 증명서를 첨부하여 관세청장에게 제출하여야 한다.

② 보세사 등록이 취소된 사람은 그 취소된 날로부터 3년 내에 다시 등록하지 못한다.

③ 보세사는 그 업무수행에 필요한 교육을 받아야 하며, 이에 따른 직무교육은 한국관세물류협회장이 실시한다.

④ 영업용 보세창고의 경우 보세화물 관리에 지장이 없는 범위 내에서 보세사는 다른 업무를 겸임할 수 있다.

⑤ 보세사자격증을 재발급받고자 하는 경우에는 보세사자격증 교부(재교부)신청서에 재발급사유서를 첨부하여 한국관세물류협회장에게 제출하여야 한다.

15 보세사 징계에 대한 설명으로 틀린 것은?

① 세관장은 보세사가 「관세법」이나 동법에 따른 명령을 위반한 경우 등록을 취소하여야 한다.

② 세관장은 보세사가 보세사의 직무 또는 의무를 이행하지 않는 경우 보세사징계위원회의 의결에 따라 징계처분을 한다.

③ 보세사의 징계에 관한 사항을 심의·의결하기 위하여 세관에 보세사징계위원회를 둔다.

④ 보세사징계위원회의 위원이 징계의결 대상 보세사와 채권·채무 등 금전관계가 있는 경우 보세사징계위원회의 심의·의결에서 제척된다.

⑤ 세관장은 보세사에 대하여 등록취소하거나 징계처분한 때에는 한국관세물류협회장에게 통보하여야 한다.

16 보세사의 직무로 틀린 것은?

① 보수작업과 화주의 수입신고 전 장치물품 확인 시 입회·감독

② 세관봉인대의 잠금·봉인 및 관리

③ 환적화물 컨테이너 적출입 시 입회·감독

④ 보세운송신고서 작성 및 제출

⑤ 견본품의 반출 및 회수

17 수출입물류업체에 대한 법규수행능력 측정 및 평가관리에 대한 설명이다. 다음 빈칸 안에 들어갈 내용을 바르게 나열한 것은?

> • 세관장이 법규수행능력 평가시스템에 의하여 수출입물류업체의 법규수행능력을 평가할 수 있는 주기는 연 (A)를 원칙으로 한다.
> • 신규업체가 법규수행능력평가를 요청할 때에는 다음 각 호의 기준을 충족하는 경우 평가를 실시할 수 있다.
> 1. 보세구역, 자유무역지역 : 설립 후 (B) 경과
> 2. 운송사, 선사, 항공사, 포워더 : 세관신고 (C) 이상

	A	B	C
①	1회	3개월	250건
②	1회	3개월	1,000건
③	1회	6개월	250건
④	2회	6개월	1,000건
⑤	2회	12개월	1,000건

18 「자유무역지역의 지정 및 운영에 관한 법률」 제2조에 따른 용어의 정의로 맞는 것은?

① "관세 등"이란 관세, 부가가치세, 임시수입부가세, 주세, 개별소비세, 교통·에너지·환경세, 농어촌특별세 또는 교육세를 말한다.
② "공장"이란 「관세법」에 따라 세관장의 특허를 받은 지역으로 관세가 유보된 상태에서 외국물품을 자유롭게 제조·가공할 수 있는 곳을 말한다.
③ "수입"이란 「관세법」 및 「대외무역법」에 따른 수입을 말한다.
④ "수출"이란 「관세법」·「수출용 원재료에 대한 관세 등 환급에 관한 특례법」 및 「대외무역법」에 따른 수출을 말한다.
⑤ "외국물품"이란 「대외무역법」에 따른 외국물품을 말한다.

19 세관장이 자유무역지역 안으로의 반입과 자유무역지역에서 외국으로 반출을 제한할 수 있는 물품이 아닌 것은?

① 사업장폐기물 등 폐기물
② 총기 등 불법무기류
③ 마약류
④ 「상표법」에 따른 상표권 또는 「저작권법」에 따른 저작권을 침해하는 물품
⑤ 수입요건을 구비하지 않은 전기용품

20 자유무역지역에서 국외반출물품의 보세운송 및 선·기적에 대한 설명이다. 다음 빈칸 안에 들어갈 내용을 순서대로 나열한 것은?

> 국외반출신고가 수리된 물품을 선적하기 위하여 보세운송하는 경우에는 수출신고서 서식을 사용하여 보세운송신고할 수 있고, 보세운송기간은 신고 수리일부터 (A) 이내로 하며, 선(기)적은 국외반출신고가 수리된 날부터 (B) 이내에 선(기)적하여야 한다. 다만, 세관장은 재해·선(기)적 일정 변경 등 부득이한 사유로 기간 연장의 신청이 있는 때에는 (C)의 범위에서 그 기간을 연장할 수 있다.

	A	B	C
①	15일	15일	1개월
②	15일	30일	3개월
③	15일	30일	6개월
④	30일	30일	3개월
⑤	30일	30일	6개월

21 세관장이 자유무역지역에 있는 물품 중 화주 및 반입자와 그 위임을 받은 자에게 국외 반출 또는 폐기를 명하거나 미리 통보한 후 직접 폐기할 수 있는 물품이 아닌 것은?

① 실용시효가 경과되었거나 상품가치를 상실한 물품

② 의약품 등으로서 유효기간이 만료되었거나 성분이 불분명한 경우

③ 위조상품, 모조품, 그 밖에 지식재산권 침해물품

④ 품명미상의 물품으로서 반입 후 6개월이 지난 물품

⑤ 검사·검역기준 등에 부적합하여 검사·검역기관에서 폐기대상으로 결정된 물품

22 세관장에게 입주기업체 관리부호 발급신청을 하려는 아래의 자유무역지역 입주기업체 중 보세사 채용의무가 있는 업체로 맞는 것은?

> A. 제조업종 사업의 자유무역지역 입주기업체
> B. 수량단위 화물관리가 가능한 복합물류 사업의 자유무역지역 입주기업체
> C. 화물터미널 운영을 하고자 하는 자유무역지역 입주기업체
> D. 농림축산물을 원재료로 하는 제조·가공업종 사업의 자유무역지역 입주기업체
> E. 전자상거래 국제물류센터(GDC) 운영을 하고자 하는 자유무역지역 입주기업체

① A, B
② B, C
③ C, D
④ D, E
⑤ A, E

23 자유무역지역 입주기업체 관리에 대한 설명으로 맞는 것은?

① 자유무역지역에서 내국물품과 외국물품을 같이 취급하려는 입주기업체로 내국물품 취급 비중이 높은 경우에는 세관장에게 입주기업체 관리부호를 발급받지 않아도 된다.
② 세관장은 입주기업체 관리부호 부여 시 입주기업체의 보세화물 적정관리 여부를 판단하기 위해 관할 자유무역지역의 특성을 고려하여 자체 심사 기준을 정하여 운영할 수 있다.
③ 세관장은 1년 이상 외국물품 등의 반입실적이 없어 해당 입주기업체의 관리부호가 필요하지 않다고 인정하는 경우 부호를 삭제하여야 한다.
④ 세관장은 관리권자로부터 입주계약 해지통보를 받아 입주기업체의 관리부호를 삭제하는 경우에는 입주기업체의 의견을 미리 청취할 필요는 없다.
⑤ 세관장은 입주계약 해지를 통보받은 경우 3개월 이내에 재고조사를 실시하고, 1년 이내의 기간을 정하여 외국물품 등을 자유무역지역 밖으로 반출하거나 다른 입주기업체에 양도하도록 통보하여야 한다.

24 자유무역지역 전자상거래 국제물류센터(GDC)에 대한 설명으로 맞는 것은?

① 모든 반입물품은 국외반출만 가능하고 국내 수입통관은 불가능하다.
② 세관장은 전자상거래 국제물류센터(GDC)에 대해 「자유무역지역의 지정 및 운영에 관한 법률」 제39조에 따른 재고관리 상황의 조사를 생략한다.
③ 수출입 안전관리 우수업체(AEO)에만 운영 자격이 있다.
④ B/L 단위 관리물품의 실시간 반출입신고 전산시스템만 구축하여도 운영할 수 있다.
⑤ 입주기업체는 재고관리시스템, 시설 및 내부통제 등 관세청장이 정한 화물관리 역량 평가기준을 충족하여야 한다.

25 **자유무역지역에서 물품의 반입 및 반출에 대한 설명으로 맞는 것은?**

① 선박으로 반입된 화물을 항공기로 반출하기 위해 자유무역지역으로 반입하려는 환적화물에 대해서는 반입신고 절차를 생략한다.

② 환급대상 내국물품을 자유무역지역으로 반입하려는 입주기업체는 세관장에게 내국물품 반입신고서 제출을 생략한다.

③ 세관장은 반입신고를 하지 않고 자유무역지역 안으로 반입된 내국물품에 대하여 그 물품을 반입한 자가 신청한 경우에는 내국물품 확인서를 발급할 수 있다.

④ 외국물품 등을 관세영역으로 일시반출하려는 자는 세관장에게 일시반출신고를 하여야 한다.

⑤ 외국물품 등에 대해 역외작업을 하려는 자는 세관장의 허가를 받아야 한다.

CHAPTER

03

7개년 기출문제

☞ 정답 및 해설 p.378

2022년 기출문제

시험시간: 135분

2022년

기출문제

제1과목 | 수출입통관절차

01 「관세법 제226조에 따른 세관장확인물품 및 확인방법 지정 고시」상 용어 정의 및 확인 절차를 설명한 것으로 옳지 않은 것은?

① "요건확인기관"이란 관련법령에 따라 수출입물품에 대한 허가·승인·표시나 그 밖의 조건을 확인·증명하는 수출입 관련 기관을 말한다.

② 요건확인기관의 장은 수출입요건 확인내역을 연계된 전산망을 통하여 관세청 통관시스템에 전자문서로 통보해야 한다.

③ 요건확인기관의 장이 통관시스템에 전송한 전자문서는 이를 사본으로 인정한다.

④ "세관장확인"이란 세관장이 수출입신고 자료의 심사과정에서 수출입요건의 구비여부를 확인하는 것을 말한다.

⑤ 세관장은 통관시스템에 통보된 수출입요건 확인 내역을 조회하여 세관장 확인을 해야 한다.

02 관세법령상 다음 사례의 원산지 국가를 바르게 나열한 것은?

> 〈사례1〉 A는 일본에서 일본산 평판압연제품을 한국으로 수입한 후 보세구역에서 절단 작업을 진행하였고, 그 과정에서 부스러기(스크랩)가 발생하였다. 이 부스러기(스크랩)의 원산지는?
>
> 〈사례2〉 B는 호주에서 30개월 사육된 육우를 뉴질랜드로 운송하여 도축한 후 소고기 상태로 한국으로 수입하였다. 이 소고기의 원산지는?

	〈사례1〉	〈사례2〉
①	일 본	호 주
②	한 국	호 주
③	일 본	뉴질랜드
④	한 국	뉴질랜드
⑤	한 국	한 국

03 다음은 「관세법」 제241조에 따른 수출·수입 또는 반송 신고 시 신고할 내용에 대한 설명이다. 빈칸 안에 들어갈 내용을 바르게 나열한 것은?

> 물품을 수출·수입 또는 반송하려면 해당 물품의 품명·(A)·(B) 및 가격과 그 밖에 대통령령으로 정하는 사항을 (C)에게 신고해야 한다.

	A	B	C
①	모 델	중 량	세관장
②	모 델	중 량	관세청장
③	규 격	수 량	세관장
④	규 격	수 량	관세청장
⑤	모 델	수 량	세관장

04 「수입통관 사무처리에 관한 고시」상 용어의 정의에 대한 설명으로 옳은 것은?

① "공급망"이란 물품의 수입, 수입신고, 운송, 보관과 관련된 수입업체, 관세사, 보세구역 운영인, 보세운송업자, 화물운송주선업자, 선사, 항공사, 하역업자 등을 말한다.

② "전자통관심사"란 수입신고된 물품 중 「관세법」 위반 위험도가 높은 물품에 대하여 통관시스템에서 전자적 방식으로 심사하여 검사대상으로 선별하는 것이다.

③ "통합선별심사"란 각 수입통관담당과로 접수된 "P/L신고"건과 서류로 접수된 신고건을 통합해 위험분석 및 신고사항을 심사하는 것을 말한다.

④ "부두직통관"이라 함은 화주가 2명 이상인 컨테이너화물로 부두 내에서 통관절차 및 검사절차가 이루어지는 것을 말한다.

⑤ "장치장소 관리인"이란 특허보세구역은 화물관리인, 지정장치장은 운영인, 자유무역지역은 입주기업체 등 화물을 관리하는 자를 말한다.

05 수입물품의 검사절차에 대한 설명으로 옳은 것은?

① 세관장은 물품 검사 전 검사준비 사항이 포함된 검사계획을 신고인에게만 전자통관시스템으로 통보해야 한다.

② 세관장은 수입화주 또는 장치장소 관리인에게 검사준비 사항을 요구할 수 있으나, 이 경우 검사준비 완료 여부에 따라 검사의 순서를 조정할 수는 없다.

③ 세관장은 검사준비가 완료된 경우 장치장소 관리인이나 그를 대리하는 소속종사자의 협조하에 검사를 실시한다.

④ 세관장은 수입화주나 신고인이 검사에 참여하게 할 수 있지만, 신고인이 세관장에게 어떠한 요청이나 간섭을 하여서는 안 된다.

⑤ 검사자는 장치장소 관리인의 검사준비 또는 협조 사항을 전자통관시스템에 등록하면 되고 화물담당부서에 통보할 필요는 없다.

06 수입물품의 과세물건 확정시기에 대한 설명으로 옳지 않은 것은?

① 보세운송하는 외국물품이 지정된 기간 내에 목적지에 도착하지 않아 관세를 징수하는 물품은 보세운송을 신고하거나 승인을 받은 때

② 우편으로 수입되는 물품(수입신고대상 우편물에 해당하는 것은 제외한다)은 통관우체국에 도착한 때

③ 「관세법」에 따라 매각되는 물품은 해당 물품이 매각된 때

④ 수입신고 전 즉시반출신고를 하고 반출한 물품은 수입신고를 한 때

⑤ 도난물품 또는 분실물품은 해당 물품이 도난되거나 분실된 때

07 「관세법」상 납세의무자에 대한 설명으로 옳은 것은?

① 수입을 위탁받아 수입업체가 대행수입한 물품인 경우에는 그 물품의 수입을 위탁받은 자이다.

② 보세운송하는 외국물품이 지정기간 내에 목적지에 도착하지 않는 경우에는 보세운송허가를 받은 자이다.

③ 보세구역에 장치된 외국물품이 멸실되거나 폐기되었을 경우에는 수입화주이다.

④ 수입물품을 수입신고 전에 양도한 경우에는 송품장에 적힌 물품수신인이다.

⑤ 우편으로 수입되는 물품의 경우에는 그 수취인이다.

08 수입신고 수리 전 세액심사 대상물품으로 옳지 않은 것은?

① 법률 또는 조약에 의하여 관세 또는 내국세를 감면받고자 하는 물품

② 「관세법」 제107조의 규정에 의하여 관세를 분할납부하고자 하는 물품

③ 관세를 체납하고 있는 자가 신고하는 물품(체납액이 15만 원 미만이거나 체납기간 7일 이내에 수입신고하는 경우를 제외한다)

④ 납세자의 성실성 등을 참작하여 관세청장이 정하는 기준에 해당하는 불성실신고인이 신고하는 물품

⑤ 물품의 가격변동이 큰 물품 기타 수입신고 수리 후에 세액을 심사하는 것이 적합하지 않다고 인정하여 관세청장이 정하는 물품

09 관세법령상 신고서류의 보관기간에 대한 설명으로 옳은 것은?

① 지식재산권의 거래에 관련된 계약서 – 해당 신고 수리일부터 5년

② 수입물품 가격결정에 관한 자료 – 해당 신고 수리일부터 3년

③ 보세화물반출입에 관한 자료 – 해당 신고 수리일부터 1년

④ 적재화물목록에 관한 자료 – 해당 신고 수리일부터 1년

⑤ 수출신고필증 – 해당 신고 수리일부터 2년

10 관세징수권의 소멸시효 기산일에 대한 설명으로 옳은 것은?

① 신고납부하는 관세에 있어서 월별납부의 경우에는 그 납부기한이 경과한 날

② 세관장이 부과고지하는 관세의 경우 납부고지를 받은 날부터 15일이 경과한 날의 다음 날의 다음 날

③ 보정신청에 의하여 납부하는 관세에 있어서는 부족세액에 대한 보정신청일의 다음 날

④ 수정신고에 의하여 납부하는 관세에 있어서는 수정신고일의 다음 날

⑤ 수입신고 전 즉시반출에 의하여 납부하는 관세에 있어서는 수입신고한 날부터 15일이 경과한 날의 다음 날

11 관세의 분할납부에 대한 설명으로 옳은 것은? (정답 2개)

① 세관장은 천재지변으로 관세의 납부를 정하여진 기한까지 할 수 없다고 인정될 때에는 2년을 넘지 않는 기간을 정하여 관세를 분할하여 납부하게 할 수 있다.

② 정부나 지방자치단체가 수입하는 물품으로서 기획재정부령으로 정하는 물품이 수입될 때에는 세관장은 10년을 넘지 않는 기간을 정하여 관세를 분할하여 납부하게 할 수 있다.

③ 관세의 분할납부를 승인받은 물품을 동일한 용도로 사용하려는 자에게 양도한 경우에는 그 양도인이 관세를 납부해야 한다.

④ 관세의 분할납부를 승인받은 물품을 정한 기간에 해당 용도 외에 다른 용도로 사용하거나 해당 용도 외의 다른 용도로 사용하려는 자에게 양도한 경우에는 납부하지 않은 관세의 전액을 즉시 징수한다.

⑤ 관세의 분할납부 승인을 받은 자가 정당한 사유 없이 지정된 기한까지 납부하지 않아 관세를 징수할 때에는 세관장은 15일 이내의 납부기한을 정하여 납부고지해야 한다.

12 「관세법」 제234조에 따른 수출입 금지물품으로 옳은 것은?

① 마약·향정신성의약품

② 품질의 허위 표시물품

③ 정부의 기밀을 누설하거나 첩보활동에 사용되는 물품

④ 화폐·채권이나 그 밖의 유가증권

⑤ 총포·도검류

13 관세법령 및 「수입통관 사무처리에 관한 고시」상 통관제도에 대한 설명으로 옳은 것은?

① 세관장은 다른 법령에 의하여 수입 후 특정한 용도로의 사용 등 의무를 이행하도록 되어 있는 물품에 대하여는 구두로써 해당 의무를 이행할 것을 요구할 수 있다.

② 분석대상 시료는 보세사가 직접 채취하고 봉인한 후 세관장에게 제출하도록 하여 시료의 임의교체와 분실 등이 일어나지 않도록 해야 한다.

③ 수출신고가 수리되어 외국으로 반출되기 전에 있는 물품으로 보세구역 반입명령을 받고 반입된 물품이 폐기되었을 때에는 당초의 수출신고 수리는 취소된 것으로 본다.

④ 관세청장 또는 세관장은 수입신고가 수리된 물품의 원산지가 수입신고 수리 당시와 다르게 표시된 경우 수입신고 수리일로부터 6개월 이내에는 보세구역 반입명령이 가능하다.

⑤ 유통이력 신고의 의무가 있는 자는 유통이력을 장부에 기록(전자적 기록방식을 제외한다)하고, 그 자료를 거래일부터 1년간 보관해야 한다.

14 「관세법」 제232조 제1항 단서 규정에 의한 원산지증명서 제출의 예외대상 물품이 아닌 것은?

① 세관장이 물품의 종류·성질·형상 또는 그 상표·생산국명·제조자 등에 의하여 원산지를 확인할 수 있는 물품

② 우편물(수입신고대상 우편물에 해당하는 것을 제외한다)

③ 과세가격(종량세의 경우에는 이를 과세표준 규정에 준하여 산출한 가격을 말한다)이 20만 원 이하인 물품

④ 개인에게 무상으로 송부된 탁송품·별송품

⑤ 여행자의 휴대품

15 다음은 관세법령상 잠정가격신고에 대한 설명이다. 빈칸 안에 들어갈 내용이 바르게 나열된 것은?

> • 잠정가격으로 가격신고를 한 자는 (A)의 범위 안에서 구매자와 판매자 간의 거래계약의 내용 등을 고려하여 세관장이 지정하는 기간 내에 확정된 가격을 신고해야 한다.
> • 이 경우 잠정가격으로 가격신고를 한 자는 관세청장이 정하는 바에 따라 전단에 따른 신고기간이 끝나기 (B) 전까지 확정가격의 계산을 위한 가산율을 산정해 줄 것을 요청할 수 있다.

	A	B
①	2년	60일
②	2년	30일
③	3년	60일
④	3년	30일
⑤	3년	15일

16 세액정정 및 보정에 대한 설명으로 옳은 것은?

① 납세의무자는 신고납부한 세액이 과다한 것을 안 때에는 세액보정을 해야 한다.

② 납세의무자는 정정한 내용대로 세액을 정정하여 납부서를 재발행하되 납부서 번호와 납부기한도 변경해야 한다.

③ 세관장은 신고납부한 세액이 과다하거나 과세가격이나 품목분류 등에 오류가 있는 것을 안 때에는 납세의무자에게 보정을 신청할 수 있도록 통지할 수 있다.

④ 납세의무자가 세액보정을 신청한 경우에는 해당 세액보정을 한 날로부터 15일까지 세액을 납부해야 한다.

⑤ 납세의무자는 납부기한(수리 전 납부는 납부일) 다음 날부터 보정신청을 한 날까지 기간과「관세법 시행령」제56조 제2항에 따른 이율을 적용하여 계산된 금액을 가산하여 납부해야 한다.

17 수입신고서에 의한 간이신고 대상물품으로 옳은 것은?

① 설계도 중 수입승인이 면제되는 물품

② 장례를 위한 유해로서 관세가 면제되는 물품

③ 기록문서와 서류로서 관세가 면제되는 물품

④ 재외공관 등에서 외교통상부로 발송되는 자료로서 관세가 면제되는 물품

⑤ 외교행낭으로 반입되는 면세대상물품

18 수입통관 시 통관지세관이 제한되는 특정물품으로 옳지 않은 것은? (정답 2개)

① 고 철   ② 한약재(원료에 한함)

③ 중고승용차   ④ 활어(관상용 및 양식용 포함)

⑤ 해체용 선박

19 수입신고 전의 물품 반출에 대한 설명으로 옳지 않은 것은?

① 수입하려는 물품을 수입신고 전에 운송수단, 관세통로, 하역통로 또는「관세법」에 따른 장치장소로부터 즉시반출하려는 자는 세관장에게 즉시반출신고를 해야 한다.

② 세관장은 즉시반출신고를 하는 자에게 납부하여야 하는 관세에 상당하는 담보를 제공하게 할 수 있다.

③ 반출대상은 관세 등이 체납이 없고 최근 2년 동안 수출입실적이 있는 제조업자 또는 외국인투자자가 수입하는 시설재 또는 원부자재로 세관장이 지정한다.

④ 수입신고 전 즉시반출신고를 하고 반출을 하는 자는 즉시반출신고를 한 날부터 10일 이내에 수입신고를 해야 한다.

⑤ 세관장은 즉시반출한 자가 수입신고를 하여야 하는 기간 내에 수입신고를 하지 않는 경우 해당 물품에 대한 관세의 100분의 20에 상당하는 금액을 가산세로 징수한다.

20 다음은 조정관세와 할당관세 부과에 대한 설명이다. 빈칸 안에 들어갈 내용을 바르게 나열한 것은?

> • 조정관세는 100분의 (A)에서 해당 물품의 기본세율을 뺀 율을 기본세율에 더한 율의 범위에서 관세를 부과할 수 있다.
> • 할당관세는 100분의 (B)의 범위의 율을 기본세율에서 빼고 관세를 부과할 수 있다.

	A	B
①	40	100
②	100	40
③	60	40
④	40	60
⑤	40	40

21 「관세법」 제2조에 규정된 용어의 설명으로 옳은 것은?

① 우리나라의 선박 등이 공해에서 채집하거나 포획한 수산물 등은 외국물품에 해당한다.
② 「관세법」 제241조 제1항에 따른 수출의 신고가 수리된 물품은 내국물품에 해당한다.
③ "통관"이란 「관세법」에 따른 절차를 이행하여 물품을 수입·수출 또는 환적하는 것을 말한다.
④ "환적"이란 동일한 세관의 관할구역에서 입국 또는 입항하는 운송수단에서 출국 또는 출항하는 운송수단으로 물품을 옮겨 싣는 것을 말한다.
⑤ 「관세법」 제252조에 따른 수입신고 수리 전 반출 승인을 받아 반출된 물품은 외국물품에 해당한다.

22 지식재산권을 침해하는 물품은 수출하거나 수입할 수 없다. 「관세법」 제235조 제1항에 규정된 지식재산권이 아닌 것은?

① 「농수산물 품질관리법」에 따라 등록되거나 조약·협정 등에 따라 보호대상으로 지정된 지리적표시권 또는 지리적표시
② 「저작권법」에 따른 저작권과 저작인접권
③ 「식물신품종 보호법」에 따라 설정등록된 품종보호권
④ 「실용신안법」에 따라 설정등록된 실용신안권
⑤ 「디자인보호법」에 따라 설정등록된 디자인권

23 「관세법」제241조에 따른 수입 또는 반송신고 기간을 경과하여 부과되는 신고지연가산세에 대한 설명으로 옳은 것은?

① 수입하거나 반송하려는 물품을 지정장치장 또는 보세창고에 반입하거나 보세구역이 아닌 장소에 장치한 자는 그 반입일 또는 장치일부터 60일 이내에 수입 또는 반송의 신고를 해야 한다.

② 신고기한이 경과한 경우 해당 물품 관세의 100분의 20에 상당하는 금액의 범위에서 대통령령으로 정하는 금액을 가산세로 징수한다.

③ 신고기한이 경과한 물품에 대한 신고지연가산세액은 500만 원을 초과할 수 없다.

④ 신고기한이 경과한 후 보세운송된 물품에 대하여는 보세운송신고를 한 때를 기준으로 수입반송신고지연가산세의 가산세율을 적용하며 그 세액은 보세운송신고를 하는 때에 징수한다.

⑤ 가산세를 징수해야 하는 물품은 물품의 신속한 유통이 긴요하다고 인정하여 보세구역의 종류와 물품의 특성을 고려하여 세관장이 정하는 물품으로 한다.

24 다음 빈칸 안에 들어갈 내용으로 옳은 것은?

> 「관세법」제250조에 따라 세관장은 제241조 및 제244조의 신고가 그 요건을 갖추지 못하였거나 부정한 방법으로 신고되었을 때에는 해당 수출·수입 또는 반송의 신고를 (   )할 수 있다.

① 취 소   ② 취 하
③ 각 하   ④ 반 려
⑤ 보 류

25 다음은 「관세법」제96조에 따라 관세가 면제되는 이사물품에 대한 설명이다. 빈칸 안에 들어갈 내용을 바르게 나열한 것은?

> 우리나라 국민(재외영주권자를 제외한다)으로서 외국에 주거를 설정하여 (A)년 이상 거주하려는 사람이 반입하는 다음 각 호의 어느 하나에 해당하는 것으로 한다.
> 1. 해당 물품의 성질·수량·용도 등으로 보아 통상적으로 가정용으로 인정되는 것으로서 우리나라에 입국하기 전에 (B)개월 이상 사용했고 입국한 후에도 계속하여 사용할 것으로 인정되는 것

	A	B
①	2	6
②	2	3
③	1	6
④	1	3
⑤	1	1

01 보세공장의 잉여물품에 대한 설명으로 옳지 않은 것은? (정답 2개)

① "잉여물품"이란 보세작업으로 인하여 발생하는 부산물과 불량품, 제품 생산 중단 등의 사유로 사용하지 않은 원재료와 제품 등을 말하며, 보세공장 반입물품 또는 보세공장에서 제조·가공한 물품과 세트를 구성하거나 함께 거래되는 물품을 포함한다.

② 운영인은 잉여물품이 발생한 때에는 잉여물품관리대장에 잉여물품의 형태, 품명·규격, 수량 또는 중량 및 발생사유를 기록해야 한다.

③ 폐기 후 잔존물이 실질적인 가치가 있을 때에는 폐기 후의 물품의 성질과 수량에 따라 관세 등을 납부해야 한다.

④ 수출입 안전관리 우수업체가 잉여물품을 폐기하는 때에는 폐기 후의 잔존물이 실질적 가치가 있는 물품에 대하여 업체의 신청을 받아 사전에 자체폐기 대상물품으로 지정할 수 있다.

⑤ 폐기를 완료한 운영인은 관련 자료를 첨부하여 세관장에게 폐기완료일로부터 30일 이내에 폐기 완료보고를 해야 한다.

02 보세공장의 제품과세와 원료과세에 대한 설명으로 옳지 않은 것은?

① 외국물품이나 외국물품과 내국물품을 원료로 하거나 재료로 하여 작업을 하는 경우 그로써 생긴 물품은 외국으로부터 우리나라에 도착한 물품으로 본다.

② 세관장의 승인을 받고 외국물품과 내국물품을 혼용하는 경우에는 그로써 생긴 제품 중 해당 외국물품의 수량 또는 가격에 상응하는 것은 외국으로부터 우리나라에 도착한 물품으로 본다.

③ 보세공장에서 제조된 물품을 수입하는 경우 사용신고 전에 미리 세관장에게 해당 물품의 원료인 외국물품에 대한 과세의 적용을 신청한 경우에는 수입신고할 때의 그 원료의 성질 및 수량에 따라 관세를 부과한다.

④ 최근 2년간 생산되어 판매된 물품 중 수출된 물품의 가격비율이 100분의 50 이상이고, 수출입 안전관리 우수업체인 보세공장은 1년의 범위 내에서 원료별, 제품별 또는 보세공장 전체에 대하여 원료과세 신청을 할 수 있다.

⑤ 세관장은 외국물품과 내국물품의 혼용승인을 얻은 사항 중 혼용하는 외국물품 및 내국물품의 품명 및 규격이 각각 동일하고 손모율에 변동이 없는 동종의 물품을 혼용하는 경우에는 새로운 승인신청을 생략하게 할 수 있다.

03 **보세공장 물품의 반출입에 대한 설명으로 옳은 것은?**

① 보세운송절차에 따라 반입되는 물품은 보세운송 도착보고로 반입신고를 갈음한다.

② 환급대상물품의 반입신고는 보세사에 의한 반입명세의 기록으로 갈음한다.

③ 운영인은 잉여물품을 수입신고 수리 후에만 반출할 수 있다.

④ 운영인은 제품의 제조·가공 등에 소요되는 내국물품인 원재료를 반출입하려는 때에는 세관장에게 반출입신고를 해야 한다.

⑤ 보세공장에 반입된 원재료는 다른 보세공장의 원재료로 사용하기 위하여 다른 보세공장으로 반출할 수 없다.

04 **보세공장 물품관리에 대한 설명으로 옳지 않은 것은?**

① 보세공장의 해외 현지공장에서 제조·가공·수리 그 밖의 유사한 작업에 사용할 원재료는 반입신고 시의 원재료 원상태로 국외반출을 허용할 수 있다.

② 보세공장 부설연구소의 연구·개발용 원재료의 사용 등 부득이한 사유로 보세공장에 반입신고된 원재료를 사용하는 것이 타당하다고 인정하는 경우에는 원재료의 원상태 수입을 허용할 수 있다.

③ 국내로 수입하려는 물품의 제조·가공 등에 필요한 내국물품 원재료는 환급대상물품반입확인서를 발급하지 않는다.

④ 보세공장 외 일시장치 물품에 대해 수출입신고, 양수도 또는 폐기처분 등을 하려면 보세공장에 재반입해야 한다.

⑤ 보세공장 외 일시장치장소에 반입된 물품은 허가기간이 종료될 때까지 보세공장에 있는 것으로 본다.

05 **보세공장에 대한 설명으로 옳지 않은 것은?**

① 보세공장에서는 외국물품을 원료 또는 재료로 하거나 외국물품과 내국물품을 원료 또는 재료로 하여 제조하거나 가공할 수 있다.

② 세관장은 내국물품만을 원료로 하거나 재료로 하여 제조 또는 가공하는 것을 허가해서는 안 된다.

③ 수입하는 물품을 제조·가공하는 것을 목적으로 하는 보세공장의 업종은 제한할 수 있다.

④ 세관장은 수입통관 후 보세공장에서 사용하게 될 물품에 대하여는 보세공장에 직접 반입하여 수입신고를 하게 할 수 있다.

⑤ 보세공장의 원재료 범위에는 기계·기구 등의 작동을 위한 연료, 윤활유 등 제품의 생산·수리·조립 등에 간접적으로 투입되어 소모되는 물품은 제외한다.

06 수입활어장치장에 대한 설명으로 옳지 않은 것은?

① 활어장치장은 CCTV 영상을 상시 녹화할 수 있고 녹화된 영상을 30일 이상 보관할 수 있는 감시장비를 보유해야 한다.

② 세관장이 CCTV 영상을 인터넷망을 통해 실시간으로 확인이 가능하도록 조치해야 한다.

③ 보세구역 외 장치장은 원칙적으로 세관으로부터 40km 이내에 위치해야 한다. 다만, 세관장이 타당하다고 인정하는 경우에는 세관으로부터 80km를 초과하지 않는 범위 내에서 보세구역 외 장치를 허가할 수 있다.

④ 장치 중인 활어의 전부 또는 일부가 폐사한 경우에는 그 발생사유와 발생량 등을 지체 없이 세관장에게 통보하고, 폐사어 관리대장에 기록·유지해야 한다. 다만, 세관장이 인정하는 범위 내에서 폐사가 발생한 경우에는 그러하지 않을 수 있다.

⑤ 운영인은 폐사어를 별도의 냉동·냉장시설에 폐사시기별로 구분하여 보관해야 한다.

07 종합보세구역에 대한 설명으로 옳은 것은?

① 관세청장은 직권으로 무역진흥에의 기여 정도, 외국물품의 반입·반출 물량 등을 고려하여 일정한 지역을 종합보세구역으로 지정할 수 있다.

② 종합보세구역은 특허보세구역의 기능 중 하나만을 수행해야 한다.

③ 종합보세구역에서 종합보세기능을 수행하려는 자는 그 기능을 정하여 관세청장에게 종합보세사업장의 설치·운영에 관한 신고를 해야 한다.

④ 종합보세구역의 보세판매장에서 판매하고자 하는 내국물품을 반입하거나 반출하려는 경우에는 반출입신고를 생략한다.

⑤ 국내에 주재하는 외교관이 종합보세구역에서 구입한 물품을 국외로 반출하는 경우에는 해당 물품을 구입할 때 납부한 관세 및 내국세 등을 환급받을 수 있다.

08 보세판매장 판매물품의 인도자에 대한 설명으로 옳은 것은?

① 판매물품을 구매자에게 인도하는 업무를 담당하고자 하는 자는 보세판매장 관할 세관장으로부터 지정을 받아야 한다.

② 보세판매장 협의단체는 인도자로 지정될 수 있다.

③ 관세행정 또는 보세화물관리와 관련 있는 비영리법인은 인도자로 지정될 수 없다.

④ 지방세의 체납이 있는 자는 인도자로 지정될 수 없다.

⑤ 인도자는 인도장의 업무량을 고려하여 적정인원의 보세사를 채용하여야 하나 인도업무를 보세사에 위임하여 수행하게 할 수 없다.

09 보세판매장에 대한 설명으로 옳지 않은 것은?

① 공항 및 항만 등의 입국경로에 설치된 보세판매장에서는 외국에서 국내로 입국하는 자에게 물품을 판매할 수 있다.

② 입국장면세점에서는 외국에서 국내로 입국하는 자에게 술·담배·향수를 포함하여 미화 800달러 한도에서 판매할 수 있다.

③ 시내면세점에서 판매한 외국물품은 판매장에서 인도하지 않고 보세운송 후 해당 인도장에서 인도한다.

④ 출국장면세점의 판매물품을 이동판매 방식에 의해 판매하려는 경우에는 이동판매대의 설치장소, 설치기한 및 판매품목 등에 관하여 세관장의 승인을 받은 경우에 한한다.

⑤ 운영인이 물품을 판매한 때에는 구매자 인적사항 및 판매사항을 전산관리하고, 세관에 전자문서로 실시간 전송(시내면세점에서 판매한 물품을 보세운송하는 경우 보세운송신고 시)해야 한다.

※ 해당 문제는 개정 규정을 반영하여 수정되었습니다.

10 시내면세점, 출국장면세점 및 전자상거래에 의하여 판매한 보세판매장 물품을 구매자에게 인도하기 위한 장소로 옳지 않은 것은?

① 출국장 보세구역 내 설치한 장소
② 국제무역선의 선박 내
③ 관세청장이 지정한 보세구역(자유무역지역을 포함한다)
④ 항공화물탁송 보세구역
⑤ 입국장 보세구역 내 설치한 장소

11 보세전시장에 대한 설명으로 옳은 것은?

① 보세전시장에서는 박람회, 전람회, 견본품 전시회 등의 운영을 위하여 외국물품을 장치·전시하거나 사용할 수 있다.

② 보세전시장에서 외국물품의 사용은 그 물품의 성질 또는 수량에 변경을 가하거나 전시장에서 소비하는 행위를 포함하지 않는다.

③ 보세전시장 안에서는 박람회의 주최자·출판자 및 관람자가 당해 외국물품을 소비할 수 없다.

④ 보세전시장에 장치된 판매용 외국물품은 수입신고가 수리되기 전에 이를 사용할 수 있다.

⑤ 보세전시장에 장치된 전시용 외국물품을 현장에서 직매하는 경우 수입신고가 수리되기 전에 이를 인도할 수 있다.

12 보세건설장에 대한 설명으로 옳지 않은 것은?

① 운영인은 보세건설장에 외국물품을 반입하였을 때에는 사용 전에 수입신고를 해야 한다.

② 운영인은 보세건설장에서 건설된 시설을 수입신고가 수리되기 전에 가동하여서는 안 된다.

③ 보세건설장은 보세공장과는 달리 장외작업을 허가하지 않는다.

④ 운영인은 건설공사가 완료된 때에는 지체 없이 이를 세관장에게 보고해야 한다.

⑤ 산업시설 건설에 사용되는 외국물품인 공사용 장비는 수입신고 수리 후 사용해야 한다.

13 지정장치장에 대한 설명으로 옳지 않은 것은?

① 지정장치장은 통관을 하려는 물품을 일시 장치하기 위한 장소로서 세관장이 지정한다.

② 지정장치장에 반입한 물품은 지정장치장을 지정한 세관장이 보관의 책임을 진다.

③ 장치기간은 6개월의 범위 내에서 관세청장이 정하며, 세관장은 3개월의 범위에서 연장할 수 있다.

④ 지정장치장의 화물관리인은 화물관리에 필요한 비용(세관설비 사용료를 포함한다)을 화주로부터 징수할 수 있다.

⑤ 지정장치장의 화물관리인은 화주로부터 징수한 화물관리비용 중 세관설비 사용료에 해당하는 금액을 세관장에게 납부해야 한다.

14 지정장치장 화물관리인의 지정 취소 사유로 옳지 않은 것은?

① 거짓이나 그 밖의 부정한 방법으로 지정을 받은 경우

② 화물관리인이 세관장과 맺은 화물관리업무에 관한 약정을 위반하여 해당 지정장치장의 질서유지에 중대한 지장을 초래한 경우

③ 화물관리인이 그 지정의 취소를 요청하는 경우

④ 화물관리인이 「관세법」 제175조(운영인의 결격사유) 각 호의 어느 하나에 해당하는 경우

⑤ 2년 이상 물품의 반입실적이 없는 경우

15 세관장이 지정보세구역으로 지정할 수 있는 장소로 옳지 않은 것은?

① 세관이 소유한 토지 및 건물

② 국토교통부가 소유한 토지 및 건물로서 국토교통부장관의 동의를 받은 토지 및 건물

③ 인천광역시가 소유한 토지 및 건물로서 인천광역시장의 동의를 받은 토지 및 건물

④ 한국관광공사가 소유한 토지 및 건물로서 한국관광공사 사장의 동의를 받은 토지 및 건물

⑤ 부산항만공사가 소유한 토지 및 건물로서 부산항만공사 사장의 동의를 받은 토지 및 건물

16 보세창고 특허신청인이 세관장에게 제출하여야 하는 화물관리 규정에 포함되어야 하는 사항으로 옳지 않은 것은?

① 내부 화물관리 종합책임자 및 책임체계
② 화물 반출입 및 보관 절차
③ 출입자 통제 및 시설안전관리
④ 내부고발자에 대한 포상과 청렴위반자에 대한 징계체계
⑤ 보세화물 취급 직원 채용 조건 및 절차

17 보세창고의 특허기간으로 옳은 것은? (정답 2개)

① 보세창고 – 10년 이내
② 보세판매장 – 10년 이내
③ 보세공장 – 7년 이내
④ 보세전시장 – 5년 이내
⑤ 보세건설장 – 5년 이내

※ 해당 문제는 개정 규정을 반영하여 수정되었습니다.

18 보세구역에 장치해야 하는 물품으로 옳지 않은 것은?

① 세관에 압수된 물품
② 외국에서 환적화물로 우리나라에 입항하여 하역한 외국물품
③ 내국운송의 신고를 하려는 내국물품
④ 외국에서 반송되어 우리나라에 입항 후 하역한 외국물품
⑤ 외국 선박이 공해에서 포획하여 우리나라에 입항 후 하역한 수산물

19 특허보세구역(보세판매장 제외)의 특허수수료에 대한 설명으로 옳지 않은 것은?

① 특허수수료는 특허보세구역의 설치·운영에 관한 특허가 있은 날이 속하는 분기분의 수수료를 포함하여 분기 단위로 매 분기 말까지 다음 분기분을 납부해야 한다.
② 특허신청의 수수료는 이미 받은 특허를 갱신하려는 경우에도 납부해야 한다.
③ 특허신청의 수수료는 4만 5천 원이다.
④ 특허수수료는 운영인이 원하는 때에는 1년 단위로 일괄하여 납부할 수 있다.
⑤ 특허수수료의 산정기준은 특허보세구역의 연면적으로 한다.

20 특허보세구역에의 물품반입 또는 보세건설·보세판매·보세전시 등을 정지시킬 수 있는 사유로 옳지 않은 것은?

① 해당 시설의 미비 등으로 특허보세구역의 설치 목적을 달성하기 곤란하다고 인정하는 경우
② 2년 이상 물품의 반입실적이 없어서 세관장이 특허보세구역의 목적을 달성하기 곤란하다고 인정하는 경우
③ 운영인 본인이 「관세법」 또는 「관세법」에 따른 명령을 위반한 경우
④ 운영인의 사용인이 「관세법」 또는 「관세법」에 따른 명령을 위반한 경우
⑤ 장치물품에 대한 관세를 납부할 자금능력이 없다고 인정되는 경우

21 다음은 보세구역 특허의 효력 상실 시 조치 등에 대한 설명이다. 빈칸 안에 들어갈 내용을 바르게 나열한 것은?

> 보세구역의 설치·운영에 관한 특허의 효력이 상실되었을 때에는 해당 특허보세구역에 있는 외국물품의 종류와 수량 등을 고려하여 (A)의 범위에서 (B)이 지정하는 기간 동안 그 구역은 특허보세구역으로 본다.

	A	B
①	6개월	세관장
②	3개월	세관장
③	1개월	세관장
④	6개월	관세청장
⑤	3개월	관세청장

22 특허보세구역 업무내용 등의 변경사항 중 세관장 승인대상이 아닌 것은?

① 운영인이 법인인 경우에 그 등기사항을 변경한 때
② 운영인이 장치물품의 종류를 변경하고자 하는 때
③ 운영인이 특허작업의 종류를 변경하고자 하는 때
④ 운영인이 작업의 원재료를 변경하고자 하는 때
⑤ 운영인이 장치물품의 수용능력을 증감하고자 하는 때

23 다음에서 특허보세구역의 특허를 취소할 수 있는 사유에 해당하는 것은?

> A. 거짓이나 그 밖의 부정한 방법으로 특허를 받은 경우
> B. 최근 1년 이내에 3회 이상 물품반입의 정지처분을 받은 경우
> C. 운영인이 해산하거나 사망한 경우
> D. 「관세법」 제177조의2를 위반하여 명의를 대여한 경우
> E. 본인이나 그 사용인이 「관세법」 또는 「관세법」에 따른 명령을 위반한 경우

① A, B, C
② A, C, D
③ B, C, D, E
④ A, B, E
⑤ A, B, D

24 보세창고 중 보세창고 운영인에 대한 주의처분 사유로 옳은 것은?

① 세관장이 특허한 수용능력의 범위를 초과하여 물품을 장치한 때
② 장치화물에 대한 각종 장부와 보고서류(전산화되어 있는 경우에는 전산자료를 포함)의 2년간 보관의무를 위반한 때
③ 야적대상이 아닌 물품을 야적장에 장치하였을 때
④ 보세창고 운영상황 보고 의무를 위반한 때
⑤ 견본품반출 허가를 받은 물품이 해당 보세구역에서 반출입되는 경우 견본품반출 허가사항 확인 및 견품반출입대장에 기록관리하지 않은 때

※ 해당 문제는 개정 규정을 반영하여 수정되었습니다.

25 컨테이너전용 보세창고의 특허요건으로 옳지 않은 것은?

① 부지면적은 15,000m² 이상이어야 한다.
② 보세화물을 보관하고 컨테이너 적입화물을 적출하는 화물조작장(CFS)을 설치해야 한다.
③ 화물조작장(CFS) 면적은 물동량에 따라 운영인의 신청으로 세관장이 결정한다.
④ 컨테이너를 차량에 적재한 상태로 건물에 접속시켜 2대 이상 동시에 개장검사할 수 있는 컨테이너검사장을 갖추어야 한다.
⑤ 컨테이너 장치에 지장이 없는 최소한의 면적 범위에서 컨테이너로 반입된 거대·중량 또는 장척 화물을 장치할 수 있는 야적장을 설치할 수 있다.

01 다음은 항공입항화물 적재화물목록 제출에 관한 설명이다. 빈칸 안에 들어갈 내용을 바르게 나열한 것은?

> 적재화물목록 제출의무자는 항공기가 입항하기 (A)까지 적재화물목록을 항공기 입항예정지 세관장에게 전자문서로 제출해야 한다. 다만, 근거리 지역의 경우에는 적재항에서 항공기가 (B)까지, 특송화물의 경우에는 항공기가 입항하기 (C)까지 제출해야 한다.

	A	B	C
①	24시간 전	출항하기 전	30분 전
②	1시간 전	출항하기 전	24시간 전
③	4시간 전	출항하기 1시간 전	24시간 전
④	4시간 전	출항하기 전	30분 전
⑤	1시간 전	출항하기 1시간 전	24시간 전

※ 해당 문제는 개정 규정을 반영하여 수정되었습니다.

02 항공입항화물의 하기장소 물품반입에 대한 설명으로 옳지 않은 것은?

① 하역장소 보세구역 운영인은 화물분류 완료 후 해당 물품을 지정된 하기장소 보세구역 운영인에게 지체 없이 인계해야 한다.

② 하역장소 보세구역 운영인으로부터 해당 물품을 인수받은 운영인은 입항 후 12시간 이내에 지정된 하기장소에 반입해야 한다.

③ 하기장소 보세구역 운영인은 인수받은 물품이 위험물품인 경우에는 지체 없이 하기장소에 반입해야 한다.

④ 하기장소 보세구역 운영인은 해당 보세구역을 하기장소로 지정한 물품의 반입 즉시 House AWB 단위로 세관장에게 전자문서로 물품반입신고를 해야 한다. 다만, House AWB이 없는 화물은 Master AWB 단위로 반입신고를 할 수 있다.

⑤ 하기장소 보세구역 운영인은 물품을 입고하는 과정에서 실물이 적재화물목록상의 내역과 상이함을 발견하였을 때에는 반입물품 이상보고를 하거나, 반입사고화물로 분류하여 신고해야 한다.

※ 해당 문제는 개정 규정을 반영하여 수정되었습니다.

03 해상입항화물의 적재화물목록 정정과 관련한 설명으로 옳은 것은?

① 적재화물목록 제출이 완료된 이후 보세운송하여 보세구역에 반입된 화물의 적재화물목록 정정 신청은 출발지 보세구역 관할 세관장에게 제출해야 한다.

② 신속통관을 위해 필요한 경우 보세운송하여 보세구역에 반입된 화물은 수입화주가 적재화물목록 작성책임자를 대신하여 정정신청을 할 수 있다.

③ 반입결과 이상보고서가 제출된 물품의 적재화물목록 정정은 이상보고서 제출일로부터 10일 이내에 신청해야 한다.

④ 포장파손이 용이한 물품은 중량의 과부족이 10% 이내인 경우 적재화물목록 정정신청을 생략할 수 있다.

⑤ 화물관리 세관공무원은 하선화물의 수량에 대해 운항선사가 하선결과이상보고를 한 경우 직권으로 적재화물목록을 정정할 수 있다.

04 해상입항화물의 하선에 대한 설명으로 빈칸 안에 들어갈 내용을 바르게 나열한 것은?

> • 하선신고를 한 자는 입항일(외항에서 입항수속을 한 경우 접안일)로부터 컨테이너화물은 (A), 원목, 곡물, 원유 등 벌크화물은 (B) 내에 해당 물품을 하선장소에 반입해야 한다.
> • 하역업체가 화물을 하선하려는 때에는 (C) 단위의 적재화물목록을 기준으로 하선신고하며, LCL화물로서 해당 하선장소 내의 CFS 내에서 컨테이너 적출 및 반입작업을 하려는 때에는 (D) 단위로 물품반입신고를 해야 한다.

	A	B	C	D
①	5일	30일	Master B/L	House B/L
②	5일	10일	Master B/L	Master B/L
③	5일	10일	Master B/L	House B/L
④	3일	5일	House B/L	Master B/L
⑤	3일	5일	Master B/L	House B/L

※ 해당 문제는 개정 규정을 반영하여 수정되었습니다.

05 출항하려는 물품에 대한 적재화물목록 제출과 관련한 설명으로 옳지 않은 것은?

① 환적화물에 대한 출항적재화물목록은 적재화물목록 제출자가 입항 시 제출한 적재화물목록의 항목을 참조하여 간소하게 제출할 수 있다.

② 태국으로 출항하려는 해상포장화물의 적재화물목록은 적재하기 전까지 제출해야 하며, 선박이 출항하기 전까지 최종 마감하여 제출해야 한다.

③ 출항하려는 항공화물의 적재화물목록은 해당 물품을 항공기에 적재하기 전까지 제출해야 하며, 항공기가 출항하기 30분 전까지 최종 마감하여 제출해야 한다.

④ 공동배선의 경우에 운항선사 또는 운항항공사는 용선선사 또는 공동운항항공사가 전자문서로 작성하여 제공한 적재화물목록 자료를 취합하여 세관장에게 제출해야 한다.

⑤ 출항하려는 혼재화물의 경우 선사 또는 항공사는 화물운송주선업자가 전자문서로 작성하여 제공한 하우스적재화물목록을 최종적으로 취합하여 세관장에게 제출해야 한다.

※ 해당 문제는 개정 규정을 반영하여 수정되었습니다.

06 출항화물 적재에 대한 설명으로 옳지 않은 것은?

① 출항하려는 물품은 적재신고가 수리되기 전에 선박 또는 항공기에 적재할 수 없다. 다만, 내국물품적재허가를 받아 직접 본선에 적재 후 수출신고하려는 물품은 그렇지 않다.

② 선사 또는 항공사는 적재결과 물품이 적재화물목록과 상이할 때에는 적재완료를 한 날까지 적재결과보고서를 작성하여 세관장에게 제출해야 한다.

③ 선사와의 계약에 따라 검수(검정)업자가 물품검수(검정)를 한 경우에는 검수(검정)업자가 적재결과보고서를 세관장에게 제출해야 한다.

④ 선사가 출항 목적이 아닌 하역 작업상의 필요 등에 의하여 보세화물을 일시적재하려는 경우에는 적재 전에 세관장에게 일시적재신고를 해야 한다.

⑤ 일시적재한 화물은 동일 선박이 접안한 부두에서 떠나기 전 일시하역물품 재하선신고서를 제출하고 하선해야 한다.

07 화물운송주선업자에 대한 설명으로 옳지 않은 것은?

① 화물운송주선업자의 등록을 하려는 자는 화물운송주선업자 등록(갱신)신청서를 업체 소재지 관할 세관장에게 제출해야 한다.

② 화물운송주선업자의 등록을 갱신하려는 자는 기간만료 1개월 전까지 신청해야 한다.

③ 화물운송주선업자의 등록을 한 자는 등록사항에 변동이 생긴 때에는 그 변동사유가 발생한 날부터 60일 이내에 변동신고를 해야 한다.

④ 화물운송주선업자는 적재화물목록 작성책임자로서 적재물품과 부합되게 하우스적재화물목록을 작성하여 제출해야 한다.

⑤ 화물운송주선업자는 적재물품이 운송의뢰를 받은 물품과 일치하지 않거나, 위조화폐·마약 등 수출입이 금지 또는 제한되는 물품을 확인한 때에는 지체 없이 세관장에게 신고해야 한다.

08 복합환적절차에 대한 설명으로 옳지 않은 것은?

① 복합환적화물은 적재화물목록에 보세운송인과 목적지를 기재하여 제출하는 것으로 보세운송신 고(승인)를 갈음할 수 있다.

② 복합환적화물을 보세운송하려는 화주 등은 최초 입항지 세관장에게 Master B/L 단위로 운송업 체와 반출 예정지 보세구역을 적재화물목록에 기재하여 신고해야 한다.

③ 복합환적화물 운송인은 적재화물목록 사본을 소지하고 보세구역 운영인 등에게 제시한 후 화물 을 인계인수해야 하며, 보세구역 운영인은 화물의 이상 여부를 확인한 후 세관장에게 반출입신 고를 해야 한다.

④ 복합일관운송화물을 적재한 차량의 수입신고가 수리된 때에는 하선장소에 반입하지 않고 보세 운송하게 할 수 있다.

⑤ 복합환적화물의 운송기한은 하선신고일부터 7일로 한다.

※ 해당 문제는 개정 규정을 반영하여 수정되었습니다.

09 환적화물에 대한 비가공증명서 발급 근거인 일시장치 확인서 기재사항으로 옳지 않은 것은?

① 일시장치장소
② 화물관리번호
③ B/L(AWB)번호
④ 송화주
⑤ 정상상태를 유지하기 위한 작업 외의 가공을 하지 않았다는 사실 확인

10 보세운송화물 도착에 대한 설명으로 옳지 않은 것은?

① 보세운송인은 보세운송물품을 신고 수리(승인)일로부터 정하는 기간(해상화물 10일, 항공화물 5일)까지 목적지에 도착시켜야 한다.

② 보세운송인은 물품이 도착지에 도착한 때 지체 없이 B/L번호 및 컨테이너번호(컨테이너화물인 경우)를 보세구역 운영인 또는 화물관리인에게 제시하고 물품을 인계해야 한다.

③ 도착지 보세구역 운영인 또는 화물관리인은 도착물품에 과부족이 있거나 봉인파손, 봉인번호 상이 등 이상이 발견된 경우에는 지체 없이 세관장에게 보고해야 한다.

④ 보세운송 도착화물에 대한 이상보고를 받은 세관장은 담당공무원으로 하여금 그 실태를 조사하 게 할 수 있다.

⑤ 도착지 세관장은 도착물품에 이상이 있는 경우 사실 확인을 조사한 후 처벌, 관세추징 등의 조치 를 하고 그 결과를 세관화물정보시스템에 등록해야 한다.

11 특정물품 간이보세운송업자 지정요건으로 옳지 않은 것은?

① 자본금 3억 원 이상인 법인

② 2억 원 이상의 인·허가 보증보험에 가입한 자이거나 「관세법」 제24조에 따른 담보(부동산은 제외)를 2억 원 이상 제공한 자

③ 유개화물자동차 10대 이상과 트랙터 10대 이상 보유한 자

④ 임원 중 관세사 1명 이상 재직하고 있는 업체

⑤ 수출입 안전관리 우수업체 또는 직전 법규수행능력평가 B등급 이상의 법인

12 보세운송신고에 대한 설명으로 옳지 않은 것은?

① 보세운송신고를 하려는 자는 화물관리번호가 부여된 이후에 할 수 있다.

② 보세운송신고를 한 자는 보세구역 출발 전까지 운송수단 배차예정내역신고서를 제출(철도·선박·항공 포함)해야 한다.

③ 항공사가 국내 국제항 간에 항공기로 보세운송하려는 경우의 보세운송신고서는 발송지세관에 전자문서로 출항적재화물목록을 제출하는 것으로 갈음할 수 있다.

④ 보세운송하려는 물품이 동일한 보세구역으로부터 동일한 도착지로 운송되는 경우에는 1건으로 일괄하여 신고할 수 있다.

⑤ LCL화물 중 컨테이너에서 적출하지 않은 상태로 보세운송하는 경우, Master B/L 단위로 신고할 수 있다.

13 보세운송절차가 필요한 물품으로 옳은 것은?

① 「우편법」에 따라 체신관서의 관리하에 운송되는 물품

② 「검역법」 등에 따라 검역관서가 인수하여 검역소 구내계류장으로 운송하는 검역대상 물품

③ 「검역법」 등에 따라 검역관서가 인수하여 검역시행 장소로 운송하는 검역대상 물품

④ 보세공장 및 자유무역지역에서 제조·가공하여 수출하는 물품

⑤ 국가기관에 의하여 운송되는 압수물품

14 보세운송 승인에 대한 설명으로 옳지 않은 것은?

① 세관장은 보세운송의 승인을 신청한 물품에 대하여 감시단속을 위하여 필요하다고 인정할 때에는 운송통로를 제한할 수 있다.

② 무세 또는 관세가 면제될 것이 확실하다고 인정하는 물품은 담보 제공을 생략한다.

③ 자율관리 보세구역으로 지정된 보세공장에 반입하는 물품은 담보 제공을 생략한다.

④ 보세운송 승인신청인은 신청에 관한 자료를 2년간 보관해야 한다.

⑤ 보세운송 승인요건에 위배되는 경우에는 특정물품 간이보세운송업자에게 보세운송 승인을 할 수 있다.

15 보세구역 외 장치의 허가 등에 대한 설명으로 옳지 않은 것은?

① 세관장은 보세구역 외 장치 허가신청을 받은 경우 보세구역 외 장치 허가기간에 1개월을 연장한 기간을 담보기간으로 하여 담보제공을 명할 수 있다.

② 보세구역 외 장치의 허가기간은 6개월의 범위 내에서 세관장이 필요하다고 인정하는 기간으로 정한다.

③ 보세구역 외 장치장에 반입한 화물 중 수입신고 수리되거나 반송 및 보세운송 절차에 따라 반출된 화물은 반출신고를 해야 한다.

④ 보세구역 외 장치허가를 받은 자가 그 허가받은 장소에 물품을 반입한 때에는 물품도착 즉시 세관장에게 반입신고를 해야 한다.

⑤ 세관장은 보세구역 외 장치물품의 반입일로부터 3개월 이내에 통관하지 않을 때에는 매월 정기적으로 재고조사를 실시해야 한다.

16 보세화물의 반입에 대한 설명으로 옳지 않은 것은?

① 화물분류기준에 따라 장치장소가 결정된 물품은 하선(기)절차가 완료된 후 보세구역에 물품을 반입해야 한다.

② 운영인은 반입된 물품이 반입예정정보와 품명·수량이 상이하거나 안보위해물품의 반입, 포장 파손, 누출, 오염 등으로 이상이 있는 경우에는 즉시 세관장에게 반입물품 이상보고서를 제출해야 한다.

③ 위험물 장치허가를 받지 않은 특허보세구역 운영인 및 지정보세구역 관리인은 화물 반입 시에 위험물인지를 확인해야 하며, 위험물을 발견하였을 때에는 즉시 세관장에게 보고해야 한다.

④ 수출입물품은 관할 세관 내에 보세창고가 부족하여 화주가 요청하는 경우 세관장의 승인을 얻어 세관지정장치장에 장치할 수 있다.

⑤ 수입화주는 관할 세관 내에 영업용 보세창고가 없어 세관지정장치장에 장치하고자 하는 경우 세관장의 승인을 얻어 장치할 수 있다.

17 보세화물의 장치장소 결정에 대한 설명으로 옳은 것은?

① 선사는 화주 또는 그 위임을 받은 자가 세관장과 협의하여 정하는 장소에 보세화물을 장치하는 것을 원칙으로 한다.

② 화주 또는 그 위임을 받은 자가 장치장소에 대한 별도의 의사표시가 없는 경우, Master B/L화물은 화물운송주선업자가 선량한 관리자로서 장치장소를 결정한다.

③ 화주 또는 그 위임을 받은 자가 장치장소에 대한 별도의 의사표시가 없는 경우, House B/L화물은 화물운송주선업자가 선량한 관리자로서 선사 및 보세구역 운영인과 협의하여 장치장소를 결정한다.

④ 입항 전 또는 하선(기) 전에 수입신고 된 물품은 세관지정장치장에 반입하여 통관절차와 검사 절차를 수행해야 한다.

⑤ 수입고철은 세관지정 보세창고에 장치하는 것을 원칙으로 한다.

18 보세화물의 재고관리에 관한 설명으로 옳지 않은 것은?

① 운영인은 매 반기별 자체 전산시스템의 재고자료를 출력하여 실제 재고와 이상이 있는지를 확인해야 하며, 전체 전산재고 내역과 현품 재고조사 결과를 세관장에게 보고해야 한다.

② 세관장은 자율관리 보세구역으로 지정받은 경우 전체 전산재고 내역과 현품 재고조사 결과를 연 1회 보고하게 할 수 있다.

③ 운영인으로부터 전산재고 내역과 현품 재고조사 결과를 보고받은 세관장은 이를 세관화물정보시스템의 재고현황과 대조확인해야 하며, 필요하다고 판단되는 때에는 7일 이내의 기간을 정하여 현장에서 이를 확인할 수 있다.

④ 세관장은 확인 결과 재고현황에 이상이 있다고 판단되는 경우에는 그 사유를 밝히는 등 필요한 조치를 취해야 한다.

⑤ 법규수행능력평가 결과 A등급 업체의 경우, 재고조사 현장확인을 보세구역 운영상황 점검과 같이 실시할 수 있다.

19 보수작업에 대한 설명으로 옳지 않은 것은?

① 보세구역에서의 보수작업이 곤란하다고 세관장이 인정할 때에는 기간과 장소를 지정받아 보세구역 밖에서 보수작업을 할 수 있다.

② 운영인이 동일 품목을 대상으로 동일한 보수작업을 반복적으로 하려는 경우에 세관장은 외국물품의 장치 및 세관 감시단속에 지장이 없을 때에는 1년 이내의 기간을 정하여 이를 포괄적으로 승인할 수 있다.

③ 보수작업 신청인이 보수작업을 완료한 경우에는 보수작업 완료보고서를 세관장에게 제출하여 그 확인을 받아야 한다.

④ 보수작업으로 외국물품에 부가된 내국물품은 외국물품으로 본다.

⑤ 수입될 물품의 보수작업은 외국물품을 재료로 해서 작업할 수 있다.

20 다음 빈칸 안에 들어갈 내용을 바르게 나열한 것은?

> • 「관세법」 제157조의2에 따라 관세청장이 정하는 보세구역에 반입된 물품의 화주 또는 반입자는 「관세법」 제177조에도 불구하고 그 (A)부터 (B) 이내에 해당 물품을 보세구역으로부터 반출해야 한다.
> • 세관장은 화주 또는 반입자가 이를 위반한 경우에는 「관세법」 제277조에 따라 100만 원 이하의 (C)을(를) 부과한다.

	A	B	C
①	수입신고일	15일	과태료
②	수입신고일	30일	과징금
③	수입신고 수리일	15일	과태료
④	수입신고 수리일	30일	과징금
⑤	수입신고 수리일	30일	과태료

21 보세구역에 장치된 물품에 대하여 아래의 상황이 발생한 때 세관장에게 신고해야 하는 것으로 옳은 것은?

① 장치물품에 이상이 있는 때
② 장치물품의 폐기
③ 장치물품의 견본품 반출
④ 장치물품의 해체·절단 등의 작업
⑤ 장치물품의 보수작업

22 다음 빈칸 안에 들어갈 보세화물의 장치기간을 모두 합산한 기간으로 옳은 것은?

> • 지정장치장 반입물품의 장치기간은 (A)로 한다. 다만, 부산항·인천항·인천공항·김해공항 항역 내의 지정장치장으로 반입된 물품과 「특송물품 수입통관 사무처리에 관한 고시」 제2조 제2호에 해당하는 물품의 장치기간은 (B)로 하며, 세관장이 필요하다고 인정할 때에는 (C)의 범위에서 그 기간을 연장할 수 있다.
> • 유치물품 및 습득물의 장치기간은 (D)로 한다. 다만, 유치물품은 화주의 요청이 있거나 세관장이 필요하다고 인정하는 경우 (E)의 범위에서 그 기간을 연장할 수 있다.

① 10개월   ② 11개월
③ 12개월   ④ 13개월
⑤ 14개월

23 보세화물 폐기에 관한 설명으로 옳지 않은 것은?

① 부패·손상되거나 그 밖의 사유로 보세구역에 장치된 물품을 폐기하려는 자는 세관장의 승인을 받아야 한다.

② 폐기 또는 반송명령을 받은 화주, 반입자 또는 그 위임을 받은 자는 동 물품을 자기비용으로 폐기 또는 반송해야 한다.

③ 세관장의 폐기명령을 받은 자가 기간이 경과하여도 이를 폐기 또는 반송하지 않은 물품 중 폐기하지 않고 방치할 경우 자연·생활환경 및 국민보건 등 공익을 해할 것으로 인정된 물품은 세관장이 보세구역 운영인 또는 화물관리인 등에게 폐기하게 할 수 있다.

④ 세관장이 폐기를 명할 때 화주나 반입자 또는 그 위임을 받은 자가 불분명하고, 그 물품의 폐기가 급박할 경우에는 세관장은 별도의 공고 없이 이를 폐기할 수 있다.

⑤ 폐기처분 후 잔존물에 대해서는 잔존물의 성질과 수량에 따라 관세 등 각종 세금을 부과한다.

24 보세화물 매각에 관한 설명으로 옳지 않은 것은?

① 경쟁입찰로 매각하려는 경우, 매각되지 않은 때에는 5일 이상의 간격을 두어 다시 입찰에 부칠 수 있으며 그 예정가격은 최초예정가격의 100분의 10 이내의 금액을 입찰 시마다 체감할 수 있다.

② 예정가격의 체감은 제2회 입찰 때부터 하되, 그 체감한도액은 최초예정가격의 100분의 50으로 한다. 다만, 최초예정가격을 기초로 산출한 세액 이하의 금액으로 체감할 수 없다.

③ 요건확인품목을 수입조건으로 공매하는 때에는 낙찰자가 공매대금을 납입할 때까지 법령에서 정한 요건을 구비하는 것을 조건으로 공매한다.

④ 「대외무역관리규정」의 원산지표시 대상품목의 경우에는 낙찰자가 원산지를 표시할 것을 조건으로 공매한다.

⑤ 수급조절대상 한약재는 한약재 수확시기(10~12월)를 피하여 공매처분해야 한다.

25 반출통고에 관한 설명으로 옳은 것은?

① 보세판매장에 반입한 물품에 대해서는 보세판매장 운영인이 화주나 반입자 또는 그 위임을 받은 자(이하 "화주 등"이라 한다)에게 반출통고한다.

② 영업용 보세창고에 반입한 물품의 반출통고는 관할 세관장이 화주 등에게 한다.

③ 지정장치장에 반입한 물품의 반출통고는 화물관리인이 화주 등에게 한다.

④ 지정장치장, 보세창고에 반입한 물품에 대한 반출통고는 장치기간 만료 10일 전까지 해야 한다.

⑤ 유치·예치물품 등의 반출통고는 장치기간 만료 30일 전까지 해야 한다.

01   국제무역선(기)의 입출항절차에 대한 설명으로 옳지 않은 것은?

① 국제무역선(기)이 국제항에 입항하였을 때에는 세관장에게 입항보고를 해야 하며, 출항하려면 세관장으로부터 출항허가를 받아야 한다.

② 선장이나 기장은 국제무역선(기) 입출항 시 여객 및 승무원에 관한 사항과 적재화물목록에 관한 사항 등이 기재된 서류를 세관장에게 제출해야 한다.

③ 대통령령으로 정하는 요건을 갖춘 화물운송주선업자는 입출항과 관련한 적재화물목록을 제출할 수 있다.

④ 입항하여 물품을 하역하지 않고 입항한 때부터 48시간 이내에 출항하는 경우 적재화물목록 제출 생략 등 간이 입출항절차 적용의 혜택을 받을 수 있다.

⑤ 세관장은 필요한 경우 승객예약자료 제출을 요청할 수 있으며, 이 경우 해당 선박회사 또는 항공사는 이에 따라야 한다.

02   조건부 하역 선박용품의 관리에 대한 설명으로 옳지 않은 것은?

① 수리업자 등은 조건부 하역 대상 선박용품에 대하여 직접 적재 등을 하거나 공급자 중에서 대행업체를 지정하여 선박과 수리업체 간의 운송을 대행하게 할 수 있다.

② 일시 하선하려는 때에는 세관장에게 하선허가신청서를 제출하고 허가를 받아야 한다.

③ 조건부 하역한 외국선박용품은 최대 1년 이내에 해당 선박에 적재하고 세관장에게 적재완료 보고를 해야 한다.

④ 수리업자 등은 하선한 선박용품을 적재기간 내에 적재할 수 없는 때에는 보세구역에 반입해야 한다.

⑤ 해당 선박이 입항하지 않거나 부득이한 사유로 조건부 하역한 외국선박용품을 외국으로 반출하려는 때에는 보세구역에 반입한 후 「반송절차에 관한 고시」에 따라 처리한다.

03 다음은 「관리대상화물 관리에 관한 고시」상 용어의 정의이다. 빈칸 안에 들어갈 내용을 바르게 나열한 것은?

- (A)이란 세관장이 선별한 검사대상화물 중 검색기검사를 하지 않고 바로 개장검사를 실시하는 화물을 말한다.
- (B)이란 세관장이 선별한 검사대상화물 중 하선(기)장소 또는 장치예정장소에서 이동식검색기로 검사하거나 컨테이너적출 시 검사하는 화물을 말한다.
- (C)이란 세관장이 선별한 감시대상화물 중 하선(기)장소 또는 장치예정장소까지 추적감시하는 화물을 말한다.

	A	B	C
①	즉시검사화물	수입신고 후 검사화물	반입 후 검사화물
②	반입 후 검사화물	운송추적검사화물	하선감시화물
③	즉시검사화물	반입 후 검사화물	운송추적감시화물
④	검색기검사화물	수입신고 후 검사화물	하선감시화물
⑤	반입 후 검사화물	즉시검사화물	운송추적감시화물

04 관세법령상 물품의 하역 등에 대한 설명으로 옳지 않은 것은?

① 국제무역선이나 국제무역기는 입항절차를 마친 후가 아니면 물품을 하역하거나 환적할 수 없다.

② 국제무역선이나 국제무역기에 물품을 하역하려면 세관장에게 신고하고 현장에서 세관공무원의 확인을 받아야 한다. 다만, 세관공무원이 확인할 필요가 없다고 인정하는 경우에는 그렇지 않다.

③ 세관장은 감시 · 단속을 위하여 필요할 때에는 물품을 하역하는 장소 및 통로와 기간을 제한할 수 있다.

④ 국제무역선이나 국제무역기에는 내국물품을 적재할 수 없다. 다만, 세관장의 승인을 받았을 때에는 그렇지 않다.

⑤ 세관장은 내국운송신고를 하는 경우에는 국제무역선 또는 국제무역기에 내국물품을 적재하게 할 수 있다.

05 다음은 선박용품 관리에 대한 설명이다. 빈칸 안에 들어갈 내용을 바르게 나열한 것은?

- 선박용품의 보세운송기간은 보세운송신고 수리(승인)일로부터 (A) 이내에서 실제 운송에 필요한 기간으로 한다. 다만, 세관장은 그 사유가 타당하다고 인정하는 경우에는 (B) 이내에서 한 번만 연장승인할 수 있다.
- 선박용품 등의 적재·환적 허가를 받은 자는 허가일부터 (C) 이내에 적재 등을 완료해야 한다. 다만, 1회 항행일수가 7일 이내인 국제무역선은 해당 항차의 출항허가 전까지 그 절차를 완료해야 한다

	A	B	C
①	10일	7일	10일
②	10일	10일	10일
③	10일	15일	7일
④	15일	10일	10일
⑤	15일	15일	7일

06 다음은 관세법령상 국제항의 지정 요건이다. 빈칸 안에 들어갈 내용을 바르게 나열한 것은?

- 항구의 경우 국제무역선인 5천 톤급 이상의 선박이 연간 (A) 이상 입항하거나 입항할 것으로 예상될 것
- 공항의 경우 정기여객기가 주 (B) 이상 입항하거나 입항할 것으로 예상될 것, 여객기로 입국하는 여객수가 연간 (C) 이상일 것
- (D) 또는 관계행정기관의 장은 국제항이 지정요건을 갖추지 못하여 업무수행 등에 상당한 지장을 준다고 판단하는 경우에는 기획재정부장관에게 그 사실을 보고해야 한다.

	A	B	C	D
①	50회	6회	4만 명	세관장
②	60회	6회	4만 명	관세청장
③	50회	5회	5만 명	세관장
④	50회	6회	4만 명	관세청장
⑤	60회	5회	5만 명	관세청장

07 관세법령상 국제항이 아닌 지역에 대한 출입허가수수료 징수 예외사유로 규정되어 있지 않은 것은?

① 국제무역선 또는 국제무역기에 대한 항행의 편의도모나 그 밖의 특별한 사정이 있는 경우

② 급병환자, 항해 중 발견한 밀항자, 항해 중 구조한 조난자·조난선박·조난화물 등의 하역 또는 인도를 위하여 일시입항하는 경우

③ 위험물품·오염물품 기타 이에 준하는 물품의 취급, 유조선의 청소 또는 가스발생선박의 가스제거작업을 위하여 법령 또는 권한 있는 행정관청이 정하는 일정한 장소에 입항하는 경우

④ 국제항의 협소 등 입항여건을 고려하여 관세청장이 정하는 일정한 장소에 입항하는 경우

⑤ 법령의 규정에 의하여 강제로 입항하는 경우

08 국제무역기를 국내운항기로 전환하는 절차와 관련하여 옳지 않은 것은?

① 항공기의 전환승인 신청을 받은 세관장은 항공기 전환승인(신청)서의 기재사항을 심사하여 이상이 없는 때에 승인해야 한다. 다만, 현장을 확인할 필요가 있는 경우에는 해당 항공기에 나가서 사실 여부를 확인할 수 있다.

② 세관장은 국제무역기를 국내운항기로 전환승인하기 전에 외국에서 구입한 항공기용품이 남아있는 경우와 그 밖의 과세대상 물품이 있는 경우 기장 등이 수입신고한 때 전환승인해야 한다.

③ 기장 등이 항공기의 전환을 신청하려는 때에는 승무원휴대품과 항공기용품을 제외한 다른 화물이 적재되어 있지 않아야 한다. 다만, 다른 화물이 적재되어 있는 상태에서 전환하려는 때에는 수수료만 납부하면 된다.

④ 세관장은 국제무역기의 전환승인 시 관세채권 확보가 곤란한 경우에는 관세 등을 납부 후 승인해야 한다. 다만 공휴일 등 관세납부가 어려운 경우 수입신고하는 때 외국 항공기 소유자(기장 등 포함)의 관세납부확약서 등을 제출받아 승인할 수 있다.

⑤ 국제무역기가 수입신고 수리되거나 국내운항기가 수출신고 수리된 경우, 기상악화, 항공기 고장 등 부득이한 사유로 국내 공항에 임시 착륙 후 최초 목적지 공항으로 이동하는 경우에는 전환신청을 생략할 수 있다.

09 「관리대상화물 관리에 관한 고시」에서 규정한 관리대상화물에 해당하지 않는 것은?

① 우편물

② 특송물품

③ 단기체류자가 반입하는 이사물품

④ 여행자의 유치물품 및 예치물품

⑤ 보세판매장 판매용 물품(외국물품에 한함)

10 관리대상화물 중 화주의 신청에 의해 검사대상 화물의 해제가 가능한 화물로 옳은 것은?

> A. 원자재(수출, 내수용 포함) 및 시설재
> B. 학술연구용 실험기자재이거나 실험용품
> C. 보세공장, 영업용 보세창고에 반입하는 물품
> D. 보세전시장, 자가용 보세창고에 반입하는 물품

① A, B

② A, D

③ B, C

④ B, D

⑤ C, D

11 다음은 수출입 안전관리 기준 준수도의 측정·평가·활용에 대한 설명이다. 빈칸 안에 들어갈 내용을 바르게 나열한 것은?

> ① 관세청장은 수출입 안전관리 우수업체로 공인받기 위한 신청 여부와 관계없이 수출입물품의 제조·운송·보관 또는 통관 등 무역과 관련된 자 중 대통령령으로 정하는 자를 대상으로 「관세법」 제255조의2 제1항에 따른 (A) 기준을 준수하는 정도를 대통령령으로 정하는 절차에 따라 측정·평가할 수 있다.
> ② 관세청장은 ①에 따른 측정·평가 대상자에 대한 (B)를 위하여 ①에 따라 측정·평가한 결과를 대통령령으로 정하는 바에 따라 활용할 수 있다.

	A	B
①	안전관리	지원·관리
②	위험관리	지원·관리
③	내부통제	지원·관리
④	안전관리	통제·관리
⑤	내부통제	통제·관리

12 다음은 「수출입 안전관리 우수업체 공인 및 운영에 관한 고시」 제4조 및 별표 1에서 정하고 있는 공인기준 중 일부를 발췌한 것이다. 빈칸 안에 들어갈 내용을 바르게 나열한 것은?

- (A) : 수출입신고 등의 적정성을 유지하기 위한 기업의 영업활동, 신고 자료의 흐름 및 회계처리 등과 관련하여 부서 간 상호 의사소통 및 통제 체제를 갖출 것
- 안전관리 : 수출입물품의 안전한 관리를 확보할 수 있는 거래업체, 운송수단, 출입통제, 인사, 취급절차, (B), 정보 및 교육·훈련체계를 갖출 것
- 재무건전성 : 재무제표에 대한 감사보고서의 감사의견이 적정이어야 하며, 부채비율이 동종업종 의 평균 부채비율의 (C) 이하이거나 외부신용평가기관의 신용평가 등급이 투자적격 이상 또는 매출 증가 등으로 성실한 법규준수의 이행이 가능할 정도의 재정을 유지해야 한다.

	A	B	C
①	법규준수도	채용절차	200%
②	법규준수도	시설과 장비	300%
③	내부통제시스템	채용절차	300%
④	내부통제시스템	시설과 장비	300%
⑤	내부통제시스템	시설과 장비	200%

13 수출입 안전관리 우수업체의 관리책임자에 대한 공인 전 교육 내용이 아닌 것은?

① 무역안전과 원활화를 위한 국제 규범 및 국내외 제도
② 수출입 안전관리 우수업체 공인기준의 세부내용
③ 수출입 안전관리 우수업체 제도와 필요성
④ 법규준수 및 수출입 안전관리를 위한 내부통제시스템
⑤ 정기 자율평가 및 갱신심사 대비를 위한 준수사항

14 다음은 수출입 안전관리 우수업체의 관리책임자에 대한 공인 후 교육에 대한 설명이다. 빈칸 안에 들어갈 내용을 바르게 나열한 것은?

> 공인 후 교육 : 매 (A)마다 총괄책임자는 (B) 이상, 수출입관리책임자는 (C) 이상(처음 교육은 공인일자를 기준으로 1년 이내에 받아야 함). 다만, 관리책임자가 변경된 경우에는 변경된 날로부터 (D) 이내에 해당 교육을 받아야 한다.

	A	B	C	D
①	1년	4시간	8시간	1년
②	2년	4시간	8시간	180일
③	2년	4시간	16시간	180일
④	2년	8시간	8시간	1년
⑤	2년	8시간	16시간	150일

15 다음은 수출입 안전관리 우수업체 공인기준에 대한 설명이다. 빈칸 안에 들어갈 내용을 바르게 나열한 것은?

> 수출입 안전관리 우수업체로 공인을 받기 위해서는 공인기준 중에서 필수적인 기준을 충족하고, 다음 각 호의 요건을 모두 충족해야 한다.
> 1. 법규준수도가 (A)점 이상일 것. 다만, 중소 수출기업은 심의위원회를 개최하는 날을 기준으로 직전 2개 분기 연속으로 해당 분기단위의 법규준수도가 (A)점 이상인 경우도 충족한 것으로 본다.
> 2. 내부통제시스템 기준의 평가점수가 (B)점 이상일 것
> 3. 재무건전성 기준을 충족할 것
> 4. 안전관리 기준 중에서 충족이 권고되는 기준의 평가점수가 (C)점 이상일 것

	A	B	C
①	70	70	70
②	70	70	80
③	80	70	70
④	80	80	70
⑤	80	80	80

16 수출입 안전관리 우수업체가 공인심사 및 갱신심사 절차를 이행한 사례이다. 관련 규정에 따라 맞게 처리된 것은? (정답 2개)

① A社는 공인유효기간이 2017.10.15.~2022.10.14.까지인 업체로 2022.5.15.에 갱신심사 신청서를 제출하였다.

② B社는 5개 공인부문에 걸쳐 공인을 받은 업체로 부문별 공인일자가 달라서, 공인일자가 가장 늦은 공인부문을 기준으로 갱신심사를 함께 신청하였다.

③ 대기업인 C社는 공인심사 신청 전 예비심사를 희망하였으나, 중소 수출기업만 예비심사가 가능하다고 알고 있어 신청서를 제출하지 않았다.

④ D社는 공인신청 시 관리책임자의 교육이수 확인서를 제출하지 않아 관세청장으로부터 기각당하였다.

⑤ 공인유효기간이 2022.5.15.인 E社는 2022.6.20. 특허보세구역의 특허사항을 위반하여 과태료가 부과되었으나, 2022.6.30. 현재 갱신심사가 진행 중이어서 과태료 경감혜택을 적용받았다.

17 수출입 안전관리 우수업체 공인 및 갱신심사 운영상 예비심사에 대한 설명으로 옳지 않은 것은?

① 관세평가분류원장은 예비심사 신청서를 접수하고, 수탁기관에 해당 신청서와 관련서류를 이관한다.

② 관세청장은 수탁기관이 예비심사 업무를 지원하게 할 수 있다.

③ 수탁기관은 예비검사를 할 때에 서류심사 방식으로 수행한다. 다만, 신청업체가 원하는 경우에는 신청업체의 사업장을 직접 방문하여 수행할 수 있다.

④ 수탁기관은 이관받은 날부터 15일 이내에 심사결과 총평, 공인심사 준비서류 점검 결과, 공인기준 일부에 대한 예시적 검증 결과, 그 밖에 수출입 안전관리 우수업체 공인과 관련하여 참고할 사항을 포함한 예비심사 결과보고서를 관세평가분류원장에게 제출해야 한다.

⑤ 수탁기관은 수출입 안전관리 우수업체 공인을 신청한 업체가 제출한 내용을 검토한 후 신청업체에게 예비심사 결과 통지서를 송부해야 한다.

※ 해당 문제는 개정 규정을 반영하여 수정되었습니다.

18 수출입 안전관리 우수업체 공인심사 신청에 따른 서류심사에 대한 설명으로 옳지 않은 것은?

① 관세청장은 공인심사 신청서를 접수한 날로부터 60일 이내에 서류심사를 마쳐야 한다.

② 관세청장은 보완 요구서를 송부하기 전에 신청업체의 요청이 없는 경우에도 해당업체의 의견을 듣거나 업체에게 소명할 수 있는 기회를 주어야 한다.

③ 관세청장은 신청업체가 제출한 서류를 통해서 공인기준을 충족하는지를 확인하기 어려운 경우에는 30일의 범위 내에서 신청업체에게 보완을 요구할 수 있다.

④ 신청업체는 천재지변, 주요 사업장의 이전, 법인의 양도, 양수, 분할 및 합병 등 부득이한 사유로 보완에 장시간이 걸리는 경우에는 보완기간의 연장을 신청할 수 있다.

⑤ 관세청장은 보완을 요구할 때에는 보완요구서에 보완하여야 할 사항, 보완을 요구하는 이유 및 보완기한 등을 구체적으로 기재하여 신청업체에게 통보해야 한다.

19 다음은 수출입 안전관리 우수업체 공인 및 갱신심사 시 관세평가분류원장의 현장심사 중단에 대한 내용이다. 빈칸 안에 들어갈 내용을 바르게 나열한 것은?

> 관세평가분류원장은 신청업체가 다음 각 호의 어느 하나에 해당하는 경우에는 「수출입 안전관리 우수업체 공인 및 운영에 관한 고시」 제9조 제7항에 따라 관세청장의 승인을 받고, 별지 제10호 서식의 현장심사 중단 통지서에 따라 현장심사를 중단할 수 있다.
>
> 〈중 략〉
>
> 1. 신청업체의 (A)이 공인기준을 현저히 충족하지 못하여 심사를 계속하더라도 기간 내에 공인기준을 충족할 가능성이 없는 것으로 판단되는 경우
> 2. 심사를 고의적으로 (B)하는 경우
> 3. 심사를 방해하는 경우
> 4. 요구한 자료(통관적법성 관련 자료 제출 요구를 포함한다)를 제출하지 않거나 거짓자료를 제출한 경우

	A	B
①	내부통제기준	거 부
②	수출입 관리현황	지 연
③	수출입 관리현황	거 부
④	내부통제기준	지 연
⑤	위험관리기준	지 연

20 수출입 안전관리 우수업체 공인기준 중 보세구역 운영인 부문에서 공인 가능한 경우로 옳은 것은?

① 「관세법」 제276조에 따라 벌금형 선고를 받은 후 1년이 경과한 경우

② 신청업체의 통합법규준수도가 70점인 경우

③ 「관세법」을 위반하여 징역형의 실형을 선고받고 그 진행이 끝나거나 면제된 후 2년이 경과한 경우

④ 안전관리 기준 중에서 충족이 권고되는 기준의 평가점수가 60점인 경우

⑤ 중소기업으로서 부채비율이 동종업종 평균 부채비율의 300%인 경우

21 다음은 수출입 안전관리 우수업체 중 보세구역 운영인 부문에 적용되는 안전관리 기준이다. 빈칸 안에 들어갈 내용을 바르게 나열한 것은?

> • 운영인은 컨테이너와 트레일러 등에 비인가된 물품이나 사람의 침입을 방지하기 위해 (A)을 (를) 관리하고, 손상된 (A)을(를) 식별하여 (B) 및 관련 외국 관세당국에 보고하는 절차를 마련해야 한다.
> • 운영인은 직원을 식별하고, 접근을 통제하기 위하여 (C)을(를) 마련하고, 회사 관리자를 지정하여 직원, 방문자, 납품업자를 식별하는 표식의 발급과 회수를 관리해야 한다.

	A	B	C
①	봉 인	세관장	직원식별시스템
②	봉 인	관세청장	출입카드
③	잠금장치	세관장	직원식별시스템
④	잠금장치	관세청장	출입카드
⑤	접근통제장치	세관장	접근통제장치

22 수출입 안전관리 우수업체 공인 및 운영과 관련하여 아래 표 안의 업무를 수행하는 자로 옳은 것은?

> • 정기 자율평가, 변동사항 보고, 공인 또는 갱신심사 수감 등 공인기준 준수관련 업무
> • 직원에 대한 수출입 안전관리 교육
> • 정보 교환, 회의 참석 등 수출입 안전관리 관련 관세청 및 세관과의 협업
> • 세액 등 통관적법성 준수 관리
> • 그 밖에 업체의 법규준수 향상을 위한 활동

① 한국AEO진흥협회 본부장
② 관리책임자
③ 기업상담전문관
④ 회사대표
⑤ AEO심사관

23 수출입 안전관리 우수업체 중 AAA등급을 받을 수 있는 조건으로 바르게 짝지어진 것은?

> A. 갱신심사를 받은 업체 중 법규준수도가 95점 이상인 업체
> B. 세관장으로부터 원산지인증수출자로 인증을 받은 업체
> C. 중소기업이 수출입 안전관리 우수업체로 공인을 받는 데 지원한 실적이 우수한 업체
> D. 거래업체 중 수출입 안전관리 우수업체의 비율이 높은 업체

① A, B
② A, C
③ B, C
④ B, D
⑤ C, D

24 수출입 안전관리 우수업체 심의위원회 심의대상으로 옳지 않은 것은?

① 수출입 안전관리 우수업체의 공인 및 갱신
② 수출입 안전관리 우수업체의 공인의 취소
③ 수출입 안전관리 우수업체의 공인등급 조정
④ 공인과 갱신을 유보한 업체의 공인심사 및 갱신심사의 신청 각하
⑤ 공인과 갱신을 유보하는 업체의 지정

25 다음 표 안의 사례 발생 시 수출입 안전관리 우수업체에 대하여 조치할 사항으로 옳은 것은?

> • 신청업체가 나머지 공인기준은 모두 충족하였으나, 법규준수도 점수 기준을 충족하지 못한 경우
> • 신청업체가 수입하는 물품의 과세가격 결정방법이나 품목분류 및 원산지 결정에 이견이 있음에도 불구하고 「관세법」 제37조, 제86조 및 「자유무역협정의 이행을 위한 관세법의 특례에 관한 법률」 제31조에 따른 사전심사를 신청하지 않은 경우(수입부문에만 해당한다)
> • 신청업체가 사회적 물의 등을 일으켰으나 해당 사안이 공인의 결격에 해당하는지를 판단하는 데 추가적으로 사실을 확인하거나 심의를 위한 충분한 법리검토가 필요한 경우

① 수출입 안전관리 우수업체 공인취소
② 수출입 안전관리 우수업체 혜택정지
③ 수출입 안전관리 우수업체 공인유보
④ 수출입 안전관리 우수업체 공인등급 조정
⑤ 수출입 안전관리 우수업체 공인신청 기각

01 자율관리 보세구역 지정에 관한 설명으로 옳지 않은 것은?

① 운영인 등의 법규수행능력이 우수하여 보세구역 자율관리에 지장이 없어야 한다.

② 일반 자율관리 보세구역과 우수 자율관리 보세구역이 있다.

③ 우수 자율관리 보세구역은 보세사 채용이 면제된다.

④ 화물의 반출입, 재고관리 등 실시간 물품관리가 가능한 전산시스템(WMS, ERP 등)을 구비해야 한다.

⑤ 세관장은 자율관리 보세구역 운영인 등에게 갱신절차 등을 지정기간 만료 2개월 전에 문서, 전자메일, 전화, 휴대폰 문자전송 방법 등으로 미리 알려야 한다.

02 자율관리 보세구역의 감독에 대한 설명 중 옳지 않은 것은?

① 운영인은 회계연도 종료 3개월이 지난 후 15일 이내에 자율관리 보세구역 운영 등의 적정 여부를 자체점검하고 자율점검표를 작성하여 세관장에게 제출해야 한다.

② 운영인이 자율점검표를 재고조사 결과와 함께 제출하려는 경우 자율점검표를 다음 해 2월 말까지 제출할 수 있다.

③ 세관장은 자율점검표 심사결과 자율관리 보세구역 운영관리가 적정하다고 판단되는 경우 정기감사를 생략할 수 있다.

④ 자율점검표 미제출·제출기간 미준수 등의 사유에 해당하는 경우 정기감사를 해야 한다.

⑤ 세관장이 별도의 감사반을 편성하여 정기감사를 하는 경우 외부 민간위원은 감사반에 포함할 수 없다.

03 세관장이 자율관리 보세구역에 대하여 기간을 정하여 절차생략 등을 정지하는 경우에 대한 설명으로 옳은 것은?

① 보세사가 해고 또는 취업정지 등의 사유로 업무를 수행할 수 없는 경우 절차생략 등을 정지할 수 있다.

② 운영인이 보세화물 관리에 관한 의무사항 불이행으로 경고처분을 1년에 2회 이상 받은 경우 절차생략이 정지된다.

③ 경고처분으로 절차생략이 정지되는 경우 최대 정지기간은 2개월을 초과할 수 없다.

④ 절차생략 등을 정지하는 기간 동안 자율관리 보세구역에 위탁되거나 생략된 업무는 운영인이 직접 관리한다.

⑤ 세관장은 절차생략 등을 정지하는 경우 한국관세물류협회장에게 통보해야 한다.

04 다음은 보세구역의 자율관리에 대한 「관세법」 본문이다. 빈칸 안에 들어갈 내용을 바르게 나열한 것은?

> 보세구역 중 물품의 관리 및 세관감시에 지장이 없다고 인정하여 (A)이 정하는 바에 따라 (B)이 지정하는 보세구역(이하 "자율관리 보세구역"이라 한다)에 장치한 물품은 제157조에 따른 세관공무원의 참여와 이 법에 따른 절차 중 (C)이 정하는 절차를 생략한다.

	A	B	C
①	관세청장	세관장	관세청장
②	세관장	관세청장	세관장
③	세관장	세관장	세관장
④	관세청장	관세청장	관세청장
⑤	세관장	관세청장	관세청장

05 자율관리 보세구역 제도에 대한 설명으로 옳은 것은?

① 보세구역의 화물관리인이나 운영인은 자율관리 보세구역의 지정을 받으려면 관세청장에게 지정을 신청해야 한다.

② 자율관리 보세구역의 지정기간은 지정일로부터 5년으로 하며, 지정기간 만료 1개월 전까지 갱신 신청해야 한다.

③ 세관장은 보세구역 운영상황 점검(현장확인) 시 자율관리 보세구역에 대한 정기감사를 생략하거나 통합하여 실시할 수 있다.

④ 보세창고가 보세사 채용 및 물품관리전산시스템을 구비한 경우 우수 자율관리 보세구역으로 지정할 수 있다.

⑤ 보세사가 해고 또는 취업정지 등의 사유로 업무를 수행할 수 없는 경우 3개월 이내의 기간 동안 자율관리 보세구역에 대한 절차생략 등을 정지할 수 있다.

06 보세사의 징계와 보세사징계위원회의 운영에 대한 설명 중 옳은 것은?

① 보세사의 징계의 종류는 견책, 해임, 업무정지가 있다.

② 세관장은 보세사가 「관세법」이나 「관세법」에 따른 명령을 위반한 경우에는 보세사징계위원회에 1개월 이내에 해당 보세사에 대한 징계의결을 요구해야 한다.

③ 보세사징계위원회는 보세사 징계의결의 요구를 받은 때에는 징계의결의 요구를 받은 날로부터 2개월 내에 이를 의결해야 한다.

④ 위원이 징계의결 대상 보세사와 직접적으로 업무 연관성이 있는 경우 보세사징계위원회의 심의·의결에서 제척된다.

⑤ 보세사가 연간 6월의 범위 내에서 업무정지를 3회 받으면 등록을 취소한다.

07 보세사의 의무에 대한 설명 중 옳지 않은 것은?

① 보세사는 「관세법」과 「관세법」에 따른 명령을 준수해야 하며, 그 직무를 성실하고 공정하게 수행해야 한다.

② 보세사는 직무를 수행할 때 고의로 진실을 감추거나 거짓 진술을 하여서는 안 된다.

③ 보세사는 다른 업무를 겸임할 수 없다. 다만, 영업용 보세창고의 경우 보세화물관리에 지장이 없는 범위 내에서 다른 업무를 겸임할 수 있다.

④ 해당 보세구역에 작업이 있는 시간에는 상주해야 한다.

⑤ 세관장의 업무감독에 관련된 명령을 준수해야 하고 세관공무원의 지휘를 받아야 한다.

08 「수출입물류업체에 대한 법규수행능력측정 및 평가관리에 관한 훈령」에서 규정하는 용어의 정의로 옳지 않은 것은?

① "법규수행능력측정 및 평가관리시스템"이란 수출입물류업체에 대한 세관절차의 법규 이행정도를 확인하기 위한 평가항목의 등록, 측정, 평가 등을 하는 전산시스템을 말한다.

② "법규수행능력"이란 수출입물류업체가 관세법규 등에서 정하는 사항을 준수한 정도를 측정한 점수를 말한다.

③ "통합법규수행능력"이란 개별 수출입물류업체의 측정점수와 물류공급망으로 연관된 전체 수출입물류업체의 측정점수를 반영하여 산출한 점수를 말한다.

④ "내부자율통제시스템"이란 수출입물류업체가 관세법령 등에서 정하는 보세화물 취급업무를 수행하기 위한 일련의 처리절차, 내부통제절차 등을 갖춘 자체시스템을 말한다.

⑤ "평가미이행업체"란 법규수행능력 평가항목 표준매뉴얼을 세관장에게 제출하지 않은 업체를 말한다.

09 「자유무역지역 반출입물품의 관리에 관한 고시」에서 규정하고 있는 용어의 정의로 옳지 않은 것은?

① "반입신고"란 물품을 자유무역지역으로 반입하기 위한 신고로서 「관세법」 제157조에 따른 반입신고를 말한다.

② "국외반출신고"란 외국물품 등을 국외반출하기 위한 신고로서 「관세법」상 수출신고와 동일한 성격의 신고를 말한다.

③ "보수"란 해당 물품의 HS품목분류의 변화를 가져오지 않는 보존작업, 선별, 분류, 단순조립 등의 활동을 말한다.

④ "잉여물품"이란 제조·가공작업으로 인하여 발생하는 부산물과 불량품 등의 사유로 사용하지 않는 원재료와 제품 등을 말한다.

⑤ "사용소비신고"란 외국물품을 고유한 사업의 목적 또는 용도에 사용 또는 소비하기 위하여 「관세법 시행령」에 따른 수입신고서 서식으로 신고하는 것을 말한다.

10 「자유무역지역의 지정 및 운영에 관한 법률(이하 "「자유무역지역법」"이라 한다)」과 다른 법률과의 관계에 대한 내용으로 옳지 않은 것은?

① 자유무역지역의 지정 및 운영에 관하여 「경제자유구역의 지정 및 운영에 관한 특별법」에 다른 규정이 있는 경우에는 「자유무역지역법」을 우선하여 적용한다.

② 자유무역지역 안의 외국물품 등을 관세영역으로 반출하는 경우에는 「관세법」을 적용하지 않는다.

③ 자유무역지역 내에서의 물품의 통관에 관하여는 「관세법」을 적용하는 것이 입주기업체에 유리한 경우에는 「관세법」을 적용한다.

④ 입주기업체 중 외국인투자기업에 대하여는 「고용상 연령차별금지 및 고령자고용촉진에 관한 법률」에 따른 고용 의무 규정을 적용하지 않는다.

⑤ 입주기업체 중 외국인투자기업에 대하여는 「장애인고용촉진 및 직업재활법」에 따른 사업주의 장애인 고용 의무 규정을 적용하지 않는다.

11 자유무역지역의 입주에 대한 내용으로 옳지 않은 것은?

① 관리권자와 입주계약을 체결하여야 하는 경우 파산선고를 받고 복권되지 않은 자와는 계약을 체결할 수 없다.

② 국내외 가격차에 상당하는 율로 양허(讓許)한 농림축산물을 원재료로 하는 물품을 제조・가공하는 업종의 사업을 하려는 자가 원재료 및 원재료를 제조・가공한 물품을 전량 국외로 반출하는 경우에는 제한하지 않을 수 있다.

③ 관리권자는 외국인투자기업, 수출을 주목적으로 사업을 하려는 자와 우선적으로 입주계약을 체결할 수 있다.

④ 관리권자와 입주계약을 체결하여야 하는 경우 관세 또는 내국세를 체납한 자와는 계약을 체결할 수 없다.

⑤ 물품의 하역・운송・보관・전시 사업을 하려는 자는 자유무역지역에 입주할 수 있다.

12 자유무역지역으로의 물품반입 정지사유로 옳지 않은 것은?

① 수입신고 및 관세 등의 납부를 하지 않고 외국물품 등을 자유무역지역에서 관세영역으로 반출한 경우

② 수입신고 및 관세 등의 납부를 하지 않고 외국물품을 사용・소비하기 위하여 자유무역지역 안으로 반입한 경우

③ 「관세법」 제276조(허위신고죄 등)에 따른 위반사유에 해당하는 경우

④ 정당한 사유 없이 조사를 거부・방해하거나 기피하거나 자료제출을 거부한 경우

⑤ 국외 반출신고 시 법령에 따라 국외 반출에 필요한 허가・승인・추천・증명 또는 그 밖의 조건을 구비하지 않거나 부정한 방법으로 구비한 경우

13 자유무역지역 외국물품 등의 보세운송에 관한 설명으로 옳지 않은 것은?

① 국외반출신고가 수리된 물품을 선적하기 위하여 보세운송하는 경우에는 수출신고서 서식을 사용하여 보세운송신고를 할 수 있다.

② 자유무역지역에서 제조·가공한 물품을 다른 자유무역지역 등으로 보세운송하려는 경우에는 보세운송기간을 7일로 하며, 7일 이내의 범위에서 연장할 수 있다.

③ 국외반출신고가 수리된 물품의 경우 보세운송기간은 신고 수리일부터 30일 이내로 하며, 선(기)적은 국외반출신고가 수리된 날부터 30일 이내에 선(기)적해야 한다.

④ 동일 자유무역지역 내 입주기업체 간에 외국물품 등을 이동하려는 때에는 반출입신고와 보세운송신고를 생략한다.

⑤ 일시반출허가를 받아 반출하거나 재반입하는 물품의 반출입신고는 일시반출허가서나 재반입신고서를 갈음하며, 따로 보세운송절차를 거칠 필요가 없다.

14 「자유무역지역의 지정 및 운영에 관한 법률」 및 「자유무역지역 반출입물품의 관리에 관한 고시」에 따른 폐기대상물품으로 옳지 않은 것은?

① 사람의 생명이나 재산에 해를 끼칠 우려가 있는 물품

② 부패 또는 변질된 물품

③ 실용시효가 경과되었거나 상품가치를 상실한 물품

④ 위조상품, 모조품, 그 밖에 지식재산권 침해물품

⑤ 검사·검역기준 등에 부적합한 것으로 화주가 판단하는 물품

15 자유무역지역과 특허보세구역에 대한 설명으로 옳은 것은?

① 자유무역지역에서 농림축산물을 원재료로 하는 제조·가공업종의 사업을 하려는 자는 보세사를 채용해야 한다.

② 자유무역지역 출입자(차량)는 출입증을 소지하거나 통행증을 부착하여야 하나, 특허보세구역은 출입자(차량)에 대한 출입증 소지 등 의무가 없다.

③ 제조업을 영위하는 자유무역지역 입주기업체의 사용소비신고 대상물품의 범위와 보세공장의 사용신고 대상물품의 범위는 동일하다.

④ 1년 이내에 3회 이상 물품반입 정지처분(과징금 부과처분 포함)을 받은 경우 입주계약 해지(자유무역지역)나 특허취소(특허보세구역)가 가능하다.

⑤ 자유무역지역에서 내국물품을 반출하려는 자는 내국물품 반출목록신고서를 제출한 날부터 3년 동안 내국물품 반입증명서류를 보관해야 한다.

16 「관세법」에 대한 설명 중 옳지 않은 것은?

① "관세범"이란 「관세법」 또는 「관세법」에 따른 명령을 위반한 행위로서 「관세법」에 따라 형사처벌되거나 통고처분되는 것을 말한다.

② 몰수할 물품의 전부 또는 일부를 몰수할 수 없는 때에는 그 몰수할 수 없는 물품의 범칙 당시의 국내도매가격에 상당하는 금액을 범인으로부터 추징한다.

③ 관세청장과 세관장은 통고처분 대상자의 연령과 환경, 법 위반의 동기와 결과, 범칙금 부담능력 등을 고려하여 관세심사위원회의 심의·의결을 거쳐 통고처분을 면제할 수 있다.

④ 지정장치장의 화물관리인은 「관세법」 제279조 양벌 규정의 적용을 받는 개인에 해당하지 않는다.

⑤ 법령에 따라 수입이 제한된 사항을 회피할 목적으로 부분품으로 수입하거나 주요 특성을 갖춘 미완성·불완전한 물품이나 완제품을 부분품으로 분할하여 수입한 자에 대한 처벌은 관세포탈죄이다.

17 「관세법」에서 정한 죄를 범한 자는 정상에 따라 징역과 벌금을 병과할 수 있다. 징역과 벌금을 병과할 수 있는 법조항만으로 이루어진 것은?

A. 「관세법」 제268조의2(전자문서 위조·변조죄 등)
B. 「관세법」 제269조(밀수출입죄)
C. 「관세법」 제270조(관세포탈죄 등)
D. 「관세법」 제271조(미수범 등)
E. 「관세법」 제274조(밀수품의 취득죄 등)
F. 「관세법」 제275조의2(강제징수면탈죄 등)
G. 「관세법」 제275조의3(타인에 대한 명의대여죄)

① A, B, C, D, E ② B, C, D, F
③ A, B, C, E, F ④ B, C, D, E
⑤ A, B, C, D, E, F, G

18 다음 설명 중 빈칸에 들어갈 말로 옳은 것은?

> 「관세법」에 따른 벌칙에 위반되는 행위를 한 자에게는 「형법」 제38조 제1항 제2호 중 (   ) 경합에 관한 제한가중규정을 적용하지 않는다.

① 법 조 ② 벌 금
③ 상상적 ④ 실체적
⑤ 양 벌

19 「관세법」 제304조에서 규정하고 있는 세관장이 압수물품 관계인에게 통고한 후 폐기할 수 있는 경우가 아닌 것은?

① 사람의 생명이나 재산을 해칠 우려가 있는 것
② 보관하기가 극히 불편하다고 인정되는 것
③ 유효기간이 지난 것
④ 상품가치가 없어진 것
⑤ 부패하거나 변질된 것

20 「관세법」 제277조 규정에 의한 과태료 부과대상인 것은? (정답 2개)

① 다른 사람의 성명·상호를 사용하여 보세사의 업무를 수행한 경우
② 세관공무원의 장부 또는 자료의 제시요구 또는 제출요구를 거부한 경우
③ 보세구역에 물품을 반입하지 않고 거짓으로 반입신고를 한 경우
④ 세관공무원의 질문에 대하여 거짓의 진술을 하거나 그 직무의 집행을 거부 또는 기피한 경우
⑤ 해당 보세구역을 관할하는 세관장에게 등록하지 않고 보세사로 근무한 경우

21 「관세법」 제274조 밀수품 취득죄의 대상이 되지 않는 물품은?

① 밀수입된 위조채권(「관세법」 제269조 제1항 해당 물품)
② 밀수입된 금괴(「관세법」 제269조 제2항 해당 물품)
③ 수입요건을 갖추지 않고 부정수입된 건강기능식품(「관세법」 제270조 제2항 해당 물품)
④ 재산상 이득을 위하여 가격이 조작되어 수입된 의료용품(「관세법」 제270조의2 해당 물품)
⑤ 법령에 따라 수입이 제한된 사항을 회피할 목적으로 완제품을 부분품으로 분할하여 수입된 가전제품(「관세법」 제270조 제1항 제3호 해당 물품)

22 「관세법」 제275조의4(보세사의 명의대여죄 등)에 해당하지 않는 것은?

① 다른 사람의 보세사 자격증을 사용하여 보세사 업무를 수행하도록 알선하는 경우
② 다른 사람에게 자신의 성명·상호를 사용하여 보세사 업무를 수행하게 한 경우
③ 다른 사람에게 자신의 보세사 자격증 또는 등록증을 빌려준 경우
④ 다른 사람의 성명·상호를 사용하여 보세사의 업무를 수행하거나 자격증 또는 등록증을 빌린 경우
⑤ 보세사 자격을 갖추어 보세사로서 근무하려는 자가 해당 보세구역을 관할하는 세관장에게 등록하지 않고 보세사 업무를 수행한 경우

23 「관세법」 제279조(양벌 규정)에 대한 설명으로 옳지 않은 것은?

① "양벌 규정"이란 형벌법규를 직접 위반한 행위자를 벌하는 외에 그 행위자와 일정한 관계를 맺고 있는 다른 법인이나 사람도 함께 처벌하는 규정을 말한다.

② 법인 또는 개인의 대리인, 사용인, 그 밖의 종업원이 그 법인 또는 개인의 업무에 관하여 「관세법」 상 제11장에서 규정한 벌칙에 해당하는 위법한 행위를 하면 그 행위자를 벌하는 외에 그 법인 또는 개인에게도 벌금형을 과(科)한다.

③ 법인 또는 개인이 그 위반행위를 방지하기 위하여 해당 업무에 관하여 상당한 주의와 감독을 게을리하지 않은 경우에는 법인과 개인을 처벌하지 않는다.

④ 법인의 대표자가 그 법인의 업무에 관하여 「관세법」 제277조(과태료)에 해당하는 위반행위를 한 경우 양벌 규정에 따라 법인의 대표자 외에 그 법인에게도 과태료를 부과한다.

⑤ 양벌 규정을 적용받는 개인은 특허보세구역 또는 종합보세사업장의 운영인, 수출(「수출용 원재료에 대한 관세 등 환급에 관한 특례법」 제4조에 따른 수출 등을 포함한다)·수입 또는 운송을 업으로 하는 사람, 관세사, 국제항 안에서 물품 및 용역의 공급을 업으로 하는 사람, 전자문서중계사업자로 한정한다.

※ 해당 문제는 개정 규정을 반영하여 수정되었습니다.

24 「관세법」상 벌칙에 대한 설명으로 옳은 것은?

① 화폐·채권이나 그 밖의 유가증권의 위조품·변조품 또는 모조품을 수입한 자는 7년 이하의 징역 또는 5천만 원 이하의 벌금에 처한다.

② 수출신고를 한 자 중 법령에 따라 수출에 필요한 허가·승인·추천·증명 또는 그 밖의 조건을 갖추지 않거나 부정한 방법으로 갖추어 수출한 자는 2년 이하의 징역 또는 2천만 원 이하의 벌금에 처한다.

③ 부정한 방법으로 적재화물목록을 작성하였거나 제출한 자는 3천만 원 이하의 벌금에 처한다.

④ 수입신고를 할 때 부당하게 재물이나 재산상 이득을 취득하거나 제3자로 하여금 이를 취득하게 할 목적으로 물품의 가격을 조작하여 신고한 자는 3년 이하의 징역 또는 물품원가와 5천만 원 중 높은 금액 이하의 벌금에 처한다.

⑤ 국가관세종합정보시스템이나 전자문서중계사업자의 전산처리설비에 기록된 전자문서 등 관련 정보를 위조 또는 변조하거나 위조 또는 변조된 정보를 행사한 자는 1년 이상 10년 이하의 징역 또는 1억 원 이하의 벌금에 처한다.

25 다음은 관세법령상 통고처분에 관한 조문의 일부분이다. 빈칸에 들어갈 내용을 바르게 나열한 것은?

「관세법 시행령」 제270조의2(통고처분)
① 법 제311조 제1항 제1호에 따른 벌금에 상당하는 금액은 해당 벌금 최고액의 (A)으로 한다.

〈중 략〉

② 관세청장이나 세관장은 관세범이 조사를 방해하거나 증거물을 은닉·인멸·훼손한 경우 등 관세청장이 정하여 고시하는 사유에 해당하는 경우에는 제1항에 따른 금액의 (B) 범위에서 관세청장이 정하여 고시하는 비율에 따라 그 금액을 늘릴 수 있다.

「관세법」 제311조(통고처분)
① 관세청장이나 세관장은 관세범을 조사한 결과 범죄의 확증을 얻었을 때에는 대통령령으로 정하는 바에 따라 그 대상이 되는 자에게 그 이유를 구체적으로 밝히고, 다음 각 호에 해당하는 금액이나 물품을 납부할 것을 통고할 수 있다.
1. 벌금에 상당하는 금액

	A	B
①	100분의 30	100분의 30
②	100분의 20	100분의 30
③	100분의 30	100분의 50
④	100분의 50	100분의 50
⑤	100분의 30	100분의 40

CHAPTER 04

2021년 기출문제

제1과목 | 수출입통관절차

01 수입물품에 대하여 세관장이 부과 · 징수할 수 없는 조세가 포함된 것은?

① 부가가치세, 교통 · 에너지 · 환경세 및 농어촌특별세
② 지방소비세, 담배소비세
③ 지방교육세, 개별소비세
④ 담배소비세, 주세
⑤ 개별소비세, 법인세

02 「관세법」상 법령의 적용시기와 과세물건 확정의 시기에 대한 설명으로 옳지 않은 것은?

① 「관세법」에 따라 매각되는 물품은 해당 물품이 매각된 날의 법령을 적용한다.
② 「관세법」 제192조에 따라 보세건설장에 반입된 외국물품은 당해 물품이 보세건설장에 반입된 날의 법령을 적용한다.
③ 도난물품 또는 분실물품의 과세물건 확정시기는 해당 물품이 도난되거나 분실된 때이다.
④ 보세구역 장치물품의 멸실 · 폐기로 과세를 징수하는 물품의 과세물건 확정시기는 해당 물품이 멸실되거나 폐기된 때이다.
⑤ 수입신고 전 즉시반출신고를 하고 반출한 물품의 과세물건 확정시기는 수입신고 전 즉시반출신고를 한 때이다.

03 「관세법」 제30조(과세가격 결정의 원칙) 제1항에 근거한 우리나라에 수출하기 위하여 판매되는 물품으로 옳은 것은?

① 수입 후 경매 등을 통하여 판매가격이 결정되는 위탁판매 수입물품

② 수출자의 책임으로 국내에서 판매하기 위하여 수입하는 물품

③ 별개의 독립된 법적 사업체가 아닌 지점 등에서 수입하는 물품

④ 수입자가 국내에서 국가기관에 판매하기 위하여 유상으로 수입하는 물품

⑤ 임대차계약에 따라 수입하는 물품

04 「관세법」상 수입물품의 경정청구에 대한 설명이다. 순서대로 빈칸에 들어갈 내용으로 옳은 것은?

> 납세의무자는 신고납부한 세액이 과다한 것을 안 때에는 최초로 납세신고한 날부터 (   ) 이내에 신고한 세액의 경정을 세관장에게 청구할 수 있다. 다만, 다음의 경우에는 각 호에서 정하는 바에 따른다.
> 1. 법 제38조의3 제3항에 따라 소송에 대한 판결 결과 납부한 세액이 과다한 것을 알게 되었을 때 – 그 사유가 발생한 것을 안 날부터 (   ) 이내
> 2. 법 제38조의4(수입물품의 과세가격 조정에 따른 경정)의 경우 – 그 결정·경정 처분이 있음을 안 날(처분의 통지를 받은 경우에는 그 받은 날)부터 (   ) 또는 최초로 납세신고를 한 날부터 5년 이내

① 5년, 2개월, 2개월

② 5년, 2개월, 3개월

③ 5년, 3개월, 3개월

④ 3년, 3개월, 6개월

⑤ 3년, 6개월, 6개월

05 수입물품에 대한 B/L분할신고 및 수리 등에 대한 설명으로 옳지 않은 것은?

① 신고물품 중 일부만 통관이 허용되고 일부는 통관이 보류되는 경우 B/L분할신고 및 수리를 할 수 있다.

② 검사·검역 결과 일부는 합격되고 일부는 불합격된 경우이거나 일부만 검사·검역신청하여 통관하려는 경우 B/L분할신고 및 수리를 할 수 있다.

③ 일괄사후납부 적용·비적용 물품을 구분하여 신고하려는 경우 B/L분할신고 및 수리를 할 수 있다.

④ B/L을 분할하여도 물품검사와 과세가격 산출에 어려움이 없는 경우 분할된 물품의 납부세액과 상관없이 B/L분할신고 및 수리를 할 수 있다.

⑤ 보세창고에 입고된 물품으로서 세관장이 「보세화물관리에 관한 고시」에 따른 보세화물관리에 지장이 없다고 인정하는 경우에는 여러 건의 B/L에 관련되는 물품을 1건으로 수입신고할 수 있다.

06 다음 설명에 해당하는 관세로 옳은 것은?

> 교역상대국이 우리나라의 수출물품 등에 대해서 관세 또는 무역에 관한 국제협정이나 양자 간의 협정 등에 규정된 우리나라의 권익을 부인하거나 제한하는 행위를 하여 우리나라의 무역이익이 침해되는 경우에는 그 나라로부터 수입되는 물품에 대하여 피해상당액의 범위에서 관세를 부과할 수 있다.

① 덤핑방지관세　　　　　　　　　　② 보복관세
③ 상계관세　　　　　　　　　　　　④ 조정관세
⑤ 특별긴급관세

07 수출신고에 대한 설명으로 옳은 것은?

① 「관세법」제243조 제4항에 따른 밀수출 우려가 높은 물품은 자유무역지역에 반입하여 수출신고를 할 수 없다.
② 수출신고의 효력발생지점은 전송된 신고자료가 담당자에게 배부된 시점으로 한다.
③ 수출신고물품에 대한 신고서의 처리방법은 전자통관심사, 화면심사, 서류심사, 물품검사 등으로 구분한다.
④ 수출하려는 자는 해당 물품을 적재할 부두 또는 보세구역을 관할하는 세관장에게 수출신고를 해야 한다.
⑤ 수출신고는 관세사, 관세법인, 통관취급법인, 운송인 또는 수출화주의 명의로 해야 한다.

08 관세의 납부기한 등에 관한 규정으로 옳지 않은 것은?

① 납세신고를 한 경우 관세의 납부기한은 납세신고 수리일부터 15일 이내이다.
② 월별납부 승인의 유효기간은 승인일부터 그 후 2년이 되는 날이 속하는 달의 마지막 날까지로 한다.
③ 관세의 납부기한이 토요일에 해당하는 경우에는 그날을 기한으로 한다.
④ 국가관세종합시스템의 정전, 프로그램 오류 등으로 관세의 납부를 기한 내에 할 수 없게 된 경우에는 그 장애가 복구된 날의 다음 날을 기한으로 한다.
⑤ 수입신고 수리 전 반출승인을 받은 경우에는 그 승인일을 수입신고의 수리일로 본다.

※ 해당 문제는 개정 규정을 반영하여 수정되었습니다.

09 관세의 납세의무자에 관한 규정으로 옳지 않은 것은?

① 수입신고하는 때의 화주가 불분명할 때로서 수입물품을 수입신고 전에 양도한 경우에는 그 양수인이 납세의무자가 된다.

② 보세구역에 장치된 물품이 도난되거나 분실된 경우에는 그 운영인 또는 화물관리인이 그 도난물품이나 분실물품에 대한 납세의무자가 된다.

③ 수입화주 등 납세의무자와 「관세법」 제143조 제6항에 따라 관세를 징수하는 물품 등에 대한 특별납세의무자가 경합되는 경우에는 특별납세의무자를 납세의무자로 한다.

④ 수입신고물품이 공유물인 경우에는 그 공유자가 해당 물품에 관계되는 관세 등에 대해서는 수입화주와 연대하여 납부할 의무를 가진다.

⑤ 납세의무자가 관세 등을 체납한 경우 그 납세의무자에게 「국세기본법」 제42조 제3항에 따른 양도담보재산이 있을 때에는 우선적으로 그 재산으로써 관세 등을 징수한다.

10 수입업자 김한국이 세관장에게 제출한 해당 수입물품과 관련한 다음의 과세가격결정 관련 자료에 기초한 과세가격은 얼마인가? (각 항목의 가격 등은 별도 지급됨)

• 송품장가격(연불이자 10$, 수입 후 해당 물품의 조립비용 100$ 포함)			1,000$
• 구매수료	20$	• 수출국 특수포장비용	20$
• 상표권 사용료	40$	• 복제권 사용료	30$
• 구매자가 판매자의 채무를 변제하는 금액	300$	• 해상운송비용	50$
• 보험료	20$	• 수입국 통관비용	10$
• 수입국 물품양하비용	10$		

① 1,500$　　　　　　② 1,340$

③ 1,320$　　　　　　④ 1,020$

⑤ 1,000$

11 수입물품 통관 후 유통이력 신고 등에 관한 규정으로 옳지 않은 것은?

① 외국물품을 수입하는 자와 수입물품을 국내에서 거래하는 자(소비자에 대한 판매를 주된 영업으로 하는 사업자는 제외한다)는 통관 후 유통이력을 관세청장에게 신고해야 한다.

② 유통이력 신고물품은 사회안전 또는 국민보건을 해칠 우려가 현저한 물품 등으로서 관세청장이 지정하는 물품이다.

③ 유통이력 신고의무자는 유통단계별 거래명세를 장부에 기록하거나 전자적 기록방식으로 기록해야 한다.

④ 유통이력 신고의무자는 그 자료를 거래일부터 2년간 보관해야 한다.

⑤ 세관공무원은 유통이력 신고의무자의 사업장에 출입하여 영업 관계 장부나 서류를 열람하여 조사할 수 있다.

12 관세의 담보에 관한 규정으로 옳지 않은 것은?

① 세관장은 천재지변 등으로 인하여 관세의 납부기한을 연장하는 경우에는 납부할 관세에 상당하는 담보를 제공하게 할 수 있다.

② 납세의무자는 「관세법」에 따라 계속하여 담보를 제공해야 하는 사유가 있는 경우에는 일정 기간에 제공해야 하는 담보를 포괄하여 미리 세관장에게 제공할 수 있다.

③ 관세담보를 제공하고자 하는 자가 담보액 확정일부터 10일 이내에 담보를 제공하지 않는 경우에는 세관장은 납부고지를 할 수 있다.

④ 세관장은 담보를 관세에 충당하고 남은 금액이 있을 때에는 담보를 제공한 자에게 이를 돌려주어야 하며, 돌려줄 수 없는 경우에는 이를 즉시 국고에 귀속한다.

⑤ 담보물이 납세보증보험증권인 경우 담보의 관세충당은 그 보증인에게 담보한 관세에 상당하는 금액을 납부할 것을 즉시 통보하는 방법에 따른다.

13 「관세법」 제94조(소액물품 등의 면세)에 따라 관세를 면제할 수 있는 수입물품으로 옳지 않은 것은?

① 우리나라의 거주자에게 수여된 훈장・기장(紀章) 또는 이에 준하는 표창장 및 상패

② 판매 또는 임대를 위한 물품의 상품목록・가격표 및 교역안내서

③ 과세가격이 미화 250달러 이하의 물품으로서 견본품으로 사용될 것으로 인정되는 물품

④ 물품가격이 미화 150달러 이하의 물품으로서 자가사용물품으로 인정되는 것

⑤ 우리나라를 방문하는 외국의 원수와 그 가족 및 수행원의 물품

14 「관세법」상 입항 전 수입신고에 관한 규정으로 옳은 것은?

① 입항 전 수입신고는 해당 물품을 적재한 선박 등이 우리나라에 입항하기 전에는 언제든지 할 수 있다.

② 입항 전 수입신고의 수리는 해당 물품을 적재한 선박 등이 우리나라에 입항한 후에 해야 한다.

③ 세율이 인상되는 법령이 적용될 예정인 물품은 해당 물품을 적재한 선박 등이 우리나라에 도착한 후에 수입신고해야 한다.

④ 입항 전 수입신고한 물품이 검사 대상으로 결정된 경우에는 신고를 취하하고, 해당 물품을 적재한 선박 등이 입항한 후에 다시 수입신고해야 한다.

⑤ 입항 전 수입신고 시 입항은 최종 입항보고를 한 후 해당 물품을 적재한 선박 등이 하역준비를 완료한 때를 기준으로 한다.

15 「관세법」 제99조(재수입면세)로 관세면제를 신청한 수입물품에 대한 통관심사 내용이다. 이 중 통관심사 방법으로 옳은 것은?

① 우리나라에서 3년 전 해외시험 및 연구목적으로 수출된 후 재수입된 물품에 대하여 재수입기간 2년을 경과하여 수입했으므로 면세를 불허했다.

② 재수입면세 신청한 금형(「법인세법」에 따른 내용연수가 2년 이상)이 장기간에 걸쳐 사용할 수 있는 물품으로서 임대차계약 또는 도급계약 등에 따라 해외에서 일시 사용하고 재수입되어 면세해 주었다.

③ 보세공장에서 보세가공 수출된 장비가 해외 바이어의 구매거절로 다시 국내로 반입되어 재수입면세 신청한 정밀기기를 현품검사한 결과 해외에서 사용되지 않아 면세해 주었다.

④ 재수입면세 신청한 자동차가 미국으로 수출된 후 미국에서 HSK 10단위의 변경이 없는 수리·가공을 거쳐 면세해 주었다.

⑤ 재수입면세 신청한 한산모시제품이 제품보증서 등 수입자가 제시한 자료로 보아 국산품이 수출된 후 재수입된 사실이 확인되나, 수출신고필증이나 반송신고필증이 없어 면세를 불허했다.

16 수입신고 취하 및 각하에 대한 설명으로 옳지 않은 것은?

① 수입신고 취하신청은 수입신고가 수리된 이후에 할 수 없다.

② 세관장이 신고 취하를 승인하면 당초 신고납부한 관세는 환급받을 수 있다.

③ 수입계약과 상이한 물품으로 해외공급자에게 반송하는 경우에는 취하승인 대상이다.

④ 통관요건 불합격의 사유로 폐기하는 경우에는 취하승인 대상이다.

⑤ 신고의 요건을 갖추지 못했을 경우에는 세관장이 직권으로 각하할 수 있다.

17 「관세법」상 용어의 정의에 대한 설명으로 옳지 않은 것은?

① "수출"이란 내국물품을 외국으로 반출하는 것을 말한다.

② "반송"이란 국내에 도착한 외국물품이 수입통관절차를 거쳐 보세구역에서 반출된 상태에서 당해 물품의 수출자에게 원상태로 다시 재반출하는 것을 말한다.

③ "수입"이란 외국물품을 우리나라에 반입(보세구역을 경유하는 것은 보세구역으로부터 반입하는 것을 말한다)하거나 우리나라에 소비 또는 사용하는 것을 말한다.

④ "환적"이란 동일한 세관 관할 구역 안에서 입국 또는 입항하는 운송수단에서 출국 또는 출항하는 운송수단으로 물품을 옮겨 싣는 것을 말한다.

⑤ "통관"이란 「관세법」의 규정에 의한 절차를 이행하여 물품을 수출, 수입 또는 반송하는 것을 말한다.

18 「관세법」제238조 규정에 의한 보세구역 반입명령 제도에 관련한 조치 및 설명으로 옳은 것은?

① 세관장은 수출신고가 수리되어 외국으로 반출된 물품에 대해 수출신고 수리일로부터 6개월 이내에 보세구역 반입명령을 했다.

② 수입신고가 수리되어 외국으로 반출된 물품에 대해 세관장은 국민보건을 해칠 우려가 있어 수입신고 수리일로부터 3개월 이내에 보세구역 반입명령을 했다.

③ 지식재산권을 침해한 물품은 보세구역 반입명령 대상이 아니다.

④ 한-미 FTA세율 심사 결과 FTA세율 적용이 취소된 경우 보세구역 반입명령을 하여 원산지표시를 변경해야 한다.

⑤ 반입명령 수령인의 주소나 거소가 분명하지 않은 때에는 반입명령 수령인에 대해 소재수사 후 송달해야 한다.

19 다음은 「관세법」 제237조의 규정에 근거하여 수입신고한 물품을 통관보류한 사례이다. 올바르게 처리된 내용만을 모두 고른 것은?

> A. 미국에서 반입하여 수입신고한 기계에 대해 신고서상의 기재사항에 보완이 필요하여 통관보류했다.
> B. 중국에서 반입하여 수입신고한 수출용 원재료인 직물에 대해 가격신고서를 제출하지 않아 통관보류했다.
> C. 체코에서 반입하여 수입신고한 모터에 대해 「전기용품 및 생활용품 안전관리법」상 안전인증서를 제출하지 않아 통관보류했다.
> D. 중국에서 반입하여 수입신고한 뱀(CITES종)에 대해 「야생생물 보호 및 관리에 관한 법률」상의 허가서와 특정 연구목적에 사용한다는 계획서 등을 제출하지 않아 통관보류했다.
> E. 프랑스에서 반입하여 수입신고한 병행수입이 허용된 가방에 대해 상표권자 보호를 위해 통관보류했다.

① A, B
② A, B, C
③ B, C
④ A, C, D
⑤ A, C, E

20 수입물품에 대한 세율 적용의 우선순위를 올바르게 나열한 것은? (정답 없음)

> A. 덤핑방지관세
> B. 조정관세
> C. 일반특혜(최빈특혜)관세
> D. 다른 세율보다 낮은 국제협력관세
> E. 기본세율

① A, B, C, D, E
② A, B, C, E, D
③ C, E, A, B, D
④ A, D, B, C, E
⑤ A, D, C, B, E

21 「관세법」상 내국물품을 모두 고른 것은?

> A. 외국의 선박 등이 공해에서 채집하거나 포획한 수산물
> B. 입항 전 수입신고가 수리된 물품
> C. 수입신고 전 즉시반출신고를 하고 반출된 물품
> D. 수출신고 수리 전 국제무역선에 적재된 물품
> E. 보세구역에서 보수작업 결과 외국물품에 부가된 내국물품

① A, B, C   ② A, B, D
③ B, C, D   ④ B, C, E
⑤ C, D, E

---

22 관세징수권 소멸시효의 정지사유로 옳지 않은 것은?

① 관세의 분할납부기간
② 징수유예기간
③ 「특정범죄 가중처벌 등에 관한 법률」 제16조에 따른 공소제기
④ 압류·매각의 유예기간
⑤ 사해행위 취소소송기간

---

23 「관세법」상 수출입물품의 지식재산권 보호에 대한 설명으로 옳은 것은?

① 세관장은 지식재산권을 침해했음이 명백한 경우에도 지식재산권자의 통관보류요청이 없으면 직권으로 해당 물품의 통관을 보류하거나 해당 물품을 유치할 수 없다.
② 세관장은 통관보류 등을 요청한 자가 해당 물품에 대한 통관보류 등의 사실을 통보받은 후 15일(휴일 및 공휴일은 제외한다) 이내에 법원의 제소사실을 입증했을 때에는 해당 통관보류 등을 계속할 수 있다.
③ 통관보류나 유치를 요청하려는 자와 통관 또는 유치 해제를 요청하려는 자는 세관장에게 해당 물품의 과세가격의 100분의 125에 상당하는 금액의 담보를 제공해야 한다.
④ 담보를 제공해야 하는 자가 「조세특례제한법」에 따른 중소기업인 경우에는 해당 물품의 과세가격의 100분의 50에 상당하는 금액의 담보를 제공해야 한다.
⑤ 상업적 목적이 아닌 개인용도에 사용하기 위한 여행자휴대품으로서 소량으로 수출입되는 물품에 대하여는 적용하지 않는다.

24 수입신고에 대한 설명으로 옳지 않은 것은?

① 수입하려는 자는 출항 전 신고, 입항 전 신고, 보세구역 도착 전 신고, 보세구역 장치 후 신고 중에서 필요에 따라 신고방법을 선택하여 수입신고할 수 있다.

② 수입신고는 관세사, 관세법인, 통관취급법인 등이나 수입화주의 명의로 해야 한다.

③ 수입신고하려는 자는 인터넷 통관포탈서비스 이용신청을 하고 세관장의 승인을 받아야 한다.

④ 수입신고의 효력발생시점은 원칙적으로 전송된 신고자료가 통관시스템에 접수된 시점으로 한다.

⑤ 수입신고 시 서류제출 대상으로 지정된 신고건 중 일시수입통관증서(A.T.A Carnet)에 의한 일시수입물품은 전자적 방식으로 서류를 제출할 수 있다.

25 수출물품의 적재 이행관리에 대한 설명으로 옳지 않은 것은?

① 수출자는 수출신고가 수리된 물품을 수출신고가 수리된 날로부터 원칙적으로 30일 이내에 우리나라 외국 간을 왕래하는 운송수단에 적재해야 한다.

② 세관장은 적재 일정변경 등 부득이한 사유가 타당하다고 인정하는 경우에는 수출신고 수리일로부터 2년의 범위 내에서 적재기간 연장을 승인할 수 있다.

③ 적재지검사 대상물품의 경우에는 물품검사가 완료된 후 운송수단에 적재해야 한다.

④ 통관지 세관장은 적재기간이 경과한 수출신고 수리물품에 대하여 신고인 등에게 적재기간 내에 적재확인이 되지 않는 경우 수출신고 수리를 취소한다는 예정통보를 해야 한다.

⑤ 수출신고 수리취소 예정통보를 받은 신고인은 취소예정통보일로부터 14일 이내에 적재된 화물이 있는지 여부에 대하여 원인규명을 해야 하며, 이미 적재된 물품이 있는 경우에는 정정 등의 조치를 취해야 한다.

01 보세공장의 원료과세에 관한 설명으로 옳은 것은?

① 사용신고 전에 원료과세 신청을 한 경우에는 제조된 물품을 수입신고하는 때의 원료 성질과 수량에 따라 관세를 부과한다.

② 최근 1년간 생산되어 판매된 물품 중 수출된 물품의 가격비율이 100분의 60 이상인 경우 1년의 범위 내에서 원료과세 포괄적용 신청을 할 수 있다.

③ 원료과세 적용물품에 대해 FTA협정관세를 적용받으려면 제품 수입신고 시에 원산지증명서 구비 여부, FTA관세율을 신고해야 하며, 사용신고서 제출은 생략할 수 있다.

④ 내·외국 원재료별 품명, 규격, 소요량, 재고 등이 전산시스템에 의하여 명확하게 기록·관리되는 경우에는 1년의 범위 내에서 원료과세 포괄적용 신청을 할 수 있다.

⑤ 원료과세의 적용을 받으려는 자는 해당 원료로 제조된 물품의 수입신고 전까지 원료과세 적용신청(승인)서로 세관장에게 신청해야 한다.

02 단일 보세공장의 특허에 관한 설명으로 옳지 않은 것은?

① 근접한 장소에 있는 2개 이상의 공장이 동일기업체에 속해야 한다.

② 2개 이상 공장 간에 물품관리체계의 통합관리로 반출입 물품관리 및 재고관리에 지장이 없어야 한다.

③ 2개 이상의 공장이 세관 관할을 달리하는 경우 세관별로 특허를 받아야 한다.

④ 제조·가공의 공정상 일괄작업에 각 공장이 필요한 경우에 특허할 수 있다.

⑤ 기존 보세공장으로부터 직선거리 15km 이내에 신규 공장을 증설하는 경우 특허할 수 있다. 다만, 세관장은 세관감시의 단속에 지장이 없는 경우 동일세관 관할구역 내에서는 거리기준을 적용하지 않을 수 있다.

※ 해당 문제는 개정 규정을 반영하여 수정되었습니다.

03 보세공장 특허에 관한 설명 중 옳지 않은 것은?

① 외국물품 또는 외국물품과 내국물품을 원료로 하거나 재료로 하여 수출하는 물품을 제조·가공하는 경우에는 특허를 받을 수 있다.

② 폐기물을 원재료로 하여 제조·가공하는 경우에는 보세공장의 설치·운영 특허를 제한할 수 있다.

③ 수입하는 물품을 제조·가공하는 것을 목적으로 하는 업종은 특허를 받을 수 없다.

④ 국내외 가격차에 상당하는 율로 양허한 농산물을 원재료 하는 물품을 제조·가공하는 업종의 경우에는 특허를 제한할 수 있다.

⑤ 보세작업의 전부를 장외작업에 의존할 경우에는 보세작업의 종류 및 특수성을 감안하여 설치·운영 특허를 제한할 수 있다.

04 보세공장 보세운송 특례절차의 적용해제 사유로 옳지 않은 것은?

① 운영인이 보세공장 보세운송 특례적용 정정(해제)신청서를 제출한 때

② 운영인이 경고처분을 받을 때

③ 수출입 안전관리 우수업체 또는 법규수행능력 우수업체에 해당하지 않은 때

④ 보세공장 간 반출입 횟수가 최근 3개월의 월평균 10회 미만인 때

⑤ FTA형 특별보세공장의 기준에 부합하지 않은 때

05 보세공장에서 원상태 국외반출이 허용되는 원재료로 옳지 않은 것은?

① 생산계획 변경, 제조품목의 사양변경 또는 보세작업과정에서 발생하는 잉여 원재료

② 보세공장에서 수출한 물품의 하자보수 등 추가적인 제조·가공·수리에 필요한 원재료

③ 계약내용과 동일한 원재료(다만, 사용신고가 수리된 경우에는 사용신고 당시의 성질이나 형태가 변경된 것도 포함한다)

④ 국외에서 제조·가공공정의 일부를 이행하기 위하여 필요한 원재료

⑤ 보세공장의 해외 현지공장에서 제조·가공·수리 그 밖에 유사한 작업에 사용할 원재료

※ 해당 문제는 개정 규정을 반영하여 수정되었습니다.

06 보세판매장에 관한 설명으로 옳은 것은?

① 시내면세점 운영인은 해당 보세판매장에 「보세판매장 특허에 관한 고시」 제4조(시설요건)에 따른 중소·중견기업 제품 매장을 설치해야 한다.

② 출국장면세점은 국산 가전제품 중 여행자의 휴대반품이 곤란하거나 세관장이 필요하다고 인정하는 품목이라 하더라도 쿠폰으로 판매할 수 없다.

③ 보세판매장 운영인은 출국하는 내국인에게 미화 6천 달러 이하의 구매한도 범위 내에서 물품을 판매해야 한다.

④ 보세판매장 운영인이 물품을 판매한 때에는 구매자 인적사항 및 판매사항을 전산관리하고, 세관에 전자문서로 24시간 내 전송해야 한다.

⑤ 보세판매장 운영인은 보세판매장의 물품을 전자상거래의 방법에 의하여 판매할 수 없다.

07 다음에서 순서대로 빈칸에 들어갈 내용으로 옳은 것은? (정답 없음)

> • 보세판매장 운영인은 출국하는 내국인에게 「관세법 시행규칙」 제69조의3에 따라 미화 (　) 달러 이하의 구매한도 범위 내에서 물품을 판매해야 한다(입국장인도장 인도조건의 판매는 제외).
> • 보세판매장 운영인은 입국인에게 「관세법 시행규칙」 제69조의4 제1항에 따라 미화 (　) 달러 이하의 구매한도 범위 내에서 물품을 판매해야 한다.

① 3천, 400
② 3천, 600
③ 4천, 400
④ 5천, 600
⑤ 6천, 400

08 보세판매장의 특허상실에 따른 재고물품의 처리에 대한 설명이다. 순서대로 빈칸에 들어갈 내용으로 옳은 것은?

> 운영인은 특허가 상실된 때에는 (　) 이내의 범위 내에서 세관장이 정한 기간 내에 재고물품을 판매, 다른 보세판매장에 양도, 외국으로 반출 또는 수입통관절차에 의거 통관해야 하며, 지정장치장 또는 세관장이 지정한 보세구역으로 이고한 물품을 운영인이 이고한 날부터 (　) 이내에 다른 보세판매장에 양도하지 않거나 외국으로 반출하지 않는 때에는 체화처리절차에 따라 처리한다.

① 2개월, 3개월
② 3개월, 3개월
③ 3개월, 6개월
④ 6개월, 3개월
⑤ 6개월, 6개월

09 「관세법」에 근거하여 특허한 보세구역으로 옳지 않은 것은?

① 입국장면세점   ② 지정면세점

③ 외교관면세점   ④ 시내면세점

⑤ 출국장면세점

10 보세건설장 관리에 대한 설명으로 옳지 않은 것은?

① 세관장은 「산업발전법」 제2조에 따른 업종에 해당하는 물품을 수입하는 경우 보세건설장을 특허할 수 있다.

② 운영인은 수용능력 증감공사를 완료한 때에는 지체 없이 그 사실을 세관장에게 통보해야 한다.

③ 보세건설장에 반입하는 외국물품이 분할되어 신고되었을 때에는 품목분류 등 수입통관에 관한 사항은 「수입통관 사무처리에 관한 고시」를 준용한다.

④ 산업시설 건설에 사용되는 외국물품인 공사용 장비는 수입신고 수리 전에 사용할 수 있다.

⑤ 운영인은 보세건설장에 외국물품을 반입했을 때에는 사용 전에 「수입통관 사무처리에 관한 고시」에 따라 해당 물품의 수입신고를 해야 한다.

11 보세전시장에 대한 설명 중 옳은 것은?

① 박람회, 전시회, 견본품 전시회 등의 운영을 위하여 외국물품을 장치·전시할 목적의 보세구역이며 보세전시장 내 사용, 소비행위는 금지된다.

② 보세전시장에 장치된 판매용 외국물품은 수입신고 후에 사용할 수 있다.

③ 보세전시장에 전시된 외국물품은 판매할 수 없다.

④ 보세전시장의 특허기간은 해당 박람회 등의 회기기간으로 한다.

⑤ 박람회 등의 운영을 위한 외국물품의 사용에는 외국물품의 성질 또는 형상에 변경을 가하는 행위가 포함된다.

12 종합보세사업장에 반입된 물품의 보관·관리에 대한 설명으로 옳지 않은 것은?

① 운영인은 종합보세사업장에 반입된 물품을 내·외국물품별 및 수행하는 기능별로 구분하여 보관·관리해야 한다.

② 종합보세사업장에 반입한 물품의 장치기간은 2년의 범위에서 관세청장이 정한다.

③ 운영인은 외국물품의 반출통고 후 30일이 경과한 후에 매각을 요청할 수 있다.

④ 운영인은 종합보세사업장에 반입한 날부터 6개월이 경과한 외국물품으로서 화주가 수취를 거절하는 경우에는 세관장에게 장기보관화물 매각승인(요청)서로 매각을 요청할 수 있다.

⑤ 매각요청을 받은 장기보관화물의 처리절차는 「보세화물장치기간 및 체화처리에 관한 고시」를 준용한다.

13 수입활어장치의 시설요건 및 화물관리 등에 대한 설명으로 옳지 않은 것은?

① CCTV 영상을 상시 녹화할 수 있고 녹화된 영상을 30일 이상 보관할 수 있는 감시장비를 보유해야 한다.

② 폐사어는 별도의 냉동·냉장시설에 반입일자별로 구분하여 보관해야 한다.

③ 세관장이 CCTV 영상을 인터넷망을 통해 실시간으로 확인이 가능하도록 CCTV 인터넷망 접속권한 부여 등의 조치를 해야 한다.

④ 암실에 보관해야 하는 어종을 장치하는 경우에는 적외선 카메라를 보유해야 한다.

⑤ 통관되지 않은 활어가 장치되어 있는 수조에는 이미 통관된 활어와 명확히 구분할 수 있도록 표식을 해야 한다.

14 지정장치장 화물관리인에 대한 설명으로 옳지 않은 것은?

① 화물관리인이 관세에 대한 체납이 있는 경우, 화물관리인 지정 취소 요건에 해당한다.

② 세관장이나 해당 시설의 소유자 또는 관리자는 화물관리인을 지정하려는 경우에는 지정예정일 3개월 전까지 지정계획을 공고해야 한다.

③ 화물관리인으로 재지정받으려는 자는 유효기간이 끝나기 1개월 전까지 세관장에게 재지정 신청을 해야 한다.

④ 화물관리인이 화주로부터 징수하는 비용의 요율에 관하여는 세관장의 승인을 받아야 한다.

⑤ 화물관리인은 화주로부터 징수한 화물관리비용 중 세관설비 사용료에 해당하는 금액을 세관장에게 납부해야 한다.

15 세관검사장에 대한 설명으로 옳지 않은 것은?

① 중소기업의 컨테이너화물로서 대통령령으로 정하는 조건을 충족하는 경우 세관검사장에 반입된 물품의 채취·운반 등에 필요한 비용을 예산의 범위에서 국가로부터 지원받을 수 있다.

② 세관장은 보세화물의 안전관리를 위하여 세관검사장에 화주를 갈음하여 보관의 책임을 지는 화물관리인을 지정해야 한다.

③ 세관장은 관세청장이 정하는 바에 따라 검사를 받을 물품의 전부 또는 일부를 세관검사장에 반입하여 검사할 수 있다.

④ 세관검사장은 「관세법」상 지정보세구역의 한 종류이다.

⑤ 세관청사, 국제공항의 휴대품검사장이 세관검사장으로 지정될 수 있다.

16 「관세법」상 보세구역에 대한 설명이다. 빈칸에 들어갈 숫자를 모두 더한 값으로 옳은 것은?

> A. 지정장치장 화물관리인 지정의 유효기간은 ( )년 이내로 한다.
> B. 지정장치장에 물품을 장치하는 기간은 ( )개월의 범위에서 관세청장이 정한다.
> C. 특허보세구역의 특허기간은 ( )년 이내로 한다.
> D. 보세판매장의 특허기간은 ( )년 이내로 한다.

① 18 ② 21
③ 23 ④ 31
⑤ 33

※ 해당 문제는 개정 규정을 반영하여 수정되었습니다.

17 특허보세구역의 특허수수료에 대한 설명으로 옳지 않은 것은?

① 특허신청수수료는 4만 5천 원이다.

② 우리나라에 있는 외국공관이 직접 운영하는 보세전시장에 대하여는 특허보세구역의 설치·운영에 관한 특허수수료를 면제한다.

③ 보세건설장의 설치·운영에 관한 특허수수료는 분기단위로 매 분기말까지 다음 분기분을 납부한다.

④ 보세공장에 외국물품이 없는 상태에서 더 이상 보세공장을 운영하지 않게 된 경우 이미 납부한 해당 분기분의 특허수수료는 환급한다.

⑤ 보세판매장의 설치·운영에 관한 특허수수료는 연단위로 납부한다.

18 「관세법」 제175조의 특허보세구역 운영인 결격사유에 해당되지 않는 것은?

① 피성년후견인과 피한정후견인

② 「관세법」 제279조(양벌 규정)에 따라 벌금형 또는 통고처분을 받은 자로서 그 벌금형을 선고받거나 통고처분을 이행한 후 2년이 지나지 않은 개인 또는 법인

③ 「관세법」을 위반하여 징역형의 집행유예를 선고받고 그 유예기간 중에 있는 자

④ 「관세법」을 위반하여 징역형의 실형을 선고받고 그 집행이 끝나거나 면제된 후 2년이 지나지 않은 자

⑤ 파산선고를 받고 복권되지 않은 자

19 특허보세구역 운영인의 명의대여 금지에 대한 설명으로 옳지 않은 것은?

① 특허보세구역의 운영인이 명의대여를 한 경우, 동 운영인이 특허를 받은 모든 특허보세구역을 설치·운영할 수 없다.

② 특허보세구역의 운영인은 운영인이 아닌 자연인 또는 법인에게 자신의 성명·상호를 사용하여 특허보세구역을 운영하게 해서는 안 된다.

③ 특허보세구역의 운영인의 명의를 대여한 자와 명의를 차용한 자는 「관세법」 위반으로 처벌받을 수 있다.

④ 특허보세구역 명의대여 금지 위반으로 통고처분을 받은 자가 통고처분을 이행한 날로부터 2년이 지나지 않은 경우에는 「관세법」 제175조 규정에 의한 운영인의 결격사유에 해당된다.

⑤ 보세창고 운영인이 명의대여했는지 여부는 임대인과 임차인이 체결한 임대차계약서 내용 및 보관료, 세금계산서, 발행주체 등 제반 사실관계에 따라 객관적으로 판단해야 한다.

20 「관세법」상 보세구역에 대한 설명으로 옳지 않은 것은?

① 보세구역은 지정보세구역, 특허보세구역 및 종합보세구역으로 구분한다.

② 지정장치장은 통관을 하기 위한 물품을 일시 장치하기 위한 장소로서 세관장이 지정한다.

③ 세관검사장은 통관하려는 물품을 검사하기 위한 장소로서 세관장이 지정하는 지역으로 한다.

④ 종합보세구역의 지정요건, 지정절차 등에 관하여 필요한 사항은 세관장이 정한다.

⑤ 보세공장에는 세관장의 허가를 받지 않고는 내국물품만을 원료로 하여 제조·가공하거나 그 밖의 이와 비슷한 작업을 할 수 없다.

21 보세창고 중 보세창고 운영인에 대한 행정제재로 옳은 것은?

① 보세창고의 건물에 관하여 소방서로부터 시정명령을 받았으나 세관장에게 보고하지 않은 경우 경고처분대상이다.

② 보세창고 특허수수료를 납부하지 않은 경우 경고처분대상이다.

③ 세관장이 정한 수용능력을 초과하여 물품을 장치한 경우 경고처분대상이다.

④ 장치물품에 대한 관세를 납부할 자금능력이 없는 경우 물품반출을 정지한다.

⑤ 세관장의 시설구비 명령을 미이행하여 보세화물의 도난이 발생한 경우 경고처분한다.

※ 해당 문제는 개정 규정을 반영하여 수정되었습니다.

22 보세창고 운영인의 의무에 대한 설명으로 옳지 않은 것은?

① 운영인은 장치화물에 대한 각종 장부와 보관서류를 2년간 보관해야 한다.

② 보세창고에 종사하는 직원을 채용하거나 면직한 때에는 지체 없이 세관장에게 보고해야 한다.

③ 운영인이 야적장에 야적대상이 아닌 화물을 장치하기 위해서는 침수를 방지할 수 있는 구조와 시설을 갖추어야 한다.

④ 운영인은 보세창고 특허수수료를 납부해야 한다.

⑤ 운영인은 도난, 화재, 침수, 기타 사고가 발생한 때에는 지체 없이 세관장에게 보고해야 한다.

※ 해당 문제는 개정 규정을 반영하여 수정되었습니다.

23 컨테이너전용 보세창고와 야적전용 보세창고에 대한 설명으로 옳지 않은 것은?

① 컨테이너전용 보세창고의 부지면적은 15,000m² 이상이어야 한다.

② 컨테이너전용 보세창고에는 컨테이너장치에 지장이 없는 최소한의 면적 범위에서 컨테이너로 반입된 거대·중량 또는 장척화물을 장치할 수 있는 야적장을 설치할 수 있다.

③ 컨테이너전용 보세창고는 컨테이너적입화물을 적출하는 화물조작장(CFS)을 설치해야 하며, CFS면적은 물동량에 따라 세관장의 승인을 받아야 한다.

④ 컨테이너전용 보세창고는 컨테이너를 차량에 적재한 상태로 건물에 접속시켜 2대 이상 동시에 개장검사를 할 수 있는 컨테이너검사장과 컨테이너차량이 2대 이상 동시에 검사대기할 수 있는 장소를 갖추어야 한다.

⑤ 야적전용 보세창고(창고건물 부속 야적장 제외)는 4,500m² 이상의 대지로서 주위의 지면보다 높아야 하며, 침수를 방지할 수 있는 구조와 시설을 갖추어야 한다.

24 영업용 보세창고와 자가용 보세창고의 특허요건에 대한 설명으로 옳지 않은 것은?

① 영업용 보세창고 특허 시에는 해당 시설이 소재하는 세관 관할 지역의 수출입 물동량이 세관장이 지정하는 범위 이상이어야 하나, 자가용 보세창고 특허 시에는 이러한 물동량 기준을 적용받지 않는다.

② 영업용 보세창고는 화물 반출입, 통관절차 이행 및 화물관리를 위하여 필요한 장비와 설비를 갖추어야 한다.

③ 자가용 보세창고 특허신청인은 내부 화물관리 규정을 작성하여 세관장에게 제출해야 한다.

④ 자가용 보세창고 특허를 신청하려는 자는 신청인이 보세사 자격증을 취득했거나, 1명 이상의 보세사를 관리자로 채용해야 한다.

⑤ 자가용 보세창고의 특허를 신청하려는 자는 자본금 2억 원 이상의 법인이거나, 특허를 받으려는 토지 및 건물(2억 원 이상)을 소유하고 있는 개인이어야 한다.

25 보세창고 중 보세창고 운영인이 매년(2월 말) 관할 세관장에게 보고해야 할 보세창고 운영상황이 아닌 것은?

① 특허 또는 특허기간 갱신 시 구비한 시설요건 등의 변동 여부
② 임대차기간의 연장 여부(임대시설의 경우에만 해당한다)
③ 종업원 명단(보세사를 포함한다)
④ 일일 화물반출입사항의 전산입력 여부
⑤ 장치기간 경과화물 보관 상세내역(12월 31일 기준으로 한다)

※ 해당 문제는 개정 규정을 반영하여 수정되었습니다.

01 「관세법」 제156조에 의한 보세구역 외 장치의 허가에 관한 설명으로 옳은 것은?

① 보세구역 외 장치의 허가기간은 1년 범위 내에서 세관장이 필요하다고 인정하는 기간으로 정한다.

② 보세구역 외 장치의 허가기간이 종료한 때에는 반송해야 한다.

③ 부패, 변질되어 다른 물품을 오손할 우려가 있는 물품은 보세구역 외 장치를 할 수 있다.

④ 품목분류 사전심사의 지연으로 수입신고할 수 없는 경우는 보세구역 외 장치 허가기간의 연장 사유에 해당하지 않는다.

⑤ 보세구역 외 장치 담보액은 수입통관 시 실제 납부해야 할 제세상당액의 110%로 한다.

02 보세화물 반출입절차 등에 관한 설명으로 옳지 않은 것은?

① B/L 제시 인도물품을 반출하려는 자는 화물관리 공무원에게 B/L 원본을 제시하여 반출승인을 받아야 한다.

② B/L을 분할·합병하려는 자는 세관장의 승인을 받아야 한다.

③ 「관세법」 제156조에 의한 보세구역 외 장치장에 반입한 화물 중 보세운송절차에 따라 반출된 화물은 반출신고를 생략한다.

④ 동일사업장 내 보세구역 간 장치물품의 이동은 물품반출입신고로 보세운송신고를 갈음할 수 있다.

⑤ 컨테이너장치장(CY)에 반입한 물품을 다시 컨테이너 화물조작장(CFS)에 반입한 때에는 CY에서는 반출신고, CFS에서는 반입신고를 각각 해야 한다.

03 보세구역별 보세화물 장치기간 경과화물의 반출통고 주체로서 옳은 것은?

① 보세공장 – 보세구역 운영인

② 자가용 보세창고 – 보세구역 운영인

③ 지정장치장 – 수입화주

④ 영업용 보세창고 – 관할 세관장

⑤ 보세판매장 – 관할 세관장

04 보세구역에 장치된 물품의 폐기·멸실에 관한 설명으로 옳은 것은?

① 보세구역에 장치된 물품 중 유효기간이 지난 물품은 폐기대상이 아니다.

② 보세구역에 장치된 외국물품이 재해나 그 밖의 부득이한 사유로 멸실된 때에는 관세를 징수하지 않는다.

③ 세관장의 외국물품 폐기승인을 받은 경우에는 폐기 후에 남아 있는 부분에 대하여는 관세를 부과하지 않는다.

④ 부패하거나 변질이 예상되는 물품에 대하여 세관장은 화주 등에게 통고한 후 폐기할 수 있다.

⑤ 세관장이 물품을 폐기한 경우에는 세관장이 그 비용을 부담하고, 화주 등이 물품을 폐기한 경우 그 비용은 화주 등이 부담한다.

05 보세화물 장치기간에 관한 설명으로 옳은 것은?

① 보세판매장에 반입된 보세화물의 장치기간은 보세판매장 특허기간으로 한다.

② 동일 B/L 물품이 수차에 걸쳐 반입되는 경우 그 B/L 물품의 최초 반입일로부터 장치기간을 기산한다.

③ 보세창고 반입물품의 장치기간은 1년으로 하되 세관장이 필요하다고 인정할 때에는 6개월 범위에서 그 기간을 연장할 수 있다.

④ 여행자 휴대품으로서 유치된 물품은 장치기간 경과 시 6개월 범위에서 그 기간을 연장할 수 있다.

⑤ 보세구역 외 장치허가를 받은 물품의 장치기간은 30일로 한다.

06 「환적화물 처리절차에 관한 특례고시」에 따라 국내 국제항 간 국제무역선에 의한 운송을 할 수 있는 화물로 옳지 않은 것은?

① 환적화물

② 수출신고가 수리된 물품

③ 압수물품

④ 내국물품 공컨테이너

⑤ 우리나라로 수입하려는 외국물품으로서 최초 입항지에서 선하증권(B/L)에 기재된 최종 목적지로 운송하려는 화물

※ 해당 문제는 개정 규정을 반영하여 수정되었습니다.

07 수입화물 중 보세운송 승인대상으로 옳은 것은?

① 특정물품 간이보세운송업자가 「관리대상화물 관리에 관한 고시」에 따른 검사대상화물을 하선 (기)장소에서 최초 보세운송하려는 물품
② 「관세 등에 대한 담보제도 운영에 관한 고시」에 따른 신용담보업체 또는 포괄담보제공업체인 화주가 자기 명의로 보세운송하려는 물품
③ 항공사가 국제항 간 입항적재화물목록 단위로 일괄하여 항공기로 보세운송하려는 물품
④ 국내에 도착된 후 최초로 보세구역에 반입된 날부터 30일이 경과한 물품을 간이보세운송업자가 보세운송하는 경우로서 별도의 서류제출이 필요없다고 인정되는 물품
⑤ 「관세법」 제236조의 규정에 의하여 통관지가 제한되는 물품

08 보세구역 외 장치의 허가기간 연장대상으로 옳지 않은 것은?

① 동일세관 관할구역 내에 해당 화물을 반입할 보세구역이 없는 경우
② 국내판로가 결정되지 않은 경우
③ 품목분류 사전심사의 지연으로 수입신고할 수 없는 경우
④ 「관세법」 제226조에 따른 수입요건·선적서류 등 수입신고 또는 신고 수리 요건을 구비하지 못한 경우
⑤ 공매·경매낙찰, 몰수확정, 국고귀속 등의 결정에 따른 조치를 위하여 필요한 경우

09 출항(반송물품 포함)하려는 물품의 적재신고 및 적재에 관한 설명으로 옳지 않은 것은?

① 출항하려는 물품을 선박이나 항공기에 적재하려는 자는 물품을 적재하기 전에 적재신고를 해야 한다.
② 출항화물의 적재신고는 출항적재화물목록 제출로 갈음한다.
③ 출항화물의 적재신고가 수리되기 전에 선박 또는 항공기에 물품을 적재할 수 없다. 다만, 내국물 품 적재허가를 받은 경우 예외로 한다.
④ 선사 또는 항공사는 적재결과 물품이 적재화물목록과 다를 때에는 출항한 다음 날까지 적재결과 보고서를 제출해야 한다.
⑤ 선사가 출항 목적이 아닌 하역 작업상의 필요 등에 의하여 보세화물을 일시적재하려는 경우 세관장에게 일시적재신고를 해야 한다.

10 보수작업에 대한 설명으로 옳지 않은 것은?

① 보수작업을 하려는 자는 세관장의 승인을 받아야 한다.

② 세관장은 보수작업 승인신청을 받은 날로부터 10일 이내에 승인 여부를 신청인에게 통지해야 한다.

③ 세관장이 정한 기간 안에 승인 여부 또는 처리기간 연장을 신청인에게 통지하지 않으면 그 기간이 끝난 날에 승인을 한 것으로 본다.

④ 보수작업으로 외국물품에 부가된 내국물품은 외국물품으로 본다.

⑤ 외국물품은 수입될 물품의 보수작업의 재료로 사용할 수 없다.

11 견본품 반출입에 대한 설명으로 옳지 않은 것은?

① 보세구역에 장치된 외국물품의 전부 또는 일부를 견본품으로 반출하려는 자는 견품반출허가(신청)서를 제출하여 세관장의 허가를 받아야 한다.

② 세관장은 견본품 반출허가를 하는 경우에는 필요한 최소한의 수량으로 제한해야 한다.

③ 견본품 채취로 인하여 장치물품의 변질, 손상, 가치감소 등으로 관세채권의 확보가 어려운 경우에는 견본품의 반출허가를 하지 않을 수 있다.

④ 보세구역 운영인 또는 관리인은 견본품 반출허가를 받은 물품이 해당 보세구역에서 반출입될 때에는 견본품의 반출허가사항을 확인하고 견품반출입대장에 기록관리해야 한다.

⑤ 수입신고인은 세관공무원이 검사상 필요에 따라 견본품으로 채취된 물품을 사용·소비한 경우 해당 물품의 관세를 납부해야 한다.

12 장치기간 경과물품의 매각에 대한 설명으로 옳지 않은 것은?

① 세관장은 보세구역에 반입한 외국물품의 장치기간이 지나면 그 사실을 공고한 후 해당 물품을 매각할 수 있다.

② 살아있는 동식물, 부패하거나 부패할 우려가 있는 물품의 경우 그 기간이 지나기 전이라도 공고한 후 매각할 수 있다.

③ 기간이 지나면 사용할 수 없게 되거나 상품가치가 현저히 떨어질 우려가 있는 물품의 경우 급박하여 공고할 여유가 없을 때에는 매각한 후 공고할 수 있다.

④ 매각된 물품의 질권자나 유치권자는 다른 법령에도 불구하고 그 물품을 매수인에게 인도하지 않을 수 있다.

⑤ 세관장은 특수한 사정이 있어 직접 매각하기에 적당하지 않다고 인정되는 경우 매각대행기관에 이를 대행하게 할 수 있다.

13 세관장이 국고귀속을 보류할 수 있는 물품으로 옳지 않은 것은?

① 특수용도에만 한정되어 있는 물품으로서 국고귀속 조치 후에도 공매낙찰 가능성이 있는 물품

② 공기업, 준정부기관, 공공기관에서 수입하는 물품으로서 국고귀속 보류요청이 있는 물품

③ 「관세법」 위반으로 조사 중인 물품

④ 이의신청, 심판청구, 소송 등 쟁송이 제기된 물품

⑤ 국고귀속 조치를 할 경우 인력과 예산부담을 초래하여 국고에 손실이 야기된다고 인정되는 물품

14 해상입항화물의 적재화물목록 정정신청을 생략할 수 있는 물품으로 옳은 것은?

① 광물, 원유 등 벌크화물로서 그 중량의 과부족이 10% 이내인 경우

② 원목 등 용적물품으로서 그 용적의 과부족이 10% 이내인 경우

③ 포장단위 물품으로서 중량의 과부족이 10% 이내이고 포장상태에 이상이 없는 경우

④ 비료, 설탕, 시멘트 등 포장파손이 용이한 물품으로서 그 중량의 과부족이 10% 이내인 경우

⑤ 펄프, 고지류 등 건습에 따라 중량의 변동이 심한 물품으로서 그 중량의 과부족이 10% 이내인 경우

15 해상입항화물의 하선장소 물품반입에 대한 설명으로 옳지 않은 것은?

① 하선장소 보세구역 운영인(화물관리인)은 하선기한 내 공컨테이너가 반입되지 않은 경우 세관장에게 즉시 보고해야 한다.

② Master B/L 단위의 FCL화물은 Master B/L 단위로 반입신고를 할 수 있다.

③ 컨테이너화물의 하선장소 반입기간은 입항일로부터 5일이다.

④ LCL화물로서 해당 하선장소 내의 CFS 내에 컨테이너 적출 및 반입작업을 하려는 때에는 Master B/L 단위로 반입신고를 해야 한다.

⑤ 입항 전 수입신고 수리 또는 하선 전 보세운송신고 수리가 된 물품을 하선과 동시에 차상반출하는 경우에는 반출입신고를 생략할 수 있다.

※ 해당 문제는 개정 규정을 반영하여 수정되었습니다.

16 항공입항화물 적재화물목록 및 하기결과보고에 관한 설명으로 옳지 않은 것은?

① 항공사는 하기결과 물품이 적재화물목록과 상이할 때에는 하기결과보고서를 세관장에게 제출해야 한다.

② 항공사는 하기결과보고서를 제출한 때에는 적재화물목록 작성책임자에게 즉시 통보하여 적재화물목록 정정에 필요한 조치를 해야 한다.

③ 항공사는 하기결과보고 화물 중 적재화물목록에 등재되지 않은 물품, 적재화물목록보다 과다하거나 적게 반입된 물품은 이상사유가 확인될 때까지 하역장소(특송물품은 하기장소) 내의 일정한 장소에 별도 관리한다.

④ 적재화물목록 제출의무자 작성책임자는 별도 보관중인 물품에 대해 하기결과보고일로부터 15일이내 적재화물목록 이상사유를 규명해야 한다.

⑤ 세관장은 별도관리 대상물품에 대해 15일이 경과할 때까지 적재화물목록 정정신청 또는 별도관리 해제신청이 없는 경우 외국으로 반송조치해야 한다.

※ 해당 문제는 개정 규정을 반영하여 수정되었습니다.

17 다음 빈칸에 들어갈 내용으로 옳은 것은?

> • 적재화물목록의 정정신청은 해당 출항물품을 적재한 선박, 항공기가 출항한 날로부터 해상화물은 (A), 항공화물은 (B) 내에 해야 한다.
> • 보세운송물품은 신고 수리(승인)일로부터 해상화물은 (C), 항공화물은 (D)까지 목적지에 도착해야 한다. 다만, 세관장은 선박 또는 항공기 입항 전에 보세운송신고를 하는 때에는 입항예정일 및 하선(기)장소 반입기간을 고려하여 (E) 이내의 기간을 추가할 수 있다.

	A	B	C	D	E
①	120일	100일	15일	10일	10일
②	120일	80일	15일	10일	5일
③	90일	70일	10일	7일	5일
④	90일	60일	10일	5일	5일
⑤	60일	30일	5일	5일	5일

18 환적화물에 대한 설명으로 옳지 않은 것은?

① 환적화물의 일시양륙신고는 「보세화물 입출항 하선 하기 및 적재에 관한 고시」에 따른 하선(하기)신고로 갈음한다.

② 복합환적화물의 운송기한은 하선신고일로부터 10일 이내로 한다.

③ 보세운송의 목적지는 물품을 적재하려는 항만의 하선장소로 한정한다. 다만, 컨테이너 적출입작업 및 보수작업이 필요한 경우 등 세관장이 필요하다고 인정하는 경우에는 그렇게 하지 않는다.

④ 보세운송물품이 컨테이너화물인 경우에는 최초 도착지 보세구역 운영인의 확인을 받아 컨테이너를 개장해야 한다.

⑤ 선사(선사와 계약체결을 한 검수·검정업자를 포함한다) 또는 항공사는 환적화물을 외국으로 반출하기 위하여 적재하는 과정에서 컨테이너 봉인번호 상이 등 이상이 있는 경우 선박 출항 전까지 적재결과이상보고서를 세관장에게 제출해야 한다.

19 화물운송주선업자에 대한 설명으로 옳지 않은 것은?

① 화물운송주선업자는 혼재화물의 적재화물목록을 작성한다.

② 화물운송주선업자의 등록기간은 3년으로 한다.

③ 화물운송주선업자가 폐업한 때에는 등록의 효력이 상실된다.

④ 화물운송주선업자에 대한 등록취소 또는 업무정지를 하려는 경우 청문을 실시한다.

⑤ 「물류정책기본법」에 따라 국제물류주선업의 등록을 한 자는 화물운송주선업자 등록을 생략한다.

20 보세운송절차를 거쳐야만 하는 수출물품을 모두 고른 것은?

> A. 보세전시장에서 전시 후 반송되는 물품
> B. 국가기관에 의하여 운송되는 압수물품
> C. 「우편법」에 따라 체신관서의 관리하에 운송되는 물품
> D. 「검역법」 등에 따라 검역관서가 인수하여 검역소 구내계류장 또는 검역 시행장소로 운송하는 검역대상물품
> E. 보세공장에서 제조·가공하여 수출하는 물품

① A, B   ② A, E
③ B, C   ④ C, D
⑤ D, E

21 특정물품 간이보세운송업자에 대한 설명으로 옳지 않은 것은?

① 특정물품 간이보세운송업자는 「관리대상화물 관리에 관한 고시」에 따른 검사대상화물 등 특정물품을 보세운송할 수 있다.

② 특정물품 간이보세운송업자는 자본금 1억 원 이상인 법인이어야 한다.

③ 특정물품 간이보세운송업자의 지정기간은 3년으로 하되 갱신할 수 있다.

④ 특정물품 간이보세운송업자가 귀석·반귀석·한약재 등 부피가 작고 고가인 물품을 세관지정장치장 등 세관장이 지정한 보세구역으로 운송하고자 할 경우 유개차 또는 이에 준하는 시봉조치를 한 후 운송해야 한다.

⑤ 특정물품 간이보세운송업자의 지정이 취소되었을 때에는 그 지정의 효력이 소멸된다.

22 보세화물에 대한 신고지연가산세 및 장치기간에 대한 설명으로 옳지 않은 것은?

① 수출용 원재료(신용장 등 관련 서류에 의하여 수출용 원재료로 확인되는 경우에만 해당한다)의 경우 신고지연가산세를 징수하지 않는다.

② 보세구역에 반입된 물품의 장치기간은 해당 보세구역 반입일 기준으로 기산하는 것을 원칙으로 한다.

③ 장치장소의 특허변경으로 장치기간을 다시 기산하는 물품은 종전에 산정한 장치기간을 합산하지 않는다.

④ 이전 보세구역에서 장치기간이 경과한 뒤 보세운송으로 다른 보세구역에 반입된 물품의 장치기간은 종전에 산정한 장치기간을 합산한다.

⑤ 동일 B/L 물품이 수차에 걸쳐 반입되는 경우에는 그 B/L 물품의 반입이 완료된 날부터 장치기간을 기산한다.

23 수출하려는 물품의 보세구역 반입에 대한 설명으로 옳지 않은 것은?

① 반송물품이 보세구역에 반입되는 경우, 보세운송 도착보고는 반입신고를 갈음할 수 있다.

② 수출하려는 물품이 반입된 경우 그 내역을 확인할 수 있는 서류를 받아 화물반출입대장에 그 내역을 기록관리해야 한다. 다만, 전산으로 수출신고 수리내역이 확인된 경우 서류는 받지 않을 수 있다.

③ 수출하려는 물품의 반입신고는 화물반출입대장에 기록관리하는 것으로 갈음한다.

④ 보세구역에 반입한 후 수출신고하게 할 수 있는 물품은 「관세법」 제157조에 따라 세관장에게 반입신고를 해야 한다.

⑤ 적재지 보세구역에 반입한 수출물품을 재포장, 분할 등 보수작업하려는 자는 관할 세관장에게 수출물품 보수작업 승인을 받아야 한다.

24 보세창고의 내국물품 장치에 대한 설명으로 옳지 않은 것은?

① 보세창고에 내국물품으로 반입된 물품의 장치기간은 1년이다.

② 보세창고에서 수입신고 수리된 내국물품의 장치기간은 6개월이며, 신고 수리일로부터 1년의 범위에서 연장할 수 있다.

③ 장치기간이 지난 내국물품은 그 기간이 지난 후 10일 내에 운영인의 책임으로 반출해야 한다.

④ 보세창고 운영인이 6개월(보세창고에서 수입신고 수리된 내국물품은 2개월) 이상 계속하여 내국물품만을 장치하려면 세관장의 허가를 받아야 한다.

⑤ 운영인이 보세창고에서 일정구역에 일정기간 동안 내국물품을 반복적으로 장치하려는 경우 세관장은 이를 포괄적으로 허용할 수 있다.

25 보세화물의 장치장소 결정을 위한 화물분류 기준으로 옳지 않은 것은?

① 화주 또는 그 위임받은 자가 장치장소에 대한 별도의 의사표시가 없는 경우 House B/L화물은 보세구역 운영인이 선량한 관리자로서 장치장소를 결정한다.

② 선사는 화주 또는 그 위임을 받은 자가 운영인과 협의하여 정하는 장소에 보세화물을 장치하는 것을 원칙으로 한다.

③ 화주 또는 그 위임을 받은 자가 장치장소에 대한 별도의 의사표시가 없는 경우 Master B/L화물은 선사가 선량한 관리자로서 장치장소를 결정한다.

④ 보세창고, 보세공장, 보세판매장에 반입할 물품은 특허 시 세관장이 지정한 장치물품의 범위에 해당하는 물품만 해당 보세구역에 장치한다.

⑤ 입항 전 또는 하선(기) 전에 수입신고가 되거나 보세운송신고가 된 물품은 보세구역에 반입함이 없이 부두 또는 공항 내에서 보세운송 또는 통관절차와 검사절차를 수행하도록 해야 한다.

01 수출입 안전관리 우수업체 공인부문으로 옳지 않은 것은?

① 수출 부문
② 수입 부문
③ 관세사 부문
④ 보세운송업 부문
⑤ 구매대행업 부문

02 수출입 안전관리 우수 공인업체 등에 관한 설명 중 옳지 않은 것은?

① 수출입 안전관리 우수 공인업체의 공인 유효기간은 5년으로 하되 대통령령이 정하는 바에 따라 갱신할 수 있다.
② 수출입 안전관리 우수 공인업체가 양도, 양수, 분할 또는 합병하거나 그 밖에 관세청장이 정하는 사유가 발생한 경우에는 그 사유가 발생한 날부터 30일 이내에 그 사실을 관세청장에게 보고해야 한다.
③ 수출입 안전관리 우수 공인업체 공인을 갱신하려는 자는 공인의 유효기간이 끝나는 날의 6개월 전까지 신청서를 제출해야 한다.
④ 관세청장은 공인을 받은 자에게 해당 공인의 유효기간이 끝나는 날의 7개월 전까지 휴대폰에 의한 문자전송, 전자메일, 팩스 등으로 갱신신청을 해야 한다는 사실을 알려야 한다.
⑤ 관세청장은 수출입 안전관리 공인을 받기 위해 신청한 업체에 한해 운영인, 납세의무자 등 수출입물품의 제조·운송·보관 또는 통관 등 무역과 관련된 자를 대상으로 연 4회 범위에서 안전관리 기준의 준수 정도에 대한 측정·평가를 할 수 있다.

03 수출입 안전관리 우수업체 공인심사 신청에 대한 기각사유만으로 나열한 것은?

A. 신청업체가 공인기준을 충족하는지를 자체적으로 평가한 수출입관리 현황 자체평가표(법규준수도를 제외한다)를 제출하지 않은 경우
B. 공인심사를 할 때에 제출한 자료가 거짓으로 작성된 경우
C. 신청업체가 관세 체납이 있는 경우
D. 공인신청 후 신청업체의 법규준수도 점수가 70점 미만(중소 수출기업은 60점 미만)으로 하락한 경우
E. 법규준수의 결격에 해당하는 공인 유보사유가 현장심사를 마친 날로부터 6개월을 넘어서도 확정되지 않고 계속 진행되는 경우

① A, C
② B, D
③ C, E
④ B, D, E
⑤ A, B, C, D, E

04 수출입 안전관리 우수업체에 대한 정기 수입세액 정산업체(이하 "정산업체"라 함)의 지정과 정산에 대한 설명 중 옳지 않은 것은? (정답 없음)

① 수출입 안전관리 우수업체가 정산업체로 지정받은 경우에는 정기 자율평가를 면제한다.

② 정산업체는 정기 수입세액 및 성실한 납세를 위하여 전문지식을 갖춘 관세사를 최소 1인 이상 선임해야 한다.

③ 관세청장은 정산업체 지정 신청서를 제출한 업체가 수입 부문 수출입 안전관리 우수업체 공인을 득하지 않은 경우에는 정산업체로 지정하지 않을 수 있다.

④ 관세청장은 수출입 안전관리 우수업체를 정산업체로 지정한 경우 통고처분 금액의 추가 감경, 수정수입세금계산서 발행의 혜택을 제공한다.

⑤ 정산업체는 정기 수입세액 정산보고서를 정산연도 종료일로부터 6개월 이내에 제출해야 한다.

05 다음은 수출입 안전관리 우수업체에 적용되는 통관절차 특례이다. 빈칸에 들어갈 내용으로 옳은 것은?

공인 부문	혜택기준	수출입 안전관리 우수업체		
		A	AA	AAA
모든 부문	「여행자정보 사전확인제도 운영에 관한 훈령」에 따른 여행자검사대상 선별제외	(A)	대표자 총괄 책임자	대표자 총괄 책임자
	국제공항 입출국 시 전용검사대를 이용한 법무부 입출국 심사	대표자	(B)	대표자 총괄 책임자
보세구역 운영인	「특허보세구역 운영에 관한 고시」 제7조에 따른 특허 갱신 시 본부 세관 특허심사위원회 심사생략 및 해당 세관에서 자체심사	(C)	○	○
	「보세화물관리에 관한 고시」 제16조에 따른 분기별 자체 재고조사 후 연 1회 세관장에게 보고	(D)	○	○

	A	B	C	D
①	대표자	대표자	○	○
②	대표자	대표자·총괄 책임자	×	○
③	대표자·총괄 책임자	대표자	○	○
④	대표자·총괄 책임자	대표자	×	○
⑤	대표자·총괄 책임자	대표자·총괄 책임자	○	○

06 「관세법」상 수출입 안전관리 우수업체 공인 및 운영에 관한 설명으로 옳지 않은 것은?

① 관세청장은 대통령령으로 정하는 기관이나 단체에 안전관리 기준 충족 여부를 심사하게 할 수 있다.

② 수출입 안전관리 우수 공인업체에 대하여는 관세청장이 정하는 바에 따라 관세감면 등 세제상의 혜택을 제공할 수 있다.

③ 관세청장은 수출입 안전관리 우수 공인업체가 공인심사 요청을 거짓으로 한 경우에는 공인을 취소할 수 있다.

④ 관세청장은 수출입 안전관리 우수 공인업체가 「관세법」에 따른 안전관리 기준을 충족하는지 여부를 주기적으로 확인해야 한다.

⑤ 관세청장은 다른 국가의 수출입 안전관리 우수 공인업체에 대하여 상호조건에 따라 통관절차 상의 혜택을 제공할 수 있다.

07 다음은 보세구역 운영인 부문의 수출입 안전관리 우수업체에 적용되는 취급절차관리 기준에 대한 설명이다. 순서대로 빈칸에 들어갈 내용으로 옳은 것은?

> 운영인은 반입물품의 중량·라벨·표식·수량 등을 (   )와 대조 확인해야 한다. 운영인은 반출물품을 구매주문서 또는 운송의뢰서, 반출승인정보 등과 대조 확인해야 한다. 또한 물품을 인수하거나 불출하기 전에 (   )의 정확한 신원을 확인해야 한다.

① 통관정보, 관세사   ② 반입예정정보, 수출·수입업체
③ 통관정보, 수출·수입업체   ④ 반입예정정보, 운전사
⑤ 통관정보, 운전사

08 다음은 수출입 안전관리 우수업체로 공인된 보세구역 운영인(A社)이 행한 활동이다. 「수출입 안전관리 우수업체 공인 및 운영에 관한 고시」에 따른 수출입관리책임자 지정과 변경, 교육에 대한 내용으로 옳지 않은 것은?

① A社는 수출입물품을 취급하는 사업장의 수출입관리책임자로 보세사인 김○○ 과장을 지정했다.

② A社는 2018년 5월 1일 공인신청을 했으며, 보세사인 김○○ 과장은 2015년 7월 10일 관리책임자 공인 전 교육을 이수했다.

③ 보세사인 김○○ 과장은 수출입물품을 취급하는 담당 직원들에게 수출입 안전관리 교육을 실시했다.

④ A社는 2020년 5월 1일 수출입관리책임자를 보세사인 최○○ 과장으로 변경하고 2020년 6월 15일에 관세청장에게 보고했다.

⑤ 2020년 5월 1일 변경된 수출입관리책임자 최○○ 과장은 2020년 8월 30일에 공인 후 교육을 이수했다.

09 수출입 안전관리 우수업체 공인등급 조정 관련 성명으로 옳지 않은 것은?

① 수출입 안전관리 우수업체가 4분기 연속으로 해당 공인등급별 기준을 충족하는 경우에는 공인 등급의 조정 신청을 받아 상향할 수 있다.

② 갱신이 아닌 때에 공인등급 조정을 신청하고자 하는 경우에는 공인의 유효기간이 1년 이상 남아 있어야 한다.

③ 관세청장은 필요한 경우 서류확인 등 간소한 방법으로 공인등급별 기준을 충족하는지를 확인할 수 있다.

④ 최초로 수출입 안전관리 우수업체로 공인받은 업체는 등급 조정 신청을 할 수 없다.

⑤ 관세청장은 수출입 안전관리 우수업체가 해당 공인등급별 기준을 충족하지 못하는 경우에는 공인등급을 낮출 수 있다.

10 수출입 안전관리 우수업체에 대한 혜택 적용의 정지 · 중단 및 공인취소에 대한 설명으로 옳은 것은?

① 관세청장은 수출입 안전관리 우수업체가 수출입 관련 법령의 양벌 규정에 따라 벌금 또는 통고 처분을 받은 경우에는 처벌의 확정 여부를 구분하지 않고 6개월 범위 내에서 고시 규정에 따른 혜택의 전부 또는 일부의 적용을 정지할 수 있다.

② 관세청장은 갱신심사의 결과에 따라 공인을 유보한 경우 유보사유의 경중에 관계없이 6개월 범위 내에서 고시 규정에 따른 혜택의 전부 또는 일부의 적용을 정지해야 한다.

③ 관세청장이 수출입 안전관리 우수업체에 대한 공인을 취소하려는 때에는 따른 심의위원회의 심의를 거치지 않는다.

④ 관세청장이 수출입 안전관리 우수업체에 대한 공인을 취소하려는 때에는 따른 심의위원회의 심의를 거치지 않는다.

⑤ 수출입 안전관리 우수업체는 공인이 취소된 경우에는 관세청장에게 취소가 결정된 날로부터 30일 이내에 증서를 반납해야 한다.

※ 해당 문제는 개정 규정을 반영하여 수정되었습니다.

11 수출입 안전관리 우수업체의 공인 유효기간에 대한 설명으로 옳지 않은 것은?

① 공인의 유효기간은 공인증서상의 발급한 날로부터 5년으로 한다.

② 공인의 취소가 결정된 경우 해당 결정을 한 날에 공인의 유효기간이 끝나는 것으로 본다.

③ 갱신심사가 진행 중이거나 갱신심사에 따른 공인의 갱신 전에 공인 유효기간이 끝나는 경우에도 해당 공인은 유효한 것으로 본다.

④ 갱신심사에 따라 갱신된 공인의 유효기간은 기존 공인의 유효기간이 끝나는 날의 다음 날부터 시작한다.

⑤ 공인의 유효기간 중에 공인등급을 조정하는 경우 공인의 유효기간은 공인등급이 조정된 날로부터 5년으로 한다.

12 다음은 수출입 안전관리 우수업체의 갱신심사에 대한 설명이다. 순서대로 빈칸에 들어갈 내용으로 옳은 것은?

> • 수출입 안전관리 우수업체는 공인을 갱신하고자 할 때에는 공인의 유효기간이 끝나기 ( ) 전까지 갱신심사 신청서에 관련 서류를 첨부하여 관세청장에게 전자문서로 제출해야 한다.
> • 관세청장은 원활한 갱신심사를 운영하기 위해 수출입 안전관리 우수업체에게 공인의 유효기간이 끝나기 ( ) 전부터 갱신심사를 신청하게 할 수 있다.

① 3개월, 6개월   ② 3개월, 1년
③ 6개월, 1년   ④ 6개월, 18개월
⑤ 6개월, 2년

13 수출입 안전관리 우수업체의 공인신청과 관련한 설명으로 옳지 않은 것은?

① 공인심사 신청 시 첨부하는 서류 중에서「전자정부법」제36조에 따라 행정기관 간 공동이용이 가능한 서류는 신청인이 정보의 확인에 동의하는 경우에는 그 제출을 생략할 수 있다.

② 공인심사 신청 시 관리책임자의 교체, 사업장 추가 등 불가피한 경우에는 관리책임자 교육이수 확인서를 현장심사를 마치는 날까지 제출할 수 있다.

③ 관세조사를 받고 있는 업체(수입 부분)가 공인심사를 신청하는 경우에는 관세조사 계획통지서를 공인심사 신청 시 제출해야 한다.

④ 공인심사를 신청할 때 첨부서류 중에서 사업장별로 중복되는 사항은 한꺼번에 작성하여 제출할 수 있다.

⑤ 관세청장은 법인단위 법규준수도 70점 미만이라도「관세법」제110조 제2항 제2호에 따른 관세조사로 인하여 법규준수도 점수가 하락한 경우에는 공인심사 신청을 각하하지 않는다.

14 수출입 안전관리 우수업체에게 제공하는 통관절차 등의 혜택으로 옳지 않은 것은?

① 모든 공인부문의 수출입 안전관리 우수업체는 법규위반 시 행정형벌보다 통고처분, 과태료 등 행정질서벌 등이 우선 고려된다.

② 모든 공인부문의 수출입 안전관리 우수업체는 「관세법」 등에 따른 세관장의 과태료 부과징수 시 공인등급에 따라 과태료 경감율을 달리 적용받을 수 있다.

③ 모든 공인부문의 수출입 안전관리 우수업체의 대표자 및 총괄 책임자는 입출국 시 여행자검사대상 선별에서 제외될 수 있다.

④ 모든 공인부문의 수출입 안전관리 우수업체는 어떠한 경우라도 기획심사나 법인심사 대상에서 제외된다.

⑤ 세관장은 모든 공인부문의 수출입 안전관리 우수업체가 세관에 제출한 신고 서류의 작성오류에 대하여 제재조치하는 경우 제재수준을 경감할 수 있다.

15 다음은 보세구역 운영인 부문의 수출입 안전관리 우수업체 공인기준에 대한 설명이다. 순서대로 빈칸에 들어갈 내용으로 옳은 것은?

> • 신청업체와 신청인(관리책임자를 포함한다)이 「관세법」 제276조에 따라 벌금형 선고를 받은 사실이 있는 경우 벌금형 선고 후 (   )이 경과해야 한다.
> • 신청업체는 부채비율이 동종업종의 평균 부채비율의 (   ) 이하이거나 외부 신용평가 기관의 신용평가 등급이 투자적격 이상 또는 매출 증가 등으로 성실한 법규준수의 이행이 가능할 정도의 재정을 유지해야 한다.

① 6개월, 200%　　　　　　　　　② 1년, 200%

③ 1년, 300%　　　　　　　　　　④ 2년, 200%

⑤ 2년, 300%

16 다음은 물품의 하역에 대한 설명이다. 순서대로 빈칸에 들어갈 내용으로 옳은 것은?

> 국제무역선이나 국제무역기에는 (   )을 적재할 수 없으며, 국내운항선이나 국내운항기에는 (   )을 적재할 수 없다. 다만 세관장의 (   )을/를 받았을 때에는 그렇지 않다.

① 내국물품, 외국물품, 허가

② 외국물품, 내국물품, 승인

③ 내국환적화물, 외국환적화물, 허가

④ 내국선박용품(내국항공기용품), 외국선박용품(외국항공기용품), 승인

⑤ 외국선박용품(외국항공기용품), 내국선박용품(내국항공기용품), 허가

17 세관장의 승인사항으로 옳은 것은?

① 국제무역선(기)에 선박용품(항공기용품)을 하역하거나 환적하려는 경우
② 국제무역선이 국제항의 바깥에서 물품을 하역하거나 환적하려는 경우
③ 국제무역선(기)이 국제항을 출항하려는 경우
④ 국제무역선(기)을 국내운항선(기)으로 전환하려는 경우
⑤ 국제무역선(기)을 국제항이 아닌 지역에 출입하려는 경우

18 국제무역선의 승선신고 처리절차에 대한 설명으로 옳지 않은 것은?

① 승무원 가족의 승선기간은 해당 항구에서 승선과 하선을 하는 때에는 선박의 정박기간 이내이다.
② 선박용품의 주문을 받기 위한 승선 등 그 목적이 불합리한 방문인 경우에는 승선을 제한할 수 있다.
③ 상시승선(신고)증의 유효기간은 발급일로부터 2년으로 한다.
④ 선박용품의 하역 및 용역을 제공하기 위하여 선박용품 적재 등 허가(신청)서에 승선자 명단을 기재하여 허가를 받은 경우에는 승선신고를 한 것으로 갈음한다.
⑤ 업체가 휴업 또는 폐업한 때에는 즉시 발급한 세관장에게 상시승선(신고)증을 반납해야 한다.

19 국제항에 대한 설명으로 옳지 않은 것은?

① 국제항은 대통령령으로 지정한 25개 항구와 8개 공항을 말한다.
② 국제항의 시설기준 등에 관하여 필요한 사항은 대통령령으로 정한다.
③ 국제항의 운영자는 국제항이 법률에 따른 시설기준 등에 미치지 못하게 된 경우, 그 시설 등을 신속하게 개선해야 하며 관세청장은 대통령령으로 정하는 바에 따라 그 시설 등의 개선을 명할 수 있다.
④ 국제무역선이나 국제무역기는 국제항에 한정하여 운항할 수 있다. 다만, 대통령령으로 정하는 바에 따라 국제항이 아닌 지역에 대한 출입의 허가를 받은 경우에는 그렇지 않다.
⑤ 국제항이 아닌 지역에 출입하고자 하는 경우 내야하는 수수료의 총액은 50만 원을 초과하지 못한다.

20 관리대상화물에 대한 설명 중 옳지 않은 것은?

① "운송추적감시화물"이란 세관장이 선별한 검사대상화물 중 부두 또는 계류장 내에서 하역과정을 감시하거나 하역 즉시 검사하는 화물(공컨테이너를 포함한다)을 말한다.

② "검색기검사화물"이란 세관장이 선별한 검사대상화물 중 검색기로 검사를 실시하는 화물을 말한다.

③ "즉시검사화물"이란 세관장이 선별한 검사대상화물 중 검색기검사를 하지 않고 바로 개장검사를 실시하는 화물을 말한다.

④ "반입 후 검사화물"이란 세관장이 선별한 검사대상화물 중 하선(기)장소 또는 장치 예정 장소에서 이동식 검색기로 검사하거나 컨테이너 적출 시 검사하는 화물을 말한다.

⑤ "수입신고 후 검사화물"이란 세관장이 선별한 검사대상화물 수입검사 대상으로 선별할 수 있도록 관련 부서에 통보하는 화물을 말한다.

21 선박용품에 대한 설명 중 옳은 것은?

① 선박용품의 적재허가를 받은 자는 허가일로부터 7일 이내에 적재를 완료해야 한다.

② 미화 5천 달러(원화표시는 물품 500만 원) 이하의 선박용품이라면 공급자가 대행업체를 지정하여 적재허가받은 절차를 이행하게 할 수 있다.

③ 선박용품 수리업자가 조건부 하역한 외국선박용품은 60일 이내에 해당 선박에 적재하고 세관장에게 완료보고를 해야 한다.

④ 공급자가 적재를 완료하면 해당 선박의 출항 여부와 상관없이 다음 날 12시까지 관할 세관장에게 보고하면 된다.

⑤ 공급자는 반입등록한 선박용품을 수입·반송 또는 공매하는 등 용도외 처분한 때에는 용도외 처분한 날로부터 10일 이내에 등록한 세관장에게 용도외처분보고서를 제출해야 한다.

22 「관세법」상 승객예약자료에 대한 설명으로 옳지 않은 것은?

① 제공받은 승객예약자료를 열람할 수 있는 사람은 관세청장이 지정하는 세관공무원으로 한정한다.

② 승객예약자료에는 동반탑승자 및 좌석번호, 수하물 자료가 포함된다.

③ 세관장은 승객이 입항 또는 출항한 날부터 1개월이 경과한 때에는 해당 승객의 승객예약자료를 다른 승객의 승객예약자료와 구분하여 관리해야 한다.

④ 출항하는 선박 또는 항공기의 승객예약자료 제출시한은 출항 후 3시간 이내이다.

⑤ 입항하는 선박 또는 항공기의 승객예약자료 제출시한은 입항 2시간 전까지이나 운항예정시간이 3시간 이내인 경우에는 입항 30분 전까지 할 수 있다.

23 「관세법」상 국제무역선의 입출항절차 등에 대한 설명으로 옳은 것은?

① 외국을 항행한 요트가 국내 요트계류장에 입항한다면 세관의 입항절차를 요하지 않는다.

② 국제무역선이 태풍의 사유로 입항 시 정상적인 입항보고가 불가하다면 해당 사유가 종료되었을 때 지체 없이 세관장에게 그 경과를 보고해야 한다.

③ 국제무역선에서 국내운항선 또는 국내운항선에서 국제무역선으로 전환 승인 시 세관의 입항보고 절차를 생략한다.

④ 미군의 항공모함은 국내입항 시 세관에 입항보고를 해야 하지만, 미군의 잠수함은 국내입항 시 세관의 입항보고 절차를 생략한다.

⑤ 부산감천항에 입항보고가 수리된 선박을 부산신항으로 이동하려는 때에는 입출항허가를 받아야 한다.

24 국제무역선의 국내운항선으로의 전환 및 그 밖의 선박 또는 항공기에 관한 설명으로 옳지 않은 것은?

① 국제무역선을 국내운항선으로 전환하거나, 국내운항선을 국제무역선으로 전환하려면 세관장의 승인을 받아야 한다.

② 국제무역선의 국내운항선으로의 전환신청이 있는 때에는 세관장이 당해 선박 또는 항공기에 적재되어 있는 물품을 검사할 수 있다.

③ 폐선 또는 감축예정인 국제무역선은 국내운항선 전환신청서를 세관장에게 제출하여 승인을 받아야 한다.

④ 국가원수 또는 정부를 대표하는 선박 또는 항공기는 국제무역기에 관한 규정을 준용하지 않는다.

⑤ 외국을 왕래하는 여행자를 전용으로 운송하기 위하여 국내에서만 운항하는 항공기는 국제무역기에 관한 규정을 준용하지 않는다.

25 국제항으로 지정된 항구가 아닌 것은?

① 목포항   ② 대변항
③ 고현항   ④ 삼천포항
⑤ 대산항

01 자율관리 보세구역 운영인의 의무사항으로 옳지 않은 것은?

① 보세구역 반출입 물품과 관련한 생산, 판매, 수입 및 수출 등에 관한 세관공무원의 자료 요구
또는 현장 확인 시에 협조해야 한다.

② 절차생략 등에 따른 물품 반출입 상황 등을 보세사로 하여금 기록·관리하게 해야 한다.

③ 보세사가 해고 또는 취업정지 등의 사유로 업무를 수행할 수 없을 경우에는 2개월 이내에 다른
보세사를 채용하여 근무하게 해야 한다.

④ 보세사가 아닌 자에게 보세화물관리 등 보세사의 업무를 수행하게 해서는 아니 된다.

⑤ 보세사를 채용, 해고했을 때에는 7일 이내에 세관장에게 신고해야 한다.

02 세관장은 자율관리 보세구역의 지정을 받은 자가 「관세법」에 따른 의무를 위반한 경우 지정을 취소
할 수 있다. 자율관리 보세구역 지정 취소 사유에 해당하지 않는 것은?

① 당해 보세구역 장치물품에 대한 관세를 납부할 자금능력이 없다고 인정되는 경우

② 1년 동안 계속하여 물품의 반입·반출 실적이 없거나, 6개월 이상 보세작업을 하지 않은 경우

③ 자율관리 보세구역 운영인이 보세사가 아닌 사람에게 보세사의 직무를 수행하게 한 경우

④ 운영인이 절차생략 등에 따른 물품 반출입 상황 등을 보세사로 하여금 기록·관리하게 하지
않은 경우

⑤ 화물의 반출입, 재고관리가 가능한 전산시스템을 갖추지 않은 경우

03 일반 자율관리 보세구역 운영에 대한 절차생략 등으로 옳은 것은?

① 모든 벌크화물의 분할재포장 작업을 위한 보수작업 신청(승인)을 생략할 수 있다.

② 장치물품의 수입신고 전 확인신청(승인)을 생략할 수 있다.

③ 원산지표시 보수작업 신청(승인)을 생략할 수 있다.

④ 「보세화물관리에 관한 고시」에 따른 재고조사 및 보고의무를 분기별 1회에서 반기 1회로 완화할
수 있다.

⑤ 「특허보세구역 운영에 관한 고시」에 따른 보세구역 운영상황의 점검을 연 2회에서 연 1회로
완화할 수 있다.

04 자율관리 보세구역 운영인의 자율점검표 작성·제출에 대한 설명이다. 순서대로 빈칸에 들어갈 내용으로 옳은 것은?

> 운영인은 회계연도 종료 (   )이 지난 후 (   ) 이내에 보세구역 운영 등의 적정 여부를 자체 점검하고, 자율점검표를 작성하여 세관장에게 제출해야 한다. 다만, 운영인이 자율점검표를 「특허보세구역 운영에 관한 고시」에 의한 보세구역 운영상황 및 「보세화물관리에 관한 고시」에 의한 재고조사 결과와 함께 제출하려는 경우, 자율점검표를 다음 해 (   ) 말까지 제출할 수 있다.

① 1개월, 7일, 1월   ② 1개월, 15일, 2월

③ 3개월, 15일, 2월   ④ 3개월, 10일, 1월

⑤ 3개월, 7일, 3월

05 보세공장이 우수 자율관리 보세구역으로 지정받을 수 있는 요건으로 옳지 않은 것은?

① 화물의 반출입, 재고관리 등 실시간 물품관리가 가능한 전산시스템을 구비해야 한다.

② 보세화물관리를 위한 보세사를 채용하지 않아도 지정이 가능하다.

③ 일반 자율관리 보세구역의 지정요건을 모두 충족해야 한다.

④ 수출입 안전관리 우수업체(AEO)로 공인을 받아야 한다.

⑤ 보세화물의 관리체계가 확립되고, 운영인 등의 법규수행능력이 우수하여 보세화물의 관리를 자율적으로 수행할 수 있어야 한다.

※ 해당 문제는 개정 규정을 반영하여 수정되었습니다.

06 보세사의 직무 범위에 해당되지 않는 것은?

① 보세화물 및 내국물품의 반입 또는 반출에 대한 참관 및 확인

② 보세구역 안에 장치된 물품의 관리 및 취급에 대한 참관 및 확인

③ 보세구역 출입문의 개폐 및 열쇠관리의 감독

④ 보세구역의 출입자관리에 대한 감독

⑤ 보세구역 장치물품에 대한 보수작업 승인 및 감독

07 보세사의 등록 및 취소에 대한 설명으로 옳지 않은 것은?

① 보세사의 자격을 갖춘 자가 보세사로 근무를 하려면 관세청장에게 등록을 해야 한다.

② 세관장은 보세사로서 근무하기 위하여 등록을 한 사람이 「관세법」이나 「관세법」에 의한 명령을 위반한 경우 등록의 취소, 6개월 이내의 업무정지, 견책 또는 그 밖에 필요한 조치를 할 수 있다.

③ 세관장은 보세구역 운영인 또는 등록보세사로부터 보세사의 퇴사·해임·교체통보를 받은 때에는 그 등록을 취소하고, 그 사실을 전산에 등록해야 한다.

④ 보세사로서 근무하기 위하여 등록을 한 사람이 「관세법」이나 「관세법」에 의한 명령을 위반하여 등록이 취소된 사람은 그 취소된 날로부터 2년 내에 다시 등록하지 못한다.

⑤ 보세사 등록을 신청하고자 하는 사람은 보세사등록신청서에 입사예정증명서 또는 재직확인증명서를 첨부하여 한국관세물류협회장에게 제출해야 한다.

08 「수출입물류업체에 대한 법규수행능력측정 및 평가관리에 관한 훈령」에 대한 설명으로 옳지 않은 것은?

① 법규수행능력 평가대상 수출입물류업체에 대한 점검은 현지점검을 원칙으로 한다.

② 세관장은 수출입물류업체에 대한 점검 시 수출입물류업체에게 자료의 제출을 요구하거나 질문 등을 할 수 있다.

③ 세관장이 현지점검을 실시한 때에는 「자율관리 보세구역 운영에 관한 고시」 제10조에 따른 자율관리 보세구역에 대한 감독을 생략할 수 있다.

④ 점검을 실시하는 세관공무원은 「행정조사기본법」 제11조 제3항의 규정에 따라 권한을 나타내는 증표를 지니고 이를 조사대상자에게 내보여야 한다.

⑤ 세관 화물부서에 편성된 점검반이 수출입물류업체에 대한 법규수행능력 점검을 완료한 때에는 그 결과를 법규수행능력 평가시스템에 등록해야 한다.

09 「자유무역지역의 지정 및 운영에 관한 법률」(이하 "「자유무역지역법」")과 다른 법률과의 관계에 대한 설명으로 옳은 것은?

① 「자유무역지역법」에 규정된 사항을 제외하고는 「관세법」을 적용한다. 다만, 자유무역지역에 통제시설이 설치되어 있지 않은 경우에는 그렇지 않다.

② 자유무역지역의 지정에 관하여 「경제자유구역의 지정 및 운영에 관한 특별법」에 「자유무역지역법」과 다른 규정이 있는 경우에는 「자유무역지역법」을 우선하여 적용한다.

③ 「자유무역지역법」에서 "수입", "수출", "외국물품", "내국물품"에 대한 용어는 「관세법」상 용어와 차이가 있다.

④ 입주기업체 중 외국인투자기업에 대해서도 「장애인고용촉진 및 직업재활법」 제28조가 적용된다.

⑤ 「고용상 연령차별금지 및 고령자고용촉진에 관한 법률」 제12조 및 관련 규정에 따라 일정 수 이상의 근로자를 사용하는 자유무역지역 입주기업체로서 외국인투자기업의 사업주는 기준고용률 이상의 고령자를 고용해야 한다.

10 자유무역지역에서 외국물품 등이 아닌 내국물품의 반출확인 절차에 대한 설명으로 옳지 않은 것은?

① 내국물품을 자유무역지역에서 관세영역으로 반출하려는 자는 내국물품으로 반입된 사실을 증명하는 서류를 세관장에게 제출해야 한다.

② 내국물품 반출목록신고서를 전자문서로 세관장에게 제출하는 경우 내국물품 반입증명서류의 제출을 생략할 수 있다.

③ 세관장이 타당하다고 인정하는 직업에 필요한 용구로서 출입자가 휴대하여 반입한 물품은 내국물품 반출확인을 생략할 수 있다.

④ 내국물품 반출목록신고서를 제출한 날로부터 3년 이내의 범위에서 대통령령으로 정하는 기간 동안 내국물품 반입증명서류를 보관해야 한다.

⑤ 내국물품 반출목록신고서를 전자문서로 제출하기 곤란한 경우에는 서류로 제출할 수 있으며, 세관공무원은 반출하는 내국물품에 대하여 검사 또는 확인할 수 있다.

11 「자유무역지역 반출입물품의 관리에 관한 고시」에서 규정하고 있는 용어의 뜻으로 옳지 않은 것은?

① "반입신고"란 물품을 자유무역지역으로 반입하기 위한 신고로서 「관세법」 제157조의 보세구역 반입신고를 의미한다.

② "국외반출신고"란 외국물품 등을 국외반출하기 위한 신고로서 「관세법」의 수출신고와 동일하다.

③ "잉여물품"이란 제조·가공작업으로 인하여 발생하는 부산물과 불량품 등을 말한다.

④ "보수"란 해당 물품의 HS품목분류의 변화를 가져오지 않는 보존작업, 선별, 분류 또는 포장 등의 활동을 말한다.

⑤ "사용소비신고"란 외국물품을 고유한 목적 등에 사용하기 위하여 「관세법 시행령」 제246조 제2항에 따른 수입신고서 서식으로 반입신고하는 것을 말한다.

12 자유무역지역에 입주하여 사업을 영위하고자 하는 자에 대하여 입주자격을 갖춘 후 관리권자의 입주허가를 받도록 하고 있다. 입주할 수 있는 자에 대한 설명으로 옳지 않은 것은?

① 수출을 주목적으로 하는 제조업종의 사업을 하려는 자로서 수출비중 등이 대통령령으로 정하는 기준을 충족하는 자

② 수출입거래를 주목적으로 하는 도매업종의 사업을 하려는 자로서 수출입거래 비중 등이 대통령령으로 정하는 기준을 충족하는 자

③ 물품의 하역·운송·보관·전시 또는 그 밖에 대통령령으로 정하는 사업을 하려는 자

④ 입주기업체의 사업을 지원하는 업종으로서 대통령령으로 정하는 업종의 사업을 하려는 자

⑤ 지식서비스산업에 해당하는 업종(「자유무역지역의 지정 및 운영에 관한 법률」 제10조 제1항 제4호부터 제6호까지의 규정에 의한 업종은 제외한다)의 사업을 하려는 자로서 수입비중 등이 대통령령으로 정하는 기준을 충족하는 자

13 자유무역지역의 통제시설의 설치·운영에 대한 설명으로 옳은 것은?

① 관리권자는 세관장과 협의를 거쳐 자유무역지역에 통제시설을 설치하고 그 운영시기를 공고해야 한다.

② 관세청장은 통제시설의 보수 또는 확충이 필요하다고 인정할 때에는 관리권자에게 통제시설의 보수 또는 확충을 요청할 수 있다.

③ 입주기업체는 통제시설을 유지·관리해야 한다.

④ 관리권자는 자유무역지역을 출입하는 사람 및 자동차에 대한 기록을 대통령령으로 정하는 방법으로 관리해야 한다.

⑤ 관리권자는 입주기업체가 출입기록을 요청하는 경우 특별한 사유가 없으면 이에 따라야 한다.

14 「자유무역지역의 지정 및 운영에 관항 법률」 제9조에 따른 자유무역지구의 구분지구가 아닌 것은?

① 생산시설지구   ② 지식서비스시설지구

③ 물류시설지구   ④ 지원시설지구

⑤ 민간시설지구

15 「자유무역지역의 지정 및 운영에 관한 법률」에 따른 자유무역지역에서의 물품의 반출입 또는 수입에 대한 설명으로 옳지 않은 것은?

① 외국물품을 자유무역지역 안으로 반입하려는 자는 관세청장이 정하는 바에 따라 세관장에게 반입신고를 해야 한다.

② 세관장은 반입신고를 하지 않고 자유무역지역 안으로 반입된 내국물품에 대하여 반입자의 신청에 의해 내국물품 확인서를 발급할 수 있다.

③ 입주기업체 외의 자가 자유무역지역 안으로 반입하려는 경우에는 「관세법」 제241조에 따른 수입신고 대상이 아니다.

④ 입주기업체가 자유무역지역에서 사용 또는 소비하려는 내국물품 중 「자유무역지역의 지정 및 운영에 관한 법률」 제45조 제1항 및 제2항의 적용을 받으려는 사무용 컴퓨터는 세관장에게 반입신고를 해야 한다.

⑤ 외국물품 등을 자유무역지역에서 그대로 관세영역으로 반출하려는 경우 그 반출을 하려는 자는 수입신고를 하고 관세 등을 납부해야 한다.

16 「관세법」상 "보세사의 명의대여죄"의 처벌내용으로 옳은 것은?

① 1년 이하의 징역 또는 1천만 원 이하의 벌금에 처한다.

② 1년 이하의 징역 또는 2천만 원 이하의 벌금에 처한다.

③ 2년 이하의 징역 또는 1천만 원 이하의 벌금에 처한다.

④ 2년 이하의 징역 또는 2천만 원 이하의 벌금에 처한다.

⑤ 3년 이하의 징역 또는 3천만 원 이하의 벌금에 처한다.

17 빈칸에 들어갈 내용으로 옳은 것은?

> 「관세법」 제319조(준용)에 따라 관세범에 관하여 「관세법」에 특별한 규정이 있는 것을 제외하고는 (   )을 준용한다.

① 「형법」

② 「형사소송법」

③ 「질서위반행위규제법」

④ 「민법」

⑤ 「대외무역법」

18 「관세법」 제311조에서 규정하고 있는 통고처분에 대한 설명으로 옳지 않은 것은? (정답 2개)

① 관세청장이나 세관장은 관세범을 조사한 결과 범죄의 확증을 얻었을 때에는 벌금에 상당하는 금액, 몰수에 해당하는 금액이나 물품을 납부할 것을 통고할 수 있다.

② 통고처분 시 벌금에 상당하는 금액은 해당 벌금 최고액의 100분의 30으로 하며, 관세청장이 정하여 고시하는 사유에 해당하는 경우에는 그 금액의 100분의 50 범위에서 관세청장이 정하여 고시하는 비율에 따라 늘리거나 줄일 수 있다.

③ 통고처분 금액을 늘려서 산정하는 때에 관세청장이 정하여 고시하는 사유가 2가지 이상 해당되는 경우에는 각 사유에 따른 비율 중에서 가장 높은 비율에 해당되는 만큼 통고처분 금액을 늘릴 수 있다.

④ 세관장은 통고처분을 받는 자가 벌금이나 추징금에 상당한 금액을 예납하려는 경우에는 이를 예납시킬 수 있다.

⑤ 「관세법」 제311조 제1항에 따라 세관장이 통고한 경우에는 공소의 시효는 정지된다.

19 「관세법」 제277조에서 규정하고 있는 과태료 처분의 대상으로 옳지 않은 것은?

① 「관세법」 제174조 제1항에 따른 특허보세구역의 설치·운영에 관한 특허를 받지 않고 특허보세구역을 운영한 자

② 특허보세구역의 특허사항을 위반한 운영인

③ 「관세법」 제243조 제4항을 위반하여 관세청장이 정하는 장소에 반입하지 않고 「관세법」 제241조 제1항에 따른 수출의 신고를 한 자

④ 「관세법」 제202조 제2항에 따른 신고를 하지 않고 보세공장·보세건설장 종합보세구역 또는 지정공장 외의 장소에서 작업을 한 자

⑤ 「관세법」 제240조의2 제2항을 위반하여 장부기록 자료를 보관하지 않은 자

20 관세청장이나 세관장이 「관세법」에 의하여 고발하는 경우로 옳지 않은 것은?

① 범죄의 정상이 징역형에 처해질 것으로 인정될 때

② 관세범인이 통고서의 송달을 받은 날로부터 15일이 지난 후 고발이 되기 전에 통고처분을 이행했을 때

③ 관세범인이 통고를 이행할 수 있는 자금능력이 없다고 인정되는 경우

④ 관세범인의 주소 및 거소가 분명하지 아니한 경우

⑤ 관세범인에게 통고를 하기 곤란하다고 인정되는 경우

21 「관세법」 제271조에서 규정하고 있는 미수범 등에 대한 설명으로 옳은 것은?

① 그 정황을 알면서 「관세법」 제269조에 따른 밀수입 행위를 교사한 자는 정범에 준하여 처벌한다.

② 그 정황을 알면서 「관세법」 제270조에 따른 관세포탈 행위를 방조한 자는 본죄의 2분의 1을 감경하여 처벌한다.

③ 「관세법」 제269조의 밀수입죄 미수범은 본죄의 2분의 1을 감경하여 처벌한다.

④ 「관세법」 제270조 관세포탈죄 미수범은 본죄의 2분의 1을 감경하여 처벌한다.

⑤ 「관세법」 제268조의2 전자문서 위조·변조죄를 범할 목적으로 그 예비를 한 자는 본죄에 준하여 처벌한다.

22 「관세법」 제269조에서 규정하고 있는 밀수출입죄에 대한 설명으로 옳지 않은 것은?

① 「관세법」 제241조 제1항에 따른 신고를 하지 않고 물품을 수입한 자는 5년 이상의 징역 또는 관세액의 10배와 물품원가 중 높은 금액 이하에 상당하는 벌금에 처한다.

② 「관세법」 제241조 제1항에 따른 신고를 하지 않고 물품을 수출한 자는 3년 이하의 징역 또는 물품원가 이하에 상당하는 벌금에 처한다.

③ 「관세법」 제241조 제1항에 따른 신고를 하지 않고 물품을 반송한 자는 1년 이하의 징역 또는 물품원가 이하에 상당하는 벌금에 처한다.

④ 「관세법」 제241조 제1항에 따른 신고를 했으나 해당 수출물품과 다른 물품으로 신고하여 수입한 자는 밀수입죄에 해당한다.

⑤ 「관세법」 제241조 제2항에 따른 신고를 했으나 해당 물품과 다른 물품으로 신고하여 수출한 자는 밀수출죄에 해당한다.

23 「관세법」상 벌칙에 대한 설명으로 옳지 않은 것은?

① 「관세법」 제282조(몰수·추징)에 따라 몰수할 수 없을 때에는 범칙 당시 물품의 수입신고가격에 상당한 금액을 범인으로부터 추징한다.

② 밀수품취득죄의 미수범은 본죄에 준하여 처벌한다.

③ 관세의 회피를 목적으로 타인에게 자신의 명의를 사용하여 납세신고를 한 자에 대해서는 「관세법」 제275조의3(명의대여행위죄 등)을 적용한다.

④ 관세포탈죄를 범한 자는 정상에 따라 징역과 벌금을 병과할 수 있다.

⑤ 밀수입에 사용하기 위하여 특수가공한 물품은 누구의 소유이든지 몰수하거나 그 효용을 소멸시킨다.

24 「관세법」상 징역형으로 처벌할 수 없는 경우로 옳은 것은?

① 밀수입죄 　　　　　② 전자문서위조죄
③ 허위신고죄　　　　　④ 관세포탈죄
⑤ 가격조작죄

25 다음 빈칸에 들어갈 수 없는 것은?

> 밀수품을 취득·(　)·(　)·(　) 또는 (　)하거나 (　)한 자는 3년 이하의 징역 또는 물품원가 이하에 상당하는 벌금에 처한다.

① 양 도　　　　　② 운 반
③ 보 관　　　　　④ 알 선
⑤ 폐 기

제1과목 | 수출입통관절차

01 다음 설명 중 옳지 않은 것은?

① 입항 전 수입신고가 수리된 물품은 우리나라에 도착된 것으로 보아 이를 외국으로 반출하는 경우에는 수출에 해당된다.

② 외국물품과 내국물품을 혼용하여 만든 제품은 모두 외국으로부터 우리나라에 도착된 외국물품으로 본다.

③ 보세구역 장치기간을 경과하여 매각한 물품은 수입신고 수리 절차를 거치지 않았지만 「관세법」상 내국물품으로 본다.

④ 보수작업으로 외국물품에 부가된 내국물품은 외국물품으로 본다.

⑤ 잠정가격신고 후에 확정가격신고시 세액이 증가하는 경우에는 가산세를 면제한다.

02 「관세법」상 신고서류 보관기간을 나열한 것으로 옳지 않은 것은?

① 수입신고필증 – 5년

② 수출신고필증 – 3년

③ 보세화물 반출입에 관한 자료 – 3년

④ 수입물품 과세가격 결정에 관한 자료 – 5년

⑤ 보세운송에 관한 자료 – 2년

03 수출입 금지물품이 아닌 것은?

① 헌법질서를 문란하게 하는 물품

② 세액을 허위로 기재한 물품

③ 공공의 안녕질서 또는 풍속을 해치는 물품

④ 정부의 기밀을 누설하거나 첩보활동에 사용되는 물품

⑤ 화폐·채권이나 그 밖의 유가증권의 위조품·변조품 또는 모조품

04 도난물품이나 분실물품에 대하여 「관세법」에서 정한 납세의무자가 아닌 자는?

① 보세구역운영인
② 보세운송신고인
③ 물품보관인
④ 물품점유자
⑤ 물품취급인

05 서류제출대상으로 선정된 수입신고건에 대하여는 제출서류를 스캔 등의 방법으로 전자 이미지화하거나 무역서류의 전자제출을 이용하여 통관시스템에 전송하는 것이 원칙이다. 그럼에도 종이서류로 제출하여야 하는 것은?

① 송품장
② 가격신고서
③ 선하증권(B/L) 사본이나 항공화물운송장(AWB) 사본
④ 킴벌리프로세스증명서
⑤ 원산지증명서

06 수출입물품 검사에 대한 설명으로 옳지 않은 것은?

① 세관공무원은 수출입물품에 대하여 검사할 수 있다.
② 화주는 수입신고하려는 물품에 대하여 수입신고 전 확인할 수 있다.
③ 세관장은 적법한 물품검사로 인하여 물품에 손실이 발생한 경우 그 손실을 입은 자에게 보상해야 한다.
④ 세관장은 다른 법령에서 정한 물품의 성분, 품질 등에 대한 안전성 검사를 할 수 있다.
⑤ 세관장은 물품의 화주 및 신고인이 검사에 참여할 것을 신청한 경우 화주에 한하여 참여를 허용할 수 있다.

07 「관세법」상 심사청구에 관한 설명으로 옳지 않은 것은?

① 심사청구는 해당 처분을 한 것을 안 날부터 120일 이내에 제기해야 한다.

② 심사청구는 불복하는 사유를 심사청구서에 적어 해당 처분을 하였거나 하였어야 하는 세관장을 거쳐 관세청장에게 해야 한다.

③ 이의신청을 거친 후 심사청구를 하려는 경우에는 이의신청에 대한 결정을 통지받은 날부터 90일 이내에 해야 한다.

④ 해당 심사청구서를 제출받은 세관장은 이를 받은 날부터 7일 내에 그 심사청구서에 의견서를 첨부하여 관세청장에게 보내야 한다.

⑤ 우편으로 기한 내에 제출한 심사청구서가 청구기간이 지나 세관장 또는 관세청장에게 도달한 경우에는 그 기간의 만료일에 청구된 것으로 본다.

08 고액·상습체납자의 명단 공개에 대한 설명이다. 빈칸 안에 들어갈 내용을 맞게 나열한 것은?

> 관세청장은 체납발생일부터 (   )이 지난 관세 및 내국세 등이 (   ) 이상인 체납자에 대하여는 그 인적사항과 체납액 등을 공개할 수 있다. 다만, 체납관세 등에 대하여 이의신청·심사청구 등 불복청구가 진행 중이거나 체납액의 일정금액 이상을 납부한 경우 등 대통령령으로 정하는 사유에 해당하는 경우에는 그렇지 않다.

① 6개월, 1억 원   ② 6개월, 2억 원
③ 1년, 2억 원   ④ 1년, 1억 원
⑤ 3년, 3억 원

09 「관세법」제231조 규정에 의한 환적물품 등의 원산지 허위표시물품 유치에 대한 설명으로 옳지 않은 것은?

① 세관장은 원산지표시 수정 등 필요한 조치사항이 이행된 경우에는 물품의 유치를 즉시 해제해야 한다.

② 세관장은 유치사실을 통지할 때에는 이행기간을 정하여 원산지표시의 수정 등 필요한 조치를 명할 수 있다. 이 경우 지정한 이행기간 내에 명령을 이행하지 않으면 매각한다는 뜻을 함께 통지해야 한다.

③ 세관장은 외국물품을 유치한 때에는 그 사실을 그 물품의 화주나 그 위임을 맡은 자에게 통지해야 한다.

④ 유치하는 외국물품은 세관장이 관리하는 장소에 보관해야 한다. 다만, 세관장이 필요하다고 인정할 때에는 그렇지 않다.

⑤ 일시적으로 육지에 내려지거나 다른 운송수단으로 환적 또는 복합환적되는 외국물품 중 원산지를 최종 수입국으로 허위 표시한 물품은 유치할 수 있다.

10 외국에 거주하는 친인척이 국내거주자에게 무상으로 기증하는 수입물품이 있을 때, 이에 대하여 세관장이 부과·징수할 수 있는 조세가 아닌 것은?

① 개별소비세   ② 주 세

③ 증여세   ④ 교육세

⑤ 농어촌특별세

11 세관장이 수입신고서 심사 결과 해당 물품을 통관보류할 수 있는 경우가 아닌 것은?

① 수입신고서 기재사항 중 중요한 사항이 미비되어 보완이 필요한 경우

② 해당 물품에 대한 가격신고서 내용 중 일부사항이 기재누락된 경우

③ 관세범칙 혐의로 고발되거나 조사를 받는 경우

④ 「관세법」 제246조의3에 따른 안전성 검사가 필요한 경우

⑤ 「국세징수법」 제30조에 따라 세관장에게 강제징수가 위탁된 해당 체납자가 수입하는 경우

12 세관장이 수입신고 수리 전 반출을 승인할 수 있는 경우가 아닌 것은?

① 「조달사업에 관한 법률」에 따른 비축물자로 신고된 물품으로 실수요자가 결정되지 않은 경우

② 해당 물품에 대한 품목분류 또는 세율결정에 오랜 시간이 걸리는 경우

③ 완성품의 세번으로 수입신고 수리를 받고자 하는 물품이 미조립상태로 분할 선적 수입된 경우

④ 특혜세율을 적용받기 위한 원산지 확인에 필요한 원산지증명서를 세관장에게 제출하지 못한 경우

⑤ 수입통관 시 법령에 따른 허가·승인·표시 또는 그 밖의 조건 등 구비조건을 증명하는 데 오랜 시간이 걸리는 경우

13 관세에 대한 설명으로 옳지 않은 것은?

① 「관세법」상 납세의무자와 실질적인 조세부담자가 다른 간접세에 해당된다.

② 국가가 일정한 과세기간에 따라 일정시점에 조세를 부과하는 정기세에 해당한다.

③ 납세의무자의 의사와 관계없이 「관세법」 또는 조약에 의해 강제적으로 부과징수하는 조세이다.

④ 자유무역의 장애요소가 될 수 있다.

⑤ 부가가치세 등과 같은 소비세적 성격이 있다.

14 간이세율 적용에 대한 설명으로 옳지 않은 것은?

① 외국을 오가는 운송수단의 승무원이 수입하는 물품은 간이세율을 적용할 수 있다.

② 탁송품은 간이세율 적용할 수 있다.

③ 종량세가 적용되는 물품은 간이세율을 적용하지 않는다.

④ 관세율이 무세인 물품은 간이세율을 적용하지 않는다.

⑤ 우편물은 모두 간이세율을 적용할 수 있다.

15 「관세법」의 목적에 대한 설명이다. 빈칸 안에 들어갈 용어를 맞게 나열한 것은?

> 이 법은 관세의 부과·징수 및 수출입물품의 통관을 (   )하게 하고 (   )수입을 확보함으로써 (   )경제의 발전에 이바지함을 목적으로 한다.

① 신속, 관세, 국가

② 신속, 관세, 국민

③ 적정, 조세, 국민

④ 적정, 관세, 국민

⑤ 정확, 조세, 국가

16 보세구역에 반입된 수입물품의 수입신고의무에 관한 설명으로 옳지 않은 것은?

① 신고의무기간의 비준수에 따른 가산세 대상물품은 보세구역의 종류와 물품의 특성을 감안하여 관할 세관장이 정한다.

② 신고의무기간은 보세구역 반입일부터 30일 이내이다.

③ 신고의무기간 내에 수입의 신고를 하지 않은 경우에는 해당 물품의 과세가격의 100분의 2에 상당하는 금액의 범위에서 가산세를 징수한다.

④ 신고지연가산세는 500만 원을 초과할 수 없다.

⑤ 「관세법」 별표 관세율표상 관세가 무세인 국제운송을 위한 컨테이너는 수입신고를 생략한다.

17 수출심사 및 검사에 대한 설명으로 옳지 않은 것은?

① "전자통관심사"란 수출신고를 하면 세관 직원의 심사없이 수출통관시스템에서 전자적 방식으로 심사하는 것을 말한다.

② "심사"란 신고된 세번과 신고가격 등 신고사항의 적정 여부, 법령에 의한 수출요건의 충족 여부 등을 확인하기 위하여 관련서류(전자 이미지 포함)나 문서결과를 검토하는 것을 말한다.

③ "자율정정"이란 심사나 검사대상으로 선별되지 않은 신고건에 대하여 화주 또는 신고인이 자율적으로 통관시스템을 이용하여 정정하는 것을 말한다.

④ "물품검사"란 수출신고된 물품 이외에 은닉된 물품이 있는지 여부와 수출신고사항과 현품의 일치 여부를 확인하는 것을 말한다.

⑤ "적재지검사"란 수출신고를 한 물품의 소재지에 방문하여 검사하는 것을 말한다.

18 첨부서류 없이 신고서에 수입신고사항을 기재하는 간이신고 대상물품이 아닌 것은?

① 국내거주자가 수취하는 해당 물품의 총 가격이 미화 150달러 이하의 물품으로서 자가사용물품으로 인정되는 면세대상물품

② 외교행낭으로 반입되는 면세대상물품

③ 해당 물품의 총 과세가격이 미화 250달러 이하의 면세되는 상업용 견본품

④ 설계도 중에서 수입승인이 면제되는 것

⑤ 「외국환거래법」에 따라 금융기관이 외환업무를 영위하기 위하여 수입하는 지급수단

19 과세물건 확정의 시기에 대한 설명으로 옳지 않은 것은?

① 수입신고가 수리되기 전에 소비하거나 사용하는 물품(「관세법」 제239조에 따라 소비 또는 사용을 수입으로 보지 않는 물품은 제외한다) - 해당 물품을 소비하거나 사용한 때

② 도난물품 또는 분실물품 - 해당 물품이 도난되거나 분실된 때

③ 보세운송 신고를 하거나 승인을 받아 보세운송하는 외국물품이 지정된 기간 내에 목적지에 도착하지 않아 관세를 징수하는 물품 - 보세운송 지정기간이 만료된 때

④ 우편으로 수입되는 물품(일반수입신고 대상물품은 제외한다) - 통관우체국에 도착한 때

⑤ 「관세법」 제253조 제1항에 따른 수입신고 전 즉시반출신고를 하고 반출한 물품 - 수입신고 전 즉시반출신고를 한 때

20 원산지표시 보수작업에 대한 설명으로 옳지 않은 것은?

① 수입자 등이 수입물품의 원산지표시 보수작업을 하고자 하는 때에는 보수작업승인(신청)서를 세관장에게 제출해야 한다.

② 원산지가 표시되지 않은 물품의 원산지표시 보수작업을 신청 받은 세관장은 원산지증명서 또는 원산지증빙서류에 의하여 원산지를 확인한 뒤 이를 승인해야 한다.

③ 수입자 등은 보수작업을 완료한 경우 세관공무원 또는 관세사의 확인을 받아야 한다.

④ 보수작업을 확인한 세관공무원은 보수작업 완료 후의 상태를 촬영하여 전자통관시스템에 등록하고 통보해야 한다.

⑤ 보수작업신청 승인, 작업완료 확인내역 등록 및 통보는 전자통관시스템에 의하여 할 수 있다.

21 「관세법」상 용어에 대한 설명으로 옳은 것은?

① 「관세법」 제244조 제1항에 따라 입항 전 수입신고가 수리된 물품은 외국물품이다.

② 외국의 선박 등이 공해상에서 채집한 수산물로서 수입신고가 수리된 것은 외국물품이다.

③ 수출신고가 수리되었으나 선박에 적재되지 않은 물품은 내국물품이다.

④ 복합환적이란 입국 또는 입항하는 운송수단의 물품을 다른 세관의 관할 구역으로 운송하여 출국 또는 출항하는 운송수단으로 옮겨 싣는 것을 말한다.

⑤ "통관"이란 「관세법」에 따른 절차를 이행하여 물품을 수출·수입하는 것을 말하며 반송은 포함되지 않는다.

22 과세가격을 결정하는 경우 외국통화로 표시된 가격을 내국통화로 환산할 때 기준으로 하는 환율은?

① 대고객 전신환매입율

② 대고객 현찰매입율

③ 은행 간 전신환율

④ 대고객 전신환매도율

⑤ 기준환율 또는 재정환율

23 관세의 과세표준 및 과세물건 확정의 시기에 대한 설명이다. 빈칸 안에 들어갈 용어를 맞게 나열한 것은?

> 관세의 과세표준은 수입물품의 ( ) 또는 ( )으로 한다. 관세는 수입신고(입항 전 수입신고를 포함한다)하는 해외 물품의 ( )과 ( )에 따라 부과한다.

① 가격, 수량, 가격, 수량
② 수량, 중량, 수량, 중량
③ 가격, 수량, 성질, 수량
④ 수량, 중량, 가격, 수량
⑤ 가격, 수량, 규격, 수량

24 수입신고 각하사유에 해당되지 않는 것은?

① 거짓이나 그 밖의 부정한 방법으로 신고한 경우
② 재해 기타 부득이한 사유로 수입물품이 멸실되었거나 세관의 승인을 얻어 폐기하려는 경우
③ 폐기, 공매, 국고귀속이 결정된 경우
④ 출항 전 신고나 입항 전 신고의 요건을 갖추지 못한 경우
⑤ 출항 전 신고나 입항 전 신고한 화물이 도착하지 않은 경우

25 특송물품에 대한 신고구분 및 수입신고 등의 설명으로 옳지 않은 것은?

① 국내거주자가 수취하는 자가사용물품 또는 면세되는 상업용 견본품 중 물품가격이 미화 150달러(미합중국과의 협정에 해당하는 물품은 미화 200달러) 이하에 해당하는 물품은 목록통관특송물품이다.
② 물품가격이 미화 150달러(미합중국과의 협정에 해당하는 물품은 미화 200달러)를 초과하고 2,000달러 이하인 물품은 간이신고특송물품이다.
③ 물품가격이 미화 2,000달러를 초과하는 물품은 일반수입신고특송물품이다.
④ 우리나라가 체결한 자유무역협정에 따른 원산지증명 면제대상물품에 대하여 협정관세를 적용받고자 하는 자는 구매처(국가), 가격정보가 담긴 구매영수증 등을 세관장에게 제출해야 한다.
⑤ 목록통관특송물품을 수입통관하려는 때에는 관세사, 관세법인, 통관취급법인이나 수입화주는 통관목록을 세관장에게 제출해야 한다.

01 특허보세구역의 수용능력 증감에 대한 설명으로 옳지 않은 것은?

① 운영인은 수용능력을 증감할 필요가 있는 경우 세관장의 승인을 얻어야 한다.

② 특허작업 능력을 변경할 운영시설의 관계도면과 공사내역서를 세관장에게 제출해야 한다.

③ 운영시설의 증축은 수용능력 증감에 해당하지만, 수선은 해당하지 않는다.

④ 특허를 받은 면적의 범위 내에서 수용능력 변경은 신고로써 승인을 얻은 것으로 본다.

⑤ 수용능력에 대한 공사를 준공한 운영인은 그 사실을 지체 없이 세관장에게 통보해야 한다.

02 빈칸 안에 들어갈 내용으로 옳은 것은?

> 보세구역은 지정보세구역·특허보세구역 및 (A)으로 구분하고, 지정보세구역은 지정장치장 및
> (B)(으)로 구분하며, 특허보세구역은 (C)·보세공장·보세전시장·(D) 및 보세판매장으로
> 구분한다.

	A	B	C	D
①	종합보세구역	세관검사장	보세창고	보세건설장
②	합동보세구역	세관검사장	보세장치장	보세건설장
③	종합장치구역	세관장치장	보세창고	보세건설장
④	종합보세구역	보세건설장	보세창고	세관검사장
⑤	합동보세구역	보세창고	세관검사장	보세건설장

03 보세구역 물품의 반출입에 관한 설명으로 옳지 않은 것은?

① 보세구역에 물품을 반입하거나 반출하려는 자는 대통령령으로 정하는 바에 따라 세관장에게
신고해야 한다.

② 보세구역에 물품을 반입하거나 반출하려는 경우, 세관공무원은 해당 물품을 검사할 수 있다.

③ 세관장은 보세구역에 반입할 수 있는 물품의 종류를 제한할 수 있다.

④ 관세청장이 정하는 보세구역에 반입되어 수입신고가 수리된 물품은 장치기간에도 불구하고 수
입신고 수리일로부터 15일 이내에 해당 물품을 보세구역으로부터 반출해야 한다.

⑤ 수입신고 수리된 물품이 보세구역의 외국물품 장치에 방해가 되지 않는 경우 세관장의 반출기간
연장승인을 받지 않아도 반출기한이 연장된다.

04 보세창고 물품반입 정지사유가 아닌 것은?

① 운영인 또는 그 종업원의 관리소홀로 해당 보세창고에서 밀수행위가 발생한 때
② 운영인 또는 그 종업원이 합법가장 밀수를 인지하고도 세관장에게 보고하지 않고 보관 또는 반출한 때
③ 운영인이 보세창고를 운영하지 않거나 30일 이상 계속하여 운영을 휴지하고자 한 때에 세관장에게 통보하지 않은 경우
④ 장치물품에 대한 관세를 납부할 자금능력이 없다고 인정되는 경우
⑤ 운영인이 최근 1년 동안 3회 이상 경고처분을 받은 때

※ 해당 문제는 개정 규정을 반영하여 수정되었습니다.

05 보세전시장에 반입이 허용되는 외국물품의 범위에 해당하지 않는 것은?

① 보세전시장에 설치될 전시관, 사무소, 창고, 건조물의 건설유지 또는 철거를 위하여 사용될 물품
② 박람회 등의 주최자 또는 국내 대행자가 보세전시장에서 그 업무수행을 위하여 사용할 물품
③ 보세전시장에서 불특정다수의 관람자에게 오락용으로 관람시키거나 사용하게 할 물품
④ 보세전시장에서 불특정다수의 관람자에게 판매할 것을 목적으로 하는 물품
⑤ 보세전시장에서 불특정다수의 관람자에게 증여할 것을 목적으로 하는 물품

06 보세창고 운영인이 세관장에게 지체 없이 보고해야 할 사유에 해당하지 않는 것은?

① 「관세법」 제175조 및 제179조 제1항에 의거 운영인의 결격사유와 특허의 효력상실 사유가 발생한 때
② 도난, 화재, 침수, 기타 사고가 발생할 우려가 있을 때
③ 보세창고에 장치한 물품이 선적서류, 보세운송신고필증 또는 포장 등에 표기된 물품과 상이한 사실을 발견한 때
④ 보세창고에 종사하는 직원을 채용하거나 면직한 때
⑤ 보세창고의 건물, 시설 등에 관하여 소방서 등 행정관청으로부터 시정명령을 받은 때

※ 해당 문제는 개정 규정을 반영하여 수정되었습니다.

07 보세공장의 설치·운영 특허 제한사유에 대한 설명으로 옳지 않은 것은?

① 위험물품을 취급하는 경우 관세청장의 별도 승인을 받지 않은 자
② 라벨표시, 용기변경, 단순조립 등 보수작업만을 목적으로 하는 경우
③ 폐기물을 원재료로 하여 제조·가공하려는 경우
④ 손모율이 불안정한 농·수·축산물을 원재료로 하여 제조·가공하려는 경우
⑤ 보세작업의 전부를 장외작업에 의존할 경우

08 영업용 보세창고 특허요건으로 옳지 않은 것은?

① 지붕이 있고 주위에 벽을 가진 건축물로서 창고면적이 500m² 이상이어야 한다.
② 건물의 용도가 「건축법」상 보관하려는 보세화물의 보관에 적합해야 한다.
③ 해당 창고시설을 임차하고 있는 경우, 신청일 현재 잔여 임차기간이 중장기적 사업계획을 추정할 수 있을 만큼 충분해야 한다.
④ 특허신청인은 내부 화물관리 규정을 작성하여 세관장에게 제출해야 한다.
⑤ 화물 반출입, 통관절차 이행 및 화물관리업무를 위하여 필요한 장비와 설비를 갖추어야 한다.
※ 해당 문제는 개정 규정을 반영하여 수정되었습니다.

09 영업용 보세창고 신규특허와 관련하여 세관장이 관할 지역의 수출입 물동량 요건을 적용해야 하는 경우에 해당하는 것은?

① 국가 산업의 일환으로 조성되는 물류단지
② 다른 세관 관할로 보세창고 소재지를 이동하는 경우
③ 해당 지역 최초로 특수화물을 장치하기 위한 경우
④ 기존 보세창고를 인수하는 경우
⑤ 집단화 물류시설에 입주하는 경우

10 세관장이 보세창고 운영인에게 주의처분할 수 있는 경우로 옳지 않은 것은?

① 도난, 화재, 침수, 기타 사고 발생과 관련하여 지체 없이 보고하지 않은 때
② 보세창고 수용능력 증감 관련 세관장에게 승인을 받지 않은 때
③ 보세창고의 특허수수료를 납부하지 않은 때
④ 보세화물 반입 즉시 반입신고서를 제출하지 않은 때
⑤ 보세창고 운영상황을 다음 해 2월 말까지 세관장에게 보고하지 않은 때
※ 해당 문제는 개정 규정을 반영하여 수정되었습니다.

11 수입활어장치장의 시설요건에 대한 설명으로 옳지 않은 것은?

① 수조외벽은 각각의 수조가 물리적·영구적으로 분리되는 구조이어야 하며 수조 사이에 활어가 이동할 수 없도록 충분한 높이를 갖추어야 한다.

② 폐쇄회로 텔레비전(CCTV)은 각각의 출입구와 2개의 수조당 1대 이상 설치해야 하며, 활어의 검량 감시용 이동식 폐쇄회로 텔레비전(CCTV)을 1대 이상 보유해야 한다.

③ 영상녹화시설은 폐쇄회로 텔레비전(CCTV) 영상을 상시 녹화할 수 있고 녹화된 영상을 30일 이상 보관할 수 있는 감시장비를 보유해야 한다.

④ 폐사어를 장치할 수 있는 냉동·냉장 보관시설은 필요 시 설치하여 보유할 수 있다.

⑤ 세관장이 폐쇄회로 텔레비전(CCTV) 영상을 인터넷 망을 통해 실시간으로 확인할 수 있도록 폐쇄회로 텔레비전(CCTV) 인터넷 망 접속권한 부여 등의 조치를 취해야 한다.

12 보세건설장 물품관리에 관한 설명으로 옳지 않은 것은?

① 운영인은 보세건설장에 외국물품을 반입하였을 때에는 사용 전에 해당 물품의 수입신고를 해야 한다.

② 운영인은 수입신고한 물품을 사용한 건설공사가 완료된 때에는 보세건설장 완료보고서를 세관장에게 제출해야 한다.

③ 운영인이 보세건설장에 물품을 반출입하려는 경우 세관장에게 반출입신고를 해야 한다.

④ 운영인은 보세건설장 작업이 종료한 때에는 수입신고한 물품 중 잉여물품을 세관장에게 보고해야 하며, 세관장은 잉여물품에 대하여 관세와 내국세 징수 등 해당 세액을 결정해야 한다.

⑤ 운영인은 보세건설장에서 건설된 시설의 전부 또는 일부를 수입신고 후 가동할 수 있다.

13 「보세판매장 운영에 관한 고시」에서 규정하는 용어의 정의로 옳지 않은 것은?

① "출국장면세점"이란 출국장에서 출국인 및 통과여객기(선)에 의한 임시체류인에게 판매하는 보세판매장을 말한다.

② "판매장"이란 판매물품을 실제로 판매하는 장소인 매장을 말하며 계단·에스컬레이터·사무실 등 물품판매와 직접 관련 없는 공용시설은 제외한다.

③ "인도장"이란 시내면세점 및 전자상거래에 의하여 판매한 물품을 구매자에게 인도하기 위한 곳으로 출국장 보세구역 내 설치장소, 항공화물탁송 보세구역 등을 말한다.

④ "보세판매장 협의단체"란 운영인의 공정한 상거래질서를 자율적으로 확립하고 보세판매장제도의 발전을 위하여 설립된 비영리법인을 말한다.

⑤ "통합물류창고"란 보세판매장 협의단체장이 회원사의 원활한 보세화물관리와 물류지원을 위하여 보세판매장의 보관창고와 동일한 기능을 수행하기 위해 설치한 곳을 말한다.

14 세관장이 보세구역으로 지정할 수 있는 구역이 아닌 것은?

① 국가가 소유하거나 관리하는 토지

② 지방자치단체가 소유하거나 관리하는 건물

③ 공공기관이 소유하거나 관리하는 토지나 건물

④ 공항시설을 관리하는 법인이 소유하거나 관리하는 토지나 건물

⑤ 항만시설을 관리하는 법인이 소유하거나 관리하는 토지나 건물

15 특허보세구역의 특허취소 사유에 대한 설명으로 옳지 않은 것은?

① 세관장은 특허보세구역 운영이나 거짓이나 그 밖의 부정한 방법으로 특허를 받은 경우에는 특허를 취소해야 한다.

② 세관장은 특허보세구역 운영인이 1년 이내에 3회 이상 물품반입 등의 정치처분을 받은 경우 특허를 취소할 수 있다.

③ 세관장은 특허보세구역 운영인이 2년 이상 물품의 반입실적이 없어서 세관장이 특허보세구역의 설치 목적을 달성하기 곤란하다고 인정하는 경우 특허를 취소할 수 있다.

④ 세관장은 특허보세구역 운영인이 「관세법」 제177조의2를 위반하여 명의를 대여한 경우 특허를 취소해야 한다.

⑤ 세관장은 해당 시설의 미비 등으로 특허보세구역의 설치 목적을 달성하기 곤란하다고 인정되는 경우 특허를 취소할 수 있다.

16 특허보세구역 특허의 효력 상실에 대한 설명으로 옳지 않은 것은?

① 운영인이 특허보세구역을 운영하지 않게 된 경우 그 효력은 상실한다.

② 특허보세구역의 특허기간이 만료한 경우 특허의 효력은 상실한다.

③ 운영인이 해산하거나 사망한 경우 특허의 효력은 상실한다.

④ 특허보세구역 특허의 효력이 상실되었을 때에는 운영인은 해당 특허보세구역에 있는 외국물품을 지체 없이 수입통관해야 한다.

⑤ 특허보세구역의 특허가 취소된 경우에는 특허의 효력은 상실한다.

17 보세공장에 대한 설명으로 옳지 않은 것은?

① 보세공장에서 내국물품만을 원료로 하거나 재료로 하여 제조·가공하거나 그 밖에 이와 비슷한 작업을 하고자 하는 자는 세관장의 허가를 받아야 한다.

② 세관장은 내국작업 허가의 신청을 받은 날부터 10일 이내에 허가 여부를 신청인에게 통지해야 한다.

③ 세관장이 내국작업 허가의 신청을 받은 날부터 10일 이내에 신청인에게 허가 여부 또는 민원 처리 관련 법령에 따른 처리기간의 연장을 통지하지 않으면 그 기간이 끝난 날의 다음 날에 허가한 것으로 본다.

④ 보세공장 중 수입하는 물품을 제조·가공하는 것을 목적으로 하는 보세공장의 업종은 기획재정 부령으로 정하는 바에 따라 제한할 수 있다.

⑤ 보세공장에 반입되어 사용신고한 외국물품은 다른 법령에 따라 허가·승인·표시를 갖출 필요가 있는 물품임을 증명하지 않아도 된다.

18 보세판매장 판매한도에 대한 설명이다. 빈칸 안에 들어갈 내용을 순서대로 나열한 것은?

> 보세판매장의 운영인이 외국에서 국내로 입국하는 사람에게 물품[(A)은 제외한다]을 판매하는 때에는 (B)의 한도에서 판매해야 한다.

	A	B
①	담배·향수·술	미화 800달러
②	담배·향수·술	미화 1,000달러
③	화장품·향수·술	미화 800달러
④	담배·화장품·술	미화 1,000달러
⑤	담배·화장품·술	미화 800달러

※ 해당 문제는 개정 규정을 반영하여 수정되었습니다.

19 보세구역에 장치된 물품에 대한 해체·절단 등의 작업에 관한 설명으로 옳은 것은?

① 보세구역에 장치된 물품은 그 현상을 유지하기 위하여 필요한 작업과 그 성질을 변하지 않게 하는 범위에서 분할·합병 등을 할 수 있다.

② 해체·절단 등의 작업을 하려는 자는 세관장에게 신고해야 한다.

③ 세관장은 해체·절단 등의 신청을 받은 날로부터 7일 이내에 허가여부를 신청인에게 통지해야 한다.

④ 해체·절단 등의 작업을 할 수 있는 물품의 종류는 세관장이 정한다.

⑤ 세관장은 수입신고한 물품에 대하여 필요하다고 인정될 때에는 화주 또는 그 위임을 받은 자에게 해체·절단 등의 작업을 명할 수 있다.

20 외국으로 출국하는 내국인의 보세판매장 판매한도 금액으로 옳은 것은? (정답 없음)

① 미화 2,000달러

② 미화 3,000달러

③ 미화 4,000달러

④ 미화 5,000달러

⑤ 미화 6,000달러

21 종합보세구역에서 세관장이 내국물품 반출입신고를 생략하게 할 수 있는 물품인 것은?

① 「관세법」 제185조 제2항의 규정에 의하여 세관장의 허가를 받고 내국물품만을 원료로 하여 제조·가공 등을 하는 경우 그 원료 또는 재료

② 「관세법」 제188조 단서의 규정에 의한 혼용작업에 소요되는 원재료

③ 「관세법」 제196조의 규정에 의한 보세판매장에서 판매하고자 하는 물품

④ 「관세법」 제190조의 규정에 의한 보세전시장에서 판매하고자 하는 물품

⑤ 당해 내국물품이 외국에서 생산된 물품으로서 종합보세구역 안의 외국물품과 구별되는 필요가 있는 물품(보세전시장의 기능을 수행하는 경우에 한한다)

※ 해당 문제는 출제 당시 오류가 있었던 문제로, 본 교재에는 이를 수정하여 실었습니다.

22 보세판매장 운영인의 의무에 대한 설명으로 옳지 않은 것은?

① 시내면세점 운영인은 해당 보세판매장에 중소·중견기업 제품 매장을 설치해야 한다.

② 운영인은 면세물품의 교환·환불절차 및 유의사항을 팜플렛, 인터넷 홈페이지와 게시판 등을 통하여 홍보해야 한다.

③ 외화로 표시된 물품을 표시한 외화 이외의 통화로 판매하는 때에는 해당 물품을 판매하는 날의 전일의 「관세법」에 의한 기준환율 또는 재정환율을 적용한다.

④ 운영인은 해당 월의 보세판매장의 업무사항을 다음 달 7일까지 보세판매장 반출입물품 관리를 위한 전산시스템을 통하여 세관장에게 보고해야 한다.

⑤ 보세판매장에 근무하는 소속직원과 판촉사원 등이 보세판매장 협의단체에서 주관하는 교육을 연 1회 이상 이수하도록 해야 한다.

23 보세구역에 장치된 물품에 이상이 있는 경우 세관장에게 제출해야 하는 이상신고서에 기재할 내용이 아닌 것은?

① 해당 물품의 품명·규격·수량 및 가격
② 해당 물품의 포장의 종류·번호 및 개수
③ 장치장소 및 장치사유
④ 장치하는 물품의 종류 및 수용능력
⑤ 발견 연월일, 이상의 원인 및 상태

24 지정장치장에 반입한 물품의 보관책임에 대한 설명으로 옳지 않은 것은?

① 반입한 물품은 지정장치장의 소유자가 보관 책임을 진다.
② 세관장은 지정장치장의 질서유지와 화물의 안전관리를 위하여 필요하다고 인정할 때는 화물관리인을 지정할 수 있다.
③ 세관장이 관리하는 시설이 아닌 경우에는 시설의 소유자나 관리자와 협의하여 화물관리인을 지정해야 한다.
④ 화물관리인은 화물관리에 필요한 비용을 화주로부터 징수할 수 있다.
⑤ 화물관리인이 화주로부터 징수하는 비용의 요율에 대하여는 세관장의 승인을 받아야 한다.

25 보세공장의 제품과세와 원료과세에 대한 설명으로 옳지 않은 것은?

① 외국물품이나 외국물품과 내국물품을 원료로 하거나 재료로 하여 작업하는 경우 그로써 생긴 물품은 외국으로부터 우리나라에 도착한 것으로 본다.
② 세관장의 승인을 받고 외국물품과 내국물품을 혼용하는 경우에는 그로써 생긴 제품 중 해당 외국물품의 수량 또는 가격에 상응하는 것은 외국으로부터 우리나라에 도착한 물품으로 본다.
③ 보세공장에서 제조된 물품을 수입하는 경우 사용신고 전에 미리 세관장에게 물품의 원료인 외국물품의 과세 적용을 신청한 경우에는 사용신고를 할 때의 그 원료의 성질과 수량에 따라 관세를 부과한다.
④ 보세공장에 대하여는 1년의 범위 내에서 원료별, 제품별 또는 보세공장 전체에 대하여 원료과세 신청을 할 수 있다.
⑤ 원료과세는 최근 2년간 생산되어 판매된 물품 중 수출된 물품의 가격비율이 100분의 50 미만인 경우에만 적용할 수 있다.

01 환적화물의 처리절차에 대한 설명으로 옳지 않은 것은?

① 컨테이너에서 적출하지 않고 동일한 목적지로 보세운송하는 LCL화물은 House B/L 단위로 보세운송 신고를 해야 한다.

② 환적화물을 보세운송하려는 자는 입항 선박 또는 항공기의 House B/L 단위로 세관장에게 보세운송 신고를 해야 한다.

③ 보세운송 물품이 컨테이너화물(LCL화물을 포함한다)인 경우에는 최초 도착지 보세구역 운영인(보세사를 포함한다)의 확인을 받아 컨테이너를 개장해야 한다.

④ 복합환적화물의 운송기한은 하선신고일부터 7일로 한다.

⑤ 보수작업 신청인이 보수작업을 완료한 때에는 보수작업 완료보고서를 세관장에게 제출하고 그 확인을 받아야 한다.

02 적재화물목록 정정신청을 생략할 수 있는 대상으로 옳지 않은 것은?

① 벌크화물(예 광물과 원물 등)로서 그 중량의 과부족이 5% 이내인 경우

② 용적물품(예 원목 등)으로서 그 용적의 과부족이 5% 이내인 경우

③ 포장파손이 용이한 물품(예 비료 등) 및 건습에 따라 중량의 변동이 심한 물품(예 펄프 등)으로서 그 중량의 과부족이 5% 이내인 경우

④ 포장단위 물품으로서 수량의 과부족이 10% 이내이고 포장상태에 이상이 없는 경우

⑤ 적재화물목록 이상사유가 단순 기재오류 등으로 확인되는 경우

03 보세화물 반출통고의 주체에 대한 설명으로 옳지 않은 것은?

① 자가용 보세창고에 반입한 물품의 반출통고는 화물관리인이 화주 등에게 한다.

② 보세공장에 반입한 물품의 반출통고는 관할 세관장이 화주 등에게 한다.

③ 보세구역 외 장치장에 반입한 물품의 반출통고는 관할 세관장이 화주 등에게 한다.

④ 영업용 보세창고에 반입한 물품의 반출통고는 보세구역 운영인이 화주 등에게 한다.

⑤ 지정장치장에 반입한 물품의 반출통고는 화물관리인이 화주 등에게 한다.

04 「관세법」상 운송수단에 대한 설명으로 옳지 않은 것은?

① 국제무역선이나 국제무역기는 국제항에 한정하여 운항할 수 있다. 다만, 국제항이 아닌 지역에 출입의 허가를 받은 경우에는 그렇지 않다.

② 세관장은 국제무역선이 국제항에 입항하여 입항절차를 마친 후 다시 우리나라의 다른 국제항에 입항할 때에는 서류제출의 생략 등 간소한 절차로 입출항하게 할 수 있다.

③ 세관장은 국제항이 아닌 지역에 대한 출입허가의 신청을 받은 날부터 14일 이내에 허가 여부를 신청인에게 통지해야 한다.

④ 국제무역선이나 국제무역기가 국제항을 출항하려면 선장이나 기장은 출항하기 전에 세관장에게 출항허가를 받아야 한다.

⑤ 국제무역선의 선장 또는 국제무역기의 기장은 국제항이 아닌 지역에 출입허가를 받으려면 허가 수수료를 납부해야 한다.

05 외국물품의 장치기간 경과물품 매각처분 등에 대한 설명으로 옳지 않은 것은?

① 세관장은 수출입 또는 반송할 것이 확실하다고 인정하는 경우에만 4개월의 범위에서 필요한 기간을 정하여 매각처분을 보류할 수 있다.

② 세관장은 매각처분 보류사유의 해소 여부를 수시로 확인하여 그 사유가 해제된 때에는 즉시 매각처분을 해야 한다.

③ 세관장은 매각처분 보류결정을 한 경우에는 세관화물정보시스템에 공매보류등록을 해야 한다.

④ 매각처분을 보류하려는 자는 장치기간 경과물품 매각처분 보류신청서를 세관장에게 낙찰 후 반출 전까지 제출하여 그 승인을 받아야 한다.

⑤ 화주의 의무는 다하였으나 통관지연의 귀책사유가 국가에 있는 경우 세관장은 매각처분을 보류할 수 있다.

06 세관장이 매각물품에 대하여 수의계약을 할 수 있는 것은?

① 1회 이상 경쟁입찰에 부쳐도 매각되지 않는 경우(단독 응찰한 경우를 포함한다)로서 다음 회의 입찰에 체감될 예정가격 이상의 응찰자가 없을 때

② 1회 공매의 매각예정가격이 100만 원 미만인 때

③ 경쟁입찰 방법으로 매각함이 공익에 반하는 때

④ 공매절차가 종료된 물품을 국고귀속 예정통고 후에 최종예정가격 이상으로 매수하려는 자가 있을 때

⑤ 부패 등의 우려 물품으로서 5일 이내에 매각되지 않으면 상품가치가 저하될 우려가 있을 때

07 보세운송 물품검사에 대한 설명으로 옳지 않은 것은?

① 세관장은 보세운송신고한 물품의 감시단속을 위하여 필요하다고 인정하면 화물관리공무원에게 검사하게 할 수 있다.

② 세관장은 물품검사 시 신고인 또는 화주의 입회가 필요한 경우 입회하게 할 수 있다.

③ 세관장은 신고인 또는 화주로부터 입회요청을 받은 때에는 입회하게 할 수 있다.

④ 세관장은 개장검사를 실시한 경우 그 결과를 세관화물정보시스템에 등록해야 한다.

⑤ 개장검사결과 이상화물이 발견되었을 때에는 인지한 부서에서 즉시 조사 전담부서로 고발의뢰해야 한다.

08 보세구역에 장치된 물품의 보수작업에 대한 설명으로 옳지 않은 것은?

① 외국물품은 수입될 물품의 보수작업 재료로 사용할 수 있다.

② 관세가 무세인 외국물품은 수입될 물품의 보수작업 재료로 사용할 수 없다.

③ 운영인이 동일 품목을 대상으로 동일한 보수작업을 할 때에는 1년 이내의 기간을 정하여 포괄승인하는 제도가 있다.

④ 세관장은 보수작업의 승인신청을 받은 날부터 10일 이내에 승인 여부를 신청인에게 통지해야 한다.

⑤ 간단한 세팅 등 단순한 조립작업은 보수작업으로 할 수 있다.

09 해상입항화물의 하선절차에 대한 설명으로 옳지 않은 것은?

① 하선장소가 부두 밖 보세구역인 경우에는 등록된 보세운송차량으로 운송해야 한다.

② 세관장은 신속한 화물처리를 위해 세관화물정보시스템에서 자동으로 하선신고 수리할 수 있다.

③ 원목, 곡물, 원유 등 벌크화물은 입항일로부터 15일 이내에 하선장소에 반입해야 한다.

④ 적재화물목록에 기재하지 않고 하선한 화물은 오송화물로 처리한다.

⑤ 하선장소 보세구역 운영인(화물관리인)은 하선기한 내 공컨테이너가 반입되지 않은 경우 세관장에게 즉시 보고해야 한다.

10 보세운송절차에 대한 설명으로 옳지 않은 것은?

① 항공사가 국제항 간 입항적재화물목록 단위로 일괄하여 항공기로 보세운송하려는 수입화물은 세관장에게 신고해야 한다.

② 보세운송 중에 물품이 도난 등으로 멸실된 경우 정해진 관세를 징수할 수 있다.

③ 송유관을 통해 운송하는 석유제품 및 석유화학제품에 대하여는 보세운송절차를 생략할 수 있다.

④ 보세운송신고를 하려는 자는 화물관리번호가 부여된 이후에 할 수 있다.

⑤ 여행자 휴대품 중 반송되는 물품의 보세운송절차는 「반송절차에 관한 고시」에서 정하는 바에 따른다.

11 보세운송 승인기준에 대한 설명으로 옳지 않은 것은?

① 비금속설은 도착지가 실화주의 자가용 창고로서 비금속설을 처리할 수 있는 용광로 또는 압연실을 갖추고 있고, 수입화주가 보세운송 승인신청을 하는 경우에만 승인할 수 있다.

② 통관이 보류되거나 수입신고 수리를 할 수 없는 물품은 반송을 위하여 선적지(적재지) 하선장소로 보세운송하는 경우에만 승인을 할 수 있다.

③ 귀석 · 반귀석 · 귀금속 · 한약재 · 의약품 · 향료 등 부피가 작고 고가인 물품은 수출물품 제조용 원재료 또는 세관장이 지정한 보세구역으로 운송하는 물품에만 승인을 할 수 있다.

④ 해체용 선박, 활어, 중고자동차 등 특정물품은 통관지세관으로 보세운송하는 경우에만 승인을 할 수 있다.

⑤ 보세운송된 물품 중 다른 보세구역 등으로 재보세운송하려는 물품은 세관장이 부득이하다고 인정하는 경우에만 승인을 할 수 있다.

12 보세화물의 관리 · 감독에 대한 설명으로 옳지 않은 것은?

① 수입신고 수리물품 반출의무 보세구역에 장치된 수입화물은 수입신고 수리일로부터 15일 이내에 해당 보세구역에서 반출해야 하며, 이를 위반한 경우에는 해당 보세구역 운영인에게 과태료가 부과된다.

② 장치물품을 수입신고 이전에 확인하고자 하는 화주는 세관장의 승인을 받아야 하며, 물품확인은 화물관리 세관공무원 또는 보세사 입회하에 실시해야 한다.

③ 보세판매장에서 판매할 물품을 공급하기 위하여 제품검사, 선별, 기능 보완 등 이와 유사한 작업이 필요한 경우에는 세관장에게 보수작업 승인 신청을 할 수 있다.

④ 수입고철의 해체, 절단 등의 작업을 하려는 자는 세관장에게 허가를 받아야 한다.

⑤ 보세구역에 장치된 외국물품이 멸실된 경우 운영인, 화물관리인 또는 보관인은 품명, 규격 · 수량 및 장치장소, 멸실 연월일과 멸실 원인 등을 기재한 신고서를 세관장에게 제출해야 한다.

13 화물운송주선업자 등록의 유효기간으로 옳은 것은?

① 1년
② 2년
③ 3년
④ 4년
⑤ 5년

14 보세구역에 반입되는 물품 중 장치기간 규정을 적용받지 않는 물품은?

① 여행자 또는 승무원의 휴대품으로서 유치 또는 예치된 물품 및 습득물
② 검역물품
③ 보세창고 반입물품
④ 보세판매장 반입물품
⑤ 지정장치장 반입물품

15 세관장이 국고귀속 조치를 보류할 수 있는 물품이 아닌 것은?

① 특수용도에만 한정되어 있는 물품으로서 국고귀속 조치 후에도 공매낙찰 가능성이 없는 물품
② 폐기 또는 반송대상 물품
③ 법 위반으로 조사 중인 물품
④ 국고귀속 조치를 할 경우 인력과 예산부담을 초래하여 국고에 손실이 야기된다고 인정되는 물품
⑤ 국가기관에서 수입하는 물품

16 해상입항화물의 하선장소 물품반입에 대한 설명으로 옳지 않은 것은?

① LCL화물을 하선장소의 CFS 내에 컨테이너 적출 및 반입작업을 하려는 때에는 당해 컨테이너의 내장화물 적출사실을 세관장에게 신고하고 Master B/L 단위로 물품반입신고를 할 수 있다.
② 컨테이너화물의 하선신고를 한 자는 입항일(외항에서 입항수속을 한 경우 접안일)로부터 5일 이내에 해당 물품을 하선장소에 반입해야 한다.
③ 입항 전 수입신고 수리 또는 하선 전 보세운송신고 수리가 된 물품을 하선과 동시에 차상반출하는 경우에는 반출입 신고를 생략할 수 있다.
④ 하선장소 보세구역 운영인(화물관리인)은 하선기한 내 공컨테이너가 반입되지 않은 경우 세관장에게 즉시 보고해야 한다.
⑤ 하선장소의 물품반입 지정기간 이내에 반입이 곤란할 때에는 반입지연 사유, 반입예정일자 등을 기재한 하선장소 반입기간 연장(신청)서를 세관장에게 제출하여 승인을 받아야 한다.

※ 해당 문제는 개정 규정을 반영하여 수정되었습니다.

17 항공사가 하역장소를 하기장소로 결정하는 물품이 아닌 것은?

① 입항 전 또는 하기장소 반입 전에 수입신고가 수리된 물품
② 화물의 권리자가 즉시 반출을 요구하는 물품
③ 하기장소 반입 전에 보세운송신고가 수리되었거나 타 세관 관할 보세구역으로 보세운송할 물품
④ 검역대상물품(검역소에서 인수하는 경우)
⑤ 수입신고절차가 생략되는 B/L제시 인도물품

※ 해당 문제는 개정 규정을 반영하여 수정되었습니다.

18 적재화물목록 정정신청기간과 관련하여 빈칸 안에 들어갈 내용으로 옳은 것은?

> A. 하선(기)결과 이상보고서 및 반입결과 이상보고서가 제출된 물품은 보고서 제출일로부터 (   )일 이내
> B. 수입화물의 적재화물목록을 정정신청하려는 경우는 선박(항공기) 입항일로부터 (   )일 이내
> C. 수출화물의 적재화물목록을 정정신청하려는 경우 해당 수출물품을 적재한 선박, 항공기가 출항한 날로부터 해상화물은 (   )일 이내, 항공화물은 (   )일 이내

	A	B	C
①	15	30	60, 90
②	7	60	90, 60
③	7	30	60, 90
④	10	30	90, 60
⑤	15	60	90, 60

19 보세구역 외 장치 등에 대한 설명으로 옳지 않은 것은?

① 보세구역 외 장치허가수수료는 허가건수 단위로 징수한다. 이 경우 동일모선으로 수입된 동일화주의 화물을 동일장소에 반입하는 때에는 1건의 보세구역 외 장치로 허가할 수 있다.
② 보세구역 외 장치의 허가기간은 원칙적으로 1년의 범위 내에서 세관장이 필요하다고 인정하는 기간으로 정한다.
③ 다량의 벌크화물로서 보세구역에 장치 후 다시 운송하는 것이 불합리하다고 인정하는 물품은 보세구역 외 장치할 수 있다.
④ 세관장은 보세구역 외 장치허가를 받으려는 물품(환적화물도 포함)에서는 일정기준에 해당하는 경우 담보제공을 생략하게 할 수 있다.
⑤ 보세구역 외 장치 담보액은 수입통관 시 실제 납부하여야 할 관세 등 제세 상당액으로 한다.

20 「보세화물관리에 관한 고시」에서 정한 보세구역 외 장치물품의 담보생략 기준에 해당하지 않는 것은?

① 제조업체가 수입하는 수출용 원자재(농·축·수산물은 제외)

② 무세물품(부가가치세 등 부과대상은 제외)

③ 재수출물품 중 관세가 면제될 것이 확실하다고 세관장이 인정하는 물품

④ 정부용품

⑤ 방위산업용 물품

21 수출물품의 적재신고에 따른 적재화물목록 제출시기에 대한 설명으로 옳지 않은 것은?

① 해상화물은 해당 물품을 선박에 적재하기 24시간 전까지 제출해야 한다.

② 근거리 지역의 경우 해당 물품을 선박에 적재하기 전까지 제출하되 선박이 출항하기 30분 전까지 최종 마감하여 제출해야 한다.

③ 공컨테이너의 경우 출항하기 전까지 제출해야 한다.

④ 선상수출신고 물품의 경우 출항 익일 12시까지 제출해야 한다.

⑤ 공항의 화물터미널에서 B/L상의 중·수량을 확정하는 경우 항공기의 출항 익일 세관 근무시간까지 1회에 한하여 적재화물목록의 해당 항목을 정정할 수 있다.

22 일반 간이보세운송업자 지정 등에 대한 설명으로 옳은 것은?

① 지정요건 중 자본금은 5천만 원 이상인 법인이다.

② 지정요건 중 법규수행능력평가는 직전 A등급 이상인 법인이다.

③ 지정요건 중 담보(부동산은 제외)는 5천만 원 이상 제공한 자이다.

④ 지정기간은 2년으로 하되 갱신할 수 있다.

⑤ 갱신신청은 지정기간 만료 10일 전까지 해야 한다.

23 체화의 폐기비용 및 대집행 등에 대한 설명으로 옳지 않은 것은?

① 폐기명령을 받은 화주, 반입자 또는 그 위임을 받은 자는 동 물품을 자기비용으로 폐기 또는 반송해야 한다.

② 폐기명령 대상물품에 대한 공시송달은 공고한 날부터 7일을 경과함으로써 그 효력이 발생한다.

③ 폐기처분은 소각(열에너지와 작업 등으로 소각하는 것을 포함한다) 또는 매몰 등의 방법으로 처리해야 한다.

④ 세관장은 예산 편성 시 폐기처분 대집행에 소요되는 연간 예상비용을 예산에 계상해야 한다.

⑤ 「행정대집행법」에 따라 비용납부명령서를 받은 자가 납기 내에 납부하지 않는 때에는 「행정절차법」에 따라 징수한다.

24 화물운송주선업자의 등록요건에 대한 설명으로 옳지 않은 것은?

① 관세 및 국세의 체납이 없을 것

② 화물운송주선업자 등록이 취소된 후 1년이 지났을 것

③ 자본금 3억 원 이상을 보유한 법인(법인이 아닌 경우에는 자산평가액이 6억 원 이상)일 것

④ 「물류정책기본법」에 따른 국제물류주선업의 등록을 하였을 것

⑤ 하우스적재화물목록 제출 등을 위한 전산설비를 갖추고 있을 것

25 공매물품의 낙찰취소 사유에 대한 설명으로 옳지 않은 것은?

① 낙찰자가 지정된 기일까지 대금잔액을 납입하지 않은 경우

② 낙찰자가 특별한 사유 없이 공매조건을 이행하지 않는 경우

③ 공매낙찰 전에 해당 물품이 수출, 반송 또는 수입신고 수리가 된 경우

④ 부패, 손상, 변질 등의 우려가 있는 물품으로서 즉시 매각되지 않으면 상품가치가 저하될 우려가 있는 경우

⑤ 착오로 인하여 예정가격, 공매조건 등의 결정에 중대하고 명백한 하자가 있는 경우

01 수출입 안전관리 우수업체 관리책임자의 공인 전·후 교육에 대한 설명으로 옳지 않은 것은?

① 공인 전에 수출입관리책임자는 16시간 이상의 교육을 받아야 한다.
② 공인 전 교육의 유효기간은 해당 교육을 받은 날로부터 5년이다.
③ 공인 후에 총괄책임자는 매 2년마다 4시간 이상의 교육을 받아야 한다.
④ 관리책임자가 변경된 경우에는 변경된 날로부터 1년 이내에 해당 교육을 받아야 한다.
⑤ 관세청장이 별도로 지정하는 수출입 안전관리 우수업체 제도 관련 행사 등에 참석하는 경우에는 해당 교육시간으로 인정할 수 있다.

02 수출입 안전관리 우수업체 공인신청 시 제출해야 하는 서류가 아닌 것은?

① 수출입 안전관리 우수업체 공인심사 신청서
② 공인기준을 충족하는지를 자체적으로 평가한 수출입 관리현황 자체평가표
③ 자체 측정한 법규준수도 평가표
④ 법인등기부등본
⑤ 대표자 및 관리책임자의 인적사항 명세서

03 보세구역 운영인의 수출입 안전관리 우수업체 공인기준에 대한 설명으로 옳지 않은 것은?

① 운영인은 부채비율이 동종업종의 평균 부채비율의 300% 이하로 성실한 법규준수의 이행이 가능할 정도의 재정을 유지해야 한다.
② 운영인은 법령이 허용하는 범위 내에서 채용예정자에 대한 이력을 점검해야 한다.
③ 운영인은 컨테이너에 밀항자를 은닉하는 것으로 알려진 외국의 항구로부터 선박 및 컨테이너가 반입되었을 경우에는 정밀검색하는 절차를 마련해야 한다.
④ 운영인은 회사정보에 대한 부적절한 접근, 조작 및 교환을 포함한 정보기술의 오·남용을 확인할 수 있는 시스템을 마련해야 한다.
⑤ 운영인은 수출입물품에 대한 안전관리 유지 등에 대해 직원들에게 교육해야 한다.

04   수출입 안전관리 우수업체의 사후관리 등에 대한 설명으로 옳지 않은 것은?

① 수출입 안전관리 우수업체의 수출입관리책임자는 공인 후 매 2년마다 8시간 이상의 교육을 받아야 한다.

② 총괄책임자는 수출입 안전관리를 총괄하며, 의사 결정 권한이 있는 대표자 또는 임원으로 한다.

③ 수출입 안전관리 우수업체는 범칙행위, 부도 등 공인유지에 중대한 영향을 미치는 변동사항이 발생한 경우에는 지체 없이 관세청장에게 보고해야 한다.

④ 수출입 안전관리 우수업체가 여러 공인부문에 걸쳐 공인을 받은 경우에는 공인일자가 가장 늦은 공인부문을 기준으로 자체 평가서를 함께 제출할 수 있다.

⑤ 「중소기업기본법」에 따른 중소기업은 수출입 관련 업무에 1년 이상 근무한 경력이 있고 관세청장이 정한 교육을 받은 해당 업체 소속 관리책임자의 확인을 받아 자체평가서를 제출할 수 있다.

05   수출입 안전관리 우수업체 공인심사 신청에 대한 각하사유가 맞게 나열된 것은?

> A. 공인기준을 충족하는지를 자체적으로 평가한 수출입 관리현황 자체평가표(법규준수도를 제외한다)를 제출하지 않은 경우
> B. 관세조사 결과로 법규준수도 점수가 하락하여 법인단위 법규준수도가 70점 미만(중소 수출기업은 60점 미만)인 경우
> C. 지방세의 체납이 있는 경우
> D. 공인부문별 공인기준 중에서 안전관리 기준을 충족하지 못한 경우
> E. 대표자 및 관리책임자의 인적사항 명세서를 제출하지 않은 경우

① A, C, D   ② B, D, E
③ B, C, E   ④ A, C, E
⑤ A, C, D, E

06   수출입 안전관리 우수업체는 변동사항 보고 점검 결과에 따라 공인기준 준수 개선 완료보고서를 제출해야 한다. 관세청장이 이를 검토한 후 취할 수 있는 조치가 아닌 것은?

① 공인등급 조정   ② 현장심사
③ 공인의 유보   ④ 공인신청의 기각
⑤ 혜택의 정지

07 보세구역 운영인의 수출입 안전관리 우수업체 공인기준 중 내부통제시스템 기준에 대한 설명으로 옳지 않은 것은?

① 운영인은 법규준수와 안전관리를 위하여 수출입물품 취급 관련 자격증 소지자와 경험자를 근무하도록 해야 한다.

② 운영인은 법규준수와 안전관리 관련 업무 처리에 부정적 영향을 주는 위험요소의 식별, 평가, 관리대책의 수립, 개선 등을 포함한 절차를 마련해야 한다.

③ 운영인은 수출입물품의 보관내역과 이와 관련된 보관 수수료 등을 추적할 수 있는 운영체계를 구축하고, 세관장으로부터 요청받을 경우 접근을 허용해야 한다.

④ 운영인은 법규준수와 안전관리 업무에 대한 정보가 관련 부서에 공유되지 않도록 보안에 최선을 다해야 한다.

⑤ 운영인은 내부통제활동에 대하여 주기적으로 평가하고 개선하는 절차를 마련해야 한다.

08 보세구역 운영인의 수출입 안전관리 우수업체 공인기준 중 안전관리 기준에 대한 설명으로 옳지 않은 것은?

① 운영인은 컨테이너와 트레일러 등의 이상 여부를 확인하고, 손상된 컨테이너와 트레일러 등을 식별하여 세관장 및 관련 외국 관세당국에 보고하는 절차를 마련해야 한다.

② 운영인은 컨테이너와 트레일러 등에 비인가된 물품이나 사람의 침입을 방지하기 위해 봉인을 관리하고, 손상된 봉인을 식별하여 세관장 및 관련 외국 관세당국에 보고하는 절차를 마련해야 한다.

③ 운영인은 물품 보관장소 및 컨테이너와 트레일러 등에 대하여 주기적으로 점검하는 절차를 마련해야 한다.

④ 운영인은 권한이 없거나 신원이 확인되지 않은 사람에 대하여 검문과 대응하는 절차를 마련해야 한다.

⑤ 운영인은 물품을 수하인 등에게 인계할 때 검수해야 하며, 물품의 불일치 또는 부적절한 인계 등이 발생하였을 경우 세관장 및 관련 외국 관세당국에 보고하는 절차를 마련해야 한다.

09 수출입 안전관리 우수업체 공인 및 운영에 관한 설명으로 옳지 않은 것은?

① 관세청장은 통관절차 등의 혜택을 효과적으로 제공하기 위하여 수출입 안전관리 우수업체의 대표자 또는 수출입관리책임자를 대상으로 수출입 안전관리 우수업체 카드를 발급할 수 있다.

② 관세청장은 수출입 안전관리 우수업체가 국가간 상호인정 혜택을 받을 수 있도록 업체 명단, 유효기간 등 공인정보를 상대국 관세당국에 제공할 수 있다.

③ 수출입 안전관리 우수업체는 공인이 취소된 경우에 지체 없이 관세청장에게 공인증서를 반납해야 한다.

④ 관세청장은 갱신심사 결과 공인이 유보된 경우에도 공인 유보의 사유가 경미하다고 판단되는 경우에는 혜택을 부여할 수 있다.

⑤ 관세청장은 수출입 안전관리 우수업체가 공인의 유효기간 중에 보완요구를 3회 이상 받은 경우에는 혜택의 전부 또는 일부의 적용을 정지할 수 있다.

10 수출입 안전관리 우수업체의 공인을 유보할 수 있는 사유에 해당하지 않는 것은?

① 신청업체가 나머지 공인기준은 모두 충족하였으나 재무건전성 기준을 충족하지 못한 경우

② 신청업체가 수입하는 물품의 과세가격 결정방법에 이견이 있음에도 불구하고 사전심사를 신청하지 않은 경우(수입 부문에만 해당)

③ 신청업체가 공인기준 중에서 법규준수의 결격에 해당하는 형사 및 사법절차가 진행중인 경우

④ 신청업체가 사회적 물의 등을 일으켰으나 사실확인 등 심의를 위한 충분한 법리검토가 필요한 경우

⑤ 수출입 안전관리 우수업체 심의위원회에서 공인유보가 필요하다고 인정하는 경우

11 수출입 안전관리 우수업체 공인신청에 대한 기각사유에 해당하지 않는 것은?

① 예비심사 결과 공인기준을 충족하지 못하였으며 보완 요구의 실익이 없는 경우

② 공인심사를 할 때에 제출한 자료가 거짓으로 작성된 경우

③ 관세청장이 보완을 요구하였으나, 천재지변 등 특별한 사유 없이 보완 요구기간 내에 보완하지 않거나(통관적법성 검증과 관련한 자료제출 및 보완 요구도 포함한다) 보완을 하였음에도 불구하고, 공인기준을 충족하지 못한 경우

④ 공인이 유보된 업체가 정해진 기간 내에 공인기준 준수 개선 계획을 제출하지 않거나, 공인기준 준수 개선 완료 보고를 하지 않은 경우

⑤ 공인신청 후 법규준수도 점수가 70점 미만(중소 수출기업은 60점 미만)으로 하락한 경우

12 수출입 안전관리 우수업체 공인표지에 대한 설명으로 옳지 않은 것은?

① 수출입 안전관리 우수업체 공인표지는 1개의 디자인으로 되어 있다.

② 수출입 안전관리 우수업체는 공인의 유효기간 동안 관세청장이 정한 공인표지를 서류 또는 홍보물 등에 표시할 수 있다.

③ 수출입 안전관리 우수업체는 공인표지를 홍보물에 표시하는 경우 공인표지를 임의로 변경할 수 없다.

④ 수출입 안전관리 우수업체 공인 신청업체는 공인표지를 사용할 수 없다.

⑤ 수출입 안전관리 우수업체가 아닌 자가 공인표지를 사용하고자 할 때에는 관세청장의 사전승인을 받아야 한다.

13 수출입 안전관리 우수업체 관리책임자의 업무에 해당하지 않는 것은?

① 직원에 대한 수출입 안전관리 교육

② 정보교환, 회의참석 등 수출입안전관리 관련 관세청 및 세관과의 협업

③ 세액 등 통관적법성 준수 관리

④ 정기 자율평가, 변동사항 보고 등 공인기준 준수 관련 업무

⑤ 기업 프로파일 관리

14 수출입 안전관리 우수업체의 변동사항 보고에 관한 설명으로 옳지 않은 것은?

① 양도, 양수, 분할, 합병 등에 의한 법적 지위의 변경이 있으면 수출입 관리현황 변동사항 보고서를 작성하여 관세청장에게 보고해야 한다.

② 소재지 이전, 사업장 신설 등이 발생한 경우 수출입 관리현황 변동사항 보고서를 작성하여 관세청장에게 보고해야 한다.

③ 관세청장은 변동사항 점검 결과 법규준수도 하락으로 공인등급 하향조정이 예상되는 경우에는 공인기준 준수 개선을 요구해야 한다.

④ 공인기준 준수 개선을 요구받은 수출입 안전관리 우수업체는 요구받은 날로부터 30일 이내에 공인기준 준수 개선계획을 제출해야 한다.

⑤ 관세청장은 공인기준을 충족하지 못한 사항이 경미한 경우에는 공인기준 준수 개선 완료 보고서의 제출을 생략하게 할 수 있다.

15 수출입 안전관리 우수업체의 공인취소에 대한 설명으로 옳은 것은?

① 수출입 안전관리 우수업체가 수출입 관련 법령을 위반한 경우 처벌의 확정 여부를 구분하지 않고 공인취소 절차를 진행한다.

②「관세법」제276조(허위신고죄 등)에 따라 통고처분을 받은 경우 공인취소 절차를 진행한다.

③ 수출입 안전관리 우수업체가 정기 자율평가와 관련하여 거짓자료를 제출한 경우 공인취소 절차를 진행한다.

④ 갱신심사 결과 공인기준을 충족하지 못하는 수출입 안전관리 우수업체에게 공인기준 준수 개선 또는 자료제출을 요구(통관적법성 관련 자료 제출을 요구하는 경우는 제외)하였으나 정당한 이유 없이 이행하지 않는 경우 공인취소 절차를 진행한다.

⑤ 수출입 안전관리 우수업체가 최근 2년 이내에 혜택 적용의 정치처분을 3회 이상 받은 경우 공인취소 절차를 진행한다.

16 수출입 안전관리 우수업체의 혜택적용 정지사유에 해당하지 않는 것은?

① 수출입 관련 법령의 양벌 규정에 따라 벌금 또는 통고처분을 받은 경우

② 공인의 유효기간 중에 공인기준 미충족 등으로 보완 요구를 3회 이상 받은 경우

③ 관리책임자가 교육을 받도록 권고받은 이후에 특별한 사유 없이 교육을 받지 않은 경우

④ 정기 자율평가서를 제출기한으로부터 1개월 이내에 제출하지 않은 경우

⑤ 수출입 안전관리 우수업체가 공인증서를 반납하는 경우

17 수출입 안전관리 우수업체 공인심사에 대한 설명으로 옳지 않은 것은?

① 갱신심사 대상 업체는 갱신심사를 신청하기 전에 예비심사를 신청할 수 있다.

② 관세청장은 수출입 안전관리 우수업체 공인심사 시 서류심사를 지정된 기관에 위탁할 수 있다.

③ 중소 수입기업이 예비심사를 신청한 경우에는 다른 신청업체에 우선하여 예비심사를 할 수 있다.

④ 관세청장은 국제선박보안증서를 발급받은 국제항해선박소유자에 대하여 별도의 확인절차를 받아 공인기준을 충족한 부분에 대해서는 심사를 생략할 수 있다.

⑤ 관세청장은 중소 수출기업의 규모 및 법규준수도 점수 등을 고려하여 내부통제시스템 기준 중에서 위험평가 부분에 대한 공인심사를 간소하게 할 수 있다.

18 수출입 안전관리 우수업체로 공인을 신청할 수 없는 자는?

① 「관세법」 제241조에 따른 수입자(수입 부문)
② 「관세법」 제172조에 따른 지정장치장의 화물을 관리하는 자(보세구역 운영인 부문)
③ 「관세법」 제222조 제1항 제2호에 해당하는 화물운송주선업자(화물운송주선업 부문)
④ 「관세법」 제222조 제1항 제3호에 해당하는 자(하역업 부문)
⑤ 「관세법」 제199조의2에 따른 환급창구운영사업자(수출 부문)

19 수출입 안전관리 우수업체의 갱신심사에 대한 설명으로 옳지 않은 것은?

① 수출입 안전관리 우수업체가 공인을 갱신하고자 할 때에는 공인의 유효기간이 끝나기 6개월 전까지 수출입 안전관리 우수업체 갱신심사 신청서를 관세청장에게 제출해야 한다.
② 수출입 안전관리 우수업체가 여러 공인부문에 걸쳐 공인을 받은 경우에는 공인일자가 가장 빠른 공인부문을 기준으로 갱신심사를 함께 신청할 수 있다.
③ 관세청장은 갱신심사를 할 때에는 수출입 안전관리 우수업체의 공인부문별로 서류심사와 현장심사의 순으로 구분하여 실시한다.
④ 수입업체의 갱신심사 범위에는 통관적법성 확인대상 분야(법규준수와 관련된 과세가격, 품목분류, 원산지, 환급, 감면, 외환, 보세화물 관리, 사후관리 및 통관요건에 대한 세관장 확인업무 등)를 포함할 수 있다.
⑤ 갱신심사 중 현장심사를 할 때에 통관적법성 검증을 위하여 수출입 안전관리 우수업체의 사업장을 직접 방문하는 기간은 방문을 시작한 날로부터 30일 이내로 한다.

20 정기 수입세액 정산업체의 신청 및 지정에 대한 설명으로 옳지 않은 것은? (정답 없음)

① 관세청장은 수출입 안전관리 우수업체가 신고납부한 세액의 적정성 및 수출입 관련 법령 준수 여부 등을 스스로 점검하고자 하는 경우에는 정기 수입세액 정산업체로 지정하여 정산보고를 하게 할 수 있다.
② 정산업체로 지정받고자 하는 수출입 안전관리 우수업체는 정기 수입세액 정산업체 지정 신청서를 기업상담전문관에게 제출해야 한다.
③ 정기 수입세액 정산업체로 지정받은 경우에도 매년 정기 자율평가서를 제출해야 한다.
④ 최근 2년 이내 수출입 안전관리 우수업체 혜택 적용의 정치를 2회 이상 받은 경우에는 정산업체로 지정하지 않을 수 있다.
⑤ 수출입 관련 법령 위반혐의로 조사가 진행되는 경우에는 정산업체로 지정하지 않을 수 있다.

21 국제항에 대한 설명으로 옳지 않은 것은?

① "국제항"이란 국제무역선이나 국제무역기가 자유로이 출입할 수 있는 항구 또는 공항으로서 대통령령으로 지정한다.

② 국제항의 시설기준은 관세청장이 정한다.

③ 물품의 하역이나 환적이 용이한 항구 및 하역시설이 갖추어져 있다.

④ 국제무역선이나 국제무역기가 국제항을 출입하는 경우에는 출입허가수수료가 없어 경제적으로 부담이 적다.

⑤ 국제무역선이나 국제무역기는 국제항에 한정하여 운항할 수 있으며, 국제항이 아닌 지역에 출입하고자 하는 경우에는 세관장의 허가를 받아야 한다.

22 국제무역선(기)의 입항절차에 대한 설명으로 옳지 않은 것은?

① 기장은 국제무역기가 공항에 착륙한 때에는 지체 없이 세관장에게 입항보고를 해야 한다. 다만, 여객명부는 항공기 입항 30분 전까지 세관장에게 제출해야 한다.

② 선장 등은 외국에서 선박을 수리하였거나 선박용품을 구입하였을 때에는 입항보고 시 그 사실을 세관장에게 제출해야 한다.

③ 선장 등은 선박이 입항하기 24시간 전까지 입항예정(최초)보고서를 세관장에게 제출해야 한다.

④ 직전 출항국가 출항부터 입항까지 운항 소요시간이 24시간 이하인 경우에는 직전 출항국가에서 출항하는 즉시 입항예정(최초)보고서를 제출해야 한다.

⑤ 국제항에 입항하여 입항절차를 마친 후 다시 우리나라의 다른 국제항에 입항할 때에는 서류제출의 생략 등 간소한 절차로 입·출항할 수 있으며 항내의 다른 장소로 별도의 신고 없이 이동할 수 있다.

23 선박용품에 대한 설명으로 옳지 않은 것은?

① 보세구역 운영인은 외국 선박용품 등을 보세구역에 반입한 때에는 관할지 세관장에게 반입등록서를 제출해야 한다. 다만, 공급자 등이 하선완료 보고하였거나 보세운송하여 도착보고한 물품은 반입등록한 것으로 갈음한다.

② "선박 내 판매품"이란 여객선에서 여행자 및 승무원에게 판매되는 물품을 말한다.

③ 선박용품 등의 적재 등은 해당 허가를 받은 자가 직접 이행해야 한다.

④ 공급자 등은 적재 등을 완료한 때에는 다음 날 12시까지 관할 세관장에게 보고해야 한다. 다만, 보고 기한 내에 해당 선박이 출항하는 때에는 출항허가 전까지 보고해야 한다.

⑤ 선박용품 보세운송기간은 보세운송신고 수리(승인)일로부터 15일 이내에서 실제 운송에 필요한 기간으로 한다.

24 관리대상화물 검사에 대한 설명으로 옳지 않은 것은?

① 세관장은 화주가 요청하는 경우 검색기검사 화물로 선별된 화물의 검사방법을 즉시검사 화물로 변경할 수 있다.

② 세관장은 검사대상화물에 대하여 적재화물목록 심사가 완료된 때에 적재화물목록 제출자에게 검사대상으로 선별된 사실을 통보해야 한다.

③ 세관장은 검색기검사를 실시한 결과 이상이 없는 것으로 판단된 경우에는 선사가 지정하는 하선 장소로 신속히 이동될 수 있도록 조치해야 한다.

④ 세관장은 검사대상화물 중 우범성이 없거나 검사의 실익이 적다고 판단되는 화물은 검사대상화물 지정을 직권으로 해제할 수 있다.

⑤ 세관장이 검색기검사 결과 정밀검사가 필요하다고 인정하는 때에는 화주가 요청하는 보세창고에서 정밀검사를 실시해야 한다.

25 관세통로, 통관역, 통관장의 지정권자를 나열한 것으로 옳은 것은?

① 관세통로 – 관세청장,   통관역 – 세관장,   통관장 – 세관장
② 관세통로 – 세관장,   통관역 – 관세청장,   통관장 – 세관장
③ 관세통로 – 세관장,   통관역 – 관세청장,   통관장 – 관세청장
④ 관세통로 – 관세청장,   통관역 – 관세청장,   통관장 – 세관장
⑤ 관세통로 – 세관장,   통관역 – 세관장,   통관장 – 관세청장

01 자율관리 보세구역의 감독에 관한 내용으로 옳지 않은 것은?

① 자율점검표에는 자율관리 보세구역 지정요건 충족 여부를 포함해야 한다.

② 자율점검표에는 관세청장이 정하는 절차생략 준수 여부를 포함해야 한다.

③ 자율점검표에는 운영인 등의 의무사항 준수 여부를 포함해야 한다.

④ 자율점검표를 미제출하는 경우에는 정기감사를 해야 한다.

⑤ 자율점검표 제출기한은 회계연도 종료 3개월이 지난 후 20일 이내이며, 보세구역 운영상황 및 재고조사 결과와 함께 제출하려는 경우 다음 해 2월 말까지 제출할 수 있다.

02 자율관리 보세구역 운영에 관한 내용 중 옳지 않은 것은?

① 운영인 등은 해당보세구역에서 반출입된 화물에 대한 장부를 2년간 보관해야 한다.

② 세관장은 운영인 등과 보세사가 보세화물관리에 관한 의무사항을 불이행한 때에는 사안에 따라 경고처분 등의 조치를 할 수 있다.

③ 세관장은 보세사에게 경고처분하였을 때에는 관세청장에게 보고해야 한다.

④ 세관장은 자율관리 보세구역의 운영실태 및 보세사의 관계법령 이행 여부 등을 확인하기 위하여 연 1회 정기감사를 실시해야 한다.

⑤ 세관장은 정기감사 결과 이상이 있을 경우에는 시정명령 등 필요한 조치를 하고 그 결과를 관세청장에게 보고해야 한다.

03 일반 자율관리 보세구역에 부여하는 혜택으로 옳지 않은 것은?

① 단일 보세공장 소재지 관할구역에 보관창고 증설 허용

② 벌크화물의 사일로(Silo) 적입을 위한 포장제거작업의 경우 보수작업 신청(승인) 생략

③ 재고조사 및 보고의무를 분기별 1회에서 연 1회로 완화

④ 보세구역 운영상황에 대한 세관공무원의 점검 생략

⑤ 보세구역 반입물품에 대해 세관장에게 수입신고 전 확인 신청 생략

04 자율관리 보세구역 운영인의 의무를 설명한 것으로 옳지 않은 것은?

① 보세구역에 작업이 있을 때에는 보세사를 상주근무하게 해야 한다.

② 보세사를 해고하였을 때에는 세관장에게 즉시 통보해야 한다.

③ 운영인은 절차생략에 따른 물품 반출입 상황 등을 보세사로 하여금 기록·관리하게 해야 한다.

④ 보세사가 보세구역을 이탈한 경우에는 업무대행자를 지정하여 보세사 업무를 수행할 수 있으며 이 경우 지체 없이 세관장에게 보고해야 한다.

⑤ 보세구역 반출입물품과 관련한 수입 및 수출 등에 관해 세관공무원의 자료요구가 있으면 협조해야 한다.

05 자율관리 보세구역의 지정신청과 갱신에 관한 내용 중 옳지 않은 것은?

① 자율관리 보세구역으로 지정을 받으려는 사람은 자율관리 보세구역 지정신청서를 세관장에게 제출해야 한다.

② 신청서류는 우편 또는 팩스 등 정보통신망 등을 이용하여 제출할 수 있다.

③ 지정 신청을 받은 세관장은 자율관리 보세구역 관련 규정에 따른 지정요건을 검토하여 보세화물 관리 및 세관 감시감독에 지장이 없다고 판단되는 경우 자율관리 보세구역을 지정한다.

④ 특허의 갱신과 자율관리 보세구역 갱신을 통합하여 신청한 경우 자율관리 보세구역 갱신 심사기간은 특허보세구역 갱신 심사기간에 따른다.

⑤ 세관장은 자율관리 보세구역 운영인 등에게 갱신 신청과 절차에 관한 사항을 지정기간 만료 1개월 전에 문서, 전자메일, 전화, 휴대폰 문자 전송 방법 등으로 미리 알려야 한다.

06 자율관리 보세구역 지정 취소 사유에 해당하지 않는 것은?

① 보세화물을 자율적으로 관리할 능력이 없거나 부적당하다고 세관장이 인정하는 경우

② 보세화물 관리를 위한 보세사를 채용하지 않은 때

③ 화물의 반출입, 재고관리 등 실시간 물품관리가 가능한 전산시스템이 구비되지 않은 경우

④ 장치물품에 대한 관세를 납부할 자금능력이 없어 물품 반입이 정지된 때

⑤ 운영인 등이 보세구역 반출입 물품과 관련한 생산, 판매, 수입 및 수출 등에 관한 세관공무원의 자료요구 또는 현장 확인 시에 협조하지 않는 경우

07 보세사의 징계에 대한 내용으로 옳지 않은 것은?

① 보세사가 「관세법」이나 이 법에 따른 명령을 위반한 경우에는 징계사유에 해당된다.

② 보세사의 직무 또는 의무를 이행하지 않는 경우에는 징계사유에 해당된다.

③ 경고처분을 받은 보세사가 1년 내에 다시 경고처분을 받는 경우에는 징계사유에 해당된다.

④ 징계의 종류에는 견책, 감봉, 6월의 범위 내 업무정지가 있다.

⑤ 세관장은 보세사가 연간 6월의 범위 내 업무정지를 2회 받으면 등록취소해야 한다.

08 보세사의 직무 및 의무에 대한 내용으로 옳지 않은 것은?

① 보세사는 보세구역 안에 장치된 물품의 관리 및 취급에 대한 입회·확인업무를 수행한다.
② 보세사는 보세구역의 종류에 관계없이 「관세법」 제321조(세관의 업무시간 및 물품취급시간) 제1항에 따른 세관개청시간과 해당 보세구역 내의 작업이 있는 시간에 해당 보세구역에 상주해야 한다.
③ 보세사는 영업용 보세창고가 아닌 경우 보세화물 관리에 지장이 없는 범위 내에서 다른 업무를 겸임할 수 있다.
④ 보세사는 환적화물 컨테이너 적출입 시 입회·감독업무를 수행한다.
⑤ 보세사는 보수작업과 화주의 수입신고 전 장치물품 확인 시 입회·감독업무를 수행한다.

09 「자유무역지역 반출입물품의 관리에 관한 고시」상의 용어에 대한 설명으로 옳지 않은 것은?

① "반출입신고"란 물품을 자유무역지역 입주기업체에서 반출하거나 자유무역지역 입주기업체로 반입하기 위한 신고를 말한다.
② "사용소비신고"란 외국물품을 고유한 사업의 목적 또는 용도에 사용 또는 소비하기 위하여 신고하는 것을 말한다.
③ "국외반출신고"란 외국물품 등을 자유무역지역에서 국외로 반출하기 위한 신고를 말한다.
④ "보수"란 해당 물품의 HS품목분류의 변화를 가져오는 보존작업, 선별, 분류, 용기변경, 포장, 상표부착, 단순조립, 검품, 수선 등의 활동을 말한다.
⑤ "잉여물품"이란 제조·가공작업 등으로 인하여 발생하는 부산물과 불량품, 제품생산 중단 등의 사유로 사용하지 않는 원재료와 제품 등을 말한다.
※ 해당 문제는 개정 규정을 반영하여 수정되었습니다.

10 자유무역지역의 물품 반입·반출에 대한 내용으로 옳지 않은 것은?

① 입주기업체 외의 자가 외국물품을 자유무역지역 안으로 반입하려는 경우 수입신고를 하고 관세 등을 내야 한다.
② 자유무역지역에서 외국물품 등의 전부 또는 일부를 원재료로 하여 제조·가공·조립·보수 등의 과정을 거친 후 그 물품을 관세영역으로 반출하려는 경우 수입신고를 하고 관세 등을 내야 한다.
③ 외국물품 등이 아닌 내국물품을 자유무역지역에서 관세영역으로 반출하려는 자는 내국물품 반출확인서를 세관장에게 제출해야 한다.
④ 외국물품 등을 자유무역지역에서 국외로 반출하려는 자는 국외반출신고서를 세관장에게 수출통관시스템을 이용하여 전자문서로 제출해야 한다.
⑤ 외국물품 등이 아닌 물품을 자유무역지역에서 국외로 반출하려는 자는 수출신고를 해야 한다.

11 보세화물의 안전관리를 위한 자유무역지역의 시설통제요건으로 옳지 않은 것은?

① 외곽울타리 및 외국물품의 불법유출·도난방지를 위한 과학감시장비

② 감시종합상황실과 화물차량통제소

③ 세관공무원의 24시간 상주근무에 필요한 사무실 및 편의시설

④ 컨테이너트레일러를 부착한 차량이 1대 이상 동시에 접속하여 검사할 수 있는 검사대

⑤ 차량의 출입 및 회차 등이 자유로울 수 있는 충분한 면적

12 자유무역지역에 반출입이 금지 또는 제한되는 물품이 아닌 것은?

① 품명미상 물품으로 1년이 지난 물품

② 원산지 미표시 물품

③ 사업장폐기물

④ 검역기관에서 폐기대상으로 결정된 물품

⑤ 위조상품

13 자유무역지역 통제시설에 대한 설명이다. 빈칸 안에 들어갈 내용을 순서대로 나열한 것은?

> 관리권자는 (   )과 협의를 거쳐 자유무역지역에 통제시설을 설치하고, 그 운영시기를 공고해야
> 한다. 또한 자유무역지역을 출입하는 사람 및 자동차에 대한 기록을 (   )일 동안 관리해야 하고
> (   )이 출입기록을 요청하는 경우 특별한 사유가 없으면 이에 따라야 한다.

① 국토교통부장관, 60, 세관장   ② 관세청장, 60, 관세청장

③ 관세청장, 90, 세관장   ④ 세관장, 90, 관세청장

⑤ 국토교통부장관, 90, 관세청장

14 자유무역지역 업무 절차 중에 청문을 하여야 하는 경우는?

① 물품 반입정지 시

② 물품 폐기 시

③ 장치기간 경과물품 통보 시

④ 역외작업 허가 기각 시

⑤ 재고가 부족한 물품의 관세 등 징수 시

15 법규수행능력 우수업체의 우대조건에 대한 설명으로 옳지 않은 것은?

① 보세화물에 대한 재고조사 면제 등 자율관리 확대

② 화물 C/S에 의한 검사비율의 축소

③ 관세 등 납부기한 연장

④ 관세 등에 대한 담보제공의 면제

⑤ 세관장 권한의 대폭적 위탁

16 「관세법」 제282조(몰수·추징)에 대한 설명으로 옳지 않은 것은?

① 금지품 밀수출입죄의 경우에는 그 물품을 몰수한다.

② 세관장의 허가를 받아 보세구역이 아닌 장소에 장치한 외국물품을 밀수입한 경우에는 몰수를 하지 않을 수 있다.

③ 보세구역에 반입신고를 한 후 반입한 외국물품을 밀수입한 경우에는 몰수를 하지 않을 수 있다.

④ 밀수입 물품 중 몰수의 실익이 없는 물품으로서 대통령령으로 정하는 물품은 몰수를 하지 않을 수 있다.

⑤ 밀수출죄의 경우에는 범인이 소유하거나 점유하는 그 물품을 몰수해야 하나 예비범은 몰수를 하지 않을 수 있다.

17 「관세법」상 통고처분에 대한 설명으로 옳은 것은?

① 벌금에 상당하는 금액은 해당 벌금 최고액의 100분의 10으로 한다.

② 「형법」상의 벌금을 통고하는 것이다.

③ 통고처분을 하면 공소의 시효는 정지된다.

④ 통고의 요지를 이행하였어도 동일사건에 대하여 다시 조사 후 처벌을 받을 수 있다.

⑤ 벌금 50만 원 미만인 경우 관세범칙조사심의위원회의 심의·의결을 거쳐 통고처분 면제를 할 수 있다.

18 「관세법」상의 조사와 처분에 관한 내용으로 옳은 것은?

① 관세범에 관한 사건에 대하여는 관세청장이나 세관장의 고발이 없으면 검사는 공소를 제기할 수 없다.

② 다른 수사기관이 관세범의 현행범인을 체포하였을 때에는 조사 후 세관에 인도해야 한다.

③ 관세범의 현행범인이 그 장소에 있을 때에는 반드시 세관공무원만 체포할 수 있다.

④ 관세범에 관한 조사·처분은 관세청장 또는 세관장이 한다.

⑤ 세관장은 관세범이 있다고 인정할 때에는 범인, 범죄사실 및 증거를 조사해야 한다.

19 세관장이 피의자나 관계인에게 통고한 후 매각하여 그 대금을 보관하거나 공탁할 수 있는 압수물이 아닌 것은?

① 부패 또는 손상되거나 그 밖에 사용할 수 있는 기간이 지날 우려가 있는 경우

② 보관하기가 극히 불편하다고 인정되는 경우

③ 처분이 지연되면 상품가치가 크게 떨어질 우려가 있는 것

④ 피의자나 관계인이 매각을 요청하는 경우

⑤ 유효기간이 지난 것

20 「관세법」 제275조에 따라 징역과 벌금을 병과할 수 있는 대상이 아닌 것은?

① 밀수품을 취득하려다 미수에 그친 자

② 관세의 회피 또는 강제집행의 면탈을 목적으로 타인에게 자신의 명의를 사용하여 납세신고를 할 것을 허락한 자

③ 세액결정에 영향을 미치기 위하여 과세가격을 거짓으로 신고하여 수입하려다 예비에 그친 자

④ 부정한 방법으로 관세의 감면을 받은 자

⑤ 「관세법」 제241조 제1항에 따라 신고를 하지 않고 물품을 수입한 행위를 방조한 자

21 「관세법」상 그 위반행위에 대한 처벌이 과태료 부과 대상이 아닌 것은?

① 특허보세구역의 특허사항을 위반한 운영인

② 크기 또는 무게의 과다와 그 밖의 사유로 보세구역에 장치하기 곤란하거나 부적당한 물품을 세관장의 허가를 받지 않고 보세구역 외에 장치한 경우

③ 보세구역에 장치된 물품을 세관장의 허가 없이 그 원형을 절단하거나 해체, 절단 작업을 한 경우

④ 밀수출 등 불법 행위 발생 우려가 높거나 감시단속상 필요하다고 인정하여 대통령령으로 정하는 물품을 관세청장이 정하는 장소에 반입하지 않고 제241조 제1항에 따른 수출의 신고를 한 경우

⑤ 세관공무원이 「관세법」 제265조에 의거 물품, 운송수단, 장치장소 및 관계 장부·서류를 검사 또는 봉쇄하려는 조치를 거부한 자

22 다음 중 빈칸 안에 들어갈 말은?

> 「관세법」상 몰수할 물품의 전부 또는 일부를 몰수할 수 없을 때에는 그 몰수할 수 없는 물품의 범칙 당시의 (   )에 상당한 금액을 범인으로부터 추징한다.

① 국내도매가격   ② 과세가격
③ 국내소매가격   ④ 실제지급가격
⑤ 법정기준가격

23 「관세법」 제279조(양벌 규정)는 개인의 대리인, 사용인, 그 밖의 종업원이 그 개인의 업무와 관련하여 「관세법」을 위반한 경우 행위자를 처벌하는 이외에 개인에게도 해당 조문의 벌금형을 과하도록 규정하고 있다. 개인의 양벌 규정에 해당하지 않는 사람은?

① 종합보세사업장의 운영인
② 관세사
③ 보세사
④ 국제항에서 물품 및 용역의 공급을 업으로 하는 사람
⑤ 보세판매장의 운영인

24 「관세법」 제276조(허위신고죄 등)에 해당하지 않는 것은? (정답 2개)

① 보세구역 반입명령에 대하여 반입대상 물품의 전부 또는 일부를 반입하지 않은 자
② 세관공무원의 질문에 대하여 거짓 진술을 한 자
③ 종합보세사업장의 설치·운영에 관한 신고를 하지 않고 종합보세기능을 수행한 자
④ 강제징수의 집행을 면탈할 목적으로 그 재산을 은닉·탈루한 납세의무자
⑤ 부정한 방법으로 적재화물목록을 작성하였거나 제출한 자

25 밀수출입죄에 대한 설명으로 옳은 것은?

① 수입신고를 하였으나 해당 수입물품과 다른 물품으로 신고하여 수입한 자는 밀수출입죄로 처벌한다.
② 밀수출입죄를 방조한 자는 본죄의 2분의 1을 감경하여 처벌한다.
③ 밀수출입죄를 범할 목적으로 그 예비를 한 자는 본죄에 준하여 처벌한다.
④ 법령에 따라 수입이 제한된 사항을 회피할 목적으로 부분품으로 수입하는 경우 밀수출입죄를 적용한다.
⑤ 밀수입죄의 경우 범인이 소유한 물품은 몰수 대상이 아니다.

제1과목 | 수출입통관절차

01 관세의 부과기준에 대한 설명으로 옳지 않은 것은?

① 종가세란 수입물품의 가격을 과세표준으로 하는 관세이다.

② 종가세의 장점은 관세부담이 상품가격에 비례하므로 공평하고, 시장가격의 등락에도 불구하고 관세부담의 균형을 이룰 수 있다는 것이다.

③ 종량세란 수입물품의 중량만을 과세표준으로 하는 관세이다.

④ 종량세의 장점은 세액 산출이 쉽고, 수출국에 따라 세액의 변화가 없다는 것이다.

⑤ 종량세의 단점은 물가변동에 따른 세율적용이 불가능하고, 관세의 공평을 기할 수 없으며, 나라마다 계량단위가 동일하지 않아 적용하는 데 어려움이 있다는 것이다.

02 「관세법」상 용어의 정의에 대한 설명으로 옳지 않은 것은?

① 우리나라 선박이 공해에서 채집하거나 포획한 수산물은 내국물품이다.

② 선박이 입항하기 전에 입항 전 수입신고가 수리된 물품은 외국물품이다.

③ 수입신고 전 즉시반출신고를 하고 반출된 물품은 내국물품이다.

④ 수출신고가 수리된 물품으로 국내에 있는 물품은 외국물품이다.

⑤ 외국선박이 우리나라의 영해가 아닌 배타적 경제수역(EEZ)에서 포획한 수산물은 외국물품이다.

03 「관세법」상 서류의 송달 등에 관한 설명으로 옳지 않은 것은?

① 납부고지서를 송달받아야 할 자의 주소, 거소, 영업소 또는 사무소가 분명하지 아니한 경우 납부고지사항을 공고한 날부터 14일이 지나면 납부고지서의 송달이 된 것으로 본다.

② 관세의 납부고지서는 납세의무자에게 직접 발급하는 경우를 제외하고는 인편이나 우편 또는 전자송달의 방법으로 한다.

③ 가격신고, 납세신고, 수출입신고, 반송신고, 보세화물 반출입신고, 보세운송신고를 한 자는 해당 신고자료를 신고 또는 제출한 날부터 5년의 범위에서 대통령령으로 정하는 기간 동안 보관해야 한다.

④ 적재화물목록을 제출한 자는 해당 제출 자료를 신고 또는 제출한 날부터 5년의 범위에서 대통령령으로 정하는 기간 동안 보관해야 한다.

⑤ 납부고지사항을 공시하였을 때에는 공시일부터 7일이 지나면 관세의 납세의무자에게 납부고지서가 송달된 것으로 본다.

※ 해당 문제는 개정 규정을 반영하여 수정되었습니다.

04 「관세법」상 법령의 적용 시기에 대한 설명으로 옳지 않은 것은?

① 원칙적으로 수입신고 당시의 법령을 적용한다.

② 입항 전 수입신고는 수입신고 당시의 법령을 적용한다.

③ 보세건설장에 반입된 외국물품은 사용 전 수입신고 당시의 법령을 적용한다.

④ 보세운송하는 외국물품이 지정된 기간 내에 목적지에 도착하지 않는 경우에는 보세운송을 신고하거나 승인받은 당시의 법령을 적용한다.

⑤ 수입신고가 수리되기 전에 소비하거나 사용하는 경우에는 해당 물품을 소비하거나 사용하는 당시의 법령을 적용한다.

05 보세구역 반입명령에 대한 설명으로 옳지 않은 것은?

① 수출신고가 수리되어 외국으로 반출되기 전에 있는 물품이나 수입신고가 수리되어 반출된 물품이 의무사항을 위반하거나 국민보건 등을 해칠 우려가 있는 경우에는 보세구역으로 반입할 것을 명할 수 있다.

② 원산지나 품질 등의 표시가 적법하게 표시되지 않았거나 수출입신고 수리 당시와 다르게 표시되어 있는 경우 보세구역으로 반입할 것을 명할 수 있다.

③ 세관장은 반입명령서를 화주 또는 수출입신고자에게 송달해야 하고, 주소 등이 불분명한 때에는 반입명령사항을 공시할 수 있다.

④ 관련 법령에 따라 관계행정기관의 장의 시정조치가 있는 경우에는 보세구역 반입명령을 할 수 없다.

⑤ 해당 물품이 수출입신고가 수리된 후 6개월이 경과한 경우에도 보세구역 반입명령을 할 수 있다.

06 납세의무자에 대한 설명으로 옳지 않은 것은?

① 수입을 위탁받아 수입업체가 대행수입한 물품인 경우 – 수입을 위탁한 자

② 수입물품을 수입신고 전에 양도한 경우 – 물품 양수인

③ 보세구역의 장치물품이 도난된 경우 – 운영인 또는 화물관리인

④ 보세운송물품이 운송 중 분실된 경우 – 화주

⑤ 보세구역의 장치물품이 멸실된 경우 – 운영인 또는 보관인

07 수입물품의 과세가격은 실제지급금액에 가산요소를 더하고 공제요소를 뺀 조정한 거래가격을 말하는데, 이에 대한 설명으로 옳지 않은 것은?

① 구매자가 부담하는 수수료와 중개료는 가산요소이나, 구매수수료는 제외된다.

② 구매자가 수입물품에 결합되는 재료·구성요소·부분품 등을 무료로 수출자 등에게 공급한 경우에는 생산지원비용으로 가산요소이나, 우리나라에서 개발된 기술·설계·디자인 등은 제외된다.

③ 수입물품을 수입한 후 전매·처분 또는 사용하여 생긴 수익금액 중 판매자에게 직접 또는 간접으로 귀속되는 금액은 가산요소이다.

④ 수입항까지의 운임·보험료는 가산요소이나, 수입항 도착 이후의 운임·보험료는 공제요소이다.

⑤ 연불조건(延拂條件)의 수입인 경우에는 해당 수입물품에 대한 연불이자는 가산요소이다.

08 관세법령상 합리적 기준에 의해 과세가격을 결정함에 있어서 그 기준으로 사용할 수 있는 가격은?

① 선택 가능한 가격 중 반드시 높은 가격을 과세가격으로 해야 한다는 기준에 따라 결정하는 가격

② 우리나라에 수입되어 과세가격으로 인정된 바 있는 동종·동질물품의 과세가격

③ 우리나라에서 생산된 물품의 국내판매가격

④ 수출국의 국내판매가격

⑤ 우리나라 외의 국가에 수출하는 물품의 가격

09 관세부과 제척기간의 기산일로 옳지 않은 것은?

① 일반 수입신고 – 수입신고 수리한 날의 다음 날
② 의무불이행 등의 사유로 감면된 관세징수 – 그 사유가 발생한 날의 다음 날
③ 보세건설장에 반입된 외국물품의 경우 – 건설공사 완료보고일과 특허기간 만료일 중 먼저 도래한 날의 다음 날
④ 과다환급 또는 부정환급 등의 사유로 관세징수 – 환급한 날의 다음 날
⑤ 도난 또는 분실물품의 경우 – 그 사실이 발생한 날의 다음 날

10 관세감면신청서 제출기한에 대한 내용이다. 빈칸 안에 들어갈 내용이 순서대로 맞는 것은?

> • 법 기타 관세에 관한 법률 또는 조약에 따라 관세를 감면받으려는 자는 해당 물품의 수입신고 수리 전에 관세감면신청서를 세관장에게 제출해야 한다.
> • 법 제39조 제2항에 따라 관세를 징수하는 경우 해당 납부고지를 받은 날부터 (　　)에 감면신청서를 제출할 수 있다.
> • 수입신고 수리 전까지 감면신청서를 제출하지 못한 경우 해당 수입신고 수리일부터 (　　)에 감면신청이 가능하다(해당 물품이 보세구역에서 반출되지 않은 경우로 한정한다).

① 3일 이내, 10일 이내
② 3일 이내, 15일 이내
③ 5일 이내, 10일 이내
④ 5일 이내, 15일 이내
⑤ 7일 이내, 15일 이내

11 「관세법」상 납부세액의 확정과 관련된 설명으로 옳지 않은 것은?

① 납세의무자는 납세신고한 세액을 납부하기 전에 당해 세액에 과부족이 있는 것을 안 때에는 납세신고한 세액을 정정할 수 있으며 이 경우 납부기한은 세액의 정정일이다.
② 납세의무자는 신고납부한 세액에 부족이 있는 것을 안 때에는 신고납부한 날부터 6월 이내에 당해 세액의 보정을 세관장에게 신청할 수 있다.
③ 납세의무자의 성실성 등을 참작하여 관세청장이 정하는 기준에 해당하는 불성실 신고인이 수입신고하는 물품은 수입신고 수리 전에 세액심사를 한다.
④ 세액의 정정을 하는 경우 이자성격의 가산금 문제는 발생하지 않는다.
⑤ 납세의무자는 신고납부한 세액이 과다한 것을 안 때에는 신고한 세액의 경정을 세관장에게 청구할 수 있다.

12 다음 빈칸 안에 순서대로 들어갈 내용으로 옳은 것은?

> 세관장은 납세의무자가 납부해야 하는 세액이 (　　)인 때에는 이를 징수하지 않는다. 이 경우
> (　　)을 그 납부일로 본다.

① 3천 원 이하, 수입신고일
② 8천 원 미만, 수입신고일
③ 1만 원 이하, 수입신고 수리일
④ 1만 원 미만, 수입신고일
⑤ 1만 원 미만, 수입신고 수리일

13 통관지세관이 제한되는 특정 수입물품이 아닌 것은? (정답 2개)

① 고 철
② 활어(HS 제0301호, 관상용 및 양식용은 제외)
③ 고급모피
④ 귀석과 반귀석(HS 7103호 내지 7104호의 물품. 다만, 원석은 제외)
⑤ 쌀(HS 1006.20호, 1006.30호 해당 물품)

14 「관세법」상 원산지증명서 유효기간으로 옳은 것은?

> 세관장에게 제출하는 원산지증명서는 예외적인 경우를 제외하고 원산지증명서 제출일부터 소급하
> 여 (　　) 이내에 발행된 것이어야 한다.

① 6개월
② 1년
③ 2년
④ 3년
⑤ 4년

15   과세 전 통지 및 과세 전 적부심사와 관련된 설명으로 옳지 않은 것은?

① 세관장은 수입신고 수리 후 세액심사결과 부족세액을 징수하는 경우 과세 전 통지를 생략할 수 있다.

② 세관장은 납부세액이나 납부해야 하는 세액에 부족한 금액을 징수하고자 하는 때에는 미리 납부의무자에게 그 내용을 서면으로 통지해야 한다.

③ 납세의무자는 통지를 받은 때에는 그 통지를 받은 날부터 30일 이내에 세관장 또는 관세청장에게 과세 전 적부심사를 청구할 수 있다.

④ 과세 전 적부심사를 청구 받은 세관장은 그 청구를 받은 날부터 30일 이내에 관세심사위원회의 심사를 거쳐 결정을 하고 청구인에게 통지해야 한다.

⑤ 과세 전 적부심사는 이의신청이나 심사청구 또는 심판청구 전 단계의 권리구제라 할 수 있다.

16   신고의 취하 및 각하에 대한 설명으로 옳지 않은 것은?

① 신고의 취하란 신고인의 요청에 의하여 신고사항을 취하하는 것을 말한다.

② 신고는 정당한 이유가 있는 경우에만 세관장의 승인을 받아 취하할 수 있다.

③ 수입 및 반송의 신고는 운송수단, 관세통로, 하역통로 또는 이 법에 규정된 장치장소에서 물품을 반출한 후에는 취하할 수 없다.

④ 신고가 그 요건을 갖추지 못하였거나 부정한 방법으로 신고되었을 경우에는 신고를 취하할 수 있다.

⑤ 통관보류, 통관요건 불합격, 수입금지 등의 사유로 반송하거나 폐기하려는 경우 신고 취하할 수 있다.

17   관세의 부과 · 징수, 수출입물품의 통관 등을 위한 원산지 확인기준에 대한 설명으로 옳지 않은 것은?

① 완전생산기준이란 해당 물품의 전부를 생산 · 가공 · 제조한 국가를 원산지로 보는 기준으로, 광산물, 식물성 생산품 등 1차 생산품이 주로 해당된다.

② 2개국 이상에 걸쳐 생산 · 가공 · 제조된 물품의 원산지는 당해 물품의 생산과정에 사용되는 물품의 품목분류표상 4단위 품목번호와 다른 4단위 품목번호의 물품을 최종적으로 생산한 국가를 원산지로 본다.

③ 세관장은 환적 또는 복합환적되는 외국물품 중 원산지를 우리나라로 허위 표시한 물품을 유치할 수 있다.

④ 보세구역에서 포장개선, 선별작업 또는 단순 조립작업 등을 수행하여 세번변경이 발생하였다 하더라도 이들 국가를 원산지로 인정하지 않는다.

⑤ 지리적 또는 운송상의 이유로 제3국을 단순 경유한 경우에도 직접운송원칙을 충족한 것으로 본다.

18 반송물품의 범위에 대한 설명으로 옳지 않은 것은?

① 동일한 세관의 관할구역에서 입국 또는 입항하는 운송수단에서 출국 또는 출항하는 운송수단으로 물품을 옮겨 실어 외국으로 반출하는 물품

② 외국에 수출할 것을 목적으로 보세구역에 반입하여 다시 외국으로 반출하는 물품

③ 외국으로부터 보세구역에 반입된 물품이 계약상이, 국내시장 여건변화 등의 사유로 수입신고를 하지 않은 상태에서 다시 외국으로 분출되는 물품

④ 해외에서 위탁가공 후 보세구역에 반입된 물품으로서 수출할 목적으로 다시 외국으로 반출되는 물품

⑤ 우리나라에서 개최하는 박람회 등을 위하여 보세전시장에 반입된 후 전시 종료 후 외국으로 반출되는 물품

19 세관장이 물품의 통관을 보류할 수 있는 경우에 대한 설명으로 옳지 않은 것은?

① 「국세징수법」 제30조 및 「지방세징수법」 제39조의2에 따라 세관장에게 강제징수 또는 체납처분이 위탁된 해당 체납자가 수입하는 경우

② 수출·수입 또는 반송에 관한 신고서의 기재사항에 보완이 필요한 경우

③ 수입신고 시 제출서류 등이 미비되어 보완이 필요한 경우

④ 수출입물품에 대한 안전성 검사가 필요한 경우

⑤ 「관세법」의 규정에 의하여 필요한 사항을 확인할 필요가 있다고 인정하여 세관장이 정하는 경우

20 관세의 성격으로 옳지 않은 것은?

① 관세는 자유무역의 장벽이 된다.

② 관세는 재정수입 조달을 목적으로 한다.

③ 관세는 특별급부에 대한 반대급부가 아니다.

④ 관세는 물품을 수입신고하는 자에게 부과하는 직접세이다.

⑤ 관세의 부과·징수의 주체는 국가이다.

21 관세법령상 빈칸 안에 들어갈 내용이 순서대로 맞는 것은?

> 수출신고가 수리된 물품은 수출신고가 수리된 날부터 (   )일 이내에 운송수단에 적재해야 한다. 다만, 기획재정부령으로 정하는 바에 따라 1년의 범위에서 적재기간의 연장승인을 받은 것은 그렇지 않다. 세관장은 위에서 정한 기간 내에 적재되지 않은 물품에 대하여는 대통령령으로 정하는 바에 따라 수출신고의 수리를 (   )할 수 있다.

① 30, 각하
② 30, 취하
③ 30, 취소
④ 60, 취소
⑤ 60, 각하

22 관세법령상 관세납부에 있어서 제공할 수 있는 담보의 종류로 옳지 않은 것은?

① 국채 또는 지방채
② 보험에 가입된 등록된 차량
③ 세관장이 인정하는 보증인의 납세보증서
④ 토 지
⑤ 납세보증보험증권

23 수출통관제도에 대한 설명으로 옳지 않은 것은?

① 수출물품은 원칙적으로 보세구역에 장치한 후 수출신고해야 한다.
② 수출신고는 관세사, 관세법인, 통관취급법인, 수출화주 또는 완제품공급자 명의로 할 수 있다.
③ 수출하고자 하는 자는 당해 물품이 장치된 물품소재지를 관할하는 세관장에게 수출신고를 하고 수리를 받아야 한다.
④ 수출신고물품에 대한 검사는 당해 물품이 장치되어 있는 장소에서 행한다.
⑤ 세관장은 효율적인 물품검사를 위하여 컨테이너검색기 또는 차량이동형검색기 등을 활용하여 검사할 수 있다.

24 「관세법」상 수입의 의제는 외국물품이 적법하게 수입된 것으로 보고 관세 등을 따로 징수하지 않는데, 이에 해당하지 않는 것은?

① 체신관서가 수취인에게 내준 우편물
②「관세법」에 따라 매각된 물품
③ 법령에 따라 국고에 귀속된 물품
④ 세관장이 타당하다고 인정하는 이사물품
⑤ 몰수에 갈음하여 추징된 물품

25 「대외무역법 시행령」 제19조에 따른 수입승인 면제사유에 해당하는 수입물품으로서「관세법」제226조에 따른 세관장확인이 생략되는 물품은?

①「마약류 관리에 관한 법률」해당 물품
②「식물방역법」해당 물품
③「가축전염병 예방법」해당 물품
④「통신비밀보호법」해당 물품
⑤「의료기기법」해당 물품

01 세관장이 공동보세창고로 특허할 수 있는 경우로서 옳지 않은 것은?

① 정부 또는 정부투자기관이 관리하는 보관·비축시설에 관련 업체의 수입물품을 일괄 보관하는 경우
② 정부기관 또는 「공공기관의 운영에 관한 법률」 제5조에 따른 공기업, 준정부기관 등이 수입하는 물품을 일괄하여 보관하는 경우
③ 둘 이상의 수출입업체가 공동으로 타인화물을 보관하려는 경우
④ 「물류시설의 개발 및 운영에 관한 법률」에 따라 물류단지를 운영하는 자가 입주기업체의 수입품을 일괄하여 보관하는 경우
⑤ 수출입업을 영위할 수 있는 중소기업협동조합에서 회원사의 수입원자재를 수입하여 보관하려는 경우

※ 해당 문제는 개정 규정을 반영하여 수정되었습니다.

02 특허보세구역에 대한 설명으로 옳지 않은 것은?

① 보세판매장 특허를 받은 중소기업은 3회에 한정하여 특허를 갱신할 수 있다.
② 특허보세구역의 설치·운영에 관한 특허를 받으려는 자, 이미 받은 특허를 갱신하려는 자는 기획재정부령으로 정하는 바에 따라 수수료를 납부해야 한다.
③ 보세창고의 특허기간은 10년의 범위 내에서 신청인이 신청한 기간으로 한다.
④ 보세판매장의 특허기간은 10년 이내로 한다.
⑤ 특허보세구역을 설치·운영하려는 자는 세관장의 특허를 받아야 한다. 기존의 특허를 갱신하려는 경우에도 또한 같다.

※ 해당 문제는 개정 규정을 반영하여 수정되었습니다.

03 시내면세점 및 전자상거래에 의하여 판매된 외국물품을 구매자에게 인도하기 위한 인도장이 아닌 곳은?

① 출국장 보세구역 내 설치한 장소
② 국제무역선 및 국제여객선박의 선박 내
③ 통관우체국 내 세관통관장소
④ 항공화물탁송 보세구역
⑤ 시내면세점 매장

04 특허보세구역 장치기간에 대한 설명으로 옳지 않은 것은?

① 보세창고에 장치된 외국물품(정부비축용물품 등 제외) – 1년의 범위에서 관세청장이 정하는 기간. 다만, 세관장이 필요하다고 인정하는 경우에는 1년의 범위에서 그 기간을 연장할 수 있다.

② 보세창고에 장치된 내국물품(정부비축용물품 등 제외) – 1년의 범위에서 관세청장이 정하는 기간

③ 보세창고에 장치된 정부비축용물품, 정부와의 계약이행을 위하여 비축하는 방위산업용물품 – 비축에 필요한 기간

④ 보세창고 외 그 밖의 특허보세구역 – 해당 특허보세구역의 특허기간

⑤ 세관장은 물품관리에 필요하다고 인정될 때에는 특허보세구역에 물품을 장치하는 기간에도 화주에게 그 물품의 반출을 명할 수 있다.

05 세관장이 보세작업의 종류 및 특수성을 감안하여 보세공장의 설치·운영특허를 제한할 수 있는 사유로서 옳지 않은 것은?

① HS상 품목분류의 변화를 가져오는 조립작업을 하려는 경우

② 폐기물을 원재료로 하여 제조·가공하려는 경우

③ 손모율이 불안정한 농·수·축산물을 원재료로 하여 제조·가공하려는 경우

④ 보세작업의 전부를 장외작업에 의존할 경우

⑤ 포장개선, 라벨표시 등 물품의 상품성 향상을 위한 개수작업만을 목적으로 하는 경우

06 세관장이 운영인에게 특허보세구역에 물품반입을 정지시킬 수 있는 사유에 해당하는 것은?

A. 거짓이나 그 밖의 부정한 방법으로 특허를 받은 경우
B. 장치물품에 대한 관세를 납부할 자금능력이 없다고 인정되는 경우
C. 특허보세구역에 반입된 물품이 해당 보세구역의 설치목적에 합당하지 않은 경우
D. 해당 시설의 미비 등으로 특허보세구역의 설치목적을 달성하기 곤란한 경우

① A, B
② A, D
③ B, D
④ C, D
⑤ A, C

07 특수보세창고의 요건에 관한 설명으로 옳지 않은 것은?

① 위험물품전용 보세창고의 경우 위험물품 취급자격자를 채용해야 한다.
② 컨테이너전용 보세창고의 경우 부지면적은 15,000m^2 이상이어야 한다.
③ 액체화물전용 보세창고의 창고면적은 500m^2 이상이어야 한다.
④ 복합물류 보세창고는 수량단위 화물관리가 가능한 재고관리시스템을 구비해야 한다.
⑤ 야적전용 보세창고(창고건물에 부속된 야적장은 제외)는 4,500m^2 이상의 대지를 구비해야 한다.
※ 해당 문제는 개정 규정을 반영하여 수정되었습니다.

08 보세공장에 반입된 물품으로서 반입신고 시의 원재료 원상태로 국외반출을 허용할 수 있는 물품에 대한 설명으로 옳지 않은 것은?

① 국외에서 제조·가공공정의 전부를 이행하기 위하여 필요한 원재료
② 계약내용과 다른 원재료(다만, 사용신고가 수리된 경우에는 사용신고 당시의 성질이나 형태가 변경되지 않은 경우에 한한다)
③ 보세공장의 해외 현지공장에서 제조·가공·수리 그 밖에 유사한 작업에 사용할 원재료
④ 생산계획 변경, 제조품목의 사양변경 또는 보세작업과정에서 발생하는 잉여 원재료
⑤ 보세공장에서 수출한 물품의 하자보수 등 추가적인 제조·가공·수리에 필요한 원재료
※ 해당 문제는 개정 규정을 반영하여 수정되었습니다.

09 보세건설장에 관한 설명으로 옳지 않은 것은?

① 세관장은 외국인투자지역에 입주하는 외국인투자기업체에 대하여 보세건설장을 특허할 수 있다.
② 산업시설 건설에 사용되는 외국물품인 기계류 설비품은 수입신고 후 사용해야 한다.
③ 산업시설에 병설되는 사무소, 식당 등 부대시설을 건설하기 위한 외국물품은 수입신고가 수리된 후 사용해야 한다.
④ 세관장의 승인을 받은 경우 보세건설장에서 건설된 시설을 시험목적으로 일시 가동할 수 있다.
⑤ 산업시설 건설에 사용되는 외국물품인 공사용 장비는 수입신고 후 사용해야 한다.

10 보세전시장에 관한 설명으로 옳은 것은?

① 보세전시장에서는 반입된 외국물품의 성질 또는 형상에 변경을 가하는 행위를 할 수 없다.
② 박람회의 관람자는 당해 보세전시장 안에서 외국물품을 소비하는 행위를 할 수 없다.
③ 보세전시장에 장치된 판매용 외국물품은 수입신고가 수리되기 전이라도 이를 사용할 수 있다.
④ 보세전시장에 장치된 전시용 외국물품을 현장에서 직매하는 경우 수입신고가 수리되기 전에는 이를 인도해서는 안 된다.
⑤ 보세전시장에서 관람자에게 무상 제공할 목적으로 수입하고, 관람자 1명당 증여품의 가액이 미화 10달러 상당액 이하인 소액물품은 관세를 면제한다.

11 보세공장제도의 원활한 운영을 위하여 보세공장에 반입할 수 있는 물품이 아닌 것은?

① 보세공장에서 제조되어 반출된 제품의 하자보수용 물품
② 보세공장에서 제조·가공하여 반출한 구매자의 인수거절 등으로 인하여 반송된 물품
③ 보세공장에서 건조·수리되는 선박(항공기)에 적재하고자 하는 환급대상 선박(항공기)용품
④ 보세공장 반입물품 또는 보세공장에서 제조·가공한 물품에 전용되는 포장·운반용품
⑤ 보세공장의 특허받은 품목의 제조·가공에 소요되는 물품과 동일한 물품으로 위탁가공계약에 의해 보세작업을 위하여 반입되는 타인소유 물품

12 보세판매장 협의단체장이 회원사의 원활한 보세화물관리와 물류지원을 위하여 보세판매장의 보관창고와 동일한 기능을 수행하기 위해 설치한 곳은?

① 단일보세창고　　　　　　　　　② 복합물류창고
③ 통합물류창고　　　　　　　　　④ 자가용 보세창고
⑤ 면세물류창고

13 보세구역에 대한 설명으로 옳지 않은 것은?

① 지정장치장은 통관을 하려는 물품을 일시 장치하기 위한 장소로서 관세청장이 지정하는 구역으로 한다.
② 보세창고에는 외국물품이나 통관을 하려는 물품을 장치한다.
③ 보세공장에서는 외국물품을 원료 또는 재료로 하거나 외국물품과 내국물품을 원료 또는 재료로 하여 제조·가공하는 작업을 할 수 있다.
④ 보세전시장에서는 박람회, 전람회, 견본품 전시회 등의 운영을 위하여 외국물품을 장치·전시하거나 사용할 수 있다.
⑤ 보세건설장에서는 산업시설의 건설에 사용되는 외국물품인 기계류 설비품이나 공사용 장비를 장치·사용하여 해당 건설공사를 할 수 있다.

14 보세창고 운영인이 세관장에게 지체 없이 보고해야 할 사항으로 옳지 않은 것은?

① 도난, 화재, 침수, 그 밖의 사고가 발생한 때
② 보세창고의 화재보험요율을 변경한 때
③ 보세창고에 장치한 물품이 보세운송신고필증에 표기된 물품과 상이한 때
④ 보세창고에 종사하는 직원을 면직한 때
⑤ 보세창고의 시설 등에 관하여 소방서로부터 시정명령을 받은 때

※ 해당 문제는 개정 규정을 반영하여 수정되었습니다.

15 특허보세구역의 운영인이 다른 사람에게 자신의 성명·상호를 사용하여 특허보세구역을 운영하게 한 경우 이에 대한 세관장의 행정제재는?

① 특허취소
② 반입정지
③ 과징금 부과
④ 과태료 부과
⑤ 경고처분

16 수입활어의 검량방법 및 절차에 관한 설명으로 옳지 않은 것은?

① 세관장은 검량과정에서 필요하다고 판단되는 경우 운영인에게 이동식 CCTV의 배치를 요구할 수 있다.
② 세관장은 검량과정에서 CCTV 영상 전송이 단절된 경우 운영인에게 재검량을 요구할 수 있다.
③ 활어의 수량과 중량에서 과부족이 현저하다고 의심되는 경우 세관장은 화주에게 재검량을 요구할 수 있다.
④ 검역 불합격품을 반송하는 때에는 검량을 생략할 수 있다.
⑤ 세관장은 수입활어의 검량방법 및 절차에 관한 표준을 제정할 수 있다.

17 보세공장 운영에 관한 설명으로 옳지 않은 것은?

① 운영인은 보세공장에 반입된 물품을 그 사용 전에 세관장에게 사용신고를 해야 한다.
② 보세공장 외 작업 허가를 받은 장소에 반입된 외국물품은 지정된 기간이 만료될 때까지는 보세공장에 있는 것으로 본다.
③ 보세공장 외 작업 허가기간이 지난 경우 해당 공장의 작업장에 허가된 외국물품이 있을 때에는 운영인으로부터 그 관세를 즉시 징수한다.
④ 외국물품이나 외국물품과 내국물품을 원재료로 하여 작업을 하는 경우 그로써 생긴 물품은 외국으로부터 우리나라에 도착한 물품으로 본다.
⑤ 보세공장에서 내국물품만을 원재료로 하여 제조·가공을 하고자 하는 자는 세관장에게 신고해야 한다.

18 보세공장 잉여물품의 처리에 대한 설명으로 옳지 않은 것은?

① "잉여물품"이란 보세작업으로 인하여 발생하는 부산물과 불량품, 제품생산 중단 등의 사유로 사용하지 않은 원재료와 제품 등을 말한다.

② 보세공장에서 제조·가공한 물품에 전용되는 포장·운반용품의 경우 잉여물품에 포함되지 않는다.

③ 세관장은 성실하다고 인정하는 업체 중 폐기 후의 잔존물의 가치가 없는 물품에 대하여 업체의 신청을 받아 자체폐기대상물품으로 지정할 수 있다.

④ 운영인은 잉여물품이 발생한 때에는 잉여물품관리대장에 잉여물품의 형태, 품명, 규격, 수량 및 발생사유를 기록해야 한다.

⑤ 잉여물품을 폐기하고자 하는 운영인은 세관장의 승인을 받아야 한다.

19 보세판매장 특허상실에 따른 재고물품의 처리에 대한 설명으로 옳지 않은 것은?

① 특허가 상실되었을 때에는 세관장은 즉시 재고조사를 실시하고 현품을 확정해야 한다.

② 운영인은 특허가 상실된 때에는 6개월 이내의 범위 내에서 세관장이 정한 기간 내에 재고물품을 판매, 다른 보세판매장에 양도 등을 해야 한다.

③ 상기 ②의 세관장이 정한 기간이 경과한 때에는 운영인이 지정한 보세구역으로 이고해야 한다.

④ 보세판매장 특허상실에 따라 이고한 물품을 운영인은 이고한 날부터 6개월 이내에 타 보세판매장으로 양도하거나 외국으로 반출해야 한다.

⑤ 보세판매장 특허상실에 따라 이고한 물품을 이고한 날로부터 6개월 이내에 반출하지 않은 때에는 장치기간경과물품 처리절차에 의거 처리한다.

20 보세판매장에 대한 설명으로 옳지 않은 것은?

① "출국장면세점"이란 출국장에서 출국인 및 통과여객기(선)에 의한 임시체류인에게 판매하는 보세판매장을 말한다.

② "운영인"이란 세관장으로부터 보세판매장 설치·운영특허를 받은 자를 말한다.

③ "출국장"이란 공항·항만 보세구역 내에서 출국인 또는 통과여객기(선)에 의한 임시체류인이 항공기 또는 선박을 탑승하기 위하여 대기하는 장소를 말한다.

④ "외교관면세점"이란 「관세법」 제88조 제1항 제1호부터 제4호까지에 따라 관세의 면제를 받을 수 있는 자에게 판매하는 보세판매장을 말한다.

⑤ "판매장"이란 판매물품을 실제로 판매하는 장소인 매장을 말하는 것으로, 물품판매와 직접 관련이 없는 계단·화장실·사무실 등 공용시설은 제외한다.

21 보수작업에 대한 설명으로 옳지 않은 것은?

① 보수작업을 하려는 자는 세관장의 승인을 받아야 한다.

② 외국물품은 수입될 물품의 보수작업의 재료로 사용할 수 있다.

③ 보수작업으로 외국물품에 부가된 내국물품은 외국물품으로 본다.

④ 세관장은 보수작업 신청을 받은 날로부터 10일 이내에 승인 여부를 신청인에게 통지해야 한다.

⑤ 보세구역에서의 보수작업이 곤란하다고 세관장이 인정할 때에는 보세구역 밖에서 보수작업을 할 수 있다.

22 보세구역 장치물품의 폐기에 대한 설명으로 옳지 않은 것은?

① 부패, 손상 등으로 상품가치를 상실한 경우 보세구역에 장치된 물품을 폐기하려는 자는 세관장의 승인을 받아야 한다.

② 보세구역에 장치된 외국물품이 멸실되거나 폐기되었을 때에는 그 운영인이나 보관인으로부터 즉시 그 관세를 징수한다.

③ 외국물품 중 폐기 후에 남아 있는 부분에 대하여는 폐기 후의 성질과 수량에 따라 관세를 부과한다.

④ 재해로 멸실된 때에는 그 운영인이나 보관인으로부터 즉시 그 관세를 징수한다.

⑤ 세관장은 급박하여 화주에게 폐기 통고할 여유가 없는 경우에는 폐기한 후 즉시 통고해야 한다.

23 종합보세구역 지정 및 운영에 관한 설명으로 옳지 않은 것은?

① 관세청장은 직권으로 또는 관계 중앙행정기관의 장 등의 요청에 따라 무역진흥에의 기여 정도, 외국물품의 반입·반출 물량 등을 고려하여 일정한 지역을 종합보세구역으로 지정할 수 있다.

② 종합보세구역에서는 보세창고·보세공장·보세전시장·보세건설장 또는 보세판매장의 기능 중 둘 이상의 기능을 수행할 수 있다.

③ 종합보세구역에서 종합보세기능을 수행하려는 자는 그 기능을 정하여 세관장에게 종합보세사업장의 설치·운영에 관한 신고를 해야 한다.

④ 종합보세사업장의 운영인은 그가 수행하는 종합보세기능을 변경하려면 관세청장에게 이를 신고해야 한다.

⑤ 종합보세구역에 물품을 반입하거나 반출하려는 자는 대통령령으로 정하는 바에 따라 세관장에게 신고해야 한다.

24 보세구역 외 장치허가수수료에 대한 설명으로 옳지 않은 것은?

① 보세구역 외 장치허가수수료는 1만 8천 원으로 한다.

② 서로 다른 선박으로 수입된 동일한 화주의 화물을 동일한 장소에 반입하는 때에는 1건의 보세구역 외 장치허가수수료를 징수한다.

③ 국가 또는 지방자치단체가 수입하거나 협정에 의하여 관세가 면제되는 물품을 수입하는 때에는 보세구역 외 장치허가수수료를 면제한다.

④ 보세구역 외 장치허가수수료를 납부해야 하는 자가 관세청장이 정하는 바에 의하여 이를 따로 납부한 때에는 그 사실을 증명하는 증표를 허가신청서에 첨부해야 한다.

⑤ 세관장은 전산처리설비를 이용하여 보세구역 외 장치허가를 신청하는 때에는 보세구역 외 장치허가수수료를 일괄고지하여 납부하게 할 수 있다.

25 특허보세구역의 설치·운영에 관한 설명으로 옳지 않은 것은?

① 특허보세구역을 설치·운영하려는 자는 체납된 관세 및 내국세가 없어야 한다.

② 보세구역 특허를 받으려는 자는 관할 세관장에게 특허신청수수료를 납부해야 한다.

③ 관세청장은 보세구역의 종류별로 특허요건을 정하여 운영할 수 있다.

④ 특허를 갱신하려는 자는 특허(갱신)신청서에 운영인의 자격을 증명하는 서류와 보세구역 운영에 필요한 시설 및 장비의 구비를 증명하는 서류를 첨부해야 한다.

⑤ 운영인이 장치물품의 종류를 변경하고자 하는 때에는 세관장에게 신고해야 한다.

01 보세구역 외 장치물품의 허가기간을 연장할 수 있는 사유로 옳지 않은 것은?

① 보세구역 외 장치 허가신청 업체의 구역 내에 해당화물을 반입할 장소가 없는 경우
② 품목분류 사전심사의 지연으로 수입신고할 수 없는 경우
③ 인지부서의 자체조사, 고발의뢰 등의 결정에 따른 조치를 위하여 필요한 경우
④ 「관세법」 제226조에 따른 수입요건·선적서류 등 수입신고 또는 신고 수리 요건을 구비하지 못한 경우
⑤ 재해 그 밖에 부득이한 사유로 생산지연·반송대기 등 세관장이 인정하는 사유가 있는 경우

02 보세화물 반출통고에 관한 설명으로 옳지 않은 것은?

① 영업용 보세창고에 반입한 물품의 반출통고는 보세구역 운영인이 화주들에게 한다.
② 지정장치장에 반입한 물품의 반출통고는 세관장이 화주 등에게 해야 한다.
③ 지정장치장, 보세창고에 반입한 물품의 반출통고는 장치기간 만료 30일 전까지 해야 한다.
④ 장치기간이 2개월 미만인 물품(유치·예치물품 등)의 반출통고는 장치기간 만료시점에 해야 한다(다만, 법 규정에 따라 유치 또는 예치할 때 매각한다는 것을 통고한 경우에는 생략할 수 있다).
⑤ 화주 등이 분명하지 않거나 그 소재가 분명하지 않아 반출통고를 할 수 없을 때에는 게시공고로 반출통고를 대신할 수 있다.

03 물품의 하역에 대한 설명으로 옳지 않은 것은?

① 국제무역선이나 국제무역기는 원칙적으로 입항절차를 마친 후가 아니면 물품을 하역하거나 환적할 수 없다.
② 세관장은 감시단속을 위하여 필요한 때에는 물품을 하역하는 장소 및 통로와 기간을 제한할 수 있다.
③ 국제무역선이나 국제무역기에는 세관장의 허가 없이 내국물품을 적재할 수 없다.
④ 국내운항선이나 국내운항기에는 세관장의 허가 없이 외국물품을 적재할 수 없다.
⑤ 수출물품을 국제무역선이나 국제무역기에 하역 또는 환적하려면 세관장이 정하는 바에 따라 물품목록의 제출로써 물품의 하역 등의 허가신청을 갈음할 수 있다.

04 세관장이 공매대상물품에 대하여 수의계약할 수 있는 사유에 대한 설명으로 옳은 것은? (정답 2개)

① 2회 이상 경쟁입찰에 부쳐도 매각되지 않은 경우로서 다음 회의 입찰에 체감될 예정가격 이상의 응찰자가 있을 때
② 공매절차가 종료된 물품을 국고귀속 예정통고 전에 최초예정가격 이상의 가격으로 매수하려는 자가 있을 때
③ 부패, 손상, 변질 등의 우려가 있는 물품으로서 즉시 매각되지 않으면 상품가치가 저하될 우려가 있을 때
④ 1회 공매의 매각예정가격이 100만 원 미만인 때
⑤ 경쟁입찰 방법의 공매 참여자가 없을 때

05 체화의 폐기 및 재활용에 대한 설명으로 옳지 않은 것은?

① 원상변형작업이란 체화의 해체, 절단, 분쇄와 같이 형상의 변화를 가져오는 작업을 말한다.
② 원상변형작업 대상물품은 「자원의 절약과 재활용촉진에 관한 법률」에 따라 재활용이 가능한 물품으로 한다.
③ 사료화작업이란 체화를 사료제조시설에서 사료로 제조하는 작업을 말한다.
④ 사료화작업의 대상물품은 사료제조용으로 사용이 가능한 것으로 관련 규정에 따른 검사에서 합격한 물품으로 한다.
⑤ 퇴비화작업의 대상물품은 퇴비제조용으로 사용이 가능한 것으로 「비료관리법」에 따라 관세청장이 고시한 물품으로 한정한다.

06 국내 국제항 간 국제무역선으로 운송할 수 있는 화물이 아닌 것은?

① 반송화물
② 환적화물
③ 수출신고가 수리된 물품
④ 내국물품인 공컨테이너
⑤ 우리나라로 수입하려는 외국물품으로 최초 입항지에서 선하증권(항공화물운송장을 포함한다)에 기재된 최종 목적지로 운송하려는 화물

※해당 문제는 개정 규정을 반영하여 수정되었습니다.

07 보세화물의 반출입에 대한 설명으로 옳지 않은 것은?

① 컨테이너 보세창고에서 반출입되는 컨테이너화물에 대하여는 B/L 단위로 반출입신고를 해야 한다.

② 운영인이 보세창고의 일정구역에 일정기간 동안 내국물품을 반복적으로 장치하려는 경우 세관장은 외국물품의 장치 및 세관 감시단속에 지장이 없다고 인정하는 때에는 보관장소, 내국물품의 종류, 기간 등에 대하여 포괄적으로 허용할 수 있다.

③ 운영인은 보세창고에 1년 이상 계속하여 내국물품만을 장치하려면 내국물품장치승인(신청)서를 제출하여 세관장의 승인을 받아야 한다.

④ B/L 제시 인도물품을 반출하려는 자는 화물관리공무원에게 B/L 원본을 제시하여 반출승인을 받아야 한다.

⑤ FCL 컨테이너화물로 통관우체국까지 운송하는 국제우편물의 경우에는 국제우편물 보세구역 반출승인 신청을 생략할 수 있다.

08 보세화물의 관리 · 감독에 대한 설명으로 옳지 않은 것은?

① 보세화물의 화주는 장치물품을 수입신고 이전에 확인할 때에는 수입신고 전 물품 확인 승인(신청)서를 제출하여 세관장의 승인을 받아야 한다.

② 장치물품의 수입신고 전 물품 확인은 화물관리 세관공무원 또는 보세사의 입회하에 실시해야 한다.

③ 재해나 그 밖의 부득이한 사유로 인하여 멸실된 때와 미리 세관장의 승인을 얻어 폐기하였을 때에는 그 물품의 관세를 보세구역의 운영인, 보관인(지정보세구역은 화물관리인)으로부터 즉시 징수한다.

④ 보세구역에 장치된 물품이 도난 또는 분실된 때에는 그 물품의 관세를 보세구역의 운영인, 보관인(지정보세구역은 화물관리인)으로부터 즉시 징수한다.

⑤ 재해나 그 밖의 부득이한 사유로 물품이 멸실된 때에는 운영인, 화물관리인, 또는 보관인은 세관장에게 멸실신고를 하고 그 확인을 받아야 한다.

09 선사가 적재물품을 하선할 수 있는 장소에 대한 설명으로 옳지 않은 것은?

① 컨테이너화물 – 컨테이너를 취급할 수 있는 시설이 있는 부두 내 또는 부두 밖 컨테이너 전용 보세창고(다만, 부두사정상 컨테이너화물과 벌크화물을 함께 취급하는 부두의 경우에는 보세구역 중 세관장이 지정한 장소)

② 냉동컨테이너화물 – 컨테이너화물 하선장소를 준용하되 화주가 냉동컨테이너로부터 화물을 적출하여 반입을 원하는 경우 냉동시설을 갖춘 보세구역

③ 벌크화물 등 기타 화물 – 부두 내 보세구역

④ 액체, 분말 등의 형태로 본선에서 탱크, 사일로 등 특수저장시설로 직송되는 물품 – 해당 저장시설을 갖춘 보세구역

⑤ 부두 내 보세구역이 없는 세관의 경우 – 관할구역 내 보세구역 중 선사가 지정하는 장소

※ 해당 문제는 개정 규정을 반영하여 수정되었습니다.

10 환적화물관리에 대한 설명으로 옳지 않은 것은? (정답 3개)

① 환적화물은 국내 국제항 간 국제무역선으로 화물을 운송할 수 있다.

② 환적화물의 일시양륙신고는 「보세화물 입출항 하선 하기 및 적재에 관한 고시」에 따른 하선(기) 신고로 갈음한다.

③ 비가공증명서를 발급받으려는 물품을 환적하는 경우에는 해당 물품의 적재 전까지 환적신고서를 선적예정지 관할 세관장에게 전자문서로 제출해야 한다.

④ 환적화물을 보세운송하려는 자는 입항 선박 또는 항공기의 Master B/L 단위로 세관장에게 보세운송신고를 해야 한다.

⑤ 선박을 통해 입항지에 반입된 화물을 공항으로 운송한 후 외국으로 반출하려는 환적화물(보세운송목적지가 공항항역 내 1개 이상인 경우를 포함한다)은 모선단위 1건으로 일괄하여 신고할 수 있다.

11 화물운송주선업자에 대한 설명으로 옳지 않은 것은? (정답 2개)

① 화물운송주선업자가 「관세법」 또는 세관장 명령사항 등 위반으로 2회 이상 업무정지 처분을 받은 경우 화물운송주선업자 등록을 취소해야 한다.

② 「물류정책기본법」 제47조에 따른 등록이 취소된 경우 화물운송주선업자 등록을 취소할 수 있다.

③ 관세 및 국세를 체납하고 이를 납부할 가능성이 없는 것으로 세관장이 인정하는 경우 화물운송주선업자 등록을 취소할 수 있다.

④ 세관장은 화물운송주선업자에 대하여 등록취소 또는 업무정지를 하려는 때에는 사전에 화물운송주선업자에게 통보하여 의견을 청취해야 한다.

⑤ 세관장은 화물운송주선업자에 대하여 행정제재를 한 경우에는 즉시 세관화물정보시스템에 등록해야 하며, 등록취소를 한 경우에는 관세청장에게 보고해야 한다.

12 보세운송하는 물품의 목적지로서 해당 물품을 장치할 수 있는 곳으로 옳은 것은?

> A. 국제항   B. 세관관서
> C. 자유무역지역   D. 우체국
> E. 경제자유구역   F. 통관역
> G. 외국인투자지역

① A, B, C, F   ② B, C, D, G
③ A, B, C, D   ④ A, C, E, G
⑤ A, D, E, F

13 장치기간 경과물품의 매각처분에 대한 설명으로 옳지 않은 것은?

① 화주의 의무는 다하였으나 통관지연의 귀책사유가 국가에 있는 경우 매각처분을 보류할 수 있다.
② 창고나 다른 외국물품을 해할 우려가 있는 물품은 장치기간 경과 전이라도 공고한 후 매각할 수 있으며, 급박하여 공고할 여유가 없다고 판단되는 경우에는 매각한 후 공고할 수 있다.
③ 세관장은 관련 규정에 따라 매각하려는 때에는 경쟁입찰에 의하는 것을 원칙으로 한다.
④ 매각된 물품에 대한 과세가격은 최종예정가격을 기초로 하여 과세가격을 산출한다.
⑤ 세관장은 「관세법」 제210조에 따른 매각대금 중에서 그 물품 매각에 대한 비용, 관세, 각종 세금의 순으로 필요한 금액을 충당하고 잔금이 있을 때에는 화주에게 교부한다.

14 보세구역에 장치된 물품을 반출하는 경우에 대한 설명으로 옳지 않은 것은?

① 보세구역 등에 장치된 외국물품의 전부 또는 일부를 견본품으로 반출하려는 자는 견품반출허가 (신청)서를 제출하여 세관장의 허가를 받아야 한다.
② 세관장은 견본품반출허가를 하는 경우에는 필요한 최소한의 수량으로 제한해야 한다.
③ 세관장은 견본품채취로 인하여 장치물품의 변질, 손상, 가치감소 등으로 관세채권의 확보가 어려운 경우라 하더라도 견본품반출허가를 해야 한다.
④ 견본품반출허가를 받은 자는 반출기간이 종료되기 전에 해당 물품이 장치되었던 보세구역에 반입하고 견품재반입보고서를 세관장에게 제출해야 한다.
⑤ 보세구역 운영인 또는 관리인은 견본품반출허가를 받은 물품이 해당 보세구역에서 반출입될 때에는 견본품반출 허가사항을 확인하고, 견본품 반출입사항을 견품반출입대장에 기록관리해야 한다.

15 보세구역별 장치기간에 대한 설명으로 옳지 않은 것은?

① 지정장치장 반입물품의 장치기간은 6개월로 한다.

② 부산항·인천항·인천공항·김해공항 항역 내의 지정장치장으로 반입된 물품의 장치기간은 2개월로 하며, 세관장이 필요하다고 인정할 때에는 2개월의 범위에서 그 기간을 연장할 수 있다.

③ 여행자 또는 승무원의 휴대품으로서 유치물품 및 습득물의 장치기간은 1개월로 한다.

④ 보세창고 반입물품의 장치기간은 6개월로 하되 세관장이 필요하다고 인정할 때에는 6개월의 범위에서 그 기간을 연장할 수 있다.

⑤ 보세창고에 반입된 정부비축물품의 장치기간은 6개월로 하되 세관장이 필요하다고 인정할 때에는 6개월의 범위에서 그 기간을 연장할 수 있다.

16 세관장이 보세화물의 매각절차를 중지할 수 있는 경우로 옳지 않은 것은?

① 매각처분이 공익에 반하는 경우라고 판단되는 경우

② 검사·검역기관에서 검사·검역기준 등에 부적합 물품으로 판명될 경우

③ 해당 물품이 이미 통관되었거나 예정가격, 공매조건 그 밖의 매각절차에 중대한 하자가 발생된 경우

④ 살아있는 동식물이나 부패하거나 부패할 우려가 있는 것

⑤ 공매공고에 의해 1차 매각절차가 완료된 후, 매각되지 않은 물품으로서 화주의 요청이 있고, 1개월 내에 수출입 또는 반송할 것이 확실하다고 인정되는 경우

17 세관장이 국고귀속 조치를 보류할 수 있는 물품으로 옳지 않은 것은?

① 「관세법」 위반으로 조사 중인 물품

② 중소기업, 공기업, 준정부기관의 국고귀속 보류요청이 있는 물품

③ 부패, 손상, 실용시효가 경과하는 등 국고귀속의 실익이 없다고 인정되는 물품

④ 특수용도에만 한정되어 있는 물품으로서 국고귀속 조치 후에도 공매낙찰 가능성이 없는 물품

⑤ 이의신청, 심판청구, 소송 등 쟁송이 제기된 물품

18 복합환적화물에 해당하지 않는 것은?

① 선박으로 반입한 화물을 공항으로 운송하여 반출하는 물품

② 항공기로 반입한 화물을 항만으로 운송하여 반출하는 물품

③ 선박으로 반입한 화물을 다른 항만으로 운송하여 반출하는 물품

④ 항공기로 반입한 화물을 다른 공항으로 운송하여 반출하는 물품

⑤ 선박 또는 항공기로 반입한 화물을 차량 또는 철도로 반출하는 물품

19 보세운송업자의 등록 및 취소에 대한 설명으로 옳지 않은 것은?

① 세관장은 보세운송업자가 관세 등 국세를 체납하고 납부할 가능성이 없는 것으로 인정하는 때에 보세운송업자의 등록을 취소할 수 있다.

② 세관장은 간이보세운송업자가 간이보세운송업자 지정기간 중 업무정지 처분을 2회 받은 때에는 간이보세운송업자 지정을 취소할 수 있다.

③ 세관장은 간이보세운송업자 지정기간 중 영업실적이 극히 적어 간이보세운송업자 지정이 불필요하다고 인정하는 때에는 그 지정을 취소할 수 있다.

④ 세관장이 보세운송업자에 대하여 업무정지, 등록취소 등 행정제재를 하려를 때에는 이해관계자의 의견을 청취해야 한다.

⑤ 한국관세물류협회장은 보세운송업자 등록에 관한 서류를 3년간 보관해야 한다.

20 보세운송관리에 대한 설명으로 옳지 않은 것은?

① 출발지 보세구역 운영인 또는 화물관리인은 보세운송업자가 운송하는 경우 보세운송수단의 등록 여부를 확인한 후 물품을 반출해야 한다.

② 보세운송인이 보세운송신고 또는 승인신청 후 운송수단을 변경하려는 경우 이를 신청한 세관장에게 전자문서 또는 서류로 제출해야 한다.

③ 보세운송인이 보세운송 목적지 또는 경유지 변경을 하려는 경우 발송지세관장 또는 도착지세관장에게 승인을 받아야 한다.

④ 보세구역 경유지에서는 보세운송물품의 개장, 분리, 합병 등의 작업을 할 수 있다.

⑤ 국내 국제항 간에 항공기로 보세운송하려는 경우 보세운송물품 도착보고는 도착지세관에 전자문서로 적재화물목록을 제출하는 것으로 갈음할 수 있다.

21 보세화물의 장치장소 결정을 위한 화물분류기준에 대한 설명으로 옳지 않은 것은?

① 위험물, 보온 · 보냉물품, 검역대상물품 등은 해당 물품을 장치하기에 적합한 요건을 갖춘 보세구역에 장치해야 한다.

② 화주가 장치장소에 대한 별도의 의사표시가 없는 경우 House B/L화물은 세관장이 장치장소를 결정한다.

③ 화주가 장치장소에 대한 별도의 의사표시가 없는 경우 Master B/L화물은 선사가 선량한 관리자로서 장치장소를 결정한다.

④ 입항 전 또는 하선(기) 전에 수입신고가 되거나 보세운송신고가 된 물품은 보세구역에 반입함이 없이 부두 또는 공항 내에서 보세운송 또는 통관절차와 검사절차를 수행하도록 해야 한다.

⑤ 보세창고, 보세공장, 보세전시장, 보세판매장에 반입할 물품은 특허 시 세관장이 지정한 장치물품의 범위에 해당하는 물품만 해당 보세구역에 장치한다.

22 보세운송의 신고 또는 승인신청을 할 수 있는 자가 아닌 것은?

① 화 주
② 환적화물의 경우에는 그 화물에 대한 권리를 가진 자
③ 관세사
④ 등록한 보세운송업자
⑤ 보세사

23 보세구역 반입일로부터 30일 이내에 수입 또는 반송 신고를 하지 않아 부과되는 가산세에 대한 설명 중 맞는 것은?

① 신고기한이 경과한 날부터 초과된 기한에 따라 각각 다른 가산세율을 적용하며, 이 경우 최대 가산세율은 과세가격의 1천분의 15이다.
② 최대 가산세율이 적용되더라도 가산세액은 500만 원을 초과할 수 없다.
③ 환적화물 및 여행자 휴대품과 수출용 원재료로 사용되는 물품의 경우 가산세를 징수하지 않는다.
④ 부산항의 부두 내와 부두 밖의 지정장치장 및 보세창고에 반입된 물품을 대상으로 한다.
⑤ 보세구역 간을 이동하는 물품에 대한 장치기간은 현 보세구역의 장치기간만을 대상으로 한다.

24 보세구역 외 장치 허가대상이 아닌 물품은?

① 수출신고 수리를 받은 물품
② 물품이 크기 또는 무게의 과다로 보세구역에 장치하기 곤란한 물품
③ 다량의 벌크화물로서 보세구역에 장치 후 다시 운송하는 것이 불합리하다고 인정하는 물품
④ 보세구역이 아닌 검역시행장에 반입할 검역물품
⑤ 보세구역과의 교통이 불편한 지역에 양륙된 물품으로서 보세구역으로 운반하는 것이 불합리한 물품

25 보세화물의 장치에 대한 설명으로 옳지 않은 것은?

① 보세화물은 원칙적으로 보세구역에 장치하여야 하지만, 화물의 성질상 보세구역에 장치할 수 없거나 보세구역에 반입할 실익이 없는 경우에는 보세구역이 아닌 장소에 반입할 수 있다.
② 수출신고 수리를 받고자 하는 물품과 수출신고 수리를 받은 물품에 대한 보세구역 장치의무는 폐지되어 수출물품을 생산공장에 둔 상태로 수출신고가 가능하다.
③ 「관세법」 위반으로 압수된 물품은 「관세법」 위반 조사를 위해 세관 보세구역에 장치해야 한다.
④ 동식물 등 전염병을 옮기기 쉬운 물품을 수입 또는 수출하는 경우에는 「검역법」 등 관계법에 의하여 검역을 받도록 되어 있는 바, 이러한 검역대상물품은 검역을 받아야 할 장소에 따로 장치할 수 있다.
⑤ 장치장소가 결정된 물품은 하선(기)절차가 완료된 후 해당 보세구역에 물품을 반입해야 한다.

01 관세법령상 국제항의 지정요건에 대한 설명으로 옳지 않은 것은?

① 국제항은 관세청장이 지정한다.

②「선박의 입항 및 출항 등에 관한 법률」또는「공항시설법」에 의하여 국제무역선(기)이 상시 입출항할 수 있어야 한다.

③ 국내선과 구분되는 국제선 전용통로 및 그 밖에 출입국업무를 처리하는 행정기관의 업무수행에 필요한 인력·시설·장비를 확보할 수 있어야 한다.

④ 공항의 경우에는 정기여객기가 주 6회 이상 입항하거나 입항할 것으로 예상되거나 또는 여객기로 입국하는 여객수가 연간 4만 명 이상이어야 한다.

⑤ 항구의 경우에는 국제무역선인 5천톤급 이상의 선박이 연간 50회 이상 입항하거나 입항할 것으로 예상되어야 한다.

02 「관세법」상 국제무역선(기)의 입항보고 시 첨부해야 하는 서류 중 세관장이 감시·단속에 지장이 없다고 인정될 경우에 생략 가능한 서류로 맞는 것은?

① 선박용품목록, 항공기용품목록, 승무원 휴대품목록

② 여객명부, 승무원명부

③ 선박용품목록, 항공기용품목록, 적재화물목록

④ 승무원 휴대품목록, 승무원명부

⑤ 선박국적증명서, 최종 출발항의 출항허가증

03 「관리대상화물 관리에 관한 고시」에 규정된 용어의 정의에 대한 설명으로 옳지 않은 것은?

① "검색기검사화물"이란 세관장이 선별한 검사대상화물 중 검색기로 검사를 실시하는 화물을 말한다.

② "즉시검사화물"이란 세관장이 선별한 검사대상화물 중 검색기검사를 하지 않고 바로 개장검사를 실시하는 화물을 말한다.

③ "반입 후 검사화물"이란 세관장이 선별한 검사대상화물 중 세관지정장치장으로 반입토록 하여 검사하는 화물을 말한다.

④ "하선(기)감시화물"이란 세관장이 선별하여 부두 또는 계류장 내에서 하역과정을 감시하거나 하역 즉시 검사하는 화물(공컨테이너를 포함한다)을 말한다.

⑤ "운송추적감시화물"이란 세관장이 선별한 감시대상화물 중 하선(기)장소 또는 장치예정장소까지 추적감시하는 화물을 말한다.

※ 해당 문제는 개정 규정을 반영하여 수정되었습니다.

04 「관리대상화물 관리에 관한 고시」에 규정된 화물의 장치 및 관리 절차에 대한 설명으로 옳지 않은 것은?

① 검색기검사화물의 경우에는 검사를 마친 경우에만 하선장소에 반입할 수 있다.

② 세관지정장치장의 화물관리인과 세관지정 보세창고의 운영인은 관리대상화물을 일반화물과 구분하여 장치해야 한다.

③ 세관장은 하선(기)감시화물에 대하여 이상이 있다고 판단되는 경우 현장에서 확인하거나 운송추적대상 또는 반입 후 검사대상으로 지정하여 검사를 실시할 수 있다.

④ 세관장은 정밀검사 시 검사입회 통보를 하여도 검사일시에 화주 또는 화주로부터 권한을 위임받은 자가 입회하지 않은 때에는 해당 보세구역의 화물관리인(운영인)이나 그 대리인의 입회하에 검사를 실시할 수 있다.

⑤ 반송 후 재수입되는 컨테이너화물로 밀수입 등이 의심되는 경우에는 수입신고 후 검사화물로 선별하여 검사한다.

05 세관장이 선박회사 또는 항공사에 열람 또는 제출을 요구할 수 있는 승객예약자료에 해당하지 않는 것은?

① 예약 및 탑승수속 시점
② 동반탑승자 및 좌석번호
③ 도착국가 내 소재지 주소 및 전화번호
④ 여행경로 및 여행사
⑤ 수하물 자료

06 선박용품 등의 반출입 및 하역에 대한 설명으로 옳지 않은 것은?

① 공급자 등이 외국 선박용품 등을 보세구역에 반입한 때에는 관할지 세관장에게 반입등록서를 제출해야 한다.

② 공급자 등이 외국물품인 선박용품 등의 적재 등 허가를 받고자 하는 때에는 해당 국제무역선이 정박한 지역의 관할 세관장에게 신청서를 제출해야 한다.

③ 선박회사(대리점 포함)는 자사 소속 국제무역선에 한정하여 선박용품 등을 직접 적재 등을 하거나 보세운송할 수 있다.

④ 보세운송신고인은 선박용품 등이 목적지에 도착한 때에는 선박용품공급업자의 입회하에 인수자에게 인계해야 한다.

⑤ 선박용품 등의 하선허가를 받은 자는 허가일부터 7일 이내에 하선허가받은 물품을 보세구역에 반입해야 한다.

※ 해당 문제는 개정 규정을 반영하여 수정되었습니다.

07 수출입 안전관리 우수업체 공인을 위한 심사 절차에 대한 설명으로 옳은 것은?

① 관세청장은 공인기준 준수 개선을 완료한 공인유보업체가 재심사를 요청했을 경우에 재심사를 신청일로부터 3개월 이내에 마쳐야 한다.

② 신청업체가 법규준수의 결격에 해당하는 형사절차가 현장심사를 마친 날부터 1년을 넘어서도 확정되지 않고 계속 진행되는 경우 관세청장은 심의위원회의 심의를 거쳐 공인을 유보할 수 있다.

③ 공인심사 결과 공인기준을 충족하지 못한 경우로서 관세청장이 요구한 공인기준 준수 개선 계획을 제출하지 않은 경우에는 특례 적용을 중단할 수 있다.

④ 관세청장은 현장심사 결과 신청업체가 안전관리 기준은 충족하지 못하였으나 나머지 공인기준을 모두 충족한 경우에는 수출입 안전관리 우수업체 심의위원회의 심의를 거쳐 신청업체를 공인유보업체로 지정할 수 있다.

⑤ 공인유보업체는 지정일로부터 30일 이내에 관세청장에게 공인기준 준수 개선 계획을 제출하고 제출일로부터 180일 내에 개선 완료 보고서를 제출해야 한다.

※ 해당 문제는 개정 규정을 반영하여 수정되었습니다.

08 수출입 안전관리 우수업체 공인 유효기간에 대한 설명으로 옳지 않은 것은?

① 갱신심사 결과에 따른 새로운 유효기간은 당초 유효기간 만료일부터 시작한다.

② 공인등급을 조정하는 경우에도 공인의 유효기간은 조정 전의 유효기간으로 한다.

③ 공인의 유효기간은 관세청장이 증서를 교부한 날부터 5년으로 한다.

④ 수출입 안전관리 우수업체 심의위원회에서 공인취소 결정이 있는 경우에는 결정일에 공인유효기간이 만료된 것으로 본다.

⑤ 갱신심사 실시 중 또는 갱신심사에 의한 공인 갱신 전에 유효기간이 만료하는 경우에도 통관절차 등의 특례는 새로운 증서가 교부되는 날까지 적용한다.

09 다음은 무엇에 대한 설명인가?

> 상대국의 AEO제도를 자국의 AEO제도와 동등하게 받아들여 각 국가의 수출입통관절차상에서 상대국 AEO업체에 대하여 신속통관 혜택 등을 부여하기로 한 관세당국 간의 합의를 말한다. 통상 '공인기준 비교 → 상호방문 합동심사 → 혜택 및 공인업체 정보공유 등 운영절차 논의 → 관세당국 최고책임자 간 서명'의 순으로 진행된다.

① 상호인정약정(Mutual Recognition Arrangement)

② 세관상호지원협정(Cooperation and Mutual Assistance Agreement)

③ 자유무역협정(Free Trade Agreement)

④ WTO관세평가협정(WTO Customs Valuation Agreement)

⑤ 개정 교토협약(Revised Kyoto Convention)

10 수출입 안전관리 우수업체 공인심사 시 적용되는 보세운송업자 부문 안전관리 공인기준에 대한 설명으로 옳지 않은 것은?

① 보세운송업자는 사람과 차량이 출입하는 출입구에 인력을 배치하거나 감시하고 적절한 출입과 안전관리를 위하여 출입구를 최소한으로 유지해야 한다.

② 보세운송업자는 수출입물품의 운송, 취급, 보관과 관련된 절차를 준수하기 위해 비인가된 물품과 사람의 접근을 통제하는 안전관리조치를 해야 한다.

③ 보세운송업자는 거래업체가 국내·외 수출입 안전관리 우수업체 공인을 받았는지 여부를 확인해야 한다.

④ 보세운송업자는 여러 수출입업체의 물품을 적재해서는 안된다.

⑤ 보세운송업자는 회사정보에 대한 부적절한 접근, 조작 및 교환을 포함한 정보기술의 오·남용을 확인할 수 있는 시스템을 마련해야 한다.

11 수출입 안전관리 우수업체 공인심사 시 적용되는 보세구역 운영인 부문 내부통제시스템 공인기준에 대한 설명으로 옳지 않은 것은?

① 운영인은 최고경영자의 법규준수와 안전관리에 대한 경영방침과 이를 이행하기 위한 세부목표를 수립해야 한다.

② 운영인은 법규준수와 안전관리를 위한 조직과 인력을 확보하고, 관세행정 관련 활동에 적극 참여해야 한다.

③ 운영인은 법규준수와 안전관리를 위하여 수출입물품 취급 관련 자격증 소지자와 경험자를 근무하도록 해야 한다.

④ 운영인은 청렴성을 유지하기 위하여 윤리경영방침을 마련하고, 내부고발제도 등 부정방지 프로그램을 활성화해야 한다.

⑤ 운영인은 직원을 식별하고, 접근을 통제하기 위하여 직원식별시스템을 마련하고, 회사 관리자를 지정하여 직원, 방문자, 납품업자를 식별하는 표식의 발급과 회수를 관리해야 한다.

12 수출입 안전관리 우수업체 공인을 위한 심사절차에 대한 설명으로 옳지 않은 것은?

① 공인심사는 신청업체가 제출한 서류에 대한 심사와 신청업체의 본사 및 관련 사업장 등에 대한 방문심사로 구분하여 실시한다.

② 신청업체는 공인심사 신청 전에 예비심사를 희망하는 경우에는 예비심사 신청서를 관세청장에게 제출해야 한다.

③ 관세청장은 공인심사 신청서를 접수한 날로부터 90일 이내에 서류심사를 완료해야 한다.

④ 관세청장은 서류심사가 완료된 업체에 대해서 직원 면담, 시설 점검 및 거래업체 확인 등으로 현장심사를 실시한다.

⑤ 관세청장은 현장심사를 마친 후 수출입 안전관리 우수업체 심의위원회의 심의를 거쳐 수출입 안전관리 우수업체로 공인한다.

※ 해당 문제는 개정 규정을 반영하여 수정되었습니다.

13 수출입 안전관리 우수업체의 관리책임자에 대한 설명으로 옳지 않은 것은?

① 관리책임자는 총괄책임자와 수출입관리책임자로 구분된다.

② 관리책임자는 수출입관리현황 설명서 및 정기 자율평가서를 작성하고, 관련 직원 교육을 실시하며, 세관 등 유관기관과 수출입관리 관련 정보의 교류 및 그 밖에 사내 법규준수도 향상을 위한 지원을 한다.

③ 보세구역 운영인 또는 보세운송업자의 수출입관리책임자는 수출입 관련 업무를 3년(중소수출기업은 1년) 이상 종사한 자 또는 보세사 자격증을 소지한 자(사업장이 보세구역인 경우에 한정)여야 한다.

④ 관리책임자는 수출입 안전관리 우수업체로 공인된 후에는 관세청장이 정하는 바에 따라 매년 일정 교육을 받아야 한다.

⑤ 관세청장은 관리책임자가 공인 후 교육을 이수하지 않을 경우에는 다음 회 교육이수를 권고해야 한다.

14 수출입 안전관리 우수업체의 공인취소 및 청문절차에 대한 설명으로 옳지 않은 것은?

① 관세청장은 수출입 안전관리 우수업체 공인을 취소하려는 때에는 사전에 해당업체에 통보하여 의견을 청취하는 등 해명할 기회를 주어야 한다.

② 업체의 의견을 청취하려는 때에는 의견 청취 예정일 10일 전까지 해당 업체에게 의견 청취 계획을 서면으로 통지해야 하며 정당한 사유 없이 의견 청취에 응하지 않은 때에는 의견 진술을 포기한 것으로 본다.

③ 의견 청취 계획의 통지를 받은 수출입 안전관리 우수업체의 대표 또는 그 대리인은 지정된 날에 반드시 출석하여 의견을 진술해야 하며, 서면으로는 의견을 제출할 수 없다.

④ 수출입 안전관리 우수업체의 대표 또는 그 대리인이 출석하여 의견을 진술한 때에는 담당 공무원은 그 요지를 서면으로 작성하여 출석자로 하여금 확인하게 한 후 서명 날인하게 해야 한다.

⑤ 관세청장이 수출입 안전관리 우수업체에 대한 공인을 취소하려는 때에는 수출입 안전관리 우수업체 심의위원회의 심의를 거쳐야 한다.

15 수출입 안전관리 우수업체의 갱신심사에 관한 설명으로 옳지 않은 것은? (정답 2개)

① 공인을 갱신하고자 하는 수출입 안전관리 우수업체는 유효기간 만료 6개월 전까지 관세청장에게 갱신심사를 신청해야 한다.

② 수출입 안전관리 우수업체가 여러 공인부문에 걸쳐 공인을 받은 경우에는 공인일자가 가장 빠른 공인부문을 기준으로 갱신심사를 함께 신청할 수 있다.

③ 갱신심사 신청이 있는 때에는 최초 공인심사 시 서류심사는 통과하였으므로 현장심사만 실시한다.

④ 관세청장은 갱신심사 결과 수출입 안전관리 우수업체가 공인기준을 충족하지 못한 것으로 확인된 경우에는 공인을 취소할 수 있다.

⑤ 관세청장은 갱신심사 결과 수출입 안전관리 우수업체가 법규준수도의 하락으로 공인등급의 하향 조정이 예상되는 경우에는 공인기준 준수 개선을 요구해야 하며, 수출입 안전관리 우수업체는 요구를 받은 날부터 30일 이내에 개선 계획을 제출해야 한다.

※ 해당 문제는 개정 규정을 반영하여 수정되었습니다.

16 수출입 안전관리 우수업체의 공인취소 사유에 해당하지 않는 것은?

① 「관세법」 제268조의2부터 제271조까지, 제274조, 제275조의2, 제275조의3에 따라 벌금형 이상을 선고받거나 통고처분을 이행한 경우

② 「자유무역협정의 이행을 위한 관세법의 특례에 관한 법률」, 「대외무역법」, 「외국환거래법」, 「수출용 원재료에 대한 관세 등 환급에 관한 특례법」 등 수출입에 관련된 법령의 벌칙조항 중 징역형이 규정된 조항에 따라 벌금형 이상을 선고받은 경우

③ 수출입 안전관리 우수업체가 분할·합병 등으로 당초 공인한 수출입 안전관리 우수업체와 동일하지 않다고 관세청장이 인정하는 경우

④ 갱신심사 결과 공인기준을 충족하지 못한 것으로 확인되는 경우

⑤ 정당한 사유 없이 공인 후 변동사항을 보고하지 않거나 정기 자율평가서를 제출기한으로부터 1개월 이내에 제출하지 않은 경우

17 다음은 무엇에 대한 설명인가?

> • 수출입 안전관리 우수업체가 공인기준과 통관적법성을 충족하는지를 점검하고 지원하기 위하여 지정된 관세청 및 세관 소속 공무원을 의미한다.
> • 수출입 안전관리 우수업체별로 배치되며, 해당 업체의 공인기준 이행실태를 확인한다. 또한 내부 통제시스템을 분석하여 미진한 부문에 대해서 개선하도록 지원하며, 법규준수도를 제고하기 위한 종합적인 컨설팅을 담당한다.

① 수출입관리책임자   ② 기업상담전문관
③ 법규준수도담당자   ④ 공인심사자
⑤ 갱신심사자

※ 해당 문제는 개정 규정을 반영하여 수정되었습니다.

18 수출입 안전관리 우수업체 공인심사 시 적용되는 보세구역 운영인의 출입통제관리 공인기준에 대한 설명으로 옳지 않은 것은?

① 운영인은 접근통제구역을 설정하고, 직원별로 직무수행 범위에 따라 접근가능 구역과 권한을 구분해야 한다.

② 운영인은 보세구역에서 밀항자 등을 발견하였을 경우에는 관할 해군부대장 및 국가 경찰관서의 장에게 즉시 보고해야 한다.

③ 운영인은 방문자 도착 시 사진이 부착된 신분증을 확인하고 출입증을 패용하도록 해야 한다.

④ 운영인은 권한이 없거나 신원이 확인되지 않은 사람에 대하여 검문과 대응하는 절차를 마련해야 한다.

⑤ 운영인은 물품 취급 및 보관지역을 감시하기 위하여 순찰해야 한다.

19 수출입 안전관리 우수업체에 대한 특례적용의 정지사유에 해당하는 것은? (정답 2개)

① 「대외무역법」 등 수출입과 관련된 법령을 위반하여 벌금형 이상의 형을 선고받은 경우

② 「관세법」 제276조(허위신고죄 등)의 규정에 따라 벌금형을 선고받은 경우

③ 거짓이나 그 밖의 부정한 방법으로 공인을 받거나 공인을 갱신한 경우

④ 분기별 법규준수도가 공인기준 미만으로 하락하여 개선계획의 제출을 3회 이상 요구받은 경우

⑤ 「관세법」 제279조(양벌 규정)에 따라 벌금형을 선고받은 경우

※ 해당 문제는 개정 규정을 반영하여 수정되었습니다.

20 수출입 안전관리 우수업체 공인신청의 기각사유에 해당하지 않는 것은?

① 공인심사 결과 공인기준에 미달한 경우로서 보완 요구의 실익이 없는 경우

② 천재지변 등 특별한 사유 없이 지정기간 내에 서류심사 및 현장심사 보완을 이행하지 않은 경우

③ 공인유보업체에 대하여 재심사한 결과 공인기준을 충족하지 못한 것으로 확인된 경우

④ 공인심사를 할 때에 제출한 자료가 거짓으로 작성된 경우

⑤ 공인신청 후 신청업체의 법규준수도 점수가 80점 미만으로 하락한 경우. 단, 중소 수출기업의 경우는 70점 미만으로 하락한 경우

21 수출입 안전관리 우수업체가 변동사항 발생 시 관세청장에게 지체 없이 보고해야 하는 것으로 옳은 것은?

① 양도, 양수, 분할, 합병 등으로 인한 법적 지위의 변경

② 범칙행위, 부도 등 공인유지에 중대한 영향을 미치는 사실의 발생

③ 대표자, 수출입 관련 업무 담당 임원 및 관리책임자의 변경

④ 소재지 이전, 사업장 신설·증설·확장·축소·폐쇄 등 발생

⑤ 사업내용의 변경 또는 추가

22 수출입 안전관리 우수업체의 정기 자율평가 실시에 대한 설명으로 옳지 않은 것은?

① 수출입 안전관리 우수업체는 매년 공인일자가 속하는 달에 공인기준을 충족하는지를 자체적으로 점검해야 한다.

② 수출입 안전관리 우수업체는 매년 공인일자가 속하는 달의 다음 달 15일까지 관세청장에게 정기 자율평가서를 제출해야 한다.

③ 수출입 안전관리 우수업체가 여러 공인부문에 걸쳐 공인을 받은 경우에는 공인일자가 가장 늦은 공인부문을 기준으로 자율평가서를 함께 제출할 수 있다.

④ 관세청장은 수출입 안전관리 우수업체가 갱신심사를 신청한 경우에는 공인의 유효기간이 끝나는 날이 속하는 연도에 실시하는 정기 자율평가를 생략하게 할 수 있다.

⑤ 관세청장은 정기 자율평가서 및 확인서에 대해서 공인기준을 충족하는지를 확인할 경우에는 확인자에게 관련 자료를 요청하거나, 수출입 안전관리 우수업체의 사업장 등을 방문하여 확인할 수 있다.

※ 해당 문제는 개정 규정을 반영하여 수정되었습니다.

23 다음은 수출입 안전관리 우수업체에 적용되는 통관절차 혜택이다. 빈칸 안에 들어갈 내용을 순서대로 나열한 것은?

적용부분	특례기준	수출입 안전관리 우수업체		
		A	AA	AAA
모든 부문	「관세법 등에 따른 과태료 부과징수에 관한 훈령」에 따른 과태료 경감	20%	30%	(A)
	「관세범의 고발 및 통고처분에 관한 훈령」 제3조 제2항에 따른 통고처분 금액의 경감	15%	30%	(B)
보세구역 운영인	「특허보세구역 운영에 관한 고시」 제7조에 따른 특허 갱신기간 연장	6년	(C)	10년
	「특허보세구역 운영에 관한 고시」 제18조 제3항에 따른 반입정지 기간을 (D) 범위 내에서 하향 조정 가능	×	○	○

① 50%, 50%, 8년, 50%

② 40%, 45%, 8년, 40%

③ 50%, 40%, 9년, 30%

④ 40%, 50%, 7년, 50%

⑤ 50%, 45%, 7년, 40%

24 다음은 수출입 안전관리 우수업체 공인심사 시 적용되는 보세구역 운영인 부문의 재무건정성 기준에 대한 설명이다. 빈칸 안에 들어갈 내용을 순서대로 나열한 것은?

> • 신청업체와 신청인이 (A)의 체납이 없어야 한다.
> • 운영인은 부채비율이 동종업종의 평균 부채비율의 (B)% 이하이거나 외부신용평가기관의 신용평가 등급이 투자적격 이상 또는 매출 증가 등으로 성실한 법규준수의 이행이 가능할 정도의 재정을 유지해야 한다.

① 관세 등 국세, 200
② 지방세, 300
③ 관세 등 국세와 지방세, 200
④ 관세 등 국세와 지방세, 300
⑤ 관세 등 국세, 150

25 보세창고를 운영하는 A社는 수출입 안전관리 우수업체 공인 후 다음과 같은 활동을 수행하였다. 관련 법령 및 공인기준 적용 시 옳지 않은 것은?

① 2014년 9월 1일 수출입 안전관리 우수업체 공인을 받고 2019년 2월 20일에 갱신심사를 신청하였다.

② 2015년 5월 1일에 수출입 안전관리 우수업체 공인이 갱신된 후 상위등급 기준을 충족하여 2017년 4월 30일에 공인등급 조정 신청을 하였다.

③ 2017년 2월 1일 사내 인사이동으로 수출입관리책임자가 교체되어 2017년 3월 20일에 관세청장에게 보고하였다.

④ 2018년 1월 1일 관세청장에게 수출입책임자 변경신고를 하고 2018년 5월 20일에 공인 후 교육을 이수하였다.

⑤ 2019년 3월 15일에 기업상담전문관의 법규준수 개선계획 제출 요청을 받고 2019년 4월 1일에 제출하였다.

01 관세형벌 중 법정 징역형이 가장 중한 죄는?

① 금지품수출입죄
② 밀수출죄
③ 밀수품취득죄
④ 관세포탈죄
⑤ 밀수입죄

02 「관세법」상 과태료에 대한 설명으로 옳은 것은?

① 「관세법」 제277조에 따라 부과할 수 있는 과태료 최고 금액은 3억 원이다.
② 과태료는 금전적 제재로서 형벌에 해당된다.
③ 과태료 처분에 불복하는 자는 그 처분의 고지를 받은 날부터 90일 내에 이의를 제기할 수 있다.
④ 과태료 처분에 이의제기가 있을 경우 관할법원은 「비송사건절차법」에 의한 과태료 재판을 한다.
⑤ 과태료 처분 시에는 금액감경을 할 수 없다.

03 관세범의 조사와 처분에 관한 설명 중 맞는 것은?

① 관세범에 관한 사건이더라도 범죄의 정상이 징역형에 처해질 것으로 인정될 때에는 세관장의 고발이 없어도 검사는 공소를 제기할 수 있다.
② 세관장은 압수물품이 부패하거나 변질된 경우 피의자나 관계인에게 통고한 후 매각하여 그 대금을 보관하거나 공탁할 수 있다.
③ 경찰, 검찰 등 다른 기관이 관세범에 관한 사건을 발견하거나 피의자를 체포하였을 때에는 즉시 관세청이나 세관에 인계해야 한다.
④ 세관장은 관세범인이 통고를 이행할 수 있는 자금능력이 없다고 인정되더라도 절차적 정당성 확보를 위해 일단 통고처분을 해야 한다.
⑤ 관세범에 대해서는 「관세법」 규정과 상관없이 「형사소송법」을 우선 준용한다.

04 「관세법」 제303조(압수와 보관) 제2항에 따른 압수물건의 보관자가 그 보관한 물품을 은닉·탈루, 손괴 또는 소비하였을 때 처벌하는 조항은?

① 「관세법」 제269조 제2항(밀수입죄)
② 「관세법」 제270조 제1항(관세포탈죄)
③ 「관세법」 제270조 제2항(부정수입죄)
④ 「관세법」 제275조의2 제2항(강제징수면탈죄 등)
⑤ 「관세법」 제275조의3(명의대여행위죄 등)

05 「관세법」 제275조에 따라 징역과 벌금을 병과할 수 있는 대상이 아닌 것은?

① 부정한 방법으로 관세를 환급받은 자
② 강제징수의 집행을 면탈할 목적으로 그 재산을 은닉한 자
③ 세액결정에 영향을 미치기 위해 과세가격을 거짓으로 신고하여 수입한 자
④ 세관에 신고를 하지 않고 물품을 수입한 자
⑤ 밀수품을 취득하려다 미수에 그친 자

06 「관세법」상 과태료 부과 대상자가 아닌 경우로만 짝지어진 것은? (정답 없음)

A. 특허보세구역의 특허사항을 위반한 운영인
B. 「관세법」 제240조의2 제1항을 위반하여 유통이력을 신고하지 않거나 거짓으로 신고한 자
C. 외국으로부터 우리나라에 도착한 선박용품을 세관장의 허가 없이 국제무역선에 하역하거나 환적한 자
D. 「관세법」 제266조 제1항에 따른 세관공무원의 장부 또는 자료의 제시요구 또는 자료제출 요구를 거부한 자
E. 「관세법」 제238조에 따른 보세구역 반입명령에 대하여 반입대상 물품의 전부 또는 일부를 반입하지 않은 자

① A, B
② A, C
③ B, D
④ C, E
⑤ D, E

07 「관세법」상 벌칙에 관한 설명으로 옳지 않은 것은?

① 제269조(밀수출입죄)에 해당되는 물품이 다른 물품 중에 포함되어 있는 경우 그 물품이 범인의 소유일 때에는 그 다른 물품도 몰수할 수 있다.

② 제276조(허위신고죄 등)의 죄를 범한 자는 벌금형이 부과된다.

③ 밀수출입죄에 전용되는 선박은 그 소유자가 범죄에 사용된다는 정황을 알고 있고, 범죄물품을 운반한 경우에는 몰수한다.

④ 그 정황을 알면서 제269조(밀수출입죄) 및 제270조(관세포탈죄 등)에 따른 행위를 교사하거나 방조한 자는 정범에 준하여 처벌한다.

⑤ 「관세법」상 몰수할 물품의 전부 또는 일부를 몰수할 수 없을 때에는 그 몰수할 수 없는 물품의 범칙 당시의 정상거래가격에 상당한 금액을 범인으로부터 추징한다.

08 「관세법」 제275조의3(명의대여행위죄 등)에 대한 내용이다. 빈칸 안에 들어갈 내용을 순서대로 나열한 것은?

> 관세(세관장이 징수하는 내국세 등을 포함한다)의 회피 또는 강제집행의 면탈을 목적으로 타인에게 자신의 명의를 사용하여 「관세법」 제38조에 따른 (   )를 할 것을 허락한 자는 (   ) 이하의 징역 또는 (   ) 이하의 벌금에 처한다.

① 납세신고, 1년, 1천만 원

② 수정신고, 1년, 1천만 원

③ 납세신고, 2년, 5백만 원

④ 수정신고, 2년, 5백만 원

⑤ 수입신고, 1년, 5백만 원

09 「관세법」 제270조(관세포탈죄 등)에 대한 내용이다. 빈칸 안에 들어갈 내용을 순서대로 나열한 것은?

> 부정한 방법으로 관세를 환급받은 자는 (   ) 이하의 징역 또는 환급받은 세액의 (   ) 이하에 상당하는 벌금에 처한다. 이 경우 세관장은 부정한 방법으로 환급받은 세액을 즉시 (   )한다.

① 2년, 3배, 독촉

② 2년, 3배, 몰수

③ 3년, 5배, 징수

④ 3년, 5배, 몰수

⑤ 5년, 5배, 징수

10 「관세법」상 형벌에 대한 설명으로 옳지 않은 것은?

① 전자문서 등 관련 정보를 위조·변조·행사한 자는 1년 이상 10년 이하의 징역 또는 1억 원 이하의 벌금에 처한다.

② 관세청장으로부터 지정을 받지 않고 전자문서중계업무를 행한 자는 5년 이하의 징역 또는 5천만 원 이하의 벌금에 처한다.

③ 수출입의 금지품을 밀수입한 자는 7년 이하의 징역 또는 7천만 원 이하의 벌금에 처한다.

④ 신고를 하지 않고 물품을 수입한 자는 5년 이하의 징역 또는 관세액의 5배와 물품원가 중 높은 금액 이하에 상당하는 벌금에 처한다.

⑤ 신고를 하지 않고 물품을 수출 또는 반송한 자는 3년 이하의 징역 또는 물품원가 이하에 상당하는 벌금에 처한다.

11 관세질서벌에 대한 설명으로 옳지 않은 것은?

① 「관세법」상의 의무위반에 대한 제재로서 「형법」상에 형명이 없는 과태료를 부과하는 벌이다.

② 「질서위반행위규제법」에서는 질서위반행위가 종료된 날부터 3년이 경과한 경우에는 과태료를 부과할 수 없다.

③ 관세행정질서를 문란케 하는 행위에 대한 제재로 과하여지는 것으로 「관세법」과 「질서위반행위 규제법」을 적용한다.

④ 「질서위반행위규제법」에서 행위자가 행정법규상 의무위반을 하지 않기 위하여 최선의 노력을 하였다면 과태료를 부과할 수 없다.

⑤ 하나의 행위가 둘 이상의 질서위반행위에 해당하면 각 질서위반행위에 대하여 정한 과태료 중 가장 중한 것을 부과한다.

12 자율관리 보세구역에 장치하는 물품은 관세법에 따른 절차 중 관세청장이 정하는 절차를 생략할 수 있다. 이에 해당되지 않는 것은?

① 「보세화물관리에 관한 고시」에 따른 재고조사 및 보고의무

② 벌크화물의 사일로(Silo) 적입을 위한 포장제거작업의 경우 「관세법」에 따른 보수작업 신청(승인)

③ 「특허보세구역 운영에 관한 고시」에 따른 보세구역 운영상황의 점검

④ 「보세화물관리에 관한 고시」에 따른 장치물품의 수입신고 전 확인신청(승인)

⑤ 「의료기기법」, 「약사법」, 「화장품법」 및 「전기용품 및 생활용품 안전관리법」에 따른 표시작업 (원산지표시 제외)

13   보세사의 직무에 해당되지 않는 것은?

① 보세구역 장치물품의 폐기 시 입회 및 확인
② 보수작업과 화주의 수입신고 전 장치물품 확인 시 입회 · 감독
③ 환적화물 컨테이너 적출입 시 입회 · 감독
④ 내국물품 반출입 관리대장 작성과 확인
⑤ 보세구역의 출입자관리에 대한 감독

14   자율관리 보세구역 운영인의 의무사항에 대한 설명으로 옳지 않은 것은?

① 절차생략 등에 따른 물품 반출입 상황 등을 보세사로 하여금 기록관리하게 해야 한다.
② 보세사가 이탈하고 1개월 이내에 보세사가 아닌 자를 업무대행자로 지정하면 보세사 업무를
   수행할 수 있다.
③ 보세사를 채용, 해고 또는 교체하였을 때에는 세관장에게 즉시 통보해야 한다.
④ 보세사가 해고 등의 사유로 업무를 수행할 수 없는 경우에는 2개월 이내에 다른 보세사를 채용하
   여 근무하게 해야 한다.
⑤ 보세구역 반출입물품과 관련한 생산, 판매, 수입 및 수출 등에 관한 세관공무원의 자료요구 또는
   현장 확인 시 협조해야 한다.

15   「수출입물류업체에 대한 법규수행능력측정 및 평가관리에 관한 훈령」상 법규수행능력측정 및 평가
         대상자가 아닌 것은?

① 지정장치장 화물관리인   ② 특허보세구역 운영인
③ 종합보세사업장 운영인   ④ 수출입 안전관리 우수업체
⑤ 화물운송주선업자

16   보세사의 결격사유에 해당하지 않는 것은?

① 미성년자
② 피성년후견인과 피한정후견인
③ 「관세법」을 위반하여 징역형의 실형을 선고받고 그 집행이 끝나거나 면제된 후 2년이 지나지
   않은 자
④ 파산선고를 받고 복권되지 않은 자
⑤ 「관세법」을 위반하여 과태료 처분을 이행한 후 2년이 지나지 않은 자

17 다음은 각각의 보세창고에 소속된 보세사 갑, 을, 병, 정, 무 5명의 대화내용으로 옳지 않은 것은?

> • 갑 : 특허보세구역 ABC보세창고 법인의 보세창고 운영을 감독하는 임원이 지난 주에 관세를 회피할 목적으로 타인에게 자신의 명의를 사용하여 납세신고를 하도록 허락한 사실이 있어 벌금형 처분을 받았다고 합니다. 이런 경우는 특허보세구역을 운영할 수 없는 사유에 해당됩니다.
> • 을 : ABC보세창고 임원이 보세사 자격이 있는 사람으로 보세화물관리업무를 이행하고 있었고 해당 규정 위반 사실은 보세사의 징계처분 중 보세사 등록취소의 사유에 해당됩니다.
> • 병 : ABC보세창고는 최근 6개월 동안 물품반입 실적이 없었다고 하던데 그러한 상태로 1년 이상 지속되면 특허가 취소될 수 있는 사유에 해당됩니다.
> • 정 : 만약, ABC보세창고의 특허 효력이 상실되었다 하여도 6개월의 범위에서 세관장이 지정하는 기간 동안은 그 구역은 특허보세구역으로 보며, 운영인에 대해서도 해당 구역과 장치물품에 관하여 특허보세구역의 설치·운영에 관한 특허가 있는 것으로 봅니다.
> • 무 : ABC보세창고는 자율관리 보세구역으로 운영되고 있으나 소속임원의 「관세법」 위반 사실은 자율관리 보세구역 지정 취소의 사유에 해당됩니다.

① 갑   ② 을
③ 병   ④ 정
⑤ 무

18 자율관리 보세구역 지정 취소 사유를 설명한 것으로 옳지 않은 것은?

① 장치물품에 대한 관세를 납부할 자금능력이 없는 경우
② 본인이나 그 사용인이 「관세법」 또는 「관세법」에 따른 명령을 위반한 경우
③ 보세사가 해고되어 업무를 수행할 수 없는 경우에 1개월 내에 다른 보세사를 채용하지 않는 경우
④ 보세화물을 자율적으로 관리할 능력이 없거나 부적당하다고 세관장이 인정한 경우
⑤ 자율관리 보세구역의 지정요건을 충족하지 못한 경우

19 자유무역지역에 반입한 외국물품의 매각 요청에 대한 설명이다. 빈칸 안에 들어갈 내용을 순서대로 나열한 것은?

> 입주기업체는 반입한 날부터 ( )이 경과한 외국물품이 화주가 분명하지 않은 경우 등에 해당하면 세관장에게 장기보관화물 매각승인(요청)서로 매각을 요청할 수 있다.
> 이 경우 입주기업체는 세관장에게 매각을 요청하는 경우 화주, 반입자 또는 그 위임을 받은 자에게 외국물품의 반출통고를 해야 하며, 반출통고 후 ( )이 경과한 후에 매각을 요청할 수 있다.

① 6개월, 15일   ② 3개월, 30일
③ 3개월, 15일   ④ 6개월, 30일
⑤ 6개월, 45일

20 자유무역지역 반입물품 역외작업에 대한 설명으로 옳지 않은 것은?

① 역외작업의 범위는 해당 입주기업체가 전년도에 원자재를 가공하여 수출한 금액의 100분의 60 이내로 한다.

② 역외작업의 대상물품은 원자재 또는 원자재의 제조·가공에 전용되는 시설재(금형을 포함한다) 만 해당한다.

③ 시설재의 경우 반출기간은 입주기업체와 역외작업 수탁업체 간에 체결된 계약기간의 범위로 하되, 그 기간은 1년을 초과할 수 없다.

④ 역외작업의 반출장소는 역외작업 수탁업체의 공장 또는 그에 부속된 가공장소로 한다.

⑤ 원자재의 경우 반출기간은 1년 이내로 한다.

21 자유무역지역에서 내국물품을 관세영역으로 반출하는 절차에 대한 설명으로 옳지 않은 것은?

① 내국물품을 관세영역으로 반출하려는 자는 내국물품 반입증명서류를 세관장에게 제출해야 한다.

② 내국물품 반출목록신고서를 제출하는 것으로 반입증명서류 제출을 갈음할 수 있다.

③ 내국물품 반출목록신고서를 제출한 날부터 2년간 내국물품 반입증명서류를 보관해야 한다.

④ 수출신고 수리가 취소된 물품인 경우에는 그 증빙서류를 제출하고 반출해야 한다.

⑤ 내국물품 반입증명서류를 제출하지 않고 반출하였을 경우 100만 원 이하의 과태료 부과 대상이다.

22 자유무역지역 입주기업체의 재고관리 상황 조사에 대한 설명이다. 빈칸 안에 들어갈 내용을 순서대로 나열한 것은?

> 입주기업체는 회계연도 종료 (   )이 경과한 후 (   ) 이내에 입주기업체의 반출입물품의 관리에 대한 적정여부를 자체 점검하고 자율점검표 또는 공인회계사가 「자유무역지역 반출입물품 관리에 관한 고시」에서 정하는 바에 따라 재고조사를 실시하고 작성한 보고서를 관한 세관장에게 제출해야 한다.

① 3개월, 15일

② 2개월, 15일

③ 6개월, 10일

④ 3개월, 10일

⑤ 1개월, 10일

23 자유무역지역의 관리권자에 대한 내용이다. 바르게 연결된 것은?

> A. 산업단지 – 국토교통부장관
> B. 물류터미널 및 물류단지 – 산업통상자원부장관
> C. 공항 및 배후지 – 국토교통부장관
> D. 항만 및 배후지 – 해양수산부장관

① A, B   ② B, C
③ A, C   ④ C, D
⑤ A, B, C

24 자유무역지역에 반입된 외국물품 등의 일시반출절차에 관한 내용으로 옳지 않은 것은?

① 자유무역지역에 반입된 외국물품 등을 관세영역으로 일시반출하려는 자는 세관장의 허가를 받아야 한다.
② 자유무역지역에 반입된 외국물품 등이 수리, 전시, 검사 또는 불가피한 포장작업 등이 필요한 경우 일시반출절차를 따른다.
③ 자유무역지역에 반입된 외국물품 등이 일시반출절차를 통해 반출되거나 재반입하는 때에는 보세운송절차를 이행해야 한다.
④ 일시반출절차를 거친 물품에 대해 수출상담이 지속되거나 기타 부득이한 사유로 일시반출기간을 연장하려는 때에는 기간이 만료되기 전에 신청해야 하며 세관장은 6개월의 범위에서 연장승인을 할 수 있다.
⑤ 세관장은 자유무역지역에 반입된 외국물품 등의 일시반출 시 반출목적을 고려하여 물품의 수량 및 장소 등을 제한할 수 있다.

25 자유무역지역의 반출입물품 관리에 관한 내용으로 옳지 않은 것은?

① 외국물품 등이 아닌 물품을 자유무역지역에서 국외로 반출하려는 자는 수출신고를 해야 한다.
② 세관장은 반입신고를 하지 않고 자유무역지역 안으로 반입된 내국물품에 대해서는 내국물품 확인서를 발급할 수 없다.
③ 세관장은 자유무역지역에 장치되어 있는 물품 중 품명미상의 물품으로서 반입 후 1년이 지난 경우 국외 반출 또는 폐기를 명할 수 있다.
④ 입주기업체는 자유무역지역에 반출입되는 외국물품의 원산지가 허위로 표시된 경우 즉시 세관장에게 보고해야 한다.
⑤ 입주기업체는 반입한 날로부터 6개월이 경과한 외국물품으로 화주가 분명하지 않은 경우 장기보관화물 매각 승인(요청)을 할 수 있다.

01 「관세법」 제253조(수입신고 전의 물품 반출)의 내용이다. 빈칸 안에 들어갈 내용을 순서대로 나열한 것은?

> 즉시반출신고를 하고 반출을 하는 자는 즉시반출신고를 한 날부터 (　)일 이내에 법 제241조에 따른 수입신고를 해야 한다. 세관장은 이 기간 내에 수입신고를 하지 않는 경우에는 관세를 부과·징수한다. 이 경우 해당 물품에 대한 (　)에 상당하는 금액을 가산세로 징수하고, 수입신고 전 즉시반출대상자의 지정을 취소할 수 있다.

① 10, 관세의 100분의 20
② 15, 관세의 100분의 5
③ 10, 납부할 세액의 100분의 5
④ 15, 관세의 100분의 10
⑤ 15, 납부할 세액의 100분의 3

02 「관세법」상 과세 전 적부심사에서 과세 전 통지를 생략할 수 있는 경우가 아닌 것은?

① 「관세법」 제97조 제3항에 따라 재수출기간 내에 수출하지 않아 감면된 관세를 징수하는 경우
② 잠정가격으로 가격신고를 한 납세의무자가 확정가격을 신고한 경우
③ 통지하려는 날부터 6개월 이내에 관세부과의 제척기간이 만료되는 경우
④ 「관세법」 제270조에 따른 관세포탈죄로 고발되어 포탈세액을 징수하는 경우
⑤ 수입신고 수리 전에 세액심사를 하는 경우로서 그 결과에 따라 부족세액을 징수하는 경우

03 「관세법」상 세액의 확정과 관련된 설명으로 옳지 않은 것은?

① 납세의무자는 납세신고한 세액을 납부하기 전에 그 세액이 과부족하다는 것을 알게 되었을 때에는 납세신고한 세액을 정정할 수 있다.

② 세관장은 납세자의 성실성 등을 참작하여 관세청장이 정하는 기준에 해당하는 불성실신고인이 신고하는 물품은 수입신고를 수리하기 전에 세액을 심사한다.

③ 납세의무자는 신고납부한 세액이 부족하다는 것을 알게 되었을 때에는 신고납부한 날부터 6개월 이내에 해당 세액을 보정하여 줄 것을 세관장에게 신청할 수 있다.

④ 납세의무자는 신고납부한 세액에 부족한 경우에는 수정신고를 할 수 있다. 이 경우 납세의무자는 수정신고한 날까지 해당 관세를 납부해야 한다.

⑤ 납세의무자는 신고납부한 세액이 과다한 것을 알게 되었을 때에는 최초로 납세신고를 한 날부터 5년 이내에 신고한 세액의 경정을 세관장에게 청구할 수 있다.

04 「관세법」에 의하여 보호받는 지식재산권이 아닌 것은?

① 「디자인보호법」에 따라 설정등록된 디자인권

② 「저작권법」에 따른 저작인접권

③ 「실용신안법」에 따라 설정등록된 실용신안권

④ 「식물신품종 보호법」에 따라 설정등록된 품종보호권

⑤ 「특허법」에 따라 설정등록된 특허권

05 관세율에 대한 설명으로 옳지 않은 것은?

① 관세율은 조세법률주의에 의해 법률에 규정하는 것이 원칙이다.

② 관세의 세율은 「관세법」 별표 관세율표에 의한다.

③ 관세율표에는 상품에 대한 품목분류와 해당 품목의 관세율이 표시되어 있다.

④ 관세율을 적용하려면 먼저 품목분류번호를 확인해야 한다.

⑤ 현행 관세율표상 품목분류체계는 HS국제협약의 규범대상인 10단위를 기본으로 한다.

06 관세징수권의 소멸시효 중단사유에 해당하지 않는 것은?

① 납부고지   ② 경정처분
③ 통관보류   ④ 고 발
⑤ 교부청구

07 과세가격의 공제요소가 아닌 것은?

① 구매자가 해당 수입물품의 대가와 판매자의 채무를 상계하는 금액
② 수입 후에 하는 해당 수입물품의 건설, 설치, 조립, 정비, 유지 또는 해당 수입물품에 관한 기술지원에 필요한 내용
③ 수입항에 도착한 후 해당 수입물품을 운송하는 데 필요한 운임·보험료와 그 밖에 운송과 관련되는 비용
④ 우리나라에서 해당 수입물품에 부과된 관세 등의 세금과 그 밖의 공과금
⑤ 연불조건의 수입인 경우에는 해당 수입물품에 대한 연불이자

08 관세감면 신청에 대한 설명이다. 빈칸 안에 들어갈 내용을 순서대로 바르게 나열한 것은?

> • 법 기타 관세에 관한 법률 또는 조약에 따라 관세를 감면받으려는 자는 해당 물품의 (   )에 관세감면신청서를 세관장에게 제출해야 한다.
> • 상기 규정에 의한 감면신청서를 제출하지 못한 경우로서 해당 물품이 보세구역에서 반출되지 않은 때에는 해당 (   )로부터 (   ) 이내에 관세감면을 신청할 수 있다.

① 수입신고 시, 수입신고일, 15일
② 수입신고 수리 전, 수입신고 수리일, 15일
③ 수입신고 시, 수입신고일, 10일
④ 수입신고 수리 전, 수입신고일, 15일
⑤ 수입신고 수리 전, 수입신고 수리일, 10일

09 재수입면세 대상물품의 재수입 기간으로 옳은 것은?

① 수출신고일로부터 1년 이내
② 수출신고 수리일로부터 2년 이내
③ 수출신고일로부터 2년 이내
④ 수출신고 수리일로부터 3년 이내
⑤ 수출신고일로부터 3년 이내

10 「관세법」 제226조에 따른 세관장확인대상물품 중 수출 시 세관장이 확인하여야 할 물품으로 옳은 것은?

① 「사료관리법」 해당 물품
② 「문화재보호법」 해당 물품
③ 「식물방역법」 해당 물품
④ 「전기용품 및 생활용품 안전관리법」 해당 물품
⑤ 「화학물질관리법」 해당 물품

11 여행자 휴대품 자진신고 시 감면액으로 옳은 것은?

① 10만 원 한도 내 납부세액(관세 및 내국세 포함)의 20%
② 10만 원 한도 내 관세액의 20%
③ 15만 원 한도 내 납부세액(관세 및 내국세 포함)의 20%
④ 15만 원 한도 내 관세액의 30%
⑤ 20만 원 한도 내 관세액의 30%

12 「관세법」 제243조 제4항에 따라 보세구역에 반입한 후 수출신고해야 하는 물품은?

① 컨테이너에 적입하여 수출하는 중고자동차
② 중고 크레인
③ 신품 자동차
④ 수산물
⑤ 어패류

13 「관세법」 제19조에 따른 관세의 납세의무자로 볼 수 없는 것은?

① 보세구역 밖에서 보수작업하는 물품이 기간 내에 반입되지 않은 때에는 보수작업을 승인받은 자
② 보세구역에 장치된 외국물품이 멸실 또는 폐기된 때에는 운영인 또는 보관인
③ 보세구역에 장치된 외국물품이 도난되거나 분실된 경우 그 물품을 수입한 화주
④ 보세운송 중 도난되거나 분실된 경우 보세운송을 신고하거나 승인을 받은 자
⑤ 우편으로 수입되는 물품인 경우에는 그 수취인

14 다음은 「관세법」에 규정된 납세자의 권리구제에 대한 내용이다. 순서대로 빈칸 안에 들어갈 내용을 나열한 것은?

> 「관세법」 기타 관세에 관한 법률 또는 조약에 의한 처분으로서 위법 또는 부당한 처분을 받거나 필요한 처분을 받지 못함으로써 권리 또는 이익의 침해를 당한 자는 (   ), (   ) 또는 (   ) 을(를) 하여 그 처분의 취소 또는 변경이나 필요한 처분을 청구할 수 있으며 (   )에 의해서도 권리구제가 가능하다.

① 과세 전 적부심사의 청구, 심사청구, 심판청구, 행정소송
② 과세 전 적부심사의 청구, 이의신청, 심사청구, 심판청구
③ 과세 전 적부심사의 청구, 심판청구, 행정소송, 감사청구
④ 이의신청, 심사청구, 심판청구, 행정소송
⑤ 이의신청, 심사청구, 감사청구, 심판청구

15 수입신고 수리되어 반출된 물품으로서 보세구역 반입명령 대상이 아닌 것은?

① 의무이행 요구에 따른 의무를 이행하지 않은 경우
② 원산지표시가 적법하게 표시되지 않았거나 수입신고 수리 당시와 다르게 표시되어 있는 경우
③ 품질 등의 표시가 적법하게 표시되지 않았거나 수입신고 수리 당시와 다르게 표시되어 있는 경우
④ 지식재산권을 침해한 경우
⑤ 수입신고 수리 후 3개월이 경과한 경우

16 다음은 「관세법」 제241조(수출·수입 또는 반송의 신고)의 내용이다. 순서대로 빈칸 안에 들어갈 내용을 나열한 것은?

> • 수입하거나 반송하려는 물품을 지정장치장 또는 보세창고에 반입하거나 보세구역이 아닌 장소에 장치한 자는 그 반입일 또는 장치일 부터 (   ) 이내에 수입신고하거나 반송신고를 해야 한다.
> • 세관장은 물품의 신속한 유통이 긴요하다고 인정하여 보세구역의 종류와 물품의 특성을 고려하여 관세청장이 정하는 물품을 수입하거나 반송하려는 자가 상기 규정에 따른 기간 내에 수입 또는 반송의 신고를 하지 않은 경우에는 해당 물품 (   )의 (   )에 상당하는 금액의 범위에서 대통령령으로 정하는 금액을 가산세로 징수한다.

① 30일, 과세가격, 100분의 2
② 50일, 과세가격, 1천분의 10
③ 80일, 과세가격, 1천분의 15
④ 30일, 물품가격, 100분의 2
⑤ 50일, 물품가격, 1천분의 10

17 B/L만 제시하면 물품 보관장소에서 즉시 인도되는 수입신고의 생략대상이 아닌 것은?

① 외교행낭으로 반입되는 면세대상물품
② 우리나라에 내방하는 외국의 원수와 그 가족 및 수행원에 속하는 면세대상물품
③ 장례를 위한 유해와 유체
④ 재외공관 등에서 외교통상부로 발송되는 자료
⑤ 설계도 중 수입승인이 면제되는 것

18 특수형태의 수출에 해당하지 않는 것은?

① 선상수출신고
② 컨테이너 및 항공기용 탑재용기의 수출
③ 현지수출 어패류 신고
④ 원양수산물 신고
⑤ 잠정수량신고, 잠정가격신고 대상물품의 수출신고

19 「관세법」에서 규정한 용어의 정의 중 옳지 않은 것은?

① "수출"이란 내국물품을 외국으로 반출하는 것을 말한다.

② "국내운항기"란 국내에서만 운항하는 항공기를 말한다.

③ "국제무역기"란 무역을 위하여 우리나라와 외국 간을 운항하는 항공기를 말한다.

④ "통관"이란 「관세법」에 따른 절차를 이행하여 물품을 수출·수입·환적 또는 반송하는 것을 말한다.

⑤ "선박용품"이란 음료, 식품, 연료, 소모품, 밧줄, 수리용 예비부분품 및 부속품, 집기, 그 밖에 이와 유사한 물품으로서 해당 선박에서만 사용되는 것을 말한다.

20 「관세법」상 신고 또는 제출한 자가 보관해야 하는 서류 중 보관기간이 가장 짧은 것은?

① 적재화물목록에 관한 자료

② 수출신고필증

③ 반송신고필증

④ 수출물품·반송물품 가격결정에 관한 자료

⑤ 수출거래·반송거래 관련 계약서 또는 이에 갈음하는 서류

21 입항 전 수입신고에 대한 설명으로 옳지 않은 것은?

① 입항 전 수입신고가 된 물품은 우리나라에 도착한 것으로 본다.

② 세관장은 입항 전 수입신고를 한 물품에 대하여 물품검사의 실시를 결정하였을 때에는 수입신고를 한 자에게 이를 통보해야 한다.

③ 검사대상으로 결정된 물품 중 세관장이 적재상태에서 검사가 가능하다고 인정하는 물품은 해당 물품을 적재한 선박이나 항공기에서 검사할 수 있다.

④ 입항 전 수입신고는 당해물품을 적재한 선박 등이 우리나라에 입항하기 5일 전(항공기는 3일 전)부터 할 수 있다.

⑤ 세율이 인상되거나 새로운 수입요건을 갖추도록 요구하는 법령이 적용되거나 적용될 예정인 물품은 입항 전 수입신고를 할 수 없다.

22 관세의 부과징수 및 통관절차에 대한 설명으로 옳지 않은 것은?

① 관세의 과세표준은 수입물품의 가격 또는 수량으로 한다.

② 관세를 납부해야 하는 물품에 대하여는 다른 조세, 그 밖의 공과금 및 채권에 우선하여 그 관세를 징수한다.

③ 보세건설장에 반입된 외국물품은 사용 전 수입신고가 수리된 날의 법령에 따라 관세를 부과한다.

④ 분실물품의 과세물건의 확정시기는 분실된 때이다.

⑤ 수입신고 수리 전 반출승인을 받아 반출된 물품은 외국물품이다.

23 「관세법」상 관세부과의 제척기간 등에 대한 설명으로 옳지 않은 것은?

① 관세는 해당 관세를 부과할 수 있는 날부터 3년이 지나면 부과할 수 없다.

② 보세건설장 반입물품의 경우는 건설공사 완료보고일과 특허기간만료일(특허기간을 연장한 경우에는 연장기간을 말한다) 중 먼저 도래한 날의 다음 날이 제척기간의 기산일이다.

③ 과다환급의 사유로 관세를 징수하는 경우에는 환급한 날의 다음 날이 제척기간의 기산일이다.

④ 부정환급의 사유로 관세를 징수하는 경우에는 환급한 날의 다음 날이 제척기간의 기산일이다.

⑤ 의무불이행 등의 사유로 감면된 관세를 징수하는 경우에는 그 사유가 발생한 날의 다음 날이 제척기간의 기산일이다.

24 여행자 휴대품으로서 관세가 면제되는 것이 아닌 것은?

① 향수 100밀리리터 1병

② 담배(궐련) 200개비

③ 미화 600달러(1리터) 술 1병

④ 전자담배 니코틴용액 20밀리리터

⑤ 미화 600달러 핸드백 1개

※ 해당 문제는 개정 규정을 반영하여 수정되었습니다.

25 「관세법」상 원산지의 확인 등에 대한 설명으로 옳지 않은 것은?

① 해당 물품의 전부를 생산·가공·제조한 나라를 원산지로 한다.

② 해당 물품이 2개국 이상에 걸쳐 생산·가공 또는 제조된 경우에는 그 물품의 본질적 특성을 부여하기에 충분한 정도의 실질적인 생산·가공·제조 과정이 최종적으로 수행된 나라를 원산지로 한다.

③ 원산지표시가 되어 있지 않거나 그 위반사항이 경미한 경우에는 이를 보완·정정하도록 한 후 통관을 허용할 수 있다.

④ 촬영된 영화용 필름은 그 영화제작자가 속하는 국가를 원산지로 한다.

⑤ 제조·가공과정을 통하여 원재료 세번과 다른 세번(HS 6단위)의 제품을 생산하는 국가는 원산지로 인정되지 않는다.

01 집단화지역 보세창고의 기준완화에 대한 내용이다. 순서대로 빈칸 안에 들어갈 내용을 나열한 것은?

> 세관장은 특정보세구역의 위치 또는 규모가 특허의 요건을 갖추지 못하였으나 그 위치가 세관 또는 다른 보세창고에 근접[직선거리 (   )m 이내]하여 있는 경우에는 다음의 각 면적기준을 적용한다.
> • 영업용 보세창고인 경우에는 창고면적이 (   )m² 이상
> • 컨테이너전용 보세창고인 경우에는 부지면적이 (   )m² 이상

① 300, 300, 1,000
② 300, 500, 1,000
③ 300, 500, 3,000
④ 500, 700, 3,000
⑤ 500, 700, 5,000
※ 해당 문제는 개정 규정을 반영하여 수정되었습니다.

02 보세창고의 특허 요건에 대한 설명으로 옳은 것은?

① 자가용 보세창고는 지붕이 있고 주위에 벽을 가진 건축물로서 창고면적이 1,000m² 이상이어야 한다.
② 야적전용 보세창고는 창고건물에 부속된 야적장을 포함하여 4,000m² 이상의 대지로서 주위의 지면보다 높아야 한다.
③ 컨테이너전용 보세창고의 부지면적은 10,000m² 이상이어야 한다.
④ 컨테이너전용 보세창고에서 컨테이너 적입화물을 적출하는 화물조작장(CFS)의 면적은 물동량에 따라 운영인이 자율적으로 결정할 수 있다.
⑤ 액체화물전용 보세창고는 창고면적이 1,000m² 이상이어야 한다.
※ 해당 문제는 개정 규정을 반영하여 수정되었습니다.

03 보세창고 운영인에 대한 행정제재를 설명한 것 중 맞는 것은?

① 수용능력을 초과하여 화물보관을 수탁한 경우 반입정지 처분 대상이다.
② 야적대상이 아닌 물품을 야적한 경우 반입정지 처분 대상이다.
③ 운영인 또는 그 종업원의 관리소홀로 해당 보세창고에서 밀수행위가 발생한 경우 반입정지 처분 대상이다.
④ 보관화물에 대한 관리소홀로 보세화물의 멸실이 발생한 경우 반입정지 처분 대상이다.
⑤ 보관화물에 대한 중대한 관리소홀로 보세화물의 도난, 분실이 발생한 경우 주의처분 대상이다.

04 보세공장 물품에 대한 설명으로 옳지 않은 것은? (정답 2개)

① 보세공장 원재료는 당해 보세공장에서 생산하는 제품에 소요되는 수량(원재료소요량)을 객관적으로 계산할 수 있는 물품이어야 한다.

② 당해 보세공장에서 생산하는 제품의 포장에 직접적으로 투입되는 물품도 원재료의 범위에 해당한다.

③ 보세운송절차로 보세공장에 반입되는 물품은 즉시 반입신고를 해야 하며, 이 경우 반입신고는 보세운송 도착보고로 갈음할 수 있다.

④ 세관장은 운영인이 전시 등을 위하여 보세공장에서 전시장으로 이동하기 위하여 견품반출허가신청서를 제출하는 경우 6개월의 범위 내에서 허가할 수 있다.

⑤ 다른 보세공장 일시보세작업에 소요되는 원재료 중 다른 보세공장 운영인이 사용신고한 물품은 원보세공장에서 관리한다.

05 보세전시장에 대한 설명으로 옳지 않은 것은?

① 박람회·전람회·견본품 전시회 등의 운영을 위하여 외국물품을 장치·전시 또는 사용할 수 있는 구역을 말한다.

② 보세전시장에 물품을 반출입하고자 할 때에는 세관공무원을 입회시켜야 한다. 다만, 세관장이 입회할 필요가 없다고 인정할 때에는 예외로 한다.

③ 세관장에게 반입신고를 한 외국물품이 보세전시장에 반입된 경우 운영인은 그 물품에 대하여 세관공무원의 검사를 받아야 한다.

④ 보세전시장에서 불특정다수의 관람자에게 판매할 것을 목적으로 반입된 외국물품은 판매 후 일괄적으로 수입신고를 해야 한다.

⑤ 기증, 매각함으로써 보세전시장에 있는 외국물품을 국내로 반입하려는 경우에도 수입신고를 해야 한다.

06 지정면세점에 대한 내용이다. 순서대로 빈칸 안에 들어갈 내용을 나열한 것은?

> 지정면세점은 제주도 외 국내 다른 지역으로 출도하는 제주도여행객(내외국인)에게 1인당 연간 ( )회, 1회당 미화 ( )달러 이하의 면세품을 판매할 수 있는 곳이다.

① 3, 400   ② 4, 400
③ 4, 500   ④ 6, 500
⑤ 6, 800

※ 해당 문제는 개정 규정을 반영하여 수정되었습니다.

07 보세판매장의 판매절차에 대한 설명으로 옳지 않은 것은? (정답 2개)

① 출국장면세점은 국산 가전제품 중 여행자의 휴대반출이 곤란하거나 세관장이 필요하다고 인정하는 품목에 대하여 쿠폰으로 판매할 수 있다.

② 운영인이 내국물품을 보세판매장에 반입한 때에는 재고관리시스템에 따른 반입검사 신청을 해야 한다.

③ 출국장면세점과 시내면세점에서는 출국하는 내국인에게 1인당 내·외국 물품의 판매총액이 미화 3,000불 이하의 범위 내에서 판매할 수 있다.

④ 보세판매장 운영인이 물품을 판매한 때에는 구매자 인적사항 및 판매사항을 전산관리해야 한다.

⑤ 구매자가 국제우편으로 판매물품의 교환·환불요청을 받은 때에는 국제우편을 통하여 교환·환불하여 줄 수 있다.

08 보세판매장 판매 잔여물품 처리에 대한 설명으로 옳지 않은 것은?

① 세관장은 현품이 대장상의 수량보다 부족한 때에 그 수량이 상관례상 불가하다고 인정되는 경우에는 해당세액의 추징 없이 재고대상에서 공제한다.

② 운영인은 재고물품의 가치가 상당하여 폐기하는 것이 불합리하다고 판단되는 때에는 장치기간 경과물품 처리절차에 의하여 처리할 것을 세관장에게 신청할 수 있다.

③ 운영인은 변질 등으로 판매하지 못한 재고물품의 공급자가 국내에 소재하는 경우 세관장의 승인을 받아 국내 공급자에게 반품할 수 있다.

④ 운영인은 외국물품을 변질, 고장, 재고과다 등의 사유로 판매하지 못하는 때에는 세관장의 승인을 받아 반송하거나 폐기할 수 있다.

⑤ 세관장은 부족물품의 발생사유에 고의가 있다고 인정되는 경우에는 자체조사 후 통고처분을 해야 한다.

09 종합보세구역의 종합보세사업장에 대한 설명으로 옳지 않은 것은?

① 운영인이 종합보세구역에서 보세창고·공장·전시장·건설장·판매장의 기능을 종합적으로 수행할 수 있는 일정한 장소를 말한다.

② 동일 종합보세사업장 내에서 종합보세기능 간에 물품을 이동하는 경우 별도의 반출입신고나 보세운송신고를 필요로 하지 않는다.

③ 종합보세구역에서 종합보세기능을 수행하고자 하는 자는 세관장에게 신고해야 한다.

④ 종합보세구역에 반입된 외국물품이 사용신고 또는 수입신고되어 수리된 경우에는 반출신고를 해야 한다.

⑤ 종합보세사업장에 물품을 반출입하고자 하는 운영인은 세관장에게 반출입신고를 해야 한다.

10 특허보세구역의 특허취소 사유에 해당하는 것은?

① 최근 1년간 3회 이상 반입정지 처분을 받은 경우

② 운영인이 해산하거나 사망한 경우

③ 본인이나 사용인이 「관세법」 또는 이 법에 따른 명령을 위반한 경우

④ 장치물품에 대한 관세를 납부할 자금능력이 없다고 인정되는 경우

⑤ 운영인이 특허보세구역을 운영하지 않게 된 경우

11 다음은 보세판매장 판매물품 미인도 처리절차에 대한 설명이다. 빈칸 안에 들어갈 내용으로 옳은 것은?

> 인도자는 판매물품이 (A)에 반입된 후 (B) 이상이 경과하여도 구매자에게 인도되지 않은 때에는 미인도 물품목록을 작성하여 세관장에게 보고해야 한다.
> 보세판매장에 재반입된 미인도 물품에 대하여는 반입된 날부터 (C)이 경과한 후 미인도 물품 해제신청을 거쳐 재판매할 수 있다.

	A	B	C
①	출국장	3일	15일
②	인도장	5일	15일
③	입국장	5일	10일
④	인도장	3일	10일
⑤	인도장	5일	10일

※ 해당 문제는 개정 규정을 반영하여 수정되었습니다.

12 보세창고에 대한 설명으로 옳지 않은 것은?

① 보세창고에 내국물품을 장치하고자 하는 경우에는 세관장에게 장치신고를 해야 한다.

② 보세창고는 외국물품 또는 통관을 하려는 물품의 장치를 목적으로 하는 보세구역이다.

③ 수입신고가 수리된 물품은 세관장 승인 없이 보세창고에 1년간 장치할 수 있다.

④ 세관장에게 신고 후 장치된 내국물품으로서 장치기간이 경과한 물품은 장치기간 경과 후 10일 이내에 운영인 책임으로 반출해야 한다.

⑤ 보세창고에 1년 이상 계속하여 내국물품만을 장치하고자 하는 때에는 세관장의 승인을 받아야 한다.

13 지정장치장 화물관리인의 지정에 대한 설명으로 옳은 것은?

① 세관장이 화물관리인을 지정하려는 경우 지정예정일 1개월 전까지 지정계획을 공고해야 한다.

② 화물관리인 지정의 유효기간은 5년 이내로 한다.

③ 화물관리인 지정 시 지게차, 크레인 등의 시설 장비는 평가기준이 아니다.

④ 관세에 대한 체납이 있는 경우 화물관리인 지정 취소 요건에 해당한다.

⑤ 세관장은 부정한 방법으로 지정을 받아 화물관리인 지정을 취소할 경우에는 해당 시설의 소유자 등에게 미리 그 사실을 통보하지 않아도 된다.

14 특허보세구역의 설치·운영에 관한 감독 및 효력 상실 등에 대한 설명으로 옳지 않은 것은?

① 세관장은 특허보세구역의 운영인을 감독한다.

② 세관장은 특허보세구역의 운영인에게 그 설치·운영에 관한 보고를 명할 수 있다.

③ 특허보세구역의 설치·운영에 관한 효력이 상실되었을 때에는 3개월의 범위 내에서 세관장이 지정하는 기간 동안 그 구역은 특허보세구역으로 본다.

④ 세관장은 특허보세구역의 운영에 필요한 시설·기계 및 기구의 설치를 명할 수 있다.

⑤ 세관장은 특허보세구역에 반입된 물품이 해당 특허보세구역의 설치목적에 합당하지 않은 경우에는 해당 물품을 다른 보세구역으로 반출할 것을 명할 수 있다.

15 관세법령상 보세공장에서 보세작업을 하기 위하여 반입되는 원재료에 해당하지 않는 것은?

① 기계·기구 등의 작동 및 유지를 위한 연료 등 제품의 생산 작업에 간접적으로 투입되어 소모되는 물품

② 해당 보세공장에서 생산하는 제품에 물리적으로 결합되는 물품

③ 해당 보세공장에서 생산하는 제품에 화학적으로 결합되는 물품

④ 해당 보세공장에서 생산하는 제품을 제조·가공하거나 이와 유사한 공정에 투입되어 소모되는 물품

⑤ 해당 보세공장에서 수리·조립·검사·포장 및 이와 유사한 작업에 직접적으로 투입되는 물품

16 보세공장 물품의 과세에 대한 설명으로 옳지 않은 것은?

① 보세공장에서 외국물품과 내국물품을 혼용하여 원재료로 사용한 경우에 그로부터 생긴 물품은 외국물품으로 본다.

② 보세공장에서 제조·가공한 제품을 수입하는 경우에는 반입신고 시의 제품의 성질과 수량에 대하여 과세하는 것이 원칙이다.

③ 원재료가 외국물품과 내국물품이 혼용되어 만들어진 제품을 국내에 수입하게 되면 혼용된 내국 물품에 대하여 관세를 부과하는 것이 원칙이다.

④ 보세공장 물품에 대한 과세는 제품과세와 원료과세가 있다.

⑤ 원료과세제도는 제품세율보다 원료세율이 낮은 경우 등 제품과세보다 유리한 경우에 이용한다.

17 「관세법」상 보세구역에 관한 설명이다. 괄호 안에 들어갈 기간을 모두 합치면?

> A. 지정장치장에 물품을 장치하는 기간은 (   )의 범위에서 관세청장이 정한다. 다만, 관세청장 이 정하는 기준에 따라 3개월의 범위에서 그 기간을 연장할 수 있다.
>
> B. 보세창고에 반입된 외국물품의 장치기간은 (   )의 범위 내에서 관세청장이 정하는 기간으로 하되, 세관장이 필요로 하다고 인정하는 경우에는 1년의 범위에서 그 기간을 연장할 수 있다.
>
> C. 특허보세구역의 설치·운영에 관한 특허의 효력이 상실되었을 때에는 해당 특허보세구역에 있는 외국물품의 종류와 수량 등을 고려하여 (   )의 범위에서 세관장이 지정하는 기간 동안 특허의제를 할 수 있다.

① 1년 6개월   ② 2년
③ 2년 6개월   ④ 3년
⑤ 3년 3개월

18 보세건설장에 대한 설명으로 옳지 않은 것은?

① 산업시설 건설에 사용되는 외국물품인 기계류 설비품이나 공사용 장비를 반입하여 해당 건설공 사를 할 수 있는 보세구역이다.

② 산업시설에 병설되는 사무소, 의료시설, 식당 등 부대시설을 건설하기 위한 물품도 보세건설장 에 반입할 수 있다.

③ 보세건설장 이외의 지역에서 보세작업을 하고자 하는 때에는 세관장에게 보세건설장 외 보세작 업허가를 받아야 한다.

④ 산업시설용 설비품 등을 일정 규모의 과세단위로 조립한 후 완성품 상태에서 수입통관하기 때문 에 통관절차 간소화의 효과도 있다.

⑤ 보세건설장의 특허기간은 3년의 범위 내에서 해당 건설공사의 기간을 고려하여 세관장이 정하 는 기간으로 한다.

19 자율관리 보세구역의 보세사의 직무가 아닌 것은?

① 보세화물 및 내국물품의 반입 또는 반출에 대한 참관 및 확인
② 보세구역 안에 장치된 물품의 관리 및 취급에 대한 참관 및 확인
③ 보세구역에 장치된 외국물품의 견본품 반출 허가 및 회수
④ 보세구역 출입문의 개폐 및 열쇠관리의 감독
⑤ 보세구역의 출입자관리에 대한 감독

20 종합보세구역에 대한 설명으로 옳지 않은 것은?

① 관세청장이 직권으로 종합보세구역을 지정하고자 하는 경우에는 관계 중앙행정기관의 장 또는 지방자치단체장과 협의해야 한다.
② 「외국인투자촉진법」에 의한 외국인투자지역 및 「유통산업발전법」에 의한 공동집배송센터도 종합보세구역 지정이 가능한 대상 지역이다.
③ 종합보세구역은 보세창고·보세공장·보세전시장·보세건설장 및 보세판매장의 기능 중 둘 이상의 기능을 수행할 수 있다.
④ 종합보세구역에서 외국물품과 내국물품의 혼용작업에 소요되는 내국물품 원재료는 내국물품 반출입신고를 생략할 수 있다.
⑤ 종합보세구역에서 사용하거나 소비되는 물품으로서 제조·가공에 사용되는 시설기계류 및 그 수리용 물품은 수입통관 후 사용·소비해야 한다.

21 보세구역의 물품의 장치 및 보수작업 등과 관련한 설명으로 옳지 않은 것은?

① 원칙적으로 외국물품과 내국운송의 신고를 하려는 내국물품은 보세구역이 아닌 장소에 장치할 수 없다.
② 보세구역에 장치된 물품에 대해 세관장의 승인을 받고 폐기한 외국물품은 폐기 후 잔존물의 유무에 관계없이 관세를 징수하지 않는다.
③ 보세구역에 장치된 물품에 대해 그 현상을 유지하기 위하여 필요한 보수작업을 하려는 자는 세관장의 승인을 받아야 한다.
④ 보세구역에 장치된 물품에 대하여 세관장의 허가를 받아 그 원형을 변경하거나 해체·절단 등의 작업을 할 수 있다.
⑤ 보수작업으로 외국물품에 부가된 내국물품은 외국물품으로 본다.

22 특허보세구역의 설치·운영의 특허에 관한 설명으로 옳지 않은 것은?

① 「관세법」을 위반하여 징역형의 집행유예를 선고받고 그 유예기간에 있는 자는 운영인의 결격사유에 해당된다.

② 운영인이 특허보세구역의 장치물품의 종류를 변경하였을 때는 지체 없이 세관장에게 통보해야 한다.

③ 특허보세구역의 설치·운영에 관한 특허를 받으려는 자는 기획재정부령으로 정하는 바에 따라 수수료를 납부해야 한다.

④ 특허보세구역을 설치·운영하려는 자는 세관장의 특허를 받아야 하며, 기존의 특허를 갱신하려는 경우에도 또한 같다.

⑤ 특허보세구역의 운영인은 30일 이상 계속하여 특허보세구역의 운영을 휴지하고자 할 때에는 세관장에게 통보해야 한다.

23 다음 빈칸 안에 들어갈 보세구역에 대한 설명으로 옳지 않은 것은?

> • 세관공무원 A는 중국에서 인천공항을 통해 입국한 여행자의 휴대품을 유치하여 (ⓐ)에 입고시켰다.
> • B사는 해외로부터 기계류 설비품 등을 반입하여 산업시설을 건설하기 위해 부산세관에 (ⓑ) 설치·운영 특허를 신청하였다.
> • C광역시는 2년마다 개최되는 국제전람회에 외국에서 반입되는 작품을 전시하기 위해 (ⓒ)을 (를) 설치·운영 특허를 받아 운영중에 있다.

① ⓐ는 통관을 하려는 물품을 일시 장치하기 위한 장소로서 세관장이 지정하는 보세구역이다.

② 운영인은 ⓑ에 외국물품을 반입하였을 때에는 사용 전에 해당 물품에 대하여 수입신고를 하고 세관공무원의 검사를 받아야 한다.

③ 세관장은 필요하다고 인정되는 때에는 ⓒ 안의 장치물품에 대하여 장치할 장소를 제한할 수 있다.

④ ⓑ에서는 외국물품과 내국물품을 원료 또는 재료로 하여 제조·가공하거나 그 밖에 이와 비슷한 작업을 할 수 있다.

⑤ ⓒ에서는 전람회 등의 운영을 위해 외국물품의 성질 또는 형상에 변경을 기하거나 소비하는 행위를 할 수 있다.

24 보세공장 외 작업에 대한 설명으로 옳지 않은 것은?

① 세관장은 재해 기타 부득이한 사유로 인하여 필요하다고 인정되는 때에는 신청에 의하여 보세공장 외에서의 보세작업의 기간 또는 장소를 변경할 수 있다.

② 세관장은 보세공장 외 작업허가를 받아 보세작업에 사용될 물품을 공장 외 작업장에 직접 반입하게 할 수 있다.

③ 세관장은 보세공장 외 작업 허가기간이 지나 공장 외 작업장에 외국물품이 있을 경우 원보세공장으로 반입토록 명령해야 한다.

④ 세관공무원은 보세공장 외 작업허가를 받은 물품이 보세공장에서 반출될 때에는 이를 검사할 수 있다.

⑤ 보세공장 외 작업허가를 받아 공장 외 작업장에 반입된 외국물품은 지정된 기간이 만료될 때까지는 보세공장에 있는 것으로 본다.

25 지정장치장에 대한 설명으로 옳지 않은 것은?

① 화물관리인은 화물관리에 필요한 비용을 화주로부터 징수할 수 있으며 그 요율은 관세청장의 승인을 받아야 한다.

② 반입자란 화주를 대리하여 보세화물을 지정장치장에 반입한 자를 말한다.

③ 세관장은 화주에 갈음하여 보관의 책임을 지는 화물관리인을 지정할 수 있다.

④ 지정장치장에 반입한 물품의 보관책임은 화주 또는 반입자가 진다.

⑤ 해당 시설의 관리자가 요청한 자도 화물관리인이 될 수 있다.

01 하선(기)장소 물품반입에 대한 설명으로 옳지 않은 것은?

① 하선장소 반입기간은 컨테이너화물은 5일, 원목, 곡물, 원유 등 벌크화물은 10일이다.

② 하선장소를 관할하는 보세구역 운영인은 화물 반입 즉시 House B/L 단위로 반입신고를 하는 것이 원칙이다.

③ LCL화물로서 해당 하선장소 내의 CFS 내에서 컨테이너 적출 및 반입작업을 하지 않는 물품은 House B/L 단위로 반입신고를 해야 한다.

④ 항공화물은 입항 다음 날까지 지정된 하기장소에 반입해야 한다. 다만, 위험물의 경우에는 지체 없이 하기장소에 반입해야 한다.

⑤ 입항 전 수입신고 수리 또는 보세운송신고 수리가 된 물품을 하선과 동시에 차상반출하는 경우에는 반출입신고를 생략할 수 있다.

※ 해당 문제는 개정 규정을 반영하여 수정되었습니다.

02 수입물품의 보세운송에 대한 다음 설명 중 맞는 것은?

① 보세운송은 반드시 등록된 운송수단으로 운송해야 한다.

② 보세운송목적지 또는 경유지 변경은 발송지세관장만 승인할 수 있다.

③ 보세운송기간 연장승인은 도착지세관장만 할 수 있다.

④ 보세운송 경유지에서 개장, 분리, 합병 등의 작업을 할 수 있다.

⑤ 송유관을 통해 운송하는 석유제품 및 석유화학제품에 대하여는 보세운송절차를 생략할 수 있다.

03 보세화물 반출입에 관한 설명으로 옳지 않은 것은?

① 장치장소가 결정된 물품은 하선(기)절차가 완료된 후 해당 보세구역에 물품을 반입해야 한다.

② 운영인은 반입된 물품이 반입예정정보와 품명·수량이 상이한 경우에는 즉시 세관장에게 보고해야 한다.

③ 세관장은 반입화물이 보세구역의 수용능력을 초과하여 추가 반입이 곤란한 경우 다른 보세구역으로 반출하도록 명령할 수 있다.

④ 견본품을 반출입하고자 하는 자는 세관장에게 제세에 해당하는 담보를 제공해야 한다.

⑤ 위험물, 보온·보냉물품, 귀금속 등은 해당 물품을 장치하기에 적합한 요건을 갖춘 보세구역에 장치해야 한다.

04　출항화물에 대한 설명으로 옳지 않은 것은?

① 해상 출항물품의 적재화물목록 정정신청은 해당 수출물품을 적재한 선박이 출항한 날로부터 30일 이내에 해야 한다.

② 수출물품은 수출신고가 수리된 날로부터 30일 이내(필요 시 연장가능)에 우리나라와 외국 간을 왕래하는 운송수단에 적재해야 한다.

③ 반송물품을 보세구역에서 반출하고자 하는 보세구역 운영인은 세관장에게 반출신고를 해야 한다.

④ 해상 출항물품의 적재신고는 물품목록을 선박에 적재하기 24시간 전까지 제출해야 한다. 근거리인 경우에는 선박에 적재하기 전까지 제출하되 선박이 출항하기 30분 전까지 최종 마감하여 제출해야 한다.

⑤ 적재지 보세구역에 반입된 수출물품을 부패·손상 등의 사유로 폐기하려는 자는 세관장에게 승인을 받은 후 폐기처리할 수 있다.

05　보세운송제도에 대한 설명으로 옳지 않은 것은?

① 관세사는 보세운송신고를 할 수 있다.

② 자유무역지역은 보세운송하는 물품의 목적지가 될 수 있다.

③ 국가기관에 의하여 운송되는 압수물품은 보세운송절차가 필요 없다.

④ 해상화물의 보세운송기간은 10일이다.

⑤ 세관장은 선박 입항 전에 보세운송신고를 하는 때에는 입항예정일 및 하선장소 반입기간을 고려하여 10일 이내의 기간을 보세운송기간에 추가할 수 있다.

06　보세운송제도에 대한 설명으로 옳지 않은 것은?

① 간이보세운송업자가 보세운송 승인을 신청하는 경우 담보를 제공해야 한다.

② 냉장 또는 냉동화물 등 특수한 경우에는 사전에 세관장의 승인을 얻어 일반업체의 운송수단으로 운송할 수 있다.

③ 보세운송인이 보세운송목적지 또는 경유지를 변경하려는 경우 발송지세관장 또는 도착지세관장에게 승인을 받아야 한다.

④ 도착지 보세구역 운영인은 보세운송된 물품을 인수하였을 때에는 즉시 세관화물정보시스템에 반입신고를 해야 한다.

⑤ 도착지 보세구역 운영인은 도착된 보세운송물품에 과부족이 있거나 컨테이너 또는 유개차의 봉인파손 등 이상이 발견된 경우에는 지체 없이 세관장에게 보고해야 한다.

07 보세구역 장치기간 경과물품의 국고귀속 조치를 보류할 수 있는 대상이 아닌 것은?

① 지방자치단체에서 수입하는 물품
② 동·식물 검역대상 물품
③ 이의신청, 심판청구, 소송 등 쟁송이 제기된 물품
④ 법 위반으로 조사 중인 물품
⑤ 특수용도에만 한정되어 있는 물품으로서 국고귀속 조치 후에도 공매낙찰 가능성이 없는 물품

08 세관장에게 미리 통보할 임시개청 대상 사무가 아닌 것은?

① 통관절차   ② 보세운송절차
③ 입항절차   ④ 출항절차
⑤ 국제항에서의 하역작업절차

09 특허기간과 물품의 장치기간이 다른 보세구역은?

① 보세창고   ② 보세공장
③ 보세전시장   ④ 보세건설장
⑤ 보세판매장

10 장치기간 경과 보세화물을 매각 처분할 때 낙찰취소 시 입찰보증금을 환불하지 않는 경우는?

① 착오로 낙찰자가 지정된 기일까지 대금잔액을 납입하지 않는 경우
② 공매낙찰 전에 해당 물품이 수출된 경우
③ 공매낙찰 전에 해당 물품이 수입신고 수리가 된 경우
④ 착오로 인하여 예정가격, 공매조건 등의 결정에 중대하고 명백한 하자가 있는 경우
⑤ 명백하게 낙찰자의 책임이 아닌 사유로 공매조건을 이행하지 못한 경우

11 다음은 용어의 정의에 대한 설명이다. 빈칸에 들어갈 가장 적절한 용어는?

> (　　)이란 입항하는 운송수단의 물품을 다른 세관의 관할구역으로 운송하여 출항하는 운송수단으로 옮겨 싣는 것을 말한다.

① 환 적
② 복합환적
③ 내국환적운송
④ 복합일관운송
⑤ 하역·양륙

12 세관장이 화물운송주선업자에 대하여 등록취소를 하지 않아도 되는 경우는?

① 거짓이나 그 밖의 부정한 방법으로 등록을 한 경우
② 화물운송주선업자가 파산선고를 받고 복권되지 않은 경우
③ 관세 및 국세를 체납한 경우
④ 화물운송주선업자가 「관세법」을 위반하여 징역형의 집행유예를 선고받고 그 유예기간 중에 있는 경우
⑤ 화물운송주선업자가 「관세법」을 위반하여 징역형의 실형을 선고받고 그 집행이 끝난 후 2년이 지나지 않은 경우

13 보세구역에서 이루어지는 각종 행위와 세관장에게 받아야 할 처분내용이 잘못 연결된 것은?

① 보수작업 - 승인
② 물품폐기 - 승인
③ 물품멸실 - 승인
④ 견본품반출 - 허가
⑤ 해체작업 - 허가

14 보수작업이 허용되지 않는 것은?

① 물품의 부패, 손상 등을 방지하기 위한 보존작업
② 물품의 판촉을 위해 무상 제공용 샘플을 추가 적입하여 포장하는 작업
③ 물품의 상품성 향상을 위한 포장개선, 라벨표시, 단순절단 등 개수작업
④ 선적을 위한 선별, 분류 등 준비작업
⑤ 간단한 세팅 등 단순한 조립작업

15 화물운송주선업자의 의무에 해당하지 않는 것은?

① 적재화물목록 작성책임자로서 적재물품과 부합되게 하우스적재화물목록을 작성해야 한다.

② 화물운송주선업자는 작성한 하우스적재화물목록을 직접 세관에 제출해야 한다.

③ 적재물품이 운송의뢰를 받은 물품과 일치하지 않을 때에는 그 사실을 세관장에게 지체 없이 신고해야 한다.

④ 적재물품이 「관세법」 제234조에 따른 수출입 금지물품으로 확인된 때에는 그 사실을 세관장에게 지체 없이 신고해야 한다.

⑤ 화물운송주선업자는 다른 사람에게 자기의 성명 또는 상호를 사용하여 영업을 하게 하거나 등록증을 대여할 수 없다.

16 보세구역 물품 반출입절차 등에 대한 설명으로 옳지 않은 것은?

① 운영인은 하선신고서에 의한 보세화물 반입 시 세관화물정보시스템의 반입예정정보와 대조확인하고 반입 즉시 반입신고서를 세관장에게 전자문서로 제출해야 한다.

② 운영인은 하선반입되는 물품 중 세관봉인대 봉인물품은 반입 즉시 세관장에게 세관봉인에 이상이 있는지 등을 보고해야 한다.

③ 운영인은 도착한 보세운송 물품의 포장 또는 봉인이 파손된 경우에는 물품의 인수를 보류하고 반입물품 이상보고서를 세관장에게 제출한 후 세관장의 지시에 따라 처리해야 한다.

④ 자가용 보세창고에 반입되어 수입신고 수리된 화물은 반출신고를 해야 한다.

⑤ 운영인은 보세운송신고 수리된 물품의 반출요청을 받은 때에는 세관화물정보시스템의 반출승인 정보와 현품이 일치하는지를 확인한 후 이상이 없는 경우 반출 전에 반출신고서를 전자문서로 제출해야 한다.

17 장치기간 경과물품의 매각처분 보류사유에 해당하지 않는 것은?

① 「관세법」 위반으로 조사 중인 경우

② 화주의 매각처분 보류요청이 있는 경우

③ 식품 등의 수입신고확인증을 제출하지 않아 통관이 지연된 경우

④ 이의신청, 심판청구, 소송 등 쟁송이 계류 중인 경우

⑤ 외자에 의한 도입물자로서 관련 법령에 따라 기획재정부장관 및 산업통상자원부장관의 매각처분 보류요청이 있는 경우

18 다음은 지정장치장 반입물품의 장치기간에 대한 내용이다. 빈칸 안에 들어갈 내용을 순서대로 나열한 것은?

> 「관세법」 제170조에 따른 지정장치장 반입물품의 장치기간은 (　　)로 한다. 다만, 부산항·인천항·인천공항·김해공항 항역내의 지정장치장으로 반입된 물품의 장치기간은 (　　)로 하며, 세관장이 필요하다고 인정할 때에는 (　　)의 범위에서 그 기간을 연장할 수 있다.

① 6개월, 3개월, 3개월,
② 3개월, 3개월, 3개월
③ 6개월, 3개월, 2개월
④ 3개월, 2개월, 2개월
⑤ 6개월, 2개월, 2개월

19 세관장은 「관세법」 제160조 제4항에 따라 장치기간에도 불구하고 화주 등에게 1개월의 기간을 정하여 반송 또는 폐기할 것을 명할 수 있는데, 이에 해당하지 않는 물품은?

① 부패하거나 변질된 물품
② 유효기간이 지났거나 상품가치가 없어진 물품
③ 품명미상의 물품으로서 6개월이 경과한 물품
④ 위조상품, 모조품, 그 밖의 지식재산권 침해물품
⑤ 사람의 생명이나 재산에 해를 끼칠 우려가 있는 물품

20 항공화물의 적재화물목록 정정생략 사유에 해당하지 않는 것은?

① 포장파손이 용이한 물품으로서 과부족이 5% 이내인 경우
② 중량으로 거래되는 물품 중 건습에 따라 중량의 변동이 심한 물품으로서 그 중량의 과부족이 5% 이내인 경우
③ 적재화물목록 이상사유가 오탈자 등 단순기재오류로 확인되는 경우
④ 적재화물목록에 등재되지 않은 화물로서 해당 항공기 10일 이내에 선착화물이 있어 병합관리가 가능한 경우
⑤ 포장단위 물품으로서 중량의 과부족이 10% 이내이고 포장상태에 이상이 없는 경우

※ 해당 문제는 개정 규정을 반영하여 수정되었습니다.

21 「보세화물 입출항 하선 하기 및 적재에 관한 고시」에 규정된 용어의 정의에 대한 설명으로 옳지 않은 것은?

① "Master B/L"이란 선사가 발행한 선하증권 또는 해상화물운송장을 말한다.

② "House B/L"이란 화물운송주선업자가 화주에게 발행한 선하증권 또는 해상화물운송장을 말한다.

③ "화물관리번호"란 적재화물목록상의 적재화물목록관리번호(Manifest Reference Number)에 Master B/L 또는 Master AWB 일련번호와 House B/L 또는 House AWB 일련번호를 합한 번호를 말한다.

④ "환적화물"이란 국제무역선(기)에 의하여 우리나라에 도착한 외국화물을 외국으로 반출하는 물품으로서 수출입 또는 반송신고대상이 아닌 물품을 말한다.

⑤ "하선(기)장소"란 화물을 선박 또는 항공기에서 내리는 양륙작업과 화물을 선박 또는 항공기에 올려 싣는 적재작업을 하는 보세구역

※ 해당 문제는 개정 규정을 반영하여 수정되었습니다.

22 「관세법 시행령」 제226조의 보세운송 승인대상물품이 아닌 것은?

① 보세운송된 물품 중 다른 보세구역 등으로 재보세운송하고자 하는 물품

② 「검역법」·「식물방역법」·「가축전염병 예방법」 등에 따라 검역을 요하는 물품

③ 「위험물안전관리법」에 따른 위험물

④ 「식품위생법」에 따라 식품검사를 요하는 물품

⑤ 통관이 보류되거나 수입신고 수리가 불가능한 물품

23 보세화물 장치장소 분류기준에 대한 설명으로 옳지 않은 것은?

① 입항 전 또는 하선 전에 수입신고나 보세운송신고가 된 물품은 보세구역에 반입하여 보세운송 또는 통관절차를 수행하도록 해야 한다.

② 선사는 화주 또는 그 위임을 받은 자가 운영인과 협의하여 정하는 장소에 보세화물을 장치하는 것을 원칙으로 한다.

③ 보세창고, 보세공장, 보세전시장, 보세판매장에 반입할 물품은 특허 시 세관장이 지정한 장치물품의 범위에 해당하는 물품으로 한정한다.

④ 수입고철은 고철전용 장치장에 장치하는 것을 원칙으로 한다.

⑤ 위험물, 보온·보냉물품, 검역대상물품, 귀금속 등은 해당 물품을 장치하기에 적합한 요건을 갖춘 보세구역에 장치하는 것을 원칙으로 한다.

24 보세구역 외 장치허가에 대한 설명으로 옳은 것은?

① 보세구역 외 장치허가기간은 원칙적으로 1년이고, 세관장이 필요하다고 인정하는 경우에는 6개월의 범위 내에서 연장할 수 있다.

② 보세구역 외 장치허가수수료는 B/L 단위로 징수한다.

③ 자가공장 및 시설(용광로 또는 전기로, 압연시설을 말한다)을 갖춘 수입대행자가 수입하는 고철 등의 물품은 보세구역이 장치허가대상이다.

④ 제조업체가 수입하는 수출용 원자재 중 농·축·수산물은 보세구역 외 장치허가 시 담보를 생략할 수 있다.

⑤ 보세구역 외 장치허가기간이 종료한 때에는 담보기간 동안 보세구역 외 장치허가를 의제할 수 있다.

25 보세구역에서 이루어지는 보수작업에 대한 설명으로 옳지 않은 것은?

① 보수작업을 하기 전에 세관장의 승인을 받아야 한다.

② 보수작업을 할 때 타 물품을 부가할 필요가 있는 경우 외국물품만을 재료로 하여 보수작업을 할 수 있다.

③ HSK 10단위의 변화를 가져오는 보수작업은 할 수 없다.

④ 세관장은 보세구역 운영인이 동일 품목을 대상으로 동일한 보수작업을 반복적으로 하는 경우 1년의 범위 내에서 포괄적으로 승인할 수 있다.

⑤ 보수작업을 완료한 경우에는 완료보고서를 제출해야 한다.

01 수출입 안전관리 우수업체의 공인심사를 위한 공인기준이 아닌 것은?

① 재무건전성 ② 법규준수
③ 내부통제시스템 ④ 전략관리
⑤ 안전관리

02 수출입 안전관리 우수업체의 특례정지 요건에 해당하지 않는 것은?

① 수출입 안전관리 우수업체가 「관세법」 제276조(허위신고죄 등)를 위반하여 통고처분을 받은 경우
② 수출입 안전관리 우수업체가 「관세법」 제276조(허위신고죄 등), 제279조(양벌 규정)의 규정에 따라 벌금형을 선고 받은 경우
③ 분기별 법규준수도가 공인기준 미만으로 하락하여 개선계획의 제출을 3회 이상 요구받은 경우
④ 관리책임자가 변경되어 관세청장에 대한 변동사항 보고 의무가 발생하였으나 이를 신고하지 않은 경우
⑤ 관리책임자가 교육을 미이수하여 교육이수 권고를 받았으나 특별한 사유 없이 교육을 이수하지 않은 경우

03 수출입 안전관리 우수업체(AEO) 제도에 대한 설명으로 옳지 않은 것은?

① 민-관 협력을 기반으로 하는 법규준수 및 수출입 안전관리 제도이다.
② AAA등급은 법규준수도가 95점 이상이면서 법규준수 등과 관련하여 다른 업체에 확대 적용할 수 있는 우수사례를 보유해야 한다.
③ AEO 공인의 유효기간은 관세청장이 증서를 교부한 날부터 3년으로 한다.
④ AEO 공인 전의 경우 수출입관리책임자는 16시간 이상 교육을 이수해야 한다.
⑤ AEO 공인등급 조정 신청에 따라 공인등급을 조정하는 경우에도 공인의 유효기간은 조정 전의 유효기간으로 한다.

04 수출입 안전관리 우수업체 관리책임자의 업무로 옳은 것은?

> A. 정기 자율평가 등 공인기준 준수관련 업무
> B. 보세사 등 인사 채용 관리
> C. 직원에 대한 수출입 안전관리 교육
> D. 정보 교환, 회의 참석 등 수출입 안전관리 우수업체와의 협업
> E. 세관 등 유관기관과 수입관리 정보교육
> F. 수입세액 정산보고서 확인
> G. 업체의 법규준수 향상 지원 활동

① A, C, F   ② C, F, G
③ A, C, G   ④ C, E, F
⑤ B, E, G

※ 해당 문제는 개정 규정을 반영하여 수정되었습니다.

05 수출입 안전관리 우수업체 공인심사 시 공인유보 사유에 해당하는 것은?

① 현장심사 결과 신청업체가 법규준수도 기준은 충족하지 못하였으나 나머지 공인기준을 모두 충족한 경우
② 공인심사 결과 공인기준에 미달한 경우로서 보완 요구의 실익이 없는 경우
③ 관세청장의 제출서류 보완 요구에도 불구하고 천재지변 등의 특별한 사유 없이 지정기간 내 보완하지 않은 경우
④ 관세청장의 제출서류 보완 요구에 따라 보완하였음에도 불구하고 공인기준에 미달하는 경우
⑤ 공인신청 후 신청업체의 법규준수도 점수가 70점(중소수출기업의 경우 60점) 미만으로 하락한 경우

06 수출입 안전관리 우수업체의 변동사항 보고 기한이 다른 것은?

① 사업내용의 변경 또는 추가 시
② 양도, 양수, 분할, 합병 등으로 인한 법적 지위의 변경 시
③ 대표자, 수출입 관련 업무 담당 임원 및 관리책임자의 변경 시
④ 범칙행위, 부도 등 공인유지에 중대한 영향을 미치는 사실의 발생 시
⑤ 소재지 이전, 사업장 신설·증설·확장·축소·폐쇄 등의 사실 발생 시

07 수출입 안전관리 우수업체 기업상담전문관에 대한 설명으로 옳지 않은 것은?

① 관세청장은 수출입 안전관리 우수업체의 법규준수도 향상을 위하여 업체별로 기업상담전문관을 지정·운영한다.

② 기업상담전문관은 수출입 안전관리 우수업체의 공인기준 준수 여부를 주기적으로 확인한다.

③ 기업상담전문관은 수출입 안전관리 우수업체의 공인등급 조정이 필요한 경우 이를 심의하는 수출입 안전관리 우수업체 심의위원회에 위원 자격으로 참여한다.

④ 기업상담전문관은 수출입 안전관리 우수업체의 신고사항에 대한 보정심사 등을 통해 신고내용을 수정 또는 정정하고 그 결과를 기록유지한다.

⑤ 기업상담전문관은 수출입 안전관리 우수업체의 법규준수도 향상을 위한 정보 제공 및 상담·자문을 한다.

08 각 국의 AEO제도에 대한 설명으로 옳은 것은?

① 미국의 C-TPAT제도는 전 세계 AEO제도의 토대가 되는 제도로서 인증분야는 법규준수에 집중되어 있다.

② EU의 AEO제도는 AEO-S(신속통관), AEO-C(안전), AEO-F(신속통관+안전) 등 목적에 따라 유형을 구분하여 인증을 부여하고 있다.

③ 중국은 5등급 기업분류제도인 기업신용관리제도를 시행하여 A, B, C, D, AA등급으로 기업을 분류하고 있다.

④ 캐나다의 SES제도는 법규준수를 제외하고 안전관리 중심의 AEO제도를 시행하고 있다.

⑤ 싱가포르의 특례인정업자제도는 법규준수 및 안전관리 분야를 모두 포함하고 있다.

09 2023년 9월 기준 우리나라와 AEO 상호인정협정(MRA)을 체결한 국가가 아닌 것은?

① 베트남   ② 태 국
③ 캐나다   ④ 호 주
⑤ UAE

※ 해당 문제는 인쇄일 기준으로 수정되었습니다.

10 보세운송업자의 내부통제시스템 공인기준에 해당하지 않는 것은?

① 경영방침 수립
② 내부고발제도 등 부정방지프로그램 활성화
③ 자격증 소지자 및 경험자 근무
④ 세부목표 수립
⑤ 직원식별시스템 마련

11 보세구역 운영인의 시설과 장비관리 공인기준에 대한 설명으로 옳지 않은 것은?

① 운영인은 울타리의 손상 등 이상 여부를 최소 월 1회 이상 주기적으로 검사하고 그 내역을 기록·유지해야 한다.

② 운영인은 감시카메라를 설치한 경우 24시간 작동되도록 하고 녹화자료를 최소 30일 이상 보관해야 한다.

③ 운영인은 건물에 대해 최소 월 1회 이상 주기적으로 검사하고 그 내역을 기록·유지해야 한다.

④ 운영인은 불법 침입을 막을 수 있는 자재를 사용하여 건물을 건축해야 한다.

⑤ 운영인은 물품 취급 및 보관시설 내부 또는 인접지역에 개인차량이 주차되지 않도록 해야 한다.

12 보세운송업자의 취급절차관리 공인기준과 관계가 없는 것은?

① 보세운송업자는 수출입물품의 운송, 취급, 보관과 관련된 절차를 준수하기 위해 비인가된 물품과 사람의 접근을 통제하는 안전관리조치를 해야 한다.

② 보세운송업자는 보세운송신고 시 물품의 중량, 수량 등을 정확하게 작성해야 한다.

③ 보세운송업자는 불법사항이나 혐의사항을 식별하였을 때에는 즉시 세관장에게 보고해야 한다.

④ 보세운송업자는 물품의 안전성을 보장하기 위하여 거래업체로부터 정확하고 시기적절하게 정보를 통보받는 절차를 마련해야 한다.

⑤ 보세운송업자는 세관직원 등이 검사를 위하여 컨테이너를 개장한 경우에는 검사종료 시 즉시 재봉인해야 한다.

13 AEO 공인등급 조정에 관한 설명이다. 빈칸 안에 들어갈 내용을 순서대로 나열한 것은?

> 관세청장은 수출입 안전관리 우수업체가 (   ) 연속으로 제5조 제1항에 따른 공인등급별 기준을 충족하는 경우에는 공인등급의 조정 신청을 받아 상향할 수 있다. 다만, 수출입 안전관리 우수업체가 갱신이 아닌 때에 공인등급의 조정을 신청하고자 하는 경우에는 공인의 유효기간이 (   ) 남아 있어야 한다.

① 4개 분기, 6개월 이상

② 4개 분기, 1년 이상

③ 2개 분기, 6개월 이상

④ 2개 분기, 1년 이상

⑤ 6개 분기, 6개월 이상

※ 해당 문제는 개정 규정을 반영하여 수정되었습니다.

14 수출입 안전관리 우수업체의 모든 부문에 공통적으로 적용되는 특례가 아닌 것은?

① 법규위반 시 행정형벌보다 통고처분, 과태료 등 행정질서벌 등 우선 고려

② 「기업심사 운영에 관한 훈령」에 따른 관세조사 제외

③ 중소기업청의 중소기업 병역지정업체 추천 시 5점 가산

④ 「수출입신고 오류방지에 관한 고시」 제14조에 따라 오류에 대한 제재 경감

⑤ 「관세법 등에 따른 과태료 부과징수에 관한 훈령」에 따른 과태료 면제

15 보세구역 운영인 부문의 AEO 가이드라인상 수출입물품 취급 관련 자격증 소지자로 인정될 수 없는 것은?

① 무역영어(2급)

② 관세사

③ 보세사

④ 물류관리사

⑤ IATA Diploma

16 수출입 안전관리 우수업체(AEO) 보세구역 운영인 부문에 대한 내부통제시스템 공인기준이 아닌 것은?

① 법규준수와 안전관리를 위한 조직과 인력 확보

② 관세행정 관련 활동에 적극 참여

③ 화물 반출입 시 즉시 신고할 수 있는 체계 구축

④ 법규준수와 안전관리 업무에 대한 정보가 관련 부서에 공유

⑤ 채용 예정자에 대한 이력 점검

17 수출입 안전관리 우수업체(AEO) 보세구역 운영인 부문의 가이드라인에 대한 설명으로 옳지 않은 것은?

① 위험평가 결과에 대한 관리대책을 주기적(12개월을 초과할 수 없음)으로 평가

② 관세행정 관련 활동은 신청일 직전 36개월 이내 실적에 한함

③ 관련 법령 개정사항을 주기적(1개월을 초과할 수 없음)으로 검토

④ 내부통제활동을 주기적(12개월을 초과할 수 없음)으로 평가

⑤ 거래업체 정보를 축적하고, 주기적(6개월을 초과할 수 없음)으로 현행화

18 보세구역 운영인 부문의 안전관리 공인기준에 대한 설명으로 옳지 않은 것은?

① 봉인관리, 손상된 봉인 식별 및 세관장 보고

② 사원증, 지문인식 등 직원식별시스템 마련

③ 물품 취급 및 보관지역을 감시하기 위한 순찰 실시

④ 출입구에 인력을 배치하거나 감시하고, 출입구는 최대한으로 유지

⑤ CCTV 녹화자료를 최소 30일 이상 보관

19 수출입 안전관리 우수업체의 정기 자율평가 실시에 대한 설명이다. 빈칸에 들어갈 말로 옳은 것은?

> 수출입 안전관리 우수업체는 매년 공인일자가 속하는 달에 별지 제11호 서식의 정기 자율평가서에 따라 공인기준을 충족하는지를 자체적으로 점검하고 다음 달 (   )까지 (   )에게 그 결과를 제출하여야 한다.

① 1일, 세관장

② 5일, 관세청장

③ 15일, 관세청장

④ 10일, 세관장

⑤ 5일, 세관장

※ 해당 문제는 개정 규정을 반영하여 수정되었습니다.

20 관리대상화물 중 세관장이 검사대상화물 지정을 직권으로 해제할 수 없는 것은?

① 등록사유(검사착안사항)와 관련 없는 물품
② 지방자치단체가 수입하는 물품
③ 「수출입 안전관리 우수업체 공인 및 운영에 관한 고시」 제15조에 따라 수출입 안전관리 우수업체가 수입하는 물품
④ 학술연구용 실험기자재
⑤ SOFA 관련 물품

21 「관세법」상 국경을 출입하는 차량에 대한 설명으로 옳지 않은 것은?

① 관세통로는 육상국경으로부터 통관역에 이르는 철도와 육상국경으로부터 통관장에 이르는 육로 또는 수로 중에서 세관장이 지정한다.
② 통관역은 군사분계선으로부터 가장 가까운 거리에 위치한 철도역 중에서 세관장이 지정한다.
③ 국경출입차량이 통관역을 출발하고자 하는 때에는 통관역장이 출발하기 전에 세관장에게 출발보고를 하고 출발허가를 받아야 한다.
④ 통관장은 관세통로에 접속한 장소 중에서 세관장이 지정한다.
⑤ 국경을 출입하는 차량은 관세통로를 경유해야 하며 통관장에서는 정차해야 한다.

22 「관세법」상 국제항에 관하여 잘못 설명하고 있는 것은?

① 국제항은 대통령령으로 지정한다.
② 국제항의 지정 요건 중 항구의 경우는 국제무역선인 5천톤급 이상의 선박이 연간 50회 이상 입항하거나 입항할 것으로 예상되어야 한다.
③ 진해항, 경인항, 삼척항, 무안공항, 양양공항은 「관세법」상 국제항이다.
④ 국제무역기와 국제무역선은 국제항이 아닌 공항과 항만에는 어떠한 경우라도 운항할 수 없다.
⑤ 국제항이 아닌 지역에 출입하기 위하여 내야 하는 수수료의 총액은 50만 원을 초과하지 못한다.

23 관세행정에 있어서의 공항만감시와 관련한 설명으로 옳지 않은 것은?

① 우리나라와 외국을 왕래하는 무역선(기)은 입항 전에 적재화물목록 등을 첨부한 입항보고서를 관할지 세관장에게 제출해야 한다.

② 세관은 항만감시 영역을 효율적으로 감시단속하기 위하여 부두초소별 24시간 세관공무원이 상시근무하는 고정감시체계를 운영하고 있다.

③ 인천공항, 김포공항, 제주공항 및 대구공항은 「관세법」상 국제항이나 광주공항은 「관세법」상 국제항으로 지정되어 있지 않다.

④ 해외 여행자의 입국 전에 우범 여부를 선별할 수 있는 승객정보사전분석시스템(APIS)를 운영중이다.

⑤ 전국 주요 항만에는 CCTV를 설치하여 부두를 24시간 감시할 수 있는 감시종합상황실을 운영하고 있다.

24 국제무역선의 화물 하선 적재에 관한 설명으로 옳지 않은 것은?

① 하역이라 함은 화물을 국제무역선에서 양륙하여 하선장소에 반입하는 하선작업과 화물을 국제무역선에 옮겨놓는 적재작업을 말한다.

② 국제무역선은 「관세법」상 입항절차를 마친 후가 아니면 어떠한 경우라도 물품을 하역할 수 없다.

③ 국제무역선에서 물품을 하역하려면 세관공무원이 확인할 필요가 없다고 인정한 경우를 제외하고 세관장에게 신고해야 한다.

④ 세관장은 감시 · 단속을 위하여 필요한 경우 물품을 하역하는 장소를 제한할 수 있다.

⑤ 세관장의 허가를 받고 국제무역선에 내국물품을 적재할 수 있다.

25 국경감시와 관련하여 테러위해물품으로 의심되는 물품을 발견한 때 행동요령으로 잘못된 것은?

① 물품을 흔들거나 떨어뜨리지 않는다.

② 화물이 개봉되어 의심스러운 물질이 발견된 경우에는 주변을 차단하는 등 안전조치를 취한다.

③ 격리된 곳에서 물품을 개봉하여 확인한 후 가까운 세관에 신고하고 경찰, 보건당국에도 신고한다.

④ 의심되는 물품의 냄새를 맡지 않는다.

⑤ 가루를 발견한 경우에는 물품을 밀봉된 비닐백에 별도 보관하여 관계당국에 인계한다.

01 「관세법」 제304조(압수물품의 폐기) 사유에 해당하는 것은?

① 사용할 수 있는 기간이 지날 우려가 있는 경우
② 보관하기가 극히 불편하다고 인정되는 경우
③ 처분이 지연되면 상품가치가 크게 떨어질 우려가 있는 경우
④ 피의자나 관계인이 매각을 요청하는 경우
⑤ 사람의 생명이나 재산을 해칠 우려가 있는 경우

02 관세포탈죄에 대한 설명으로 옳은 것은?

① 물품을 수입하는 자가 관세를 포탈하기 위하여 수입신고를 하지 않은 경우에도 관세포탈죄로 처벌한다.
② 관세포탈죄를 범할 목적으로 예비를 한 자는 본죄에 준하여 처벌한다.
③ 관세포탈죄의 행위를 교사하거나 방조한 자는 본죄의 2분의 1을 감경하여 처벌한다.
④ 수입신고를 한 자 중 세액결정에 영향을 미치기 위하여 관세율을 거짓으로 신고한 경우 관세포탈죄로 처벌한다.
⑤ 세액결정에 영향을 미치기 위하여 과세가격 등을 허위로 신고하여 수입한 물품에 대해서 몰수할 수 없을 때에는 몰수에 갈음한 추징을 해야 한다.

03 법령에 의하여 수입이 제한된 물품을 회피할 목적으로 부분품을 수입하거나 주요 특성을 갖춘 미완성·불완전한 물품 또는 완제품을 부분품으로 분할하여 수입하는 자를 처벌할 수 있는 「관세법」 조항은 무엇인가?

① 밀수출입죄(제269조)
② 관세포탈죄 등(제270조)
③ 명의대여행위죄 등(제275조의3)
④ 밀수품의 취득죄 등(제274조)
⑤ 허위신고죄 등(제276조)

04 **조사와 처분에 관한 내용 중 옳지 않은 것은?**

① 관세범에 관한 사건은 관세청장 또는 세관장의 고발이 없는 한 검사는 공소를 제기할 수 없다.

② 세관공무원은 관세범에 대하여 「관세법」이 정하는 바에 의하여 사법경찰관리의 직무를 행한다.

③ 관세범은 「관세법」 또는 「관세법」에 따른 명령을 위반하는 행위로서 「관세법」에 따라 형사처벌되거나 통고처분되는 것을 말한다.

④ 관세범에 대한 조사와 처분은 세관공무원이 행한다.

⑤ 관세범에 관한 서류는 인편 또는 등기우편으로 송달한다.

05 **수출입 금지품이 아닌 것은?**

① 향정신성의약품 등 마약류

② 헌법질서를 문란하게 하는 음반·비디오물·조각물

③ 공공의 안녕질서 또는 풍속을 해치는 서적·간행물·도화

④ 정부의 기밀을 누설하거나 첩보활동에 사용되는 물품

⑤ 화폐·채권이나 그 밖의 유가증권의 위조품·변조품 또는 모조품

06 **「관세법」 위반 범죄 물품 가운데 「관세법」 제282조(몰수·추징) 제2항의 규정에 따라 몰수하지 않을 수 있는 것은?**

① 중국으로부터 신발을 수입하는 것으로 신고하고 실제로는 참깨를 수입하였다.

② 외국 여행 중에 물품원가 2천만 원 상당의 시계를 구입하고 휴대하여 입국하면서 세관에 신고하지 않았다.

③ 「관세법」 제156조에 따라 세관장으로부터 보세구역 외 장치허가를 받아 장치한 중국산 원피를 납기로 인해 수입신고 없이 사용하였다.

④ 귀금속 판매업자가 신고 없이 수입된 금괴라는 사실을 알면서도 취득하였다.

⑤ 창고업자가 신고 없이 수입한 담배라는 사실을 알면서도 보관하였다.

07   「관세법」 제279조 양벌 규정에 대한 설명으로 옳지 않은 것은?

① 법인의 업무와 관련하여 법인의 대표자가 「관세법」의 벌칙에 위반하는 행위를 하였을 때에는 대표자와 함께 법인도 처벌한다.

② 「관세법」 제277조의 과태료는 양벌 규정 적용 대상이 아니다.

③ 법인이 대표자나 대리인, 사용인, 종업원 등의 위반행위를 방지하기 위하여 해당 업무에 관하여 상당한 주의와 감독을 하였다면 양벌 규정을 적용하지 않는다.

④ 개인의 종업원이 개인의 업무와 관련하여 「관세법」의 벌칙에 위반하는 행위를 하였을 때에는 종업원과 함께 개인도 처벌한다.

⑤ 양벌 규정에 따른 법인 처벌 시 위반행위의 경중에 따라 징역형과 벌금형을 병과하여 부과할 수 있다.

08   밀수품 취득죄에 대한 설명으로 옳지 않은 것은?

① 3년 이하의 징역 또는 물품원가 이하에 상당하는 벌금에 처한다.

② 밀수품을 감정한 자도 처벌한다.

③ 예비한 자는 본죄의 2분의 1을 감경하여 처벌한다.

④ 미수범은 본죄의 2분의 1을 감경하여 처벌한다.

⑤ 징역과 벌금은 병과할 수 있다.

09   통고처분에 대한 설명으로 옳지 않은 것은? (정답 2개)

① 통고처분을 이행하면 관세징수권의 소멸시효가 중단된다.

② 통고처분이 있는 때에는 공소의 시효가 정지된다.

③ 통고처분을 이행하면 동일사건에 대하여 다시 처벌받지 않는다.

④ 통고처분을 이행하지 않았을 때에는 관세청장이나 세관장은 즉시 고발해야 한다.

⑤ 통고처분 벌금에 상당하는 금액은 법정 벌금 최고액으로 한다.

10   벌금형과 징역형이 병과될 수 없는 것은?

① 가격조작죄   ② 허위신고죄

③ 관세포탈죄   ④ 부정수입죄

⑤ 밀수입죄

11 고발 대상이 아닌 것은?

① 관세범인이 통고를 이행할 수 있는 자금능력이 없다고 인정되는 경우

② 관세범인의 주소 및 거소가 분명하지 않은 경우

③ 관세범인에게 통고를 하기 곤란하다고 인정되는 경우

④ 범죄의 정상이 징역형에 처해질 것으로 인정되는 경우

⑤ 관세범인이 통고서의 송달을 받은 때로부터 15일 이내에 이행하지 못하고, 고발되기 직전 통고처분을 이행한 경우

12 자율관리 보세구역에 대한 설명으로 옳은 것은?

① 보세화물을 자율적으로 관리할 능력이 없거나 부적당하다고 세관장이 인정하는 경우 자율관리 보세구역의 지정을 취소할 수 있다.

② 운영인 또는 그 사용인이 「관세법」 또는 「관세법」에 따른 명령을 위반하여 「관세법」 제277조에 의한 과태료 처분을 받은 경우 세관장은 자율관리 보세구역의 지정을 취소할 수 있다.

③ 자율관리 보세구역은 「관세법 시행령」 제176조 규정에 의하여 장부를 비치하고 반출입사항을 기록관리하는 경우 외국물품의 반출입신고 절차를 생략한다.

④ 자율관리 보세구역의 「특허보세구역 운영에 관한 고시」 제22조 규정에 의한 보세구역 운영상황의 점검은 생략하지 않는다.

⑤ 자율관리 보세구역은 「관세법 시행령」 규정에 의한 견본품반출 신청절차를 생략한다.

13 보세사의 의무가 아닌 것은?

① 보세사는 다른 업무를 겸임할 수 없다. 다만, 영업용 보세창고인 경우 보세화물 관리에 지장이 없는 범위 내에서 다른 업무를 겸임할 수 있다.

② 영업용 보세창고의 경우에 세관개청시간과 해당 보세구역 내의 작업이 있는 시간에 상주해야 한다.

③ 세관장의 업무감독에 관련된 명령을 준수해야 하고, 세관공무원의 지휘를 받아야 한다.

④ 직무와 관련하여 부당한 금품을 수수하거나 알선·중개하여서는 아니 된다.

⑤ 보세사는 자율관리 보세구역 관리에 관한 규정을 항상 숙지하고 이를 준수해야 한다.

14 보세사의 징계에 관한 내용으로 옳은 것은?

① 세관장은 경고처분을 받은 보세사가 1년 내에 다시 경고처분을 받게 되는 경우 보세사징계위원회의 의결 없이 징계처분을 할 수 있다.

② 보세사의 징계는 견책, 6월의 범위 내 업무정지, 등록취소의 3종으로 하며, 연간 6월의 범위 내에 업무정지를 2회 받으면 등록을 취소한다.

③ 세관장은 보세사 징계사유가 발생한 때에는 입증자료를 준비하여, 7일 이내에 징계위원회에 해당 보세사에 대한 징계의결을 요구해야 한다.

④ 위원회는 세관장으로부터 징계의결의 요구가 있을 때에는 그 요구를 받은 날로부터 60일 이내에 의결해야 한다.

⑤ 위원회가 징계의 의결을 한 때에는 의결서에 그 이유를 명시하여 즉시 한국관세물류협회장에게 통보해야 한다.

15 자율관리 보세구역의 지정 관련 설명으로 옳지 않은 것은?

① 보세화물의 관리체계가 확립되고 운영인 등의 법규수행 능력이 우수하여 보세화물의 관리를 자율적으로 수행할 수 있어야 한다.

② 화물의 반출입, 재고관리 등 실시간 물품관리가 가능한 전산시스템(ERP, WMS 등)을 구비해야 한다.

③ 우수 자율관리 보세구역으로 지정받기 위해서는 「수출입 안전관리 우수업체 공인 및 운영에 관한 고시」 제5조에 해당하는 수출입 안전관리 우수업체여야 한다.

④ 보세공장의 경우 우수 자율관리 보세구역으로 지정받기 위해서는 수출비중이 60% 이상이어야 한다.

⑤ 자율관리 보세구역 지정기간을 갱신하고자 하는 경우에는 기간만료 1개월 이전까지 관할 세관장에게 갱신신청을 해야 한다.

16 자율관리 보세구역 제도에 대한 설명이다. 빈칸 안에 들어갈 내용을 순서대로 나열한 것은?

> • 세관장은 자율관리 보세구역 보세사가 해고 또는 업무정지 등의 사유로 업무를 수행할 수 없는 경우 (   ) 이내에 다른 보세사를 채용하지 않은 경우에는 자율관리 보세구역 지정을 취소할 수 있다.
> • 자율관리 보세구역의 운영인은 보세구역에서 반출입된 화물에 대한 장부를 (   ) 그 보세구역에 비치, 보관해야 한다.

① 1개월, 1년간   ② 2개월, 2년간
③ 3개월, 3년간   ④ 5개월, 5년간
⑤ 6개월, 10년간

17 세관장은 수출입물류업체가 내부자율통제를 위한 표준매뉴얼을 작성하고 비치하도록 할 수 있다. 내부자율통제시스템에 포함하여야 할 사항이 아닌 것은?

① 설비, 장비가 밀수 등에 이용되는 것을 사전에 예방하기 위한 사항
② 소속직원이 보세화물 취급과정에서 밀수 등에 가담을 방지하기 위한 사항
③ 내부 경영수입 극대화를 위한 업무프로세스 혁신 방안
④ 세관과의 긴밀한 협조를 통해 자율적인 법규수행능력 향상에 필요한 사항
⑤ 보세화물의 안전관리 및 물류 신속화를 위한 사항

18 보세사의 자격을 갖춘 자가 보세사로 근무를 하려면 해당 보세구역을 관할하는 세관장에게 등록을 해야 한다. 그 등록을 반드시 취소해야 하는 자에 해당하지 않는 것은?

① 파산선고를 받고 복권되지 않은 자
② 「관세법」을 위반하여 징역형의 실형을 선고받고 그 집행이 끝나지 않은 자
③ 밀수출죄로 통고처분을 이행한 후 2년이 경과하지 않은 자
④ 「관세법」을 위반하여 동법 제277조의 과태료 처분을 받은 자
⑤ 「관세법」을 위반하여 징역형의 집행유예를 선고받고 그 유예기간 중에 있는 자

19 자유무역지역에서의 물품반출절차에 대한 설명으로 옳지 않은 것은?

① 자유무역지역에 반입된 외국물품이 계약상이 또는 중계무역 등으로 외국으로 반출하고자 하는 경우에는 수출통관 절차에 따라 수출신고 수리일로부터 30일 이내에 국제무역선 등 운송수단에 적재해야 한다.
② 외국물품 등을 자유무역지역에서 일시 장치 후에 원상태로 관세영역으로 반출하기 위해서는 수입통관절차를 거쳐야 한다.
③ 외국물품 등은 자유무역지역과 다른 자유무역지역 또는 「관세법」에서 보세운송이 가능한 구역으로 정한 장소 간에 한하여 보세운송을 할 수 있다.
④ 동일 자유무역지역 내 입주기업체 간에 외국물품 등을 이동하려는 때에는 관세청 전자통관시스템에 의한 반출입신고로 보세운송신고를 갈음할 수 있다.
⑤ 자유무역지역 안에서 외국물품 등의 전부 또는 일부를 사용하여 제조 · 가공 · 조립 · 보수 등의 과정을 거친 후 그 물품을 관세영역으로 반출하기 위해서는 수입통관절차를 거쳐야 한다.

※ 해당 문제는 개정 규정을 반영하여 수정되었습니다.

20 자유무역지역에 있는 물품의 폐기에 관한 설명으로 옳지 않은 것은?

① 세관장은 폐기사유에 해당하는 물품에 대하여는 화주 및 반입자와 그 위임을 받은 자에게 국외 반출 또는 폐기를 명할 수 있다.

② 세관장은 화주 등에게 통보할 시간적 여유가 없는 특별한 사정이 있을 때에는 그 물품을 폐기한 후 지체 없이 화주 등에게 통보해야 한다.

③ 폐기명령을 받은 화주 등이 그 물품을 폐기하려면 미리 품명·규격·수량 및 가격, 화주의 성명, 폐기일시 및 방법을 세관장에게 통보해야 한다.

④ 세관장은 폐기통보를 할 때에 화주 등의 주소 또는 거소를 알 수 없거나 부득이한 사유로 통보할 수 없는 경우에는 대통령령으로 정하는 바에 따라 공고로써 통보를 갈음할 수 있다.

⑤ 화주 등이 물품을 국외로 반출하거나 폐기한 경우 그 비용은 화주 등이 부담하고 세관장이 폐기한 경우에는 그 비용은 세관장이 부담한다.

21 자유무역지역 입주기업체의 물품관리에 대한 내용으로 옳지 않은 것은?

① 입주기업체에 부여하는 "업체관리부호(장치장소 부호를 겸한다)"는 「관세법」상 "보세구역부호 또는 장치장부호"와 같은 기능을 한다.

② 세관장은 업체관리부호를 등록할 때 세관의 물품관리를 위하여 필요하다고 인정되면 사업계획서 등 관련서류 제출을 입주기업체에게 요청할 수 있다.

③ 자유무역지역에서는 입주기업체 간 물품이동 및 보수작업 등에 대한 세관신고를 생략한다.

④ 자유무역지역에 반입한 물품에 대하여는 원칙적으로 장치기간의 제한을 두지 않는다.

⑤ 자유무역지역 중 공항 또는 항만으로서 관세청장이 지정하는 지역은 3개월의 장치기간이 있다.

22 자유무역지역 반입물품 사용소비신고에 대한 설명으로 옳지 않은 것은?

① 입주기업체가 외국으로부터 원재료를 반입하여 과세보류 상태에서 제조·가공·조립·보수 등의 사업행위를 할 수 있도록 관할 세관장에게 신청하는 절차이다.

② 화물의 포장·보수·가공 등 복합물류 관련 사업을 하는 입주기업체도 사용소비신고를 할 수 있다.

③ 자유무역지역 내에서 입주기업체 외의 자가 사용하려는 원재료도 사용소비신고 대상이다.

④ 자유무역지역 입주기업체가 반입하는 기계, 기구, 설비 및 장비와 그 부분품은 사용소비신고 대상이다.

⑤ 외국물품을 사용 또는 소비할 목적으로 반입하고자 하는 자는 수입통관시스템에 정한 전자문서로 세관장에게 반입신고(사용소비신고)를 해야 한다.

23 관세청장 또는 세관장의 행정제재가 이용자에게 심한 불편을 주거나 공익을 해칠 우려가 있는 경우 행정제재처분에 갈음하여 과징금을 부과할 수 있다. 과징금으로 부과할 수 없는 경우는?

① 특허보세구역 운영인의 물품반입정지 처분
② 국가관세종합정보시스템 운영사업자 업무정지 처분
③ 보세운송업자 등의 업무정지 처분
④ 보세사 업무정지 처분
⑤ 자유무역지역 입주기업체 물품반입정지 처분

24 자유무역지역에서 국외반출신고 시 유형별 준용규정이 바르게 연결되지 않은 것은?

① 제조·가공, 사용소비신고한 물품 – 「수출통관 사무처리에 관한 고시」
② 단순반송 또는 통관보류되어 국외반출하는 물품 – 「반송절차에 관한 고시」
③ 다른 운송수단으로 환적하는 물품 – 「환적화물 처리절차에 관한 특례고시」
④ 전자상거래 국제물류센터에서 사용소비신고한 물품 – 「특송물품 수입통관에 관한 고시」
⑤ 국제무역선에 선박용품의 공급 – 「선박용품 등 관리에 관한 고시」

25 세관장은 자유무역지역 입주기업체에 대하여 자유무역지역으로의 반입을 정지시킬 수 있다. 반입 정지 사유에 해당하지 않는 것은?

① 정당한 사유 없이 조사를 거부·방해 또는 기피하거나 자료제출을 거부한 경우
② 수입신고 및 관세 등의 납부를 하지 않고 외국물품 등을 자유무역지역에서 관세영역으로 반출한 경우
③ 법에 따른 입주계약을 체결하지 않거나 부정한 방법으로 입주계약을 체결하여 자유무역지역에서 사업을 한 경우
④ 국외 반출신고 시 법령에 따른 허가·승인·추천·증명 등을 구비하지 않거나 부정한 방법으로 구비한 경우
⑤ 재고기록 등의 의무를 위반한 경우

작은 기회로부터 종종 위대한 업적이 시작된다.

– 데모스테네스 –

많이 보고 많이 겪고 많이 공부하는 것은 배움의 세 기둥이다.

– 벤자민 디즈라엘리 –

해설편

정답 및 해설

관련법령은 수시로 개정될 수 있으니 관세법령정보포털(https://unipass.customs.go.kr/clip/index.do)의 내용을 필수적으로 참고하시어 학습하시기를 권유합니다.

※ 추록(최신 개정법령) : 도서출간 이후 법령개정사항은 도서의 내용에 맞게 수정하여 도서업데이트 게시판에 업로드합니다 (시대에듀 : 홈 ▶학습자료실 ▶도서업데이트).

아이들이 답이 있는 질문을 하기 시작하면 그들이 성장하고 있음을 알 수 있다.

– 존 J. 플롬프 –

2024년 정답 및 해설

제1과목 | 수출입통관절차

1	2	3	4	5	6	7	8	9	10
②	①	③	①	④	③	②	②	③	⑤
11	12	13	14	15	16	17	18	19	20
⑤	②	③	①	④	⑤	⑤	④	⑤	②
21	22	23	24	25					
③	③	⑤	②	②					

01 수입신고를 한 물품인 경우에는 그 물품을 수입신고하는 때의 화주가 납세의무자가 된다. 화주가 불분명한 경우에는 다음의 어느 하나에 해당하는 자를 납세의무자로 한다(「관세법」 제19조).

구 분		납세의무자
수입업체가 수입을 위탁받아 대행수입한 물품인 경우		그 물품의 수입을 위탁한 자
수입업체가 수입을 위탁받아 대행수입한 물품이 아닌 경우		대통령령으로 정하는 상업서류(송품장, 선하증권,항공화물운송장)에 적힌 물품수신인
수입물품을 수입신고 전에 양도한 경우		양수인
외국물품인 선박용품·항공기용품 등을 허가받은 대로 적재하지 않은 경우		하역허가를 받은 자
보세구역 밖에서 보수작업을 하는 물품이 지정된 기간 내에 반입되지 않은 경우		보세구역 외 보수작업 승인을 받은 자
보세구역에 장치된 외국물품이 멸실 또는 폐기된 경우		운영인 또는 보관인
보세공장 외 작업, 보세건설장 외 작업, 종합보세구역 외 작업물품이 지정기간 내에 반입되지 않은 경우		해당 작업을 허가받거나 신고한 자
보세운송기간이 경과된 경우		보세운송을 신고거나 승인받은 자
수입신고 수리 전 소비·사용물품인 경우(수입으로 보지 않는 소비·사용은 제외)		소비자 또는 사용자
수입신고 전 즉시 반출신고 물품		해당 물품을 즉시 반출한 자
우편으로 수입되는 물품		수취인
도난물품이나 분실물품	보세구역 장치물품	운영인 또는 화물관리인
	보세운송물품	보세운송을 신고하거나 승인받은 자
	그 밖의 물품	보관인 또는 취급인
「관세법」 또는 다른 법률에 따라 납세의무자로 규정된 경우		「관세법」 또는 다른 법률에 따라 납세의무자로 규정된 자
수입신고를 하지 않고 수입된 물품		소유자 또는 점유자

「수입통관 사무처리에 관한 고시」 제3조 제7호 마목, 바목
- 송품장상의 물품수신인이 부도 등으로 직접 통관하기 곤란한 경우 : 적법한 절차를 거쳐 수입물품의 양수인이 된 은행
- 법원 임의경매절차에 의하여 경락받은 물품 : 그 물품의 경락자

02 「세관공무원의 범칙조사에 관한 훈령」 등에 따른 조사의뢰는 해당되지 않는다.

시효의 중단 및 정지(「관세법」 제23조 제1항)
관세징수권의 소멸시효는 다음 각 호의 어느 하나에 해당하는 사유로 중단된다.
1. 납부고지
2. 경정처분
3. 납부독촉
4. 통고처분
5. 고 발
6. 「특정범죄 가중처벌 등에 관한 법률」 제16조에 따른 공소제기
7. 교부청구
8. 압 류

03 「국세징수법」 제30조 및 「지방세징수법」 제39조의2에서는 고액·상습 체납자인 경우 세관장에게 체납처분을 위탁할 수 있도록 하고 있으며, 통관의 보류, 물품의 유치, 장치기간 경과 전 매각 등의 처분은 세관장이 체납처분을 위탁받은 경우 동 규정을 근거로 할 수 있는 것이며, 단순히 고발되었다는 사유만으로는 통관의 보류처분을 할 수 없다.

통관의 보류(「관세법」 제237조 제1항)
세관장은 규정에 해당하는 경우에는 해당 물품의 통관을 보류할 수 있다.
1. 수출·수입(입항 전 수입신고 포함) 또는 반송에 관한 신고서의 기재사항에 보완이 필요한 경우
2. 신고 시의 제출서류 등이 갖추어지지 않아 보완이 필요한 경우
3. 「관세법」에 따른 의무사항(대한민국이 체결한 조약 및 일반적으로 승인된 국제법규에 따른 의무를 포함한다)을 위반하거나 국민보건 등을 해칠 우려가 있는 경우
4. 제246조의3 제1항에 따른 안전성 검사가 필요한 경우
4의2. 제246조의3 제1항에 따른 안전성 검사결과 불법·불량·유해 물품으로 확인된 경우
5. 「국세징수법」 제30조 및 「지방세징수법」 제39조의2에 따라 세관장에게 강제징수 또는 체납처분이 위탁된 해당 체납자가 수입하는 경우
6. 관세 관계법령을 위반하여 고발되거나 조사를 받는 경우
7. 수출입 관계 법령에 따른 일시적 통관 제한·금지 또는 이에 따른 중앙행정기관의 장의 일시적 통관 제한·금지 요청이 있어 세관장이 그 해당 여부를 확인할 필요가 있는 경우

04 세관장확인은 수출입하려는 자의 신청이 없이도 세관장이 진행하는 것이기 때문에 '세관장확인신청'이라는 말은 성립할 수 없으며, 마찬가지로 '확인면제물품'이라는 용어도 「관세법 제226조에 따른 세관장확인물품 및 확인방법 지정고시」에 정의되어 있지 않다. 동 고시에서는 자율확인우수기업을 지정하여 특례를 부여하고 있으며, 수출입안전관리공인업체는 「관세법」 제226조가 아니라 「관세법」 제255조의2부터 제255조의7까지에 근거하여 「수출입 안전관리 우수업체 공인 및 운영에 관한 고시」에 따라 운영되고 있다.

관련 용어의 정의 (「관세법 제226조에 따른 세관장확인물품 및 확인방법 지정고시」 제2조)
• "요건확인기관"이란 관련 법령에 따라 수출입물품에 대한 허가・승인・표시나 그 밖의 조건을 확인・증명하는 수출입 관련 기관을 말한다.
• "세관장확인"이란 세관장이 수출입신고자료의 심사과정에서 수출입요건 구비 여부를 확인하는 것을 말한다.
• "요건신청"이란 수출입 시 허가・승인 등의 증명이 필요한 물품을 수출입하려는 자가 요건확인기관의 장에게 허가・승인 그 밖의 조건을 구비하기 위하여 신청하는 것을 말한다.
• "자율확인우수기업"이란 수출입신고 시 세관장확인을 생략하고 통관 이후 요건확인기관이 사후적으로 관리하도록 관세청장과 요건확인기관의 장이 협의하여 지정한 기업을 말한다.
• "요건면제물품"이란 관련 법령에 따라 수출입 요건이 면제되는 물품으로 면제절차는 이 고시 또는 관련 법령을 적용한다.

05

지식재산권 보호(「관세법」 제235조 제3항)
세관장은 다음 각 호의 어느 하나에 해당하는 물품이 제2항에 따라 신고된 지식재산권을 침해하였다고 인정될 때에는 그 지식재산권을 신고한 자에게 해당 물품의 수출입, 환적, 복합환적, 보세구역 반입, 보세운송, 제141조 제1호에 따른 일시양륙의 신고(이하 "수출입신고 등"이라 한다) 또는 통관우체국 도착 사실을 통보하여야 한다. 이 경우 통보를 받은 자는 세관장에게 담보를 제공하고 해당 물품의 통관 보류나 유치를 요청할 수 있다.
1. 수출입 신고된 물품
2. 환적 또는 복합환적 신고된 물품
3. 보세구역에 반입 신고된 물품
4. 보세운송 신고된 물품
5. 「관세법」 제141조 제1호에 따라 일시양륙이 신고된 물품
6. 통관우체국에 도착한 물품

이러한 제도의 취지는 지식재산권 침해물품이 국내에 반입되어 지식재산권자의 권리를 침해하는 것을 방지하기 위한 것이므로, 지식재산권 침해물품이 국내로 반입되지 않고 폐기처리 되는 경우에는 권리침해 우려가 없어 지식재산권 침해물품에 대한 국경조치 절차를 개시하지 않는다.

06
① 포장용기 및 운송수단도 보상대상이다(「관세법 시행령」 제251조의2 제1항 제2호).
②, ③, ⑤ 물품 등의 검사에 대한 손실보상의 금액(「관세법 시행령」 제251조의2)

물품 등의 검사에 대한 손실보상의 금액(「관세법 시행령」 제251조의2 제2항)
1. 해당 물품을 수리할 수 없는 경우 : 다음 각 목의 구분에 따른 금액
　가. 검사대상 물품 : 해당 물품의 과세가격에 상당하는 금액(「관세법」 제30조부터 제35조까지의 규정에 따라 계산). 다만, 과세가격에 상당하는 금액을 산정할 수 없는 경우에는 구매가격 및 손실을 입은 자가 청구하는 금액을 고려하여 관세청장이 합리적인 범위에서 인정하는 금액으로 한다.
　나. 물품을 포장한 용기 또는 운반・운송하는 수단 : 구매가격 및 손실을 입은 자가 청구하는 금액을 고려하여 관세청장이 합리적인 범위에서 인정하는 금액
2. 해당 물품을 수리할 수 있는 경우 : 수리비에 상당하는 금액. 다만, 제1호에 따른 금액을 한도로 한다.

④ 손실보상의 지급절차 및 방법, 그 밖에 필요한 사항은 관세청장이 정한다(「관세법」 제246조의2 제3항).

07 수출물품의 검사는 적재지 검사를 원칙으로 한다. 다만 세관장은 이런 원칙에도 불구하고 적재지 검사가 부적절하다고 판단되는 물품이나 반송물품, 계약상이물품, 수입상태 그대로 수출되는 자가사용물품, 재수출물품 및 원상태수출물품, 국제우편 운송 수출물품, 보세공장으로부터의 수출물품 등은 신고지 검사를 실시할 수 있다(「수출통관 사무처리에 관한 고시」 제17조 제1항, 제2항).

08 ② 신형자동차가 아니라 중고자동차가 보세구역 등 반입 후 수출신고 대상물품이다.

보세구역 등 반입 후 수출신고 대상물품(「수출통관 사무처리에 관한 고시」 별표 11)

구 분	품목명	대 상
중고자동차	제87류 중 "중고차"	<u>컨테이너에 적입하여 수출하는 중고자동차</u>
플라스틱폐기물	HS 제3915호 (플라스틱 스크랩)	컨테이너에 적입하여 수출하는 플라스틱 웨이스트·스크랩
생활폐기물	HSK 제3825호 (생활폐기물 등)	컨테이너에 적입하여 수출하는 생활폐기물 등

09 "반송"이란 국내에 도착한 외국물품이 수입통관절차를 거치지 않고 다시 외국으로 반출되는 것을 말한다(「관세법」 제2조 제3호).

10 ① 수출입 시 허가·승인 등의 증명이 필요한 물품을 수출입 하려는 자는 요건신청을 통관포털을 이용하여 <u>요건확인기관의 장</u>에게 할 수 있다(「관세법 제226조에 따른 세관장확인물품 및 확인방법 지정고시」 (이하 이 문제 해설에서 "고시") 제3조 제1항).
② 요건신청 시 제출하여야 하는 서류, 서류의 정정 등 그 밖의 요건신청과 관련된 절차는 개별 법령에 따라 <u>요건확인기관의 장</u>이 정하는 바에 따른다(고시 제6조 제1항).
③ 요건확인기관의 장은 개별 법령의 개정 등으로 인하여 통관포털을 이용한 요건신청 서식 및 업무절차의 변경이 필요한 경우에는 <u>관세청장</u>과 미리 협의하여야 한다(고시 제6조 제2항).
④ 요건신청의 효력발생시점은 통관포털을 통하여 전송된 자료가 <u>요건확인기관의 시스템</u>에 접수된 시점으로 한다(고시 제5조).

11 농·수·축산물이나 그 가공품으로서 수입신고하는 때와 입항하는 때의 과세단위(수량이나 중량)가 변경되는 물품은 해당 선박 등이 우리나라에 도착한 후에 신고해야 하므로, 입항 전 신고를 할 수 없다(「수입통관 사무처리에 관한 고시」 제7조).

12 수입물품에 대하여 세관장이 부과·징수하는 내국세 등에 대한 담보제공 요구, 국세충당, 담보해제, 담보금액 등에 관하여는 「관세법」 중 관세에 대한 담보 관련 규정을 적용한다(「관세법」 제4조 제4항).

13 ① 수입신고 수리 전 반출승인을 받은 경우에는 그 승인일을 수입신고의 수리일로 본다(「관세법」 제8조 제1항).
② 「관세법」에 따른 기간의 계산은 이 법에 특별한 규정이 있는 것을 제외하고는 <u>「민법」</u>에 따른다(「관세법」 제8조 제2항).
④ 국가관세종합정보시스템, 연계정보통신망 또는 전산처리설비가 대통령령으로 정하는 장애로 가동이 정지되어 이 법에 따른 기한까지 이 법에 따른 신고, 신청, 승인, 허가, 수리, 교부, 통지, 통고, 납부 등을 할 수 없게 되는 경우에는 <u>그 장애가 복구된 날의 다음 날</u>을 기한으로 한다(「관세법」 제8조 제4항).
⑤ 납세신고를 한 경우 <u>납세신고 수리일부터 15일 이내</u>를 납부기한으로 한다(「관세법」 제9조 제1항).

14 자동차는 「관세법」에 따른 담보로 제공할 수 없다.

> **담보의 종류 등(「관세법」 제24조 제1항)**
> 「관세법」에 따라 제공하는 담보의 종류는 다음 각 호와 같다.
> 1. 금 전
> 2. 국채 또는 지방채
> 3. 세관장이 인정하는 유가증권
> 4. 납세보증보험증권
> 5. 토 지
> 6. 보험에 가입된 등기 또는 등록된 건물·공장재단·광업재단·선박·항공기 또는 건설기계
> 7. 세관장이 인정하는 보증인의 납세보증서

15 관세의 납세의무자는 수입신고를 할 때 대통령령으로 정하는 바에 따라 세관장에게 해당 물품의 가격에 대한 신고(이하 "가격신고"라 한다)를 해야 한다. 다만, 통관의 능률을 높이기 위하여 필요하다고 인정되는 경우에는 대통령령으로 정하는 바에 따라 물품의 수입신고를 하기 전에 가격신고를 할 수 있다. 다만, 과세가격을 결정하기가 곤란하지 않다고 인정하여 기획재정부령으로 정하는 다음의 물품에 대하여는 가격신고를 생략할 수 있다(「관세법」 제27조).

> **가격신고의 생략(「관세법 시행규칙」 제2조 제1항)**
> 1. 정부 또는 지방자치단체가 수입하는 물품
> 2. 정부조달물품
> 3. 「공공기관의 운영에 관한 법률」 제4조에 따른 공공기관이 수입하는 물품
> 4. 관세 및 내국세 등이 부과되지 않는 물품
> 5. 방위산업용 기계와 그 부분품 및 원재료로 수입하는 물품. 다만, 해당 물품과 관련된 중앙행정기관의 장의 수입확인 또는 수입추천을 받은 물품에 한정한다.
> 6. 수출용 원재료
> 7. 「특정연구기관 육성법」의 규정에 의한 특정연구기관이 수입하는 물품
> 8. 과세가격이 미화 1만 불 이하인 물품. 다만, 개별소비세, 주세, 교통·에너지·환경세가 부과되는 물품과 분할하여 수입되는 물품은 제외한다.
> 9. 종량세 적용물품. 다만, 종량세와 종가세 중 높은 세액 또는 높은 세율을 선택하여 적용해야 하는 물품의 경우에는 제외한다.
> 10. 과세가격 결정방법의 사전심사 결과가 통보된 물품. 다만, 잠정가격 신고대상 물품(「관세법 시행령」 제16조 제1항 각 호의 물품)은 제외한다.

16
- 납세의무자는 신고납부한 세액, 보정신청한 세액 및 수정신고한 세액이 과다한 것을 알게 되었을 때에는 최초로 납세신고를 한 날부터 (5년) 이내에 신고한 세액의 경정을 세관장에게 청구할 수 있다(「관세법」 제38조의3 제2항).
- 세관장은 경정청구를 받은 날부터 (2개월) 내에 세액을 경정하거나 경정해야 할 이유가 없다는 뜻을 청구인에게 통지해야 한다(「관세법」 제38조의3 제4항).
- 경정을 청구한 자가 (2개월) 이내에 통지를 받지 못한 경우에는 그 (2개월)이 되는 날의 다음 날부터 「관세법」 제5장에 따른 이의신청, 심사청구, 심판청구 또는 「감사원법」에 따른 심사청구를 할 수 있다(「관세법」 제38조의3 제5항).

17

18

① 긴급관세에 대한 설명이다.
② 보복관세에 대한 설명이다.
③ 조정관세에 대한 설명이다.
⑤ 상계관세에 대한 설명이다.

19

• 관세청장은 안전성 검사를 위하여 (협업검사센터)를 주요 공항·항만에 설치할 수 있고, 세관장에게 안전성 검사대상 물품으로 지정된 안전성 검사에 필요한 자체 검사 설비를 지원하는 등 원활한 안전성 검사를 위한 조치를 취하여야 한다(「관세법」 제246조의3 제4항).
• 세관장은 안전성 검사 대상 물품으로 지정된 물품에 대하여 (중앙행정기관의 장)과 협력하여 안전성 검사를 실시하여야 한다(「관세법」 제246조의3 제5항).
• 관세청장은 안전성 검사결과 불법·불량·유해 물품으로 확인된 물품의 정보를 (관세청 인터넷 홈페이지)를 통하여 공개할 수 있다(「관세법」 제246조의3 제6항).

20

수출신고는 수출화주, 관세사, 관세법인, 통관취급법인, 제조공급자의 명의로 할 수 있다. 화물운송주선업자의 명의로는 할 수 없다.

21 ① 관세는 해당 관세를 부과할 수 있는 날부터 5년이 지나면 부과할 수 없다. 다만, 부정한 방법으로 관세를 포탈하였거나 환급 또는 감면받은 경우에는 관세를 부과할 수 있는 날부터 10년이 지나면 부과할 수 없다(「관세법」 제21조 제1항).

② 원칙적인 관세부과 제척기간에도 불구하고 「관세법」 제119조부터 제132조까지에 따른 이의신청, 심사청구 또는 심판청구에 대한 결정이 있은 경우 그 결정·판결이 확정된 날부터 1년까지는 해당 결정·판결·회신결과 또는 경정청구에 따라 경정이나 그 밖에 필요한 처분을 할 수 있다(「관세법」 제21조 제2항).

③, ④, ⑤ 관세부과의 제척기간을 산정할 때 수입신고한 날의 다음 날을 관세를 부과할 수 있는 날로 한다. 다만, 다음 각 호의 경우에는 해당 규정에 규정된 날을 관세를 부과할 수 있는 날로 한다(「관세법 시행령」 제6조).

> **관세부과 제척기간의 기산일(「관세법 시행령」 제6조)**
> 1. 과세물건확정시기의 예외적인 경우에 해당하는 경우 : 그 사실이 발생한 날의 다음 날
>
> > 보세구역에 장치된 외국물품이 멸실되거나 폐기된 경우 과세물건확정시기 : 해당 물품이 멸실되거나 폐기된 때(「관세법」 제16조 제3호)
>
> 2. 감면된 관세를 의무불이행 등의 사유로 징수하는 경우 : 감면받은 관세를 징수한 사유가 발생한 날의 다음 날
> 3. 보세건설장에 반입된 외국물품의 경우 : 건설공사완료보고를 한 날과 특허기간이 만료되는 날 중 먼저 도래한 날의 다음 날
> 4. 과다환급 또는 부정환급 등의 사유로 관세를 징수하는 경우 : 환급한 날의 다음 날
> 5. 잠정가격을 신고한 후 확정된 가격을 신고한 경우 : 확정된 가격을 신고한 날의 다음 날(다만, 지정된 기간 내에 확정된 가격을 신고하지 않은 경우에는 해당 기간의 만료일의 다음 날)

22 ① 종교·자선·장애인용품 등의 면세 대상이다.
② 특정물품의 면세 대상이다.
④ 종교·자선·장애인용품 등의 면세 대상이다.
⑤ 환경오염방지물품 등에 대한 감면 대상이다.

> **학술연구용품의 감면(「관세법」 제90조 제1항)**
> 1. 국가기관, 지방자치단체 및 기획재정부령으로 정하는 기관에서 사용할 학술연구용품·교육용품 및 실험실습용품으로서 기획재정부령으로 정하는 물품
> 2. 학교, 공공의료기관, 공공직업훈련원, 박물관, 그 밖에 이에 준하는 기획재정부령으로 정하는 기관에서 학술연구용·교육용·훈련용·실험실습용 및 과학기술연구용으로 사용할 물품 중 기획재정부령으로 정하는 물품
> 3. 제2호의 기관에서 사용할 학술연구용품·교육용품·훈련용품·실험실습용품 및 과학기술연구용품으로서 외국으로부터 기증되는 물품(다만, 기획재정부령으로 정하는 물품은 제외)
> 4. 기획재정부령으로 정하는 자가 산업기술의 연구개발에 사용하기 위하여 수입하는 물품으로서 기획재정부령으로 정하는 물품

23 • 지정장치장의 한 종류로서 세관검사장(통관하려는 물품을 검사하기 위한 장소로서 세관장이 지정하는 지역)을 운영하고 있다(상세 내용은 제2과목 참고).

• 세관검사장에 반입되는 물품의 채취·운반 등에 필요한 비용(이하 "검사비용"이라 한다)은 화주가 부담하는 것이 원칙이지만, 국가는 중소기업 또는 중견기업의 컨테이너 화물로서 해당 화물에 대한 검사 결과 「관세법」 또는 「대외무역법」 등 물품의 수출입과 관련된 법령을 위반하지 아니하는 경우의 물품 등 대통령령으로 정하는 요건(「관세법 시행령」 제187조의4)을 충족하는 물품에 대해서는 예산의 범위에서 관세청장이 정하는 바에 따라 해당 검사비용을 지원할 수 있다(「관세법」 제173조 제3항). 컨테이너 화물이어야 검사비용 지원을 받을 수 있으며, 벌크화물은 지원대상에 포함되지 않는다.

> 검사비용 지원 대상(「관세법 시행령」 제187조의4 제1항)
> 1. 「중소기업기본법」 제2조에 따른 중소기업 또는 「중견기업 성장촉진 및 경쟁력 강화에 관한 특별법」 제2조 제1호에 따른 중견기업이 해당 물품의 화주일 것
> 2. 컨테이너로 운송되는 물품으로서 관세청장이 정하는 별도 검사 장소로 이동하여 검사받는 물품일 것
> 3. 검사결과 법령을 위반하여 통고처분을 받거나 고발되는 경우가 아닐 것
> 4. 검사결과 제출한 신고 자료(적재화물목록은 제외한다)가 실제 물품과 일치할 것
> 5. 예산의 범위에 따라 관세청장이 정하는 기준을 충족할 것

24 ① 해당 물품이 수출입신고가 수리된 후 3개월이 지났거나 관련 법령에 따라 관계행정기관의 장의 시정조치가 있는 경우 반입명령 대상에서 제외한다(「관세법 시행령」 제245조 제1항).

③ 반입의무자는 보세구역 반입명령을 이행하면서 발생되는 운송료, 보관료 및 기타 비용을 부담해야 한다(「수입통관 사무처리에 관한 고시」 제111조).

④ 원산지표시가 적법하게 표시되지 아니하였거나 수출입신고 수리 당시와 다르게 표시되어 있는 경우 반입명령을 할 수 있다(「관세법 시행령」 제245조 제1항 제2호).

⑤ 반입된 물품이 국외로 반출 또는 폐기되었을 때에는 당초의 수출입신고 수리는 취소된 것으로 본다. 이 경우 해당 물품을 수입할 때 납부한 관세는 「관세법」 제46조 및 제48조에 따라 환급한다(「관세법」 제238조 제4항).

25 원격지화상검사는 수입물품의 검사방법이 아니다.

> 수입물품의 검사방법(「수입통관 사무처리에 관한 고시」 제32조)
> 검사대상물품은 일반검사(전량검사, 발췌검사), 정밀검사(분석검사, 비파괴검사, 파괴검사), 안전성검사[협업검사, 방사능검사(표면방사선량률 측정), 안전성분석검사] 방법으로 검사를 실시한다.

1	2	3	4	5	6	7	8	9	10
①	④	②	②, ⑤	⑤	①	①	②	①	③
11	12	13	14	15	16	17	18	19	20
③	④	①	⑤	③	②	④	④	②	⑤
21	22	23	24	25					
③	③	③	④	⑤					

01
② 보세판매장에서 판매물품을 진열·판매하는 때에는 상표 단위별 진열장소의 면적은 매장면적의 10분의 1을 초과할 수 없다. 다만, 세관장이 보세판매장의 특성 등을 고려하여 따로 인정하는 때는 제외한다(「보세판매장 운영에 관한 고시」 제3조 제3항).

③ 출국하는 내국인에게 적용되는 구매 한도는 현재 운용되지 않고 있다[출국내국인의 보세판매장 구매 한도 제한은 2019년 개정에서 기존 미화 3천 달러에서 미화 5천 달러로 상향되었다(「관세법 시행규칙」 제69조의 3). 다만, 2022년 「관세법 시행규칙」 개정을 통하여 제69조의3 본문이 삭제되어 출국내국인에 대한 구매 한도는 운용되지 않고 있다.].

④ 출국장면세점은 국산 가전제품 중 여행자의 휴대반출이 곤란하거나 세관장이 필요하다고 인정하는 품목에 대하여는 쿠폰으로 판매할 수 있다(「보세판매장 운영에 관한 고시」 제4조). 반드시 쿠폰으로 판매하여야 하는 것은 아니다.

⑤ 중소·중견기업 제품매장 설치요건은 시내면세점에만 규정되어 있으며, 출국장면세점에는 규정되어 있지 않다.

02
운영인은 보세운송된 물품을 보관창고에 반입하는 때에는 전자문서 방식 또는 서류를 제출하는 방식으로 반입신고해야 하며, 보세운송 도착보고는 반입신고로 갈음한다(「보세판매장 운영에 관한 고시」 제6조).

03
반입검사 신청물품의 검사는 담당공무원의 임무이다(「보세판매장 운영에 관한 고시」 제24조).

> **보세사의 임무(「보세판매장 운영에 관한 고시」 제25조)**
> 1. 반입물품의 보관창고 장치 및 보관
> 2. 보세판매장 물품 반출입 및 미인도 관련 대장의 작성
> 3. 보세운송 물품의 확인 및 이상 보고 및 도착 확인 등록
> 4. 보관창고와 매장간 반출입 물품의 입회 및 확인
> 5. 보세운송 행낭의 잠금 및 봉인과 이상 유무 확인과 이상보고
> 6. 세관봉인대의 잠금·봉인 및 관리
> 7. 그 밖에 보세화물의 관리와 관련하여 세관장이 지시하는 사항

04
② 인도자는 판매물품이 인도장에 반입된 후 5일 이상이 경과하여도 구매자에게 인도되지 않는 때에는 재고관리 시스템에 미인도 물품 확인 등록을 하고, 인도자의 입회하에 현품을 행낭 또는 각종 운반용 박스 등에 넣은 후 보세사가 잠금 또는 봉인을 하여 세관장이 지정한 장소에서 해당 물품을 판매한 운영인에게 인계해야 한다(「보세판매장 운영에 관한 고시」 제18조 제1항). 즉, 선택사항이 아니라 의무사항이다.

⑤ 보세판매장에 재반입된 미인도 물품은 반입된 날부터 10일이 경과 한 후 미인도 물품 해제 신청을 거쳐 재판매할 수 있다. 다만, 부패, 변질 등의 우려가 있거나, 구매자가 구매취소 의사를 표시했거나, 해당 물품과 같은 물품을 확보할 수 있어 구매자의 물품 인도 요구에 즉시 응할 수 있는 경우에는 반입 즉시 재판매할 수 있다(「보세판매장 운영에 관한 고시」제18조 제4항).
※ 이의제기를 통해 복수 정답 처리되었다.

05 종합보세구역에 반입·반출되는 물품이 내국물품인 경우에는 신고를 생략하거나 간소한 방법으로 반입·반출하게 할 수 있다.

> 내국물품 반출입신고의 생략(「관세법 시행규칙」제70조)
> 세관장은 규정에 의하여 다음 각호의 1에 해당하지 아니하는 경우에는 반출입신고를 생략하게 할 수 있다.
> 1. 보세공장 규정에 의하여 세관장의 허가를 받고 내국물품만을 원료로 하여 제조·가공 등을 하는 경우 그 원료 또는 재료
> 2. 제품과세 규정의 단서 규정에 의한 혼용작업에 소요되는 원재료
> 3. 보세판매장에서 판매하고자 하는 물품
> 4. 해당 내국물품이 외국에서 생산된 물품으로서 종합보세구역 안의 외국물품과 구별되는 필요가 있는 물품 (보세전시장의 기능을 수행하는 경우에 한한다)

06 ② 종합보세구역의 운영인 상호 간에 이동하는 물품은 미리 세관장에게 신고해야 한다(「관세법」제201조 제3항).
③ 제조·가공에 사용되는 시설기계류 및 그 수리용 물품은 수입통관 후 이를 소비하거나 사용해야 한다(「관세법」제200조 제1항).
④ 종합보세사업장에서 보수작업을 하고자 하는 자는 세관장에게 보수작업신고를 하여야 한다(「관세법」제202조 제2항).
⑤ 운영인은 종합보세구역에 장치된 물품 중 반입한 날부터 6개월 이상의 범위에서 관세청장이 정하는 기간이 지난 외국물품이 화주가 분명하지 않은 경우 등에는 관세청장이 정하여 고시하는 바에 따라 세관장에게 그 외국물품의 매각을 요청할 수 있다(「종합보세구역의 지정 및 운영에 관한 고시」제33조).

07 종합보세사업장의 설치·운영기간은 운영인이 정하는 기간으로 한다. 다만, 종합보세사업장의 토지·건물 등을 임차한 경우에는 임대차계약기간 만료 15일 전까지 기간연장된 임대차계약서 또는 시설사용허가서 사본을 제출하는 조건으로 운영인이 정하는 기간으로 한다(「종합보세구역의 지정 및 운영에 관한 고시」제11조).

08 ① 보세전시장의 운영인은 주최자 명의로 하여야 하는 것은 맞지만, 특허기간은 해당 박람회 등의 회기와 회기 전후에 박람회 등의 운영을 위한 외국물품 반입·반출 등에 필요하다고 인정되는 기간을 고려해서 세관장이 정한다(「보세전시장 운영에 관한 고시」제5조).
③ 보세전시장에 물품을 반출입하려는 자는 세관장에게 반출입신고를 해야 한다(「보세전시장 운영에 관한 고시」제10조). 내국물품인 경우 반출입신고 생략과 생략 불가대상에 대해 규정(「보세전시장 운영에 관한 고시」제14조)하고 있으나, 외국물품인 경우라면 반출입신고를 하여야 한다.
④ 오락용품(보세전시장에서 유상으로 불특정다수의 관람자에게 오락용으로 관람·사용하게 할 물품)은 수입신고 수리 후 사용이 가능하다(「보세전시장 운영에 관한 고시」제17조).
⑤ 판매용품(보세전시장에서 불특정다수의 관람자에게 판매할 것을 목적으로 하는 물품)은 반입이 금지되는 물품이 아니며, 오락용품 및 증여용품과 마찬가지로 수입신고 수리 후 사용이 가능하다(「보세전시장 운영에 관한 고시」제17조).

09 ② 보세건설장 운영인은 산업시설 건설에 사용되는 외국물품인 기계류 설비품은 수입신고 후 사용해야 한다(「보세건설장 관리에 관한 고시」 제12조). 산업시설 건설에 사용되는 외국물품인 공사용 장비 등의 경우에만 수입신고 수리 후에 사용하도록 규정하고 있다.

③ 보세건설장 이외 지역에서 보세작업을 하고자 하는 때에는 세관장에게 허가를 받아야 한다(「관세법」 제195조).

④ 운영인은 보세건설장에서 건설된 시설을 수입신고 수리 전에는 가동해서는 안 된다(「관세법」 제194조). 단, 세관장 승인을 받은 경우 시험목적으로 일시 가동할 수 있다(「보세건설장 관리에 관한 고시」 제14조).

⑤ 보세건설장에 반입된 외국물품에 대한 적용법령은 사용 전 수입신고가 수리된 날을 기준으로 한다(「관세법」 제17조).

10 세관장은 지정장치장의 질서유지와 화물의 안전관리를 위하여 필요하다고 인정할 때에는 화주를 갈음하여 보관의 책임을 지는 화물관리인을 지정할 수 있다(「관세법」 제172조 제2항). 화주 또는 반입자가 원칙적으로 부담하는 "보관책임"이란 지정장치장에 장치 중인 보세화물의 임의폐기·멸실·도난·분실 시 관세 등의 납부 책임을 부담하는 것을 말한다. 이에 따라 어떤 물품이 보세구역의 장치물품(藏置物品)으로서 도난물품이나 분실물품인 경우에는 관세의 특별납세의무자로서 그 운영인 또는 화물관리인이 납세의무를 부담하도록 하고 있다(「관세법」 제19조 제1항 제10호).

11 ① CCTV 영상을 상시 녹화할 수 있고 녹화된 영상을 <u>30일 이상</u> 보관할 수 있는 감시장비를 보유하여야 한다(「수입활어 관리에 관한 특례고시」 제4조).

② 보세구역 외 장치장은 세관으로부터 40Km 이내에 위치하여야 한다. 다만, 관내 보세창고의 수용능력, 반입물량, 감시단속상의 문제점 등을 고려하여 세관장이 타당하다고 인정하는 경우에는 <u>세관으로부터 80Km를 초과하지 아니하는 범위 내에서 보세구역 외 장치를 허가할 수 있다</u>(「수입활어 관리에 관한 특례고시」 제6조).

④ 운영인 등은 폐사어를 별도의 냉동·냉장시설에 <u>B/L별로</u> 구분하여 보관하여야 한다(「수입활어 관리에 관한 특례고시」 제12조).

⑤ 동일 선박 또는 항공기로 반입된 동일 화주의 활어는 <u>B/L 건별로</u> 수입신고를 하여야 한다. 다만, 검사 또는 검역의 결과 일부 합격 등과 같이 세관장이 분할통관이 필요하다고 인정하는 경우에는 그렇지 않다(「수입활어 관리에 관한 특례고시」 제9조).

12 A. 검역물품인 외국물품은 보세구역이 아닌 장소에 장치할 수 있다.

D. 보세사가 아닌 세관공무원의 지휘를 받아야 한다.

「관세법」 제155조 제1항에 따른 보세구역이 아닌 장소에 장치된 물품을 취급하는 자, 보세구역에 출입하는 자는 물품 및 보세구역감시에 관한 세관장의 명령을 준수하고 세관공무원의 지휘를 받아야 한다(「관세법」 제162조).

> **물품의 장치(「관세법」 제155조 제1항)**
> 외국물품과 내국운송의 신고를 하려는 내국물품은 보세구역이 아닌 장소에 장치할 수 없다. 다만, 다음 각 호의 어느 하나에 해당하는 물품은 그러하지 아니하다.
> 1. 「관세법」 제241조 제1항에 따른 수출신고가 수리된 물품
> 2. 크기 또는 무게의 과다나 그 밖의 사유로 보세구역에 장치하기 곤란하거나 부적당한 물품(이 경우는 세관장의 허가를 받아야 함)
> 3. 재해나 그 밖의 부득이한 사유로 임시로 장치한 물품
> 4. <u>검역물품</u>
> 5. 압수물품
> 6. 우편물품

13 ② 세관장은 특허보세구역(보세창고)의 운영인이 <u>최근 1년 이내</u>에 법에 따른 절차 등을 위반한 경우 등 관세청장이 정하는 사유에 해당하는 경우에는 관세청장이 정하는 바에 따라 6개월의 범위에서 해당 특허보세구역에의 물품반입 등을 정지시킬 수 있다(「관세법」제178조 제1항, 「관세법 시행령」제193조의2 제3호).

③ 세관장은 물품반입 등의 정지처분이 그 이용자에게 심한 불편을 주거나 공익을 해칠 우려가 있는 경우에는 특허보세구역의 운영인에게 물품반입 등의 정지처분을 갈음하여 해당 특허보세구역 운영에 따른 매출액의 <u>100분의 3</u> 이하의 과징금을 부과할 수 있다(「관세법」제178조 제3항).

④ 세관장은 산정된 과징금 금액의 <u>4분의 1의 범위</u>에서 사업규모, 위반행위의 정도 및 위반횟수 등을 고려하여 그 금액을 가중하거나 감경할 수 있다. 다만, 과징금을 가중하는 경우에는 과징금 총액이 제2항에 따라 산정된 연간 매출액의 100분의 3을 초과할 수 없다(「관세법 시행령」제193조의3 제3항).

⑤ 세관장은 특허보세구역의 운영인이 1년 이내에 3회 이상 물품반입 등의 정지처분(<u>과징금 부과처분을 포함한다</u>)을 받은 경우에는 그 특허를 취소할 수 있다(「관세법」제178조 제2항 제3호).

14 ① 특허보세구역 특허갱신을 위해서는 <u>특허기간 만료 1개월 전까지</u> 특허갱신 신청서(갱신 사유·기간 등 기재)와 관련 서류를 세관장에게 제출하고 서류제출 시 갱신신청 수수료를 납부해야 한다(「관세법 시행령」제188조 제3항).

② 보세창고의 특허수수료는 <u>연면적을 기준으로</u> 산출한다(「관세법 시행규칙」제68조). 연매출액을 기준으로 특허수수료를 산출하는 것은 보세판매장이다.

③ 보세창고와 보세판매장의 특허기간은 <u>10년</u> 이내로 한다(「관세법」제176조 제1항).

④ 특허보세구역 운영인이 장치물품 종류, 특허작업 종류 또는 작업 원재료를 변경하고자 하는 경우에는 해당 사유를 기재한 신청서를 세관장에게 제출하고 <u>승인</u>을 얻어야 한다(「관세법 시행령」제190조).

15 1년 동안 계속하여 물품의 반입·반출 실적이 없거나, 6개월 이상 보세작업을 하지 않은 경우는 반입정지 사유(「관세법 시행령」제193조의2 등)이며, 특허취소 사유는 아니다.

> **반입정지 등과 특허의 취소(「관세법」제178조 제2항)**
> 세관장은 특허보세구역 운영인이 다음에 해당할 경우 특허를 취소할 수 있다. 다만 아래 나열된 경우 중 제1호, 제2호 및 제5호의 경우는 특허를 취소해야 한다
> 1. <u>거짓 등의 부정한 방법으로 특허를 받은 경우</u>
> 2. 운영인의 결격사유(「관세법」제175조)에 해당되는 경우. 다만, 제175조 제8호에 해당하는 경우[제2호부터 제7호까지에 해당하는 자를 임원(해당 보세구역의 운영업무를 직접 담당하거나 이를 감독하는 자로 한정한다)으로 하는 법인]로서 제2호(피성년후견인과 피한정후견인) 또는 제3호(파산선고를 받고 복권되지 않은 자)에 해당하는 사람을 임원으로 하는 법인이 3개월 이내에 해당 임원을 변경한 경우에는 그렇지 않다.
>
> > **운영인 결격사유(「관세법」제175조)**
> > 1. 미성년자
> > 2. 피성년후견인과 피한정후견인
> > 3. <u>파산선고를 받고 복권되지 않은 자</u>
> > 4. 「관세법」을 위반하여 징역형의 실형을 선고받고 그 집행이 끝나거나(집행이 끝난 것으로 보는 경우를 포함) 면제된 후 2년이 지나지 않은 자
> > 5. 「관세법」을 위반하여 징역형의 집행유예를 선고받고 그 유예기간 중에 있는 자
> > 6. 다음의 어느 하나에 해당하는 경우에는 해당 목에서 정한 날부터 2년이 지나지 않은 자(이 경우 동일한 사유로 다음 각 모두에 해당하는 경우에는 그중 빠른 날을 기준으로 함)
> >   가. 특허취소 규정(「관세법」제178조 제2항)에 따라 특허보세구역의 설치·운영에 관한 특허가 취소(단, 운영인의 결격사유 제1호부터 제3호까지 중 어느 하나에 해당하여 특허가 취소된 경우는 제외한다)된 경우 : 해당 특허가 취소된 날

나. 특허보세구역의 설치·운영에 관한 특허를 받지 않고 특허보세구역을 운영한 자이거나, 거짓이나 그 밖의 부정한 방법으로 특허를 받은 경우 또는 명의를 대여한 경우에 해당하여 특허가 취소된 재「관세법」제276조 제3항 제3호의2 또는 같은 항 제6호(제178조 제2항 제1호·제5호에 해당하는 자)]에 해당하여 벌금형 또는 통고처분을 받은 경우 : 벌금형을 선고받은 날 또는 통고처분을 이행한 날

7. 「관세법」제268조의2(전자문서 위조·변조죄 등), 제269조(밀수출입죄), 제270조(관세포탈죄 등), 제270조의2(가격조작죄), 제271조(미수범 등), 제274조(밀수품의 취득죄 등), 제275조의2(강제징수면탈죄 등), 제275조의3(명의대여행위죄 등) 또는 제275조의4(보세사의 명의대여죄 등)에 따라 벌금형 또는 통고처분을 받은 자로서 그 벌금형을 선고받거나 통고처분을 이행한 후 2년이 지나지 않은 자. 다만, 제279조(양벌규정)에 따라 처벌된 개인 또는 법인은 제외한다.

8. 제2호부터 제7호까지에 해당하는 자를 임원(해당 보세구역 운영업무를 직접 담당하거나 감독하는 자로 한정)으로 하는 법인

3. 1년 이내에 3회 이상 물품반입 등의 정치처분(과징금 부과처분 포함)을 받은 경우
4. 2년 이상 물품 반입실적이 없어 세관장이 특허보세구역의 설치 목적을 달성하기 곤란하다고 인정한 경우
5. 특허보세구역 운영인 명의대여 금지 규정을 위반하여 명의를 대여한 경우

16 승계신고는 특허보세구역의 운영인이 해산하거나 사망한 경우 상속인 또는 승계법인이 계속하여 그 특허보세구역을 운영하기 위하여 하는 것이다. 사업체를 양수도 하는 경우는 승계신고 대상이 아니다.

특허의 효력상실 및 승계(「관세법」제179조 제3항)
특허보세구역의 설치·운영에 관한 특허를 받은 자가 사망하거나 해산한 경우 상속인 또는 승계법인은 피상속인 또는 피승계법인이 사망하거나 해산한 날부터 30일 이내에 「관세법」제174조 제3항에 따른 요건을 갖추어 대통령령으로 정하는 바에 따라 세관장에게 (승계)신고하여야 한다.

17 자가용 보세창고 특허를 심사할 때에는 자본금 요건이 적용되지 않는다.

운영인의 자격[「보세창고 특허 및 운영에 관한 고시」(舊 : 「특허보세구역 운영에 관한 고시」) 제3조 제1항]
보세창고를 설치·운영하려는 자(이하 "신청인"이라 한다)는 다음 각 호의 요건을 갖추어야 한다.
1. 운영인의 결격사유(「관세법」제175조 각 호)에 해당하지 않을 것
2. 체납된 관세 및 내국세가 없을 것
3. 자본금 2억 원 이상의 법인 또는 특허를 받고자 하는 토지 및 건물(2억 원 이상)을 소유하고 있는 개인(단, 자가용 보세창고는 제외)
4. 신청인(운영인)이 보세사 자격증을 보유한 자이거나, 보세사를 1인 이상 관리자로 채용할 것
5. 특허갱신의 경우에는 해당 보세창고의 갱신신청 직전 특허기간 동안 법규수행능력평가 점수가 평균 80점(평균등급 B등급) 이상일 것
6. 위험물품을 장치·제조·전시·판매 시 위험물품의 종류에 따라 관계 행정기관의 장의 허가 또는 승인 등을 받을 것

Plus One
출제 당시에는 「특허보세구역 운영에 관한 고시」였으나 2024년 9월 「보세창고 특허 및 운영에 관한 고시」로 개정되며 "(특허)보세구역"이라는 용어가 "보세창고"로 변경되었습니다. 하지만 다른 법령과 고시에는 여전히 개정 전 고시 명과 용어를 사용하고 있습니다. 따라서 다른 법령이나 고시와 혼용되지 않고 위 고시만 사용하여 출제된 문제를 개정된 내용에 맞춰 문제와 해설을 변경하였습니다.

18 ① 운영인은 장치화물에 관한 각종 장부와 보고서류(전산자료를 포함한다)는 <u>2년간</u> 보관해야 한다[「보세창고 특허 및 운영에 관한 고시」(**舊** : 「특허보세구역 운영에 관한 고시」) 제17조 제1항].

② 특허보세구역의 운영을 30일 이상 휴지 하려는 경우 세관장에게 <u>통보</u>하면 되며, 승인을 받을 필요는 없다(「관세법 시행령」 제193조).

③ 특허보세구역의 설치·운영에 관한 특허의 효력이 상실되었을 때에는 운영인이나 그 상속인 또는 승계법인은 해당 특허보세구역에 있는 외국물품을 지체 없이 <u>다른 보세구역</u>으로 반출하여야 한다(「관세법」 제182조 제1항). 다른 보세구역으로 반출하면 되는 것이지 세관장이 정한 보세구역으로 이동하여야 하는 것은 아니다.

⑤ 운영인은 장치물품 및 수용능력의 범위 내에서 물품을 장치하여야 한다[「보세창고 특허 및 운영에 관한 고시」(**舊** : 「특허보세구역 운영에 관한 고시」) 제17조 제6항].

19 세관장은 특허보세구역의 운영과 관련 없는 시설·기계 및 기구의 설치까지 명할 수 있는 법적 근거는 없다.

20 동일한 보세창고에 장치되어 있는 동안 수입신고가 수리된 물품은 신고 없이 계속하여 장치할 수 있다(「관세법」 제183조 제2항).

21 회계연도 종료 3개월이 지난 후 15일 이내에 제출하는 것은 재고조사 자율점검표이다.

> **중소기업형 자율관리 보세공장**(「보세공장 운영에 관한 고시」 제35조의3 제6항)
> 중소기업형 자율관리 보세공장으로 지정받은 운영인은 특례적용 사항에 대하여 자체 기록·관리해야 하며, <u>매월 또는 매 분기가 종료된 다음 달 5일까지</u> 중소기업형 자율관리 보세공장 운영상황보고서를 세관장에 제출해야 한다.

22 운영인은 수출신고 수리되어 보세운송된 물품이 주문취소, 적재일정 변경 등의 사유로 적재기간 내에 적재할 수 없어 수출신고를 취하하려는 경우에 보세공장 수출신고 수리물품 재반입 신청을 하고 관할 세관장의 승인을 받아 원보세공장에 반입해야 한다. <u>이때 운영인은 재반입 신청을 하는 때에 수출신고 취하 신청을 할 수 있다</u>(「보세공장 운영에 관한 고시」 제39조 제4항).

23 세관장의 승인을 받고 외국물품과 내국물품을 혼용하는 경우에는 그로써 생긴 제품 중 해당 외국물품의 수량 또는 가격에 상응하는 것은 외국으로부터 우리나라에 도착한 물품으로 본다(「관세법」 제188조). 즉, 관세액은 제품가격에 외국 원재료 가격이 전체 원재료가격에서 차지하는 비율을 곱한 후 제품의 세율을 곱한 금액이 된다.
- 제품가격 : 10,000,000원
- 외국 원재료 가격(3,000,000원)이 전체 원재료 가격(3,000,000원 + 2,000,000원 = 5,000,000원)에서 차지하는 비율 : 60%
- 제품의 관세율 : 10%
- 과세표준(10,000,000원 × 60%) × 세율(10%) = 관세액(600,000원)

24 원칙적인 보세공장 외 작업 허가기간은 6개월 이내이지만, 제품 1단위를 생산하는 데 장기간 소요되는 물품인 경우 2년의 범위에서 허가할 수 있다(「보세공장 운영에 관한 고시」 제22조 제2항 제2호).

25 설치·운영 특허가 상실된 경우라고 하더라도 세관장이 실지조사를 생략할 수 있다고 인정한 경우는 실시하지 않는다.

> 실지조사 실시 사유(「보세공장 운영에 관한 고시」 제40조 제6항)
> 1. 자율점검표 및 자료를 제출기한까지 제출하지 않은 경우. 다만, 세관장이 타당하다고 인정하는 경우 제출 기한을 연장할 수 있다.
> 2. 보세화물의 부정유출 우려가 있는 경우
> 3. 실소요량 관리가 다른 보세공장과 비교하여 불합리한 경우
> 4. 제출된 자료가 서면조사에 필요한 사항이 기재되지 않아 서면심사가 이루어지기 어려운 경우
> 5. 설치·운영 특허가 상실된 경우(세관장이 실지조사를 생략할 수 있다고 인정한 경우는 제외)

1	2	3	4	5	6	7	8	9	10
②	④	⑤	⑤	④	②	⑤	①	③	③
11	12	13	14	15	16	17	18	19	20
⑤	①	③	②	①	③	①	⑤	③	⑤
21	22	23	24	25					
④	①	②	④	②					

01
- 적재화물목록 작성책임자는 별도 관리 중인 이상화물에 대해 하기결과보고일로부터 (15일) 이내에 적재화물목록 이상사유를 규명하여 적재화물목록정정 등의 절차를 거쳐 하기장소에 반입해야 한다(「보세화물 입출항 하선 하기 및 적재에 관한 고시」 제32조 제2항).
- 적재화물목록 작성책임자는 항공기 운항 사정상 동일 AWB의 물품이 전량 미적재 또는 분할기적 된 경우로서 최초 적재화물목록을 제출한 항공기의 입항일로부터 (15일) 이내에 미기적되었던 물품이 도착 된 경우(후착화물이 적재화물목록에 등재되지 아니하고 도착된 경우로 한정한다)에는 이상사유 규명기한 및 하기장소 반입의무에도 불구하고 후착화물과 병합하여 별도관리 물품 해제 신청서를 세관장에게 제출하여 승인을 받은 후 하기장소에 반입해야 한다(「보세화물 입출항 하선 하기 및 적재에 관한 고시」 제32조 제3항).

02

하선장소 물품반입(「보세화물 입출항 하선 하기 및 적재에 관한 고시」 제19조 제1항)
하선신고를 한 자는 입항일(외항에서 입항수속을 한 경우 접안일)로부터 다음 각 호의 어느 하나에 해당하는 기간 내에 해당 물품을 하선장소에 반입해야 한다.
1. 컨테이너화물 : 5일 (A)
2. 원목, 곡물, 원유 등 벌크화물 : 10일

하기장소의 물품반입(「보세화물 입출항 하선 하기 및 적재에 관한 고시」 제30조 제1항)
하역장소 보세구역 운영인은 화물분류 완료 후 해당 물품을 지정된 하기장소 보세구역 운영인에게 지체 없이 인계해야 하며, 해당 물품을 인수받은 운영인은 입항 다음 날까지(B) 지정된 하기장소에 반입해야 한다. 다만, 위험물품의 경우에는 지체 없이 하기장소에 반입해야 한다

※ 항공화물의 반입기한은 2023년 8월 25일 「보세화물 입출항 하선 하기 및 적재에 관한 고시」 개정에 따라 (기존) '입항 후 24시간 이내'에서 (현행) '입항 다음 날까지'로 변경되었다.

03

적재화물목록 제출(「보세화물 입출항 하선 하기 및 적재에 관한 고시」 제43조 제3항)
적재화물목록은 물품이 적재지 공항만 내(ODCY 포함)에 장치된 후 제출해야 하며, 제출시기는 다음 각 호의 어느 하나와 같다.
1. 해상화물은 해당 물품을 선박에 적재하기 24시간 전까지 제출해야 하며, 근거리 지역(제8조 제1항 단서의 지역과 필리핀, 베트남, 캄보디아, 태국, 인도네시아, 말레이시아, 싱가포르를 말한다)의 경우에는 해당물품을 선박에 적재하기 전까지 제출하되 선박이 출항하기 30분 전까지 최종 마감하여 제출해야 한다. 다만, 적재하려는 물품이 다음 각 목의 어느 하나에 해당하는 경우에는 출항하기 전까지, 「수출통관 사무 처리에 관한 고시」 제32조에 해당하는 물품의 경우에는 출항 다음 날 자정까지 제출할 수 있다.

가. 벌크화물

나. 환적화물, 공컨테이너

다. 그 밖에 적재 24시간 전까지 제출하기 곤란하다고 세관장이 인정하는 물품

※ 참고 : 적재화물목록 제출기한 정리(출항)

구 분	해상화물	항공화물
원 칙	적재 24시간 전까지	적재 전까지 (출항 30분 전 최종 마감)
근거리지역	적재 전까지(출항 30분 전 최종 마감)	
벌크화물, 환적화물, 공컨테이너, 세관장 인정물품	출항 전까지	
선상수출 신고물품	출항 다음 날 자정까지	

04 A. 보세운송으로 보세구역에 반입된 화물은 (적재화물목록 작성 책임자가) 도착지 보세구역을 관할하는 세관장에게 정정신청을 해야 한다(「보세화물 입출항 하선 하기 및 적재에 관한 고시」 제12조·제25조).

B, C, D. 적재화물목록의 정정신청기간(입항)정리(「보세화물 입출항 하선 하기 및 적재에 관한 고시」 제12조·제25조)

구 분	사유(해상·항공 공통)	정정기간
내 용	하선·하기결과 보고서 및 반입결과 이상보고서가 제출된 물품	보고서 제출일로부터 15일 이내
	(해상화물만 해당) 특수저장시설에 장치가 필요한 냉동화물 등을 하선과 동시에 컨테이너적입작업을 하는 경우	작업완료 다음 날까지
	그 밖의 사유로 적재화물목록을 정정하려는 경우	선박·항공기 입항일로부터 60일 이내
	B/L 양수도 및 B/L 분할·합병의 경우에는 기간을 제한하지 않는다.	

E. 포장단위 물품으로서 중량의 과부족이 10% 이내이고 포장상태에 이상이 없는 경우 정정신청 생략(「보세화물 입출항 하선 하기 및 적재에 관한 고시」 제12조·제25조)

F. 포장파손이 용이한 물품(예 비료, 설탕, 시멘트 등) 및 건습에 따라 중량의 변동이 심한 물품(예 펄프, 고지류 등)으로서 그 중량의 과부족이 5% 이내인 경우 정정신청 생략(「보세화물 입출항 하선 하기 및 적재에 관한 고시」 제12조·제25조)

05 적재화물목록 제출의무자는 선박 미입항 등의 사유로 제출된 적재화물목록을 취하하려는 때에는 그 사유를 기재한 적재화물목록 취하신청서를 제출해야 한다(「보세화물 입출항 하선 하기 및 적재에 관한 고시」 제11조, 제24조).

06

> 내국환적운송(「환적화물 처리절차에 관한 특례고시」 제9조 제1항)
> 국내 국제항 간 국제무역선으로 화물을 운송(내국환적운송)할 수 있는 경우는 다음 각 호의 어느 하나와 같다.
> 1. 우리나라로 수입하려는 외국물품으로서 최초 입항지에서 선하증권(항공화물운송장을 포함한다)에 기재된 최종 목적지로 운송하려는 화물
> 2. 환적화물
> 3. 수출신고가 수리된 물품
> 4. 내국물품인 공컨테이너

07

> 복합환적절차(「환적화물 처리절차에 관한 특례고시」 제8조 제1항)
> 다음 각 호의 어느 하나에 해당하는 복합환적화물은 적재화물목록에 보세운송인과 목적지를 기재하여 제출하는 것으로 보세운송신고(승인)를 갈음할 수 있다.
> 1. 선박으로 반입한 화물을 공항으로 운송하여 반출하는 물품
> 2. 항공기로 반입한 화물을 항만으로 운송하여 반출하는 물품
> 3. 선박 또는 항공기로 반입한 화물을 차량 또는 철도로 반출하는 물품
> 4. 차량 또는 철도로 반입한 화물을 항만 또는 공항으로 운송하여 선박 또는 항공기로 반출하는 물품
> 5. 항공기로 반입한 화물을 다른 공항으로 운송하여 반출하는 물품

08

> 보세운송업자등의 등록의 효력상실(「관세법」 제224조의2)
> 화물운송주선업자가 다음의 어느 하나에 해당하는 경우에는 그 등록의 효력이 상실된다.
> 1. 화물운송주선업을 폐업한 때
> 2. 화물운송주선업자가 사망하거나 법인이 해산된 때
> 3. 등록기간이 만료된 때
> 4. 등록이 취소된 때

09 등록요건에서 지방세의 체납여부는 판단하지 않는다.

> 화물운송주선업자 등록요건(「관세법」 제223조, 「화물운송주선업자의 등록 및 관리에 관한 고시」 제3조)
> 1. 「관세법」 제175조(운영인의 결격사유) 각 호의 어느 하나에 해당하지 않을 것
> 2. 「물류정책기본법」 제43조에 따른 국제물류주선업의 등록을 했을 것
> 3. 관세 및 국세의 체납이 없을 것
> 4. 화물운송주선업자 등록이 취소(「관세법」 제175조 제1호부터 제3호까지의 어느 하나에 해당하여 등록이 취소된 경우는 제외)된 후 2년이 지났을 것
> 5. 자본금 3억 원 이상을 보유한 법인(법인이 아닌 경우에는 자산평가액이 6억 원 이상)일 것
> 6. 「관세법」 또는 동법에 따른 세관장의 명령에 위반하여 관세범으로 조사받고 있거나 기소 중에 있지 않을 것
> 7. 하우스적재화물목록 제출 등을 위한 전산설비를 갖추고 있을 것

10 ① 보세운송업자의 등록의 유효기간은 <u>3년</u>으로 하되 갱신할 수 있다(「관세법」 제222조 제5항).

② 보세운송업자 등록 갱신신청은 기간만료 <u>1개월 전</u>까지 관세물류협회의 장에게 제출해야 한다(「관세법 시행령」 제231조 제4항).

④ 관세물류협회의 장이 보세운송업자등록(갱신)신청서를 접수한 때에는 신청대장에 즉시 기록한 후 민원사무처리기준표의 처리기한인 <u>10일</u> 이내에 처리해야 하며, 그 기간까지 처리할 수 없는 경우에는 그 사유를 민원인에게 통보해야 한다(「보세운송에 관한 고시」 제9조 제3항).

⑤ 보세운송업자의 등록이 취소된 자로서 취소일로부터 <u>2년</u>이 경과되지 않은 자는 보세운송업자로 등록할 수 없다(「관세법」 제223조 제4호).

11 ① 보세운송신고를 하려는 자는 화물관리번호가 부여된 이후에 할 수 있다(「보세운송에 관한 고시」 제25조).

② 배차예정내역신고를 한 자가 사용할 운송수단을 변경하고자 하는 경우에는 <u>보세구역 출발 전</u>까지 운송수단 배차예정내역을 다시 신고해야 한다(「보세운송에 관한 고시」 제26조 제3항).

③ 항공사가 국내 국제항 간에 항공기로 보세운송하려는 경우의 보세운송신고서는 발송지 세관에 전자문서로 출항적재화물목록을 제출하는 것으로 갈음할 수 있다(「보세운송에 관한 고시」 제26조 제5항).

④ LCL화물 중 컨테이너에서 적출하지 않은 상태로 보세운송하는 경우 <u>Master B/L</u> 단위로 신고할 수 있다(「보세운송에 관한 고시」 제26조 제6항 제2호 나목).

12 ② 세관장은 보세운송을 승인한 물품의 감시단속을 위하여 필요하다고 인정하면 운송통로를 제한할 수 있다(「보세운송에 관한 고시」 제50조 제2항)

③ 보세운송 승인신청인은 보세운송 승인신청에 관한 자료를 <u>2년간</u> 보관해야 하고, 마이크로필름·광디스크 등 자료전달매체에 의하여 보관할 수 있다(「보세운송에 관한 고시」 제36조 제2항).

④, ⑤ 보세운송 신고대상이다.

보세운송 신고대상 물품(「보세운송에 관한 고시」 제24조)
1. 보세운송 승인대상에 해당되지 않는 물품
2. 특정물품 간이보세운송업자가 「관리대상화물 관리에 관한 고시」에 따른 검사대상 화물을 하선(기)장소에서 최초 보세운송하려는 물품
3. 항공사가 국제항 간 입항적재화물목록 단위로 일괄하여 항공기로 보세운송하려는 물품
4. 간이보세운송업자가 보세운송 승인대상 중 특정물품(「관세법 시행령」 제226조 제3항 제1호부터 제5호까지, 제7호, 제11호의 물품)을 운송하는 경우로서 별도의 서류제출이 필요 없다고 인정되는 물품
5. 「관세 등에 대한 담보제도 운영에 관한 고시」에 따른 신용담보업체 또는 포괄담보제공업체인 화주가 자기명의로 보세운송신고하는 물품

---

13 보세구역 운영인 및 화물운송주선업자는 보세운송의 신고 또는 승인신청을 할 수 있는 자가 아니다.

보세운송의 신고인(「관세법」 제214조)
보세운송의 신고 또는 승인신청을 할 수 있는 자는 다음과 같다.
1. 화 주
2. 「관세사법」에 따른 관세사·관세법인 또는 통관취급법인
3. 보세운송을 업(業)으로 하는 자(이하 "보세운송업자"라 한다)

14

> 보세운송 절차를 요하지 않는 물품(「보세운송에 관한 고시」 제4조 제1항)
> 1. 「우편법」에 따라 체신관서의 관리하에 운송되는 물품
> 2. 「검역법」 등에 따라 검역관서가 인수하여 검역소 구내계류장 또는 검역시행 장소로 운송하는 검역대상 물품
> 3. 국가기관에 의하여 운송되는 압수물품

A. 송유관을 통해 운송하는 석유제품 및 석유화학제품에 대하여는 보세운송절차를 생략할 수 있다(「보세운송에 관한 고시」 제44조의2).

D, F. 다음의 어느 하나에 해당하는 물품은 보세운송절차를 요하지 않는다(「보세운송에 관한 고시」 제4조).

> 적용범위(「보세운송에 관한 고시」 제46조 제1항)
> 수출신고가 수리된 물품은 보세운송절차를 생략한다. 다만, 다음 각 호의 어느 하나에 해당하는 물품은 그렇지 않다.
> 1. 「반송절차에 관한 고시」에 따라 외국으로 반출하는 물품
> 2. 보세전시장에서 전시 후 반송되는 물품
> 3. 보세판매장에서 판매 후 반송되는 물품
> 4. 여행자 휴대품 중 반송되는 물품
> 5. 보세공장 및 자유무역지역에서 제조·가공하여 수출하는 물품
> 6. 수출조건으로 판매된 몰수품 또는 국고귀속된 물품

G. 관할 보세구역과 타 세관이 관할하는 보세구역에 걸쳐서 위치한 동일한 집단화지역 내에서 운송되는 물품에 대하여는 보세운송절차를 생략할 수 있다(「보세운송에 관한 고시」 제44조 제2항).

15 보세운송물품은 신고 수리(승인)일로부터 해상화물 10일, 항공화물 5일 이내에 목적지에 도착하여야 한다(「보세운송에 관한 고시」 제6조).

16 ① 반입신고는 House B/L 단위로 제출해야 한다. 다만, 하선장소 보세구역에 컨테이너 상태로 반입하는 경우에는 Master B/L 단위로 할 수 있다(「보세화물관리에 관한 고시」 제9조).
② 동일 사업장 내 보세구역 간 장치물품의 이동은 물품 반출입신고로 보세운송신고를 갈음할 수 있다(「보세화물관리에 관한 고시」 제9조).
④ 운영인은 보세창고에 1년(동일한 보세창고에 장치되어 있는 동안 수입신고가 수리된 물품은 6개월) 이상 계속하여 내국물품만을 장치하려면 내국물품 장치승인(신청)서를 제출하여 세관장의 승인을 받아야 한다(「보세화물관리에 관한 고시」 제12조).
⑤ FCL 컨테이너화물로 통관우체국까지 운송하는 국제우편물의 경우에는 신청을 생략할 수 있다(「보세화물관리에 관한 고시」 제13조의2).

17 • 수입신고 수리물품 반출의무 및 신고지연 가산세 적용대상 보세구역에 반입된 물품이 수입신고가 수리된 때에는 그 수리일로부터 (15일) 이내에 해당 보세구역에서 반출해야 하며 이를 위반한 경우에는 해당 수입화주를 조사한 후 과태료를 부과한다(「보세화물관리에 관한 고시」 제19조).
• 세관장은 보세구역 외 장치 허가신청(기간연장의 경우를 포함한다)을 받은 경우 보세구역 외 장치 허가기간에 (1개월)을 연장한 기간을 담보기간으로 하여 담보제공을 명할 수 있다(「보세화물관리에 관한 고시」 제7조 제4항).

18 ⑤ 세관장은 보세구역 운영인이 반출명령을 이행하지 않은 경우에는 「관세법」 제277조에 따라 과태료를 부과한다(「보세화물관리에 관한 고시」 제6조 제5항).

19 ① 해당 사유가 보세구역 외 장치대상인 것은 맞지만(「보세화물관리에 관한 고시」 제7조), 보세구역 외 장치는 신고가 아니라 허가대상이다(「관세법」 제156조).

③ 보세구역 외 장치의 허가기간은 6개월의 범위 내에서 세관장이 필요하다고 인정하는 기간으로 정한다(「보세화물관리에 관한 고시」 제8조).

④ 허가수수료를 허가건수 단위로 징수하는 것은 맞다. 그러나 1건의 허가신청으로 보아 허가수수료를 일괄 징수하는 것은 동일한 선박 또는 항공기로 수입된 동일한 화주의 화물을 동일한 장소에 반입하는 때에 해당(「관세법 시행규칙」 제65조 제1항)하며, 화주가 다른 경우 적용할 수 없다.

⑤ 보세구역 외 장치 담보액은 수입통관 시 실제 납부해야 할 관세 등 제세 상당액으로 한다. 해당 사유가 보세구역 외 장치대상인 것은 맞지만(「보세화물관리에 관한 고시」 제7조 제4항), 참고로, 지식재산권 통관보류 해제 목적으로 담보를 제공하는 경우 과세가격의 120% 상당 금액의 담보를 제공하여야 한다.

20 ① 국제무역선에서 물품을 하역하기 전에도 견본품 반출 허가를 받을 수 있다(「관세법」 제161조 제1항).

② 보세구역에 장치된 외국물품의 경우에는 전부를 견본품으로 반출하도록 허가 받을 수 있다(「관세법」 제161조 제1항).

③ 견본품 반출허가를 받은 자는 반출기간이 종료되기 전에 해당 물품이 장치되었던 보세구역에 반입하고 견품재반입보고서를 세관장에게 제출해야 한다(「보세화물관리에 관한 고시」 제30조 제3항).

④ 보세구역 운영인 또는 관리인은 견본품 반출 허가를 받은 물품이 해당 보세구역에서 반입될 때에는 견본품 반출의 허가사항을 확인하고, 견본품 반출입사항을 견품반출입대장에 기록관리해야 한다(「보세화물관리에 관한 고시」 제30조 제4항). 견품반출입대장 기록은 생략할 수 없다.

21 ① 외국물품은 수입될 물품의 보수작업의 재료로 사용할 수 없다(「관세법」 제158조 제6항).

② 보수작업으로 외국물품에 부가된 내국물품은 외국물품으로 본다(「관세법」 제158조 제5항).

③ 포괄보수작업승인을 받은 경우에는 매 월말 기준으로 다음 달 1일에 별지 제23호서식의 보수작업 완료 보고서를 일괄하여 제출할 수 있다(「보세화물관리에 관한 고시」 제23조 제2항).

④ 법 제50조 제1항에 따른 별표 관세율표(HSK 10단위)의 변화를 가져오는 것은 보수작업으로 인정할 수 없다. 다만, 수출이나 반송 과정에서 부패·변질의 우려가 있는 경우 등 세관장이 타당하다고 인정하는 경우에는 그러하지 아니하다(「보세화물관리에 관한 고시」 제22조 제1항).

⑤ 보수작업을 하려는 자는 세관장의 승인을 받아야 한다(「관세법」 제158조 제1항).

22 • 보세전시장, 보세건설장, 보세판매장, 보세공장, 보세구역 외 장치장, 자가용보세창고에 반입한 물품에 대해서는 관할 세관장이 화주나 반입자 또는 그 위임을 받은 자(이하 "화주 등"이라 한다)에게 반출통고 한다.

• 영업용 보세창고에 반입한 물품의 반출통고는 보세구역운영인이 화주 등에게 하며, 지정장치장에 반입한 물품의 반출통고는 화물관리인이 화주 등에게 하여야 한다(「보세화물장치기간 및 체화관리에 관한 고시」 제6조).

23 부패할 우려가 있는 물품은 장치기간 경과 전 매각대상(「관세법」 제208조)에는 해당되나, 우려가 있다는 사실만으로 폐기명령 대상이 되지는 않는다.

> **폐기명령 대상 「보세화물장치기간 및 체화관리에 관한 고시」 제40조**
> 1. 사람의 생명이나 재산에 해를 끼칠 우려가 있는 물품
> 2. 부패하거나 변질된 물품
> 3. 유효기간이 지났거나 상품가치가 없어진 물품
> 4. 의약품 등으로서 유효기간이 경과하였거나 성분이 불분명한 경우
> 5. 위조상품, 모조품, 그 밖의 지식재산권 침해물품
> 6. 품명미상의 물품으로서 1년이 경과된 물품
> 7. 검사·검역기준 등에 부적합하여 검사·검역기관에서 폐기대상 물품으로 결정된 물품

24 위험물은 해당 물품을 장치하기에 적합한 요건을 갖춘 보세구역에 장치해야 하는 것은 맞다. 그러나 관리대상화물(검사대상화물)로 선별된 경우에는 「관리대상화물 관리에 관한 고시」 제6조 따라 장치장소를 결정한다(「보세화물관리에 관한 고시」 제4조). 예컨대 검사 방식에 따라 선박회사 또는 항공사가 지정한 장소가 장치장소가 될 수도 있으므로 무조건 세관지정장치장에 장치하도록 되는 것은 아니다.

> **「관리대상화물 관리에 관한 고시」 제6조(검사대상화물의 하선(기)장소)**
> ① 검색기검사화물, 반입 후 검사화물, 수입신고 후 검사화물 및 감시대상화물의 하선(기)장소는 「보세화물 입출항 하선 하기 및 적재에 관한 고시」에 따라 선박회사 또는 항공사가 지정한 장소로 한다.
> ② ①에도 불구하고 검색기검사화물의 경우에는 검사를 마친 경우에만 하선장소에 반입할 수 있으며, 검사 결과 개장검사가 필요하다고 인정되는 경우에는 세관장이 별도로 지정하는 장소를 하선장소로 한다.
> ③ 즉시검사화물의 하선(기)장소는 「보세화물 입출항 하선 하기 및 적재에 관한 고시」에 따라 세관장이 지정한 장소로 한다.
> ④ 세관장이 ② 및 ③에 따라 지정하는 하선(기)장소는 다음의 순서에 따른다.
>   1. 세관지정장치장. 다만, 세관지정장치장이 없거나 검사대상화물이 세관지정장치장의 수용능력을 초과할 것으로 판단되는 경우에는 제2호에 따른 장소
>   2. 세관지정 보세창고 등
>   3. 검사대상화물이 위험물품, 냉동·냉장물품 등 특수보관을 요하는 물품이거나 대형화물·다량산물인 경우에는 제1호와 제2호의 규정에도 불구하고 해당 화물을 위한 보관시설이 구비된 장소

25 ① 살아 있는 동식물 등의 경우는 장치기간이 지나기 전이라도 공고한 후 매각할 수 있다(「관세법」 제208조 제1항).
③ 매각대행기관이 매각을 대행하는 경우(매각대금의 잔금처리를 대행하는 경우를 포함한다)에는 매각대행기관의 장을 세관장으로 본다(「관세법」 제208조 제5항).
④ 경쟁입찰로 매각하려는 경우 매각되지 않은 때에는 5일 이상의 간격을 두어 다시 입찰에 부칠 수 있으며 그 예정가격은 최초 예정가격의 100분의 10 이내의 금액을 입찰 시마다 체감할 수 있다 (「관세법」 제210조 제2항).
⑤ 매각공고는 공매예정가격 산출서를 통보받은 날부터 60일의 기간 내(입찰 전일부터 10일 전)에 소관세관관서의 게시판과 관세청 및 본부세관 홈페이지에 공고해야 하고 필요하면 일간신문에 게재할 수 있다(「보세화물장치기간 및 체화관리에 관한 고시」 제13조 제1항).

1	2	3	4	5	6	7	8	9	10
④	③	④	⑤	③	③	①	②	⑤	④
11	12	13	14	15	16	17	18	19	20
③	②	⑤	②	①	③	④	③	①	⑤
21	22	23	24	25					
②	①	①	④	⑤					

01
① 국제항은 대통령령으로 지정하며 국제항의 시설기준 등에 관하여 필요한 사항은 <u>대통령령</u>으로 정한다.
② 공항의 경우에는 정기여객기가 <u>주 6회 이상 입항</u>하거나 입항할 것으로 예상될 것이 국제항의 지정요건 중 하나이다.
③ 항구의 경우에는 국제무역선인 <u>5천 톤급 이상의 선박</u>이 연간 50회 이상 입항하거나 입항할 것으로 예상될 것이 국제항의 지정요건 중 하나이다.
⑤ 국제항이 아닌 지역에 대한 출입허가수수료가 1만 원에 미달하는 경우에는 <u>1만 원으로 한다</u>. 수수료의 총액은 50만 원을 초과하지 못한다.

02
• 국제항이 아닌 지역에 대한 출입의 허가를 받은 경우 세관장은 허가의 신청을 받은 날부터 (<u>10일</u>) 이내에 허가 여부를 신청인에게 통지하여야 하며, 정한 기간 내에 허가 여부를 통지하지 아니하면 그 기간이 (<u>끝난 날의 다음 날</u>)에 허가를 한 것으로 본다.
• 국제무역선이 국제항(「관세법」 제134조 제1항 단서에 따라 출입허가를 받은 지역을 포함한다)에 입항하였을 때에는 (<u>지체 없이</u>) 세관장에게 입항보고를 하여야 한다.
• 국제무역선이나 국제무역기가 국제항을 출항하려면 선장이나 기장은 (<u>출항하기 전</u>)에 세관장에게 출항허가를 받아야 한다.
※ 문제 오류로 3번의 (D)를 "출항하기 전"으로 바꿔 풀어야 한다.

03
세관장은 전환승인 신청한 선박에 대하여 과세대상 물품이 없는 경우에는 즉시 전환승인을 하고, 과세대상 물품이 있는 경우에는 수입신고를 한 때에 전환승인 해야 한다. 다만, 부득이한 사정으로 수입신고가 어려운 경우에는 수입신고필증 사본을 전환승인일 다음 근무일까지 제출하는 것을 조건으로 승인할 수 있다.

04
국제무역선의 국내운항선으로의 자격전환 승인(「관세법」 제144조)은 재해나 그 밖의 부득이한 사유로 면책을 받을 수 없다(「관세법」 제134조부터 제137조까지 및 제140조부터 제143조까지의 규정에만 해당).

05
① 본선 보세운송의 경우에는 선박용품 등이 도착 전이라도 적재허가를 신청할 수 있으며 보세운송신고인이 <u>도착지 세관에 적재허가신청한 것을 도착보고한 것으로 갈음</u>한다.
② 선박용품 등의 하선허가를 받은 자는 허가일부터 <u>7일</u> 이내에 하선허가 받은 물품을 보세구역에 반입해야 한다.
④ 조건부 하역한 외국선박용품을 외국으로 반출하려는 때에는 보세구역에 반입한 후 「<u>반송절차에 관한 고시</u>」를 따른다.
⑤ 선박용품 등의 양도·양수는 물품공급업 또는 선박내판매업으로 등록된 자에 한정하여 할 수 있으며, 화물관리번호를 부여하여 보세화물로 관리하는 경우에는 <u>물품공급업 또는 선박내판매업 등록이 되지 않은 업체에게도 양도할 수 있다</u>.

06 국제무역기에서 용품을 하기하려는 공급자 등은 하기 전에 국제무역기의 계류장을 관할하는 세관장에게 항공편별로 구분하여 외국용품 하기허가(신청)서 또는 내국용품 하기허가(신청)서를 제출해야 한다. 다만, 사전 신청이 곤란하다고 세관장이 인정하는 경우 하기한 이후 신청하게 할 수 있다. 이 경우 공급자 등은 사전에 월별예정신청해야 하며, 하기 즉시 용품을 보세창고 등에 반입하고 하기한 다음 날까지 일별로 하기 내역을 취합하여 하기 신청해야 한다.

07 ② 환적화물에 대하여 총기류 등 위해물품·마약류·수출입금지품·밀수품과「대외무역법」및「상표법」위반 물품 등과 관련된 정보가 있거나 세관장이 밀수단속을 위해 필요하다고 인정하는 경우 <u>검사대상화물 또는 감시대상화물로 선별하여 검사 또는 감시할 수 있다.</u>
③ "하선(기)감시화물"이란 세관장이 선별하여 부두 또는 계류장 내에서 하역과정을 감시하거나 하역 즉시 검사하는 화물(공컨테이너를 포함한다)을 말한다.
④ 세관장은 <u>개장검사를 실시할 때</u> 화주 또는 화주로부터 권한을 위임받은 자의 참석이 필요하다고 인정하거나 이들로부터 참석요청을 받은 때에는 이들이 검사에 참석할 수 있도록 검사일시·검사장소·참석가능시간 등을 통보해야 한다.
⑤ 반입 후 검사화물도 검색기검사가 필요한 경우 실시할 수 있다. 세관장이 선별한 검사대상화물 중 하선(기)장소 또는 장치예정장소에서 <u>이동식검색기로 검사하거나</u> 컨테이너 적출 시 검사하는 화물을 말한다.

08 수(중)량 차이의 가능성이 있는 화물은 검색기검사화물 및 즉시검사화물 대상이다.

> **검사대상화물 또는 감시대상화물의 선별(「관리대상화물 관리에 관한 고시」제5조 제5항)**
> 세관장이 수입신고 후 검사화물로 선별하여 검사하는 화물은 다음 각 호의 어느 하나와 같다.
> 1. 운송추적감시화물로 선별된 화물이 CY에서 수입통관 되는 경우
> 2. 그 밖에 세관장이 수입신고 후 검사가 필요하다고 인정하는 화물

09 ① 위해물품 또는 위변조화폐 등을 적발한 경우 적발사실이 확인된 때 포상을 하며, 고발 또는 송치사건의 경우 <u>고발 또는 송치한 때</u> 포상한다.
② 관세포상심사위원회는 관세청, 본부세관 및 <u>직할세관에 각각 두며,</u> 포상대상자, 공로의 평가, 포상 종류, 지급액 등을 심의·의결한다.
③ 원산지표시 위반에 따른 과징금 부과건 및「외국환거래법」제32조에 따른 과태료 부과건의 경우 각각 과징금 또는 과태료 <u>납부사실이 확인된 때</u> 포상을 실시한다.
④ 포상금 산정 시에는 하나의 범칙물품에 대하여 <u>하나의 법령만을 적용하여</u> 산출하되「마약류 관리에 관한 법률」위반 사범의 포상금 최고액은 3억 원이다.

10 국가테러대책위원회는 관계기관장이 설치하는 전담조직에 포함되지 않는다. 국가테러대책위원회는 국무총리 및 관계기관의 장 중 대통령령으로 정하는 사람으로 구성하고 위원장은 국무총리로 한다.

11
> **공인부문(「수출입 안전관리 우수업체 공인 및 운영에 관한 고시」제3조 제1항)**
> 수출입 안전관리 우수업체(AEO, Authorized Economic Operator)로 공인을 신청할 수 있는 자는 다음 각 호와 같다.
> 1. 수출자(수출부문)
> 2. 수입자(수입부문)
> 3. 통관업을 하는 자(관세사부문)
> 4. 운영인에 해당하는 자 또는 지정장치장의 화물을 관리하는 자(보세구역운영인부문)

5. 보세운송업자에 해당하는 자(보세운송업부문)
6. 화물운송주선업자 및 국제무역선·국제무역기 또는 국경출입차량을 이용하여 상업서류나 그 밖의 견본품 등을 송달하는 것을 업으로 하는 자(화물운송주선업부문)
7. 국제무역선·국제무역기 또는 국경출입차량에 물품을 하역하는 것을 업으로 하는 자(하역업부문)
8. 국제무역선을 소유하거나 운항하여 보세화물을 취급하는 자(선박회사부문)
9. 국제무역기를 소유하거나 운항하여 보세화물을 취급하는 자(항공사부문)

12 수출입 안전관리 우수업체로 공인을 받기 위해서는 공인기준 중에서 필수적인 기준을 충족하고, 다음 각 요건을 모두 충족해야 한다.

> 공인기준(「수출입 안전관리 우수업체 공인 및 운영에 관한 고시」 제4조 제1항)
> 1. 법규준수도가 80점 이상일 것. 다만, 중소 수출기업은 심의위원회를 개최하는 날을 기준으로 직전 2개 분기 연속으로 해당 분기단위의 법규준수도가 80점 이상인 경우도 충족한 것으로 본다.
> 2. 내부통제시스템 기준의 평가점수가 80점 이상일 것
> 3. 재무건전성 기준을 충족할 것
> 4. 안전관리 기준 중에서 충족이 권고되는 기준의 평가점수가 70점 이상일 것
>
> 재무건전성(「수출입 안전관리 우수업체 공인 및 운영에 관한 고시」 별표 1)
> • 신청업체와 신청인이 관세 등 국세와 지방세의 체납이 없어야 한다.
> • 신청업체는 ① 재무제표에 대한 감사보고서의 감사의견이 적정이어야 하며, ② 부채비율이 200% 이하 또는 동종업종 평균의 2배 이하이거나 외부신용평가기관의 신용평가 등급이 투자적격 이상 또는 매출증가 등으로 성실한 법규준수의 이행이 가능할 정도의 재정을 유지하여야 한다. 단, ①의 경우에는 「주식회사 등의 외부감사에 관한 법률」 적용대상 업체에만 적용한다.

13 신규로 신청한 업체는 AAA등급을 받을 수 없다. AAA등급은 갱신심사를 받은 업체 중에서 기준을 충족하는 업체만 부여받는다.

14 • 법규준수도 : 「통합 법규준수도 평가와 운영에 관한 고시」에 따라 측정한 점수를 말한다.
   • 예비심사 : 공인 또는 갱신심사를 신청하기 전에 업체가 희망하여 관세청장이 공인을 신청할 때 준비하여야 하는 서류의 종류와 내용을 안내하고, 공인기준 중에서 일부를 정해서 업체의 수출입 관리현황이 이를 충족하는지 예비적으로 확인하는 것을 말한다.
   • 기업상담전문관 : 관세청 및 세관 소속 공무원으로서 관세청장이 수출입 안전관리 우수업체가 공인기준과 통관적법성을 충족하는지를 점검하고 지원하기 위하여 제21조에 따라 지정한 사람을 말한다.

15 관세청장은 수출입 안전관리 우수업체로 공인받기 위한 신청 여부와 관계없이 수출입물품의 제조·운송·보관 또는 통관 등 무역과 관련된 자를 대상으로 연 4회의 범위에서 안전관리 기준을 준수하는 정도를 측정·평가할 수 있다(「관세법」 제255조의7).

16 수출입 안전관리 우수업체는 매년 공인일자가 속하는 달에 별지 제11호 서식의 정기 자율 평가서에 따라 공인기준을 충족하는지를 자율적으로 점검하고 다음 달 15일까지 관세청장에게 그 결과를 제출하여야 한다.

17 위원의 임기는 2년으로 하고, 연임할 수 있다.

18
- 예비심사 : 예비심사 신청서를 접수한 날로부터 (40일) 이내에 예비심사를 마쳐야 한다.
- 서류심사 : 관세청장은 신청업체가 제출한 서류를 통해서 공인기준을 충족하는지를 확인하기 어려운 경우에는 (30일)의 범위 내에서 신청업체에 보완을 요구할 수 있다.
- 현장심사 : 관세청장은 현장심사를 시작한 날부터 (60일) 이내에 그 심사를 마쳐야 하며, 신청업체의 사업장을 직접 방문하는 기간은 (15日) 이내로 한다.

19
월별납부는 납부기한이 동일한 달에 속하는 세액을 월별로 일괄하여 납부하는 것이다. 이는 물품을 수입하고 관세를 납부하는 수입부문의 혜택이다.

20
MRA는 양국 간 AEO 공인기준 비교 → 상호방문 합동심사 → 혜택 및 공인업체 정보공유 등 운영절차 협의 → 최고정책결정자(양국 관세청장) 간 서명 등 4단계로 구분하는 것이 일반적이다.

21
① '신청업체와 신청인이 관세 등 국세와 지방세의 체납이 없어야 한다.'는 재무건전성 기준이다.
③ '운영인은 화물을 반출입하는 경우 즉시 신고할 수 있는 체계를 구축하여야 한다.'는 내부통제시스템 기준이다.
④ '운영인은 수출입물품의 이동과 물품취급 거래내역에 관한 관리절차를 마련하고, 관련 법령에 따라 보관하여야 한다.'는 내부통제시스템 기준이다.
⑤ '신청업체는 통합법규준수도시스템 또는 현장심사를 통하여 측정한 관세행정법규준수도가 수출입 안전관리 우수업체 공인기준을 충족하여야 한다.'는 법규준수 기준이다.

22
- 운영인은 (최고경영자)의 법규준수와 안전관리에 대한 경영방침과 이를 이행하기 위한 세부목표를 수립하여야 한다.
- 운영인은 법규준수와 안전관리 관련 업무 처리에 부정적 영향을 주는 (위험요소)의 식별, 평가, 관리대책의 수립, 개선 등을 포함한 절차를 마련하여야 한다.
- 운영인은 법규준수와 안전관리를 위하여 관세행정 전문가, (거래업체)와 정기적으로 협의하여야 한다.

23
법적지위의 변경에 해당하는 사실이 발생한 경우 그 사실이 발생한 날로부터 30일 이내에 수출입 관리현황 변동사항 보고서를 작성하여 관세청장에게 보고하여야 한다.

24
공인 후 교육은 매 2년마다 총괄책임자는 4시간 이상, 매 2년마다 수출입관리책임자는 8시간 이상 받아야 한다.

25
A등급은 「특허보세구역 운영에 관한 고시」에 따른 반입정지기간을 50% 범위 내에서 하향 조정이 가능한 특혜를 받을 수 없다. AA 및 AAA등급에만 해당한다.

1	2	3	4	5	6	7	8	9	10
②	④	②	⑤	⑤	③	②	⑤	④	⑤
11	12	13	14	15	16	17	18	19	20
②	⑤	④	③	⑤	①	⑤	⑤	①	③
21	22	23	24	25					
④	④	③	⑤	①					

01
① 보세구역의 화물관리인이나 운영인은 자율관리보세구역의 지정을 받으려면 세관장에게 지정을 신청하여야 한다.
③ 자율관리보세구역의 지정을 신청하려는 자는 해당 보세구역에 장치된 물품을 관리하는 보세사를 채용하여야 한다.
④ 자율관리보세구역에 장치한 물품은 「관세법」에 따른 절차 중 관세청장이 정하는 절차를 생략한다.
⑤ 세관장은 자율관리보세구역의 지정을 받은 자가 「관세법」에 따른 의무를 위반하거나 세관감시에 지장이 있다고 인정되는 경우 등 대통령령으로 정하는 사유가 발생한 경우에는 자율관리보세구역 지정을 취소할 수 있다.

02
• 운영인은 회계연도 종료 (3개월)이 지난 후 (15일) 이내에 자율관리 보세구역 운영 등의 적정여부를 자체 점검하고, 자율점검표를 작성하여 세관장에게 제출하여야 한다.
• 운영인은 「관세법 시행령」 제3조 제1항 제3호에 따라 해당 보세구역에서 반출입 된 화물에 대한 장부를 (2년)간 보관하여야 한다.

03
운영인 등은 보세사를 채용, 해고 또는 교체하였을 때에는 세관장에게 즉시 통보하여야 한다.

04
A. 보세구역 운영인 등이 자율관리보세구역 지정기간을 갱신하려는 때에는 지정기간이 만료되기 1개월 전까지 세관장에게 자율관리보세구역 갱신신청을 하여야 한다.
B. 세관장은 자율관리보세구역의 운영실태 등을 확인하기 위하여 연 1회 정기감사를 실시하여야 한다.
D. 자율관리보세구역 지정을 취소하려는 경우 청문을 하여야 한다(「관세법」 제328조).

05
보세사징계위원회는 위원장 1명을 포함하여 5명 이상 10명 이하의 위원으로 구성한다.

06
① 보세사 등록을 신청하고자 하는 사람은 보세사 등록 신청서에 입사예정 증명서 또는 재직확인 증명서를 첨부하여 세관장이 권한을 위탁한 한국관세물류협회장에게 제출하여야 한다.
② 세관장은 운영인 또는 등록보세사로부터 보세사의 퇴사·해임·교체통보 등을 받을 때에는 그 등록을 취소하고, 그 사실을 전산에 등록하여야 한다.
④ 세관장은 보세사로 등록된 자가 「관세법」이나 「관세법」에 따른 명령을 위반한 경우에는 등록을 취소하여야 한다.
⑤ 보세사 등록이 취소된 사람은 그 취소된 날로부터 2년 내에 다시 등록하지 못한다.

07
법규수행능력 평가대상 수출입물류업체에 대한 점검은 서면점검을 원칙으로 한다. 다만, 수출입물류업체의 업무 특성상 현지점검의 필요성이 있다고 판단되는 때에는 7일 이내의 기간을 정하여 현지점검을 실시할 수 있다.

08 세관장이 법규수행능력 평가시스템에 의하여 수출입물류업체의 법규수행능력을 평가할 수 있는 주기는 연 1회를 원칙으로 하며, 신규업체가 법규수행능력 평가를 요청할 때에는 보세구역, 자유무역지역은 설립 후 (6개월) 경과한 경우에 평가를 실시할 수 있으며, 운송사, 선사, 항공사, 포워더는 세관신고 (250건) 이상을 충족하는 경우에 평가를 실시할 수 있다.

09 ① 외국물품 등이 아닌 물품을 자유무역지역에서 국외로 반출하려는 자는 <u>수출신고</u>를 하여야 한다.
② 단순반송하거나 통관보류되어 국외반출하려는 물품 등에 대하여는 <u>반송신고(국외반출신고)</u>를 하여야 한다.
③ 국외반출신고가 수리된 물품은 30일 이내에 선(기)적하여야 하며, 세관장은 재해·선(기)적 일정 변경 등 부득이한 사유로 기간 연장의 신청이 있는 때에는 <u>6개월의 범위</u>에서 그 기간을 연장할 수 있다.
⑤ 국외반출신고 시 자유무역지역이나 다른 보세구역에서 제조가공한 물품 및 사용 소비신고한 물품에 대하여는 「<u>수출통관 사무처리에 관한 고시</u>」를 준용한다.

10 세관장은 물품반입의 정지처분이 그 이용자에게 심한 불편을 주거나 공익을 해칠 우려가 있는 경우에는 입주기업체에 대하여 물품반입의 정지처분을 갈음하여 해당 입주기업체 운영에 따른 매출액의 (<u>100분의 3</u>) 이하의 과징금을 부과할 수 있으며, 1일당 과징금 금액은 해당 자유무역지역의 사업에 따른 연간 매출액의 (<u>6천분의 1</u>)에 상당하는 금액으로 한다.

11 자유무역지역 입주기업체의 역외작업의 범위, 반출기간, 대상물품 등에 관한 사항은 대통령령으로 정한다.

12 입주계약이 해지된 자는 자유무역지역에 소유하는 토지나 공장·건축물 또는 그 밖의 시설을 대통령령이 정하는 바에 따라 다른 입주기업체나 입주 자격이 있는 제3자에게 양도하여야 한다.

13
> 다른 법률과의 관계(「자유무역지역의 지정 및 운영에 관한 법률」 제3조 제2항)
> 입주기업체 중 외국인투자기업에 대하여는 다음의 법률을 적용하지 아니한다.
> 1. 「고용상 연령차별금지 및 고령자고용촉진에 관한 법률」 제12조
> 2. 「국가유공자 등 예우 및 지원에 관한 법률」 제31조, 「보훈보상대상자 지원에 관한 법률」 제35조, 「5·18민주유공자예우 및 단체설립에 관한 법률」 제22조, 「특수임무유공자 예우 및 단체설립에 관한 법률」 제21조
> 3. 「장애인고용촉진 및 직업재활법」 제28조

14
- 산업단지 – 산업통상자원부장관
- 물류터미널 및 물류단지 – 국토교통부장관
- 공항 및 배후지 – (국토교통부장관)
- 항만 및 배후지 – (<u>해양수산부장관</u>)

15 ① 국외반출신고가 수리된 물품의 보세운송기간은 신고 수리일부터 30일 이내로 하며, 선(기)적은 국외반출신고가 수리된 날부터 30일 이내에 선(기)적하여야 한다.

② 동일 자유무역지역 내 입주기업체 간에 외국물품 등을 이동하려는 때에는 관세청 전자통관시스템에 의한 반출입신고로 보세운송신고를 갈음할 수 있다.

③ 외국물품을 역외작업장으로 직접 반입하려는 자는 역외작업신고서 사본을 첨부하여 발송지세관장에게 보세운송신고하여야 한다.

④ 국외반출신고가 수리된 물품을 선적하기 위하여 보세운송하는 경우에는 수출신고서 서식을 사용하여 보세운송신고 할 수 있다.

16 • 화폐·채권이나 그 밖의 유가증권의 위조품·변조품 또는 모조품을 수출하거나 수입한 자는 7년 이하의 징역 또는 (7천만 원) 이하의 벌금에 처한다.

• 제241조 제1항·제2항 또는 제244조 제1항에 따른 신고를 하지 아니하고 물품을 수입한 자는 (5년) 이하의 징역 또는 관세액의 10배와 물품원가 중 높은 금액 이하에 상당하는 벌금에 처한다.

• 제241조 제1항·제2항 또는 제244조 제1항에 따른 수입신고를 한 자 중 세액결정에 영향을 미치기 위하여 과세가격 또는 관세율 등을 거짓으로 신고하거나 신고하지 아니하고 수입한 자는 3년 이하의 징역 또는 포탈한 관세액의 (5배)와 물품원가 중 높은 금액 이하에 상당하는 벌금에 처한다.

17 ① 종합보세사업장의 설치·운영에 관한 신고를 하지 아니하고 종합보세기능을 수행한 자는 물품원가 또는 2천만 원 중 높은 금액 이하의 벌금에 처한다.

② 부정한 방법으로 적재화물목록을 작성하였거나 제출한 자는 2천만 원 이하의 벌금에 처한다.

③ 「관세법」 제38조(신고납부) 제3항 후단에 따른 자율심사 결과를 거짓으로 작성하여 제출한 자는 2천만 원 이하의 벌금에 처한다.

④ 세관공무원의 질문에 대하여 거짓의 진술을 하거나 그 직무의 집행을 거부 또는 기피한 자는 5천만 원 이하의 과태료를 부과한다.

⑤ 「관세법」 제135조(입항절차) 제1항에 따른 입항보고를 거짓으로 한 자는 1천만 원 이하의 벌금에 처한다. 다만, 과실로 해당하게 된 경우에는 200만 원 이하의 벌금에 처한다.

18 미수범 등의 징역·벌금 병과 요약

형 벌	교사범	방조범	미수범	예비범	징역벌금병과	양벌 규정
전자문서 위조·변조죄	–	–	본죄에 준함	본죄 1/2 감경	–	해 당
금지품수출입죄, 밀수출입죄	정범에 준함	정범에 준함	본죄에 준함	본죄 1/2 감경	해당 (미수범 포함)	해 당
관세포탈죄, 부정수입죄, 부정수출죄, 부정감면죄, 부정환급죄	정범에 준함	정범에 준함	본죄에 준함	본죄 1/2 감경	해당 (미수범 포함)	해 당
가격조작죄	–	–	–	–	해당 (미수범 포함)	해 당
밀수품취득죄	–	–	–	본죄 1/2 감경	해당 (미수범 포함)	해 당

19

보세사의 명의대여죄 등(「관세법」 제275조의4)

다음 각 호의 어느 하나에 해당하는 자는 1년 이하의 징역 또는 1천만 원 이하의 벌금에 처한다.

1. 제165조의2 제1항을 위반하여 다른 사람에게 자신의 성명·상호를 사용하여 보세사 업무를 수행하게 하거나 자격증 또는 등록증을 빌려준 자
2. 제165조의2 제2항을 위반하여 다른 사람의 성명·상호를 사용하여 보세사의 업무를 수행하거나 자격증 또는 등록증을 빌린 자
3. 제165조의2 제3항을 위반하여 같은 조 제1항 또는 제2항의 행위를 알선한 자

20

압수와 보관(「관세법」 제303조 제3항)

관세청장이나 세관장은 압수물품이 다음 각 호의 어느 하나에 해당하는 경우에는 피의자나 관계인에게 통고한 후 매각하여 그 대금을 보관하거나 공탁할 수 있다. 다만, 통고할 여유가 없을 때에는 매각한 후 통고하여야 한다.

1. 부패 또는 손상되거나 그 밖에 사용할 수 있는 기간이 지날 우려가 있는 경우
2. 보관하기가 극히 불편하다고 인정되는 경우
3. 처분이 지연되면 상품가치가 크게 떨어질 우려가 있는 경우
4. 피의자나 관계인이 매각을 요청하는 경우

21 세관공무원이 관세범 조사에 필요하다고 인정할 때에는 (피의자·증인) 또는 (참고인)의 출석을 요구할 수 있다.

22 관세범의 현행범인이 그 장소에 있을 때에는 누구든지 체포할 수 있고, 범인을 체포한 자는 지체 없이 세관공무원에게 범인을 인도하여야 한다.

23 ① 관세청장이나 세관장은 관세범을 조사한 결과 범죄의 확증을 얻었을 때에는, 벌금에 상당하는 금액, 몰수에 해당하는 물품, 추징금에 해당하는 금액을 납부할 것을 통고할 수 있다.
② 「관세법」 제311조 제1항에 따른 통고가 있는 때에는 공소의 시효는 정지된다.
④ 관세징수권의 소멸시효는 통고처분의 사유로 중단된다.
⑤ 「관세법」 제311조 제8항에 따른 통고처분 면제는 벌금에 상당하는 금액이 30만 원 이하 또는 몰수에 해당하는 물품의 가액과 추징금에 해당하는 금액을 합한 금액이 100만 원 이하인 관세범을 대상으로 한다.

24 ① 「관세법」 제269조 제1항(금지품수출입죄) 7년 이하의 징역 또는 7천만 원 이하의 벌금
② 「관세법」 제269조 제2항(밀수입죄) 5년 이하의 징역 또는 관세액의 10배와 물품원가 중 높은 금액 이하에 상당하는 벌금
③ 「관세법」 제275조의2 제1항(강제징수면탈죄 등) 3년 이하의 징역 또는 3천만 원 이하의 벌금
④ 「관세법」 제274조 제1항(밀수품의 취득죄 등) 3년 이하의 징역 또는 물품원가 이하에 상당하는 벌금
⑤ 「관세법」 제268조의2 제1항(전자문서 위조·변조죄) 1년 이상 10년 이하의 징역 또는 1억원 이하의 벌금

25 보세구역에 물품을 반입하지 아니하고 거짓으로 「관세법」 제157조 제1항에 따른 반입신고를 한 자는 200만 원 이하의 과태료를 부과한다.

제1과목 | 수출입통관절차

01	02	03	04	05	06	07	08	09	10
①	④	④	③	②	③	③	④	②	①
11	12	13	14	15	16	17	18	19	20
③	②	③	①	④	④ · ⑤	②	③	⑤	①
21	22	23	24	25					
④	⑤	②	⑤	②					

01 수출입의 의제(「관세법」 제240조)는 화주의 수출입신고(「관세법」 제241조)가 없었음에도 불구하고 「관세법」에 따라 적법하게 수출입된 것으로 보는 것이다. 관련 규정에서는 물품의 보세구역 장치기간이 경과하였다고 하여 수출입 의제 대상으로 보지는 않고, 화주에게 우선 반출통고를 하여 해당 물건이 적절하게 처분될 수 있도록 정하고 있다(「관세법」 제177조 제2항, 「보세화물장치기간 및 체화관리에 관한 고시」 제2장).

> **수출입의 의제(「관세법」 제240조)**
> ① 다음 각 호의 어느 하나에 해당하는 외국물품은 이 법에 따라 적법하게 수입된 것으로 보고 관세 등을 따로 징수하지 않는다.
>   1. 체신관서가 수취인에게 내준 우편물
>   2. 「관세법」에 따라 매각된 물품
>   3. 「관세법」에 따라 몰수된 물품
>   4. 제269조(밀수출입죄), 제272조(밀수 전용 운반기구의 몰수), 제273조(범죄에 사용된 물품의 몰수 등) 또는 제274조(밀수품의 취득죄 등) 제1항 제1호에 해당하여 「관세법」에 따른 통고처분으로 납부된 물품
>   5. 법령에 따라 국고에 귀속된 물품
>   6. 「관세법」에 따라 몰수를 갈음하여 추징된 물품
> ② 체신관서가 외국으로 발송한 우편물은 이 법에 따라 적법하게 수출되거나 반송된 것으로 본다.

02 보세구역 도착 전 신고는 해당 물품이 도착할 보세구역을 관할하는 세관장에게 신고하여야 한다(「수입통관 사무 처리에 관한 고시」 제8조 제2항).

03 대가를 지급하였거나 지급하여야 할 물품 중 물품 가격이 미화 1,000달러를 초과하는 물품이 우편물로 우리나라에 반입되는 경우에는 일반수입신고를 하여야 한다.

> **수입신고대상 우편물(「국제우편물 수입통관 사무처리에 관한 고시」 제16조 제1항)**
> ① 「관세법 시행령」 제261조 제3호(수출입신고대상 우편물)에서 "관세청장이 정한 기준"은 물품 가격이 미화 1,000달러를 초과하는 물품을 말한다.
> ② 「관세법 시행령」 제261조 제5호에서 "관세청장이 정하는 금액을 초과하는 물품"은 다음 각 호와 같다.
>   1. 선물 등 판매 목적이 아닌 다른 목적으로 수입하면서 대가를 지급하지 않는 물품으로서 과세가격 5백만 원 초과 물품
>   2. 수취인이 수입신고하려는 물품
> ③ 제1항에 따라 수입신고를 하여야 하는 우편물의 수취인은 발송인에게 요청하여 우편물의 겉포장에 수입신고대상 물품 표지를 부착할 수 있다.
>
> **수입신고의 생략(「수입통관 사무처리에 관한 고시」 제70조 제1항)**
> 다음 각 호의 어느 하나에 해당하는 물품 중 관세가 면제되거나 무세인 물품은 수입신고를 생략한다.
> 1. 외교행낭으로 반입되는 면세대상물품(「관세법」 제88조, 다만, 「관세법 시행규칙」 제34조 제4항에 따른 양수제한 물품은 제외)
> 2. 우리나라에 내방하는 외국의 원수와 그 가족 및 수행원에 속하는 면세대상물품(「관세법」 제93조 제9호)
> 3. 장례를 위한 유해(유골)와 유체
> 4. 신문, 뉴스를 취재한 필름·녹음테이프로서 문화체육관광부에 등록된 언론기관의 보도용품
> 5. 재외공관 등에서 외교통상부로 발송되는 자료
> 6. 기록문서와 서류
> 7. 외국에 주둔하는 국군으로부터 반환되는 공용품 [군함·군용기(전세기를 포함)에 적재되어 우리나라에 도착된 경우에 한함]
>
> **신고서에 의한 간이신고(「수입통관 사무처리에 관한 고시」 제71조 제1항)**
> 제70조 제1항 각 호의 물품 중 과세되는 물품과 다음 각 호의 어느 하나에 해당하는 물품은 첨부서류 없이 신고서에 수입신고사항을 기재하여 간이신고한다.
> 1. 국내거주자가 수취하는 해당 물품의 총 가격이 미화 150달러 이하의 물품으로서 자가사용물품으로 인정되는 면세대상물품
> 2. 해당 물품의 총 과세가격이 미화 250달러 이하의 면세되는 상업용 견본품
> 3. 설계도 중 수입승인이 면제되는 것
> 4. 「외국환거래법」에 따라 금융기관이 외환업무를 영위하기 위하여 수입하는 지급수단

04 B/L을 분할하여도 물품검사와 과세가격 산출에 어려움이 없는 경우라 할지라도 분할된 물품의 납부세액이 「관세법 시행령」 제37조 제1항에 따른 징수금액 최저한인 1만 원 미만이 되는 경우에는 B/L을 분할하여 신고할 수 없다.

> **B/L분할신고 및 수리(「수입통관 사무처리에 관한 고시」 제16조)**
> ① 수입신고는 B/L 1건에 대하여 수입신고서 1건으로 한다. 다만, 다음 각 호의 어느 하나에 해당하는 경우에는 B/L분할신고 및 수리를 할 수 있으며, 보세창고에 입고된 물품으로서 세관장이 「보세화물관리에 관한 고시」에 따른 보세화물관리에 지장이 없다고 인정하는 경우에는 여러 건의 B/L에 관련되는 물품을 1건으로 수입신고할 수 있다.
> ② 제1항에도 불구하고 다음 각 호의 어느 하나에 해당하는 경우에는 B/L을 분할하여 신고할 수 없다.
>   1. 분할된 물품의 납부세액이 영 제37조 제1항에 따른 징수금액 최저한인 1만 원 미만이 되는 경우. 다만, 다음 각 목에 해당하는 경우에는 제외한다.

가. 신고물품 중 일부만 통관이 허용되고 일부는 통관이 보류되는 경우

나. 검사·검역결과 일부는 합격되고 일부는 불합격된 경우이거나 일부만 검사·검역 신청하여 통관하려는 경우

2. 「관세법」 제226조에 따른 의무를 회피하기 위한 경우

3. 「관세법」 제94조 제4호에 따라 관세를 면제받기 위한 경우

③ 제1항 단서에 따른 수입물품이 물품검사 대상인 경우 처음 수입신고할 때 분할 전 B/L물품 전량에 대하여 물품검사를 하여야 하며 이후 분할신고되는 물품에 대하여는 물품검사를 생략할 수 있다.

05 반송물품에 대한 보세운송신고는 <u>보세운송업자</u>의 명의로 하여야 하며, 그 보세운송기간은 <u>7일</u>로 지정한다. 다만, 세관장은 부득이한 사유로 보세운송신고인으로부터 보세운송기간 연장승인 신청이 있는 경우에는 물품의 성질, 중량, 운송수단, 운송거리 등을 고려하여 보세운송기간 연장을 승인할 수 있다(「반송절차에 관한 고시」 제10조 제1항·제3항).

06 「관세법」 제229조 제1항 제2호의 규정에 의하여 2개국 이상에 걸쳐 생산·가공 또는 제조된 물품의 원산지는 당해 물품의 생산과정에 사용되는 물품의 품목분류표상 <u>6단위</u> 품목번호와 다른 <u>6단위</u> 품목번호의 물품을 최종적으로 생산한 국가로 한다(「관세법 시행규칙」 제74조 제2항).

07 보세구역 등 반입 후 수출신고 대상물품(「관세법 시행령」 제248조의2 제1항, 「수출통관 사무처리에 관한 고시」 별표 11)

종 류	품목명	대 상
중고자동차	87류 중 "중고차"	컨테이너에 적입하여 수출하는 중고자동차
플라스틱 폐기물	HS 3915호 (플라스틱 스크랩)	컨테이너에 적입하여 수출하는 플라스틱 웨이스트·스크랩
생활폐기물	HS 3825호 (생활폐기물 등)	컨테이너에 적입하여 수출하는 생활폐기물 등

08 관세청장 또는 세관장은 이 법에 따른 세관공무원의 적법한 물품검사로 인하여 물품 등에 손실이 발생한 경우 그 손실을 입은 자에게 <u>보상하여야 한다</u>(「관세법」 제246조의2 제1항).

09 수출물품의 검사는 <u>적재지검사</u>를 원칙으로 한다(「수출통관 사무처리에 관한 고시」 제17조 제2항).

10 ② 세관장은 「관세법」 제241조 및 제244조의 신고가 그 요건을 갖추지 못하였거나 부정한 방법으로 신고되었을 때에는 해당 수출·수입 또는 반송의 신고를 <u>각하</u>할 수 있다(「관세법」 제250조 제3항). 신고인 등이 세관장의 승인을 얻어 진행하는 것이 취하, 세관장이 직권으로 진행하는 것이 각하이다.

③ 수입신고 <u>취하사유</u>에 해당하며, 각하사유에 해당하지 않는다.

④ 이 경우 세관장은 수입신고를 직권으로 <u>각하</u>할 수 있다.

⑤ 수입 및 반송의 신고는 운송수단, 관세통로, 하역통로 또는 이 법에 규정된 장치 장소에서 물품을 반출한 후에는 취하할 수 없다(「관세법」 제250조 제1항 단서). 즉, 수입신고가 수리되었다 하더라도 장치장소 등에서 반출되지 않은 경우에는 수입신고를 <u>취하할 수 있다</u>.

수입신고의 취하사유와 각하사유(「수입통관 사무처리에 관한 고시」 제18조 · 제19조)

수입신고 취하사유
• <u>수입계약 내용과 상이한 물품</u>, 오송물품, 변질 · 손상물품 등을 해외공급자 등에게 반송하기로 한 경우
• 재해 그 밖의 부득이한 사유로 수입물품이 멸실되거나 세관의 승인을 얻어 폐기하려는 경우
• 통관보류, 통관요건 불합격, 수입금지물품 등의 사유로 반송하거나 폐기하려는 경우
• 그 밖에 상기 내용에 준하는 정당한 사유가 있다고 인정되는 경우

수입신고 각하사유
• <u>거짓이나 그 밖의 부정한 방법으로 신고한 경우</u>
• 폐기, 공매 · 경매낙찰, 몰수확정, 국고귀속이 결정된 경우
• 제7조에 따른 출항 전 신고나 입항 전 신고의 요건을 갖추지 않은 경우
• 출항 전 신고나 <u>입항 전 신고한 화물이 도착하지 않은 경우</u>
• 기타 수입신고의 형식적 요건을 갖추지 못한 경우

11 수출신고가 수리된 물품은 수출신고가 수리된 날부터 <u>30일</u> 이내에 운송수단에 적재하여야 한다. 다만, 기획재정부령으로 정하는 바에 따라 <u>1년</u>의 범위에서 적재기간의 연장승인을 받은 것은 그렇지 않다(「관세법」 제251조 제1항).

12 비축물자라 하더라도 실수요자가 결정된 경우에는 수입신고 수리 전 반출 승인을 받을 수 없다.

> **수입신고 수리 전 반출(「수입통관 사무처리에 관한 고시」 제38조 제1항)**
> 수입통관에 곤란한 사유가 없는 물품으로서 다음 각 호의 어느 하나에 해당하는 경우에는 「관세법」 제252조에 따라 세관장이 신고 수리 전 반출을 승인할 수 있다.
> 1. 완성품의 세번으로 수입신고 수리받고자 하는 물품이 미조립상태로 분할선적 수입된 경우
> 2. <u>「조달사업에 관한 법률」에 따른 비축물자로 신고된 물품으로서 실수요자가 결정되지 않은 경우</u>
> 3. 사전세액심사 대상물품(부과고지물품을 포함)으로서 세액결정에 오랜 시간이 걸리는 경우
> 4. 품목분류나 세율결정에 오랜 시간이 걸리는 경우
> 5. 수입신고 시 「관세법 시행령」 제236조 제1항 제1호에 따라 원산지증명서를 세관장에게 제출하지 못한 경우
> 6. 「자유무역협정의 이행을 위한 관세법의 특례에 관한 법률」 제8조 제4항 단서에 따른 수입신고 수리 전 협정관세의 적정 여부 심사물품으로서 원산지 등의 결정에 오랜 시간이 걸리는 경우

13 ① 사전통보는 부득이한 경우를 제외하고는 「국가공무원 복무규정」에 의한 <u>공무원의 근무시간 내</u>에 하여야 한다(「관세법 시행령」 제275조 제4항).
② 수입신고를 하여야 하는 우편물을 취급하는 경우에는 통보서를 <u>세관에 제출하여야 한다</u>(「관세법 시행령」 제275조 제1항 단서, 제2항 제1호).
④ 개청시간 외 통관절차 · 보세운송절차 또는 입출항절차에 관한 수수료(구호용 물품의 경우 당해 수수료를 면제)는 <u>기본수수료 4천 원</u>(휴일은 1만 2천 원)에 시간대별로 정한 금액[오전 6시부터 오후 6시까지(1시간당 3천 원), 오후 6시부터 오후 10시까지(1시간당 4천8백 원), 오후 10시부터 그 다음 날 오전 6시까지(1시간당 7천 원)]을 합한 금액으로 한다. 다만, 수출물품의 통관절차 또는 출항절차에 관한 수수료는 수입물품의 통관절차 또는 출항절차에 관한 수수료의 4분의 1에 상당하는 금액으로 한다(「관세법 시행규칙」 제81조 제1항).
⑤ 개청시간 외에 통관절차 · 보세운송절차 또는 입출항절차를 밟고자 하는 자는 사무의 종류 및 시간과 사유를 기재한 통보서를 세관장에게 제출해야 한다(「관세법 시행령」 제275조 제1항).

14 여행자가 휴대품을 국제무역기에서 소비하는 경우는 수입으로 보지 않는 소비에 해당한다.

> **수입으로 보지 않는 소비 또는 사용(「관세법」 제239조)**
> 외국물품의 소비나 사용이 다음 각 호의 어느 하나에 해당하는 경우에는 이를 수입으로 보지 않는다.
> 1. 선박용품·항공기용품 또는 차량용품을 운송수단 안에서 그 용도에 따라 소비하거나 사용하는 경우
> 2. 선박용품·항공기용품 또는 차량용품을 세관장이 정하는 지정보세구역에서 「출입국관리법」에 따라 출국심사를 마치거나 우리나라에 입국하지 않고 우리나라를 경유하여 제3국으로 출발하려는 자에게 제공하여 그 용도에 따라 소비하거나 사용하는 경우
> 3. 여행자가 휴대품을 운송수단 또는 관세통로에서 소비하거나 사용하는 경우
> 4. 이 법에서 인정하는 바에 따라 소비하거나 사용하는 경우

15 ① 월별납부의 경우 그 기한이 속하는 달의 말일까지가 납부기한이 된다(「관세법」 제9조 제3항).
② 수입신고 전 즉시반출신고를 한 경우 수입신고일부터 15일 이내를 납부기한으로 한다(「관세법」 제9조 제1항 제3호).
③ 세액을 정정한 경우 납부기한은 당초의 납부기한으로 한다(「관세법」 제38조 제4항).
⑤ 수정신고를 한 경우 납세의무자는 수정신고한 날의 다음 날까지 해당 관세를 납부하여야 한다(「관세법」 제38조의3 제1항)

16 ④ 해당 물품에는 원칙적인 과세물건 확정시기를 적용한다. 원칙적으로 관세는 수입신고를 하는 때의 물품의 성질과 그 수량에 따라 부과한다(「관세법」 제16조).
⑤ 과세가격을 결정하는 경우 외국통화로 표시된 가격을 내국통화로 환산할 때에는 「관세법」 제17조에 따른 날(보세건설장에 반입된 물품의 경우에는 수입신고를 한 날)이 속하는 주의 전주(前週)의 기준환율 또는 재정환율을 평균하여 관세청장이 그 율을 정한다(「관세법」 제18조). 미화, 위안화에 대해서는 기준환율(매매기준율)을 기초로 산정된 율을 적용하며, 미화, 위안화 이외의 통화에 대해서는 재정환율(재정된 매매기준율)을 기초로 산정된 율을 적용한다(「외국환거래규정」 제1-2조). 해당 문제에서 사용된 외국통화가 미화, 위안화인지 또는 기타 통화인지에 대한 언급이 없어 기준환율과 재정환율 중 무엇을 적용할지 알 수 없으므로 틀린 내용이다.

과세물건 확정시기(「관세법」 제16조·제189조)

구 분	과세물건 확정시기
원 칙	수입신고(입항 전 수입신고 포함)를 하는 때
원료과세 적용물품	사용신고를 할 때
외국물품인 선박용품·항공기용품 등을 허가받은 대로 적재하지 않은 경우	하역을 허가받은 때
보세구역 밖에서 보수작업을 하는 물품이 지정된 기간 내에 반입되지 않는 경우	보수작업 승인을 받은 때
보세구역에 장치된 외국물품이 멸실 또는 폐기된 경우	멸실되거나 폐기된 때
보세공장 외 작업, 보세건설장 외 작업 또는 종합보세구역 외 작업을 하는 물품이 지정 기간 내에 반입되지 않는 경우	보세공장 외 작업, 보세건설장 외 작업 또는 종합보세구역 외 작업을 허가받거나 신고한 때
보세운송기간이 경과된 경우	보세운송을 신고하거나 승인받은 때

수입신고 수리 전 소비·사용물품인 경우(수입으로 보지 않는 물품 제외)	소비하거나 사용한 때
수입신고 전 즉시반출신고 물품	수입신고 전 즉시반출신고한 때
우편으로 수입되는 물품(수입신고대상 우편물 제외)	통관우체국에 도착한 때
도난물품이나 분실물품	도난되거나 분실된 때
「관세법」에 따라 매각되는 물품	매각된 때
수입신고를 하지 않고 수입된 물품	수입된 때

※ 1과목 B형 16번은 가답안 공개기간 동안 접수된 수험자 의견제시가 받아들여져, 최종답안에서 ④·⑤가 복수 정답 처리되었습니다.

17 ① 관세부과의 제척기간은 중단 또는 정지 사유가 없다.

③ 세관장은 제2항 또는 제3항에 따른 경정의 청구를 받은 날부터 2개월 이내에 세액을 경정하거나 경정하여야 할 이유가 없다는 뜻을 그 청구를 한 자에게 통지하여야 한다(「관세법」 제38조의3 제4항).

④ 관세포탈, 부정환급, 부정감면 등의 사유로 관세를 징수하는 경우 관세부과의 제척기간은 관세를 부과할 수 있는 날로부터 10년이다(「관세법」 제21조 제1항).

⑤ 「행정소송법」에 따른 소송에 대한 판결이 있는 경우에는 그 판결이 확정된 날부터 1년 이내에 그 판결에 따라 경정이나 그 밖에 필요한 처분을 할 수 있다(「관세법」 제21조 제2항).

18 연불이자는 과세가격의 공제요소에 해당한다(「관세법」 제30조 제2항 제4호).

과세가격의 가산요소와 공제요소(「관세법」 제30조 제1항·제2항)

가산요소(구매자가 실제로 지급했거나 지급해야 할 가격에 더하여 조정하는 요소)

• 구매자가 부담하는 수수료와 중개료. 다만, 구매수수료는 제외한다.
• 해당 수입물품과 동일체로 취급되는 용기의 비용과 해당 수입물품의 포장에 드는 노무비와 자재비로서 구매자가 부담하는 비용
• 구매자가 해당 수입물품의 생산 및 수출거래를 위하여 대통령령으로 정하는 물품 및 용역을 무료 또는 인하된 가격으로 직접 또는 간접으로 공급한 경우에는 그 물품 및 용역의 가격 또는 인하차액을 해당 수입물품의 총생산량 등 대통령령으로 정하는 요소를 고려하여 적절히 배분한 금액
• 특허권, 실용신안권, 디자인권, 상표권 및 이와 유사한 권리를 사용하는 대가로 지급하는 것으로서 대통령령으로 정하는 바에 따라 산출된 금액
• 해당 수입물품을 수입한 후 전매·처분 또는 사용하여 생긴 수익금액 중 판매자에게 직접 또는 간접으로 귀속되는 금액
• 수입항(輸入港)까지의 운임·보험료와 그 밖에 운송과 관련되는 비용으로서 대통령령으로 정하는 바에 따라 결정된 금액. 다만, 기획재정부령으로 정하는 수입물품의 경우에는 이의 전부 또는 일부를 제외할 수 있다.

공제요소(구매자가 실제로 지급했거나 지급해야 할 가격에서 공제하여 조정하는 요소)

• 수입 후에 하는 해당 수입물품의 건설, 설치, 조립, 정비, 유지 또는 해당 수입물품에 관한 기술지원에 필요한 비용
• 수입항에 도착한 후 해당 수입물품을 운송하는 데 필요한 운임·보험료와 그 밖에 운송과 관련되는 비용
• 우리나라에서 해당 수입물품에 부과된 관세 등의 세금과 그 밖의 공과금
• 연불조건(延拂條件)의 수입인 경우에는 해당 수입물품에 대한 연불이자

19
간이세율 적용배제 물품(「관세법 시행령」 제96조 제2항)
1. 관세율이 무세인 물품과 관세가 감면되는 물품
2. 수출용 원재료
3. 「관세법」 제11장의 범칙행위에 관련된 물품
4. 종량세가 적용되는 물품
5. 다음 각 목의 1에 해당하는 물품으로서 관세청장이 정하는 물품
   가. 상업용으로 인정되는 수량의 물품
   나. 고가품
   다. 당해 물품의 수입이 국내산업을 저해할 우려가 있는 물품
   라. 「관세법」 제81조 제4항의 규정에 의한 단일한 간이세율의 적용이 과세형평을 현저히 저해할 우려가 있는 물품
6. 화주가 수입신고를 할 때에 과세대상물품의 전부에 대하여 간이세율의 적용을 받지 않을 것을 요청한 경우의 당해 물품

20 ① 합의에 따른 세율 : 일괄하여 수입신고가 된 물품으로서 물품별 세율이 다른 물품에 대하여는 신고인의 신청에 따라 그 세율 중 가장 높은 세율을 적용하는 것이다(「관세법」 제82조).
② 용도세율 : 「관세법」 별표 관세율표나 제50조 제4항, 제51조, 제57조, 제63조, 제65조, 제67조의2, 제68조, 제70조부터 제74조까지 및 제76조에 따른 대통령령 또는 기획재정부령으로 용도에 따라 세율을 다르게 정하는 물품을 세율이 낮은 용도에 사용하여 해당 물품에 그 낮은 세율을 적용하는 것이다(「관세법」 제83조).
③ 간이세율 : 여행자 또는 외국을 오가는 운송수단의 승무원이 휴대하여 수입하는 물품, 우편물(수입신고 대상 제외), 탁송품 또는 별송품에 대하여 다른 세법상의 규정에도 불구하고 세관장이 일괄하여 적용하는 세율이다(「관세법」 제81조).
④ 편익관세 : 관세에 관한 조약에 따른 편익을 받지 않는 나라의 생산물로서 우리나라에 수입되는 물품에 대하여 이미 체결된 외국과의 조약에 따른 편익의 한도에서 관세에 관한 편익을 제공하기 위해 적용하는 세율이다(「관세법」 제74조).
⑤ 국제협력관세 : 정부가 우리나라의 대외무역 증진을 위하여 필요하다고 인정할 때 특정 국가 또는 국제기구와 관세에 관한 협상을 하여 관세를 양허함에 따라 적용되는 세율이다(「관세법」 제73조).

21 ① 관세감면 신청은 수입신고 수리 전에 진행하는 것이 원칙이나, 예외사유가 있는 경우에는 규정에 따른 기한까지 감면신청서를 제출할 수 있다.

관세감면 신청기한의 예외(「관세법 시행령」 제112조 제2항)
1. 「관세법」 제39조 제2항(부족세액에 대한 부과고지)에 따라 관세를 징수하는 경우 : 해당 납부고지를 받은 날부터 5일 이내
2. 그 밖에 수입신고 수리 전까지 감면신청서를 제출하지 못한 경우 : 해당 수입신고 수리일부터 15일 이내(해당 물품이 보세구역에서 반출되지 않은 경우로 한정)

② 관세청장은 사후관리기간 산정기준을 적용한 결과 동일 물품에 대한 사후관리기간이 다르게 되는 경우에는 그중 짧은 기간으로 할 수 있다(「관세법 시행령」 제110조).
③ 중소기업이 아닌 자, 국가 및 지방자치단체도 세율불균형물품에 대한 관세의 감면을 적용받을 수 있다(「관세법」 제89조 제6항·제7항).
⑤ 관세감면을 받은 물품을 정한 용도 외의 다른 용도로 사용하거나 해당 용도 외의 다른 용도로 사용하려는 자에게 양도한 경우, 용도 외로 사용한 자 또는 양도를 한 자로부터 면제된 관세를 즉시 징수하며, 양도인으로부터 해당 관세를 징수할 수 없을 때에는 양수인으로부터 면제된 관세를 즉시 징수한다(「관세법」 제97조 제3항 제2호).

22 세액정정을 하는 경우는 가산세 부과대상이 아니다.

> 「관세법」상 가산세 부과대상(구체적인 대상 및 세율은 해당 조항 참고)
> • 납부기한이 경과할 때까지 납부하지 않은 미납부세액, 수정신고 및 경정에 따른 부족세액을 징수하는 경우 (「관세법」 제42조)
> • 재수출감면 및 재수출면세 적용물품에 대한 재수출을 불이행하는 경우(「관세법」 제97조 제4항, 제98조 제2항)
> • 기한 내에 수입·반송 신고를 하지 않은 경우(「관세법」 제241조 제4항·제6항)
> • 여행자·승무원 휴대품, 이사물품에 대하여 신고하지 않은 경우(「관세법」 제241조 제5항)
> • 수입신고 전 즉시반출신고 후 10일 이내에 수입신고를 하지 않는 경우(「관세법」 제253조 제4항)

23 「관세법」 제102조(관세감면물품의 사후관리)의 적용을 받는 것은 제89조부터 제91조까지와 제93조 및 제95조 대상 물품(세율불균형물품, 학술연구용품, 종교용품·자선용품·장애인용품 등, 특정물품, 환경오염방지물품 등) 이다. 조건부 감면이 적용되는 경우 해당 조건을 충족하였는지를 사후관리하는 것이다.
참고로, 재수출면세와 재수출감면에 대한 사후관리는 「관세법」 제97조에서 따로 규정하고 있다.

24 납세의무자는 과세 전 통지를 받았을 때에는 그 통지를 받은 날부터 30일 이내에 기획재정부령으로 정하는 세관 장(경우에 따라 관세청장)에게 통지 내용이 적법한지에 대한 심사(과세전적부심사)를 청구할 수 있다(「관세법」 제118조 제2항).
심사청구는 그 처분을 한 것을 안 날(처분의 통지를 받았을 때에는 그 통지를 받은 날을 말한다)부터 90일 이내에 하여야 한다(「관세법」 제119조 제5항).

25 「대외무역법 시행령」에 따른 수출입승인 면제물품이라 하더라도 다음 각 목의 법령을 적용받는 물품은 세관장이 수출입요건 구비 여부를 확인한다.

> 확인물품 및 확인사항(「관세법 제226조에 따른 세관장확인물품 및 확인방법 지정고시」 제7조 제2항 제1호)
> 가. 「마약류 관리에 관한 법률」
> 나. 「식물방역법」
> 다. 「야생생물 보호 및 관리에 관한 법률」
> 라. 「총포·도검·화약류 등의 안전관리에 관한 법률」
> 마. 「수산생물질병 관리법」
> 바. 「가축전염병 예방법」
> 사. 「폐기물의 국가 간 이동 및 그 처리에 관한 법률」
> 아. 「약사법」(식품의약품안전처장이 지정하는 오·남용우려 의약품에 한정한다. 다만, 자가치료 목적으로 처방전을 세관장에게 제출하는 경우에는 세관장 확인을 생략한다)
> 자. 「수입식품안전관리 특별법」(「수입식품안전관리 특별법 시행규칙」 별표 9 제1호에 해당하는 식품 등은 제외한다)
> 차. 「통신비밀보호법」
> 카. 「화학물질관리법」(금지물질, 제한물질에 한함. 다만, 제한물질 중 시험·연구·검사용 시약은 제외)
> 타. 「생물다양성 보전 및 이용에 관한 법률」
> 파. 「생활화학제품 및 살생물제의 안전관리에 관한 법률」

01	02	03	04	05	06	07	08	09	10
④	①	⑤	③	③	④	⑤	①	①	①
11	12	13	14	15	16	17	18	19	20
③	⑤	④	⑤	③	②	①	②	②	④
21	22	23	24	25					
⑤	②	⑤	③	②					

2023년 정답 및 해설

01
① 지정장치장은 세관장이 지정하는 구역이다(「관세법」 제169조). 즉, 시설주의 신청이 없어도 지정이 가능하다.
② 지정장치장에 물품을 장치하는 기간은 6개월의 범위에서 관세청장이 정한다. 다만, 관세청장이 정하는 기준에 따라 세관장은 3개월의 범위에서 그 기간을 연장할 수 있다(「관세법」 제170조).
③ 세관장은 불가피한 사유로 화물관리인을 지정할 수 없을 때에는 화주를 대신하여 직접 화물관리를 할 수 있다. 이 경우 화물관리에 필요한 비용을 화주로부터 징수할 수 있다(「관세법」 제172조 제5항).
⑤ 중소기업에 대한 세관검사장 검사비용 지원 규정(「관세법」 제173조 제3항)은 있으나, 지정장치장의 세관설비 사용료에 대한 감면 규정은 없다.

02
멸실신고의무 위반은 경고처분 대상이다[「보세창고 특허 및 운영에 관한 고시」(舊 : 「특허보세구역 운영에 관한 고시」) 제18조 제2항 제3호, 「보세화물 관리에 관한 고시」 제27조 제1항 참고].

반입정지 등과 특허의 취소(「관세법」 제178조 제1항)
1. 장치물품에 대한 관세를 납부할 자금능력이 없다고 인정되는 경우
2. 본인이나 그 사용인이 「관세법」 또는 「관세법」에 따른 명령을 위반한 경우
3. 해당 시설의 미비 등으로 특허보세구역의 설치 목적을 달성하기 곤란하다고 인정되는 경우
4. 그 밖에 제1호부터 제3호까지의 규정에 준하는 것으로서 대통령령으로 정하는 사유에 해당하는 경우

특허보세구역의 물품반입 정지사유(「관세법 시행령」 제193조의2)
1. 「관세법 시행령」 제207조에 따른 재고조사 결과 원자재소요량 관리가 적정하지 않은 경우
2. 1년 동안 계속하여 물품의 반입·반출 실적이 없거나, 6개월 이상 보세작업을 하지 않은 경우
3. 운영인이 최근 1년 이내에 법에 따른 절차 등을 위반한 경우 등 관세청장이 정하는 사유에 해당하는 경우

행정제재(「보세창고 특허 및 운영에 관한 고시」 제18조 제3항)
1. 장치물품에 대한 관세를 납부할 자금능력이 없다고 인정되는 경우
2. 본인 또는 그 사용인이 법 또는 법에 따른 명령을 위반한 경우
3. 해당 시설의 미비 등으로 보세창고 설치 목적을 달성하기 곤란하다고 인정되는 경우
4. 운영인 또는 그 종업원이 합법가장 밀수를 인지하고도 세관장에게 보고하지 않고 보관 또는 반출한 때
5. 세관장의 시설구비 명령을 미이행하거나 보관화물에 대한 중대한 관리소홀로 보세화물의 도난, 분실이 발생한 때
6. 운영인 또는 그 종업원의 관리소홀로 해당 보세창고에서 밀수행위가 발생한 때
7. 운영인이 최근 1년 동안 3회 이상 경고처분을 받은 때

03 「관세법」및 「보세창고 특허 및 운영에 관한 고시」(舊 :「특허보세구역 운영에 관한 고시」) 상 거래 상대 업체의 종사자 인적사항 보고의무는 없다.

① · ② 「관세법」제180조 제2항

③ 「관세법」제180조 제3항

④ 「관세법」제180조 제4항

04 보세구역은 <u>지정보세구역</u> · 특허보세구역 및 종합보세구역으로 구분하고, <u>지정보세구역</u>은 지정장치장 및 세관검사장으로 구분하며, <u>특허보세구역</u>은 보세창고 · 보세공장 · 보세전시장 · 보세건설장 및 보세판매장으로 구분한다 (「관세법」제154조).

05 <u>설치 · 운영시설의 증축, 수선 등의 공사</u>는 세관장 신고대상이 아닌 <u>승인대상</u>이다(「관세법 시행령」제191조 제1항).

06 범칙시가가 아닌 <u>물품원가</u> 또는 <u>최근 물품반입정지 이력</u>에 따라 정지기간을 정한다(「보세창고 특허 및 운영에 관한 고시」제18조 제4항 제2호 참고).

07 수입신고 전 반출한 잉여물품은 반출신고서를 제출한 날로부터 <u>10일 이내</u>에 세관장에게 수입신고하여야 한다 (「보세창고 특허 및 운영에 관한 고시」제27조 제6항).

08 장외작업 허가기간이 경과한 물품이 장외작업장에 장치되어 있는 경우 세관장은 <u>해당 물품의 허가를 받은 보세공장 운영인으로부터</u> 그 관세를 즉시 징수한다(「보세공장 운영에 관한 고시」제22조 제9항).

09 공동보세창고를 운영하려는 자는 <u>전체 창고면적 중에서 신청인의 관리면적만을 특허면적</u>으로 하여 특허를 신청하여야 한다(「보세창고 특허 및 운영에 관한 고시」제15조 제2항).

10
> 특허장의 게시 등(「보세창고 특허 및 운영에 관한 고시」제16조 제1항)
> 운영인은 보세창고 내 일정한 장소에 다음 각 호의 사항을 게시하여야 한다.
> 1. <u>보세창고 특허장</u>
> 2. <u>보관요율(자가용 보세창고는 제외)</u> 및 보관규칙
> 3. <u>화재보험요율</u>
> 4. 자율관리 보세구역 지정서(자율관리 보세구역만 해당한다)
> 5. <u>위험물품장치허가증 등 관계행정기관의 장의 허가, 승인 또는 등록증(위험물품, 식품류를 보관하는 보세구역에 한정)</u>

11 기계 · 기구 등의 작동 및 유지를 위한 연료, 윤활유 등 제품의 생산 · 수리 · 조립 · 검사 · 포장 및 이와 유사한 작업에 간접적으로 투입되어 소모되는 물품은 <u>보세공장 원재료의 범위에서 제외</u>한다(「관세법 시행령」제199조 제1항).

12 자율관리 보세공장이라 하더라도 내·외국물품 혼용작업을 하는 경우 세관장의 승인을 받아야 한다(「보세공장 운영에 관한 고시」 제21조 제1항).

> 자율관리 보세공장 특례(「보세공장 운영에 관한 고시」 제37조 제1항)
> 1. 공휴일(근로자의 날 및 토요일 포함), 야간 등 개청시간 외에 보세공장 반입물품을 사용하려는 경우 사용 전 사용신고를 공휴일 또는 야간 종료일 다음 날까지 할 수 있다. 단, 「관세법」 제186조 제2항에 해당되는 외국물품(마약, 총기 등)은 제외한다.
> 2. 다른 보세공장 일시 보세작업 장소가 자율관리 보세공장인 경우 보세운송절차를 생략할 수 있다.
> 3. 물품의 반출입을 할 때 동일 법인에서 운영하는 자율관리 보세공장 간이나, 동일 법인에서 운영하는 자율관리 보세공장과 자유무역지역 입주기업체 간에는 보세운송절차를 생략할 수 있다.
> 4. 〈삭 제〉
> 5. 사용신고 특례적용을 위한 품목번호(HSK) 등록절차를 생략할 수 있다.
> 6. 연 1회 재고조사를 생략할 수 있다.
> 7. 보세공장 반입 대상물품(「보세공장 운영에 관한 고시」 제12조 제3항 각 호의 물품) 외에도 해당 보세공장의 특허 목적과 관련 있는 물품은 보세공장에 반입할 수 있다.
> 8. 해당 보세공장에서 생산된 수출물품이 무상으로 반출하는 상품의 견본품 및 광고용품에 해당되고, 물품가격이 미화 1만 달러(FOB기준) 이하인 경우 수출물품 등의 보세운송에 따른 보세운송절차를 생략할 수 있다.
> 9. 보세공장 장기재고 현황 및 처리계획 보고서의 제출을 생략할 수 있다.
> 10. 해당 보세공장의 견본품을 기업부설연구소로 반출할 때 장외작업절차를 준용하게 할 수 있다.
> 11. 장외작업 허가 신청 및 장외작업 완료보고서 제출을 생략하게 할 수 있다. 이 경우 보세공장 운영인은 서식으로 장외작업장을 등록하여야 하며, 이때 세관장으로부터 장외작업 허가를 받은 것으로 본다.

13 회기가 종료되고 반송, 수입 또는 폐기처리되지 않은 외국물품은 해당 보세전시장의 특허기간에 지체 없이 다른 보세구역으로 반출하여야 한다(「보세전시장 운영에 관한 고시」 제22조).

14 해당 보세전시장에서 불특정다수의 관람자에게 판매할 것을 목적으로 하는 물품(판매용품)은 보세전시장에 반입이 허용되는 외국물품의 범위에 포함되며, 판매될 물품이 전시할 기계류의 성능실연을 거쳐서 가공·제조되는 것인 때에는 이에 사용될 원료도 포함된다(「보세전시장 운영에 관한 고시」 제9조 제5호).

15 ①·④ 해당 물품은 수입신고 수리 전에 사용할 수 없다(「보세건설장 관리에 관한 고시」 제12조 제1항).
② 해당 물품은 수입신고 후 사용하여야 한다(「보세건설장 관리에 관한 고시」 제12조 제1항).
⑤ 보세건설장의 운영인은 건설공사가 완료된 때에는 지체 없이 이를 세관장에게 보고하여야 한다(「관세법 시행령」 제211조).

> 신고 수리 전 사용제한 및 외국물품의 통관(「보세건설장 관리에 관한 고시」 제12조 제1항)
> 보세건설장 운영인은 제6조 제1호의 외국물품은 수입신고 후 사용하여야 하며, 제6조 제2호부터 제4호까지에 해당하는 외국물품은 수입신고 수리 전에 사용할 수 없다.
>
> 반입물품의 범위(「보세건설장 관리에 관한 고시」 제6조)
> 1. 산업시설 건설에 사용되는 외국물품인 기계류 설비품
> 2. 산업시설 건설에 사용되는 외국물품인 공사용 장비
> 3. 산업시설에 병설되는 사무소, 의료시설, 식당, 공원, 숙사 등 부대시설을 건설하기 위한 물품
> 4. 그 밖에 해당 산업시설 건설의 형편상 필요하다고 인정되는 물품

16 운영인은 보세판매장의 물품을 전자상거래의 방법(제3자가 운영하는 사이버몰을 통한 판매도 가능)에 의하여 판매할 수 있다(「보세판매장 운영에 관한 고시」제11조 제1항·제2항 참고).

17 인도자는 교환권의 여권번호가 다른 경우에는 <u>세관공무원의 지시에 따라 인도할 수 있다.</u> 이 경우 세관공무원은 출입국사실 등을 조회하여 본인 여부 및 고의성 여부 등을 판단하여야 하며, 인도자는 인도 즉시 해당 물품을 판매한 운영인에게 통보하여 해당 물품의 보세운송신고 내용을 정정하도록 하여야 한다(「보세판매장 운영에 관한 고시」제14조 제7항 제5호).

18 인도자는 <u>인도업무를 보조할 직원(인도보조자)</u>을 둘 수 있다. 또한 인도업무를 <u>보세사에 위임하여</u> 수행하게 할 수 있다(「보세판매장 운영에 관한 고시」제14조 제1항·제2항).

19 보세판매장 신규 특허 수는 <u>보세판매장 제도운영위원회</u> 심의·의결사항이다(「관세법 시행령」제189조의2 제1항).

20 운영인은 보세판매장에 근무하는 소속직원과 <u>판촉사원 등</u>이 보세판매장 협의단체에서 주관하는 교육을 연 1회 이상(사전에 협의단체장이 교육계획을 관세청장에게 보고한 경우에는 그 계획 범위 내) 이수하도록 하여야 한다 (「보세판매장 운영에 관한 고시」제3조 제10항). 참고로, <u>교육 이수는 생략할 수 없으며</u> 교육의무 불이행은 경고처 분 대상이다(「보세판매장 운영에 관한 고시」제28조 제2항 제2호).

21

> 보세판매장 운영인의 홍보의무(「보세판매장 운영에 관한 고시」제3조 제5항)
> 운영인은 다음 각 호의 사항을 팸플릿, 인터넷 홈페이지와 게시판 등을 통하여 홍보하여야 한다.
> 1. 입국장인도장에서 인도받을 물품의 구매한도액, 입국장 면세점의 구매한도액 및 면세한도액의 혼동 방지
> 2. 면세점에서 구입한 면세물품의 원칙적인 국내반입 제한(입국장면세점 판매물품 및 입국장인도장 인도 물품은 제외한다)
> 3. 면세물품의 교환·환불절차 및 유의사항
> 4. 현장인도받은 내국물품의 외국반출 의무
> 5. 그 밖에 해외통관정보 등 세관장이 홍보할 필요가 있다고 인정하는 사항

22 운영인이 동일 종합보세사업장에서 종합보세기능 간에 물품을 이동하는 경우에는 반출입신고를 하지 않으며, <u>동일 종합보세구역 내의 종합보세사업장 간의 물품의 이동에는 보세운송신고를 하지 않는다</u>(「종합보세구역의 지정 및 운영에 관한 고시」제13조 제3항).

23 ① 종합보세구역에서 종합보세기능을 수행하려는 자는 그 기능을 정하여 세관장에게 종합보세사업장의 설치·운영에 관한 <u>신고를 하여야 한다</u>(「관세법」제198조 제1항).
② 운영인이 종합보세사업장을 폐업하거나 <u>30일 이상 계속하여 휴업</u>하고자 할 때에는 운영인 또는 그 상속인(법인인 경우에는 청산법인 또는 합병 후 존속하거나 합병으로 인하여 설립된 법인)은 세관장에게 즉시 그 사실을 신고하여야 한다(「종합보세구역의 지정 및 운영에 관한 고시」제9조 제1항).
③·④ 종합보세사업장의 설치·운영기간은 <u>운영인이 정하는 기간</u>으로 한다. 다만, 종합보세사업장의 토지·건물 등을 임차한 경우에는 <u>임대차계약기간 만료 15일 전까지</u> 기간연장된 임대차계약서 또는 시설사용허가서 사본을 제출하는 조건으로 운영인이 정하는 기간으로 한다(「종합보세구역의 지정 및 운영에 관한 고시」제11조 제1항).

24

25

① "활어"란 「관세법」의 별표 관세율표 제0301호에 해당하는 물품으로서 관상용과 양식용(이식용, 시험연구조사용)을 제외한 것을 말한다(「수입활어 관리에 관한 특례고시」 제2조 제1호).

③ 운영인 등은 활어장치장 내에 설치된 CCTV의 전원을 차단하거나, 촬영 방향의 이동 또는 촬영에 방해가 되는 물체를 배치하려는 경우에는 사전에 세관장의 승인을 얻어야 한다(「수입활어 관리에 관한 특례고시」 제5조 제2항).

④ 동일 선박 또는 항공기로 반입된 동일 화주의 활어는 B/L 건별로 수입신고를 하여야 한다. 다만, 검사 또는 검역의 결과 일부 합격 등과 같이 세관장이 분할통관이 필요하다고 인정하는 경우에는 그렇지 않다(「수입활어 관리에 관한 특례고시」 제9조).

⑤ 운영인 등은 활어장치장의 수조와 CCTV의 배치 도면을 세관장에게 제출하여야 한다(「수입활어 관리에 관한 특례고시」 제4조 제2항). 활어장치장 입구에 게시할 필요는 없다.

01	02	03	04	05	06	07	08	09	10
①	⑤	③	②	④	②	③	③	⑤	②
11	12	13	14	15	16	17	18	19	20
④	②	①	②	①	①	⑤	③	① · ③	②
21	22	23	24	25					
④	③	③	⑤	④					

01 ② 「관세법」 제88조에 따라 외교행낭으로 반입되는 면세대상물품은 B/L제시 인도물품에 해당한다. 다만, 「관세법 시행규칙」 제34조 제4항에 따른 양수제한 물품(자동차, 선박, 피아노, 전자오르간 및 파이프오르간, 엽총)은 제외된다(「보세화물관리에 관한 고시」 제3조 제8호, 「수입통관사무처리에 관한 고시」 제70조 제1항 제1호 참고).
   ③ 장례를 위한 유해(유골)와 유체도 B/L제시 인도물품에 포함된다(「보세화물관리에 관한 고시」 제3조 제8호, 「수입통관 사무처리에 관한 고시」 제70조 제1항 제3호 참고).
   ④ 보세구역 외 장치장에 반입한 화물 중 수입신고 수리된 화물은 반출신고를 생략하며 반송 및 보세운송절차에 따라 반출된 화물은 반출신고를 하여야 한다(「보세화물관리에 관한 고시」 제15조 제3항).
   ⑤ 폐기승인 신청인은 폐기를 완료한 즉시 폐기완료보고서를 세관장에게 제출하여 그 확인을 받아야 한다(「보세화물관리에 관한 고시」 제29조 제3항). 별도의 반출신고는 필요 없다.

02 ① 컨테이너장치장(CY)에 반입한 물품을 다시 컨테이너 화물조작장(CFS)에 반입한 때에는 CY에서는 반출신고를 CFS에서는 반입신고를 각각 하여야 한다(「보세화물관리에 관한 고시」 제9조 제7항).
   ② 운영인은 보세운송신고(승인) 건별로 도착일시, 인수자, 차량번호를 기록하여 장부 또는 자료보관 매체(마이크로필름, 광디스크, 기타 전산매체)에 2년간 보관하여야 한다(「보세화물관리에 관한 고시」 제9조 제3항).
   ③ 운영인은 보세운송물품이 도착한 때에는 현품이 과부족하거나 포장이 파손되었는지 등을 확인하여 이상이 없는 경우에만 물품을 인수하여야 하며, 확인 결과 일치하지 않는 부분이 있는 경우에는 물품의 인수를 보류하고 즉시 반입물품 이상보고서를 세관장에게 제출한 후 세관장의 지시에 따라 처리하여야 한다(「보세화물관리에 관한 고시」 제9조 제3항 제4호, 제4항).
   ④ 반입신고는 House B/L 단위로 제출하여야 한다. 다만, 하선장소 보세구역에 컨테이너 상태로 반입하는 경우에는 Master B/L 단위로 할 수 있다(「보세화물관리에 관한 고시」 제9조 제6항).

03 ① 운영인은 미리 세관장에게 신고를 하고 외국물품이나 통관을 하려는 물품의 장치에 방해되지 않는 범위에서 보세창고에 내국물품을 장치할 수 있다(「관세법」 제183조 제2항).
   ② · ④ 운영인은 보세창고에 1년(동일한 보세창고에 장치되어 있는 동안 수입신고가 수리된 물품은 6개월) 이상 계속하여 내국물품만을 장치하려면 세관장의 승인을 받아야 한다(「관세법」 제183조 제3항).
   ⑤ 내국물품으로서 장치기간이 지난 물품은 그 기간이 지난 후 10일 내에 그 운영인의 책임으로 반출하여야 한다(「관세법」 제184조 제1항).

04 ① 보세구역 외 장치허가수수료는 1만 8천 원으로 한다(「관세법 시행규칙」 제65조 제1항).
   ③ 국가 또는 지방자치단체가 수입하거나 협정에 의하여 관세가 면제되는 물품을 수입하는 때에는 보세구역 외 장치허가수수료를 면제한다(「관세법 시행규칙」 제65조 제2항).

④ 세관장은 보세구역 외 장치 허가신청(보세구역 외 장치 허가기간 연장신청 포함)을 받은 경우 보세구역 외 장치 허가기간에 1개월을 연장한 기간을 담보기간으로 하여 담보제공을 명할 수 있다(「보세화물관리에 관한 고시」 제7조 제4항).

⑤ 농산물은 담보생략 대상이 아니다(「보세화물관리에 관한 고시」 제7조 제5항, 별표 3).

보세구역 외 장치 담보생략 기준

구 분	내 용
물품별	• 제조업체가 수입하는 수출용 원자재(농·축·수산물은 제외) • 무세물품(부가가치세 등 부과대상은 제외) • 방위산업용 물품 • 정부용품 • 재수입물품 중 관세가 면제될 것이 확실하다고 세관장이 인정하는 물품
업체별	• 정부, 정부기관, 지방자치단체, 「공공기관의 운영에 관한 법률」 제5조에 따른 공기업·준정부기관·그 밖의 공공기관 • 「관세 등에 대한 담보제도 운영에 관한 고시」에 의하여 지정된 신용담보업체, 담보제공 특례자 및 담보제공 생략자 • 그 밖에 관할구역 내의 외국인투자업체, 제조업체로서 세관장이 관세채권 확보에 지장이 없다고 판단하는 업체

05
① 수입하거나 반송하려는 물품을 지정장치장 또는 보세창고에 반입하거나 보세구역이 아닌 장소에 장치한 자는 그 반입일 또는 장치일부터 30일 이내에 수입 또는 반송 신고를 하여야 한다. 기간 내에 수입 또는 반송의 신고를 하지 않은 경우에는 해당 물품 과세가격의 100분의 2에 상당하는 금액의 범위에서 가산세를 징수한다(「관세법」 제241조 제3항·제4항).

②·③ 신고기한 내에 수입 또는 반송의 신고를 하지 않은 경우 징수하는 가산세는 최대 500만 원의 범위에서 경과기간에 따라 부과한다(「관세법 시행령」 제247조 제1항·제2항).

⑤ 계절관세가 아닌 할당관세 적용 물품 중 관세청장이 공고한 물품이 가산세 부과 대상이다(「보세화물관리에 관한 고시」 제34조 제1항 제2호).

수입·반송 지연신고 시 가산세율(「관세법 시행령」 제247조 제1항)

구 분	가산세율
신고기한이 경과한 날부터 20일 내에 신고를 한 때	당해 물품의 과세가격의 1천분의 5
신고기한이 경과한 날부터 50일 내에 신고를 한 때	당해 물품의 과세가격의 1천분의 10
신고기한이 경과한 날부터 80일 내에 신고를 한 때	당해 물품의 과세가격의 1천분의 15
그 외의 경우	당해 물품의 과세가격의 1천분의 20

06
보수작업(C)과 장치물품의 폐기(D)는 세관장의 승인을 받아야 한다.

작업별 허가·승인·신고의 구분

구 분	종 류
세관장 허가대상	보세구역 외 장치, 해체·절단 등의 작업, 견본품의 반출
세관장 승인대상	보수작업, 폐기작업
세관장 신고대상	물품의 멸실, 물품의 도난·분실, 장치물품 이상신고

07 ① 보수작업을 하려는 자는 <u>세관장의 승인</u>을 받아야 한다(「관세법」 제158조 제2항).

② 세관장은 보수작업 승인의 <u>신청</u>을 받은 날부터 10일 이내에 승인 여부를 신청인에게 통지하여야 한다(「관세법」 제158조 제3항).

④ 외국물품은 수입될 물품의 보수작업의 재료로 <u>사용할 수 없다</u>(「관세법」 제158조 제6항).

⑤ 보세구역에 장치된 물품은 그 현상을 유지하기 위하여 필요한 보수작업과 그 성질을 변하지 않게 하는 범위에서 포장을 바꾸거나 구분·분할·합병을 하거나 그 밖의 비슷한 보수작업을 하기 위해서는 <u>세관장의 승인을 받아야 한다</u>(「관세법」 제158조 제1항).

08 ① 인천공항 및 김해공항 항역 내 보세창고(자가용 보세창고는 제외)는 원칙적인 장치기간(6개월)에도 불구하고 <u>2개월</u>을 장치기간으로 하며, 세관장이 필요하다고 인정할 때에는 <u>2개월</u>의 범위에서 그 기간을 연장할 수 있다(「보세화물장치기간 및 체화관리에 관한 고시」 제4조 제6항 본문, 제1호).

② 보세창고에 반입하는 정부비축물품의 장치기간은 <u>비축에 필요한 기간</u>으로 한다(「보세화물장치기간 및 체화관리에 관한 고시」 제4조 제5항 제1호).

④ 예치물품의 장치기간은 <u>예치증에 기재된 출국예정시기에 1개월을 가산한 기간</u>으로 한다(「보세화물장치기간 및 체화관리에 관한 고시」 제4조 제4항).

⑤ 보세전시장 반입물품의 장치기간은 <u>보세전시장 특허기간</u>으로 한다(「보세화물장치기간 및 체화관리에 관한 고시」 제4조 제7항).

09 ① 세관장은 보세구역에 반입한 외국물품의 장치기간이 지나 외국물품을 매각하려면 그 화주 등에게 <u>통고일부터 1개월</u> 내에 해당 물품을 수출·수입 또는 반송할 것을 통고하여야 한다(「관세법」 제209조 제1항).

② 장치기간이 2개월 미만인 물품(유치·예치물품 등)의 반출통고는 <u>장치기간 만료시점</u>에 하여야 한다. 다만, 「관세법」 제207조 제3항에 따라 유치 또는 예치할 때 매각한다는 것을 통고한 경우에는 생략할 수 있다(「보세화물장치기간 및 체화관리에 관한 고시」 제7조 제3항).

③ 보세공장, 보세판매장, 보세건설장, 보세전시장, 보세구역 외 장치장에 반입한 물품에 대한 반출통고는 보세구역 <u>설영특허기간 만료시점</u>에 반출통고하여야 한다(「보세화물장치기간 및 체화관리에 관한 고시」 제7조 제2항).

④ 영업용 보세창고에 반입한 물품의 반출통고는 <u>보세구역 운영인</u>이 화주 등에게 하며, 지정장치장에 반입한 물품의 반출통고는 화물관리인이 화주 등에게 하여야 한다(「보세화물장치기간 및 체화관리에 관한 고시」 제6조 제2항).

10 ① 보세구역에 장치된 외국물품이 재해나 그 밖의 부득이한 사유로 멸실된 때와 미리 <u>세관장의 승인을 받아 폐기한 때에는 관세를 징수하지 않는다</u>(「관세법」 제160조 제2항 단서).

③ 품명미상의 물품으로서 1년이 경과된 물품은 그 장치기간에도 불구하고 화주, 반입자 또는 그 위임을 받은 자에게 <u>1개월의 기간을 정하여</u> 폐기 또는 반송을 명할 수 있다. 다만, 급박하게 통고할 여유가 없을 때에는 폐기한 후 즉시 통고하여야 한다(「보세화물장치기간 및 체화관리에 관한 고시」 제40조 본문, 제6호).

④ 「행정대집행법」에 따라 폐기대집행을 한 세관장은 비용납부명령서를 <u>화주, 반입자 또는 그 위임을 받은 자</u>에게 송부하여 해당 비용의 납부를 명하여야 한다. 이 경우 <u>납기는 15일로 한다</u>(「보세화물장치기간 및 체화관리에 관한 고시」 제41조 제5항).

⑤ 폐기승인을 받은 외국물품 중 폐기 후에 남아 있는 부분에 대하여는 <u>폐기 후의 성질과 수량에 따라</u> 관세를 부과한다(「관세법」 제160조 제3항).

11
- 수출신고가 수리된 물품은 관세청장이 따로 정하는 것을 제외하고는 보세운송절차를 생략한다(「관세법」 제213조 제4항).
- 화물이 국내에 도착된 후 최초로 보세구역에 반입된 날부터 <u>30일</u>이 경과한 물품은 보세운송 승인을 받아야 한다(「관세법 시행령」 제226조 제3항 제5호).
- 자율관리 보세구역으로 지정된 <u>보세공장</u>에 반입하는 물품은 보세운송 승인신청 시 담보를 제공하지 않아도 된다(「보세운송에 관한 고시」 제34조 제2호).

12 화물운송주선업자는 보세운송신고를 할 수 없다.

> 보세운송신고(「보세운송에 관한 고시」 제2조 제1항)
> 보세운송의 신고 또는 승인신청을 할 수 있는 자는 다음 각 호와 같다.
> 1. 화주. 다만, 전매된 경우에는 그 취득자, 환적화물의 경우에는 그 화물에 대한 권리를 가진 자
> 2. 「관세법」 제222조에 따라 등록한 보세운송업자
> 3. 관세사·관세법인 또는 통관취급법인

13 보세운송 신고대상과 승인대상(「보세운송에 관한 고시」 제24조, 「관세법 시행령」 제226조 제3항)

보세운송 신고대상
• 보세운송 승인대상(「관세법 시행령」 제226조 제3항 각 호)에 해당되지 않는 물품
• 특정물품 간이보세운송업자가 「관리대상화물 관리에 관한 고시」에 따른 검사대상 화물을 하선(기)장소에서 최초 보세운송하려는 물품
• 항공사가 국제항 간 입항적재화물목록 단위로 일괄하여 항공기로 보세운송하려는 물품
• 간이보세운송업자가 보세운송 승인대상 중 특정물품(「관세법 시행령」 제226조 제3항 제1호부터 제5호까지, 제7호, 제11호의 물품)을 운송하는 경우로서 별도의 서류제출이 필요 없다고 인정되는 물품
• 「관세 등에 대한 담보제도 운영에 관한 고시」에 따른 신용담보업체 또는 포괄담보제공업체인 화주가 자기명의로 보세운송신고하는 물품

보세운송 승인대상
• 보세운송된 물품 중 다른 보세구역 등으로 재보세운송하고자 하는 물품
• 「검역법」·「식물방역법」·「가축전염병 예방법」 등에 따라 검역을 요하는 물품
• <u>「위험물안전관리법」에 따른 위험물</u>, 「화학물질관리법」에 따른 유해화학물질
• <u>비금속설</u>
• 화물이 국내에 도착된 후 최초로 보세구역에 반입된 날부터 30일이 경과한 물품
• 통관이 보류되거나 수입신고 수리가 불가능한 물품
• 「관세법」 제156조의 규정에 의한 보세구역 외 장치허가를 받은 장소로 운송하는 물품
• <u>귀석·반귀석·귀금속·한약재·의약품·향료 등과 같이 부피가 작고 고가인 물품</u>
• <u>화주 또는 화물에 대한 권리를 가진 자가 직접 보세운송하는 물품</u>
• 「관세법」 제236조의 규정에 의하여 통관지가 제한되는 물품
• 적재화물목록상 동일한 화주의 선하증권 단위의 물품을 분할하여 보세운송하는 경우 그 물품
• 불법 수출입의 방지 등을 위하여 세관장이 지정한 물품
• 「관세법」 및 「관세법」에 의한 세관장의 명령을 위반하여 관세범으로 조사를 받고 있거나 기소되어 확정판결을 기다리고 있는 보세운송업자 등이 운송하는 물품

14 항공화물 보세운송기간은 보세운송신고 수리(승인)일로부터 5일이다.

> 보세운송기간(「보세운송에 관한 고시」 제6조)
> 보세운송신고 수리(승인)일로부터 다음 각 호의 어느 하나에 정하는 기간까지 목적지에 도착하여야 한다. 다만, 세관장은 선박 또는 항공기 입항 전에 보세운송신고를 하는 때에는 입항예정일 및 하선(기)장소 반입기간을 고려하여 5일 이내의 기간을 추가할 수 있다.
> 1. 해상화물 : 10일
> 2. 항공화물 : 5일

15 특송화물의 경우에는 항공기가 입항하기 30분 전까지 적재화물목록을 항공이 입항예정지 세관장에게 전자문서로 제출해야 한다(「보세화물 입출항 하선 하기 및 적재에 관한 고시」 제21조 제1항).

Plus One

(항공입항)적재화물목록 정정생략 규정은 2023년 8월 「보세화물 입출항 하선 하기 및 적재에 관한 고시」 개정에 따라 아래와 같이 전문 개정되었다. 해당 문제는 개정 규정을 반영하여 수정되었다.

> 1. 포장파손이 용이한 물품으로서 과부족이 5% 이내인 경우
> 2. 중량으로 거래되는 물품 중 건습에 따라 중량의 변동이 심한 물품으로서 그 중량의 과부족이 5% 이내인 경우
> 3. 포장단위 물품으로서 중량의 과부족이 10% 이내이고 포장상태에 이상이 없는 경우
> 4. 적재화물목록 이상사유가 오탈자 등 단순기재오류로 확인되는 경우
> 5. 제32조 제3항에 따라 별도관리물품 해제 승인을 받은 후 반입신고 하는 물품

또한 항공화물로 반입되는 특송화물의 적재화물목록 제출기한은 2024년 6월 12일 시행한 「보세화물 입출항 하선 하기 및 적재에 관한 고시」 개정으로 (기존) 입항 전 1시간까지 제출하도록 하던 것을 (현행) 입항 전 30분까지 제출할 수 있도록 변경되었다.

16 (해상입항)적재화물목록 정정생략 규정은 2023년 8월 「보세화물 입출항 하선 하기 및 적재에 관한 고시」 개정에 따라 아래와 같이 전문 개정되었다.

> 해상입항적재화물목록 정정신청 생략사유(「보세화물 입출항 하선 하기 및 적재에 관한 고시」 제13조 제1항)
> 1. 벌크화물(예 광물, 원유, 곡물, 염, 원피 등)로서 그 중량의 과부족이 5% 이내인 경우
> 2. 용적물품(예 원목 등)으로서 그 용적의 과부족이 5% 이내인 경우
> 3. 포장파손이 용이한 물품(예 비료, 설탕, 시멘트 등) 및 건습에 따라 중량의 변동이 심한 물품(예 펄프, 고지류 등)으로서 그 중량의 과부족이 5% 이내인 경우
> 4. 포장단위 물품으로서 중량의 과부족이 10% 이내이고 포장상태에 이상이 없는 경우
> 5. 적재화물목록 이상사유가 오탈자 등 단순기재오류로 확인되는 경우
> 6. 별도관리물품 해제 승인을 받은 후 반입신고하는 물품

17 입항 시 적재화물목록의 정정신청기간(「보세화물 입출항 하선 하기 및 적재에 관한 고시」 제12조 · 제25조)

사유(해상 · 항공 공통)	정정기간
하선 · 하기결과보고서 및 반입물품 이상보고서가 제출된 물품의 경우	보고서 제출일로부터 15일 이내
(해상화물만 해당) 특수저장시설에 장치가 필요한 냉동화물 등을 하선과 동시에 컨테이너적입작업을 하는 경우	작업완료 다음 날까지

그 밖의 사유로 적재화물목록을 정정하려는 경우	선박·항공기 입항일로부터 60일 이내

B/L양수도 및 B/L 분할·합병의 경우에는 기간을 제한하지 않는다.

출항 시 적재화물목록의 정정신청기간(「보세화물 입출항 하선 하기 및 적재에 관한 고시」 제44조 제2항)

구 분	정정기간
해상화물	출항일로부터 90일
항공화물	출항일로부터 60일

18 입항 전에 수입신고 또는 하선 전에 보세운송신고가 된 물품으로서 검사가 필요하다고 인정하는 물품은 <u>부두 내의 세관장이 지정하는 장소</u>에 하선한다(「보세화물 입출항 하선 하기 및 적재에 관한 고시」 제15조 제4항 제2호).

19 ② 원목, 곡물, 원유 등 벌크화물의 하선장소 반입기한은 <u>입항일로부터 10일</u>이다(「보세화물 입출항 하선 하기 및 적재에 관한 고시」 제19조 제1항 제2호).
④ 입항 전 수입신고 수리 또는 하선 전 보세운송신고 수리가 된 물품을 하선과 동시에 차상반출하는 경우에는 <u>반출입신고를 생략할 수 있다</u>(「보세화물 입출항 하선 하기 및 적재에 관한 고시」 제19조 제4항).
⑤ 하선장소 보세구역 운영인(화물관리인)은 하선기한 내 공컨테이너가 반입되지 않은 경우 세관장에게 <u>즉시 보고해야 한다</u>(「보세화물 입출항 하선 하기 및 적재에 관한 고시」 제19조 제5항).

Plus One

「보세화물 입출항 하선 하기 및 적재에 관한 고시」 2023년 8월 개정 이후로 정답이 변경되는 문제이다. 고시 개정 전에는 컨테이너화물을 입항일로부터 "3일" 이내에 반입하여야 했으나, 고시 개정에 따라 "5일" 이내에 반입하는 것으로 변경되었다. 이에 따라 현재 ①, ③ 모두 정답이다.

20 외국물품의 일시양륙은 세관장 신고대상이다(「관세법」 제141조 제1호).

21 ① 하선신고는 <u>운항선사(공동배선의 경우에는 용선선사를 포함)</u> 또는 그 위임을 받은 하역업체가 할 수 있다(「보세화물 입출항 하선 하기 및 적재에 관한 고시」 제15조 제1항).
② "House B/L"이란 화물운송주선업자가 화주에게 직접 발행한 선하증권 또는 해상화물운송장을 말한다. 해당 보기는 Master B/L에 대한 설명이다(「보세화물 입출항 하선 하기 및 적재에 관한 고시」 제2조 제7호·제8호).
③ "환적화물"이란 국제무역선(기)에 의하여 우리나라에 도착한 외국화물을 외국으로 반출하는 물품으로서 <u>수출입 또는 반송신고대상이 아닌 물품</u>을 말한다(「보세화물 입출항 하선 하기 및 적재에 관한 고시」 제2조 제12호).
⑤ 하우스적재화물목록은 화물운송주선업자가 적재화물목록 작성책임자에 해당한다(「보세화물 입출항 하선 하기 및 적재에 관한 고시」 제2조 제3호 나목).

Plus One

「보세화물 입출항 하선 하기 및 적재에 관한 고시」상 적재화물목록 작성책임자 규정은 아래와 같이 변경되었다.

출제당시	가. 수출입물품을 집하·운송하는 운항선사와 항공사 나. 공동배선의 경우에는 선박 또는 항공기의 선복을 용선한 선박회사, 항공사(그 대리점 포함) 다. 혼재화물은 화물운송주선업자(그 대리점 포함)
현 행	가. 마스터적재화물목록은 운항선사 또는 운항항공사. 다만, 공동배선의 경우에는 선박 또는 항공기의 선복을 용선한 선사(그 업무를 대행하는 자를 포함하며, "용선선사"라 함) 또는 공동운항항공사(그 업무를 대행하는 자 포함) 나. 하우스적재화물목록은 화물운송주선업자(그 업무를 대행하는 자 포함)

22 ① 수출신고 수리물품 또는 수출신고 수리를 받으려는 물품(즉, 수출신고 수리가 되기 전의 수출화물)의 반입신고 · 는 화물반출입대장(전산설비를 이용한 기록관리를 포함)에 기록관리하는 것으로 갈음한다. 다만, 보세구역에 반입 후 수출신고하게 할 수 있는 물품은 세관장에게 반입신고를 해야 한다(「보세화물 입출항 하선 하기 및 적재에 관한 고시」 제33조 제2항).

② 반송물품을 보세구역에 반입하려는 보세구역 운영인은 세관장에게 반입신고를 해야 한다. 이 경우 반입신고는 보세운송 도착보고를 갈음할 수 있다(「보세화물 입출항 하선 하기 및 적재에 관한 고시」 제33조 제3항).

④ 적재지 보세구역에 반입된 수출물품은 법령에서 규정된 경우 적재지 보세구역으로부터 반출할 수 있다.

보세구역 반출(「보세화물 입출항 하선 하기 및 적재에 관한 고시」 제36조 제1항)

1. 적재예정 선박 또는 항공기에 적재하고자 하는 경우
2. 적재예정 선박 또는 항공기가 변경되거나 해상 또는 항공수송의 상호연계를 위하여 다른 적재지 세관의 보세구역으로 수출품을 운송(보세운송을 포함)하려는 경우
3. 동일 적재지 세관 내에서 혼재작업을 위해 다른 보세구역으로 수출물품을 운송하려는 경우
4. 보수작업과 폐기처리 등을 해당 적재지 보세구역 내에서 수행하기가 곤란하여 다른 장소로 수출물품을 운송하고자 하는 경우
5. 그 밖에 세관장이 적재지 보세구역에서 반출하는 사유가 타당하다고 인정하는 경우

---

⑤ 적재신고 의무자는 적재화물목록 제출의무자[국제무역선(기)을 운항하는 선박회사(그 업무를 대행하는 자 포함) 및 항공사(그 업무를 대행하는 자 포함)]이며, 보세구역 운영인은 이에 포함되지 않는다. 또한, 적재신고는 출항적재화물목록 제출로 갈음한다(「보세화물 입출항 하선 하기 및 적재에 관한 고시」 제37조 제1항·제2항).

23

일시장치 확인서 기재사항(「환적화물 처리절차에 관한 특례고시」 제12조 제2항)

1. 일시장치 장소
2. 화물관리번호
3. B/L(AWB)번호
4. 반입일자
5. 품명, 반입중량, 수량
6. 해당 화물이 하역, 재선적, 운송을 위한 작업과 그 밖에 정상상태를 유지하기 위한 작업 외의 가공을 하지 않았다는 사실 확인

---

24 화물운송주선업자로 등록하려는 법인은 자본금 3억 원 이상을 보유해야 한다.

화물운송주선업자 등록요건(「화물운송주선업자의 등록 및 관리에 관한 고시」 제3조)

1. 「관세법」 제175조(운영인의 결격사유) 각 호의 어느 하나에 해당하지 않을 것
2. 「물류정책기본법」 제43조에 따른 국제물류주선업의 등록을 했을 것
3. 관세 및 국세의 체납이 없을 것
4. 화물운송주선업자 등록이 취소(「관세법」 제175조 제1호부터 제3호까지의 어느 하나에 해당하여 등록이 취소된 경우는 제외)된 후 2년이 지났을 것
5. 자본금 3억 원 이상을 보유한 법인(법인이 아닌 경우에는 자산평가액이 6억 원 이상)일 것
6. 「관세법」 또는 동법에 따른 세관장의 명령에 위반하여 관세범으로 조사받고 있거나 기소 중에 있지 않을 것
7. 하우스적재화물목록 제출 등을 위한 전산설비를 갖추고 있을 것

---

25 세관장은 업무정지 또는 등록취소를 하려는 경우 세관장(본부세관은 국장)을 위원장으로 하는 5명 이상의 위원회를 구성하여 심의한 후 결정하여야 한다(「화물운송주선업자의 등록 및 관리에 관한 고시」 제10조 제3항). 경고처분은 위원회를 구성하지 않고도 세관장이 직권으로 내릴 수 있다.

01	02	03	04	05	06	07	08	09	10
③	②	④	⑤	③	④	②	④	①	⑤
11	12	13	14	15	16	17	18	19	20
④	③	④	⑤	③	①	③	③·⑤	⑤	②
21	22	23	24	25					
②	①	①	①	⑤					

01
① 보세운송업자 등의 등록의 유효기간을 갱신하려는 자는 등록갱신신청서를 기간 만료 1개월 전까지 관할지 세관장에게 제출하여야 한다(「관세법 시행령」 제231조 제4항).

② 보세운송업자 등(하역업 포함)의 등록을 한 자는 등록사항에 변동이 생긴 때에는 지체 없이 등록지를 관할하는 세관장에게 신고해야 한다(「관세법 시행령」 제231조 제6항).

④ 국제무역선·국제무역기 또는 국경출입차량에 물품 등을 공급하는 것을 업으로 하는 자는 등록 대상이다(「관세법」 제222조 제1항 제4호).

⑤ 보세운송업자 등록의 유효기간은 3년이다(「관세법」 제222조 제5항).

02
"선박용품"이란 음료, 식품, 연료, 소모품, 밧줄, 수리용 예비부분품 및 부속품, 집기, 그 밖에 이와 유사한 물품으로서 해당 선박에서만 사용되는 것을 말한다(「관세법」 제2조 제10호). 선박엔진 부분품은 수리용 예비부분품일 경우에는 선박용품이 될 수 있으나 유상으로 판매하는 수출용인 경우에는 선박용품이 될 수 없다.

03
「밀수 등 신고자 포상에 관한 훈령」은 마약 등의 밀수 등을 막기 위하여 해당하는 자를 밀수신고센터에 신고한 자 혹은 세관장이 인정하는 자에 대해서 포상하는 제도를 규정한 훈령이다. 식품의약품안전처장에게 신고하는 것이 아니다.

04
① 외국용품의 반송신고가 수리된 때에는 공급자 등은 용도 외 처분한 날로부터 7일 이내에 반입등록한 세관장에게 용품의 용도 외 처분보고서를 제출해야 한다(「항공기용품 등 관리에 관한 고시」 제15조 제2호).

② 용품의 양도 및 양수는 물품공급업 또는 항공기내판매업으로 등록된 자에 한하여 할 수 있다(「항공기용품 등 관리에 관한 고시」 제16조 제1항).

③ 공급자 등은 외국물품을 용품으로 보세구역에 반입한 때에는 즉시 관할지 세관장에게 외국용품 반입등록서를 전자문서로 제출해야 한다(「항공기용품 등 관리에 관한 고시」 제3조 제1항).

④ 세관장이 항공기내판매품(외국물품에 한정) 등 항공편별 적재내역 관리가 필요하다고 인정되는 용품 이외의 용품은 적재내역을 일별 또는 월별로 취합하여 신청하게 할 수 있다. 기물, 식자재 용기, 세탁물 등 반복적으로 사용하는 외국항공기용품은 월별로 적재내역을 취합하여 신청할 수 있는 용품에 해당한다(「항공기용품 등 관리에 관한 고시」 제5조 제1항, 제2항 제3호).

05

검사대상화물의 해제(「관리대상물 관리에 관한 고시」 제13조 제3항)
세관장은 검사대상화물 또는 감시대상화물 중 다음 각 호의 어느 하나에 해당하는 화물로서 우범성이 없거나 검사의 실익이 적다고 판단되는 경우 검사대상화물 또는 감시대상화물의 지정을 직권으로 해제할 수 있다.
1. 등록사유(검사착안사항)와 관련 없는 물품
2. 「수출입 안전관리 우수업체 공인 및 운영에 관한 고시」 제15조에 따라 수출입 안전관리 우수업체(수입업체)가 수입하는 물품
3. 국가(지방자치단체)가 수입하는 물품 또는 SOFA 관련 물품
4. 이사물품 등 제11조에 따라 해당 고시에서 정하는 검사절차·검사방법에 따라서 처리되는 물품
5. 그 밖에 세관장이 우범성이 없거나 검사의 실익이 적다고 판단하는 화물

06

① 국제무역선 또는 국제무역기를 국내운항선 또는 국내운항기로 전환하거나, 국내운항선 또는 국내운항기를 국제무역선 또는 국제무역기로 전환하려면 선장이나 기장은 세관장의 승인을 받아야 한다(「관세법」 제144조).
② "기장 등"이란 해당 항공기의 기장과 그 소속 항공사 및 그 직무를 대행하는 자를 말한다(「국제무역기의 입출항절차 등에 관한 고시」 제2조 제3호).
③ 국제무역기의 자격전환 등 업무는 전자통관시스템을 통한 전자적인 방법으로 심사할 수 있다(「국제무역기의 입출항절차 등에 관한 고시」 제25조 제1항 제2호).
⑤ 정부를 대표하는 외교사절이 전용하는 항공기는 국제무역기에 관한 규정을 준용하지 않는다.

그 밖의 선박 또는 항공기(「관세법」 제146조 제1항)
선박이나 항공기는 국제무역선이나 국제무역기에 관한 규정을 준용한다. 다만, 대통령령으로 정하는 선박 및 항공기에 대해서는 그렇지 않다.

특수선박(「관세법 시행령」 제168조)
법 제146조 단서에서 "대통령령으로 정하는 선박 및 항공기"란 다음 각 호의 어느 하나에 해당하는 것을 말한다.
1. 군함 및 군용기
2. 국가원수 또는 정부를 대표하는 외교사절이 전용하는 선박 또는 항공기

07

위해물품의 정의(「위해물품 보고 및 포상에 관한 훈령」 제2조 제1호)
"위해물품"이란 다음 각 목의 어느 하나에 해당하는 물품을 말한다.
가. 「총포·도검·화약류 등의 안전관리에 관한 법률」에서 정한 총포, 도검, 화약 등으로 별표 1에서 정한 물품
나. 핵물질, 방사성 물질, 고위험성 병원체, 생물테러 병원체, 도난·전용위험물질 등으로 별표 2에서 정한 테러악용 우려 지정물질
다. 기타 테러에 악용되거나 사회안전을 위협할 수 있다고 판단되는 물품

제2조 제1항 가목에 따른 위해물품(「위해물품 보고 및 포상에 관한 훈령」 별표 1)

분 류	품 명
총포의 부품	총포신, 기관부, 포가
실탄류	실탄(산탄 포함), 공포탄
전자충격기	총포형 전자충격기(테이저총 포함), 막대형 전자충격기, 기타 휴대형 전자충격기
기 타	산탄탄알, 연지탄, 소음기, 조준경

08 ① 재해나 그 밖의 부득이한 사유로 국내운항선이나 국내운항기가 외국에 임시 정박 또는 착륙하고 우리나라로 되돌아왔을 때에는 선장이나 기장은 <u>지체 없이</u> 그 사실을 세관장에게 보고하여야 하며, 외국에서 적재한 물품이 있을 때에는 그 목록을 제출하여야 한다(「관세법」 제139조).
② 국제무역선이나 국제무역기가 국제항을 출항하려면 선장이나 기장은 출항하기 전에 세관장에게 <u>출항허가</u>를 받아야 한다(「관세법」 제136조 제1항).
③ 외국을 항행한 요트 또한 세관 입항절차를 요한다.
⑤ 국제무역선이 국제항의 바깥에서 물품을 하역하거나 환적하려는 경우에는 선장은 <u>세관장의 허가</u>를 받아야 한다(「관세법」 제142조 제1항).

09 공급자는 보세운송 승인받은 선박용품이 도착지 보세공장에 도착한 때에는 보세공장 운영인의 확인을 받은 서류를 첨부하여 도착지 관할 세관장에게 도착보고해야 한다(「선박용품 등 관리에 관한 고시」 제17조 제3항).

10 ① 국제무역선의 경우 출입 횟수 1회 기준 해당 선박의 <u>순톤수 1톤당 100원</u>의 수수료를 납부하여야 한다(「관세법 시행규칙」 제62조 제1항).
② 국제무역기의 경우 출입 횟수 1회 기준 해당 항공기의 <u>자체무게 1톤당 1천200원</u>의 수수료를 납부하여야 한다(「관세법 시행규칙」 제62조 제1항).
③ 국제항의 협소 등 입항여건을 고려하여 관세청장이 정하는 일정한 장소에 입항하는 경우에는 <u>수수료를 납부하지 않는다</u>(「관세법 시행규칙」 제62조 제2항 제4호).
④ 유조선의 청소 또는 가스발생선박의 가스제거작업을 위하여 법령 또는 권한 있는 행정관청이 정하는 일정한 장소에 입항하는 경우 <u>출입허가수수료를 납부하지 않는다</u>(「관세법 시행규칙」 제62조 제2항 제3호).

11 수출입 안전관리 우수업체 공인기준은 <u>법규준수, 내부통제시스템, 재무건전성, 안전관리</u> 부문이다(「수출입 안전관리 우수업체 공인 및 운영에 관한 고시」 제4조 제1항).

12 관세청장은 공인심사 신청서를 접수한 날로부터 <u>60일 이내에</u> 서류심사를 마쳐야 한다(「수출입 안전관리 우수업체 공인 및 운영에 관한 고시」 제8조 제1항).

13

> 「수출입 안전관리 우수업체 공인 및 운영에 관한 고시」 별표 1
> 1.1.2 신청업체와 신청인(관리책임자를 포함한다)이 「관세법」 제275조의4를 위반하여 벌금형 또는 통고처분을 받은 사실이 있는 경우에는 벌금형을 선고받거나 통고처분을 이행한 후 <u>2년</u>이 경과하여야 한다.
> 3.2.1 신청업체는 부채비율이 동종업종의 평균 부채비율의 <u>200%</u> 이하이거나 외부신용평가기관의 신용평가 등급이 투자적격 이상 또는 매출 증가 등으로 성실한 법규준수의 이행이 가능할 정도의 재정을 유지하여야 한다.
> 4.5.4 운영인은 물품을 수하인 등에게 인계할 때 검수하여야 하며, 물품의 불일치 또는 부적절한 인계 등이 발생하였을 때에는 즉시 <u>세관장</u>에게 보고하여야 한다.
> 4.8.2 운영인은 법규준수와 안전관리를 위하여 <u>수출입물류업무</u>에 대한 교육을 실시하여야 한다.

14 공인신청 후 신청업체의 법규준수도 점수가 70점 미만(중소 수출기업은 60점 미만)으로 하락한 경우 관세청장은 공인신청을 기각할 수 있다.

> **공인신청의 기각(「수출입 안전관리 우수업체 공인 및 운영에 관한 고시」 제12조의2)**
> 관세청장은 신청업체가 다음 각 호의 어느 하나에 해당하는 경우에는 공인신청을 기각할 수 있다.
> 1. 서류심사 또는 현장심사 결과, 공인기준을 충족하지 못하였으며 보완 요구의 실익이 없는 경우
> 2. 공인심사를 할 때에 제출한 자료가 거짓으로 작성된 경우
> 3. 제8조(서류심사) 제2항 또는 제9조(현장심사) 제10항에 따라 관세청장이 보완을 요구하였으나, 천재지변 등 특별한 사유 없이 보완 요구기간 내에 보완하지 않거나(통관적법성 검증과 관련한 자료제출 및 보완 요구도 포함) 보완을 하였음에도 불구하고 공인기준을 충족하지 못한 경우
> 4. 제11조 제2항 제3호의 사유(법규준수의 결격에 해당하는 형사 및 사법절차가 진행 중인 경우)가 현장심사를 마친 날부터 1년을 넘어서도 확정되지 않고 계속 진행되는 경우. 다만, 이 경우 최소한 1심 판결이 유죄로 선고되어야 한다.
> 5. 공인기준 준수 개선 계획을 제출하지 않거나, 공인기준 준수 개선 완료 보고를 하지 않은 경우
> 6. 공인유보업체를 재심사한 결과, 공인기준을 충족하지 못한 것으로 확인된 경우
> 7. 공인신청 후 신청업체의 법규준수도 점수가 70점 미만(중소 수출기업은 60점 미만)으로 하락한 경우
> 8. 교육이수 확인서를 제출하지 않은 경우

15 수출입 안전관리 우수업체 공인의 유효기간은 증서상의 발급한 날로부터 5년으로 한다. 다만, 심의위원회에서 수출입 안전관리 우수업체 공인의 취소를 결정하였을 때에는 해당 결정을 한 날에 공인의 유효기간이 끝나는 것으로 본다(「수출입 안전관리 우수업체 공인 및 운영에 관한 고시」 제13조 제1항).

16

> **통관절차 등의 혜택(「수출입 안전관리 우수업체 공인 및 운영에 관한 고시」 별표 2)**
>
> | 공인 부문 | 혜택기준 | 수출입 안전관리 우수업체 | | |
> |---|---|---|---|---|
> | | | A | AA | AAA |
> | 모든 부문 | 「관세법 등에 따른 과태료 부과징수에 관한 훈령」에 따른 과태료 경감 ※ 적용시점은 과태료 부과시점 | 20% | 30% | 50% |
> | | 「관세범의 고발 및 통고처분에 관한 훈령」 제3조 제2항에 따른 통고처분금액의 경감 | 15% | 30% | 50% |
> | 보세구역 운영인 | 「특허보세구역 운영에 관한 고시」 제7조에 따른 특허 갱신기간 연장 ※ 공인 수출입업체의 자가용 보세창고의 경우에도 동일혜택 적용 | 6년 | 8년 | 10년 |

17

> **관리책임자 교육 등(「수출입 안전관리 우수업체 공인 및 운영에 관한 고시」 제16조의2 제1항)**
> 관리책임자는 수출입 안전관리 우수업체의 공인 전·후에 아래와 같이 관세청장이 지정하는 교육을 받아야 한다.
> 1. 공인 전 교육 : 수출입관리책임자는 16시간 이상, 다만, 공인 전 교육의 유효기간은 해당 교육을 받은 날부터 5년임
> 2. 공인 후 교육 : 매 2년마다 총괄책임자는 4시간 이상, 수출입관리책임자는 8시간 이상(처음 교육은 공인 일자를 기준으로 1년 이내 받아야 함). 다만, 관리책임자가 변경된 경우에는 변경된 날부터 180일 이내에 해당 교육을 받아야 한다.

18   ③ 수출입 안전관리 우수업체가 <u>갱신심사를 신청한 경우</u>에는 공인의 유효기간이 끝나는 날이 속하는 연도에 실시
하는 정기 자율평가를 <u>생략하게 할 수 있다</u>(「수출입 안전관리 우수업체 공인 및 운영에 관한 고시」 제18조
제2항). 그러나 갱신심사를 신청하지 않았을 경우에는 정기 자율평가를 생략할 수 없다.

⑤ 2023년 6월 30일 갱신심사를 신청하면 늦다. 공인 유효기간이 11월 14일까지이므로 유효기간이 끝나기 <u>6개월
전까지는</u> 갱신심사가 신청되어야 한다(「수출입 안전관리 우수업체 공인 및 운영에 관한 고시」 제19조 제1항
참고).

① 총괄책임자는 수출입 안전관리를 총괄하며, 의사 결정 권한이 있는 대표자 또는 임원이 되어야 하므로 전무이
사는 총괄책임자로 가능하다(「수출입 안전관리 우수업체 공인 및 운영에 관한 고시」 제16조 제1항 제1호 참고).

② 보세구역 운영인 부문의 수출입관리책임자의 자격 요건은 수출입 관련 업무에 3년 이상(중소 수출기업은 1년
이상) 근무하였을 것과 보세사 자격이 있을 것이다(「수출입 안전관리 우수업체의 공인 및 운영에 관한 고시」
별표 4). 따라서 이를 만족하는 B 과장은 수출입관리책임자로 지정 가능하다.

④ 수출입 안전관리 우수업체는 사업내용의 변경 또는 추가가 발생한 경우에는 그 사실이 발생한 날로부터 30일
이내에 수출입 관리현황 변동사항 보고서를 작성하여 관세청장에게 보고하여야 한다. 다만, 변동사항이 범칙
행위, 부도 등 공인유지에 중대한 영향을 미치는 경우에는 지체 없이 보고하여야 한다(「수출입 안전관리 우수
업체의 공인 및 운영에 관한 고시」 제17조 제1항). 30일 이내에 보고하였으므로 맞게 적용한 것이다.

※ 4과목 B형 18번은 가답안 공개기간 동안 접수된 수험자 의견제시가 받아들여져, 최종답안에서 ③ · ⑤가 복수
정답 처리되었습니다.

19   관세청장은 수출입 안전관리 우수업체에 대한 공인을 취소하려는 때에는 심의위원회의 심의를 거쳐야 한다(「수출
입 안전관리 우수업체의 공인 및 운영에 관한 고시」 제26조 제5항).

20
> 변동사항 보고(「수출입 안전관리 우수업체의 공인 및 운영에 관한 고시」 제17조 제1항)
> 수출입 안전관리 우수업체는 다음 각 호의 어느 하나에 해당하는 사실이 발생한 경우에는 그 사실이 발생한
> 날로부터 30일 이내에 수출입 관리현황 변동사항 보고서를 작성하여 관세청장에게 보고하여야 한다. <u>다만,
> 변동사항이 범칙행위, 부도 등 공인유지에 중대한 영향을 미치는 경우에는 지체 없이 보고하여야 한다.</u>
> 1. 양도, 양수, 분할 및 합병 등으로 인한 법적 지위의 변경
> 2. 대표자, 수출입 관련 업무 담당 임원 및 관리책임자의 변경
> 3. 소재지 이전, 사업장의 신설·증설·확장·축소·폐쇄 등
> 4. 사업내용의 변경 또는 추가
> 5. 화재, 침수, 도난, 불법유출 등 수출입화물 안전관리와 관련한 특이사항

21   관세청장은 정기 자율평가서 및 확인서에 대해서 공인기준을 충족하는지를 확인할 경우에는 「수출입 안전관리
우수업체 공인 및 운영에 관한 고시」 제18조 제3항에서 정한 <u>확인자</u>에게 관련 자료를 요청하거나, 수출입 안전관
리 우수업체의 사업장 등을 방문하여 확인할 수 있다(「수출입 안전관리 우수업체 공인 및 운영에 관한 고시」
제18조 제5항).

관세청장은 위의 확인 결과, 수출입 안전관리 우수업체가 <u>공인기준</u>을 충족하지 못하거나 <u>법규준수도</u>의 하락으로
공인등급의 하향 조정이 예상되는 경우에는 공인기준 준수 개선을 요구하여야 한다(「수출입 안전관리 우수업체
공인 및 운영에 관한 고시」 제17조 제3항).

22 기업상담전문관은 수출입 안전관리 우수업체의 업무를 지원하는 자이다. 기준 준수도 측정, 현장심사, 심의위원 회 운영, 예비심사 수행은 관세청장이 수행한다.

> 기업상담전문관의 지정·운영(「수출입 안전관리 우수업체 공인 및 운영에 관한 고시」 제21조 제1항·제2항)
> ① 관세청장은 수출입 안전관리 우수업체가 공인기준과 통관적법성을 충족하는지를 점검하고 지원하기 위 하여 업체별로 기업상담전문관(AM, Account Manager)을 지정·운영한다.
> ② 기업상담전문관은 수출입 안전관리 우수업체에 대하여 다음 각 호의 업무를 담당한다. 이 경우 기업상담 전문관은 원활한 업무 수행을 위해서 수출입 안전관리 우수업체에게 자료를 요구하거나 해당 업체의 사업장 등을 방문할 수 있다.
> 1. 공인기준을 충족하는지에 대한 주기적 확인
> 2. 공인기준 준수 개선 계획의 이행 확인
> 3. 수입신고에 대한 보정심사 등 관세행정 신고사항에 대한 수정, 정정 및 그 결과의 기록유지
> 4. 변동사항, 정기 자율평가, 세관협력도의 확인 및 점검
> 5. 법규준수 향상을 위한 정보 제공 및 상담·자문
> 6. 〈삭 제〉
> 7. 기업 프로파일 관리

23 상호인정약정(MRA)은 AEO제도의 국제화를 위한 제도이므로 국제 물류보안 경영시스템과는 관련이 없다.

24 「관세법」 제276조(허위신고죄 등)에 따라 통고처분을 받은 것만으로는 공인이 취소되지 않는다. 공인이 취소되기 위해서는 제276조(허위신고죄 등)에 따라 벌금형을 선고받아야 한다.

> 공인의 취소(「수출입 안전관리 우수업체 공인 및 운영에 관한 고시」 제25조의2 제1항)
> 관세청장은 수출입 안전관리 우수업체(대표자 및 관리책임자를 포함한다)가 다음 각 호의 어느 하나에 해당 하는 경우 공인을 취소할 수 있다. 다만, 제1호에 해당하는 경우 공인을 취소하여야 한다.
> 1. 거짓이나 그 밖의 부정한 방법으로 공인을 받거나 공인을 갱신한 경우
> 2. 수출입 안전관리 우수업체가 양도, 양수, 분할 또는 합병 등으로 공인 당시 업체와 동일하지 않다고 판단 되는 경우
> 3. 공인기준 준수 개선 또는 자료 제출을 요구(통관적법성 관련 자료 제출 요구를 포함)하였으나 정당한 사유 없이 이행하지 않거나 이행하였음에도 공인기준을 충족하지 못하는 경우
> 4. 공인의 유효기간 내에 제25조에 따른 혜택 적용의 정지 처분을 5회 이상 받은 경우
> 5. 제25조 후단에 따른 관세청장의 시정명령 또는 개선 권고사항을 특별한 사유 없이 이행하지 않은 경우
> 6. 수출입 관련 법령의 위반과 관련하여 다음 각 목의 어느 하나에 해당하는 경우. 다만, 각 법령의 양벌규정 에 따라 처벌된 개인 또는 법인은 제외한다.
> 　가.「관세법」(이하 "법") 제268조의2(전자문서 위조·변조죄 등), 제269조(밀수출입죄), 제270조(관세 포탈죄 등), 제270조의2(가격조작죄), 제271조(미수범 등), 제274조(밀수품의 취득죄 등) 및 제275조 의2부터 제275조의4(강제징수면탈죄 등, 명의대여행위죄 등, 보세사의 명의대여죄 등)까지의 규정에 따라 벌금형 이상의 형을 선고받거나 통고처분을 받은 경우
> 　나. 법 제276조에 따라 벌금형의 선고를 받은 경우
> 　다.「자유무역협정의 이행을 위한 관세법의 특례에 관한 법률」,「대외무역법」,「외국환거래법」「수출용 원재료에 대한 관세 등 환급에 관한 특례법」 등 수출입과 관련된 법령을 위반하여 벌금형 이상의 형을 선고받은 경우
> 　라.「관세사법」 제29조에 따라 벌금형 이상의 형을 선고받거나 통고처분[같은 조 제4항 및 같은 법 제32 조(같은 법 제29조 제4항과 관련된 부분으로 한정한다)에 따라 적용되는 이 법 제311조에 따른 통고처 분은 제외한다]을 받은 경우

25 양도, 양수, 분할 및 합병 등으로 처음에 공인한 수출입 안전관리 우수업체와 동일하지 않다고 판단되는 경우는 공인취소 사유이다(「수출입 안전관리 우수업체 공인 및 운영에 관한 고시」 제25조의2 제1항 제2호).

혜택 적용의 정지(「수출입 안전관리 우수업체 공인 및 운영에 관한 고시」 제25조)
관세청장은 수출입 안전관리 우수업체(대표자 및 관리책임자를 포함)가 다음 각 호의 어느 하나에 해당하는 경우에는 6개월의 범위 내에서 제15조에 따른 혜택의 전부 또는 일부의 적용을 정지할 수 있다. 이 경우 관세청장은 수출입 안전관리 우수업체에게 시정을 명령하거나 개선을 권고할 수 있다.
1. 수출입 관련 법령의 위반과 관련하여 다음 각 목의 어느 하나에 해당하는 경우. 다만, 처벌의 확정 여부를 구분하지 않는다.
   가. 「자유무역협정의 이행을 위한 관세법의 특례에 관한 법률」, 「대외무역법」, 「외국환거래법」, 「수출용 원재료에 대한 관세 등 환급에 관한 특례법」 등 「관세법」이 아닌 수출입 관련 법령을 위반하여 벌금형이 규정된 조항에 따라 벌금을 선고받거나 통고처분을 받은 경우 또는 징역형이 규정된 조항에 따라 통고처분을 받은 경우
   나. 「관세법」 제276조에 따라 통고처분을 받은 경우
   다. 수출입 관련 법령의 양벌 규정에 따라 벌금 또는 통고처분을 받은 경우
2. 정당한 사유 없이 제17조에 따른 변동사항을 보고하지 않거나 제18조 제1항에 따른 정기 자율평가서를 제출기한으로부터 1개월 이내에 제출하지 않은 경우
3. 공인의 유효기간 중에 제21조 제3항에 따른 보완요구를 3회 이상 받은 경우
4. 제16조의2 제4항에 따라 교육을 받도록 권고받은 이후에 특별한 사유 없이 교육을 받지 않은 경우
5. 제20조 제1항에 따라 공인을 유보한 경우. 다만, 공인의 유보사유가 경미하다고 판단되는 경우에는 혜택을 부여할 수 있다.

01	02	03	04	05	06	07	08	09	10
⑤	⑤	①	②	①	④	③	②	③	③
11	12	13	14	15	16	17	18	19	20
①	④	④	③	①	④	③	①	⑤	⑤
21	22	23	24	25					
④	④	②	⑤	③					

01

> 허위신고죄 등(「관세법」 제276조 제3항)
> 다음 각 호의 어느 하나에 해당되는 자는 2천만 원 이하의 벌금에 처한다. 다만, 과실로 제2호, 제3호 또는 제4호에 해당하게 된 경우에는 300만 원 이하의 벌금에 처한다.
> 1. 부정한 방법으로 적재화물목록을 작성하였거나 제출한 자
> 2. 제12조(제277조 제6항 제2호에 해당하는 경우는 제외), 제98조 제2항, 제109조 제1항(제277조 제5항 제3호에 해당하는 경우는 제외), 제134조 제1항(제146조 제1항에서 준용하는 경우를 포함), 제136조 제2항, 제148조 제1항, 제149조, 제222조 제1항(제146조 제1항에서 준용하는 경우를 포함) 또는 제225조 제1항 전단을 위반한 자
> 3. 제83조 제2항, 제88조 제2항, 제97조 제2항 및 제102조 제1항을 위반한 자. 다만, 제277조 제5항 제3호에 해당하는 자는 제외한다.
> 3의2. 제174조 제1항에 따른 특허보세구역의 설치·운영에 관한 특허를 받지 않고 특허보세구역을 운영한 자
> 4. 제227조에 따른 세관장의 의무 이행 요구를 이행하지 않은 자
> 5. 제38조 제3항 후단에 따른 자율심사 결과를 거짓으로 작성하여 제출한 자
> 6. 제178조 제2항 제1호·제5호 및 제224조 제1항 제1호에 해당하는 자

02　과태료는 행정청의 과태료 부과처분이나 법원의 과태료 재판이 확정된 후 5년간 징수하지 않거나 집행하지 않으면 시효로 인하여 소멸한다(「질서위반행위규제법」 제15조 제1항). 참고로, 관세부과 제척기간도 5년이라는 점에서 동일하다.

03　세관지정장치장은 세관의 목적에 의하여 화물을 장치하는 곳이며 화물관리인은 세관지정장치장에 소속된 자이므로 양벌 규정의 적용을 받지 않는다. 양벌 규정은 경영자인 법인의 대표자나 개인(사무소)이 적용받는 것이다.

> 양벌 규정(「관세법」 제279조)
> ① 법인의 대표자나 법인 또는 개인의 대리인, 사용인, 그 밖의 종업원이 그 법인 또는 개인의 업무에 관하여 제11장에서 규정한 벌칙(제277조의 과태료는 제외한다)에 해당하는 위반행위를 하면 그 행위자를 벌하는 외에 그 법인 또는 개인에게도 해당 조문의 벌금형을 과한다. 다만, 법인 또는 개인이 그 위반행위를 방지하기 위하여 해당 업무에 관하여 상당한 주의와 감독을 게을리하지 않은 경우에는 그렇지 않다.
> ② 제1항에서 개인은 다음 각 호의 어느 하나에 해당하는 사람으로 한정한다.
> 1. 특허보세구역 또는 종합보세사업장의 운영인
> 2. 수출(「수출용 원재료에 대한 관세 등 환급에 관한 특례법」 제4조에 따른 수출 등을 포함)·수입 또는 운송을 업으로 하는 사람
> 3. 관세사
> 4. 국제항 안에서 물품 및 용역의 공급을 업으로 하는 사람
> 5. 전자문서중계사업자

04
① 다른 기관이 관세범에 관한 사건을 발견하거나 피의자를 체포하였을 때에는 즉시 관세청이나 세관에 인계하여야 한다(「관세법」 제284조 제2항).
③ 「관세법」에 따라 수색·압수를 할 때에는 관할 지방법원 판사의 영장을 받아야 한다. 다만, 긴급한 경우에는 사후에 영장을 발급받아야 한다. 소유자·점유자 또는 보관자가 임의로 제출한 물품이나 남겨 둔 물품은 영장 없이 압수할 수 있다(「관세법」 제296조 제1항·제2항).
④ 관세범의 현행범인이 그 장소에 있을 때에는 누구든지 체포할 수 있다(「관세법」 제298조 제1항).
⑤ 해 진 후부터 해 뜨기 전까지는 현행범인 경우를 제외하고 검증·수색 또는 압수를 할 수 없으나, 이미 시작한 검증·수색 또는 압수는 계속할 수 있다(「관세법」 제306조 제1항·제2항).

05
② 관세범인에 대한 세관장의 통고처분이 있는 때에는 공소의 시효는 정지된다(「관세법」 제311조 제3항).
③ 세관장 직권이 아닌 관세범칙조사심의위원회의 심의·의결을 거쳐 통고처분을 면제할 수 있다(「관세법」 제311조 제8항).

> 통고처분의 면제대상(「관세법」 제311조)
> ⑧ 관세청장이나 세관장은 통고처분 대상자의 연령과 환경, 법 위반의 동기와 결과, 범칙금 부담능력과 그 밖에 정상을 고려하여 관세범칙조사심의위원회의 심의·의결을 거쳐 통고처분을 면제할 수 있다. 이 경우 관세청장이나 세관장은 관세범칙조사심의위원회의 심의·의결 결과를 따라야 한다.
> ⑨ 「관세법」 제311조 제8항에 따른 통고처분의 면제는 다음 각 호의 요건을 모두 갖춘 관세범을 대상으로 한다.
> 1. 벌금에 상당하는 금액이 30만 원 이하일 것
> 2. 몰수에 해당하는 물품의 가액과 추징금에 해당하는 금액을 합한 금액이 100만 원 이하일 것

④ 관세범인이 통고의 요지를 이행하였을 때에는 동일 사건에 대하여 다시 처벌을 받지 않는다(일사부재리 원칙, 「관세법」 제317조).
⑤ 관세범인이 통고서의 송달을 받은 날로부터 15일 이내에 이행하지 않으면 관세청장이나 세관장은 즉시 고발해야 한다(「관세법」 제316조).

06

> 장치물품의 폐기(「관세법」 제160조 제4항)
> 세관장은 보세구역에 장치된 물품 중 다음 각 호의 어느 하나에 해당하는 것은 화주 등에게 이를 반송 또는 폐기할 것을 명하거나 화주 등에게 통고한 후 폐기할 수 있다. 다만, 급박하여 통고할 여유가 없는 경우에는 폐기한 후 즉시 통고하여야 한다.
> 1. 사람의 생명이나 재산에 해를 끼칠 우려가 있는 물품
> 2. 부패하거나 변질된 물품
> 3. 유효기간이 지난 물품
> 4. 상품가치가 없어진 물품
> 5. 제1호부터 제4호까지에 준하는 물품으로서 관세청장이 정하는 물품

07 총기류나 폭발물은 수출입이 금지된 물품이 아니므로 수입 요건을 충족하면 수입할 수 있다.

> 수출입의 금지(「관세법」 제234조)
> 다음 각 호의 어느 하나에 해당하는 물품은 수출하거나 수입할 수 없다.
> 1. 헌법질서를 문란하게 하거나 공공의 안녕질서 또는 풍속을 해치는 서적·간행물·도화, 영화·음반·비디오물·조각물 또는 그 밖에 이에 준하는 물품
> 2. 정부의 기밀을 누설하거나 첩보활동에 사용되는 물품
> 3. 화폐·채권이나 그 밖의 유가증권의 위조품·변조품 또는 모조품

08 관세를 적게 납부할 의도로 가격을 거짓 신고한 것은 관세포탈죄이다. 밀수출입죄는 신고를 하지 않고 물품을 수출입한 경우에도 성립하지만 신고를 하였으나 해당 수입물품과 다른 물품으로 신고하여 수입한 자도 해당되므로 ①·③·④·⑤번 보기는 밀수출입죄에 해당한다.

> **관세포탈죄 등(「관세법」제270조 제1항)**
> 제241조 제1항·제2항 또는 제244조 제1항에 따른 수입신고를 한 자(제19조 제5항 제1호 다목에 따른 구매대행업자를 포함) 중 다음 각 호의 어느 하나에 해당하는 자는 3년 이하의 징역 또는 포탈한 관세액의 5배와 물품원가 중 높은 금액 이하에 상당하는 벌금에 처한다. 이 경우 제1호의 물품원가는 전체 물품 중 포탈한 세액의 전체 세액에 대한 비율에 해당하는 물품만의 원가로 한다.
> 1. 세액결정에 영향을 미치기 위하여 과세가격 또는 관세율 등을 거짓으로 신고하거나 신고하지 않고 수입한 자(제19조 제5항 제1호 다목에 따른 구매대행업자를 포함)
> 2. 세액결정에 영향을 미치기 위하여 거짓으로 서류를 갖추어 제86조 제1항·제3항에 따른 사전심사·재심사 및 제87조 제3항에 따른 재심사를 신청한 자
> 3. 법령에 따라 수입이 제한된 사항을 회피할 목적으로 부분품으로 수입하거나 주요 특성을 갖춘 미완성·불완전한 물품이나 완제품을 부분품으로 분할하여 수입한 자

09 관세범인이 3회 이상의 출석요구에 불응하는 경우는 관세청장이나 세관장이 고발하여야 하는 경우에 해당하지 않는다.

10 수출입 금지물품이나 범인이 소유 또는 점유하는 물품은 몰수대상이다.

> **몰수 면제대상(「관세법」제282조 제2항)**
> 밀수출입죄에 해당하는 경우로서 다음 각 호의 어느 하나에 해당하는 물품은 몰수하지 않을 수 있다.
> 1. 제154조의 보세구역에 제157조에 따라 신고를 한 후 반입한 외국물품
> 2. 제156조에 따라 세관장의 허가를 받아 보세구역이 아닌 장소에 장치한 외국물품
> 3. 「폐기물관리법」제2조 제1호부터 제5호까지의 규정에 따른 폐기물
> 4. 그 밖에 몰수의 실익이 없는 물품으로서 대통령령으로 정하는 물품

11 재고조사 및 보고의무를 생략하는 것이 아닌, 분기별 1회에서 연 1회로 완화한다(「자율관리 보세구역 운영에 관한 고시」제7조 제1항 제1호 나목).

12 ① 운영인 등은 보세사가 아닌 자에게 보세화물관리 등 보세사의 업무를 수행하게 하여서는 안 된다. 다만, 업무대행자를 지정하여 사전에 세관장에게 신고한 경우에는 보세사가 아닌 자도 보세사가 이탈 시 보세사 업무를 수행할 수 있다(「자율관리 보세구역 운영에 관한 고시」제9조 제1항 제1호).
② 보세사가 해고 또는 취업정지 등의 사유로 업무를 수행할 수 없는 경우에는 2개월 이내에 다른 보세사를 채용하여 근무하게 하여야 한다(「자율관리 보세구역 운영에 관한 고시」제9조 제1항 제3호).
③ 운영인은 회계연도 종료 3개월이 지난 후 15일 이내에 자율관리 보세구역 운영 등의 적정 여부를 자체 점검하고, 자율점검표를 작성하여 세관장에게 제출하여야 한다(「자율관리 보세구역 운영에 관한 고시」제10조 제1항).
⑤ 운영인 등은 해당 보세구역에서 반출입된 화물에 대한 장부를 2년간 보관하여야 한다(「자율관리 보세구역 운영에 관한 고시」제12조).

13 세관장이 의견청취를 할 때에는 <u>의견청취 예정일 10일 전까지</u> 의견청취 예정일 등을 지정하여 당해 보세구역의 운영인 등에게 <u>서면</u>으로 통지하여야 한다(「자율관리 보세구역 운영에 관한 고시」 제6조 제2항).

> 지정 취소 사유 등(「자율관리 보세구역 운영에 관한 고시」 제5조 제1항)
> 「관세법」 제164조 제6항에서 "이 법에 따른 의무를 위반하거나 세관감시에 지장이 있다고 인정되는 사유"란 다음 각 호의 하나를 말한다.
> 1. 「관세법」 제178조 제1항(특허보세구역 물품반입 정지사유)에 해당된 때
> 2. 제9조 제1항 제1호(운영인 등은 보세사가 아닌 자에게 보세화물관리 등 보세사의 업무를 수행하게 하여서는 안 된다)를 위반한 때
> 3. 제9조 제1항 제3호에서 규정한 기간(보세사가 해고 또는 취업정지 등의 사유로 업무를 수행할 수 없는 경우 2개월 이내)까지 보세사를 채용하지 않을 때
> 4. 제3조의 자율관리 보세구역 지정요건을 충족하지 못한 경우
> 5. 그 밖에 보세화물을 자율적으로 관리할 능력이 없거나 부적당하다고 세관장이 인정하는 경우

14 ① 보세사로 등록하려는 자는 등록신청서를 <u>세관장에게 제출</u>하여야 한다(실무적으로는 입사예정 증명서 또는 재직확인 증명서를 첨부하여 <u>한국관세물류협회장에게 제출</u>, 「보세사제도 운영에 관한 고시」 제7조 제1항).
② 보세사 등록이 취소된 사람은 그 취소된 날로부터 <u>2년 내</u>에 다시 등록하지 못한다(「보세사제도 운영에 관한 고시」 제8조 제2항).
④ 영업용 보세창고가 아닌 경우 보세화물 관리에 지장이 없는 범위 내에서 보세사는 다른 업무를 겸임할 수 있다(「보세사제도 운영에 관한 고시」 제11조 제1항).
⑤ 보세사자격증을 재발급받고자 하는 경우에는 보세사자격증 교부(재교부)신청서에 재발급사유서를 첨부하여 <u>관세청장에게 신청</u>하여야 한다(「보세사제도 운영에 관한 고시」 제6조).

15 보세사가 「관세법」이나 동법에 따른 명령을 위반한 경우 반드시 등록을 취소하는 것은 아니고 사안에 따라 적절한 징계로 끝낼 수 있다. 반드시 등록을 취소해야 하는 경우는 「관세법」 제175조(운영인의 결격사유) 제1호부터 제7호까지의 어느 하나에 해당하게 된 경우나 사망한 경우이다(「관세법」 제165조 제5항 참고).

16 보세운송의 신고 또는 승인신청을 할 수 있는 자는 화주, 보세운송업자, 관세사 등이다(「보세운송에 관한 고시」 제2조 제1항).

17
> 평가의 주기와 평가항목의 등록(「수출입물류업체에 대한 법규수행능력측정 및 평가관리에 관한 훈령」 제15조 제1항·제2항)
> ① 세관장이 법규수행능력 평가시스템에 의하여 수출입물류업체의 법규수행능력을 평가할 수 있는 주기는 연 <u>1회</u>를 원칙으로 한다.
> ② 신규업체가 법규수행능력평가를 요청할 때에는 다음 각 호의 기준을 충족하는 경우 평가를 실시할 수 있다.
> 1. 보세구역, 자유무역지역 : 설립 후 <u>6개월</u> 경과
> 2. 운송사, 선사, 항공사, 포워더 : 세관신고 <u>250건</u> 이상

18 ② "공장"이란 「산업집적활성화 및 공장설립에 관한 법률」 제2조 제1호에 따른 공장을 말한다. 보기는 보세공장에 관한 설명이다.

③ "수입"이란 「관세법」 제2조 제1호에 따른 수입을 말한다.

④ "수출"이란 「관세법」 제2조 제2호에 따른 수출을 말한다.

⑤ "외국물품"이란 「관세법」 제2조 제4호에 따른 외국물품을 말한다.

19

> 물품의 반입·반출의 금지 등(「자유무역지역의 지정 및 운영에 관한 법률」[1] 제41조 제2항)
> 세관장은 국민보건 또는 환경보전에 지장을 초래하는 물품이나 그 밖에 <u>대통령령으로 정하는 물품</u>에 대하여는 자유무역지역 안으로의 반입과 자유무역지역 밖으로의 반출을 제한할 수 있다.
>
> 외국물품 등의 반입·반출 제한(「자유무역지역법 시행령」 제29조)
> 「자유무역지역법」 제41조 제2항에서 "대통령령으로 정하는 물품"이란 다음 각 호의 물품을 말한다.
> 1. <u>사업장폐기물 등 폐기물</u>
> 2. <u>총기 등 불법무기류</u>
> 3. <u>마약류</u>
> 4. 「상표법」에 따른 상표권 또는 「저작권법」에 따른 저작권을 침해하는 물품
> 5. 제1호부터 제4호까지의 규정에 따른 물품과 유사한 물품으로서 관세청장이 정하여 고시하는 물품

20

> 국외반출물품 등의 보세운송 및 선·기적(「자유무역지역 반출입물품의 관리에 관한 고시」 제18조 제1항·제2항)
> ① 국외반출신고가 수리된 물품을 선적하기 위하여 보세운송하는 경우에는 수출신고서 서식을 사용하여 보세운송신고할 수 있다.
> ② 보세운송기간은 신고수리일부터 <u>30일</u> 이내로 하며, 선(기)적은 국외반출신고가 수리된 날부터 <u>30일</u> 이내에 선(기)적하여야 한다. 다만, 세관장은 재해·선(기)적 일정 변경 등 부득이한 사유로 기간 연장의 신청이 있는 때에는 <u>6개월</u>의 범위에서 그 기간을 연장할 수 있다.

21 세관장이 반출 또는 폐기를 명하거나 미리 통보한 후 직접 폐기할 수 있는 물품은 품명미상의 물품으로서 반입 후 6개월이 지난 물품이 아니라 <u>1년</u>이 지난 물품이다.

> 물품의 폐기(「자유무역지역법」 제40조 제1항)
> 세관장은 자유무역지역에 있는 물품 중 다음 각 호의 어느 하나에 해당하는 물품에 대하여는 화주 및 반입자와 그 위임을 받은 자(화주 등)에게 국외 반출 또는 폐기를 명하거나 화주 등에게 미리 통보한 후 직접 이를 폐기할 수 있다. 다만, 화주 등에게 통보할 시간적 여유가 없는 특별한 사정이 있을 때에는 그 물품을 폐기한 후 지체 없이 화주 등에게 통보하여야 한다.
> 1. 사람의 생명이나 재산에 해를 끼칠 우려가 있는 물품
> 2. 부패 또는 변질된 물품
> 3. 유효기간이 지난 물품
> 4. 제1호부터 제3호까지의 규정에 준하는 물품으로서 <u>관세청장이 정하여 고시하는 물품</u>

---

1) 이하 약칭인 「자유무역지역법」으로 표기하였다.

폐기대상물품(「자유무역지역 반출입물품의 관리에 관한 고시」 제25조)

① 「관세법」 제40조 제1항 제3호에서 "유효기간이 지난 물품"이란 다음 각 호의 어느 하나에 해당하는 물품을 말한다.
  1. 실용시효가 경과되었거나 상품가치를 상실한 물품
  2. 의약품 등으로서 유효기간이 만료되었거나 성분이 불분명한 경우
② 「관세법」 제40조 제1항 제4호에서 "관세청장이 정하여 고시하는 물품"이란 다음 각 호의 어느 하나에 해당하는 물품을 말한다.
  1. 위조상품, 모조품, 그 밖에 지식재산권 침해물품
  2. 품명미상의 물품으로서 반입 후 1년이 지난 물품
  3. 검사·검역기준 등에 부적합하여 검사·검역기관에서 폐기대상으로 결정된 물품

22 농림축산물을 원재료로 하는 제조·가공업종의 사업의 입주기업체 및 전자상거래 국제물류센터 운영을 하고자 하는 자유무역지역 입주기업체는 보세사를 채용하여야 한다(「자유무역지역 반출입물품의 관리에 관한 고시」 제5조의2 제2항 제2호, 「자유무역지역 반출입물품의 관리에 관한 고시」 별표 8 참고).

23 ① 자유무역지역에서 내국물품과 외국물품을 같이 취급하려는 입주기업체는 세관장에게 <u>입주기업체관리부호를 발급받아야 한다</u>(「자유무역지역법」 제16조의2 참고).
③ 세관장은 <u>2년 이상</u> 외국물품 등의 반입실적이 없어 입주기업체관리부호가 필요하지 않다고 인정하는 경우 부호를 삭제하여야 한다(「자유무역지역 반출입물품의 관리에 관한 고시」 제5조 제6항 제2호).
④ 입주계약이 해지되고 세관장이 정한 기간이 경과하여 입주기업체의 관리부호를 삭제하는 경우에는 <u>입주기업체의 의견을 미리 청취하여야 한다</u>(「자유무역지역 반출입물품의 관리에 관한 고시」 제5조 제7항 참고).
⑤ 세관장은 관리권자로부터 입주계약 해지를 통보받은 경우 <u>지체 없이</u> 재고조사를 실시하고, <u>6개월 이내의 기간</u>을 정하여 외국물품 등을 자유무역지역 밖으로 반출하거나 다른 입주기업체에 양도하도록 통보하여야 한다(「자유무역지역 반출입물품의 관리에 관한 고시」 제5조 제4항).

24 ① 국외반출뿐 아니라 국내 수입통관도 가능하다.
② 입주기업체는 전자상거래 국제물류센터 반입물품에 대해 연간 재고조사 외 회계연도 반기 자체 재고조사를 실시하고 이상 유무 등 재고조사 결과를 세관장에게 보고하여야 한다(「자유무역지역 반출입물품의 관리에 관한 고시」 제43조 제4항). 재고관리 상황의 조사를 생략하지 않는다.
③ 수출입 안전관리 우수업체(AEO)뿐 아니라 법규수행능력평가 우수업체도 운영 가능하다(「자유무역지역 반출입물품의 관리에 관한 고시」 제38조 제1항).
④ 재고관리시스템, 시설 및 내부통제 요건 등 다른 기준도 충족되어야 한다(「자유무역지역 반출입물품의 관리에 관한 고시」 제38조 제2항, 별표 8 참고).

25 ① 선박으로 반입된 화물을 항공기로 반출하기 위해 자유무역지역으로 반입하려는 자는 「환적화물 처리절차에 관한 특례고시」에서 정한 절차에 따라 <u>세관장에게 반입 즉시 반입신고를 해야 한다</u>(「자유무역지역 반출입물품의 관리에 관한 고시」 제7조 제8항, 「환적화물 처리절차에 관한 특례고시」 제5조 제1항 참고).
② 환급대상 내국물품을 자유무역지역으로 반입하려는 입주기업체는 세관장에게 <u>내국물품 반입신고서를 제출해야 한다</u>(「자유무역지역 반출입물품의 관리에 관한 고시」 제9조 제1항).
④ 외국물품 등을 관세영역으로 일시반출하려는 자는 <u>세관장에게 허가를 받아야 한다</u>(「자유무역지역 반출입물품의 관리에 관한 고시」 제14조 제1항).
⑤ 외국물품 등에 대해 역외작업을 하려는 자는 <u>세관장에게 역외작업신고를 하여야 한다</u>(「자유무역지역 반출입물품의 관리에 관한 고시」 제15조 제1항·제2항).

제1과목 | 수출입통관절차

01	02	03	04	05	06	07	08	09	10
③	②	③	①	③	④	⑤	③	①	⑤
11	12	13	14	15	16	17	18	19	20
④·⑤	③	③	③	②	⑤	①	②·④	③	②
21	22	23	24	25					
④	④	③	③	④					

01 요건확인기관의 장이 통관시스템에 전송한 전자문서는 이를 원본으로 인정한다(「관세법 제226조에 따른 세관장 확인물품 및 확인방법 지정고시」 제9조 제3항).

02 〈사례1〉
해당 국가의 영역에서 제조·가공의 공정 중에 발생한 부스러기는 해당 물품(부스러기)의 전부를 생산·가공·제조한 나라를 원산지로 한다(「관세법」 제229조, 「관세법 시행규칙」 제74조 제1항 제5호). 이에 따라 일본산 평판압연제품을 한국에서 절단하는 과정에서 발생한 부스러기의 원산지는 한국으로 보아야 한다. 절단 작업이 한국에서만 수행되었으므로 2개국 이상에 걸쳐 생산·가공 또는 제조되는 물품에 대해 적용되는 세번변경기준, 가공공정기준과 같은 실질적 변형기준은 고려대상이 아니다.
〈사례2〉
해당 국가의 영역에서 번식 또는 사육된 산 동물과 이들로부터 채취한 물품은 해당 물품의 전부를 생산·가공·제조한 나라를 원산지로 한다(「관세법」 제229조, 「관세법 시행규칙」 제74조 제1항 제2호). 도축으로 인하여 해당 물품의 품목번호가 달라졌다 하더라도, 가축의 도축작업과 같은 미소한 작업이 행해진 국가는 원산지로 인정하지 않는다(「관세법 시행규칙」 제74조 제4항 제6호). 이에 따라 뉴질랜드에서 도축되었다 하더라도 육우가 사육된 국가인 호주를 주어진 소고기의 원산지로 보아야 한다.
※ 문제에서 별도로 주어진 정보가 없으므로 한-호주 FTA에 따른 원산지결정기준이나 직접운송원칙 등에 대한 검토는 생략합니다.

03 물품을 수출·수입 또는 반송하려면 해당 물품의 품명·규격·수량 및 가격과 그 밖에 대통령령으로 정하는 사항을 세관장에게 신고해야 한다(「관세법」 제241조 제1항). 수출입신고 및 반송신고의 근거가 되는 중요한 조항이다.

> 수출·수입 또는 반송의 신고(「관세법 시행령」 제246조 제1항)
> 1. 포장의 종류·번호 및 개수
> 2. 목적지·원산지 및 선적지
> 3. 원산지표시 대상물품인 경우에는 표시유무·방법 및 형태
> 4. 상 표
> 5. 납세의무자 또는 화주의 상호(개인의 경우 성명을 말한다)·사업자등록번호·통관고유부호와 해외공급
>   자부호 또는 해외구매자부호
> 6. 물품의 장치장소
> 7. 그 밖에 기획재정부령으로 정하는 참고사항

04 ② "전자통관심사"란 일정한 기준에 해당하는 성실업체가 수입신고하는 위험도가 낮은 물품에 대하여 통관시스
템에서 전자적 방식으로 심사하는 것을 말한다.
③ "통합선별심사"란 각 수입통관담당과로 접수된 "P/L신고"건을 심사하는 과에서 통합해 위험분석 및 신고사항
을 심사하는 것을 말한다.
④ "부두직통관"이란 화물 전부가 1명인 화주의 컨테이너로 반입된 화물로써 부두 내에서 통관절차 및 검사절차
가 이루어지는 것을 말한다.
⑤ "장치장소 관리인"이란 특허보세구역은 운영인, 지정장치장은 화물관리인, 자유무역지역은 입주기업체 등 화
물을 관리하는 자를 말한다.

05 ① 세관장은 물품검사를 실시하기 전에 검사준비 사항이 포함된 검사계획을 <u>신고인 및 장치장소 관리인에게</u> 전자
통관시스템으로 통보해야 한다(「수입통관 사무처리에 관한 고시」 제31조 제1항).
② 세관장은 물품검사를 할 때 수입화주 또는 수입화주로부터 화물의 보관·관리를 위탁받은 장치장소 관리인에
게 검사준비 사항을 요구할 수 있다. 이 경우 검사준비 완료 여부에 따라 <u>검사의 순서를 조정하는 등 그 준비가</u>
<u>완료된 때에 검사를 실시할 수 있다(「수입통관 사무처리에 관한 고시」 제31조 제4항).</u>
④ 세관장은 검사준비가 완료된 경우 장치장소의 관리인이나 그를 대리하는 소속종사자의 협조(물품의 포장상태
및 내용물품의 파손 여부 등을 확인)하에 검사를 실시한다(「수입통관 사무처리에 관한 고시」 제31조 제5항).
<u>신고인은 물품을 검사할 때 특별한 주의를 기울이도록 세관장에게 요청할 수 있다(동 조 제8항).</u>
⑤ 검사자는 장치장소 관리인의 검사준비 또는 협조 사항을 전자통관시스템에 등록한 후 <u>화물담당부서에 통보한</u>
<u>다</u>(「수입통관 사무처리에 관한 고시」 제31조 제7항).

06 수입신고 전 즉시반출신고를 하고 반출한 물품의 과세물건 확정시기는 수입신고 전 즉시반출신고를 한 때이다.
수입신고 전 물품을 즉시반출하는 경우에는 수입신고 전에 즉시반출신고를 하므로, 즉시반출신고서에 따라 과세
하는 것이다. 즉시반출 후 10일 이내에 수입신고를 하지 않으면 납부고지를 하되, 이때 과세물건의 확정시기는
즉시반출신고 시점이다.

> 과세물건 확정의 시기(「관세법」 제16조)
> 관세는 수입신고(입항 전 수입신고를 포함한다. 이하 이 조에서 같다)를 하는 때의 물품의 성질과 그 수량에
> 따라 부과한다. 다만, 다음 각 호의 어느 하나에 해당하는 물품에 대하여는 각 해당 호에 규정된 때의 물품의
> 성질과 그 수량에 따라 부과한다.
> 7. 제253조 제1항에 따른 수입신고 전 즉시반출신고를 하고 반출한 물품 : <u>수입신고 전 즉시반출신고를 한 때</u>

07
① 수입을 위탁받아 수입업체가 대행수입한 물품인 경우에는 그 물품의 수입을 <u>위탁한 자</u>이다.
② 보세운송기간이 경과된 경우 보세운송을 <u>신고하거나 승인받은 자</u>이다.
③ 보세구역에 장치된 외국물품이 멸실 또는 폐기된 경우 <u>운영인 또는 보관인</u>이다.
④ 수입물품을 수입신고 전에 양도한 경우 <u>양수인</u>이다.

> 납세의무자(「관세법」 제19조 제1항)
> 다음 각 호의 어느 하나에 해당하는 자는 관세의 납세의무자가 된다.
> <u>9. 우편으로 수입되는 물품인 경우에는 그 수취인</u>

08 수입신고 수리 전에 세액심사를 하는 물품은 다음과 같다.

> 수입신고 수리 전 세액심사 대상물품(「관세법 시행규칙」 제8조 제1항)
> 1. 법률 또는 조약에 의하여 관세 또는 내국세를 감면받고자 하는 물품
> 2. 관세를 분할납부하고자 하는 물품(제1호 및 제2호에 규정된 물품의 감면 또는 분할납부의 적정 여부에 대한 심사는 수입신고 수리 전에 하고, 과세가격 및 세율 등에 대한 심사는 수입신고 수리 후에 한다)
> 3. 관세를 체납하고 있는 자가 신고하는 물품(체납액이 10만 원 미만이거나 체납기간 7일 이내에 수입신고하는 경우를 제외한다)
> 4. 납세자의 성실성 등을 참작하여 관세청장이 정하는 기준에 해당하는 불성실신고인이 신고하는 물품
> 5. 물품의 가격변동이 큰 물품 기타 수입신고 수리 후에 세액을 심사하는 것이 적합하지 않다고 인정하여 관세청장이 정하는 물품

09 지식재산권의 거래에 관련된 계약서의 보관기관은 해당 신고에 대한 수리일로부터 5년이다.

신고서류 보관기간(「관세법 시행령」 제3조 제1항)

구 분	관련서류
해당 신고에 대한 수리일부터 5년간 보관해야 하는 서류	• 수입신고필증 • 수입거래관련 계약서 또는 이에 갈음하는 서류 • 지식재산권의 거래에 관련된 계약서 또는 이에 갈음하는 서류(「관세법 시행령」 제237조 지식재산권의 신고 관련) • 수입물품 가격결정에 관한 자료
해당 신고에 대한 수리일부터 3년간 보관해야 하는 서류	• 수출신고필증 • 반송신고필증 • 수출물품 · 반송물품 가격결정에 관한 자료 • 수출거래 · 반송거래 관련 계약서 또는 이에 갈음하는 서류
해당 신고에 대한 수리일부터 2년간 보관해야 하는 서류	• 보세화물반출입에 관한 자료 • 적재화물목록에 관한 자료 • 보세운송에 관한 자료

10   관세징수권을 행사할 수 있는 날은 다음의 날로 한다.

> 관세징수권 소멸시효의 기산일(「관세법 시행령」 제7조 제1항)
> 1. 신고납부하는 관세에 있어서는 수입신고가 수리된 날부터 15일이 경과한 날의 다음 날. 다만, 월별납부의 경우에는 그 납부기한이 경과한 날의 다음 날로 한다.
> 2. 보정신청에 의해 납부하는 관세에 있어서는 부족세액에 대한 보정신청일의 다음 날의 다음 날
> 3. 수정신고하여 납부하는 관세에 있어서는 수정신고일의 다음 날의 다음 날
> 4. 부과고지하는 관세에 있어서는 납부고지를 받은 날로부터 15일이 경과한 날의 다음 날
> 5. 수입신고 전 물품반출(즉시반출)의 경우에는 수입신고한 날부터 15일이 경과한 날의 다음 날
> 6. 그 밖의 법령에 따라 납부고지하여 부과하는 관세의 경우에는 그 납부기한이 만료된 날의 다음 날

11   ① 세관장은 천재지변으로 관세의 납부를 정하여진 기한까지 할 수 없다고 인정될 때에는 1년을 넘지 않는 기간을 정하여 관세를 분할하여 납부하게 할 수 있다(「관세법」 제107조 제1항).
  ② 정부나 지방자치단체가 수입하는 물품으로서 기획재정부령으로 정하는 물품이 수입될 때에는 세관장은 5년을 넘지 않는 기간을 정하여 관세를 분할하여 납부하게 할 수 있다(「관세법」 제107조 제2항).
  ③ 관세의 분할납부를 승인받은 물품을 동일한 용도로 사용하려는 자에게 양도한 경우에는 그 양수인이 관세를 납부해야 한다(「관세법」 제107조 제5항).

> 관세의 분할납부(「관세법」 제107조 제9항)
> 다음 각 호의 어느 하나에 해당하는 경우에는 납부하지 않은 관세의 전액을 즉시 징수한다.
> 1. 관세의 분할납부를 승인받은 물품을 제2항에서 정한 기간에 해당 용도 외의 다른 용도로 사용하거나 해당 용도 외의 다른 용도로 사용하려는 자에게 양도한 경우
> 2. 관세를 지정된 기한까지 납부하지 않은 경우. 다만, 관세청장이 부득이한 사유가 있다고 인정하는 경우는 제외한다.
> 3. 파산선고를 받은 경우
>
> 관세의 분할납부고지(「관세법 시행령」 제127조 제2항)
> 세관장은 법 제107조 제9항에 따라 관세를 징수하는 때에는 15일 이내의 납부기한을 정하여 법 제39조에 따른 납부고지를 해야 한다.

※ 1과목 A형 11번은 가답안 공개기간 동안 접수된 수험자 의견제시가 받아들여져, 최종답안에서 ④·⑤의 보기가 복수정답 처리되었습니다.

12   다음의 어느 하나에 해당하는 물품은 수출하거나 수입할 수 없다.

> 수출입 금지물품(「관세법」 제234조)
> 1. 헌법질서를 문란하게 하거나 공공의 안녕질서 또는 풍속을 해치는 서적·간행물·도화, 영화·음반·비디오물·조각물 또는 그 밖에 이에 준하는 물품
> 2. 정부의 기밀을 누설하거나 첩보활동에 사용되는 물품
> 3. 화폐·채권이나 그 밖의 유가증권의 위조품·변조품 또는 모조품

13 ① 세관장은 다른 법령에 따라 수입 후 특정한 용도로 사용해야 하는 등의 의무가 부가되어 있는 물품에 대하여는 문서로써 해당 의무를 이행할 것을 요구할 수 있다(「관세법」 제227조 제1항).

② 분석대상 시료는 담당직원이 직접 채취하고 봉인한 후 세관장에게 제출하도록 하여 시료의 임의교체와 분실 등이 일어나지 않도록 해야 한다(「수출통관 사무처리에 관한 고시」 제23조 제2항).

④ 수출입신고가 수리된 후 3개월이 지난 경우 보세구역 반입명령이 불가능하다(「관세법 시행령」 제245조 제1항).

⑤ 유통이력 신고의 의무가 있는 자는 유통이력을 장부에 기록(전자적 기록방식을 포함한다)하고, 그 자료를 거래 일부터 1년간 보관해야 한다(「관세법」 제240조의2 제2항).

14 과세가격이 15만 원 이하인 물품이어야 한다.

원산지증명서 제출 예외대상(「관세법 시행령」 제236조 제2항)

법 제232조 제1항 단서의 규정에 의하여 다음 각 호의 물품에 대하여는 제1항의 규정을 적용하지 아니한다.

1. 세관장이 물품의 종류·성질·형상 또는 그 상표·생산국명·제조자 등에 의하여 원산지를 확인할 수 있는 물품
2. 우편물(수입신고대상 우편물을 제외한다)
3. 과세가격이 15만 원 이하인 물품
4. 개인에게 무상으로 송부된 탁송품·별송품 또는 여행자의 휴대품
5. 기타 관세청장이 관계행정기관의 장과 협의하여 정하는 물품

---

15 잠정가격으로 가격신고를 한 납세의무자는 잠정가격 신고일로부터 2년의 범위에서 세관장이 정하는 기간 내에 확정가격을 신고해야 한다. 이 경우 잠정가격으로 가격신고를 한 자는 관세청장이 정하는 바에 따라 신고 기간이 끝나기 30일 전까지 확정가격의 계산을 위한 가산율을 산정해 줄 것을 요청할 수 있다(「관세법 시행령」 제16조 제3항).

Plus One

• 만일 확정가격을 기간 내에 신고하지 않는 경우나 기간 내라도 납세의무자가 폐업 등의 사유로 확정된 가격을 신고하지 못할 것으로 인정되는 경우에는 지정된 기간 중에도 해당 물품에 적용될 가격을 확정할 수 있다(「관세법」 제28조 제3항).

• 기간이 부적절하게 길게 정해진 경우에는 가격이 확정된 후에도 신고를 하지 않을 수 있기 때문에 가장 짧은 기간 안에서 확정가격 신고기간을 정해야 한다. 잠정가격 신고를 할 때에는 가격 확정예정 시기를 신고하게 되어 있으며, 이때에 신고내용을 심사하여 세관장이 가격 확정시기를 확정한다.

16 ① 보정은 신고납부한 세액이 부족하다는 것을 알게 되거나 세액산출의 기초가 되는 과세가격 또는 품목분류 등에 오류가 있는 것을 알게 되었을 때 신청하는 것이다(「관세법」 제38조의2 제1항).

② 납세의무자는 정정한 내용대로 세액을 정정하여 납부서를 재발행하되 납부서 번호와 납부기한은 변경하지 않는다(「수입통관 사무처리에 관한 고시」 제49조 제4항).

③ 보정통지 역시 신고납부한 세액이 부족하다는 것을 알게 되거나 세액산출의 기초가 되는 과세가격 또는 품목분류 등에 오류가 있는 것을 알게 되었을 때 진행하는 것이다(「관세법」 제38조의2 제2항).

④ 납세의무자가 부족한 세액에 대한 세액의 보정을 신청한 경우에는 해당 보정신청을 한 날의 다음 날까지 해당 관세를 납부해야 한다(「관세법」 제38조의2 제4항).

17 수입신고 생략 및 간이신고 대상(「관세법 시행령」 제246조 제4항, 「수입통관 사무처리에 관한 고시」 제70조·제71조)

수입신고
생략 대상
	• 여행자 휴대품 및 이사물품 등의 감면 규정에 의한 여행자 휴대품 및 승무원 휴대품
	• 우편물(수입신고대상 우편물은 제외)
	• 국제운송을 위한 컨테이너(법 별표 관세율표 중 기본세율이 무세인 것에 한함)
	• 기타 서류·소액면세물품 등 신속한 통관을 위하여 필요하다고 인정하여 관세청장이 정하는 탁송품 또는 별송품
	• 다음 물품 중 관세가 면제되거나 무세인 물품
	  – 외교행낭으로 반입되는 면세대상 물품(「관세법」 제88조)
	  – 우리나라에 내방하는 외국의 원수와 그 가족 및 수행원에 속하는 면세대상물품(「관세법」 제93조 제9호)
	  – 장례를 위한 유해(유골)와 유체
	  – 신문, 뉴스를 취재한 필름·녹음테이프로서 문화체육관광부에 등록된 언론기관의 보도용품
	  – 재외공관 등에서 외교통상부로 발송되는 자료
	  – 기록문서와 서류
	  – 외국에 주둔하는 국군으로부터 반환되는 공용품[군함·군용기(전세기 포함)에 적재되어 우리나라에 도착된 경우에 한함]

간이신고 대상	• 관세청장이 정하는 수입신고 생략대상 물품 중 과세되는 물품 • 국내거주자가 수취하는 해당 물품의 총 가격이 미화 150달러 이하의 물품으로서 자가사용물품으로 인정되는 면세대상물품 • 해당 물품의 총 과세가격이 미화 250달러 이하의 면세되는 상업용 견본품 • 설계도 중 수입승인이 면제되는 것 • 「외국환거래법」에 따라 금융기관이 외환업무를 영위하기 위하여 수입하는 지급수단

18 통관지세관이 제한되는 물품(「수입통관 사무처리에 관한 고시」 제106조, 별표 5)

구 분	지정된 통관지세관
고 철	• 수입물품의 입항지세관, 관할지세관장이 인정하는 고철창고가 있는 내륙지세관 • 고철화작업의 특례를 적용받는 실수요자 관할 세관에서도 통관가능
해체용 선박	관할지세관장이 인정하는 선박해체작업 시설을 갖춘 입항지세관
수산물 (HS 0302호, 0303호, 0305호, HS 0305호는 염수장한 것에 한함)	• 수입물품의 입항지세관 • 보세구역으로 지정받은 냉장·냉동창고가 있는 내륙지세관 • 수출용 원자재는 관할지세관장이 인정하는 냉장·냉동시설이 있는 수산물제조·가공업체 관할 세관에서도 통관가능
수입쇠고기 및 관련제품 (HS 0201호, 0202호 해당물품, HS 0206호, 0210호, 0504호는 쇠고기, 소의 것에 한함, HS 0506.90-1020 물품)	관할구역 내 축산물검역시행장 및 보세구역으로 지정받은 냉장·냉동창고가 있는 세관
활어 (HS 0301호, 관상용 및 양식용은 제외)	관할구역 내 활어장치장이 있는 세관
쌀 (HS 1006.20호, 1006.30호 해당 물품)	인천·부산, 평택직할, 마산·울산, 동해, 광양·목포·군산·포항세관
중고승용차	인천·서울·부산, 평택직할, 용당·마산세관

Plus One
「수입통관 사무처리에 관한 고시」 2024년 9월 개정 이후로 정답이 변경되는 문제이다. 고시 개정 전에는 "한약재(원료에 한함)"와 "귀석과 반귀석(HS 7103호 내지 7104호의 물품, 원석은 제외)"의 통관지세관이 제한되었으나, 고시 개정에 따라 "한약재"와 "귀석과 반귀석"에 대한 내용이 삭제되었다. 따라서 ②, ④ 모두 정답이다.

19 관세 등의 체납이 없고 최근 3년 동안 수출입실적이 있는 제조업자 또는 외국인투자자가 수입하는 시설재 또는 원부자재여야 한다.

> 수입신고 전 물품반출(「관세법 시행령」 제257조 제2항)
> 「관세법」 제253조 제1항의 규정에 의한 즉시반출을 할 수 있는 자 및 물품은 다음 각 호의 1에 해당하는 것 중 「관세법」 제226조 제2항의 규정에 의한 구비조건의 확인에 지장이 없는 경우로서 세관장이 지정하는 것에 한한다.
> 1. 관세 등의 체납이 없고 최근 3년 동안 수출입실적이 있는 제조업자 또는 외국인투자자가 수입하는 시설재 또는 원부자재

20 조정관세와 할당관세 부과 범위는 다음과 같다.

> 조정관세(「관세법」 제69조)
> 다음 각 호의 어느 하나에 해당하는 경우에는 100분의 100에서 해당 물품의 기본세율을 뺀 율을 기본세율에 더한 율의 범위에서 관세를 부과할 수 있다. 다만, 농림축수산물 또는 이를 원재료로 하여 제조된 물품의 국내외 가격차가 해당 물품의 과세가격을 초과하는 경우에는 국내외 가격차에 상당하는 율의 범위에서 관세를 부과할 수 있다.
>
> 할당관세(「관세법」 제71조 제1항)
> 다음 각 호의 어느 하나에 해당하는 경우에는 100분의 40의 범위의 율을 기본세율에서 빼고 관세를 부과할 수 있다. 이 경우 필요하다고 인정될 때에는 그 수량을 제한할 수 있다.

21 ① 우리나라의 선박 등이 공해에서 채집하거나 포획한 수산물 등은 내국물품에 해당한다.
② 수출신고가 수리된 물품은 외국물품에 해당한다.
③ "통관"이란 「관세법」에 따른 절차를 이행하여 물품을 수입·수출 또는 반송하는 것을 말한다. 통관의 정의에 환적은 포함되지 않는다.
⑤ 「관세법」 제252조에 따른 수입신고 수리 전 반출 승인을 받아 반출된 물품은 내국물품에 해당한다.

22 실용신안권은 포함되지 않는다.

> 보호대상 지식재산권(「관세법」 제235조 제1항)
> 1. 「상표법」에 따라 설정등록된 상표권
> 2. 「저작권법」에 따른 저작권과 저작인접권(이하 "저작권 등"이라 한다)
> 3. 「식물신품종 보호법」에 따라 설정등록된 품종보호권
> 4. 「농수산물 품질관리법」에 따라 등록되거나 조약·협정 등에 따라 보호대상으로 지정된 지리적표시권 또는 지리적표시(이하 "지리적표시권 등"이라 한다)
> 5. 「특허법」에 따라 설정등록된 특허권
> 6. 「디자인보호법」에 따라 설정등록된 디자인권

23 ① 수입하거나 반송하려는 물품을 지정장치장 또는 보세창고에 반입하거나 보세구역이 아닌 장소에 장치한 자는 그 반입일 또는 장치일부터 <u>30일</u> 이내(관세청장이 정하는 바에 따라 반송방법이 제한된 물품은 반송신고를 할 수 있는 날부터 30일 이내)에 수입 또는 반송신고를 해야 한다(「관세법」 제241조 제3항).

② 세관장은 대통령령으로 정하는 물품을 수입하거나 반송하는 자가 신고기한 내에 수입 또는 반송의 신고를 하지 않은 경우에는 해당 물품 <u>과세가격의 100분의 2</u>에 상당하는 금액의 범위에서 대통령령으로 정하는 금액을 가산세로 징수한다(「관세법」 제241조 제4항).

④ 신고기한이 경과한 후 보세운송된 물품에 대하여는 보세운송신고를 한 때를 기준으로 가산세율을 적용하며 그 세액은 <u>수입 또는 반송신고를 하는 때</u>에 징수한다(「관세법 시행령」 제247조 제3항).

⑤ 가산세를 징수해야 하는 물품은 물품의 신속한 유통이 긴요하다고 인정하여 보세구역의 종류와 물품의 특성을 고려하여 <u>관세청장</u>이 정하는 물품으로 한다(「관세법 시행령」 제248조).

24 세관장은 수출·수입 또는 반송의 신고가 그 요건을 갖추지 못했거나 부정한 방법으로 신고되었을 때에는 해당 수출·수입 또는 반송의 신고를 <u>각하</u>할 수 있다(「관세법」 제250조 제3항). 취하는 정당한 이유가 있는 경우 신고인이 신청하는 것이고, 통관의 보류는 「관세법」 제237조에 따른 통관의 보류사유 등에 해당하는 경우 세관장이 진행하는 것이다.

25 이사물품의 면세요건(「관세법 시행규칙」 제48조의2)

기간요건	• 인적요건 : 우리나라 국민으로서 외국에 주거를 설정하여 <u>1년</u>(가족을 동반한 경우에는 6개월) 이상 거주했거나 외국인 또는 재외영주권자가 우리나라에 주거를 설정하여 1년(가족 동반 6개월) 이상 거주하려는 경우 • 물적요건 : <u>3개월</u> 이상 사용한 물품일 것(통상 가정용), 별도로 수입되는 물품인 경우 입국일로부터 6월 이내에 도착한 것 등
제외대상	• 자동차(이륜자동차와 삼륜자동차 포함)·선박·항공기 • 개당 과세가격 500만 원 이상의 보석·진주·별갑·산호·호박 및 상아와 이를 사용한 제품

01	02	03	04	05	06	07	08	09	10
①·④	③	②	④	②	⑤	①	②	②	③
11	12	13	14	15	16	17	18	19	20
①	③	②	⑤	④	⑤	①·②	①	①	②
21	22	23	24	25					
①	①	⑤	④	③					

01
① "잉여물품"이란 보세작업으로 인하여 발생하는 부산물과 불량품, 제품 생산 중단 등의 사유로 사용하지 않은 원재료와 제품 등을 말하며, 보세공장 반입물품 또는 보세공장에서 제조·가공한 물품에 전용되는 포장·운반물품(「보세공장 운영에 관한 고시」 제12조 제3항 제8호)을 포함한다(「보세공장 운영에 관한 고시」 제3조 제5호). 참고로, 보기에 제시된 "세트를 구성하거나 함께 거래되는 물품"은 「보세공장 운영에 관한 고시」 제12조 제3항 제7호에 제시된 물품으로서 잉여물품의 정의에 포함되지 않는다.

④ 세관장은 운영인이 잉여물품을 폐기하는 때에는 수출입 안전관리 우수업체, 법규수행능력평가 우수업체 등 성실하다고 인정하는 업체 중 폐기 후의 잔존물이 실질적 가치가 없는 물품에 대하여는 업체의 신청을 받아 사전에 자체폐기 대상물품으로 지정할 수 있다(「보세공장 운영에 관한 고시」 제33조 제5항).

※ 2과목 A형 1번은 가답안 공개기간 동안 접수된 수험자 의견제시가 받아들여져, 최종답안에서 ①·④의 보기가 복수정답 처리되었습니다.

02
보세공장에서 제조된 물품을 수입하는 경우 사용신고 전에 미리 세관장에게 해당 물품의 원료인 외국물품에 대한 과세의 적용을 신청한 경우에는 「관세법」 제16조(과세물건 확정의 시기)에도 불구하고 사용신고를 할 때의 그 원료의 성질 및 수량에 따라 관세를 부과한다.

> **제품과세(「관세법」 제188조)**
> 외국물품이나 외국물품과 내국물품을 원료로 하거나 재료로 하여 작업을 하는 경우 그로써 생긴 물품은 외국으로부터 우리나라에 도착한 물품으로 본다. 다만, 대통령령으로 정하는 바에 따라 세관장의 승인을 받고 외국물품과 내국물품을 혼용하는 경우에는 그로써 생긴 제품 중 해당 외국물품의 수량 또는 가격에 상응하는 것은 외국으로부터 우리나라에 도착한 물품으로 본다.
>
> **원료과세(「관세법」 제189조)**
> ① 보세공장에서 제조된 물품을 수입하는 경우 제186조에 따른 사용신고 전에 미리 세관장에게 해당 물품의 원료인 외국물품에 대한 과세의 적용을 신청한 경우에는 제16조에도 불구하고 제186조에 따른 사용신고를 할 때의 그 원료의 성질 및 수량에 따라 관세를 부과한다.
> ② 세관장은 대통령령으로 정하는 기준에 해당하는 보세공장에 대하여는 1년의 범위에서 원료별, 제품별 또는 보세공장 전체에 대하여 제1항에 따른 신청을 하게 할 수 있다.

03
① 보세운송절차에 따라 보세공장에 반입되는 물품은 즉시 반입신고를 해야 하며, 이 경우 반입신고는 보세운송의 도착보고를 대신할 수 있다(「보세공장 운영에 관한 고시」 제13조 제2항). 즉, 반입신고로 도착보고를 갈음하는 것이다.

③ 수입신고 전 즉시반출도 가능하다(「보세공장 운영에 관한 고시」 제13조 제4항).

④ 반출입신고 생략이 가능하며, 반출입 사실의 기록 및 관리는 해야 한다(「보세공장 운영에 관한 고시」 제13조 제8항).

⑤ 보세공장에 반입된 원재료는 다른 보세공장의 원재료로 사용하기 위하여 다른 보세공장으로 반출할 수 있다(「보세공장 운영에 관한 고시」 제13조 제6항 제2호).

04 장외일시장치 물품은 장외일시장치 장소에 장치한 상태에서 수출입신고, 양수도 또는 폐기처분 등을 할 수 있다(「보세공장 운영에 관한 고시」 제17조의2 제3항).

05 세관장의 허가를 받는 경우 보세공장에서 내국물품만을 원료로 하거나 재료로 하여 제조 또는 가공할 수 있다(「관세법」 제185조 제2항).

06 운영인 등은 폐사어를 별도의 냉동·냉장시설에 B/L별로 구분하여 보관해야 한다(「수입활어 관리에 관한 특례고시」 제12조 제2항).

07 ② 종합보세구역에서는 보세창고·보세공장·보세전시장·보세건설장 또는 보세판매장의 기능 중 둘 이상의 기능을 수행할 수 있다(「관세법」 제197조 제2항).
③ 종합보세구역에서 종합보세기능을 수행하려는 자는 그 기능을 정하여 세관장에게 종합보세사업장의 설치·운영에 관한 신고를 해야 한다(「관세법」 제198조 제1항).
④ 종합보세구역으로의 물품 반출입 시 반출입신고 생략이 원칙이나, 보세판매장에서 판매하고자 하는 물품은 반출입신고를 해야 한다(「관세법 시행규칙」 제70조 제3호).
⑤ 외국인관광객 등 대통령령으로 정하는 자가 종합보세구역에서 구입한 물품을 국외로 반출하는 경우에는 해당 물품을 구입할 때 납부한 관세 및 내국세 등을 환급받을 수 있다. 다만 국내에 주재하는 외교관, 외국공관원 등은 여기에 포함되지 않는다(「관세법 시행령」 제216조의2).

08 ②·③·④ 인도자로 지정받을 수 있는 자는 다음과 같다.

인도자 지정 등(「보세판매장 운영에 관한 고시」 제13조 제1항)

구 분	내 용
인도자로 지정될 수 있는 자	• 보세판매장 협의단체 • 관세행정 또는 보세화물관리와 관련 있는 비영리법인
인도자로 지정될 수 없는 자	• 운영인의 결격사유(「관세법」 제175조 각 호)의 어느 하나에 해당하는 자 • 관세 및 국세의 체납이 있는 자 * 다만, 입국장인도장을 설치·운영하려는 자는 위의 요건 이외에도 입국장인도장의 설치·운영 요건을 모두 갖추어야 한다.

① 판매물품을 구매자에게 인도하는 업무를 담당하고자 하는 자(인도자)는 인도장 관할 세관장으로부터 지정을 받아야 한다(「보세판매장 운영에 관한 고시」 제13조 제1항).
⑤ 인도자는 인도장의 업무량을 고려하여 적정인원의 보세사를 채용하여야 하나 인도업무를 보세사에 위임하여 수행하게 할 수 있다(「보세판매장 운영에 관한 고시」 제14조 제1항).

09 입국장면세점에서는 입국인에게 물품을 판매할 수 있으며, 입국인에게 미화 800달러 이하의 구매한도 범위 내에서 물품을 판매해야 한다. 이 경우 술·담배·향수는 별도 면세범위 내[여행자휴대품 및 이사물품 등의 감면규정에 따른 별도 면세범위 내(술 : 2병 합산하여 2리터 400달러 이하, 향수 : 100밀리리터)]에서만 판매할 수 있다(「보세판매장 운영에 관한 고시」 제5조).

구매자 및 구매총액(「관세법 시행규칙」 제48조 제3항)

제2항에도 불구하고 술·담배·향수에 대해서는 기본면세범위와 관계없이 다음 표(이하 "별도면세범위"라 한다)에 따라 관세를 면제하되, 19세 미만인 사람이 반입하는 술·담배에 대해서는 관세를 면제하지 않고, 법 제196조 제1항 제1호 단서 및 같은 조 제2항에 따라 구매한 내국물품인 술·담배·향수가 포함되어 있을 경우에는 별도면세범위에서 해당 내국물품의 구매수량을 공제한다. 이 경우 해당 물품이 다음 표의 면세한도를 초과하여 관세를 부과하는 경우에는 해당 물품의 가격을 과세가격으로 한다.

구 분	면세한도			비 고
술	2병			2병 합산하여 2리터 이하이고, 미화 400달러 이하인 것으로 한정
담 배		궐 련	200개비	2 이상의 담배 종류를 반입하는 경우에는 한 종류로 한정
		엽궐련	50개비	
	전자담배	궐련형	200개비	
		니코틴용액	20밀리리터	
		기타 유형	110그램	
	그 밖의 담배		250그램	
향 수	100밀리리터			–

※ 출제 당시에는 기본면세범위가 "미화 600달러 이하"였으나 「관세법 시행규칙」이 2022년 9월 기본면세범위가 800달러로 개정되었습니다. 해당 문제는 개정 규정을 반영하여 수정되었습니다.

10   인도장으로 사용할 보세구역은 세관장이 지정한다.

용어의 정의(「보세판매장 운영에 관한 고시」 제2조 제6호)

시내면세점, 출국장면세점 및 전자상거래에 의하여 판매한 물품을 구매자에게 인도하기 위한 곳을 "인도장"이라 하며, "인도장"은 다음 각 호의 어느 하나에 해당하는 장소를 말한다.

가. 출국장 보세구역 내 설치한 장소

나. 국제무역선 및 외국여객선박의 선박 내

다. 통관우체국 내 세관통관장소

라. 항공화물탁송 보세구역

마. 세관장이 지정한 보세구역(자유무역지역을 포함한다)

바. 입국장 보세구역 내 설치한 장소(입국장인도장)

11   ② 보세전시장에서 외국물품 사용은 해당 물품의 성질·형상·수량의 변경이나 전시장에서의 소비행위를 포함한다(「관세법 시행령」 제208조, 「보세전시장 운영에 관한 고시」 제16조).

③ "보세전시장"이란 박람회·전람회·견본품 전시회 등의 운영을 위해 외국물품을 장치·전시·사용[소비 포함(② 보기 해설 참조)]할 수 있는 구역(「관세법」 제190조)이므로, 박람회의 주최자·출판자 및 관람자는 규정이 허용하는 범위 안에서 보세전시장 안에서는 당해 외국물품을 소비할 수 있다.

④ 보세전시장에 장치된 판매용 외국물품은 수입신고 수리 전에는 사용할 수 없다(「관세법 시행령」 제209조 제2항).

⑤ 보세전시장에 장치된 전시용 외국물품을 현장에서 직매할 경우 수입신고 수리 전에 인도해서는 안 된다(「관세법 시행령」 제209조 제3항).

12 세관장은 보세작업을 위하여 필요하다고 인정될 때에는 기간, 장소, 물품 등을 정하여 해당 <u>보세건설장 외에서의 보세작업을 허가할 수 있다</u>(「관세법」 제195조 제1항).

13 지정장치장에 반입한 물품은 <u>화주 또는 반입자가 그 보관의 책임을 진다</u>(「관세법」 제172조 제1항).

14 물품의 반입실적은 지정보세구역의 지정 취소 여부를 판단할 때 고려하는 사유이며, 화물관리인의 지정을 취소할 때 고려하는 사유는 아니다.

> 화물관리인의 지정 취소 사유(「관세법 시행령」 제187조의2 제1항)
> 1. 거짓이나 그 밖의 부정한 방법으로 지정을 받은 경우
> 2. 화물관리인이 「관세법」 제175조(운영인의 결격사유) 각 호의 어느 하나에 해당하는 경우
> 3. 화물관리인이 세관장 또는 해당 시설의 소유자·관리자와 맺은 화물관리업무에 관한 약정을 위반하여 해당 지정장치장의 질서유지 및 화물의 안전관리에 중대한 지장을 초래하는 경우
> 4. 화물관리인이 그 지정의 취소를 요청하는 경우

15 세관장은 "국가", "지방자치단체" 또는 "공항·항만시설을 관리하는 법인"이 소유·관리하는 토지·건물·시설 중에서 원하는 곳을 지정보세구역으로 지정할 수 있고, 소유자나 관리자의 신청에 의해 해당 토지·시설을 지정 보세구역으로 지정할 수도 있다(「관세법」 제166조). 한국관광공사는 공항·항만시설을 관리하는 법인이 아니다.

> 지정보세구역의 지정(「관세법」 제166조 제1항)
> 세관장은 다음 각 호의 어느 하나에 해당하는 자가 소유하거나 관리하는 토지·건물 또는 그 밖의 시설(이하 "토지 등"이라 한다)을 지정보세구역으로 지정할 수 있다.
> 1. 국 가
> 2. 지방자치단체
> 3. 공항시설 또는 항만시설을 관리하는 법인

16 특허신청인은 다음의 사항을 포함한 내부 화물관리 규정을 작성하여 세관장에게 제출해야 하며, 특허기간 중 내부 화물관리 규정을 개정한 경우에도 또한 같다.

> 화물관리 규정에 포함되어야 하는 사항(「보세창고 특허 및 운영에 관한 고시」 제10조 제2항)
> 1. 내부 화물관리 종합책임자 및 책임체계
> 2. 화물 반출입 및 보관 절차
> 3. 대장 기록 체계
> 4. 출입자 통제 및 시설안전관리
> 5. 세관 보고사항 및 절차
> 6. 보세화물 취급직원 교육방법
> 7. 내부고발자에 대한 포상과 청렴위반자에 대한 징계체계

17 보세창고(보세전시장 및 보세건설장 제외)의 특허기간은 10년 이내이며, 임차시설에 대한 특허기간 역시 10년 이내에서 정하되 임대차계약기간의 종료일을 초과할 수 없다(「보세창고 특허 및 운영에 관한 고시」 제6조 제2항). 단, 보세전시장 및 보세건설장의 특허기간은 다음과 같고, 세관장은 전시목적 달성 또는 공사 진척을 위해 불가피하다고 인정할 경우 그 기간을 연장할 수 있다.

> 특허기간(「관세법」 제176조)
> ① 특허보세구역의 특허기간은 10년 이내로 한다.
> ② 제1항에도 불구하고 보세전시장과 보세건설장의 특허기간은 다음 각 호의 구분에 따른다. 다만, 세관장은 전시목적을 달성하거나 공사를 진척하기 위하여 부득이하다고 인정할 만한 사유가 있을 때에는 그 기간을 연장할 수 있다.
>   1. 보세전시장 : 해당 박람회 등의 기간을 고려하여 세관장이 정하는 기간
>   2. 보세건설장 : 해당 건설공사의 기간을 고려하여 세관장이 정하는 기간

※ 출제 당시에는 보세판매장 특허기간이 "5년"이었으나 법령 개정에 따라 "10년"으로 연장되었습니다. 이에 따라 ①과 ②가 모두 옳은 보기입니다.

18 외국물품과 내국운송의 신고를 하려는 내국물품은 보세구역이 아닌 장소에 장치할 수 없다. 다만, 다음의 어느 하나에 해당하는 물품은 그렇지 않다.

> 물품의 장치(「관세법」 제155조 제1항)
> 1. 「관세법」 제241조 제1항에 따른 수출신고가 수리된 물품
> 2. 크기 또는 무게의 과다나 그 밖의 사유로 보세구역에 장치하기 곤란하거나 부적당한 물품(이 경우는 세관장의 허가를 받아야 함)
> 3. 재해나 그 밖의 부득이한 사유로 임시로 장치한 물품
> 4. 검역물품
> 5. 압수물품
> 6. 우편물품

Plus One

「관세법」에 따른 압수물품은 세관 압수창고에 보관하거나 소지자·보관자 기타 이에 준하는 자에게 위탁보관할 수 있도록 규정되어 있다(「압수물품의 보관관리에 관한 훈령」 제10조·제11조).

19 특허수수료는 분기 단위로 매 분기 말까지 다음 분기분 납부를 원칙으로 하되(분기 단위 납부원칙) 운영인이 원할 경우 1년 단위로 일괄 선납부도 가능하며, 특허보세구역 설치·운영 특허일이 속한 분기분의 수수료는 면제된다 (「관세법 시행규칙」 제68조 제3항).

20 "2년 이상 물품의 반입실적이 없어서 세관장이 특허보세구역의 목적을 달성하기 곤란하다고 인정하는 경우"는 물품반입 등의 정지사유가 아닌 특허취소 사유에 해당한다.

특허보세구역 물품의 반입정지 사유와 특허취소 사유[「관세법」 제178조 제1항·제2항, 「관세법 시행령」 제193조의2, 「보세창고 특허 및 운영에 관한 고시」(舊 : 「특허보세구역 운영에 관한 고시」) 제18조]

물품반입 등의 정지사유	• 장치물품에 대한 관세납부 능력이 없다고 인정될 경우 • 본인이나 사용인이 「관세법」이나 「관세법」 명령을 위반한 경우 • 시설미비 등으로 특허보세구역 설치목적의 달성이 곤란한 경우 • 재고조사 결과 원자재소요량 관리가 적정하지 않은 경우 • 1년 동안 계속하여 물품의 반입·반출 실적이 없거나, 6개월 이상 보세작업을 하지 않은 경우 • 운영인이 최근 1년 이내에 법에 따른 절차 등을 위반한 경우 등 관세청장이 정하는 사유에 해당하는 경우 • 운영인 또는 종업원이 합법가장 밀수를 인지하고도 세관장에게 보고 없이 보관·반출 시 • 세관장의 시설구비명령 미이행 또는 중대한 관리소홀로 보관 중인 보세화물 도난·분실 시 • 운영인 또는 종업원의 관리소홀로 해당 보세구역에서 밀수 발생 시 • 운영인이 최근 1년 3회 이상 경고처분을 받은 경우

특허취소 사유	• 거짓 등의 부정한 방법으로 특허를 받은 경우 • 운영인의 결격사유(「관세법」제175조)에 해당되는 경우. 다만, 제175조 제8호에 해당하는 경우[제2호부터 제7호까지에 해당하는 자를 임원(해당 보세구역의 운영업무를 직접 담당하거나 이를 감독하는 자로 한정)으로 하는 법인]로서 제2호(피성년후견인과 피한정후견인) 또는 제3호(파산선고를 받고 복권되지 않은 자)에 해당하는 사람을 임원으로 하는 법인이 3개월 이내에 해당 임원을 변경한 경우에는 그렇지 않다. • 최근 1년 이내 3회 이상 물품반입 등의 정치처분(과징금 부과처분 포함)을 받은 경우 • <u>2년 이상 물품 반입실적이 없어 세관장이 특허보세구역의 설치 목적을 달성하기 곤란하다고 인정한 경우</u> • 특허보세구역 운영인 명의대여 금지 규정을 위반하고 명의를 대여한 경우

21 해당 특허보세구역에 있는 외국물품 종류・수량 등을 고려하여 <u>6개월 범위 내의 세관장</u>이 지정하는 지정기간 동안 특허보세구역으로 간주(특허의제)하여 해당 기간 동안 운영인・상속인 또는 승계법인에게 해당 특허보세구역 장치물품에 관한 특허가 있는 것으로 본다(「관세법」제182조 제2항).

Plus One

보세구역(물품반입)은 수입화주와의 사적계약에 의한 것으로 사적계약을 무시하고 타 보세창고로 반출을 하는 것은 사법상 계약에 있어 여러 가지 문제를 야기하므로 사법상 계약이행을 고려하여 특허상실일부터 6개월 범위 내에서 외국물품의 종류・수량 등을 고려하여 의제기간을 두고 있는 것이다.

22 등기사항을 변경한 경우는 승인대상이 아니며, 세관장에게 지체 없이 통보하면 된다(「관세법 시행령」제190조 제2항).

23 C. 운영인이 해산하거나 사망한 경우 : 특허효력의 상실사유(「관세법」제179조 제1항)
E. 본인이나 그 사용인이 「관세법」 또는 「관세법」에 따른 명령을 위반한 경우 : 반입정지 사유(「관세법」제178조 제1항)

> 특허취소 사유(「관세법」제178조 제2항)
> 세관장은 특허보세구역의 운영인이 다음 각 호의 어느 하나에 해당하는 경우에는 그 특허를 취소할 수 있다. 다만, 제1호, 제2호 및 제5호에 해당하는 경우에는 특허를 취소해야 한다.
> 1. <u>거짓이나 그 밖의 부정한 방법으로 특허를 받은 경우</u>
> 2. 제175조 각 호의 어느 하나에 해당하게 된 경우. 다만, 제175조 제8호에 해당하는 경우로서 같은 조 제2호 또는 제3호에 해당하는 사람을 임원으로 하는 법인이 3개월 이내에 해당 임원을 변경한 경우에는 그렇지 않다.
> 3. <u>1년 이내에 3회 이상 물품반입 등의 정지처분(제3항에 따른 과징금 부과처분을 포함한다)을 받은 경우</u>
> 4. 2년 이상 물품의 반입실적이 없어서 세관장이 특허보세구역의 설치 목적을 달성하기 곤란하다고 인정하는 경우
> 5. <u>제177조의2를 위반하여 명의를 대여한 경우</u>

24 ①·②·③·⑤ 경고처분 사유(「보세창고 특허 및 운영에 관한 고시」 제18조 제2항)에 해당한다.

주의처분 사유(「보세창고 특허 및 운영에 관한 고시」 제18조 제1항)
• 제17조 제2항 제2호·제3호·제4호·제5호, 제4항, 제20조 제1항을 위반한 경우

> – 운영인 결격사유 이외에 세관장 통보·보고의무를 위반했을 때(도난, 화재, 침수, 기타 사고가 발생한 때, 보세구역에 장치한 물품이 선적서류, 보세운송신고필증 또는 포장 등에 표기된 물품과 상이한 사실을 발견한 때, 보세구역에 종사하는 직원을 채용하거나 면직한 때, 보세구역의 건물, 시설 등에 관하여 소방서 등 행정관청으로부터 시정명령을 받은 때)
> – 특허수수료를 납부하지 않은 때
> – 보세구역 운영상황을 보고하지 않은 때

• 「보세화물관리에 관한 고시」 제5조 제4항, 제9조 제1항·제3항·제5항, 제10조 제1항·제2항·제3항·제5항, 제11조, 제12조 제5항, 제13조 제3항, 제17조 제2항, 제32조를 위반한 경우

> – 위험물 반입 발견 시 세관장 보고의무를 위반했을 때
> – 보세화물 반입절차에 관련된 사항을 위반했을 때(하선신고서에 의한 보세화물 반입 시 반입예정정보와 대조확인, 보세운송물품 도착 시 화물이상 확인, 반입 즉시 전자문서로 반입신고서 제출, 2년간 서류보관, 반입신고 내용 정정하려는 경우 세관장 승인)
> – 보세화물 반출절차에 관련된 사항을 위반했을 때[수입신고 수리, 반송신고 수리, 폐기, 공매낙찰, 적재 등을 위한 물품 반출요청을 받은 경우 세관화물정보시스템의 반출승인정보와 대조확인, 보세운송신고 수리(승인)된 물품 현품확인, 반출 전 전자문서로 반출신고서 제출, 반출신고 내용 정정하려는 경우 세관장 승인]
> – 컨테이너화물의 반출입신고의무를 위반했을 때
> – 1년 이상 내국물품만을 장치하는 경우 대장관리 등 기록유지 없이 반출입신고를 생략했을 때
> – B/L 제시 인도물품 반출 시 B/L 확인을 생략하거나 반출신고를 생략했을 때
> – 장치물품의 수입신고 전 확인 규정에 따른 승인서 확인내역 기록관리의무를 위반했을 때
> – 보세구역 출입문 개폐 또는 물품취급 중 관리감독과 출입자단속에 이상을 발견한 경우 세관공무원에게 보고하지 않았을 때

경고처분 사유(「보세창고 특허 및 운영에 관한 고시」 제18조 제2항)
• 제17조 제1항 후단, 제3항·제6항·제7항·제8항을 위반한 경우

> – 장치화물 관련 서류 2년 보관의무 위반
> – 세관장 통보·보고·신고(폐업보고, 운영 휴지보고, 법인등기사항 변경통보) 또는 승인의무 위반(업무내용 변경승인, 수용능력증감 승인 등)
> – 장치물품 및 수용능력 범위 내 물품 장치의무 위반
> – 야적대상이 아닌 물품 야적금지 규정 위반
> – 부패·변질의 우려가 있는 등 물품 격리·폐기의무 위반 등

• 보관화물에 대한 멸실이 발생한 때(다만, 재해, 천재지변 등 운영인의 귀책사유가 없는 경우 제외)

• 「보세화물관리에 관한 고시」 제5조 제2항, 제6조 제3항, 제9조 제2항·제4항, 제10조 제4항, 제12조 제2항·제4항, 제16조 제1항, 제21조 제2항·제3항, 제27조 제1항, 제30조 제4항을 위반한 경우

> - 반입물품 이상보고 의무 위반
> - 반출명령 이행 및 결과보고 의무 위반
> - 세관봉인대 봉인물품 반입 시 봉인이상 여부 보고 및 확인내역 유지의무 위반
> - 보세운송 완료물품 반입 시 이상 여부 확인 및 보고의무 위반
> - 반출절차 중 이상 발견 시 보고 및 처리절차 위반
> - 내국물품 반출입신고, 내국물품장치승인신청 미이행
> - 분기별 재고조사 및 보고의무 위반
> - 포괄보수작업승인신청 절차 위반
> - 멸실신고 의무 위반
> - 견본품 반출입사항 기록관리 의무 위반 등

• 상기 내용에 해당하는 경우에도 법규수행능력 우수업체(A등급)에 대하여는 주의처분을 할 수 있다.

25 컨테이너전용 보세창고의 화물조작장(CFS) 면적은 물동량에 따라 운영인이 자율적으로 결정할 수 있다.

> 특수보세창고의 요건 등(「보세창고 특허 및 운영에 관한 고시」 제11조 제3항)
> 컨테이너전용 보세창고는 다음의 요건을 갖추어야 한다.
> 1. 부지면적은 15,000m² 이상이어야 한다.
> 2. 보세화물을 보관하고 컨테이너 적입화물을 적출하는 화물조작장(이하 "CFS"라 한다)을 설치하여야 하나, CFS 면적은 물동량에 따라 운영인이 자율적으로 결정할 수 있다.
> 3. 건물 및 주변의 시설요건에 관하여는 제10조를 준용한다.
> 4. 컨테이너 보세창고에는 컨테이너 장치에 지장이 없는 최소한의 면적 범위에서 컨테이너로 반입된 거대·중량 또는 장척화물을 장치할 수 있는 야적장을 설치할 수 있다.
> 5. 컨테이너를 차량에 적재한 상태로 건물에 접속시켜 2대 이상 동시에 개장검사할 수 있는 컨테이너검사장(컨테이너에서 물품을 적출할 수 있는 이동식 컨테이너 검사대를 구비한 경우를 포함한다)과 컨테이너차량이 2대 이상 동시에 검사대기할 수 있는 장소를 갖추어야 한다. 다만, 제2호에 따른 창고의 일부를 컨테이너검사장으로 대체하려는 경우에는 그 시설이 이 호의 기준을 충족하고 보세화물 보관장소와 구분되어야 한다.

01	02	03	04	05	06	07	08	09	10
④	②	②	③	②	②	①	②	④	⑤
11	12	13	14	15	16	17	18	19	20
⑤	②	④	⑤	③	⑤	③	①	⑤	③
21	22	23	24	25					
①	③	④	③	③					

01 항공화물의 입항 전 적재화물목록 제출시기(「보세화물 입출항 하선 하기 및 적재에 관한 고시」 제21조 제1항)

원 칙	입항 전 적재화물목록 제출의무자는 항공기가 입항하기 <u>4시간 전까지</u> 적재화물목록을 항공기 입항예정지 세관장에게 전자문서로 제출해야 한다.
근거리 지역	근거리 지역[해상화물 근거리 지역(중국·일본·대만·홍콩·러시아 극동지역 등)과 필리핀, 베트남, 캄보디아, 태국, 인도네시아, 말레이시아, 싱가포르, 라오스, 미얀마, 몽골, 카자흐스탄, 괌, 마카오, 사이판]의 경우에는 적재항에서 항공기가 <u>출항하기 전까지</u> 제출해야 한다.
특송화물	특송화물의 경우에는 항공기가 입항하기 <u>30분 전까지</u> 제출해야 한다.

Plus One

항공화물로 반입되는 특송화물의 적재화물목록 제출기한은 2024년 6월 12일 시행한 「보세화물 입출항 하선 하기 및 적재에 관한 고시」 개정으로 (기존) 입항 전 1시간까지 제출하도록 하던 것을 (현행) 입항 전 30분까지 제출할 수 있도록 변경되었다. 해당 규정을 반영하여 보기를 수정하였다.

02 하역장소 보세구역 운영인은 화물분류 완료 후 해당 물품을 지정된 하기장소 보세구역 운영인에게 지체 없이 인계해야 하며, 해당 물품을 인수받은 운영인은 입항 다음 날까지 지정된 하기장소에 반입해야 한다. 다만, 위험물품의 경우에는 지체 없이 하기장소에 반입해야 한다(「보세화물 입출항 하선 하기 및 적재에 관한 고시」 제30조 제1항).

Plus One

- 2023년 8월 25일 「보세화물 입출항 하선 하기 및 적재에 관한 고시」 개정으로 보기 ②, ⑤ 관련 내용이 바뀌었다.
- 보기 ② 관련, 출제 당시에는 하기장소 반입기한이 "입항 후 24시간 이내"였으나 고시 개정에 따라 "입항 다음 날까지"로 연장되었다. 그러나 정답에는 영향이 없다.
- 보기 ⑤ 관련, 출제 당시에는 실물이 적재화물목록상의 내역과 상이할 경우 보세구역 운영인이 "반입사고화물로 분류하여 신고"하도록 규정되어 있었으나 실무 절차를 반영하여 "반입물품 이상보고를 하거나, 반입사고화물로 분류하여 신고"하도록 개정되었다. 보기 ⑤는 개정 규정을 반영하여 수정되었다.

03 ① 적재화물목록 제출이 완료된 이후 보세운송하여 보세구역에 반입된 화물의 적재화물목록 정정신청은 <u>도착지 보세구역 관할 세관장에게 제출해야 한다</u>(「보세화물 입출항 하선 하기 및 적재에 관한 고시」 제25조 제1항).
③ 반입결과 이상보고서가 제출된 물품의 적재화물목록 정정은 이상보고서 제출일로부터 <u>15일 이내</u>에 신청해야 한다(「보세화물 입출항 하선 하기 및 적재에 관한 고시」 제25조 제3항).
④ 포장파손이 용이한 물품은 중량의 <u>과부족이 5% 이내</u>인 경우 적재화물목록 정정신청을 생략할 수 있다(「보세화물 입출항 하선 하기 및 적재에 관한 고시」 제26조 제1항).
⑤ 화물관리 세관공무원은 <u>반입화물의 수량에 대해 운항선사가 이상보고를 한 경우</u> 직권으로 적재화물목록을 정정할 수 있다(「보세화물 입출항 하선 하기 및 적재에 관한 고시」 제27조 제1항).

04 해상화물의 반입기한, 하선장소 물품반입 후 컨테이너 적출 및 반입작업을 하려는 경우 신고단위 등은 다음과 같다.

> 하선장소 물품반입(「보세화물 입출항 하선 하기 및 적재에 관한 고시」제19조)
> ① 하선신고를 한 자는 입항일(외항에서 입항수속을 한 경우 접안일)로부터 다음의 어느 하나에 해당하는 기간 내에 해당 물품을 하선장소에 반입해야 한다.
>   1. 컨테이너화물 : <u>5일</u>
>   2. 원목, 곡물, 원유 등 벌크화물 : <u>10일</u>
> ③ LCL화물이 Master B/L 단위로 반입신고된 후 사정변경 등의 사유로 해당 하선장소의 CFS 내에 컨테이너 적출 및 반입작업을 하려는 때에는 당해 컨테이너의 내장화물 적출사실을 세관장에게 신고하고 <u>House B/L 단위</u>로 물품반입신고를 해야 한다.
>
> 해상화물 하선신고 시 신고단위(「보세화물 입출항 하선 하기 및 적재에 관한 고시」제15조 제1항)
> 운항선사(공동배선의 경우에는 용선선사를 포함한다) 또는 그 위임을 받은 하역업체가 화물을 하선하려는 때에는 <u>Master B/L 단위</u>의 적재화물목록을 기준으로 하역장소와 하선장소를 기재한 하선신고서를 세관장에게 전자문서로 제출해야 한다.

※ 출제 당시에는 컨테이너화물의 하선장소 반입기한이 "3일"이었으나 고시 개정에 따라 "5일"로 연장되었습니다. 해당 문제는 개정 규정을 반영하여 수정되었습니다.

05 근거리 지역(중국 · 일본 · 대만 · 홍콩 · 러시아 극동지역 등과 필리핀, 베트남, 캄보디아, 태국, 인도네시아, 말레이시아, 싱가포르, 라오스, 미얀마, 몽골, 카자흐스탄, 괌, 마카오, 사이판)의 경우에는 해당 물품을 선박에 적재하기 전까지 물품목록을 제출하되 선박이 <u>출항하기 30분 전까지</u> 최종 마감하여 제출해야 한다(「보세화물 입출항 하선 하기 및 적재에 관한 고시」제43조 제3항).

06 선사 또는 항공사는 적재결과 물품이 적재화물목록과 상이할 때에는 <u>적재완료 다음 날까지</u> 적재결과보고서를 작성하여 세관장에게 제출해야 한다(「보세화물 입출항 하선 하기 및 적재에 관한 고시」제42조 제2항).

07 화물운송주선업자의 등록을 하려는 자는 화물운송주선업자 등록(갱신)신청서를 <u>통관지 세관장에게</u> 제출해야 한다(「화물운송주선업자의 등록 및 관리에 관한 고시」제4조 제1항).

08 복합환적화물을 보세운송하려는 화주 등은 최초 입항지 세관장에게 <u>House B/L 단위</u>로 운송업체(화주 등이 직접 운송하는 경우에는 해당 화주 등을 말함)와 반출 예정지 보세구역을 적재화물목록에 기재하여 신고해야 한다(「환적화물 처리절차에 관한 특례고시」제8조 제2항).

Plus One

「환적화물 처리절차에 관한 특례고시」가 2023년 1월 개정되며 제8조 "일관운송 환적절차"가 "복합환적절차"로 바뀌었으며, 적재화물목록에 보세운송인과 목적지를 기재하여 제출하는 것으로 "반출입신고 및 보세운송신고(승인)"를 모두 갈음하던 것을 "보세운송신고(승인)"만 갈음하는 것으로 하여 복합환적화물의 반출입신고를 정상화하였다. 해당 문제는 이를 반영하여 보기 ①이 수정되었다.

09 비가공증명서를 발급받으려는 자는 보세구역 운영인 또는 자유무역지역 입주기업체가 발행하는 다음의 사항을 기재한 일시장치 확인서와 별지 제5호 서식의 비가공증명 신청서를 세관장에게 제출해야 한다.

> 일시장치 확인서 기재사항(「환적화물 처리절차에 관한 특례고시」 제12조 제2항)
> 1. 일시장치장소
> 2. 화물관리번호
> 3. B/L(AWB)번호
> 4. 반입일자
> 5. 품명, 반입중량, 수량
> 6. 해당 화물이 하역, 재선적, 운송을 위한 작업과 그 밖에 정상상태를 유지하기 위한 작업 외의 가공을 하지 않았다는 사실 확인

10 도착지 세관장이 신고지 세관장에게 이상내역 통보를 하면, 신고지 세관장이 사실을 확인하는 조사를 한 후 처벌, 관세추징 등의 조치를 취하고 그 결과를 세관화물정보시스템에 등록해야 한다(「보세운송에 관한 고시」 제42조 제2항).

11 "수출입 안전관리 우수업체 또는 직전 법규수행능력평가 B등급 이상의 법인"은 일반 간이보세운송업자 지정요건 에 해당한다.

> 특정물품 간이보세운송업자 지정요건(「보세운송에 관한 고시」 제18조 제1항)
> 1. 자본금 3억 원 이상인 법인
> 2. 2억 원 이상의 인·허가 보증보험에 가입한 자이거나 「관세법」 제24조에 따른 담보(부동산은 제외)를 2억 원 이상 제공한 자
> 3. 유개(有蓋)화물자동차 10대 이상과 트랙터 10대 이상 보유한 자
> 4. 임원 중 관세사 1명 이상 재직하고 있는 업체

12 운송수단 배차예정내역신고서를 제출함에 있어서 철도·선박·항공은 제외된다(「보세운송에 관한 고시」 제26조 제2항).

13 "보세운송절차를 요하지 않는 물품"에 해당하는 물품은 다음과 같다. 그 외의 물품은 외국물품인 상태로 보세구역 등(「관세법」 제213조 제1항 각 호에 열거된 장소) 간에 운송하려면 보세운송절차를 거쳐야 한다.

> 보세운송절차를 요하지 않는 물품(「보세운송에 관한 고시」 제4조 제1항)
> 1. 「우편법」에 따라 체신관서의 관리하에 운송되는 물품
> 2. 「검역법」 등에 따라 검역관서가 인수하여 검역소 구내계류장 또는 검역시행 장소로 운송하는 검역대상 물품
> 3. 국가기관에 의하여 운송되는 압수물품

14 보세운송 승인요건에 위배되는 경우 보세운송 승인을 할 수 없다(「보세운송에 관한 고시」 제33조 제2항).

15 보세구역 외 장치장에 반입한 화물 중 수입신고 수리된 화물은 반출신고를 생략한다(「보세화물관리에 관한 고시」 제15조 제3항).

16 관할 세관 내에 영업용 보세창고가 없어 세관지정장치장에 장치하고자 하는 경우는 <u>세관장의 승인 없이</u> 장치할 수 있다(「보세화물관리에 관한 고시」 제5조 제5항).

17 ① 선사는 화주 또는 그 위임을 받은 자가 <u>운영인</u>과 협의하여 정하는 장소에 보세화물을 장치하는 것을 원칙으로 한다(이하 「보세화물관리에 관한 고시」 제18조 참고).
② 화주 또는 그 위임을 받은 자가 장치장소에 대한 별도의 의사표시가 없는 경우, Master B/L화물은 <u>선사</u>가 선량한 관리자로서 장치장소를 결정한다.
④ 입항 전 또는 하선(기) 전에 수입신고가 된 물품은 <u>보세구역에 반입함이 없이 부두 또는 공항 내</u>에서 통관절차와 검사절차를 수행하도록 해야 한다.
⑤ 수입고철(비금속설 포함)은 <u>고철전용장치장</u>에 장치하는 것을 원칙으로 한다.

18 운영인은 <u>매 분기별</u> 자체 전산시스템의 재고자료를 출력하여 실제 재고와 이상이 있는지를 확인해야 하며, 전체 전산재고 내역과 현품 재고조사 결과를 세관장에게 보고해야 한다(「보세화물관리에 관한 고시」 제16조 제1항).

19 외국물품은 수입될 물품의 보수작업의 재료로 사용할 수 없다(「관세법」 제158조 제6항).

20 관세청장이 정하는 보세구역에 반입되어 수입신고가 수리된 물품의 화주 또는 반입자는 장치기간 규정에도 불구하고 그 <u>수입신고 수리일부터 15일 이내</u>에 해당 물품을 보세구역으로부터 반출해야 한다(「관세법」 제157조의2). 이를 위반한 경우에는 해당 수입화주를 조사한 후 <u>과태료</u>를 부과한다(기간별·위반횟수별 차등부과)(「관세법」 제277조).

21 보세구역에 장치된 물품에 이상이 있는 때에는 장치장소, 발견연월일, 이상의 원인 및 상태 등을 기재한 신고서를 세관장에게 제출해야 한다(「관세법 시행령」 제182조 제1항).

작업별 허가·승인·신고의 구분

구 분	종 류
세관장 허가대상	해체·절단 등의 작업, 견본품의 반출
세관장 승인대상	보수작업, 폐기작업
세관장 신고대상	물품의 멸실, 물품의 도난·분실, 장치물품 이상신고

22 A → 6개월, B → 2개월, C → 2개월, D → 1개월, E → 1개월

보세구역별 장치기간

구 분	장치기간
지정장치장	지정장치장 반입물품의 장치기간은 <u>6개월</u>로 한다. 단, 부산항·인천항·인천공항·김해공항 항역 내 지정장치장으로 반입된 물품과 특송물품의 장치기간은 <u>2개월</u>로 하며, 세관장이 필요하다고 인정할 시 <u>2개월</u> 범위 내에서 그 기간을 연장할 수 있다.
보세구역 외 장치허가물품	보세구역 외 장치 허가장소 반입물품(「관세법」 제155조 제1항 제1호부터 제3호까지의 물품)의 장치기간은 세관장이 허가한 기간(연장기간 포함)으로 한다.
여행자휴대품 등	여행자휴대품 중 유치물품 및 습득물의 장치기간은 <u>1개월</u>이며, 예치물품 장치기간은 예치증에 기재된 출국예정시기에 1개월을 가산한 기간으로 한다. 단, 유치물품은 화주 요청이 있거나 세관장이 필요하다고 인정 시 <u>1개월</u> 범위에서 기간을 연장할 수 있다.

	보세창고 반입물품 장치기간은 6개월로 하되, 세관장이 필요하다고 인정할 경우 6개월 범위에서 그 기간을 연장할 수 있다. 단, 다음 물품의 장치기간은 비축에 필요한 기간으로 한다.
보세창고	• 정부비축물품 • 정부와의 계약이행을 위하여 비축하는 방위산업용품 • 장기간 비축이 필요한 수출용 원재료, 수출품보수용 물품 • 국제물류촉진을 위하여 장기간 장치가 필요한 물품(LME, BWT 등)으로서 세관장이 인정하는 물품
	다음 물품은 그 구분에 따르며 세관장이 필요하다고 인정할 경우 2개월 범위에서 그 기간을 연장할 수 있다. 단, 비축물자(위 박스)에 해당하는 물품의 장치기간은 비축에 필요한 기간으로 한다.
	• 인천공항 및 김해공항 항역 내 보세창고(단, 자가용 보세창고 제외) : 2개월 • 부산항 부두 내 보세창고와 부두 밖 컨테이너전용 보세창고(CFS 포함) : 2개월 • 인천항 부두 내 보세창고와 부두 밖 컨테이너전용 보세창고(CFS 포함) : 2개월
기타 특허보세구역	보세공장 · 보세전시장 · 보세건설장 · 보세판매장 반입물품 장치기간은 특허기간으로 한다.

23 별도의 공고 없이 폐기할 수는 없다. 급박하여 통고할 여유가 없는 경우에는 폐기한 후 즉시 통고해야 한다. 통고를 할 때 화주 등의 주소나 거소를 알 수 없거나 그 밖의 사유로 통고할 수 없는 경우에는 공고로써 이를 갈음할 수 있다.

> 폐기명령 대상 등(「보세화물장치기간 및 체화관리에 관한 고시」 제40조)
> 세관장은 법 제160조 제4항에 따라 다음 각 호의 어느 하나에 해당하는 물품은 그 장치기간에도 불구하고 화주, 반입자 또는 그 위임을 받은 자에게 1개월의 기간을 정하여 별지 제9호 서식으로 폐기 또는 반송을 명할 수 있다. 다만, 급박하여 통고할 여유가 없을 때에는 <u>폐기한 후 즉시 통고해야 한다</u>.
>
> 장치물품의 폐기(「관세법」 제160조 제5항)
> 제4항에 따른 통고를 할 때 화주 등의 주소나 거소를 알 수 없거나 그 밖의 사유로 통고할 수 없는 경우에는 <u>공고로써 이를 갈음할 수 있다</u>.

24 요건확인품목을 수입조건으로 공매하는 때에는 낙찰자가 <u>물품을 인도받기 전에 요건을 구비하는 것을</u> 조건으로 공매한다(「보세화물장치기간 및 체화관리에 관한 고시」 제17조 제4항).

25 ① 보세판매장에 반입한 물품에 대해서는 <u>관할 세관장</u>이 화주나 반입자 또는 그 위임을 받은 자("화주 등")에게 반출통고한다(「보세화물장치기간 및 체화관리에 관한 고시」 제6조 제1항).
② 영업용 보세창고에 반입한 물품의 반출통고는 <u>보세구역 운영인</u>이 화주 등에게 한다(「보세화물장치기간 및 체화관리에 관한 고시」 제6조 제2항).
④ 지정장치장, 보세창고에 반입한 물품에 대한 반출통고는 <u>장치기간 만료 30일 전까지</u> 해야 한다(「보세화물장치기간 및 체화관리에 관한 고시」 제7조 제1항).
⑤ 장치기간이 2개월 미만인 물품(유치 · 예치물품 등)의 반출통고는 <u>장치기간 만료시점</u>에 해야 한다(「보세화물장치기간 및 체화관리에 관한 고시」 제7조 제3항).

01	02	03	04	05	06	07	08	09	10
④	③	③	④	⑤	④	①	③	①	①
11	12	13	14	15	16	17	18	19	20
①	⑤	⑤	②	④	④·⑤	⑤	②	②	③
21	22	23	24	25					
①	②	②	④	③					

01 국제무역선이나 국제무역기가 국제항에 입항하여 물품(선박용품 또는 항공기용품과 승무원의 휴대품은 제외)을 하역하지 않고 입항한 때부터 <u>24시간</u> 이내에 출항하는 경우 세관장은 적재화물목록, 선박용품 또는 항공기용품의 목록, 여객명부, 승무원명부, 승무원 휴대품목록의 제출을 생략하게 할 수 있다(「관세법」 제137조 제1항).

02 수리업자 등은 조건부 하역한 외국선박용품을 하역일로부터 <u>30일</u> 이내에 해당 선박에 적재하고 세관장에게 완료보고해야 한다.

> 조건부 하역 선박용품의 관리(「선박용품 등 관리에 관한 고시」 제15조)
> ① 선박용품 수리업자 및 선박회사(이하 "수리업자 등"이라 한다)가 수리·점검 등을 위하여 외국선박용품을 일시 하선하려는 때에는 별지 제4호 서식의 선박용품 하선허가신청서를 관할 세관장에게 제출해야 한다. 이 경우 선박용품 하선신청 및 허가는 「관세법」 제158조에 따른 보세구역 외 보수작업의 신청 및 승인으로 본다.
> ② 수리업자 등은 조건부 하역한 외국선박용품을 하역일로부터 30일 이내에 해당 선박에 적재(별지 제3호 서식)하고 세관장에게 완료보고해야 한다. 다만, 세관장이 선박용품의 수리 지연 등 부득이한 사유가 있다고 인정하는 때에는 5월의 범위 내에서 적재 기간을 연장하거나, 같은 선사 소속의 다른 국제무역선에 적재하도록 할 수 있다.

03 A → 즉시검사화물, B → 반입 후 검사화물, C → 운송추적감시화물

용어의 정의(「관리대상화물 관리에 관한 고시」 제2조 참조)

즉시검사화물	세관장이 선별한 검사대상화물 중 검색기검사를 하지 않고 바로 개장검사를 실시하는 화물
반입 후 검사화물	세관장이 선별한 검사대상화물 중 하선(기)장소 또는 장치예정장소에서 이동식검색기로 검사하거나 컨테이너적출 시 검사하는 화물
운송추적감시화물	세관장이 선별한 감시대상화물 중 하선(기)장소 또는 장치예정장소까지 추적감시하는 화물

04 국제무역선이나 국제무역기에는 내국물품을 적재할 수 없다. 다만, 세관장의 <u>허가</u>를 받았을 때에는 그렇지 않다(「관세법」 제140조 제6항).

05 A → 15일, B → 15일, C → 7일

> **이행기간(「선박용품 등 관리에 관한 고시」 제12조 제1항)**
> 선박용품 등의 적재·환적 허가를 받은 자는 허가일부터 7일 이내에 적재 등을 완료해야 한다. 다만, 1회 항행일수가 7일 이내인 국제무역선은 해당 항차의 출항허가 전까지 그 절차를 완료해야 한다.
>
> **보세운송기간(「선박용품 등 관리에 관한 고시」 제19조 제1항)**
> 보세운송기간은 보세운송신고 수리(승인)일로부터 15일 이내에서 실제 운송에 필요한 기간으로 한다. 다만, 세관장은 그 사유가 타당하다고 인정하는 경우에는 15일 이내에서 한 번만 연장승인할 수 있다.

06 A → 50회, B → 6회, C → 4만 명, D → 관세청장

> **국제항의 지정요건 등(「관세법 시행령」 제155조의2)**
> ① 「관세법」 제133조 제2항에 따른 국제항의 지정요건은 다음 각 호와 같다.
> 1. 「선박의 입항 및 출항 등에 관한 법률」 또는 「공항시설법」에 따라 국제무역선(기)이 항상 입출항할 수 있을 것
> 2. 국내선과 구분되는 국제선 전용통로 및 그 밖에 출입국업무를 처리하는 행정기관의 업무수행에 필요한 인력·시설·장비를 확보할 수 있을 것
> 3. 공항 및 항구의 여객수 또는 화물량 등에 관한 다음 각 목의 구분에 따른 기준을 갖출 것
>   가. 공항의 경우 : 다음의 어느 하나의 요건을 갖출 것
>   1) 정기여객기가 주 6회 이상 입항하거나 입항할 것으로 예상될 것
>   2) 여객기로 입국하는 여객수가 연간 4만 명 이상일 것
>   나. 항구의 경우 : 국제무역선인 5천톤급 이상의 선박이 연간 50회 이상 입항하거나 입항할 것으로 예상될 것
> ② 관세청장 또는 관계행정기관의 장은 국제항이 제1항에 따른 지정요건을 갖추지 못하여 업무수행 등에 상당한 지장을 준다고 판단하는 경우에는 기획재정부장관에게 그 사실을 보고해야 한다. 이 경우 기획재정부장관은 관세청장 또는 국제항시설의 관리기관의 장과 국제항에 대한 현장점검을 할 수 있다.

07 세관장은 다음 어느 하나에 해당하는 사유가 있는 때에는 출입허가수수료를 징수하지 않는다.

> **국제항이 아닌 지역에 대한 출입허가수수료를 징수하지 않는 경우(「관세법 시행규칙」 제62조 제2항)**
> 1. 법령의 규정에 의하여 강제로 입항하는 경우
> 2. 급병환자, 항해 중 발견한 밀항자, 항해 중 구조한 조난자·조난선박·조난화물 등의 하역 또는 인도를 위하여 일시입항하는 경우
> 3. 위험물품·오염물품 기타 이에 준하는 물품의 취급, 유조선의 청소 또는 가스발생선박의 가스제거작업을 위하여 법령 또는 권한 있는 행정관청이 정하는 일정한 장소에 입항하는 경우
> 4. 국제항의 협소 등 입항여건을 고려하여 관세청장이 정하는 일정한 장소에 입항하는 경우

08 기장 등이 항공기의 전환을 신청하려는 때에는 승무원휴대품과 항공기용품을 제외한 다른 화물이 적재되어 있지 않아야 한다. 다만, 다른 화물이 적재되어 있는 상태에서 전환하려는 때에는 전환승인 신청 시 품명, 규격, 수(중)량 및 그 사유를 기재해야 한다(「국제무역기의 입출항절차 등에 관한 고시」 제13조).

09 "관리대상화물"이란 국가안보, 사회 안전, 환경보호, 불법·부정 무역방지 등을 위한 감시·단속을 목적으로 세관장 지정보세구역 등에 장치하거나 검사 등을 실시하는 화물로 다음의 물품을 의미한다.

> 관리대상물에 해당하는 물품(「관리대상물 관리에 관한 고시」 제2조 제1호)
> 가. 세관장이 선사 등으로부터 받은 적재화물목록에 의거 감시단속 대상으로 선별한 검사대상물(검색기 검사화물, 즉시검사화물, 반입 후 검사화물 및 수입신고 후 검사화물) 및 감시대상화물[하선(기)감시화물 및 운송추적감시화물]
> 나. 특송물품
> 다. 이사자와 단기체류자가 반입하는 이사물품
> 라. 여행자의 유치물품 및 예치물품
> 마. 보세판매용 물품(보세판매장 판매용 물품으로 외국물품만 의미)

10 화주 또는 화주로부터 권한을 위임받은 자는 선별된 검사대상물 및 감시대상물이 다음 어느 하나에 해당하는 경우 세관장에게 검사대상물의 해제를 신청할 수 있으며, 신청서류는 우편, 팩스, 전자우편으로 제출할 수 있다.

> 검사대상물의 해제(「관리대상물 관리에 관한 고시」 제13조 제1항)
> 1. 원자재(수출, 내수용 포함) 및 시설재인 경우
> 2. 보세공장, 보세건설장, 보세전시장, 보세판매장에 반입하는 물품인 경우
> 3. 학술연구용 실험기자재이거나 실험용품인 경우
> 4. 그 밖에 세관장이 상기에 준하는 사유가 있다고 인정하는 경우

11
> 수출입안전관리 기준 준수도의 측정·평가(「관세법」 제255조의7)
> ① 관세청장은 수출입 안전관리 우수업체로 공인받기 위한 신청 여부와 관계없이 수출입물품의 제조·운송·보관 또는 통관 등 무역과 관련된 자 중 대통령령으로 정하는 자를 대상으로 「관세법」 제255조의2 제1항에 따른 안전관리 기준을 준수하는 정도를 대통령령으로 정하는 절차에 따라 측정·평가할 수 있다.
> ② 관세청장은 제1항에 따른 측정·평가 대상자에 대한 지원·관리를 위하여 같은 항에 따라 측정·평가한 결과를 대통령령으로 정하는 바에 따라 활용할 수 있다.

12 수출입 안전관리 우수업체의 공인기준은 다음과 같이 구분하며, 세부 내용은 별표 1과 같다. 다만, 관세청장은 「중소기업기본법」 제2조에 해당하는 수출기업이 공인기준을 충족하는지를 심사할 때에는 평가방법을 달리 적용할 수 있다.

공인기준(「수출입 안전관리 우수업체 공인 및 운영에 관한 고시」 제4조 제1항)

내부통제시스템	수출입신고 등의 적정성을 유지하기 위한 기업의 영업활동, 신고 자료의 흐름 및 회계처리 등과 관련하여 부서 간 상호 의사소통 및 통제 체제를 갖출 것
안전관리	수출입물품의 안전한 관리를 확보할 수 있는 거래업체, 운송수단, 출입통제, 인사, 취급절차, 시설과 장비, 정보 및 교육·훈련체계를 갖출 것
재무건전성	재무제표에 대한 감사보고서의 감사의견이 적정이어야 하며, 부채비율이 동종업종의 평균 부채비율의 200% 이하이거나 외부신용평가기관의 신용평가 등급이 투자적격 이상 또는 매출 증가 등으로 성실한 법규준수의 이행이 가능할 정도의 재정을 유지해야 한다.

13 관리책임자 교육의 내용(「수출입 안전관리 우수업체 공인 및 운영에 관한 고시」 별표 4의2)

공인 전 교육	• 무역안전과 원활화를 위한 국제 규범 및 국내외 제도 • 수출입 안전관리 우수업체 제도와 필요성 • 법규준수 및 수출입 안전관리를 위한 내부통제시스템 • 수출입 안전관리 우수업체 공인기준의 세부내용 • 수출입 안전관리 우수업체 공인 신청 시 사전 점검항목 및 주의사항
공인 후 교육	• 무역안전과 원활화를 위한 국제 규범 및 국내외 제도의 흐름과 변화 • 법규준수 및 수출입 안전관리를 위한 관리책임자의 역할 • 수출입 안전관리 우수업체의 공인 유지를 위한 효율적인 사후관리 방법 • 정기 자율평가 및 갱신심사 대비를 위한 준수사항

14 매 2년마다 총괄책임자는 4시간 이상, 수출입관리책임자는 8시간 이상(처음 교육은 공인일자를 기준으로 1년 이내에 받아야 함) 수출입 안전관리 우수업체의 공인 후 교육을 받아야 한다. 다만, 관리책임자가 변경된 경우에는 변경된 날로부터 180일 이내에 해당 교육을 받아야 한다(「수출입 안전관리 우수업체 공인 및 운영에 관한 고시」 제16조의2 제1항).

15 수출입 안전관리 우수업체로 공인을 받기 위해서는 공인기준 중에서 필수적인 기준을 충족하고, 다음의 요건을 모두 충족해야 한다.

> 공인기준(「수출입 안전관리 우수업체 공인 및 운영에 관한 고시」 제4조 제3항)
> 1. 법규준수도가 80점 이상일 것. 다만, 중소 수출기업은 심의위원회를 개최하는 날을 기준으로 직전 2개 분기 연속으로 해당 분기 단위의 법규준수도가 80점 이상인 경우도 충족한 것으로 본다.
> 2. 내부통제시스템 기준의 평가점수가 80점 이상일 것
> 3. 재무건전성 기준을 충족할 것
> 4. 안전관리 기준 중에서 충족이 권고되는 기준의 평가점수가 70점 이상일 것

16 ④ 교육이수 확인서를 제출하지 않은 경우 관세청장은 공인신청을 기각할 수 있지만, 관리책임자의 교체, 사업장 추가 등 불가피한 경우에는 현장심사를 시작하는 날까지 제출할 수 있다(「수출입 안전관리 우수업체의 공인 및 운영에 관한 고시」 제6조 제1항 제7호 참고).

⑤ 갱신심사가 진행 중이거나 갱신심사에 따른 공인의 갱신 전에 유효기간이 끝나는 경우에도 해당 공인은 유효한 것으로 보기 때문에 맞는 설명이다(「수출입 안전관리 우수업체의 공인 및 운영에 관한 고시」 제13조 제2항 참고).

① 2022.5.15.에 갱신심사 신청서를 제출하면 늦는다. 공인을 갱신하고자 하는 수출입 안전관리 우수업체는 유효기간 만료 6개월 전까지(사례의 경우 4월 중에 신청기한이 종료됨) 수출입 안전관리 우수업체 (공인, 종합)심사신청서와 자체평가표 등 서류를 관세청장에게 전자문서로 제출하여 갱신심사를 신청해야 한다. 다만, 관세청장은 원활한 갱신심사를 위해 수출입 안전관리 우수업체에게 유효기간 만료 1년 전부터 6개월 전까지 갱신심사를 신청하게 할 수 있다(「수출입 안전관리 우수업체의 공인 및 운영에 관한 고시」 제19조 제1항 참고).

② 공인일자가 가장 빠른 공인부문을 기준으로 해야 한다(「수출입 안전관리 우수업체의 공인 및 운영에 관한 고시」 제19조 제2항 참고).

③ 중소 수출기업은 다른 신청업체에 우선하여 예비심사를 할 수 있을 뿐, 중소 수출기업만 예비심사를 할 수 있는 것은 아니다(「수출입 안전관리 우수업체의 공인 및 운영에 관한 고시」 제7조의2 제3항 참고).

※ 4과목 A형 16번은 가답안 공개기간 동안 접수된 수험자 의견제시가 받아들여져, 최종답안에서 ④·⑤의 보기가 복수정답 처리되었습니다.

17 관세평가분류원장은 수출입 안전관리 우수업체 공인을 신청한 업체가 제출한 내용을 검토한 후 신청업체에게 예비심사 결과 통지서를 송부하여야 한다(「수출입 안전관리 우수업체 공인 및 갱신심사 운영에 관한 훈령」 제10조 제2항).

18 관세청장은 보완 요구서를 송부하기 전에 신청업체의 요청이 있을 때에는 해당 업체의 의견을 듣거나 업체에게 소명할 수 있는 기회를 줄 수 있다(「수출입 안전관리 우수업체 공인 및 운영에 관한 고시」 제8조 제4항).

19 관세평가분류원장이 현장심사를 중단할 수 있는 경우는 다음과 같다.

20 ① 「관세법」 제276조에 따라 벌금형 선고를 받은 후 2년이 경과한 경우여야 한다(「수출입 안전관리 우수업체 공인 및 운영에 관한 고시」 별표 1).
② 신청업체의 통합법규준수도가 80점 이상이여야 한다(「수출입 안전관리 우수업체 공인 및 운영에 관한 고시」 제4조 제3항 제1호).
④ 안전관리 기준 중에서 충족이 권고되는 기준의 평가점수가 70점 이상이여야 한다(「수출입 안전관리 우수업체 공인 및 운영에 관한 고시」 제4조 제3항 제4호).
⑤ 부채비율이 동종업종 평균 부채비율의 200% 이하여야 한다(「수출입 안전관리 우수업체 공인 및 운영에 관한 고시」 별표 1).

21 수출입 안전관리 우수업체 공인기준(제4조 제1항)과 관련하여 보세구역 운영인이 준수하여야 하는 안전관리 기준은 다음과 같다.

> 보세구역 운영인에 적용되는 안전관리 기준(「수출입 안전관리 우수업체 공인 및 운영에 관한 고시」 별표 1)
> (2) 운송수단 등 관리
> 　4.2.1 운영인은 선박, 물품, 컨테이너와 트레일러 등에 비인가된 사람의 침입을 방지해야 하며, 컨테이너
> 　　　와 트레일러 등의 이상 여부를 확인하고, 손상된 컨테이너와 트레일러 등을 식별하여 세관장 및 관련
> 　　　외국 관세당국에 보고하는 절차를 마련해야 한다.
> 　4.2.2 운영인은 컨테이너와 트레일러 등에 비인가된 물품이나 사람의 침입을 방지하기 위해 봉인을 관리
> 　　　하고, 손상된 봉인을 식별하여 세관장 및 관련 외국 관세당국에 보고하는 절차를 마련해야 한다.
> (3) 출입통제 관리
> 　4.3.1 운영인은 직원을 식별하고, 접근을 통제하기 위하여 직원식별시스템을 마련하고, 회사 관리자를
> 　　　지정하여 직원, 방문자, 납품업자를 식별하는 표식의 발급과 회수를 관리해야 한다.

22 관리책임자는 다음에 해당하는 업무를 담당한다.

> 관리책임자의 지정 및 역할(「수출입 안전관리 우수업체 공인 및 운영에 관한 고시」 제16조 제3항)
> 1. 정기 자율평가, 변동사항 보고, 공인 또는 갱신심사 수감 등 공인기준 준수관련 업무
> 2. 직원에 대한 수출입 안전관리 교육
> 3. 정보 교환, 회의 참석 등 수출입 안전관리 관련 관세청 및 세관과의 협업
> 4. 세액 등 통관적법성 준수 관리
> 5. 그 밖에 업체의 법규준수 향상을 위한 활동

23 관세청장은 공인기준을 충족한 업체를 대상으로 다음의 공인등급별 기준에 따라 제27조에 따른 수출입 안전관리 우수업체 심의위원회의 심의를 거쳐 공인등급을 결정한다.

공인등급(「수출입 안전관리 우수업체 공인 및 운영에 관한 고시」 제5조 제1항 참조)

A등급	법규준수도가 80점 이상인 업체
AA등급	법규준수도가 90점 이상인 업체
AAA등급	갱신심사를 받은 업체 중에서 법규준수도가 95점 이상이고, 다음 어느 하나에 해당하는 업체 – 수출입안전관리와 관련하여 다른 업체에 확대하여 적용할 수 있는 우수사례가 있는 업체. 이 경우 해당 우수사례는 공인등급을 상향할 때에 한 번만 유효함 – 중소기업이 수출입 안전관리 우수업체로 공인을 받는 데 지원한 실적이 우수한 업체

24 공인심사 및 갱신심사의 신청 각하는 관세평가분류원장의 업무이다.

> 수출입 안전관리 우수업체 심의위원회의 설치ㆍ구성(「수출입 안전관리 우수업체 공인 및 운영에 관한 고시」 제27조 제1항)
> 다음 각 호에 관한 사항을 심의하기 위하여 관세청에 수출입 안전관리 우수업체 심의위원회를 둔다.
> 1. 수출입 안전관리 우수업체의 공인 및 갱신
> 2. 수출입 안전관리 우수업체의 공인등급 조정
> 3. 공인과 갱신을 유보하는 업체의 지정
> 4. 공인과 갱신을 유보한 업체의 공인심사 및 갱신심사의 신청 기각
> 5. 수출입 안전관리 우수업체 공인의 취소
> 6. 그 밖에 관세청장이 수출입 안전관리 우수업체 제도의 운영 등에 관하여 심의위원회에 부치는 사항

25 관세청장은 다음 어느 하나에 해당하는 경우 수출입 안전관리 우수업체 심의위원회의 심의를 거쳐 신청업체의 공인을 유보할 수 있다.

공인 및 공인의 유보(「수출입 안전관리 우수업체 공인 및 운영에 관한 고시」 제11조 제2항)
1. 신청업체가 나머지 공인기준은 모두 충족했으나, 법규준수도 점수 기준을 충족하지 못한 경우
2. 신청업체가 수입하는 물품의 과세가격 결정방법이나 품목분류 및 원산지 결정에 이견이 있음에도 불구하고 법 제37조, 제86조 및 「자유무역협정의 이행을 위한 관세법의 특례에 관한 법률」 제31조에 따른 사전심사를 신청하지 않은 경우(수입부문에만 해당한다)
3. 신청업체가 공인부문별 공인기준 중에서 법규준수의 결격에 해당하는 형사 및 사법절차가 진행 중인 경우
4. 신청업체가 사회적 물의 등을 일으켰으나 해당 사안이 공인의 결격에 해당하는지를 판단하는 데 추가적으로 사실을 확인하거나 심의를 위한 충분한 법리검토가 필요한 경우
5. 그 밖에 심의위원회에서 공인의 유보가 필요하다고 인정하는 경우

01	02	03	04	05	06	07	08	09	10
③	⑤	①	①	③	④	③	⑤	②	②
11	12	13	14	15	16	17	18	19	20
①	③	④	⑤	①	③	④	②	②	③·④
21	22	23	24	25					
④	⑤	④	⑤	③					

01 자율관리 보세구역은 다음 사항을 충족하고 운영인 등의 법규수행능력이 우수하여 보세구역 자율관리에 지장이 없어야 한다. 우수 자율관리 보세구역이라고 해서 보세사 채용이 면제되지 않으며, 일반 자율관리 보세구역과 동일하게 보세사를 채용하여야 한다.

자율관리 보세구역 지정요건(「자율관리 보세구역 운영에 관한 고시」 제3조 참조)

일반 자율관리 보세구역	• 보세사 채용 • 화물의 반출입, 재고관리 등 실시간 물품관리가 가능한 전산시스템(WMS, ERP 등) 구비
우수 자율관리 보세구역	• 보세사 채용 • 화물의 반출입, 재고관리 등 실시간 물품관리가 가능한 전산시스템(WMS, ERP 등) 구비 • 수출입 안전관리 우수업체 • 반출입, 제조·가공, 재고관리 등 업무처리의 적정성을 확인·점검할 수 있는 기업자원관리 (ERP)시스템 또는 업무처리시스템에 세관 전용화면을 제공하거나 해당 시스템의 열람 권한 을 제공한 자

02 세관장은 자율관리 보세구역의 운영실태 및 보세사의 관계법령 이행 여부 등을 확인하기 위하여 별도의 감사반을 편성(외부 민간위원을 포함할 수 있다)하고 7일 이내의 기간을 설정하여 연 1회 정기감사를 실시하여야 한다(「자율관리 보세구역 운영에 관한 고시」 제10조 제3항).

03 ② 운영인이 보세화물 관리에 관한 의무사항 불이행으로 경고처분을 1년에 3회 이상 받은 경우 절차생략이 정지된다(「자율관리 보세구역 운영에 관한 고시」 제8조 제1항).
③ 경고처분으로 절차생략이 정지되는 경우 최대 정지기간은 1개월을 초과할 수 없다(「자율관리 보세구역 운영에 관한 고시」 제8조 제2항).
④ 절차생략 등을 정지하는 기간 동안 자율관리 보세구역에 위탁되거나 생략된 업무는 세관공무원이 직접 관리한다(「자율관리 보세구역 운영에 관한 고시」 제8조 제3항).
⑤ 세관장이 한국관세물류협회장에게 통보하는 경우는 보세사에게 경고처분을 하였을 때이다(「자율관리 보세구역 운영에 관한 고시」 제11조 제2항).

04 보세구역 중 물품의 관리 및 세관감시에 지장이 없다고 인정하여 관세청장이 정하는 바에 따라 세관장이 지정하는 자율관리 보세구역에 장치한 물품은 제157조에 따른 세관공무원의 참여와 「관세법」에 따른 절차 중 관세청장이 정하는 절차를 생략한다(「관세법」 제164조 제1항).

05 ① 보세구역의 화물관리인이나 운영인은 자율관리 보세구역의 지정을 받으려면 세관장에게 신청서를 제출해야 한다(「자율관리 보세구역 운영에 관한 고시」 제4조 제1항).

② 자율관리 보세구역의 지정기간은 <u>해당 보세구역의 특허기간</u>으로 하며, 지정기간 만료 1개월 전까지 갱신 신청해야 한다(「자율관리 보세구역 운영에 관한 고시」 제4조 제2항·제4항).

④ 보세창고가 보세사 채용 및 물품관리전산시스템을 구비한 경우에는 <u>일반 자율관리 보세구역</u>으로 지정할 수 있다(「자율관리 보세구역 운영에 관한 고시」 제3조).

⑤ 보세사가 해고 또는 취업정지 등의 사유로 업무를 수행할 수 없는 경우 2개월 이내에 다른 보세사를 채용하여 근무하게 하지 않을 때 <u>자율관리 보세구역 지정</u>을 <u>취소</u>할 수 있다(「자율관리 보세구역 운영에 관한 고시」 제5조 제1항).

06 ① 보세사의 징계의 종류는 <u>등록취소, 6개월 이내의 업무정지, 견책</u>이 있다(「관세법」 제165조 제5항).

② 세관장은 보세사가 「관세법」이나 「관세법」에 따른 명령을 위반한 경우에는 보세사징계위원회에 <u>지체 없이</u> 보세사에 대한 징계의결을 요구해야 한다(「관세법 시행령」 제185조의2).

③ 보세사징계위원회는 보세사 징계의결의 요구를 받은 때에는 징계의결의 요구를 받은 날로부터 <u>30일</u> 이내에 이를 의결해야 한다(「관세법 시행령」 제185조의4 제2항).

⑤ 보세사가 연간 6월의 범위 내에서 업무정지를 <u>2회</u> 받으면 등록을 취소한다(「보세사제도 운영에 관한 고시」 제12조 제2항).

07 보세사는 다른 업무를 겸임할 수 없다. 단, <u>영업용 보세창고가 아닌 경우</u> 보세화물관리에 지장이 없는 범위 내에서 다른 업무를 겸임할 수 있다(「보세사제도 운영에 관한 고시」 제11조 제1항).

08 "평가미이행업체"란 법규수행능력 평가항목 <u>자율점검표</u>를 세관장에게 제출하지 않은 업체를 말한다(「수출입물류 업체에 대한 법규수행능력측정 및 평가관리에 관한 훈령」 제2조).

09 "국외반출신고"란 외국물품 등을 국외반출하기 위한 신고로서 「관세법」상의 <u>반송신고</u>와 동일한 성격의 신고를 말한다. 수출신고는 내국물품을 외국물품으로 전환하여 반출하기 위한 신고이다.

10 자유무역지역 안의 외국물품 등을 관세영역으로 반출하는 경우에는 「자유무역지역법」에서 정한 경우를 제외하고는 「관세법」을 적용한다(「자유무역지역법」 제29조 제5항).

11 파산선고를 받고 복권되지 않은 자는 2016년 1월 「자유무역지역법」 개정에 따라 입주자격 결격사유에서 제외되었다.

입주계약의 결격사유(「자유무역지역법」 제12조)

1. 피성년후견인
2. 〈삭 제〉
3. 「자유무역지역법」 또는 「관세법」을 위반하여 징역형의 실형을 선고받고 그 집행이 끝나거나(집행이 끝난 것으로 보는 경우를 포함) 집행이 면제된 날부터 2년이 지나지 아니한 사람
4. 「자유무역지역법」 또는 「관세법」을 위반하여 징역형의 집행유예를 선고받고 그 유예기간 중에 있는 사람
5. 「자유무역지역법」 또는 「관세법」에 따라 벌금형 또는 통고처분을 받은 자로서 그 벌금형 또는 통고처분을 이행한 후 2년이 지나지 아니한 자. 다만, 양벌 규정에 따라 처벌된 법인 또는 개인은 제외한다.
6. 관세 또는 내국세를 체납한 자
7. 상기 결격사유 규정에 해당하는 사람을 임원(해당 법인의 자유무역지역의 운영업무를 직접 담당하거나 이를 감독하는 사람으로 한정)으로 하는 법인
8. 입주계약이 해지(피성년후견인에 해당하여 입주계약이 해지된 경우는 제외)된 후 2년이 지나지 아니한 자

---

12 세관장은 다음 어느 하나에 해당하는 경우에는 대통령령으로 정하는 바에 따라 6개월의 범위에서 해당 입주기업 체에 대하여 자유무역지역으로의 물품반입을 정지시킬 수 있다.

> **물품반입 정지사유(「자유무역지역법」 제40조의2 제1항)**
> 1. 수입신고 및 관세 등의 납부를 하지 않고 외국물품을 사용·소비하기 위하여 자유무역지역 안으로 반입한 경우
> 2. 수입신고 및 관세 등의 납부를 하지 않고 외국물품 등을 자유무역지역에서 관세영역으로 반출한 경우
> 2의2. 전량 국외반출을 조건으로 반입한 양허관세품목인 원재료 및 원재료를 제조·가공한 물품을 자유무역지역에서 관세영역으로 반출한 경우
> 2의3. 대통령령으로 정하는 물품을 사용·소비 신고를 하지 않고 사용·소비한 경우
> 3. 국외 반출신고 시 법령에 따라 국외 반출에 필요한 허가·승인·추천·증명 또는 그 밖의 조건을 구비하지 않거나 부정한 방법으로 구비한 경우
> 4. 역외작업 물품의 반출신고 및 관세 등의 납부의무를 위반한 경우
> 5. 재고 기록 등의 의무를 위반한 경우
> 6. 정당한 사유 없이 조사를 거부·방해 또는 기피하거나 자료제출을 거부한 경우
> 7. 「관세법」 제269조, 제270조, 제270조의2, 제271조(제268조의2의 미수범과 제268조의2의 죄를 범할 목적으로 그 예비를 한 자는 제외한다) 및 제274조에 따른 위반사유에 해당하는 경우

13 동일 자유무역지역 내 입주기업체 간에 외국물품 등을 이동하려는 때에는 관세청 전자통관시스템에 의한 반출입 신고로 보세운송신고를 갈음할 수 있다(「자유무역지역 반출입물품의 관리에 관한 고시」 제17조 제2항).

14 폐기대상물품은 다음과 같다. 검사·검역기준으로 부적합한 것으로 화주가 판단하는 물품이 아닌 검사·검역기 관에서 결정해야 한다.

> **폐기대상물품(「자유무역지역법」 제40조 제1항, 「자유무역지역 반출입물품의 관리에 관한 고시」 제25조 참조)**
> • 사람의 생명이나 재산을 해할 우려가 있는 물품
> • 부패 또는 변질된 물품
> • 유효기간이 경과된 물품
>   – 실용시효가 경과되었거나 상품가치를 상실한 물품
>   – 의약품 등으로서 유효기간 경과 또는 성분이 불분명한 경우
> • 위조상품, 모조품 및 기타 지식재산권 침해물품
> • 품명미상 물품으로 반입 후 1년이 경과된 물품
> • 검사·검역기준 등에 부적합하여 검사·검역기관에서 폐기대상으로 결정된 물품

15 ② 자유무역지역과 특허보세구역 모두 출입증 소지 의무가 있다.
③ 자유무역지역 입주기업체의 사용소비신고(「자유무역지역법」 제29조 제4항 제2호 각 목 참조), 보세공장 사용 신고 대상물품(「보세공장 운영에 관한 고시」 제12조 제2항) 범위는 다음과 같다.

자유무역지역 입주기업체의 사용소비신고 대상물품	• 기계, 기구, 설비 및 장비와 그 부분품 • 원재료(입주기업체가 수입신고하려는 원재료는 제외한다), 윤활유, 사무용 컴퓨터 및 건축자재 • 그 밖에 사업목적을 달성하는 데에 필요하다고 인정하여 관세청장이 정하는 물품
보세공장의 사용신고 대상물품	• 보세공장에서 보세작업을 하기 위하여 반입되는 보세공장 원재료로 수입통관 후 해당 보세공장에서 사용할 기계, 기구, 부분품, 소모품, 견본품, 내국작업 원재료 및 해당 보세공장 부설 연구소에서 사용될 시설기자재·원재료 등

④ 1년 이내에 3회 이상 물품반입 정지처분(과징금 부과처분 포함)을 받은 경우 보세구역의 특허취소 사유에는 해당하나 자유무역지역 입주계약 해지사유에는 해당하지 않는다.

⑤ 내국물품을 반출하려는 자는 같은 항에 따른 내국물품 반출목록신고서를 제출한 날부터 5년 이내의 범위에서 대통령령으로 정하는 기간(2년) 동안 내국물품 반입증명서류를 보관해야 한다.

16 관세청장이나 세관장은 통고처분 대상자의 연령과 환경, 법 위반의 동기와 결과, 범칙금 부담능력과 그 밖에 정상을 고려하여 관세범칙조사심의위원회의 심의·의결을 거쳐 통고처분을 면제할 수 있다. 이 경우 다음의 요건을 모두 갖추어야 한다(「관세법」 제311조 제8항).

> 통고처분 면제요건(「관세법」 제311조 제9항)
> 1. 벌금이 30만 원 이하일 것
> 2. 몰수물품의 가액과 추징금의 금액을 합한 금액이 100만 원 이하일 것

17 밀수출입죄(금지품수출입죄 포함), 관세포탈죄 등(부정수입죄, 부정수출죄, 부정감면죄, 부정환급죄 포함), 가격조작죄, 그 미수범, 밀수품의 취득죄는 정상에 따라 징역과 벌금을 병과할 수 있다(「관세법」 제275조).

18 「관세법」에 따른 벌칙에 위반되는 행위를 한 자에게는 「형법」 제38조 제1항 제2호 중 벌금경합에 관한 제한가중 규정을 적용하지 않는다(「관세법」 제278조).

19 관세청장이나 세관장은 압수물품 중 다음의 어느 하나에 해당하는 것은 피의자나 관계인에게 통고한 후 폐기할 수 있다. 다만, 통고할 여유가 없을 때에는 폐기한 후 즉시 통고해야 한다.

> 압수물품의 폐기(「관세법」 제304조 제1항)
> 1. 사람의 생명이나 재산을 해칠 우려가 있는 것
> 2. 부패하거나 변질된 것
> 3. 유효기간이 지난 것
> 4. 상품가치가 없어진 것

20 ③ 보세구역에 물품을 반입하지 않고 거짓으로 반입신고를 한 경우 200만 원 이하의 과태료를 부과한다(「관세법」 제277조 제5항 제7호).

④ 세관공무원의 질문에 대하여 거짓의 진술을 하거나 그 직무의 집행을 거부 또는 기피한 경우 5천만 원 이하의 과태료를 부과한다(「관세법」 제277조 제3항 제1호).

① 다른 사람의 성명·상호를 사용하여 보세사의 업무를 수행한 경우 보세사의 명의대여 등의 금지 규정 위반으로 1년 이하의 징역 또는 1천만 원 이하의 벌금에 처한다(「관세법」 제275조의4).

② 세관공무원의 장부 또는 자료의 제시요구 또는 제출요구를 거부한 경우 5천만 원 이하의 과태료를 부과한다(「관세법」 제277조 제3항).

⑤ 해당 보세구역을 관할하는 세관장에게 등록하지 않고 보세사로 근무한 경우 허위신고죄 등으로 500만 원 이하의 벌금에 처한다(「관세법」 제276조 제5항).

21

> **밀수품의 취득죄 등(「관세법」제274조 참조)**
> 다음 어느 하나에 해당되는 물품을 취득·양도·운반·보관 또는 알선하거나 감정한 자는 3년 이하의 징역 또는 물품원가 이하에 상당하는 벌금에 처한다.
> • 금지품수출입죄 또는 밀수출입죄에 해당하는 물품
> • 법령에 따라 수입이 제한된 사항을 회피할 목적으로 부분품으로 수입하거나 주요 특성을 갖춘 미완성·불완전한 물품이나 완제품을 부분품으로 분할하여 수입한 물품(관세포탈죄)
> • 부정수출입죄에 해당하는 물품

22 보세사 자격을 갖춘 사람이 보세사로 근무하려면 해당 보세구역을 관할하는 세관장에게 등록해야 한다(「관세법」제165조 제3항). 이를 위반한 자는 허위신고죄에 해당한다(「관세법」제276조 제5항).

> **보세사의 명의대여죄 등(「관세법」제275조의4)**
> 다음 각 호의 어느 하나에 해당하는 자는 1년 이하의 징역 또는 1천만 원 이하의 벌금에 처한다.
> 1. 다른 사람에게 자신의 성명·상호를 사용하여 보세사 업무를 수행하게 하거나 자격증 또는 등록증을 빌려준 자
> 2. 다른 사람의 성명·상호를 사용하여 보세사의 업무를 수행하거나 자격증 또는 등록증을 빌린 자
> 3. 명의대여 위반 행위를 알선한 자

23 양벌 규정은 법인의 대표자나 법인 또는 개인의 대리인, 사용인, 그 밖의 종업원이 그 법인 또는 개인의 업무에 관하여 「관세법」제11장에서 규정한 벌칙(제277조의 과태료는 제외)에 해당하는 위반행위를 하면 그 행위자를 벌하는 외에 그 법인 또는 개인에게도 해당 조문의 벌금형을 과하는 것이다. 이는 행위자뿐 아니라 감독자에게도 상당주의의무를 부여하여 「관세법」의 실효성을 기하기 위한 취지이다.

24 ① 화폐·채권이나 그 밖의 유가증권의 위조품·변조품 또는 모조품을 수입한 자는 7년 이하의 징역 또는 <u>7천만 원 이하의 벌금</u>에 처한다(「관세법」제269조 제1항).
　② 수출신고를 한 자 중 법령에 따라 수출에 필요한 허가·승인·추천·증명 또는 그 밖의 조건을 갖추지 않거나 부정한 방법으로 갖추어 수출한 자는 <u>1년 이하의 징역</u> 또는 2천만 원 이하의 벌금에 처한다(「관세법」제270조 제3항).
　③ 부정한 방법으로 적재화물목록을 작성하였거나 제출한 자는 <u>2천만 원 이하의 벌금</u>에 처한다(「관세법」제276조 제3항).
　④ 수입신고를 할 때 부당하게 재물이나 재산상 이득을 취득하거나 제3자로 하여금 이를 취득하게 할 목적으로 물품의 가격을 조작하여 신청 또는 신고한 자는 <u>2년 이하의 징역</u> 또는 물품원가와 5천만 원 중 높은 금액 이하의 벌금에 처한다(「관세법」제270조의2).

25 통고처분으로 납부하는 금액은 벌금으로 과할 수 있는 최고금액이 아니며, 「관세법 시행령」에는 해당 벌금 최고액의 100분의 30으로 하며, 관세범이 조사를 방해하는 등 사유에 해당하는 경우에는 해당 금액에서 100분의 50 범위에서 일정 비율에 따라 금액을 늘릴 수 있다고 규정하고 있다.

> **통고처분(「관세법 시행령」제270조의2)**
> ① 법 제311조 제1항 제1호에 따른 벌금에 상당하는 금액은 해당 벌금 최고액의 <u>100분의 30</u>으로 한다.
> 〈중 략〉
> ② 관세청장이나 세관장은 관세범이 조사를 방해하거나 증거물을 은닉·인멸·훼손한 경우 등 관세청장이 정하여 고시하는 사유에 해당하는 경우에는 제1항에 따른 금액의 <u>100분의 50</u> 범위에서 관세청장이 정하여 고시하는 비율에 따라 그 금액을 늘릴 수 있다.

제1과목 | 수출입통관절차

01	02	03	04	05	06	07	08	09	10
⑤	②	④	②	④	②	③	③	⑤	③
11	12	13	14	15	16	17	18	19	20
④	④	⑤	③	②	①	②	②	④	해설 참조
21	22	23	24	25					
③	③	⑤	⑤	②					

01 수입물품에 대하여 세관장이 부과·징수하는 조세는 관세 이외에도 부가가치세, 지방소비세, 담배소비세, 지방교육세, 개별소비세, 주세, 교육세, 교통·에너지·환경세 및 농어촌특별세가 있다(「관세법」 제4조). 법인세는 세관장이 부과·징수할 수 있는 조세에 포함되지 않는다.

02 보세건설장에 반입된 외국물품은 <u>사용 전 수입신고가 수리된 날의 법령을 적용한다</u>(「관세법」 제17조 제2호).

Plus One

보세건설장 반입물품은 다른 수입물품과 과세물건 확정시기와 적용법령의 기준시기가 다르다. 또한 보세건설장 반입물품은 수입신고 시 물품의 성질과 수량에 따라 과세물건만 실질적으로 확정하고, 이 과세물건에 따라 차후 수입신고 수리 시 법령에 따라 감면, 품목분류 등을 적용한다.

03 「관세법」 제30조(과세가격 결정 원칙) 제1항은 '우리나라에 수출하기 위하여 판매되는 물품'에 적용되는 것을 전제로 한다. 이는 일반적으로 독립된 두 당사자 간에 이루어지는 상거래를 의미한다. <u>수입자가 국가기관에 판매하기 위하여 유상으로 수입하는 물품</u>도 여기에 포함된다.

반면 두 당사자 간의 정상적인 상거래로 볼 수 없는 대표적인 경우들이 「관세법 시행령」 제17조에 열거되어 있다.

> 우리나라에 수출하기 위하여 판매되는 물품의 범위에 포함되지 않는 것(「관세법 시행령」 제17조)
> 1. 무상으로 수입하는 물품
> 2. 수입 후 경매 등을 통하여 판매가격이 결정되는 위탁판매수입물품
> 3. 수출자의 책임으로 국내에서 판매하기 위하여 수입하는 물품
> 4. 별개의 독립된 법적 사업체가 아닌 지점 등에서 수입하는 물품
> 5. 임대차계약에 따라 수입하는 물품
> 6. 무상으로 임차하는 수입물품
> 7. 산업쓰레기 등 수출자의 부담으로 국내에서 폐기하기 위하여 수입하는 물품

이런 물품들에 대하여는 「관세법」 제30조를 적용해 과세가격을 결정할 수 없고, 「관세법」 제31조부터 제35조까지를 검토하여 과세가격을 결정한다.

04 과다납부세액에 대한 경정청구 기간은 납세신고일로부터 <u>5년</u>이며, 다만 소송 판결 등이 당초 경정청구 기간이 지난 경우에 내려진 경우에도 납세의무자가 경정청구를 통해 구제받을 수 있도록 하고 있다(「관세법」 제38조의3 제2항). '소송에 대한 판결 등 후발적 사유에 따른 경정청구(「관세법」 제38조의3 제3항)'는 <u>2개월</u>, '수입물품의 과세가격 조정에 따른 경정(「관세법」 제38조의4)'은 <u>3개월</u>의 경정청구 기간을 두고 있다.

05 B/L을 분할하여도 물품검사와 과세가격 산출에 어려움이 없는 경우 여러 건의 B/L에 관련되는 물품을 1건으로 수입신고할 수 있으나(「수입통관 사무처리에 관한 고시」 제16조 제1항), 분할된 물품의 납부세액이 <u>징수금액 최저한인 1만 원 미만이 되는 경우</u>에는 B/L을 분할하여 신고할 수 없다(동조 제2항).

06 관세율은 크게 국정관세와 협정관세로 나뉘며, 그중 국정관세는 기본세율, 잠정세율, 탄력세율로 분류된다. 이 문제는 탄력세율의 종류 중 **보복관세**의 정의를 묻고 있다.

> 보복관세의 부과대상(「관세법」 제63조 제1항)
> 교역상대국이 우리나라의 수출물품 등에 대하여 다음 각 호의 어느 하나에 해당하는 행위를 하여 우리나라의 무역이익이 침해되는 경우에는 그 나라로부터 수입되는 물품에 대하여 피해상당액의 범위에서 관세(보복관세)를 부과할 수 있다.
> 1. 관세 또는 무역에 관한 국제협정이나 양자 간의 협정 등에 규정된 우리나라의 권익을 부인하거나 제한하는 경우
> 2. 그 밖에 우리나라에 대하여 부당하거나 차별적인 조치를 하는 경우

Plus One
상계관세는 보조금 등을 받은 물품의 수입으로 국내산업이 실질적 피해 등을 입은 경우 부과할 수 있는 반면, 보복관세는 교역 상대국이 협정상 규정된 우리나라의 권익을 부인하거나 제한하는 행위를 하여 무역이익이 침해되는 경우 부과할 수 있기 때문에 부과할 수 있는 경우의 범위가 더 넓다는 특징이 있다.

07 ① 「관세법」 제243조 제4항에 따른 밀수출 등 불법행위가 발생할 우려가 높거나 감시단속을 위하여 필요하다고 인정하여 대통령령으로 정하는 물품(예 컨테이너에 적입하여 수출하는 중고자동차 등)은 <u>자유무역지역</u>(자유무역지역 입주기업체 중 세관장으로부터 장치장소부호를 부여받은 곳) 등 관세청장이 정하는 장소에 반입하여 <u>수출신고를 하게 할 수 있다</u>(「수출통관 사무처리에 관한 고시」 제7조의3 제1항).
② 수출신고의 효력발생시점은 전송된 신고자료가 <u>통관시스템에 접수된 시점</u>이다(「수출통관 사무처리에 관한 고시」 제8조).
④ 수출신고는 <u>해당 물품이 장치된 물품소재지를 관할하는 세관장</u>에게 해야 한다(「수출통관 사무처리에 관한 고시」 제4조).
⑤ 수출신고는 수출화주 또는 관세사, 관세법인, 통관취급법인("관세사 등")의 명의로 해야 하며, 화주에게 해당 수출물품을 제조하여 공급한 자의 명의로 할 수 있다(「수출통관 사무처리에 관한 고시」 제5조). 운송인의 명의로는 할 수 없다.

08 관세의 납부기한이 토요일에 해당하는 경우 그 다음 영업일이 기한이 된다.

> 기간 및 기한의 계산(「관세법」 제8조 제3항)
> 「관세법」에 따른 기한이 다음의 어느 하나에 해당하는 경우에는 그 다음 날을 기한으로 한다.
> 1. 토요일 및 일요일
> 2. 「공휴일에 관한 법률」에 따른 공휴일 및 대체공휴일
> 3. 「근로자의 날 제정에 관한 법률」에 따른 근로자의 날
> 4. 그 밖에 대통령령으로 정하는 날

- 금융기관(한국은행 국고대리점 및 국고수납대리점인 금융기관에 한함) 또는 체신관서의 휴무, 그 밖에 부득이한 사유로 인하여 정상적인 관세의 납부가 곤란하다고 관세청장이 정하는 날

09 양도담보재산은 체납세액 징수에서 우선적으로 활용되는 것이 아니라 가장 마지막에 활용되는 재원이다.

> 납세의무자(「관세법」 제19조 제10항 전단)
> 양도담보재산은 납세신고일(또는 부과고지일) 전에 담보의 목적이 되고, 그 납세의무자의 <u>다른 재산에 대하여 강제징수를 하여도 징수해야 하는 금액에 미치지 못한 경우에만</u> 그 양도담보재산으로써 납세의무자의 관세·가산세 및 강제징수비를 징수할 수 있다.

10 구매자가 실제로 지급하거나 지급하여야 할 가격[송품장가격 1,000$ − 연불이자(공제요소) 10$ − 수입 후 조립비용(공제요소) 100$ + 구매자가 판매자의 채무를 변제하는 금액(그 밖의 간접적인 지급액) 300$] + 가산요소[수출국 특수포장비용 20$ + 상표권 사용료 40$ + 해상운송비용 50$ + 보험료 20$] = 1,320$

Plus One

복제권(재현생산권)은 권리사용료에 해당하지 않는다(「관세법 시행령」 제19조 제2항). 가산요소에 해당하는 운임은 해당 수입물품이 수입항에 도착하여 본선하역준비가 완료될 때까지 발생하는 비용으로 하며, 운임에 수입항에서의 하역비가 포함되어 있고 그 금액이 구분 표시되어 있는 경우에는 하역비는 과세가격에 포함하지 않는다(「관세법 시행령」 제20조 제5항 및 「관세평가 운영에 관한 고시」 제24조 제4항 제2호).

11 유통이력 자료보관 의무기간은 <u>1년</u>이다(「관세법」 제240조의2 제2항).

12 담보를 충당한 후 돌려줄 수 없는 경우에는 국고에 귀속하는 것이 아니라 공탁한다(「관세법」 제25조 제2항).

13 우리나라를 방문하는 외국의 원수와 그 가족 및 수행원의 물품은 소액물품 등의 면세(「관세법」 제94조)가 아닌 특정물품의 면세(「관세법」 제93조)에 따라 관세가 감면된다.

14 ① 출항 전 신고나 입항 전 신고는 해당 물품을 적재한 선박 등이 우리나라에 <u>입항하기 5일 전(항공기에 의한 경우에는 1일 전)부터</u> 할 수 있다(「수입통관 사무처리에 관한 고시」 제7조 제1항).
② 검사대상으로 지정되지 않은 물품에 대해서는 입항 전에 수입신고를 수리할 수 있다(「관세법」 제244조 제4항).
④ 입항 전 수입신고한 물품이 검사 대상으로 결정된 경우에는 입항 후 검사 완료 후에 신고 수리를 한다(「수입통관 사무처리에 관한 고시」 제35조 제2항). 신고를 취하하고 입항 후에 다시 신고를 하는 것은 아니다.
⑤ 입항 전 신고(출항 전 신고 포함) 물품은 「보세화물 입출항 하선 하기 및 적재에 관한 고시」에 따른 <u>적재화물목록 심사가 완료된 때(수입신고 전에 적재화물목록 심사가 완료된 때에는 수입신고 심사가 완료된 때)를 기준으로 한다(「수입통관 사무처리에 관한 고시」 제35조 제1항 제1호).

15 ① 해외시험 및 연구를 목적으로 수출된 후 재수입되는 물품은 재수입기간이 없다(「관세법」 제99조 제3호).
③ 재수출조건으로 매각함에 따라 관세가 부과되지 않은 경우에 해당하는지(「관세법」 제99조 제1호 라목)에 대한 검토가 없었으므로 적절한 심사가 이루어지지 않았다. 이에 해당되어 보세가공 수출되어 2년 이내에 원상태로 수입되는 경우에도 재수입면세를 적용할 수 없다.
④ 해외에서 수리·가공되었으므로 재수입면세 적용이 불가능하다. 재수입면세를 적용받기 위해서는 해외에서 제조·가공·수리 또는 사용되지 않아야 한다(「관세법」 제99조 제1호).

⑤ 관세를 감면받으려는 자는 그 물품의 수출신고필증·반송신고필증 또는 이를 갈음할 서류를 세관장에게 제출하여야 한다. 다만, 세관장이 다른 자료에 의하여 그 물품이 감면대상에 해당한다는 사실을 인정할 수 있는 경우에는 재수입면세를 받을 수 있다. 수입자가 제시한 자료로 재수입 사실을 확인할 수 있으므로 면세를 적용해야 한다(「관세법 시행규칙」 제54조 제2항).

16 수리된 이후에도 가능하며, 수입신고를 수리한 후 신고의 취하를 승인한 때에는 신고 수리의 효력이 상실된다. 다만, 물품을 반출한 후에는 취하할 수 없다(「관세법」 제250조).

17 "반송"이란 국내에 도착한 외국물품이 수입통관절차를 거치지 않고 다시 외국으로 반출되는 것을 말한다(「관세법」 제2조 제3호).

18 ① 수출신고가 수리된 후 외국으로 반출된 물품에는 보세구역 반입명령을 내릴 수 없다. 또한 수출신고 수리 후 3개월이 지난 시점부터는 보세구역 반입명령을 내릴 수 없다(「관세법 시행령」 제245조 제1항).
③ 지식재산권을 침해한 물품은 보세구역 반입명령 대상이다(「관세법 시행령」 제245조 제1항 제4호).
④ 보세구역 반입명령은 원산지표시가 적법하게 되지 않았거나 수입신고 수리 당시와 다르게 표시되어 있는 경우 내릴 수 있다(「관세법 시행령」 제245조 제1항 제2호). 다만 세율의 적용과 원산지의 표시는 구분하여 생각해야 한다.
⑤ 반입명령 수령인의 주소나 거소가 분명하지 않은 때에는 공시송달 가능하다(「관세법」 제11조).

Plus One
한-미 FTA세율과 같은 협정관세가 적용되기 위해서는 「자유무역협정의 이행을 위한 관세법의 특례에 관한 법률」 제6조의 협정관세 적용요건을 충족해야 하며, 원산지는 이 적용요건 중 하나에 불과하다. 다시 말해 세액심사 결과 세율 적용이 부적절하다고 판정된 경우라 하더라도 그것이 원산지 문제가 아닐 수도 있기 때문에 원산지를 정확하게 표시하고 있다면 세액의 경정(「관세법」 제38조의3 제6항) 등을 통해 바로잡으면 되는 일이지, 보세구역 반입명령까지 이어져야 하는 것은 아니다.

19 B. 수출용 원재료는 가격신고 생략대상이다.
E. 지식재산권 관련 통관보류는 「관세법」 제237조(통관의 보류)가 아닌 제235조(지식재산권 보호)에 따르며, 병행수입이 허용된 물품은 통관보류 대상이 아니다.

통관의 보류 적용대상(「관세법」 제237조 제1항)
1. 수출·수입(입항 전 수입신고 포함) 또는 반송에 관한 신고서의 기재사항에 보완이 필요한 경우
2. 신고 시의 제출서류 등이 갖추어지지 않아 보완이 필요한 경우
3. 「관세법」에 따른 의무사항(대한민국이 체결한 조약 및 일반적으로 승인된 국제법규에 따른 의무를 포함한다)을 위반하거나 국민보건 등을 해칠 우려가 있는 경우
4. 안전성 검사가 필요한 경우
4의2. 안전성 검사 결과 불법·불량·유해 물품으로 확인된 경우
5. 「국세징수법」 및 「지방세징수법」에 따라 세관장에게 강제징수 또는 체납처분이 위탁된 해당 체납자가 수입하는 경우
6. 그 밖에 「관세법」에 따라 필요한 사항을 확인할 필요가 있다고 인정하여 대통령령으로 정하는 경우

20 2018년 12월 31일 「관세법」 개정을 통하여 조정관세 적용대상 중 2호 물품이 제1순위 세율로 변경되었고, 문제에서 별다른 언급이 없어 문제에 오류가 있다. 다만 이를 감안하여도 ④ 이외에 달리 선택할 수 있는 보기가 없고, 과거 규정을 기준으로 하여 조정관세를 3순위 세율로 보아 문제를 풀이하도록 의도된 것으로 보인다. 최종정답 발표에서는 문제 오류가 인정되어 모든 보기가 정답처리되었다.

세율적용의 우선순위(「관세법」 제50조 참고)

적용우선순위	세 율	비 고
1	덤핑방지관세(제51조), 상계관세(제57조), 보복관세(제63조), 긴급관세(제65조), 특정국물품 긴급관세(제67조의2), 농림축산물에 대한 특별 긴급관세(제68조), 조정관세(제69조 제2호)	관세율의 높낮이에 관계없이 최우선 적용
2	국제협력관세(제73조), 편익관세(제74조)	3, 4, 5, 6순위 세율보다 낮은 경우에만 우선 적용. 단, 농림축산물양허관세는 세율이 높은 경우에도 5, 6순위 세율보다 우선 적용
3	조정관세(제69조 제1호·제3호·제4호), 할당관세(제71조), 계절관세(제72조)	할당관세(제71조) 규정에 의한 세율은 일반특혜관세의 세율보다 낮은 경우에 한하여 우선 적용
4	일반특혜관세(제76조 제3항)	–
5	잠정세율(제50조)	
6	기본세율(제50조)	

21 A. 공해에서 채집하거나 포획한 수산물은 우리나라 선박이 채집한 경우 내국물품이며, 외국선박이 채집한 경우는 외국물품이다(「관세법」 제2조 제4호 및 제5호).
　　 E. 보수작업으로 외국물품에 부가된 내국물품은 외국물품으로 본다(「관세법」 제158조 제5항).

22 「특정범죄 가중처벌 등에 관한 법률」 제16조에 따른 공소제기는 관세징수권 소멸시효의 중단사유이다(「관세법」 제23조).

관세징수권 소멸시효 중단사유	관세징수권 소멸시효 정지사유
• 납부고지 • 경정처분 • 납부독촉 • 통고처분 • 고 발 • <u>「특정범죄 가중처벌 등에 관한 법률」 제16조에 따른 공소제기</u> • 교부청구 • 압 류	• 관세의 분할납부기간 • 징수유예기간 • 압류·매각의 유예기간 • 사해행위 취소소송기간(단, 해당 소송이 각하, 기각 또는 취하된 경우에는 정지하지 아니함)

23 ① 지식재산권을 침해하였음이 명백한 경우 세관장 직권으로도 유치 가능하다(「관세법」 제235조 제7항).
　　 ② 통관보류의 계속을 위한 제소사실 입증 기간은 15일이 아니라 10일이다(「관세법 시행령」 제239조 제3항).
　　 ③ 중소기업이 아닌 기업의 담보비율은 100분의 120이다(「관세법 시행령」 제241조 제1항).
　　 ④ 중소기업의 담보비율은 100분의 40이다(「관세법 시행령」 제241조 제2항).

24 서류제출은 전자적 방식으로 하는 것이 원칙이나 일시수입통관증서(A.T.A Carnet)에 의한 일시수입물품, 킴벌리 프로세스증명서 제출대상 물품, SOFA협정 적용대상 물품 등은 <u>종이서류로 원본을 제출해야 한다</u>(「수입통관 사무 처리에 관한 고시」 제15조 제2항).

25 적재기간 연장은 <u>1년의 범위</u>에서 가능하다(「수출통관 사무처리에 관한 고시」 제45조 제4항).

정답 및 해설

01	02	03	04	05	06	07	08	09	10
④	③	③	②	③	①	해설 참조	⑤	②	④
11	12	13	14	15	16	17	18	19	20
⑤	②	②	①	②	④	④	②	①	④
21	22	23	24	25					
③	③	③	⑤	④					

01 ① 사용신고 전에 원료과세 신청을 한 경우에는 사용신고를 할 때의 원료 성질과 수량에 따라 관세를 부과한다(「관세법」 제189조).
② 최근 2년간 생산되어 판매된 물품 중 수출된 물품의 가격비율이 100분의 50 이상인 경우 신청할 수 있다(「보세공장 운영에 관한 고시」 제12조의2 제2항 제1호).
③ 원료과세 적용신청 물품에 대해 FTA협정관세를 적용받으려면 사용신고를 할 때 해당 원산지와 원산지증명서 구비 여부, FTA관세율을 기재하여 사용신고하여야 하며, 제품 수입신고를 할 때 협정관세적용신청서와 함께 해당 사용신고서를 첨부하여야 한다(「보세공장 운영에 관한 고시」 제12조의2 제4항).
⑤ 원료과세의 적용을 받으려는 자는 사용신고 전에 세관장에게 신청해야 한다(「보세공장 운영에 관한 고시」 제12조의2 제1항).

02 2개 이상의 공장이 세관 관할을 달리하는 경우에도 관할지 세관장과 협의하에 단일보세공장으로 특허를 받을 수 있다.

> **단일보세공장의 특허 등(「보세공장 운영에 관한 고시」 제7조 제1항)**
> 2개 이상 근접한 장소에 있는 공장이 동일기업체에 속하며 각 공장 간에 물품관리체계의 통합관리로 반출입 물품관리 및 재고관리에 지장이 없는 경우 다음 각 호의 어느 하나를 충족할 때에는 제6조에 따라 단일보세공장으로 특허할 수 있다. 다만, 세관 관할구역을 달리하는 경우에는 통관절차의 간소화 및 세관업무의 편리를 도모하기 위하여 감시 단속에 지장이 없는 경우에만 관할지 세관장과 협의하여 주공장 관할 세관에서 특허할 수 있다.
> 1. 제조·가공의 공정상 일괄작업에 각 공장이 필요한 경우
> 2. 기존 보세공장으로부터 직선거리 15km 이내에 신규 공장을 증설하는 경우. 다만, 세관장은 세관감시의 단속에 지장이 없는 경우 동일세관 관할구역 내에서는 거리기준을 적용하지 않을 수 있다.

※ 「보세공장 운영에 관한 고시」에 따른 단일보세공장의 특허요건은 아래와 같이 개정되었습니다. 해당 문제는 개정 규정을 반영하여 수정되었습니다.

출제 당시	기존 보세공장으로부터 10km 기준거리 이내에 신규 공장을 증설하는 경우. 다만, 세관장은 세관감시의 단속에 지장이 없는 경우 기준거리의 1/2 범위 내에서 그 거리를 추가로 조정할 수 있다.
현 행	기존 보세공장으로부터 직선거리 15km 이내에 신규 공장을 증설하는 경우. 다만, 세관장은 세관감시의 단속에 지장이 없는 경우 동일세관 관할구역 내에서는 거리기준을 적용하지 않을 수 있다.

03 수입물품을 제조·가공하는 것을 목적으로 하는 업종이라 하더라도 아래 두 업종(허가제한업종)이 아니면 허가를 받을 수 있다(「보세공장 운영에 관한 고시」 제4조 제2호).
• 국내외 가격차에 상당하는 율로 양허한 농·임·축산물(「관세법」 제73조)을 원재료로 하는 물품을 제조·가공하는 업종

- 국민보건 또는 환경보전에 지장을 초래하거나 풍속을 해하는 물품을 제조·가공하는 업종으로 세관장이 인정하는 업종

04

> 보세공장 보세운송 특례절차 적용해제 사유(「보세공장 운영에 관한 고시」 제30조 제5항)
> 1. 운영인이 보세공장 보세운송 특례적용 정정(해제)신청서를 제출한 때
> 2. 제16조에 따라 반입정지처분을 받은 때
> 3. 수출입 안전관리 우수업체 또는 법규수행능력 우수업체에 해당하지 않은 때
> 4. 보세공장 간 반출입 횟수가 최근 3개월의 월평균 10회 미만인 때
> 5. FTA형 특별보세공장의 기준에 부합하지 않을 때

05 계약내용과 다른 원재료로 사용신고가 수리된 경우에는 사용신고 당시의 성질이나 형태가 변경되지 않은 경우에 한해 원재료 원상태 반출을 허용한다.

> 원재료 원상태 국외반출 허용 대상(「보세공장 운영에 관한 고시」 제14조 제1항)
> 1. 국외에서 제조·가공공정의 일부를 이행하기 위하여 필요한 원재료
> 2. 보세공장에서 수출한 물품의 하자보수 등 추가적인 제조·가공·수리에 필요한 원재료
> 3. 보세공장의 해외 현지공장에서 제조·가공·수리 그 밖에 유사한 작업에 사용할 원재료
> 4. 생산계획 변경, 제조품목의 사양변경 또는 보세작업과정에서 발생하는 잉여 원재료
> 5. 계약내용과 다른 원재료(다만, 사용신고가 수리된 경우에는 사용신고 당시의 성질이나 형태가 변경되지 않은 경우에 한한다)
> 6. 임가공을 의뢰한 해외 공급자가 계약수량 변경, 품질검사 등의 사유로 반환을 요구하는 원재료

06 ② 출국장면세점은 국산 가전제품 중 여행자의 휴대반출이 곤란하거나 세관장이 필요하다고 인정하는 품목에 대하여는 쿠폰으로 판매할 수 있다(「보세판매장 운영에 관한 고시」 제4조 제2항). 참고로 쿠폰으로 판매한 상품은 관할 세관장이 지정하는 보세구역에 반입하여 수출신고 수리 후 선적해야 한다.
③ 출국하는 내국인의 보세판매장 구매한도는 더 이상 제한되지 않는다.
④ 실시간으로 전송해야 한다(「보세판매장 운영에 관한 고시」 제9조 제1항).
⑤ 전자상거래의 방법에 의하여 판매할 수 있다(「보세판매장 운영에 관한 고시」 제11조 제1항).

> **Plus One**
> 내국인의 보세판매장 구매한도 개정 이력 : 미화 3천 달러(2019년 8월「관세법 시행규칙」개정 이전) → 미화 5천 달러(2019년 8월「관세법 시행규칙」개정 이후) → 폐지(2022년 3월「관세법 시행규칙」개정 이후)

07 문제 출제 당시에는 출국하는 내국인에게 미화 5천 달러의 보세판매장 구매한도가 적용되고 입국경로에 설치된 보세판매장은 미화 600달러의 구매한도가 적용되었다. 그러나 현재는 출국하는 내국인에게 보세판매장 구매한도는 적용되지 않고, 입국경로에 설치된 보세판매장은 미화 800달러의 구매한도가 적용되고 있다.

> **Plus One**
> - 내국인의 보세판매장 구매한도 개정 이력 : 미화 3천 달러(2019년 8월「관세법 시행규칙」개정 이전) → 미화 5천 달러(2019년 8월「관세법 시행규칙」개정 이후) → 폐지(2022년 3월「관세법 시행규칙」개정 이후)
> - 입국경로 보세판매장 구매한도 개정 이력 : 미화 600달러(술·담배·향수는 별도 면세범위 적용)(2018년 12월 신설) → 미화 800달러(술·담배·향수는 별도 면세범위 적용)(2022년 9월「관세법 시행규칙」개정 이후)

08 보세판매장의 특허가 상실된 경우 세관장은 즉시 재고조사를 실시하고 현품을 확정하며, 운영인은 특허 상실된 날로부터 <u>6개월</u> 이내의 범위에서 세관장이 정한 기간 내에 재고물품을 처분해야 한다. 다른 지정장치장 또는 세관장이 지정한 보세구역으로 이고한 경우에는 이고한 날부터 6개월 이내에 처분해야 한다(「보세판매장 운영에 관한 고시」 제20조).

09 보세구역은 지정보세구역 · 특허보세구역 및 종합보세구역으로 구분하고, 지정보세구역은 지정장치장 및 세관검사장으로 구분하며, 특허보세구역은 보세창고 · 보세공장 · 보세전시장 · 보세건설장 및 보세판매장으로 구분한다(「관세법」 제154조).

> **Plus One**
>
> 지정면세점의 법적 근거는 「관세법」이 아닌 「제주특별자치도 설치 및 국제자유도시 조성을 위한 특별법」, 「조세특례제한법」이다.

10 산업시설 건설에 사용되는 외국물품인 공사용 장비는 <u>수입신고 수리 전에 사용할 수 없다</u>. 그 밖에 산업시설에 병설되는 사무소, 의료시설, 식당, 공원, 숙사 등 부대시설을 건설하기 위한 물품과 기타 해당 산업시설 건설의 형편상 필요하다고 인정되는 물품도 마찬가지로 수입신고 수리 전에 사용할 수 없다(「보세건설장 관리에 관한 고시」 제12조).

11 ① 보세전시장에서는 박람회, 전람회, 견본품 전시회 등의 운영을 위하여 외국물품을 장치 · 전시하거나 사용할 수 있다(「관세법」 제190조). 보세전시장에서 외국물품의 사용은 그 물품의 성질 또는 수량에 변경을 가하거나 전시장에서 소비하는 행위를 포함한다(「보세전시장 운영에 관한 고시」 제16조).
② 보세전시장에 장치된 판매용 외국물품은 수입신고 수리 후 사용이 가능하다(「보세전시장 운영에 관한 고시」 제17조 제1호).
③ 보세전시장에 전시된 외국물품은 판매 가능하다(「보세전시장 운영에 관한 고시」 제9조 제5호).
④ 보세전시장의 특허기간은 해당 박람회 등의 회기와 그 회기의 전후에 박람회 등의 운영을 위한 외국물품의 반입과 반출 등에 필요하다고 인정되는 기간을 고려해서 세관장이 정한다(「보세전시장 운영에 관한 고시」 제5조).

12 종합보세구역에 반입한 물품의 장치기간은 제한하지 않는다. 다만, 보세창고의 기능을 수행하는 장소 중에서 관세청장이 수출입물품의 원활한 유통을 촉진하기 위하여 필요하다고 인정하여 지정한 장소에 반입되는 물품의 장치기간은 <u>1년</u>의 범위에서 관세청장이 정하는 기간(「종합보세구역의 지정 및 운영에 관한 고시」 제33조 제3항)으로 한다(「관세법」 제200조 제2항).

13 폐사어는 <u>B/L별로 구분</u>하여 보관해야 한다(「수입활어 관리에 관한 특례고시」 제12조 제2항).

14 관세 체납은 지정관리인 지정 취소 사유에 해당하지 않는다.

> **화물관리인 지정 취소 사유(「세관지정장치장 화물관리인 지정절차에 관한 고시」 제12조)**
> 1. 거짓이나 부정한 방법으로 지정받은 경우
> 2. 화물관리인이 운영인의 결격사유(「관세법」 제175조 각 호)에 해당하는 경우
> 3. 화물관리인이 세관장 또는 해당 시설 소유 · 관리자와 맺은 화물관리업무 약정을 위반하여 해당 지정장치장의 질서유지 및 화물안전관리에 중대한 지장을 초래하는 경우
> 4. 화물관리인의 지정 취소 요청 시

15 「관세법」제172조 제2항에 따라 지정장치장에는 화물관리인이 지정되는 반면, 세관검사장에는 화물관리인이 지정되지 않는다.

16 A. 지정장치장 화물관리인 지정의 유효기간 5년 이내로 한다.
B. 지정장치장에 물품을 장치하는 기간은 6개월의 범위 내에서 관세청장이 정한다.
C. 특허보세구역의 특허기간은 10년 이내로 한다.
D. 보세판매장의 특허기간은 10년 이내로 한다.
∴ 5(A) + 6(B) + 10(C) + 10(D) = 31

Plus One

출제 당시에는 「관세법」제176조의2 제5항에서 보세판매장 특허기간을 "5년"으로 제한하였으나 2022년 12월 개정으로 해당 규정이 삭제되며 보세판매장도 다른 특허보세구역과 마찬가지로 특허기간이 "10년"으로 연장되었다. 이에 따라 하위 고시인 「보세판매장 특허에 관한 고시」 역시 2023년 1월 개정되며 특허기간을 "10년"으로 변경하였다.

17 특허보세구역을 운영하던 중 휴지 또는 폐지를 한 경우라 하더라도 해당 분기분의 특허수수료는 환급하지 않는다 (「관세법 시행규칙」제68조 제6항).

18 양벌 규정에 의해 처벌받은 자는 운영인의 결격사유에 해당하지 않는다.

> **운영인의 결격사유(「관세법」제175조)**
> 다음 각 호의 어느 하나에 해당하는 자는 특허보세구역을 설치·운영할 수 없다. 다만, 제6호에 해당하는 자의 경우에는 그 특허가 취소된 해당 특허보세구역을 제외한 기존의 다른 특허를 받은 특허보세구역에 한정하여 설치·운영할 수 있다.
> 7. 「관세법」규정(제268조의2, 제269조, 제270조, 제270조의2, 제271조, 제274조, 제275조의2 또는 제275조의3)에 따라 벌금형 또는 통고처분을 받은 자로서 그 벌금형을 선고받거나 통고처분을 이행한 후 2년이 지나지 않은 자(단, 양벌 규정에 따라 처벌된 개인 또는 법인 제외)

19 특허취소 사유에 해당한다 할지라도 여러 개의 특허보세구역을 운영 중인 운영인의 모든 특허가 취소되는 것은 아니다. 아래 운영인의 결격사유 규정(「관세법」제175조)을 보면 본문 단서조항으로 '다만, 제6호에 해당하는 자의 경우에는 같은 호 각 목의 사유가 발생한 해당 특허보세구역을 제외한 기존의 다른 특허를 받은 특허보세구역에 한정하여 설치·운영할 수 있다'로 규정되어 있기 때문이다.

> **운영인 결격사유(「관세법」제175조)**
> 다음 각 호의 어느 하나에 해당하는 자는 특허보세구역을 설치·운영할 수 없다. 다만, 제6호에 해당하는 자의 경우에는 그 특허가 취소된 해당 특허보세구역을 제외한 기존의 다른 특허를 받은 특허보세구역에 한정하여 설치·운영할 수 있다.

20 종합보세구역의 지정요건, 지정절차 등에 관하여 필요한 사항은 대통령령의 위임을 받아 관세청장이 정한다(「관세법」제197조 제3항).

21 ① 주의처분대상(「보세창고 특허 및 운영에 관한 고시」 제18조 제1항 제1호)
② 주의처분대상(「보세창고 특허 및 운영에 관한 고시」 제18조 제1항 제1호)
④ 반입정지처분대상(「보세창고 특허 및 운영에 관한 고시」 제18조 제3항 제1호)
⑤ 반입정지처분대상(「보세창고 특허 및 운영에 관한 고시」 제18조 제3항 제5호)

22 운영인은 야적대상이 아닌 물품을 야적장에 장치할 수 없다(「보세창고 특허 및 운영에 관한 고시」 제17조 제7항).

23 컨테이너전용 보세창고의 CFS 면적은 물동량에 따라 운영인이 자율적으로 결정할 수 있다(「보세창고 특허 및 운영에 관한 고시」 제11조 제3항 제2호).

24 자본금 요건은 자가용 보세창고에는 적용되지 않는다(「보세창고 특허 및 운영에 관한 고시」 제3조 제1항 제3호).

25 일일 화물반출입사항의 전산입력 여부는 운영인의 보고사항이 아니라 보고를 받은 후 세관장이 운영상황 점검으로 확인하는 사항이다(「보세창고 특허 및 운영에 관한 고시」 제22조 제4항 제4호).

01	02	03	04	05	06	07	08	09	10
③	③	⑤	②	①	③	⑤	②	④	③
11	12	13	14	15	16	17	18	19	20
⑤	④	①	③	④	⑤	④	②	⑤	②
21	22	23	24	25					
②	③	①	④	①					

01
① 보세구역 외 장치의 허가기간은 <u>6개월</u>의 범위 내에서 세관장이 필요하다고 인정하는 기간으로 한다(「보세화물관리에 관한 고시」 제8조 제1항).
② 보세구역 외 장치허가기간이 종료된 때에는 담보기간 동안 보세구역 외 장치허가를 의제할 수 있으며, 이 기간동안 체화처리절차를 신속히 진행하여야 한다(「보세화물관리에 관한 고시」 제8조 제3항).
④ 품목분류 사전심사의 지연으로 수입신고를 할 수 없는 경우는 보세구역 외 장치허가기간의 연장사유에 해당한다(「보세화물관리에 관한 고시」 제8조 제1항 제2호).
⑤ 담보액은 수입통관 시 실제 납부하여야 할 관세 등 제세 상당액으로 한다(「보세화물관리에 관한 고시」 제7조 제6항).

02
보세구역 외 장치장에 반입한 화물 중 보세운송절차에 따라 반출된 화물은 반출신고를 해야 한다(「보세화물관리에 관한 고시」 제15조 제3항).

Plus One

보세구역 외 장치장에 반입한 화물에 대한 반출신고 정리

구 분	반출신고 여부
반송절차에 따라 반출되는 화물	반출신고 필요
보세운송절차에 따라 반출되는 화물	
수입신고 수리된 화물	반출신고 생략

03
반출통고 주체(「보세화물장치기간 및 체화관리에 관한 고시」 제6조)

관할 세관장	보세전시장, 보세건설장, 보세판매장, 보세공장, 보세구역 외 장치장, 자가용 보세창고에 반입한 물품
보세구역 운영인	영업용 보세창고에 반입한 물품
화물관리인	지정장치장에 반입한 물품

04
① 유효기간이 지난 물품은 폐기대상이다(「관세법」 제160조 제4항 제3호).
③ 폐기승인을 받은 외국물품 중 폐기 후에 남아있는 부분에 대하여는 폐기 후의 성질과 수량에 따라 관세를 부과한다(「관세법」 제160조 제3항).
④ 이미 부패하거나 변질된 물품에 대하여 세관장이 폐기명령 또는 직권폐기할 수 있는 것이지, 부패하거나 변질이 예상된다고 해서 직권폐기할 수 있는 것은 아니다(「관세법」 제160조 제4항 제2호).
⑤ 세관장이 물품을 폐기한 경우에도 그 비용은 화주가 부담한다(「관세법」 제160조 제6항).

05 ② 동일 B/L 물품이 수차에 걸쳐 반입되는 경우 장치기간은 해당 B/L 물품의 반입이 완료된 날로부터 기산한다 (「보세화물장치기간 및 체화관리에 관한 고시」 제5조 제2항).

③ 보세창고 반입물품 장치기간은 6개월로 하되, 세관장이 필요하다고 인정할 경우 6개월 범위에서 그 기간을 연장할 수 있다(비축물자 등 제외)(「보세화물장치기간 및 체화관리에 관한 고시」 제4조 제5항).

④ 여행자 휴대품 중 유치물품 및 습득물의 장치기간은 1개월이며, 예치물품 장치기간은 예치증에 기재된 출국예정시기에 1개월을 가산한 기간으로 한다. 단, 유치물품은 화주 요청이 있거나 세관장이 필요하다고 인정 시 1개월 범위에서 기간을 연장할 수 있다(「보세화물장치기간 및 체화관리에 관한 고시」 제4조 제4항).

⑤ 보세구역 외 장치허가를 받은 물품의 장치기간은 장치허가기간이다(「보세화물장치기간 및 체화관리에 관한 고시」 제4조 제3항).

06

> 국내 국제항 간 국제무역선으로 화물을 운송할 수 있는 화물(「환적화물 처리절차에 관한 특례고시」 제9조 제1항)
> 1. 우리나라로 수입하려는 외국물품으로서 최초 입항지에서 선하증권(항공화물운송장을 포함한다)에 기재된 최종 목적지로 운송하려는 화물
> 2. 환적화물
> 3. 수출신고가 수리된 물품
> 4. 내국물품인 공컨테이너

※ 「환적화물 처리절차에 관한 특례고시」가 2023년 1월 개정되어 "수출화물"이 "수출신고가 수리된 물품"으로 표현이 바뀌었습니다. 해당 문제는 개정 규정을 반영하여 수정되었습니다.

07 ①·②·③·④ 보세운송 신고대상이다.

⑤ 통관지가 제한되는 물품(「관세법」 제236조)은 「관세법 시행령」 제226조 제3항의 보세운송 승인대상이다.

> 보세운송 신고대상(「보세운송에 관한 고시」 제24조)
> 1. 보세운송 승인대상(「관세법 시행령」 제226조 제3항 각 호)에 해당되지 않는 물품
> 2. 특정물품 간이보세운송업자가 「관리대상화물 관리에 관한 고시」에 따른 검사대상 화물을 하선(기)장소에서 최초 보세운송하려는 물품
> 3. 항공사가 국제항 간 입항적재화물목록 단위로 일괄하여 항공기로 보세운송하려는 물품
> 4. 간이보세운송업자가 보세운송 승인대상 중 특정 물품(제1호부터 제5호까지, 제7호, 제11호의 물품)을 운송하는 경우로서 별도의 서류제출이 필요 없다고 인정되는 물품
> 5. 「관세 등에 대한 담보제도 운영에 관한 고시」에 따른 신용담보업체 또는 포괄담보제공업체인 화주가 자기 명의로 보세운송신고하는 물품

08

> 보세구역 외 장치의 허가기간 연장대상(「보세화물관리에 관한 고시」 제8조 제1항)
> 1. 동일세관 관할구역 내에 해당 화물을 반입할 보세구역이 없는 경우
> 2. 품목분류 사전심사의 지연으로 수입신고할 수 없는 경우
> 3. 인지부서의 자체조사, 고발의뢰, 폐기, 공매·경매낙찰, 몰수확정, 국고귀속 등의 결정에 따른 조치를 위하여 필요한 경우
> 4. 「관세법」 제226조에 따른 수입요건·선적서류 등 수입신고 또는 신고 수리 요건을 구비하지 못한 경우
> 5. 재해 그 밖에 부득이한 사유로 생산지연·반송대기 등 세관장이 인정하는 사유가 있는 경우

09 출항한 날이 아니라, 적재완료한 다음 날까지 제출해야 한다(「보세화물 입출항 하선 하기 및 적재에 관한 고시」 제42조 제2항).

10 세관장이 정한 기간 내에 승인 여부 또는 처리기간 연장을 신청인에게 통지하지 않으면 <u>그 기간이 끝난 날의 다음 날에 승인을 한 것으로 본다</u>(「관세법」 제158조 제4항).

11 세관공무원이 견본품으로 채취한 물품이나 다른 법률에 따라 실시하는 검사·검역 등을 위하여 견본품으로 채취된 물품으로서 세관장의 확인을 받은 물품이 사용·소비된 경우에는 수입신고를 하여 관세를 납부하고 수리된 것으로 본다(「관세법」 제161조 제5항). 즉, 별도로 관세납부를 하지 않아도 된다.

12 매각된 물품의 질권자나 유치권자는 다른 법령에도 불구하고 그 물품을 <u>매수인에게 인도해야 한다</u>(「관세법」 제208조 제3항).

13

> 국고귀속의 보류(「보세화물장치기간 및 체화관리에 관한 고시」 제38조)
> 제37조에도 불구하고 세관장은 다음 각 호의 어느 하나에 해당하는 물품에 대하여 국고귀속 조치를 보류할 수 있다.
> 1. 국가기관(지방자치단체 포함)에서 수입하는 물품
> 2. 「공공기관의 운영에 관한 법률」 제5조에 따른 <u>공기업, 준정부기관, 그 밖의 공공기관에서 수입하는 물품으로서 국고귀속 보류요청이 있는 물품</u>
> 3. <u>법 위반으로 조사 중인 물품</u>
> 4. <u>이의신청, 심판청구, 소송 등 쟁송이 제기된 물품</u>
> 5. 특수용도에만 한정되어 있는 물품으로서 국고귀속 조치 후에도 공매낙찰 가능성이 없는 물품
> 6. <u>국고귀속 조치를 할 경우 인력과 예산부담을 초래하여 국고에 손실이 야기된다고 인정되는 물품</u>
> 7. 부패, 손상, 실용시효가 경과하는 등 국고귀속의 실익이 없다고 인정되는 물품
> 8. 그 밖에 세관장이 국고귀속을 하지 않는 것이 타당하다고 인정되는 물품

14 ① · ② · ④ · ⑤ 중량 또는 용적의 과부족이 <u>5% 이내</u>인 경우 적재화물목록 정정신청을 생략할 수 있다.

Plus One

「보세화물 입출항 하선 하기 및 적재에 관한 고시」 개정으로 해상입항화물의 적재화물목록 정정생략 사유가 다음과 같이 변경되었다.

출제 당시	적하목록상의 물품과 실제 물품이 다음의 어느 하나에 해당하는 때에는 적하목록 정정신청을 생략할 수 있다. 1. 산물(예 광물, 원유, 곡물, 염, 원피 등)로서 그 중량의 과부족이 5% 이내인 경우 2. 용적물품(예 원목 등)으로서 그 용적의 과부족이 5% 이내인 경우 3. 포장파손이 용이한 물품(예 비료, 설탕, 시멘트 등) 및 건습에 따라 중량의 변동이 심한 물품(예 펄프, 고지류 등)으로서 그 중량의 과부족이 5% 이내인 경우 4. 포장단위 물품으로서 중량의 과부족이 10% 이내이고 포장상태에 이상이 없는 경우 5. 적하목록 이상사유가 단순기재오류 등으로 확인되는 경우
현 행	적재화물목록상의 물품과 실제 물품이 다음의 어느 하나에 해당하는 때에는 적재화물목록 정정신청을 생략할 수 있다. 1. 벌크화물(예 광물, 원유, 곡물, 염, 원피 등)로서 그 중량의 과부족이 5% 이내인 경우 2. 용적물품(예 원목 등)으로서 그 용적의 과부족이 5% 이내인 경우 3. 포장파손이 용이한 물품(예 비료, 설탕, 시멘트 등) 및 건습에 따라 중량의 변동이 심한 물품(예 펄프, 고지류 등)으로서 그 중량의 과부족이 5% 이내인 경우 4. 포장단위 물품으로서 중량의 과부족이 10% 이내이고 포장상태에 이상이 없는 경우 5. 적재화물목록 이상사유가 오탈자 등 단순기재오류로 확인되는 경우 6. 별도관리물품 해제승인을 받은 후 반입신고하는 물품

15 LCL화물이 해당 하선장소 내 CFS 내에 컨테이너 적출 및 반입작업을 하지 않았을 때에만 Master B/L 단위로 신고할 수 있으며, 적출 및 반입을 하려는 경우에는 원칙대로 House B/L 단위로 신고해야 한다(「보세화물 입출항 하선 하기 및 적재에 관한 고시」 제19조 제2항).

※ 출제 당시에는 컨테이너화물의 하선장소 반입기한이 "3일"이었으나 고시 개정에 따라 "5일"로 연장되었습니다. 해당 문제는 개정 규정을 반영하여 수정되었습니다.

16 세관장은 정정신청 또는 별도관리해제신청이 없는 경우 외국으로 반송하는 것이 아니라 직권으로 적재화물목록을 정정해야 한다(「보세화물 입출항 하선 하기 및 적재에 관한 고시」 제32조 제5항).

Plus One

- 2023년 8월 25일 「보세화물 입출항 하선 하기 및 적재에 관한 고시」 개정으로 보기 ③ 관련 내용이 바뀌었다.
- 출제 당시에는 하기결과 이상물품을 "항공사가 지정한 하기장소 보세구역 내의 일정한 장소"에서 관리하도록 규정되어 있었으나 "하역장소(특송물품은 하기장소) 내의 일정한 구역"에서 관리하도록 개정되었다. 보기 ③은 개정 규정을 반영하여 수정되었다.

17
- 적재화물목록 정정신청기한은 출항일로부터 해상화물은 90일, 항공화물은 60일이다(「보세화물 입출항 하선 하기 및 적재에 관한 고시」 제44조 제3항).
- 보세운송물품의 도착기한은 신고 수리(승인)일로부터 해상화물은 10일, 항공화물은 5일이며, 선박 또는 항공기 입항 전에 보세운송신고를 하는 때에는 입항예정일 및 하선(기)장소 반입기간을 고려하여 세관장이 5일 이내의 기간을 추가할 수 있다(「보세운송에 관한 고시」 제6조).

18 복합환적화물의 운송기한은 하선 또는 하기신고일로부터 7일로 한다(「환적화물 처리절차에 관한 특례고시」 제8조 제5항).

19 국제물류주선업 등록은 화물운송주선업자로 등록하기 위한 요건 중 하나이다(「화물운송주선업자의 등록 및 관리에 관한 고시」 제3조). 국제물류주선업 등록이 되어있다고 하여 화물운송주선업자 등록을 생략하는 것은 아니다.

20

> 적용범위(「보세운송에 관한 고시」 제46조 제1항)
> 수출신고가 수리된 물품은 보세운송절차를 생략하나, 다음 물품들은 보세운송절차를 거쳐야만 한다.
> 1. 「반송절차에 관한 고시」에 따라 외국으로 반출하는 물품
> 2. 보세전시장에서 전시 후 반송되는 물품
> 3. 보세판매장에서 판매 후 반송되는 물품
> 4. 여행자 휴대품 중 반송되는 물품
> 5. 보세공장 및 자유무역지역에서 제조·가공하여 수출하는 물품
> 6. 수출조건으로 판매된 몰수품 또는 국고귀속된 물품

21 특정물품 간이보세운송업자의 법인 자본금 요건은 3억 원 이상이다.

> 특정물품 간이보세운송업자 지정요건(「보세운송에 관한 고시」 제18조 제1항)
> 1. 자본금 3억 원 이상인 법인
> 2. 2억 원 이상의 인·허가 보증보험에 가입한 자이거나 「관세법」 제24조에 따른 담보(부동산은 제외)를 2억 원 이상 제공한 자
> 3. 유개(有蓋)화물자동차 10대 이상과 트랙터 10대 이상 보유한 자
> 4. 임원 중 관세사 1명 이상 재직하고 있는 업체

22 장치장소의 특허변경으로 장치기간을 다시 기산해야 하는 물품에 대하여는 <u>종전에 산정한 장치기간을 합산하여 장치기간을 계산한다</u>(「보세화물장치기간 및 체화관리에 관한 고시」 제5조 제1항).

23 반송물품이 보세구역에 반입되는 경우 반입신고를 하며, <u>그 반입신고로 보세운송 도착보고를 갈음한다</u>(「보세화물 입출항 하선 하기 및 적재에 관한 고시」 제33조 제3항). 보세운송 도착보고가 반입신고를 갈음하는 것이 아니라, 반입신고가 보세운송 도착보고를 갈음한다.

24 운영인은 보세창고에 <u>1년(동일한 보세창고에 장치되어 있는 동안 수입신고가 수리된 물품은 6개월) 이상 계속하여 내국물품만을 장치</u>하려면 내국물품장치승인(신청)서를 제출하여 세관장의 <u>승인</u>을 받아야 한다(「보세화물관리에 관한 고시」 제12조 제4항).

25 화주 또는 그 위임을 받은 자의 별도 의사표시가 없는 House B/L화물은 보세구역 운영인이 아니라 <u>화물운송주선업자가 선량한 관리자로서 선사 및 보세구역 운영인과 협의하여 장치장소를 결정</u>한다(「보세화물관리에 관한 고시」 제4조 제1항 제2호 나목).

01	02	03	04	05	06	07	08	09	10
⑤	⑤	②	해설 참조	③	②	④	④	④	①
11	12	13	14	15	16	17	18	19	20
⑤	③	②	④	④	①	④	③	③	①
21	22	23	24	25					
①	⑤	②	⑤	②					

01 구매대행업 부문은 수출입 안전관리 우수업체 공인부문이 아니다.

> 공인부문(「수출입 안전관리 우수업체 공인 및 운영에 관한 고시」 제3조 제1항)
> 수출입 안전관리 우수업체(AEO ; Authorized Economic Operator)로 공인을 신청할 수 있는 자는 다음 각 호와 같다.
> 1. 「관세법」(이하 "법") 제241조에 따른 수출자(수출 부문)
> 2. 법 제241조에 따른 수입자(수입 부문)
> 3. 「관세사법」 제2조 또는 제3조에 따른 통관업을 하는 자(관세사 부문)
> 4. 법 제2조 제16호에 해당하는 자 또는 법 제172조에 따른 지정장치장의 화물을 관리하는 자(보세구역 운영인 부문)
> 5. 법 제222조 제1항 제1호에 해당하는 자(보세운송업 부문)
> 6. 법 제222조 제1항 제2호 및 제6호에 해당하는 자(화물운송주선업 부문)
> 7. 법 제222조 제1항 제3호에 해당하는 자(하역업 부문)
> 8. 법 제2조 제6호에 따른 국제무역선을 소유하거나 운항하여 법 제225조에 따른 보세화물을 취급하는 자 (선박회사 부문)
> 9. 법 제2조 제7호에 따른 국제무역기를 소유하거나 운항하여 법 제225조에 따른 보세화물을 취급하는 자 (항공사 부문)

02 관세청장은 수출입 안전관리 우수업체로 공인받기 위한 신청 여부와 관계없이 수출입물품의 제조·운송·보관 또는 통관 등 무역과 관련된 자 중 대통령령으로 정하는 자를 대상으로 안전관리 기준을 준수하는 정도를 대통령령으로 정하는 절차에 따라 측정·평가할 수 있다(「관세법」 제255조의7 제1항).

03 A.·C. 공인신청의 각하사유에 해당한다(「수출입 안전관리 우수업체 공인 및 운영에 관한 고시」 제6조 제4항). E. 법규준수의 결격에 해당하는 공인 유보사유가 현장심사를 마친 날로부터 1년을 넘어서도 확정되지 않고 계속 진행되는 경우 공인신청의 기각사유가 된다(「수출입 안전관리 우수업체 공인 및 운영에 관한 고시」 제12조의2 제4호).

> 공인신청의 기각(「수출입 안전관리 우수업체 공인 및 운영에 관한 고시」 제12조의2 각 호)
> 1. 서류심사 또는 현장심사 결과, 공인기준을 충족하지 못하였으며 보완 요구의 실익이 없는 경우
> 2. 공인심사를 할 때에 제출한 자료가 거짓으로 작성된 경우
> 3. 관세청장이 보완을 요구하였으나, 천재지변 등 특별한 사유 없이 보완 요구기간 내에 보완하지 않거나(통관적법성 검증과 관련한 자료제출 및 보완 요구도 포함한다) 보완을 하였음에도 불구하고 공인기준을 충족하지 못한 경우

4. 법규준수 기준의 결격사유가 현장심사를 마친 날부터 1년을 넘어서도 확정되지 않고 계속 진행되는 경우. 다만, 이 경우 최소한 1심 판결이 유죄로 선고되어야 한다.
5. 공인기준 준수 개선 계획을 제출하지 않거나, 공인기준 준수 개선 완료 보고를 하지 않은 경우
6. 공인유보업체를 재심사한 결과, 공인기준을 충족하지 못한 것으로 확인된 경우
7. 공인신청 후 신청업체의 법규준수도 점수가 70점 미만(중소 수출기업은 60점 미만)으로 하락한 경우
8. 교육이수 확인서를 제출하지 않은 경우

04 출제 당시에는 「수출입 안전관리 우수업체 공인 및 운영에 관한 고시」 제18조의5 정산업체 관련 규정을 근거로 한 문제였으나, 정기 수입세액 정산제도가 폐지되며 2022년 1월 개정된 「수출입 안전관리 우수업체 공인 및 운영에 관한 고시」에서 관련 조항이 삭제되었다. 따라서 정답이 없는 문제이다.

05 통관절차 등의 혜택(「수출입 안전관리 우수업체 공인 및 운영에 관한 고시」 제15조 제1항 관련 별표 2)

공인 부문	혜택 기준	수출입 안전관리 우수업체		
		A	AA	AAA
모든 부문	「여행자정보 사전확인제도 운영에 관한 훈령」에 따른 여행자 검사대상 선별제외	○ 대표자 총괄 책임자	○ 대표자 총괄 책임자	○ 대표자 총괄 책임자
	국제공항 입출국 시 전용검사대를 이용한 법무부 입출국 심사	○ 대표자	○ 대표자	○ 대표자 총괄 책임자
보세구역 운영인	「특허보세구역 운영에 관한 고시」 제7조에 따른 특허 갱신 시 본부세관 특허심사위원회 심사생략 및 해당세관에서 자체 심사 ※ 공인 수출입업체의 자가용 보세창고의 경우에도 동일혜택 적용	○	○	○
	「보세화물관리에 관한 고시」 제16조에 따른 분기별 자체 재고조사 후 연 1회 세관장에게 보고	○	○	○

06 수출입 안전관리 우수업체는 관세감면 등 세제상의 혜택이 아닌, 수출입물품에 대한 검사 완화나 수출입신고 및 관세납부 절차 간소화 등 신속통관을 위한 사항이 주된 혜택이다.

수출입 안전관리 우수업체의 공인(「관세법」 제255조의2)
① 관세청장은 수출입물품의 제조·운송·보관 또는 통관 등 무역과 관련된 자가 시설, 서류 관리, 직원 교육 등에서 이 법 또는 「자유무역협정의 이행을 위한 관세법의 특례에 관한 법률」 등 수출입에 관련된 법령의 준수 여부, 재무 건전성 등 대통령령으로 정하는 안전관리 기준을 충족하는 경우 수출입 안전관리 우수업체로 공인할 수 있다.
② 관세청장은 제1항에 따른 공인을 받기 위하여 심사를 요청한 자에 대하여 대통령령으로 정하는 바에 따라 심사하여야 한다.
③ 제2항에 따른 심사를 요청하려는 자는 제출서류의 적정성, 개별 안전관리 기준의 충족 여부 등 관세청장이 정하여 고시하는 사항에 대하여 미리 관세청장에게 예비심사를 요청할 수 있다.
④ 관세청장은 제3항에 따른 예비심사를 요청한 자에게 예비심사 결과를 통보하여야 하고, 제2항에 따른 심사를 하는 경우 예비심사 결과를 고려하여야 한다.

⑤ 제1항에 따른 공인의 유효기간은 5년으로 하며, 대통령령으로 정하는 바에 따라 공인을 갱신할 수 있다.
⑥ 제1항부터 제5항까지에서 규정한 사항 외에 수출입 안전관리 우수업체의 공인에 필요한 사항은 대통령령으로 정한다.

※ 출제 당시에는 「관세법」 제255조의2를 근거로 한 문항이었으나, 해당 조항이 위와 같이 2021년 12월 전문개정, 2022년 1월부터 시행되었습니다.

07 운영인은 반입물품의 중량·라벨·표식·수량 등을 반입예정정보와 대조 확인해야 한다. 운영인은 반출물품을 구매주문서 또는 운송의뢰서, 반출승인정보 등과 대조 확인해야 한다. 또한, 물품을 인수하거나 불출하기 전에 운전사의 정확한 신원을 확인해야 한다(「수출입 안전관리 우수업체 공인 및 운영에 관한 고시」 별표 1).

08 수출입 안전관리 우수업체가 수출입관리책임자를 변경한 경우 30일 이내에 관세청장에게 보고해야 한다. A社는 수출입관리책임자를 5월 1일에 변경했는데 6월 15일에 보고했으므로 이는 옳지 않은 내용이다.

> 변동사항 보고(「수출입 안전관리 우수업체 공인 및 운영에 관한 고시」 제17조 제1항)
> 수출입 안전관리 우수업체는 다음 각 호의 어느 하나에 해당하는 사실이 발생한 경우에는 그 사실이 발생한 날로부터 30일 이내에 별지 제10호 서식의 수출입관리현황 변동사항 보고서를 작성하여 관세청장에게 보고해야 한다. 다만, 변동사항이 범칙행위, 부도 등 공인유지에 중대한 영향을 미치는 경우에는 지체 없이 보고해야 한다.
> 1. 양도, 양수, 분할 및 합병 등으로 인한 법적 지위의 변경
> 2. 대표자, 수출입 관련 업무 담당 임원 및 관리책임자의 변경
> 3. 소재지 이전, 사업장의 신설·증설·확장·축소·폐쇄 등
> 4. 사업내용의 변경 또는 추가
> 5. 화재, 침수, 도난, 불법유출 등 수출입화물 안전관리와 관련한 특이사항

09 관세청장은 수출입 안전관리 우수업체가 4개 분기 연속으로 공인등급별 기준을 충족하는 경우에는 공인등급의 조정 신청을 받아 상향할 수 있다. 다만, 수출입 안전관리 우수업체가 갱신이 아닌 때에 공인등급의 조정을 신청하고자 하는 경우에는 공인의 유효기간이 1년 이상 남아 있어야 한다(「수출입 안전관리 우수업체 공인 및 운영에 관한 고시」 제5조의2 제1항).

10 ② 공인의 유보사유가 경미하다고 판단되는 경우에는 혜택을 부여할 수 있다(「수출입 안전관리 우수업체 공인 및 운영에 관한 고시」 제25조 제5호 단서).
③ 양벌 규정에 따라 처벌된 경우 청문 및 공인취소 절차를 진행하지 않는다(「수출입 안전관리 우수업체 공인 및 운영에 관한 고시」 제25조의2 제1항 제6호 단서).
④ 관세청장이 수출입 안전관리 우수업체에 대한 공인을 취소하려는 때에는 제27조의2에 따른 심의위원회의 심의를 거쳐야 한다(「수출이 안전관리 우수업체 공인 및 운영에 관한 고시」 제26조 제5항).
⑤ 수출입 안전관리 우수업체는 공인이 취소된 경우에는 관세청장에게 지체 없이 증서를 반납해야 한다(「수출입 안전관리 우수업체 공인 및 운영에 관한 고시」 제28조).

11 유효기간 중에 공인등급을 조정하는 경우 공인의 유효기간은 공인등급이 조정된 날로부터 5년이 아닌 당초 유효기간으로 한다(「수출입 안전관리 우수업체 공인 및 운영에 관한 고시」 제13조 제4항).

12 수출입 안전관리 우수업체가 공인을 갱신할 때는 공인의 유효기간이 끝나기 <u>6개월</u> 전까지 관세청장에게 제출해야 하며, 관세청장은 공인의 유효기간이 끝나기 <u>1년</u> 전부터 갱신심사를 신청하게 할 수 있다.

> **갱신심사(「수출입 안전관리 우수업체 공인 및 운영에 관한 고시」 제19조 제1항)**
> 수출입 안전관리 우수업체는 공인을 갱신하고자 할 때에는 공인의 유효기간이 끝나기 <u>6개월</u> 전까지 수출입 안전관리 우수업체 갱신심사 신청서에 제6조 제1항 각 호의 서류를 첨부하여 관세청장에게 전자문서로 제출해야 한다. 이 경우 관세청장은 원활한 갱신심사를 운영하기 위해 수출입 안전관리 우수업체에게 공인의 유효기간이 끝나기 <u>1년</u> 전부터 갱신심사를 신청하게 할 수 있다.

13 공인심사 신청 시 관리책임자의 교체, 사업장 추가 등 불가피한 경우에는 관리책임자 교육이수 확인서를 <u>현장심사를 시작하는 날까지</u> 제출할 수 있다(「수출입 안전관리 우수업체 공인 및 운영에 관한 고시」 제6조 제1항 제7호).

14 어떠한 경우라도 심사대상에서 제외되는 것은 아니다. 현행범, 중대하거나 명백한 위법정보가 있는 경우 본부세관 갱신심사부서와 협의하에 심사가 가능하다(「수출입 안전관리 우수업체 공인 및 운영에 관한 고시」 별표 2).

15 「수출입 안전관리 우수업체 공인 및 운영에 관한 고시」 제4조(공인기준) 제1항 관련 세부기준은 별표 1에서 확인할 수 있다.

> **수출입 안전관리 우수업체 공인기준(「수출입 안전관리 우수업체 공인 및 운영에 관한 고시」 별표 1)**
> 바. 보세구역 운영인
> 1. 법규준수
> 1.1.4 신청업체와 신청인(관리책임자를 포함한다)이 「관세법」 제276조에 따라 벌금형 선고를 받은 사실이 있는 경우에는 <u>벌금형 선고 후 2년이 경과</u>해야 한다.
> 3. 재무건전성
> 3.2.1 신청업체는 ① 재무제표에 대한 감사보고서의 감사의견이 적정이어야 하며, ② <u>부채비율이 동종 업종의 평균 부채비율의 200% 이하</u>이거나 외부신용평가기관의 신용평가 등급이 투자적격 이상 또는 매출 증가 등으로 성실한 법규준수의 이행이 가능할 정도의 재정을 유지해야 한다. 단, ①의 경우에는 「주식회사 등의 외부감사에 관한 법률」 적용대상 업체에만 적용한다.

16 국제무역선이나 국제무역기에는 <u>내국물품</u>을 적재할 수 없으며, 국내운항선이나 국내운항기에는 <u>외국물품</u>을 적재할 수 없다. 다만, 세관장의 <u>허가</u>를 받았을 때에는 그렇지 않다(「관세법」 제140조 제6항).

17 ④ 국제무역선 또는 국제무역기를 국내운항선 또는 국내운항기로 전환하거나, 국내운항선 또는 국내운항기를 국제무역선 또는 국제무역기로 전환하려면 선장이나 기장은 세관장의 승인을 받아야 한다(「관세법」 제144조).
①·②·③·⑤ 세관장의 승인대상이 아니라 허가대상이다(「관세법」 제134조·136조·제142조·143조 참고).

18 상시승선(신고)증의 유효기간은 발급일로부터 <u>3년</u>이다(「국제무역선의 입출항 전환 및 승선절차에 관한 고시」 제42조 제1항).

19 국제항의 운영자는 국제항이 시설기준 등에 미치지 못하게 된 경우 그 시설 등을 신속하게 개선해야 하며, <u>기획재정부장관</u>은 대통령령으로 정하는 바에 따라 그 시설 등의 개선을 명할 수 있다(「관세법」 제133조 제3항).

20 "운송추적감시화물"이란 세관장이 선별한 감시대상화물 중 하선(기)장소 또는 장치예정장소까지 추적감시하는 화물을 말한다. ①은 "하선(기)감시화물"에 대한 설명이다(「관리대상물 관리에 관한 고시」 제2조 참고).

21 ② 공급자 등은 적재 등 허가 신청이 건당 미화 1만 달러(원화표시는 물품 1천만 원을 말한다)이하의 선박용품 등으로서 세관장이 감시단속에 지장이 없다고 인정하는 물품의 경우에는 공급자 중에서 대행업체를 지정하여 적재 등 허가받은 절차를 이행하게 할 수 있다(「선박용품 등 관리에 관한 고시」 제11조 제3항).

③ 수리업자 등은 조건부 하역한 외국선박용품을 하역일부터 <u>30일</u> 이내에 해당 선박에 적재하고 세관장에게 완료보고해야 한다(「선박용품 등 관리에 관한 고시」 제15조 제2항 전단).

④ 공급자 등은 적재 등을 완료한 때에는 <u>다음 날 12시까지</u> 관할 세관장에게 보고해야 한다. 다만, 보고기한 내에 해당 선박이 출항하는 때에는 출항허가 전까지 보고해야 한다(「선박용품 등 관리에 관한 고시」 제14조 제1항).

⑤ 공급자 등 및 수리업자 등은 반입등록한 선박용품 등을 수입·반송 또는 공매하는 등 용도 외 처분한 때에는 용도 외 처분한 날로부터 <u>7일</u> 이내에 반입등록한 세관장에게 용도 외 처분보고서를 제출해야 한다(「선박용품 등 관리에 관한 고시」 제22조 제1항).

22 입항하는 선박 또는 항공기의 승객예약자료 제출시한은 <u>입항 1시간 전까지</u>이나 운항예정시간이 3시간 이내인 경우에는 입항 30분 전까지 할 수 있다(「관세법 시행규칙」 제62조의3 제2호).

23 ① 외국을 항행한 요트가 국내 요트계류장에 입항한다면 입항절차를 필해야 한다.

③ 국제무역선에서 국내운항선 또는 국내운항선에서 국제무역선으로 전환 승인 시에도 세관의 입항보고 절차를 생략하지 않는다.

④ 잠수함도 세관의 입항보고 절차를 준수해야 한다.

⑤ 입항할 때에는 입항보고를 해야 하는 것이고 입항허가는 없다. 세관장은 국제무역선이나 국제무역기가 국제항에 입항하여 절차를 마친 후 다시 우리나라의 다른 국제항에 입항할 때에는 서류제출의 생략 등 간소한 절차로 입출항하게 할 수 있다.

24 외국을 왕래하는 여행자를 전용으로 운송하기 위하여 국내에서만 운항하는 항공기는 국제무역기에 관한 규정을 준용한다(「관세법」 제146조 제1항 제2호).

25 대변항은 국제항에 포함되지 않는다.

구 분	국제항명
항 구	인천항, 부산항, 마산항, 여수항, <u>목포항</u>, 군산항, 제주항, 동해·묵호항, 울산항, 통영항, <u>삼천포항</u>, 장승포항, 포항항, 장항항, 옥포항, 광양항, 평택·당진항, <u>대산항</u>, 삼척항, 진해항, 완도항, 속초항, <u>고현항</u>, 경인항, 보령항
공 항	인천공항, 김포공항, 김해공항, 제주공항, 청주공항, 대구공항, 무안공항, 양양공항

국제항의 지정(「관세법 시행령」 제155조 제1항)
「관세법」 제133조에 따른 국제항은 다음 표와 같다.

01	02	03	04	05	06	07	08	09	10
⑤	④	②	③	②	⑤	①	①	②	④
11	12	13	14	15	16	17	18	19	20
②	⑤	②	⑤	③	①	②	①·③	①	②
21	22	23	24	25					
①	③	①	③	⑤					

01 보세사 채용, 해고, 교체 시에는 즉시 세관장에게 통보해야 한다.

> 운영인 등의 의무(「자율관리 보세구역 운영에 관한 고시」 제9조 제1항)
> 운영인 등은 자율관리 보세구역 운영과 관련하여 다음 각 호의 사항을 준수해야 한다.
> 1. 운영인 등은 보세사가 아닌 자에게 보세화물관리 등 보세사의 업무를 수행하게 해서는 안 된다. 다만, 업무대행자를 지정하여 사전에 세관장에게 신고한 경우에는 보세사가 아닌 자도 보세사가 이탈 시 보세사 업무를 수행할 수 있다.
> 2. 운영인 등은 당해 보세구역에 작업이 있을 때는 보세사를 상주근무하게 해야 하며 보세사를 채용, 해고 또는 교체했을 때에는 세관장에게 즉시 통보해야 한다.
> 3. 보세사가 해고 또는 취업정지 등의 사유로 업무를 수행할 수 없는 경우에는 2개월 이내에 다른 보세사를 채용하여 근무하게 해야 한다.
> 4. 운영인 등은 절차생략 등에 따른 물품 반출입 상황 등을 보세사로 하여금 기록·관리하게 해야 한다.
> 5. 운영인 등은 해당 보세구역 반출입 물품과 관련한 생산, 판매, 수입 및 수출 등에 관한 세관공무원의 자료요구 또는 현장 확인 시에 협조해야 한다.

02 운영인이 절차생략 등에 따른 물품 반출입 상황 등을 보세사로 하여금 기록·관리하게 하는 것은 운영인의 의무에 해당하고 이를 위반한 경우 사안에 따라 경고처분 등의 조치가 가능하나, 자율관리 보세구역 지정 취소 사유에 해당하지는 않는다.

> 지정 취소 사유 등(「자율관리 보세구역 운영에 관한 고시」 제5조 제1항 각 호)
> 1. 「관세법」 제178조 제1항에 해당된 때
>   • 장치물품에 대한 관세를 납부할 자금능력이 없다고 인정되는 경우
>   • 본인이나 그 사용인이 「관세법」 또는 「관세법」에 따른 명령을 위반한 경우
>   • 해당 시설의 미비 등으로 특허보세구역의 설치 목적을 달성하기 곤란하다고 인정되는 경우
>   • 그 밖에 상기 규정에 준하는 것으로서 대통령령으로 정하는 사유에 해당하는 경우
>   – 재고조사 결과 원자재소요량 관리가 적정하지 않은 경우
>   – 1년 동안 계속하여 물품의 반입·반출 실적이 없거나, 6개월 이상 보세작업을 하지 않은 경우
>   – 운영인이 최근 1년 이내에 「관세법」에 따른 절차 등을 위반한 경우 등 관세청장이 정하는 사유에 해당하는 경우
> 2. 제9조 제1항 제1호를 위반한 때
>   • 운영인이 보세사가 아닌 자에게 보세화물관리 등 보세사의 업무를 수행하게 한 경우
> 3. 제9조 제1항 제3호에서 규정한 기간까지(2개월 이내) 보세사를 채용하지 않을 때
> 4. 제3조의 자율관리 보세구역 지정요건을 충족하지 못한 경우
> 5. 그 밖에 보세화물을 자율적으로 관리할 능력이 없거나 부적당하다고 세관장이 인정하는 경우

2021년
정답 및 해설

03 ① 벌크화물의 <u>사일로(Silo)</u> 적입을 위한 포장제거작업 시 보수작업 신청(승인)을 생략할 수 있다(이하 「자율관리
보세구역 운영에 관한 고시」 제7조 참고).
③ 원산지표시 보수작업 신청(승인)은 생략대상이 아니다.
④ 「보세화물관리에 관한 고시」에 따른 재고조사 및 보고의무를 분기별 1회에서 <u>연 1회</u>로 완화할 수 있다.
⑤ 「특허보세구역 운영에 관한 고시」에 따른 보세구역 운영상황의 점검을 <u>생략</u>할 수 있다.

04 운영인은 회계연도 종료 <u>3개월</u>이 지난 후 <u>15일</u> 이내에 자율점검표를 작성하여 세관장에게 제출해야 한다. 다만,
보세구역 운영상황·재고조사 결과와 함께 제출하려는 경우 다음 해 <u>2월</u> 말까지 제출할 수 있다(「자율관리 보세
구역 운영에 관한 고시」 제10조 제1항).

05 자율관리 보세구역에서는 보세사를 의무적으로 채용해야 한다.

> 자율관리 보세구역 지정요건(「자율관리 보세구역 운영에 관한 고시」 제3조)
> 자율관리 보세구역은 다음 각 호의 사항을 충족하고 운영인 등의 법규수행능력이 우수하여 보세구역 자율관
> 리에 지장이 없어야 한다.
> 1. 일반 자율관리 보세구역
>   가. 보세화물관리를 위한 보세사 채용
>   나. 화물의 반출입, 재고관리 등 실시간 물품관리가 가능한 전산시스템(WMS, ERP 등) 구비
> 2. 우수 자율관리 보세구역
>   가. 1호 가목 및 나목 충족
>   나. 「수출입 안전관리 우수업체 공인 및 운영에 관한 고시」 제5조에 해당하는 수출입 안전관리 우수업체
>   다. 보세공장의 경우 「보세공장 운영에 관한 고시」 제36조 제1항 제3호 및 제4호를 충족할 것

※ 「보세공장 운영에 관한 고시」가 2022년 11월 개정되어 자율관리 보세구역 지정요건 중 수출신고금액 요건이
삭제되었습니다. 해당 문제는 개정 규정을 반영하여 ④번 보기가 수정되었습니다.

06 보수작업 승인은 세관장의 업무이지 보세사의 업무가 아니다. 보세사는 보수작업에 입회 및 감독 업무를 한다.

> 보세사의 직무(「관세법 시행령」 제185조 제1항)
> 1. 보세화물 및 내국물품의 반입 또는 반출에 대한 참관 및 확인
> 2. 보세구역 안에 장치된 물품의 관리 및 취급에 대한 참관 및 확인
> 3. 보세구역 출입문의 개폐 및 열쇠관리의 감독
> 4. 보세구역의 출입자관리에 대한 감독
> 5. 견본품의 반출 및 회수
> 6. 기타 보세화물의 관리를 위하여 필요한 업무로서 관세청장이 정하는 업무

07 보세사 자격을 갖춘 자가 보세사로 근무하려면 <u>관할 세관장</u>에게 등록해야 한다(「관세법」 제165조 제3항).

08 법규수행능력 평가대상 수출입물류업체에 대한 점검은 <u>서면점검을 원칙으로 한다</u>. 다만, 수출입물류업체의 업무
특성상 현지점검의 필요성이 있다고 판단되는 때에는 7일 이내의 기간을 정하여 현지점검을 실시할 수 있다(「수
출입물류업체에 대한 법규수행능력측정 및 평가관리에 관한 훈령」 제8조 제1항).

09 「자유무역지역법」과 다른 법률과의 관계는 「자유지역무역법」 제3조의 ① 「관세법」 적용 범위 ② 외국인투자기업 규제완화 ③ 특별법 우선적용을 따른다.

> 「자유지역무역법」과 다른 법률의 관계 정리(「자유무역지역법」 제3조 참조)
> ① 「관세법」 적용 범위
>   자유무역지역에서는 「자유무역지역법」 규정 사항을 제외하고는 「관세법」을 적용하지 않는다. 단, 자유무역지역에 물품 반출입을 효율적으로 관리하기 위해 필요한 통제시설이 설치되어 있지 않은 경우는 제외한다.
> ② 외국인투자기업 규제완화
>   자유무역지역 입주기업체 중 외국인투자기업에 대해서는 「고용상 연령차별금지 및 고령자고용촉진에 관한 법률」 제12조, 「국가유공자 등 예우 및 지원에 관한 법률」 제31조, 「보훈보상대상자 지원에 관한 법률」 제35조, 「5・18 민주유공자예우 및 단체설립에 관한 법률」 제22조, 「특수임무수행자 지원 및 단체설립에 관한 법률」 제21조, 「장애인고용촉진 및 직업재활법」 제28조를 적용하지 않는다.
> ③ 특별법 우선적용
>   자유무역지역 지정 및 운영과 관련하여 「경제자유구역의 지정 및 운영에 관한 특별법」에 「자유무역지역법」과 다른 규정이 있는 경우 「자유무역지역법」을 우선 적용한다.

10 내국물품 반출목록신고서를 제출한 날로부터 5년의 범위에서 대통령령으로 정하는 기간(2년) 동안 내국물품 반입증명서류를 보관해야 한다(「자유무역지역법」 제31조 제3항).

11 외국물품을 보세구역에서 외국으로 반출하기 위해서 「관세법」에서는 반송신고를 하므로, "국외반출신고"는 「관세법」의 반송신고와 동일한 개념이라 할 수 있다.

12 수입비중이 아닌 수출비중이 기준을 충족해야 한다.

> 자유무역지역 입주자격(「자유무역지역법」 제10조 제1항)
> 3. 지식서비스산업에 해당하는 업종(제4호부터 제6호까지의 규정에 해당하는 업종은 제외한다)의 사업을 하려는 자로서 수출비중 등이 대통령령으로 정하는 기준을 충족하는 자

13 ① 관리권자는 관세청장과 협의를 거쳐 자유무역지역에 통제시설을 설치하고, 그 운영시기를 공고해야 한다(이하 「자유무역지역법」 제27조 참고).
③ 관리권자는 통제시설을 유지・관리해야 한다.
④ 관리권자는 자유무역지역을 출입하는 사람 및 자동차에 대한 기록을 산업통상자원부령으로 정하는 방법으로 관리해야 한다.
⑤ 세관장이 출입기록을 요청하는 경우 특별한 사유가 없으면 이에 따라야 한다.

14 민간시설지구는 자유무역지역 구분지구가 아니다.

> 자유무역지역의 구분(「자유무역지역법」 제9조)
> 관리권자는 관리업무를 효율적으로 운영하기 위하여 자유무역지역을 그 기능 및 특성에 따라 생산시설지구, 지식서비스시설지구, 물류시설지구, 지원시설지구, 그 밖에 대통령령으로 정하는 지구(공공시설지구, 교육・훈련시설지구)로 구분할 수 있다.

15 입주기업체 외의 자가 외국물품을 자유무역지역 안으로 반입하려는 경우 그 반입을 하려는 자는 「관세법」 제241조에 따른 수입신고를 하고 관세 등을 내야 한다(「자유무역지역법」 제29조 제4항 제1호).

16 보세사의 명의대여죄에 해당하는 자는 <u>1년 이하의 징역 또는 1천만 원 이하의 벌금</u>에 처한다(「관세법」 제275조의4).

17 관세범에 관하여 「관세법」에 특별한 규정이 있는 것을 제외하고는 「<u>형사소송법</u>」을 준용한다.

18 ① 관세청장이나 세관장은 관세범을 조사한 결과 범죄의 확증을 얻었을 때에는 <u>벌금에 상당하는 금액, 몰수에 해당하는 물품, 추징금에 해당하는 금액</u>을 납부할 것을 통고할 수 있다.
③ 해당 벌금 최고액의 100분의 30이 원칙이나, 100분의 50 범위에서 관세청장이 정하여 고시하는 비율에 따라 그 금액을 늘릴 수 있다. 이때 관세범이 「통고처분 벌금상당액 가중·감경 기준에 관한 고시」에 포함되는 사유에 2가지 이상 해당되는 경우, 가장 높은 비율이 아닌 각각의 비율을 합산하되 합산한 비율이 100분의 50을 초과하는 경우에는 100분의 50으로 한다.
※ 5과목 A형 18번은 가답안 공개기간 동안 접수된 수험자 의견제시가 받아들여져, 최종답안에서 ①·③이 복수 정답 처리되었습니다.

19 ① 2천만 원 이하의 <u>벌금</u>에 처한다(「관세법」 제276조 제3항 제3호의2).
② 200만 원 이하의 <u>과태료</u>를 부과한다(「관세법」 제277조 제5항 제1호).
③ 500만 원 이하의 <u>과태료</u>를 부과한다(「관세법」 제277조 제4항 제3호).
④ 1천만 원 이하의 <u>과태료</u>를 부과한다(「관세법」 제277조 제3항 제2호).
⑤ 500만 원 이하의 <u>과태료</u>를 부과한다(「관세법」 제277조 제4항 제2호).

20 통고서의 송달을 받은 날로부터 15일이 지났더라도 고발이 되기 전에 통고처분을 이행하면 고발사유에 해당하지 않는다.

21 ② 그 정황을 알면서 「관세법」 제270조에 따른 관세포탈 행위를 방조한 자는 <u>정범에 준하여 처벌한다</u>.
③ 「관세법」 제269조의 밀수입죄 미수범은 <u>본죄에 준하여 처벌한다</u>.
④ 「관세법」 제270조 관세포탈죄 미수범은 <u>본죄에 준하여 처벌한다</u>.
⑤ 「관세법」 제268조의2 전자문서 위조·변조죄를 범할 목적으로 그 예비를 한 자는 <u>본죄의 1/2를 감경하여 처벌한다</u>.

22 신고를 하지 않고 물품을 반송한 자는 <u>3년 이하의 징역 또는 물품원가 이하에 상당하는 벌금</u>에 처한다.

23 <u>범칙 당시 물품의 국내도매가격에 상당한 금액을 범인으로부터 추징한다</u>(「관세법」 제282조 제3항).

24 허위신고죄는 벌금으로만 처벌가능하다(「관세법」 제276조 참고).

25 폐기는 밀수품의 취득죄에 해당되지 않는다.

> 밀수품의 취득죄(「관세법」 제274조 제1항 참조)
> 밀수품을 <u>취득·양도·운반·보관</u> 또는 알선하거나 <u>감정</u>한 자는 3년 이하의 징역 또는 물품원가 이하에 상당하는 벌금에 처한다.

제1과목 │ 수출입통관절차

01	02	03	04	05	06	07	08	09	10
②	③	②	④	④	⑤	①	③	⑤	③
11	12	13	14	15	16	17	18	19	20
②	⑤	②	⑤	④	①	⑤	②	③	③
21	22	23	24	25					
④	⑤	③	②	⑤					

01 내·외국물품 혼용작업승인을 받아 제조한 제품의 경우에는 그 제품 중 <u>외국물품의 수량 또는 가격에 상응하는 부분만</u> 외국으로부터 우리나라에 도착한 물품으로 본다(「관세법」 제188조).

Plus One

「관세법」상 일반적인 용어 정의(「관세법」 제2조)가 아닌 다른 예외 규정들로 인하여 내국물품 또는 외국물품으로 간주되는 경우를 이해하고 있는지를 묻는 문제이다.

②에서 외국물품을 사용하여 제품을 만들 수 있는 장소는 '보세공장'이다. 보세공장에서 외국물품과 내국물품을 함께 원료나 재료로 하여 작업을 한 경우 그로써 생긴 물품은 그 전체를 외국물품으로 보는 것이 원칙이다. 그러나 세관장으로부터 내·외국물품 혼용작업승인을 받아 제조한 제품의 경우에는 그 제품 중 외국물품의 수량 또는 가격에 상응하는 부분만 외국으로부터 우리나라에 도착한 물품으로 본다(「관세법」 제188조).

02 보세화물 반출입에 관한 자료의 보관기간은 보세화물 반출입신고일로부터 <u>2년</u>이다.

신고서류 보관기간(「관세법 시행령」 제3조 제1항)

구 분	관련서류
해당 신고에 대한 수리일부터 5년간 보관해야 하는 서류	• <u>수입신고필증</u> • 수입거래관련 계약서 또는 이에 갈음하는 서류 • 지식재산권의 거래에 관련된 계약서 또는 이에 갈음하는 서류(「관세법 시행령」 제237조 지식재산권의 신고 관련) • <u>수입물품 가격결정에 관한 자료</u>
해당 신고에 대한 수리일부터 3년간 보관해야 하는 서류	• <u>수출신고필증</u> • 반송신고필증 • 수출물품·반송물품 가격결정에 관한 자료 • 수출거래·반송거래 관련 계약서 또는 이에 갈음하는 서류
해당 신고에 대한 수리일부터 2년간 보관해야 하는 서류	• <u>보세화물 반출입에 관한 자료</u> • 적재화물목록에 관한 자료 • <u>보세운송에 관한 자료</u>

03 세액을 허위로 기재한 물품의 경우에는 벌칙 규정의 적용을 고려하거나 세액 정정의 대상일 수는 있어도, 그 자체로 수입이 금지되는 것은 아니다.

> 수출입 금지물품(「관세법」 제234조)
> 1. 헌법질서를 문란하게 하거나 공공의 안녕질서 또는 풍속을 해치는 서적·간행물·도화, 영화·음반·비디오물·조각물 또는 그 밖에 이에 준하는 물품
> 2. 정부의 기밀을 누설하거나 첩보활동에 사용되는 물품
> 3. 화폐·채권이나 그 밖의 유가증권의 위조품·변조품 또는 모조품

04 도난물품이나 분실물품의 특별납세의무자는 도난(분실)될 때 보세구역에 장치되어 있던 물품이라면 보세구역의 운영인(지정장치장인 경우 화물관리인)이며, 보세운송 중인 물품이라면 보세운송을 신고하거나 승인받은 자이고, 그 밖의 경우에는 물품의 보관인 또는 취급인이다(「관세법」 제19조). 도난물품이나 분실물품에 대하여 물품점유자는 「관세법」상 납세의무자가 되지 않는다.

Plus One

물품의 소유자 또는 점유자가 특별납세의무자가 되는 경우는 수입신고를 하지 않고 수입된 물품인 경우이다.

05 수입신고의 처리를 신속하게 하기 위하여 서류를 전자적으로 제출하는 것이 원칙이나, 특정 서류들은 종이서류로 제출해야 한다. 일반적으로 무역거래에서 자주 사용되는 서류의 종류는 전자적으로 제출한다.

수입신고 시 제출서류(「수입통관 사무처리에 관한 고시」 제15조)

구 분	관련서류	
전자적 제출대상	• 송품장 • 선하증권(B/L) 사본이나 항공화물운송장(AWB) 사본 • 원산지증명서 • 관세감면(분납)/용도세율적용신청서 • 담배소비세 납세담보확인서 • 할당·양허관세 및 세율추천 증명서류 및 종축(씨가축)·치어(어린 물고기)의 번식·양식용 해당세율 증명서류	• 가격신고서 • 포장명세서 • 수입요건 구비서류 • 합의에 의한 세율적용 승인(신청)서 • 자동차세 납세담보확인서
종이서류 제출대상	• 킴벌리프로세스증명서 제출대상물품(원본) • SOFA 협정 적용대상물품(원본 또는 주한미군에서 전자 서명하여 교부한 증명서)	• 일시수입통관증서(A.T.A Carnet)에 의한 일시수입물품(원본) • 사전세액심사 대상물품

06 세관공무원은 수출입물품에 대하여 검사할 수 있고, 화주는 수입신고 전에 물품을 확인할 수 있다(「관세법」 제246조). 그러나 화주만 물품을 확인할 수 있는 것은 아니며, 화주를 대리하여 수입신고한 신고인 또는 그 소속 종사자도 물품을 확인할 수 있다(「수입통관 사무처리에 관한 고시」 제31조 제5항).

07 심사청구의 신청기간은 해당 처분을 한 것을 안 날로부터 90일 이내(이의신청을 거친 후 심사청구를 하려는 경우에는 이의신청에 대한 결정을 통지받은 날로부터 90일 이내)이다(「관세법」 제121조).

08 「관세법」 제116조(비밀유지)에도 불구하고 관세청장은 체납발생일부터 1년이 지난 관세 및 내국세 등(체납관세 등)이 2억 원 이상인 체납자에 대하여는 그 인적사항과 체납액 등을 공개할 수 있다. 다만, 체납관세 등에 대하여 이의신청·심사청구 등 불복청구가 진행 중이거나 체납액의 일정금액 이상을 납부한 경우 등 대통령령으로 정하는 사유에 해당하는 경우에는 그렇지 않다(「관세법」 제116조의2).

Plus One

공개 기준 체납기간 및 체납금액은 각각 1년 및 2억 원이며, 기준금액은 2017년 개정에서 3억 원에서 2억 원으로 변경되었다. 또한 고액·상습체납자와 관련하여 2019년 개정에서 감치 규정(「관세법」 제116조의4) 및 출국금지 요청 규정(「관세법」 제116조의5)이 신설되었다. 각 규정의 적용기준이 다르므로 구분하여 학습하는 것이 필요하다.
• 명단공개 : 체납기간 1년 이상
• 감치 : 체납 3회 이상, 체납기간 1년 이상, 체납세액 2억 원 이상
• 출국금지 : 체납세액 5천만 원 이상

09 일시적으로 육지에 내려지거나 다른 운송수단으로 환적 또는 복합환적되는 외국물품 중 원산지를 "우리나라"로 허위표시한 물품은 유치할 수 있다(「관세법」 제231조 제1항). 그 밖의 국가는 해당되지 않는다.

Plus One

세관장은 법령에 따라 원산지를 표시하여야 하는 물품이 원산지표시가 법령에서 정하는 기준과 방법에 부합되지 않게 표시된 경우, 원산지표시가 부정한 방법으로 사실과 다르게 표시된 경우, 원산지표시가 되어 있지 않은 경우에는 해당 물품의 통관을 허용하여서는 안 된다. 다만, 그 위반사항이 경미한 경우에는 이를 보완·정정하도록 한 후 통관을 허용할 수 있다(「관세법」 제230조).

10 세관장이 수입물품에 대하여 관세와 함께 부과하는 내국세는 총 9종(부가가치세, 지방소비세, 담배소비세, 지방교육세, 개별소비세, 주세, 교육세, 교통·에너지·환경세 및 농어촌특별세)이다(「관세법」 제4조). 그 밖의 세금인 증여세, 법인세, 양도세 등은 세관장이 부과·징수하는 내국세가 아니다.

11 가격신고서의 기재누락은 「관세법」에 따른 통관보류 사유가 아니다.

> 통관보류 사유(「관세법」 제237조)
> 1. 「관세법」 제241조 또는 제244조에 따른 수출·수입 또는 반송에 관한 신고서의 기재사항에 보완이 필요한 경우
> 2. 「관세법」 제245조에 따른 제출서류 등이 갖추어지지 않아 보완이 필요한 경우
> 3. 「관세법」에 따른 의무사항(대한민국이 체결한 조약 및 일반적으로 승인된 국제법규에 따른 의무를 포함한다)을 위반하거나 국민보건 등을 해칠 우려가 있는 경우
> 4. 「관세법」 제246조의3 제1항에 따른 안전성 검사가 필요한 경우
> 4의2. 「관세법」 제246조의3 제1항에 따른 안전성 검사 결과 불법·불량·유해 물품으로 확인된 경우
> 5. 「국세징수법」 제30조 및 「지방세징수법」 제39조의2에 따라 세관장에게 강제징수 또는 체납처분이 위탁된 해당 체납자가 수입하는 경우
> 6. 그 밖에 「관세법」에 따라 필요한 사항을 확인할 필요가 있다고 인정하여 대통령령으로 정하는 경우
>   • 관세 관계 법령을 위반한 혐의로 고발되거나 조사를 받는 경우

12 수입통관 시 법령에 따른 허가·승인·표시 또는 그 밖의 조건 등 구비조건을 증명하는 데 오랜 시간이 걸리는 경우가 아닌, 품목분류나 세율결정에 오랜 시간이 걸리는 경우이다(「수입통관 사무처리에 관한 고시」 제38조).

Plus One

품목분류나 세율결정에 오랜 시간이 걸리는 것은 수입신고인의 귀책이 없는 사유로 통관이 장기화되는 것이기 때문에 우선 물품을 반출할 수 있도록 특혜를 부여하는 것인 반면, 통관요건 구비에 오랜 시간이 걸리는 것은 수입신고인의 귀책이 있을 수도 있으므로 특혜를 부여하기 어렵다.

13 관세는 물품을 수입신고하는 때마다 신고납부(또는 부과・징수)하기 때문에 정기세가 아닌 수시세에 해당한다.

14 모든 우편물에 대해 간이세율을 적용할 수 있는 것은 아니다. 우편물 중 일반수입신고를 해야 하는 것에 대해서는 간이세율을 적용할 수 없도록 규정하고 있다(「관세법」 제81조).

15 이 법은 관세의 부과・징수 및 수출입물품의 통관을 적정하게 하고 관세수입을 확보함으로써 국민경제의 발전에 이바지함을 목적으로 한다(「관세법」 제1조).

> **Plus One**
>
> 「관세법」의 목적은 통관을 적정하게 하는 것이다. 화주의 편의를 위하여 신속하게 통관하는 것도, 각종 행정절차를 정확하게 하는 것도 모두 필요한 것이기 때문에 이 둘의 균형을 맞춰 통관을 적정하게 하는 것을 목적으로 한다. 또한 「관세법」은 관세에 관하여 규정하는 법이다. 세관장이 수입물품에 대하여 9종의 내국세를 부과・징수하고 있으나 실체적인 절차는 각 개별 세법에서 정하고 있다. 마지막으로, 통관의 적정과 관세수입의 확보를 통하여 궁극적으로 국민경제 발전에 이바지하는 것을 목적으로 한다.

16 가산세 부과대상 물품의 지정은 세관장이 아니라 관세청장이 한다.

> **Plus One**
>
> 세관장은 물품의 신속한 유통이 긴요하다고 인정하여 보세구역의 종류와 물품의 특성을 감안하여 관세청장이 정하는 물품을 수입하거나 반송하는 자가 반입일로부터 30일 이내에 수입 또는 반송신고를 하지 않은 경우에는 해당 물품 과세가격의 100분의 2에 상당하는 금액의 범위에서 대통령령으로 정하는 금액을 가산세로 징수한다(「관세법」 제241조 제4항).

17 "적재지검사"란 수출물품이 선적(기적)되는 적재지 보세구역 또는 적재지 관할 세관장이 별도로 정하는 장소에서 검사하는 것을 말한다. 수출신고를 한 물품의 소재지에 방문하여 검사하는 것은 "신고지검사"이다(「수출통관 사무처리에 관한 고시」 제2조).

18 수입신고를 해야 하는 물품 중 소액물품이나 정책목적상 수입통관절차를 간소하게 해야 하는 물품은 수입신고서만 작성하고, 별도의 첨부서류 없이 수입신고(간이신고)할 수 있다. 간이신고 대상물품은 수입신고가 이루어지는 반면, 수입신고 생략 대상물품은 수입신고 자체를 생략할 수 있다(「관세법 시행령」 제246조 제4항, 「수입통관 사무처리에 관한 고시」 제70조・제71조 참고).

> 간이신고 대상물품
> 1. 관세청장이 정하는 수입신고 생략 대상물품 중 과세되는 물품
> 2. 국내거주자가 수취하는 해당 물품의 총 가격이 미화 150달러 이하의 물품으로서 자가사용물품으로 인정되는 면세대상물품
> 3. 해당 물품의 총 과세가격이 미화 250달러 이하의 면세되는 상업용 견본품
> 4. 설계도 중 수입승인이 면제되는 것
> 5. 「외국환거래법」에 따라 금융기관이 외환업무를 영위하기 위하여 수입하는 지급수단

19 보세운송 기간이 경과된 물품의 경우 보세운송 지정기간이 만료된 때가 아닌 보세운송을 신고하거나 승인받은 때의 성질과 수량에 따라 과세물건을 확정한다(「관세법」 제16조). 보세운송 기간이 경과하여 관세 등을 징수할 때에는 보세운송 신고서나 승인서에 근거하여 과세할 수 있기 때문이다.

20 법령에 따라 원산지를 표시해야 하는 물품이 통관될 때 원산지표시에 경미한 하자가 있는 경우 우선 통관을 제한하며, 보수작업을 통해 이를 보완·정정한 후 통관을 허용할 수 있다(「관세법」 제230조). 이 때 수입자 등은 보수작업을 완료한 후 세관공무원 또는 보세사의 확인을 받아야 한다(「원산지표시제도 운영에 관한 고시」 제17조).

21 ① 입항 전 수입신고가 수리된 물품은 우리나라에 도착한 것으로 보며, 내국물품에 해당한다(「관세법」 제2조 제5호 다목).
② 외국의 선박 등이 공해상에서 채집한 수산물은 수입신고가 수리되기 이전의 것은 외국물품이지만, 수입신고가 수리되었다면 내국물품이다(「관세법」 제2조 제4호 가목).
③ 아직 선박에 적재되지 않은 상태라고 하더라도 수출신고가 수리되었다면 외국물품이다(「관세법」 제2조 제4호 나목).
⑤ "통관"이란 「관세법」에 따른 절차를 이행하여 물품을 수출·수입·반송하는 것을 말한다(「관세법」 제2조 제13호).

22 과세가격을 결정하는 경우 외국통화로 표시된 가격을 내국통화로 환산할 때에는 「관세법」 제17조에 따른 날(수입신고 당시를 원칙으로 하되, 과세물건 확정시기의 예외에 해당하는 경우 그 사실이 발생한 날의 다음 날, 보세건설장에 반입된 외국물품의 경우 사용 전 수입신고가 수리된 날)이 속하는 주의 전주(前週)의 기준환율 또는 재정환율을 평균하여 관세청장이 그 율을 정한다(「관세법」 제18조).

Plus One

2022년 9월 「관세법」 개정 이후로 정답이 변경되는 문제이다. 과세환율의 경우 2022년 9월 「관세법」 개정 이전에는 외국환매도율(대고객 전신환매도율)을 적용하였으나, 개정 이후에는 기준환율 또는 재정환율을 적용하도록 개정되었다. 이는 러시아-우크라이나 전쟁, 코로나-19의 재확산 등으로 원자재 및 제품 수입 가격이 상승함에 따라 경영상의 어려움을 겪고 있는 국내 기업들을 지원하기 위하여 관세의 과세가격 결정 시에 사용되는 과세환율의 기준을 현행 외국환매도율보다 평균적으로 약 1% 정도 낮게 형성(외국환매도율은 기준환율에 은행의 외국환매매마진을 붙여 계산됨)되는 기준환율 또는 재정환율로 변경한 것이다.

23 관세의 과세표준은 수입물품의 가격 또는 수량으로 한다(「관세법」 제15조). 가격에 따르는 것을 종가세, 수량에 따르는 것을 종량세라고 하며, 특정 몇몇 물품을 제외하고는 종가세 방식으로 과세표준을 계산한다.

또한 과세물건의 확정시기 규정에 따라 원칙적으로 수입신고(입항 전 수입신고)를 한 때의 물품(원료)의 성질과 수량에 따라 과세물건을 확정한다(「관세법」 제16조). 예컨대 사료용으로 수수를 구매하여 수입하였으나 해상운송 중 침수로 변질되어 비료로서만 적합하게 된 경우 등에는 물품계약시점, 국내반입시점, 보세구역반입시점 등이 아닌 수입신고시점을 기준으로 그 성질과 수량에 따라 과세물건을 확정한다는 뜻이다.

Plus One
보세공장에서 제조한 물품 중 원료과세를 신청한 물품은 수입신고(입항 전 수입신고) 시점이 아닌 사용신고 시점의 원료의 성질과 수량에 따라 과세물건이 확정된다. 문제에서는 별도의 언급이 없었으므로 원칙에 대해서만 생각한다. 참고로, 「관세법」 제16조에서는 원칙적인 과세물건 확정시기 이외에도 예외적인 과세물건 확정시기를 규정하고 있다(19번 문제 참고).

24 수입신고 각하는 요건을 갖추지 못한 신고에 대하여 세관장이 신고를 수리하지 않고 직권으로 신고를 무효로 하는 것을 말한다. 반면 신고인의 신청에 의하여 신고를 무효로 하는 것을 '취하'라고 한다. '재해 기타 부득이한 사유로 수입물품이 멸실되었거나 세관의 승인을 얻어 폐기하려는 경우'는 신고의 각하사유가 아닌 취하사유에 해당한다(「관세법」 제250조, 「수입통관 사무처리에 관한 고시」 제18조·제19조).

25 특송물품은 물품가격에 따라 목록통관특송물품, 간이신고특송물품, 일반수입신고특송물품으로 나눌 수 있으며, 그중 목록통관특송물품을 수입통관하려는 때에는 신속히 통관되어야 하는 물품의 특성상 수입화주(즉, 물품수신인)가 아닌 특송업체가 세관장에게 통관목록을 제출한다(「특송물품 수입통관 사무처리에 관한 고시」 제8조 제1항 제1호, 제9조 제1항).

01	02	03	04	05	06	07	08	09	10
③	①	⑤	③	②	②	①	①	②	②
11	12	13	14	15	16	17	18	19	20
④	⑤	②	③	⑤	④	⑤	①	⑤	해설 참조
21	22	23	24	25					
④	②	④	①	⑤					

01 수선도 해당 변경작업의 범위에 포함된다. 특허보세구역 운영인이 장치물품 수용능력 증감이나 특허작업능력 변경을 위한 설치·운영시설 증축이나 수선 등의 공사를 하고자 할 경우 그 사유를 기재한 신청서에 공사내역서 및 관계도면을 첨부하여 세관장에게 제출 후 승인을 받아야 한다(「관세법 시행령」 제191조).

02 보세구역은 지정보세구역·특허보세구역 및 종합보세구역으로 구분하고, 지정보세구역은 지정장치장 및 세관검사장으로 구분하며, 특허보세구역은 보세창고·보세공장·보세전시장·보세건설장 및 보세판매장으로 구분한다(「관세법」 제154조).

03 관세청장이 정하는 보세구역에 반입된 물품은 원칙적인 장치기간에도 불구하고 수입신고 수리일로부터 15일 이내에 해당 물품을 보세구역으로부터 반출해야 한다. 다만 다른 외국물품을 장치하는 데에 방해가 되지 않는 것으로 인정되어 세관장으로부터 반출기간 연장승인을 받은 경우에는 그렇게 하지 않는다(「관세법」 제157조의2). 즉, 연장승인을 받지 않아도 자동으로 반출기한이 연장되는 것이 아니라 별도로 연장승인 절차가 필요하다.

04 반입 정지사유에 해당하는 경우에는 6개월 이내에서 물품반입 등이 정지된다. 그러나 운영인이 보세창고를 운영하지 않거나(폐업), 30일 이상 운영을 휴지하고자 하는 때 세관장에게 보고해야 하는 의무를 이행하지 않는 경우에는 물품반입이 정지되는 것이 아니라 경고처분 대상이다(「보세창고 특허 및 운영에 관한 고시」 제17조·제18조).

05 ② 업무용품에 대한 설명이며, "주최자 또는 국내 대행자"가 사용할 물품이 아닌 "주최자 또는 출품자"가 사용할 물품이어야 한다.
① 건설용품에 대한 설명이다.
③ 오락용품에 대한 설명이다.
④ 판매용품에 대한 설명이다.
⑤ 증여물품에 대한 설명이다.

> **보세전시장 반입물품의 범위(「보세전시장 운영에 관한 고시」 제9조)**
> 「관세법」 제157조 제3항에 따라 보세전시장에 반입이 허용되는 외국물품의 범위는 다음 각 호의 어느 하나에서 정하는 바와 같다.
> 1. 건설용품 : 해당 보세전시장에 설치될 전시관, 사무소, 창고, 그 밖의 건조물의 건설유지 또는 철거를 위하여 사용될 물품을 말하며, 여기에는 시멘트, 도료류, 접착제, 볼트, 합판 등의 건축자재와 토목기계, 건축기계, 각종공구 및 이에 사용될 연료나 기계류 등이 포함된다.
> 2. 업무용품 : 해당 박람회 등의 주최자 또는 출품자가 보세전시장에서 그 업무수행을 위하여 사용할 물품을 말하며 여기에는 사무소 또는 전시관에 비치된 가구, 장식품, 진열용구, 사무용 비품 및 소모품 등이 포함된다.

3. 오락용품 : 해당 보세전시장에서 불특정다수의 관람자에게 오락용으로 관람시키거나 사용하게 할 물품을 말하며 영화필름, 슬라이드, 회전목마 등이 포함된다.
4. 전시용품 : 해당 보세전시장에서 전시할 물품을 말한다.
5. 판매용품 : 해당 보세전시장에서 불특정다수의 관람자에게 판매할 것을 목적으로 하는 물품을 말하며, 판매될 물품이 전시할 기계류의 성능실연을 거쳐서 가공·제조되는 것인 때에는 이에 사용될 원료도 포함된다.
6. 증여물품 : 해당 보세전시장에서 불특정다수의 관람자에게 증여할 것을 목적으로 하는 물품을 말하며, 다음과 같은 것이 이에 포함된다.
   가. 광고용의 팸플릿(Pamphlet), 카탈로그(Catalog), 포스터(Poster) 또는 이와 유사한 인쇄물
   나. 법 제94조 제3호에서 관세가 면제될 진정견본
   다. 법 제94조 제4호에서 관세가 면제될 소액 증여품

06 보세구역 운영인은 도난·화재·침수·기타 사고가 발생한 때 지체 없이 보고해야 하며, 우려가 있을 때 보고하는 것은 아니다(「보세창고 특허 및 운영에 관한 고시」 제17조).

운영인의 의무(「보세창고 특허 및 운영에 관한 고시」 제17조 제2항)
운영인은 다음 각 호의 사유가 발생한 때에는 지체 없이 세관장에게 보고하여야 한다.
1. 「관세법」 제175조(운영인의 결격사유) 및 제179조 제1항(특허의 효력상실) 각 호의 사유가 발생한 때
2. 도난, 화재, 침수, 그 밖의 사고가 발생한 때
3. 보세창고에 장치한 물품이 선적서류, 보세운송신고필증 또는 포장 등에 표기된 물품과 상이한 사실을 발견한 때
4. 보세창고에 종사하는 직원을 채용하거나 면직한 때
5. 보세창고의 건물, 시설 등에 관하여 소방서 등 행정관청으로부터 시정명령을 받은 때

Plus One

소방시설, 전기시설 등의 안전 여부는 보세창고 운영인이 매년 보세창고 운영상황 점검 시에 확인하여 그 다음 연도 2월 말까지 관할 세관장에게 보고하는 사항 중 하나이다(「보세창고 특허 및 운영에 관한 고시」 제20조).

07 보세공장에서 위험물품을 취급하는 경우에는 관세청장이 아닌 관계행정기관의 장의 허가나 승인을 받지 않으면 보세공장 설치·운영 특허를 받을 수 없다(「보세공장 운영에 관한 고시」 제8조).

08 영업용 보세창고의 특허요건 중 창고면적은 1,000m²이 원칙이다. 면적기준의 완화요건(타 보세구역 근접 300m)에 해당하거나, 복수특허를 받는 경우에만 500m²으로 완화된다.

창고면적기준 정리(「보세창고 특허 및 운영에 관한 고시」 제10조~제12조)

자가용 보세창고	물품의 종류 및 특성에 따라 필요한 면적	액체화물전용 보세창고	• 영업용 보세창고 기준 미적용 • 세관장이 인정하는 저장용적(m³) 적용
영업용 보세창고	• 1,000m² 이상 • 집단화지역/복수특허의 경우 500m² 이상으로 완화	컨테이너전용 보세창고	• 15,000m² 이상 • 집단화지역/복수특허의 경우 3,000m² 이상으로 완화
야적전용 보세창고	4,500m² 이상	위험물품전용 보세창고, 복합물류창고	-

09 영업용 보세창고 신규특허를 받으려는 경우 특허신청일 전월 기준 최근 1년간 해당시설 소재 세관 관할지역의 수출입 물동량[수입·반송·환적 화물의 관할 내 보세창고 반입 실적(톤·건수)]이 세관장이 정한 범위 이상이어야 한다. 그러나 특정 경우에는 수출입 물동량 요건을 적용하지 않는다. 이 중 다른 세관 관할로 보세창고 소재지를 이동하는 경우가 아니라, 동일세관 관할 내에서 보세창고 소재지를 단순 이동(변경)하는 경우가 수출입 물동량 요건 비적용대상에 해당된다(「보세창고 특허 및 운영에 관한 고시」 제10조 제4항 제4호).

10 보세창고 수용능력 증감 승인 신청 또는 신고를 하지 않은 경우는 경고처분 대상이다(「보세창고 특허 및 운영에 관한 고시」 제18조).

11 수입활어장치장의 폐사어 장치 냉동·냉장 보관시설은 필수요건이다(「수입활어 관리에 관한 특례고시」 제4조).

> **Plus One**
> 운영인 등은 장치 중인 활어의 전부 또는 일부가 폐사한 경우에는 그 발생사유와 발생량 등을 지체 없이 세관장에게 통보하고, 폐사어 관리대장에 기록·유지해야 하며, 발생한 폐사어는 별도의 냉동·냉장시설에 B/L별로 구분하여 보관해야 한다(「수입활어 관리에 관한 특례고시」 제12조).

12 운영인은 보세건설장에서 건설된 시설을 수입신고 수리 전에는 가동하여서는 안 되는 것이 원칙이다(「관세법」 제194조). 다만, 세관장 승인을 받은 경우 시험목적으로 일시 가동할 수도 있다(「보세건설장 관리에 관한 고시」 제14조).

> **Plus One**
> 건설된 시설 자체가 아닌 산업시설 건설에 사용되는 외국물품인 기계류 설비품은 수입신고 후 사용할 수 있다(단, 공사용장비, 부대시설 건설물품, 기타 필요하다고 인정되는 물품은 수입신고 수리 후에 사용하여야 함)(「보세건설장 관리에 관한 고시」 제12조).

13 "판매장"이란 판매물품을 실제로 판매하는 장소인 매장과 계단·에스컬레이터·화장실·사무실 등 물품판매와 직접 관련이 없는 공용시설을 말한다(「보세판매장 운영에 관한 고시」 제2조). 즉, 공용시설도 판매장의 범위에 포함된다.

14 세관장은 국가, 지자체 또는 공항·항만시설을 관리하는 법인이 소유·관리하는 토지·건물·시설을 지정보세구역으로 지정할 수 있다(「관세법」 제166조). 공공기관이 소유하거나 관리하는 토지나 건물은 이 범주에 해당되지 않는다.

15 특허취소 사유에 해당하는 경우 세관장은 특허보세구역의 특허를 취소할 수 있다(일부 사유의 경우에는 특허를 반드시 취소하여야 함). 다만 시설 미비 등으로 특허보세구역의 설치 목적의 달성이 곤란한 경우는 특허취소 사유가 아니라 반입정지 사유에 해당한다[「관세법 시행령」 제193조의2, 「보세창고 특허 및 운영에 관한 고시」(舊 : 「특허보세구역 운영에 관한 고시」) 제18조].

16 특허보세구역의 설치·운영에 관한 특허효력이 상실된 경우 운영인이나 상속인은 해당 보세구역 내 외국물품을 다른 보세구역으로 즉시 반출해야 하는 것이지, 즉시 수입통관을 해야 하는 것은 아니다(「관세법」 제182조).

17 보세공장에 반입되어 사용신고한 외국물품이 마약, 총기 등 다른 법령에 따라 허가·승인·표시 또는 그 밖의 요건을 갖출 필요가 있는 물품으로서 관세청장이 정하여 고시하는 물품인 경우에는 세관장에게 그 요건을 갖춘 것임을 증명해야 한다(「관세법」 제186조 제2항).

18 보세판매장의 운영인이 외국에서 국내로 입국하는 사람에게 물품(술·담배·향수는 제외)을 판매하는 때에는 미화 800달러의 한도에서 판매해야 한다(「관세법 시행규칙」 제69조의4 제1항).
※ 「관세법 시행규칙」 2022년 9월 개정으로 보세판매장 판매한도가 "미화 600달러"에서 "미화 800달러"로 상향 조정되었습니다. 해당 문제는 개정 법령을 반영하여 수정되었습니다.

19 ① 보수작업에 관한 설명이다. 해체·절단 등의 작업은 원형변경·해체·절단작업을 뜻하며, 해당 작업이 수행되는 경우 물품의 성질이 변할 수 밖에 없다(「관세법」 제158조).
② 해체·절단작업은 신고가 아닌 허가를 받아야 한다(이하 「관세법」 제159조).
③ 세관장의 민원처리 기간은 10일이다.
④ 해체·절단 등의 작업을 할 수 있는 물품의 종류는 관세청장이 정한다.

20 출국하는 내국인에게 적용되던 보세판매장 물품 판매한도(미화 5,000달러)를 폐지하여(2022. 3. 18. 시행) 이후 출국하는 내국인은 보세판매장에서 한도 제한 없이 물품을 구매할 수 있다(「보세판매장 운영에 관한 고시」 제5조 제4항 참조).

21 종합보세구역에 물품을 반입하거나 반출하려는 자는 세관장에게 신고를 해야 하며, 반출입물품이 내국물품인 경우에는 신고를 생략하게 하거나 간소한 방법으로 반출입하게 할 수 있다(「관세법」 제199조). 그러나 적정한 통관이 필요한 물품의 경우에는 신고를 생략하게 할 수 없게 규정하고 있다.

> **종합보세구역 내국물품 반출입신고 생략 불가대상(「관세법 시행규칙」 제70조)**
> 1. 「관세법」 제185조 제2항의 규정에 의하여 세관장의 허가를 받고 내국물품만을 원료로 하여 제조·가공 등을 하는 경우 그 원료 또는 재료
> 2. 「관세법」 제188조 단서의 규정에 의한 혼용작업에 소요되는 원재료
> 3. 「관세법」 제196조의 규정에 의한 보세판매장에서 판매하고자 하는 물품
> 4. 당해 내국물품이 외국에서 생산된 물품으로서 종합보세구역 안의 외국물품과 구별되는 필요가 있는 물품 (보세전시장의 기능을 수행하는 경우에 한한다)

보세전시장에서 판매하고자 하는 물품은 반출입신고 생략불가 대상으로 지정되어 있지 않으므로, 반출입신고 생략이 가능하다.
※ 해당 문제는 출제 당시 오류가 있어 모두 정답으로 처리되었던 문제로, 본 교재에는 이를 수정하여 실었습니다.

원 문	종합보세구역에서 세관장이 내국물품 반출입신고를 생략하게 할 수 있는 물품이 아닌 것은?
수 정	종합보세구역에서 세관장이 내국물품 반출입신고를 생략하게 할 수 있는 물품인 것은?

22 기준법령이 「관세법」이 아닌 「외국환거래법」이다. 운영인이 외화로 표시된 물품을 표시된 외화 이외의 통화로 판매하는 때에는 해당 물품을 판매하는 날의 전일(최종 고시한 날을 말한다)의 「외국환거래법」에 의한 기준환율 또는 재정환율을 적용한다(「보세판매장 운영에 관한 고시」 제3조 제4항).

23 물품의 이상을 신고하는 경우이므로, 해당 물품과 직접 관련이 없는 사항, 즉 보세구역에 장치하는 물품의 종류 및 수용능력은 기재할 필요가 없다.

> 이상신고서에 기재되어야 하는 사항(「관세법 시행령」 제182조)
> 1. 장치장소 및 장치사유
> 2. 수입물품의 경우 당해 물품을 외국으로부터 운송하여 온 선박 또는 항공기의 명칭 또는 등록기호·입항 예정연월일·선하증권번호 또는 항공화물운송장번호
> 3. 해당 물품의 내외국물품별 구분과 품명·규격·수량 및 가격
> 4. 해당 물품의 포장의 종류·번호 및 개수
> 5. 발견 연월일
> 6. 이상의 원인 및 상태

24 지정장치장에 반입한 물품은 화주 또는 반입자가 그 보관의 책임을 지며, 화물관리인이 지정되어 있는 경우 화물 관리인은 화주를 갈음하여 보관책임을 진다(「관세법」 제172조). 지정장치장의 소유자와는 무관하다.

25 100분의 50 이상이어야 한다(「보세공장 운영에 관한 고시」 제12조의2 제2항).

Plus One

원료과세의 신청은 건별로 사용신고 전에 하는 것이 원칙이지만, 포괄신청 요건을 충족하는 경우에는 1년의 범위에서 원료별, 제품별 또는 보세공장 전체에 대하여 원료과세 신청이 가능하다. 포괄신청 요건은 아래와 같다(「보세공장 운영에 관한 고시」 제12조의2 제2항).
- 최근 2년간 생산되어 판매된 물품 중 수출된 물품의 가격비율이 100분의 50 이상
- 수출입 안전관리 우수업체(AEO)
- 내·외국 원재료별 품명, 규격, 소요량, 재고 등이 전산시스템에 의하여 명확하게 기록·관리될 것

제3과목 | 화물관리

01	02	03	04	05	06	07	08	09	10
①	④	①	③	④	③	⑤	①	③	⑤
11	12	13	14	15	16	17	18	19	20
①	①	③	②	②	①	②	⑤	②	③
21	22	23	24	25
④	③	⑤	②	④

01 컨테이너에서 적출하지 않고 동일한 목적지로 보세운송 되는 LCL화물은 <u>Master B/L 단위</u>로 보세운송신고를 할 수 있다(「환적화물 처리절차에 관한 특례고시」 제5조).

Plus One

환적화물의 보세운송은 House B/L 단위로 신고하는 것이 원칙이나, 컨테이너에서 적출하지 않는 경우라면 굳이 House B/L 단위로 신고하지 않고 Master B/L 단위로 신고하는 것이 합리적이기 때문이다(Master B/L과 House B/L의 관계에 대한 설명은 16번 문제 해설 참고).

02 적재화물목록상의 물품과 실제 물품의 차이가 크지 않은 경우 적재화물목록의 정정신청을 생략할 수 있도록 규정하고 있다. 포장단위 물품의 정정신청 생략은 '수량'이 아닌 '중량'을 기준으로 10% 이내인 경우 허용하고 있다[「보세화물 입출항 하선 하기 및 적재에 관한 고시」 제13조(해상화물), 제26조(항공화물)].

Plus One

포장단위 물품은 정확한 수량 단위로 운반 · 관리하기 곤란한 물품으로서 중량단위로 포장하여 운반 · 판매되는 물품을 뜻하므로, 이를 고려하여 생각해 보아도 답을 찾을 수 있는 문제이다.

03 자가용 보세창고에 반입한 물품의 반출통고는 <u>관할 세관장</u>이 화주 등(화주나 반입자 또는 그 위임을 받은 자)에게 한다(「보세화물장치기간 및 체화관리에 관한 고시」 제6조). 자가용 보세창고는 운영인, 즉 화주가 소유하거나 사용하는 '자가화물'을 보관하기 위한 특허보세구역이므로, 관할 세관장이 반출통고하는 것이다. 또한 관세법적 의미의 화물관리인은 지정장치장의 화물관리를 위하여 지정되는 것이므로, 자가용 보세창고와는 무관하다.

04 허가의 신청을 받은 날부터 <u>10일 이내</u>에 허가 여부를 신청인에게 통지해야 한다(「관세법」 제134조 제3항). 민원처리 기한 규정은 2018년 12월 「관세법」 개정에 따라 명문화되었다.

05 매각처분 보류요청을 통하여 매각처분을 보류하려는 자는 세관장에게 <u>입찰 전까지</u> 승인을 받아야 한다(「보세화물 장치기간 및 체화관리에 관한 고시」 제10조).

Plus One

매각처분이 진행되지 않도록 하는 것이므로 입찰 전까지 보류요청을 해야 하는 것이다. 참고로, 낙찰 취소(경쟁입찰로 진행된 경우)도 낙찰 전까지 수출, 반송, 수입신고 수리절차가 낙찰 전까지 이루어진 경우에만 가능하도록 규정되어 있다. 만일 매각절차가 진행되어 낙찰된 경우, 그 이후에 매각절차가 중단되면 선의의 낙찰자가 부당한 피해를 받게 될 것이라고 생각해 볼 수 있다.

446 보세사 합격은 시대에듀

06

> 수의계약(「보세화물장치기간 및 체화관리에 관한 고시」 제22조 제1항)
> 세관장은 다음 각 호의 어느 하나에 해당하는 경우에만 수의계약할 수 있다.
> 1. <u>2회 이상</u> 경쟁입찰에 부쳐도 매각되지 아니한 경우(단독 응찰한 경우를 포함)로서 다음 회의 입찰에 체감될 예정가격 이상의 응찰자가 있을 때
> 2. 공매절차가 종료된 물품을 국고귀속 <u>예정통고</u> 전에 최종 예정가격 이상의 가격으로 매수하려는 자가 있을 때
> 3. <u>부패, 손상, 변질</u> 등의 우려가 있는 물품으로서 즉시 매각되지 아니하면 상품가치가 저하될 우려가 있을 때
> 4. 1회 공매의 매각예정가격이 <u>50만 원</u> 미만인 때
> 5. 경쟁입찰 방법으로 매각함이 공익에 반하는 때

07 개장검사를 실시하여 이상화물이 발견된 경우 우선 인지한 부서에서 즉시 자체조사와 통고처분 등 적절한 조치를 취해야 한다. 바로 고발하는 것은 아니며, 특정 사유(위반 조항 및 금액별 기준 상이)에 해당하는 경우에 고발이 진행된다(「보세운송에 관한 고시」 제28조 제4항).

Plus One

해당 규정에는 즉시고발 사유를 「관세범칙 등에 대한 통고처분 및 고발에 관한 시행세칙」 별표 1을 참고하도록 되어있으나 해당 세칙은 2015년 4월 폐지되었고 「관세범의 고발 및 통고처분에 관한 훈령」으로 대체되었다.

08 외국물품은 수입될 물품의 보수작업 재료로 사용할 수 없다(「관세법」 제158조). 외국물품이 보수작업 재료로 사용되어 다른 수입물품으로 통관된다면 수입물품 관리상 혼란이 초래될 수 있기 때문이다. 따라서 외국물품은 수입될 물품의 보수작업 재료로 사용할 수 없도록 규정하고 있다.

09 원목, 곡물, 원유 등 벌크화물의 하선신고를 한 자는 입항일(외항에서 입항수속을 한 경우 접안일)로부터 <u>10일 이내</u>에 하선장소에 해당 벌크화물을 반입신고해야 한다(「보세화물 입출항 하선 하기 및 적재에 관한 고시」 제19조).

하선·하기장소의 물품반입기간

해상화물		항공화물	
컨테이너화물	5일	원 칙	입항 다음 날까지
벌크화물	10일	위험물품	지체 없이

10 여행자 휴대품 중 반송되는 물품의 보세운송절차는 「반송절차에 관한 고시」가 아닌 「여행자 및 승무원 휴대품 통관에 관한 고시」에서 정하는 바에 우선 따른다(「반송절차에 관한 고시」 제3조 제2항 제3호).

> 「반송절차에 관한 고시」 미적용 대상(「반송절차에 관한 고시」 제3조 제2항)
> 1. 보세공장 반출물품 : 「보세공장 운영에 관한 고시」
> 2. 자유무역지역 반출물품 : 「자유무역지역 반출입물품의 관리에 관한 고시」
> 3. <u>여행자 및 승무원 휴대품 : 「여행자 및 승무원 휴대품 통관에 관한 고시」</u>
> 4. 보세판매장 판매물품 : 「보세판매장 운영에 관한 고시」
> 5. 환적화물 및 오송화물 : 「환적화물 처리절차에 관한 특례고시」
> 6. 북한(개성공단을 포함한다)으로 반출되어 제조·가공 등의 공정을 거쳐 남한으로 다시 반입될 외국물품 등 수입신고 수리 후 북한으로 반출신고 해야 하는 물품 : 「남북교역물품 통관관리에 관한 고시」 및 「개성공업지구 반출입물품 관리에 관한 고시」
> 7. 사람의 생명이나 재산을 해할 우려가 있거나, 산업폐기물 등 법 제160조 제4항에 따른 지정물품 중 폐기처분이 곤란하거나, 그 밖의 이에 준하는 사유로 세관장이 반송할 것을 명한 물품 : 세관장이 정하는 바에 의함

11　비금속설의 보세운송은 도착지별로 승인기준을 달리한다. 그러나 컨테이너로 운반하는 경우가 아닌 한, 공통적으로 실화주가 아닌 '간이보세운송업자'가 신청해야 한다(「보세운송에 관한 고시」제31조). 즉, 자가용 보세창고로 운송한다 할지라도 화주가 아닌 간이보세운송업자가 보세운송 승인신청을 해야 한다.

> 비금속설 보세운송 승인 기준(「보세운송에 관한 고시」제31조 제1항 제4호)
> 가. 도착지가 비금속설만을 전용으로 장치하는 영업용 보세창고로서 간이보세운송업자가 승인신청하는 경우
> 나. 도착지가 실화주의 자가용 보세창고로서 비금속설을 처리할 수 있는 용광로 또는 압연시설을 갖추고 있고 간이보세운송업자가 보세운송 승인신청을 하는 경우
> 다. 도착지가 비금속설을 장치할 수 있도록 보세구역 외 장치허가를 받은 장소로서 간이보세운송업자가 승인신청하는 경우
> 라. 컨테이너로 운송하는 경우로서 보세화물 관리상 문제가 없다고 세관장이 인정하는 경우

12　수입신고 수리물품 미반출 시 보세구역 운영인이 아닌 화주를 조사하고, 화주에게 과태료를 부과한다(「보세화물 관리에 관한 고시」제19조).

13　화물운송주선업자의 등록기간은 3년이다(「관세법」제222조). 화물운송주선업자의 등록은 갱신이 가능하며, 갱신하려는 자는 만료 1개월 전까지 신청해야 한다. 안전관리 기준의 준수 정도 측정·평가 결과가 우수한 자가 등록을 갱신하는 경우에는 등록 갱신 시 유효기간을 2년의 범위에서 추가하여 연장할 수 있다(「관세법」제222조, 「화물운송주선업자의 등록 및 관리에 관한 고시」제4조).

14　검역물품은 「보세화물장치기간 및 체화관리에 관한 고시」 적용대상이 아니다. 「보세화물장치기간 및 체화관리에 관한 고시」는 「관세법」제155조 제1항 제1호 물품부터 제3호 물품(수출신고 수리물품, 크기·무게 과다 물품 등, 재해 등의 사유로 인한 임시 장치물품)만이 해당 고시의 적용을 받도록 규정하고 있다. 검역물품은 「관세법」제155조 제1항 제4호에 규정되어 있다. 외국물품(또는 내국운송 신고를 하려는 내국물품)인 검역물품은 「관세법」제155조 제1항 제4호에 따라 보세구역이 아닌 장소(검역장 등)에 반입하여 검사할 수 있으며, 여기에 해당되는 경우 보세구역 외 장치의 허가기간 등 규정의 적용을 받게 될 것이다.

> 「보세화물장치기간 및 체화관리에 관한 고시」 적용대상(「보세화물장치기간 및 체화관리에 관한 고시」제3조)
> 이 고시에서 보세구역에 반입되는 물품의 장치기간은 다음 각 호의 어느 하나에 해당하는 물품에만 적용한다.
> 1. 「관세법」(이하 "법") 제169조에 따른 지정장치장 반입물품
> 3. 법 제155조 제1항 제1호부터 제3호까지에 해당하는 물품
> 4. 법 제206조에 따른 여행자 또는 승무원의 휴대품으로서 유치 또는 예치된 물품 및 습득물
> 5. 법 제183조에 따른 보세창고 반입물품
> 6. 법 제185조에 따른 보세공장 반입물품
> 7. 법 제190조에 따른 보세전시장 반입물품
> 8. 법 제191조에 따른 보세건설장 반입물품
> 9. 법 제196조에 따른 보세판매장 반입물품

15　국고귀속 보류대상에 해당되는 경우에는 국고귀속 대상임에도 불구하고 세관장이 국고귀속 절차를 보류할 수 있다(「보세화물장치기간 및 체화관리에 관한 고시」제38조). 폐기 또는 반송대상 물품은 국고귀속 절차를 보류하기보다는 화주 등에게 폐기를 명하거나 통고한 후 폐기(통고할 수 없는 경우에는 공고로 갈음)할 수 있다.

> 국고귀속의 보류(「보세화물장치기간 및 체화관리에 관한 고시」제38조)
> 1. 국가기관(지방자치단체 포함)에서 수입하는 물품
> 2. 「공공기관의 운영에 관한 법률」에 따른 공기업, 준정부기관, 그 밖의 공공기관에서 수입하는 물품으로서 국고귀속 보류요청이 있는 물품

3. 법 위반으로 조사 중인 물품
4. 이의신청, 심판청구, 소송 등 쟁송이 제기된 물품
5. 특수용도에만 한정되어 있는 물품으로서 국고귀속 조치 후에도 공매낙찰 가능성이 없는 물품
6. 국고귀속 조치를 할 경우 인력과 예산부담을 초래하여 국고에 손실이 야기된다고 인정되는 물품
7. 부패, 손상, 실용시효가 경과하는 등 국고귀속의 실익이 없다고 인정되는 물품
8. 그 밖에 세관장이 국고귀속을 하지 않는 것이 타당하다고 인정되는 물품

16 LCL화물로서 해당 하선장소 내의 CFS에서 컨테이너 적출 및 반입작업 하지 않는 물품의 경우에만 Master B/L 단위로 반입신고가 가능하다(「보세화물 입출항 하선 하기 및 적재에 관한 고시」 제19조 제2항).

Plus One

물류 흐름을 기초로 생각해보면 충분히 답을 찾을 수 있다. Master B/L은 선사가 주체가 되어 발행하는 B/L이고, House B/L은 Master B/L을 기초로 포워더가 각 화주에게 발행하는 B/L이다. 쉽게 말해서, 여러 화주의 물품을 하나로 묶어 우리나라에 반입하고 나면, Master B/L을 House B/L 단위로 쪼개어 각각의 화주에게 돌아갈 물품을 분배하는 것이다. Master B/L 단위로 다른 보세구역에 일괄 반입한 이후에 화물을 적출하여 House B/L을 가진 각 화주별로 화물을 분류하려는 것이 아니고, 하선장소의 CFS에서 화물을 분류한 경우에는 House B/L 단위로 관리가 되어야 한다.

※ 출제 당시에는 컨테이너화물의 하선장소 반입기한이 "3일"이었으나 고시 개정에 따라 "5일"로 연장되었습니다. 해당 문제는 개정 규정을 반영하여 수정되었습니다.

17 항공화물의 하기장소를 결정할 때, 즉시 반출이 필요한 물품은 하역장소를 하기장소로 할 수 있다. 다만 화물의 권리자가 즉시 반출을 요구하는 물품은 하역장소에도 반입하지 않고 계류장 내에서 직접 반출할 수 있다(「보세화물 입출항 하선 하기 및 적재에 관한 고시」 제28조).

Plus One

세관장이 계류장 인도대상 물품으로 지정한 경우에도 계류장에서 직접 반출이 가능하다.

18 적재화물목록 작성책임자가 적재화물목록 제출을 완료한 후 그 기재내용의 일부를 정정하려는 때에는 정정기간 내에 신청을 해야 한다.

입항적재화물목록의 정정신청기간(「보세화물 입출항 하선 하기 및 적재에 관한 고시」 제12조·제25조)

사유(해상·항공 공통)	정정기간
하선·하기결과 이상보고서 및 반입결과 이상보고서가 제출된 물품	보고서 제출일로부터 15일 이내
(해상만 해당) 특수저장시설에 장치를 요하는 냉동화물 등을 하선과 동시에 컨테이너적입작업을 하는 경우	작업완료 다음 날까지
그 밖의 사유로 적재화물목록을 정정하려는 경우	선박·항공기 입항일로부터 60일 이내
B/L 양수도 및 B/L 분할·합병의 경우	기간을 제한하지 않음

출항적재화물목록의 정정신청기간(「보세화물 입출항 하선 하기 및 적재에 관한 고시」 제44조)

분 류	정정기간
해상화물	출항일로부터 90일
항공화물	출항일로부터 60일

19 보세구역 외 장치의 허가기간은 원칙적으로 <u>6개월</u>의 범위 내에서 세관장이 필요하다고 인정하는 기간으로 정한다(「보세화물관리에 관한 고시」 제8조).

20 「보세화물관리에 관한 고시」상의 담보생략 기준은 물품별 기준과 업체별 기준으로 각각 구성되어 있으며, 이 중 물품별 기준에 '재수입물품 중 관세가 면제될 것이 확실하다고 세관장이 인정하는 물품'이 포함되어 있지만, '재수출물품'은 해당되지 않는다(「보세화물관리에 관한 고시」 제7조).

보세구역 외 장치 담보생략 기준

물품별	• 제조업체가 수입하는 수출용 원자재(농・축・수산물은 제외) • 무세물품(부가가치세 등 부과대상은 제외) • 방위산업용 물품 • 정부용품 • 재수입물품 중 관세가 면제될 것이 확실하다고 세관장이 인정하는 물품
업체별	• 정부, 정부기관, 지방자치단체, 「공공기관의 운영에 관한 법률」 제5조에 따른 공기업・준정부기관・그 밖의 공공기관 • 「관세 등에 대한 담보제도 운영에 관한 고시」에 의하여 지정된 신용담보업체, 담보제공 특례자 및 담보제공 생략자 • 그 밖에 관할구역 내의 외국인투자업체, 제조업체로서 세관장이 관세채권 확보에 지장이 없다고 판단하는 업체

Plus One

관세 감면과 연결 지어 생각해보면 재수입면세는 무조건면세에 해당하는 반면, 재수출면세의 경우 사후관리 절차가 필요하므로 담보생략과 거리가 있다는 점을 유추하여 답을 찾을 수 있는 문제이다.

21 선상수출신고 물품의 적재신고 시 물품목록 제출시기는 <u>출항 다음 날 자정까지</u>이다.

Plus One

2011년 3월 개정 이전에는 선상수출신고 물품의 적재화물목록 제출시기는 적재 전까지(미국행 또는 미국 경유화물은 적재 24시간 전까지)였으나, 현행 규정은 선상수출신고되는 모든 물품에 대하여 출항 다음 날 자정까지이다.

적재화물목록 제출기한 정리(출항)

	원칙	적재 24시간 전까지
해상화물	근거리 지역	적재 전까지(출항 30분 전 최종 마감)
	벌크화물, 환적화물, 공컨테이너, 세관장 인정물품	출항 전까지
	선상수출신고 물품	출항 다음 날 자정까지
항공화물	출항 30분 전까지	

22 ① 지정요건 중 자본금은 <u>1억 원</u> 이상인 법인이다(「보세운송에 관한 고시」 제13조 제1호).
② 지정요건 중 법규수행능력평가는 직전 <u>B등급</u> 이상인 법인이다(「보세운송에 관한 고시」 제13조 제3호).
④ 지정기간은 <u>3년</u>으로 하되 갱신할 수 있다(「보세운송에 관한 고시」 제14조 제2항).
⑤ 갱신신청은 지정기간 만료 <u>15일</u> 전까지 해야 한다(「보세운송에 관한 고시」 제15조).

23 「행정대집행법」에 따라 폐기대집행을 한 세관장은 비용납부명령서를 화주, 반입자 또는 그 위임을 받은 자에게 송부하여 해당 비용의 납부를 명해야 한다. 납기 내에 납부하지 않는 때에는 「국세징수법」에 따라 징수하며, 그 비용을 징수하였을 때에는 국고수입으로 한다(「보세화물장치기간 및 체화관리에 관한 고시」 제41조).

24 화물운송주선업자의 등록요건은 화물운송주선업자 등록이 취소된 후 '2년'이 지나야 한다는 것이다.

> 화물운송주선업자의 등록요건(「화물운송주선업자의 등록 및 관리에 관한 고시」 제3조)
> 1. 「관세법」 제175조(운영인의 결격사유)의 어느 하나에 해당하지 않을 것
> 2. 「물류정책기본법」 제43조에 따른 국제물류주선업의 등록을 하였을 것
> 3. 관세 및 국세의 체납이 없을 것
> 4. 화물운송주선업자 등록이 취소된 후 2년이 지났을 것
> 5. 자본금 3억 원 이상을 보유한 법인(법인이 아닌 경우에는 자산평가액이 6억 원 이상)일 것
> 6. 「관세법」 또는 동법에 따른 세관장의 명령에 위반하여 관세범으로 조사받고 있거나 기소 중에 있지 않을 것
> 7. 하우스적재화물목록 제출 등을 위한 전산설비를 갖추고 있을 것

25 경쟁입찰로 진행된 공매에서는 낙찰자의 귀책사유가 있거나, 절차상 명백한 하자가 있는 경우 또는 낙찰 이전에 통관절차가 완료되는 경우에는 낙찰을 취소할 수 있도록 규정되어 있다.

> 낙찰취소 사유(「보세화물장치기간 및 체화관리에 관한 고시」 제21조)
> 1. 낙찰자가 지정된 기일까지 대금잔액을 납입하지 않는 경우
> 2. 낙찰자가 특별한 사유 없이 공매조건을 이행하지 않는 경우
> 3. 공매낙찰 전에 해당 물품이 수출, 반송 또는 수입신고 수리가 된 경우
> 4. 착오로 인하여 예정가격, 공매조건 등의 결정에 중대하고 명백한 하자가 있는 경우

다만 부패·변질 등의 우려가 있는 물품은 긴급공매 또는 수의계약 대상에 해당한다.

> 수의계약 대상(「보세화물장치기간 및 체화관리에 관한 고시」 제22조)
> 1. 2회 이상 경쟁입찰에 부쳐도 매각되지 않은 경우(단독 응찰한 경우를 포함한다)로서 다음 회의 입찰에 체감될 예정가격 이상의 응찰자가 있을 때
> 2. 공매절차가 종료된 물품을 국고귀속 예정통고 전에 최종예정가격 이상의 가격으로 매수하려는 자가 있을 때
> 3. 부패, 손상, 변질 등의 우려가 있는 물품으로서 즉시 매각되지 않으면 상품가치가 저하될 우려가 있을 때
> 4. 1회 공매의 매각예정가격이 50만 원 미만인 때
> 5. 경쟁입찰 방법으로 매각함이 공익에 반하는 때

01	02	03	04	05	06	07	08	09	10
④	③	①	④	④	②	④	⑤	①	①
11	12	13	14	15	16	17	18	19	20
①	①	⑤	⑤	③	⑤	③	⑤	⑤	해설 참조
21	22	23	24	25					
②	⑤	①	⑤	②					

01 관리책임자가 변경된 경우 변경신고 후 <u>180일</u> 이내에 교육을 받아야 한다.

관리책임자의 공인교육(「수출입 안전관리 우수업체 공인 및 운영에 관한 고시」 제16조의2)

공인 전	• 수출입관리책임자 16시간 이상 • 공인 전 교육의 유효기간은 해당 교육을 받은 날부터 5년
공인 후	• 매 2년마다 총괄책임자는 4시간 이상, 수출입관리책임자는 8시간 이상(처음 교육은 공인일자를 기준으로 1년 이내 받아야 함) • 관리책임자가 변경된 경우에는 변경된 날부터 180일 이내에 해당 교육 이수

02

공인신청(「수출입 안전관리 우수업체 공인 및 운영에 관한 고시」 제6조)

수출입 안전관리 우수업체로 공인을 받고자 심사를 신청하는 업체(신청업체)는 별지 제1호 서식의 수출입 안전관리 우수업체 공인심사 신청서에 다음 각 호의 서류를 첨부하여 전자문서로 관세청장에게 제출해야 한다. 다만, 첨부서류 중에서 「전자정부법」 제36조에 따라 행정기관 간 공동이용이 가능한 서류는 신청인이 정보의 확인에 동의하는 경우에는 그 제출을 생략할 수 있다.

1. 공인기준을 충족하는지를 자체적으로 평가한 수출입 관리현황 자체평가표(법규준수도를 제외한다)
2. 별지 제2호 서식의 수출입 관리현황 설명서와 그 증빙서류
3. 사업자등록증 사본
4. 법인등기부등본
5. 별지 제3호 서식의 대표자 및 관리책임자의 인적사항 명세서
6. 수출입 안전관리와 관련한 우수사례(우수사례가 있는 경우에만 해당한다)
7. 제16조의2 제7항에 따라 지정된 교육기관이 발행한 관리책임자 교육이수 확인서. 다만, 관리책임자의 교체, 사업장 추가 등 불가피한 경우에는 현장심사를 시작하는 날까지 제출할 수 있다.
8. 별지 제1호의2 서식의 상호인정의 혜택관련 영문 정보(제23조에 따라 국가 간 상호인정의 혜택을 받기를 희망하는 경우에만 해당한다)
9. 신청일을 기준으로 최근 2년 이내에 세관장으로부터 관세조사를 받은 경우에 법 제115조에 따른 관세조사 결과통지서(수입부문에만 해당한다). 다만, 해당 관세조사가 진행 중인 경우에는 법 제114조에 따른 관세조사 계획통지서

03 부채비율은 동종업종 평균 부채비율의 <u>200%</u> 이하여야 한다(「수출입 안전관리 우수업체 공인 및 운영에 관한 고시」 별표 1 참고).

04 여러 공인부문에 걸쳐 공인을 받은 경우 공인일자가 <u>가장 빠른</u> 공인부문을 기준으로 자체 평가서를 함께 제출할 수 있다(「수출입 안전관리 우수업체 공인 및 운영에 관한 고시」 제18조 제1항).

05   B. 관세조사로 인하여 법인단위 법규준수도 점수가 70점 미만(중소 수출기업은 60점 미만)으로 하락한 경우에는 공인신청을 기각하지 않는다(「수출입 안전관리 우수업체 공인 및 운영에 관한 고시」 제6조 제4항 제4호).
        D. 수출입 안전관리 우수업체로 공인을 받기 위해서는 안전관리 기준 중에서 충족이 권고되는 기준의 평가점수가 70점 이상이어야 하며(동 고시 제4조 제3항 제4호), 이를 충족하지 못한 경우 관세청장은 공인신청을 기각할 수 있다(동 고시 제12조의2 제1항 제1호).

06   관세청장은 공인기준 준수 개선 완료 보고서를 검토한 후 <u>공인등급의 조정, 공인의 취소, 공인의 유보, 공인신청의 기각, 혜택의 정지</u> 등 필요한 조치를 할 수 있다(「수출입 안전관리 우수업체 공인 및 운영에 관한 고시」 제17조 제7항). 현장심사는 공인기준 준수 개선 완료보고서에 따른 관세청장의 조치가 아니다.

07   운영인은 법규준수와 안전관리 업무에 대한 정보가 관련 부서에 공유되도록 하여야 한다(「수출입 안전관리 우수업체 공인 및 운영에 관한 고시」 별표 1 참고).

08   운영인은 물품을 수하인 등에게 인계할 때 검수해야 하며, 물품의 불일치 또는 부적절한 인계 등이 발생하였을 때에는 즉시 세관장에게 보고해야 한다(「수출입 안전관리 우수업체 공인 및 운영에 관한 고시」 별표 1 참고).

09   관세청장은 통관절차 등의 혜택을 효과적으로 제공하기 위하여 수출입 안전관리 우수업체의 대표자 또는 <u>총괄책임자</u>를 대상으로 수출입 안전관리 우수업체 카드를 발급할 수 있다(「수출입 안전관리 우수업체 공인 및 운영에 관한 고시」 제30조 제1항).

10   현장심사 결과 신청업체가 <u>법규준수도</u> 기준은 충족하지 못하였으나 나머지 공인기준을 모두 충족한 경우 공인유보 사유이다(「수출입 안전관리 우수업체 공인 및 운영에 관한 고시」 제11조 제2항).

11   <u>서류심사 또는 현장심사</u> 결과, 공인기준을 충족하지 못하였으며 보완 요구의 실익이 없는 경우 공인신청을 기각한다(「수출입 안전관리 우수업체 공인 및 운영에 관한 고시」 제12조의2 제1호).

12   공인표지는 AEO마크를 표시하는 것이며 다양한 디자인으로 되어 있다(「수출입 안전관리 우수업체 공인 및 운영에 관한 고시」 별표 7 참고).

13   기업 프로파일 관리는 기업상담전문관의 업무에 해당한다(「수출입 안전관리 우수업체 공인 및 운영에 관한 고시」 제21조 제2항 제7호).

> 관리책임자의 업무(「수출입 안전관리 우수업체 공인 및 운영에 관한 고시」 제16조 제3항 각 호)
> 1. 정기 자율평가, 변동사항 보고, 공인 또는 갱신심사 수감 등 공인기준 준수 관련 업무
> 2. 직원에 대한 수출입 안전관리 교육
> 3. 정보 교환, 회의 참석 등 수출입 안전관리 관련 관세청 및 세관과의 협업
> 4. 세액 등 통관적법성 준수 관리
> 5. 그 밖에 업체의 법규준수 향상을 위한 활동

14   관세청장은 공인기준을 충족하지 못한 사항이 경미한 경우에는 공인이 유보된 업체에게 <u>공인기준 준수 개선 계획서 제출을 생략하고, 바로 공인기준 준수 개선 완료 보고서를 제출</u>하게 할 수 있다(「수출입 안전관리 우수업체 공인 및 운영에 관한 고시」 제11조 제4항).

15 ① 수출입 관련 법령의 양벌 규정에 따라 처벌된 개인 또는 법인은 공인취소 대상에서 제외한다(이하「수출입 안전관리 우수업체 공인 및 운영에 관한 고시」 제25조의2 참고).

② 통고처분을 받은 것만으로는 공인이 취소되지 않고, 벌금형 이상을 선고받거나 통고처분을 이행한 경우 공인 이 취소된다.

④ 공인기준 준수 개선 또는 자료 제출을 요구(통관적법성 관련 자료 제출 요구를 포함)하였으나 정당한 사유 없이 이행하지 않은 경우 공인취소 절차를 진행한다.

⑤ 수출입 안전관리 우수업체가 <u>공인의 유효기간 내에 혜택 적용의 정지 처분을 5회 이상</u> 받은 경우 공인취소 절차를 진행한다.

16 공인증서를 반납하면 혜택적용 정지가 아닌 <u>공인취소</u> 절차를 진행한다.

17 <u>중소 수출기업</u>이 예비심사를 신청한 경우에는 다른 신청업체에 우선하여 예비심사를 할 수 있다(「수출입 안전관 리 우수업체 공인 및 운영에 관한 고시」 제7조의2 제3항).

18 수출 부문에 해당 하는 것은 「관세법」 제241조에 따른 수출자이다. 환급창구운영자는 수출입 안전관리 우수업체 의 공인부문에 해당하지 않는다(「수출입 안전관리 우수업체 공인 및 운영에 관한 고시」 제3조 참고).

19 신청업체를 직접 방문하는 기간은 <u>15일</u> 이내로 한다(「수출입 안전관리 우수업체 공인 및 운영에 관한 고시」 제19 조 제6항).

20 출제 당시에는 정기 수입세액 정산업체로 지정된 업체는 정기 자율평가서 제출을 면제하는 규정이 있었으나, 정기 수입세액 정산제도가 폐지되며 2022년 1월 개정된 「수출입 안전관리 우수업체 공인 및 운영에 관한 고시」에 서 관련 조항이 삭제되었다. 따라서 정답이 없는 문제이다.

21 국제항의 시설기준은 <u>대통령령</u>으로 정한다(「관세법」 제133조 제2항).

22 국제무역선이나 국제무역기가 국제항에 입항하여 입항절차를 마친 후 다시 우리나라의 다른 국제항에 입항할 때에는 서류제출의 생략 등 간소한 절차로 입출항할 수 있으며(「관세법」 제137조), 항내의 다른 장소로 이동하려 는 때에는 항내정박장소 이동신고서를 세관장에게 전자문서로 제출해야 한다(「국제무역선의 입출항 전환 및 승선 절차에 관한 고시」 제11조 제1항).

23 <u>공급자 등</u>이 외국 선박용품 등을 보세구역에 반입한 때에는 관할지 세관장에게 반입등록서를 제출해야 한다. 다만, 공급자 등이 하선완료 보고하였거나 보세운송하여 도착보고한 물품은 반입등록한 것으로 갈음한다(「선박용 품 등 관리에 관한 고시」 제4조).

24 세관장은 검색기검사를 실시한 결과 <u>개장검사</u>가 필요하다고 인정한 화물과 즉시검사화물에 대하여 <u>지정한 하선</u> <u>(기)장소</u>에서 개장검사를 실시한다(「관리대상화물 관리에 관한 고시」 제9조 제2항).

25 <u>관세통로 · 통관장</u>은 세관장이 지정하고, 통관역은 국외와 연결되고 국경에 근접한 철도역 중에서 <u>관세청장이</u> 지정한다(「관세법」 제148조).

01	02	03	04	05	06	07	08	09	10
⑤	③	①	④	⑤	⑤	④	②	④	③
11	12	13	14	15	16	17	18	19	20
④	②	③	①	③	⑤	③	①	⑤	②
21	22	23	24	25					
⑤	①	③	②·④	①					

01 운영인은 회계연도 종료 3개월이 지난 후 <u>15일 이내에</u> 자율점검표를 작성하여 세관장에게 제출하여야 한다. 다만, 자율점검표를 보세구역 운영상황 및 재고조사 결과와 함께 제출하려는 경우 다음 해 2월 말까지 제출할 수 있다(「자율관리 보세구역 운영에 관한 고시」 제10조 제1항).

02 세관장은 보세사에게 경고처분을 하였을 때에는 <u>한국관세물류협회장</u>에게 통보해야 한다(「자율관리 보세구역 운영에 관한 고시」 제11조 제2항).

03 보세구역 중 물품의 관리 및 세관감시에 지장이 없다고 인정하여 관세청장이 정하는 바에 따라 세관장이 지정하는 보세구역(자율관리 보세구역)에 장치한 물품은 제157조에 따른 세관공무원의 참여와 「관세법」에 따른 절차 중 관세청장이 정하는 다음의 절차를 생략한다(「관세법」 제164조 제1항).

절차생략 등(「자율관리 보세구역 운영에 관한 고시」 제7조 제1항 각 호)

일반 자율관리 보세구역	• 「식품위생법」 제10조, 「건강기능식품에 관한 법률」 제17조 및 「축산물 위생관리법」 제6조, 「의료기기법」 제20조 및 「약사법」 제56조 ,「화장품법」 제10조 및 「전기용품 및 생활용품 안전관리법」 제9조・제18조・제25조・제29조에 따른 표시작업(원산지표시 제외)과 벌크화물의 사일로(Silo) 적입을 위한 포장제거작업의 경우 법 제158조에 따른 보수작업 신청(승인) 생략 • 「보세화물관리에 관한 고시」 제16조에 따른 재고조사 및 보고의무를 분기별 1회에서 연 1회로 완화 • 「특허보세구역 운영에 관한 고시」 제22조에 따른 보세구역 운영상황의 점검생략 • 「보세화물관리에 관한 고시」 제17조에 따른 장치물품의 수입신고 전 확인신청(승인) 생략
우수 자율관리 보세구역	• 일반 자율관리 보세구역의 모든 사항 • 「보세공장 운영에 관한 고시」 제37조에 따른 특례 적용 • 「보세공장 운영에 관한 고시」 제7조 제2항에 따른 <u>보관창고 증설을 단일 보세공장 소재지 관할구역 내의 장소에도 허용</u>

04 운영인 등은 보세사가 아닌 자에게 보세화물관리 등 보세사의 업무를 수행하게 하여서는 안 된다. 다만, 업무대행자를 지정하여 사전에 세관장에게 신고한 경우에는 보세사가 아닌 자도 보세사가 이탈 시 보세사 업무를 수행할 수 있다(「자율관리 보세구역 운영에 관한 고시」 제9조 제1항).

05 세관장은 자율관리 보세구역 운영인 등에게 갱신 신청과 절차에 관한 사항을 지정기간 <u>만료 2개월 전에</u> 미리 알려야 한다(「자율관리 보세구역 운영에 관한 고시」 제4조 제4항).

06

지정 취소 사유 등(「자율관리 보세구역 운영에 관한 고시」 제5조 제1항 각 호)

1. 「관세법」 제178조 제1항에 해당된 때
   - 장치물품에 대한 관세를 납부할 자금능력이 없다고 인정되는 경우
   - 본인이나 그 사용인이 「관세법」 또는 「관세법」에 따른 명령을 위반한 경우
   - 해당 시설의 미비 등으로 특허보세구역의 설치 목적을 달성하기 곤란하다고 인정되는 경우
   - 그 밖에 상기 규정에 준하는 것으로서 대통령령으로 정하는 사유에 해당하는 경우
     - 재고조사 결과 원자재소요량 관리가 적정하지 않은 경우
     - 1년 동안 계속하여 물품의 반입·반출 실적이 없거나, 6개월 이상 보세작업을 하지 않은 경우
     - 운영인이 최근 1년 이내에 「관세법」에 따른 절차 등을 위반한 경우 등 관세청장이 정하는 사유에 해당하는 경우
2. 제9조 제1항 제1호를 위반한 때
   - 운영인이 보세사가 아닌 자에게 보세화물관리 등 보세사의 업무를 수행하게 한 경우
3. 제9조 제1항 제3호에서 규정한 기간까지(2개월 이내) 보세사를 채용하지 않을 때
4. 제3조의 자율관리 보세구역 지정요건을 충족하지 못한 경우
   - 일반 자율관리 보세구역
     - 보세화물 관리를 위한 보세사 채용
     - 화물의 반출입, 재고관리 등 실시간 물품관리가 가능한 전산시스템(WMS, ERP 등) 구비
   - 우수 자율관리 보세구역
     - 수출입 안전관리 우수업체
5. 그 밖에 보세화물을 자율적으로 관리할 능력이 없거나 부적당하다고 세관장이 인정하는 경우

07 징계의 종류는 견책, 6월의 범위 내 업무정지, 등록취소 세 종류이다(「보세사제도 운영에 관한 고시」 제12조).

08 해당 보세구역에 작업이 있는 시간에는 상주해야 한다. 다만, 영업용 보세창고의 경우에는 세관개청시간과 해당 보세구역 내의 작업이 있는 시간에 상주해야 한다(「보세사제도 운영에 관한 고시」 제11조 제1항).

09 "보수"란 해당 물품의 HS품목분류의 변화를 가져오지 않는 보존 작업, 선별, 분류, 용기변경, 포장, 상표부착, 단순조립, 검품, 수선 등의 활동(원산지를 허위로 표시하거나, 지식재산권을 침해하는 행위는 제외한다)을 말한다 (「자유무역지역 반출입물품의 관리에 관한 고시」 제2조 제4호).
※ 해당 문제는 2023년 1월 개정된 「자유무역지역 반출입물품의 관리에 관한 고시」 용어 규정을 반영하여 수정되었습니다.

10 외국물품 등이 아닌 내국물품을 자유무역지역에서 관세영역으로 반출하려는 자는 내국물품 반입확인서를 세관장에게 제출해야 한다(「자유무역지역 반출입물품의 관리에 관한 고시」 제13조 제1항).

11 컨테이너트레일러를 부착한 차량이 3대 이상 동시에 접속하여 검사할 수 있는 규모의 검사대를 갖춘 세관검사장이 필요하다(「자유무역지역 반출입물품의 관리에 관한 고시」 제4조 제1항).

12 원산지 미표시 물품은 반출입 금지·제한 물품이 아니다.

> **반출입 금지 물품(「자유무역지역법」 제41조 제1항)**
> 1. 헌법질서를 문란하게 하거나 공공의 안녕질서 또는 풍속을 해치는 서적·간행물·도화, 영화·음반·비디오물·조각물 또는 그 밖에 이에 준하는 물품
> 2. 정부의 기밀을 누설하거나 첩보활동에 사용되는 물품
> 3. 화폐·채권이나 그 밖의 유가증권의 위조품·변조품 또는 모조품
>
> **반출입 제한 물품(「자유무역지역법」 제41조 제2항, 동법 시행령 제29조)**
> 1. 국민보건 또는 환경보전에 지장을 초래하는 물품
> 2. 그 밖에 대통령령으로 정하는 물품
>   - 사업장폐기물 등 폐기물
>   - 총기 등 불법무기류
>   - 마약류
>   - 「상표법」에 따른 상표권 또는 「저작권법」에 따른 저작권을 침해하는 물품
>   - 상기 규정에 따른 물품과 유사한 물품으로서 관세청장이 정하여 고시하는 물품

13 관리권자는 관세청장과 협의를 거쳐 자유무역지역에 통제시설을 설치하며 출입 기록을 90일 동안 관리해야 하고 세관장이 출입 기록을 요청하는 경우 이에 따라야 한다(「자유무역지역법」 제27조, 동법 시행규칙 제15조).

14 자유무역지역에 물품을 반입 정지할 때에는 자유무역지역 입주기업체의 영업피해를 우려하여 처분 전에 청문을 실시한다(「자유무역지역법」 제54조).

15
> **업체별 등급에 따른 관리(「수출입물류업체에 대한 법규수행능력측정 및 평가관리에 관한 훈령」 제16조 제1항)**
> 세관장은 법규수행능력 우수업체에 대하여는 다음 각 호와 같은 우대 등의 조치를 취할 수 있다.
> 1. 세관장 권한의 대폭적 위탁
> 2. 관세 등에 대한 담보제공의 면제
> 3. 보세화물에 대한 재고조사 면제 등 자율관리 확대
> 4. 화물 C/S에 의한 검사비율의 축소 및 검사권한 위탁
> 5. 기타 관세청장이 정하는 사항

16 밀수출죄의 예비범이 소유하거나 점유하는 물품도 몰수대상이다.

17 ① 벌금에 상당하는 금액은 해당 벌금 최고액의 100분의 30으로 한다(「관세법 시행령」 제270조의2 제1항).
② 「관세법」상의 벌금에 해당하는 금액이다.
④ 통고의 요지를 이행하면 동일사건에 대하여 다시 처벌받지 않는다(일사부재리 원칙)(「관세법」 제317조).
⑤ 금액 30만 원 이하인 경우 심의를 거쳐 통고처분 면제를 받을 수 있다(「관세법」 제311조).

18 ② 관세범의 현행범인을 체포하였을 때에는 지체 없이 세관공무원에게 인도해야 한다(「관세법」 제298조 제2항).
③ 관세범의 현행범인이 그 장소에 있을 때에는 누구든지 체포할 수 있다(「관세법」 제298조 제1항).
④ 관세범에 관한 조사·처분은 세관공무원이 한다(「관세법」 제283조 제2항).
⑤ 세관공무원은 관세범이 있다고 인정할 때에는 범인, 범죄사실 및 증거를 조사해야 한다(「관세법」 제290조).

19   유효기간이 지난 것은 매각대상이 아니다(「관세법」 제303조 제3항 참고).

20   밀수출입죄(금지품수출입죄 포함), 관세포탈죄 등(부정수입죄, 부정수출죄, 부정감면죄, 부정환급죄 포함), 가격 조작죄, 미수범 등, 밀수품의 취득죄는 정상에 따라 징역과 벌금을 병과할 수 있다(「관세법」 제275조). 관세의 회피 또는 강제집행의 면탈을 목적으로 타인에게 자신의 명의를 사용하여 납세신고를 하도록 허락한 자는 「관세법」 제275조의3 명의대여행위죄 규정에 따라 1년 이하의 징역 또는 1천만 원 이하의 벌금에 처하며, 징역과 벌금을 병과할 수는 없다.

21   제265조에 따른 세관장 또는 세관공무원의 조치를 거부 또는 방해한 자는 <u>1천만 원 이하의 벌금</u>에 처한다(「관세법」 제276조 제4항 제7호).

22   <u>국내도매가격</u>에 상당한 금액이 추징금액이다(「관세법」 제282조 제3항).

23

양벌 규정 대상(「관세법」 제279조 제2항)
1. <u>특허보세구역 또는 종합보세사업장의 운영인</u>
2. 수출·수입 또는 운송을 업으로 하는 사람
3. <u>관세사</u>
4. <u>국제항 안에서 물품 및 용역의 공급을 업으로 하는 사람</u>
5. 전자문서중계사업자

---

24   강제징수면탈죄 등은 「관세법」 제276조(허위신고죄 등)에 속하지 않는다. 납세의무자 또는 납세의무자의 재산을 점유하는 자가 강제징수를 면탈할 목적 또는 면탈하게 할 목적으로 그 재산을 은닉·탈루하거나 거짓 계약을 하였을 때에는 3년 이하의 징역 또는 3천만 원 이하의 벌금에 처한다(「관세법」 제275조의2 제1항). 세관공무원의 질문에 대하여 거짓 진술을 한 자에게는 5천만 원 이하의 과태료를 부과한다(관세법 제277조 제3항).
   ※ 「관세법」 2020년 12월 개정으로 "체납처분면탈죄"가 "강제징수면탈죄"로 표현이 바뀌었습니다. 해당 문제는 개정 규정을 반영하여 수정되었습니다.

25   ② 밀수출입죄를 방조한 자는 <u>정범에 준하여 처벌한다</u>(「관세법」 제271조 제1항).
   ③ 밀수출입죄를 범할 목적으로 그 예비를 한 자는 본죄의 2분의 1을 감경하여 처벌한다(「관세법」 제271조 제3항).
   ④ 법령에 따라 수입이 제한된 사항을 회피할 목적으로 부분품으로 수입하는 경우 <u>관세포탈죄를 적용한다</u>(「관세법」 제270조 제1항 제3호).
   ⑤ 밀수입죄의 경우 범인이 소유하거나 점유하는 물품은 몰수 대상이다(「관세법」 제282조 제2항).

제1과목 | 수출입통관절차

01	02	03	04	05	06	07	08	09	10
③	②	⑤	③	⑤	④	⑤	②	①	④
11	12	13	14	15	16	17	18	19	20
①	⑤	③·④	②	①	④	②	①	⑤	④
21	22	23	24	25					
③	②	①	④	⑤					

01　관세의 과세표준은 수입물품의 가격 또는 수량으로 한다(「관세법」 제15조). 이때, 관세의 과세표준을 개수·용적·면적·중량 등 일정한 단위수량으로 삼는 것을 종량세라고 한다. 중량만을 과세표준으로 삼는 것이 종량세가 아니다.

02　선박이 입항하기 전에 입항 전 수입신고가 수리된 물품은 내국물품이다.

> 내국물품의 정의(「관세법」 제2조 제5호)
> 가. 우리나라에 있는 물품으로서 외국물품이 아닌 것
> 나. 우리나라의 선박 등이 공해에서 채집하거나 포획한 수산물 등
> 다. 입항 전 수입신고가 수리된 물품
> 라. 수입신고 수리 전 반출승인을 받아 반출된 물품
> 마. 수입신고 전 즉시반출신고를 하고 반출된 물품

03　납부고지사항을 공고하였을 때에는 공고일부터 14일이 지나면 관세의 납세의무자에게 납부고지서가 송달된 것으로 본다(「관세법」 제11조 제2항).

04　보세건설장에 반입된 외국물품은 사용 전 수입신고가 수리된 날의 법령을 적용한다.

적용 법령(「관세법」 제17조)

구 분	적용 법령
원 칙	수입신고 당시의 법령
예외적인 과세물건 확정시기 해당 물품	그 사실이 발생한 날의 법령
보세건설장에 반입된 외국물품	사용 전 수입신고가 수리된 날의 법령

2019년 정답 및 해설

05 해당 물품이 수출입신고가 수리된 후 3개월이 지났거나 관련 법령에 따라 관계행정기관의 장의 시정조치가 있는 경우에는 보세구역 반입명령을 할 수 없다(「관세법 시행령」 제245조 제1항).

06 보세운송물품이 운송 중 분실된 경우 보세운송을 신고하였거나 승인을 받은 자가 납세의무자가 된다(「관세법」 제19조 제1항 제10호).

07 연불조건(延拂條件)의 수입인 경우에는 해당 수입물품에 대한 연불이자는 <u>공제요소</u>이다(「관세법」 제30조 제2항 제4호).

가산요소(구매자가 실제로 지급했거나 지급해야 할 가격에 더하여 조정하는 요소)

- 구매자가 부담하는 수수료와 중개료. 다만, 구매수수료는 제외한다.
- 해당 수입물품과 동일체로 취급되는 용기의 비용과 해당 수입물품의 포장에 드는 노무비와 자재비로서 구매자가 부담하는 비용
- 구매자가 해당 수입물품의 생산 및 수출거래를 위하여 대통령령으로 정하는 물품 및 용역을 무료 또는 인하된 가격으로 직접 또는 간접으로 공급한 경우에는 그 물품 및 용역의 가격 또는 인하차액을 해당 수입물품의 총생산량 등 대통령령으로 정하는 요소를 고려하여 적절히 배분한 금액
- 특허권, 실용신안권, 디자인권, 상표권 및 이와 유사한 권리를 사용하는 대가로 지급하는 것으로서 대통령령으로 정하는 바에 따라 산출된 금액
- 해당 수입물품을 수입한 후 전매·처분 또는 사용하여 생긴 수익금액 중 판매자에게 직접 또는 간접으로 귀속되는 금액
- 수입항(輸入港)까지의 운임·보험료와 그 밖에 운송과 관련되는 비용으로서 대통령령으로 정하는 바에 따라 결정된 금액. 다만, 기획재정부령으로 정하는 수입물품의 경우에는 이의 전부 또는 일부를 제외할 수 있다.

공제요소(구매자가 실제로 지급했거나 지급해야 할 가격에서 공제하여 조정하는 요소)

- 수입 후에 하는 해당 수입물품의 건설, 설치, 조립, 정비, 유지 또는 해당 수입물품에 관한 기술지원에 필요한 비용
- 수입항에 도착한 후 해당 수입물품을 운송하는 데에 필요한 운임·보험료와 그 밖에 운송과 관련되는 비용
- 우리나라에서 해당 수입물품에 부과된 관세 등의 세금과 그 밖의 공과금
- <u>연불조건(延拂條件)의 수입인 경우에는 해당 수입물품에 대한 연불이자</u>

08 ② 「관세법」 제30조부터 제34조까지에 규정된 방법(제1방법부터 제5방법까지)으로 과세가격을 결정할 수 없을 때에는 제30조부터 제34조까지(제1방법부터 제5방법까지)에 규정된 원칙과 부합되는 합리적인 기준에 따라 과세가격을 결정한다(「관세법」 제35조 제1항). 이때, 「관세법」 제31조(제2방법)에 따라 '과세가격으로 인정된 사실이 있는 동종·동질물품의 거래가격'의 요건을 완화하여 적용할 수 있다(「관세법 시행령」 제29조 제1항).
①·③·④·⑤ 「관세법」 제35조(제6방법) 적용 시 사용이 금지된 가격들이다.

> 제6방법 적용 시 기준으로 삼는 것이 금지된 가격(「관세법 시행령」 제29조 제2항)
> 1. 우리나라에서 생산된 물품의 국내판매가격
> 2. 선택 가능한 가격 중 반드시 높은 가격을 과세가격으로 해야 한다는 기준에 따라 결정하는 가격
> 3. 수출국의 국내판매가격
> 4. 동종·동질물품 또는 유사물품에 대하여 법 제34조의 규정에 의한 방법 외의 방법으로 생산비용을 기초로 하여 결정된 가격
> 5. 우리나라 외의 국가에 수출하는 물품의 가격
> 6. 특정수입물품에 대하여 미리 설정하여 둔 최저과세기준가격
> 7. 자의적 또는 가공적인 가격

09 관세부과 제척기간의 원칙적 기산일은 수입신고한 날의 다음 날이다.

> **관세부과 제척기간의 기산일(「관세법 시행령」 제6조)**
> 「관세법」 제21조 제1항에 따른 관세부과의 제척기간을 산정할 때 수입신고한 날의 다음 날을 관세를 부과할 수 있는 날로 한다. 다만, 다음 각 호의 경우에는 해당 호에 규정된 날을 관세를 부과할 수 있는 날로 한다.
> 1. 과세물건 확정시기의 예외에 해당하는 경우 : 그 사실이 발생한 날의 다음 날
> 2. 의무불이행 등의 사유로 감면된 관세를 징수하는 경우 : 그 사유가 발생한 날의 다음 날
> 3. 보세건설장에 반입된 외국물품의 경우 : 다음 중 먼저 도래한 날의 다음 날
>   가. 건설공사 완료보고를 한 날
>   나. 특허기간(특허기간을 연장한 경우에는 연장기간을 말한다)이 만료되는 날
> 4. 과다환급 또는 부정환급 등의 사유로 관세를 징수하는 경우 : 환급한 날의 다음 날
> 5. 잠정가격을 신고한 후 확정된 가격을 신고한 경우 : 확정된 가격을 신고한 날의 다음 날(기한 내에 확정된 가격을 신고하지 않는 경우에는 해당 기간의 만료일의 다음 날)

10 감면신청기한(「관세법 시행령」 제112조)

원 칙	해당 물품의 수입신고 수리 전까지
부과고지 대상인 경우	해당 납부고지를 받은 날로부터 5일 이내
수입신고 수리 전까지 감면신청서를 제출하지 못한 경우	해당 물품이 보세구역에서 반출되지 않은 경우로 한정하여, 해당 수입신고 수리일부터 15일 이내

11 정정신고를 한 경우 납부기한은 당초의 납부기한으로 한다(「관세법」 제38조 제4항).

12 세관장은 납세의무자가 납부해야 하는 세액이 대통령령으로 정하는 금액 미만인 경우에는 이를 징수하지 않는다. 세관장이 징수하지 않는 금액은 1만 원으로 한다. 이에 따라 관세를 징수하지 않게 된 경우에는 당해 물품의 수입신고 수리일을 그 납부일로 본다(「관세법」 제40조, 「관세법 시행령」 제37조).

13 통관지세관이 제한되는 물품(「수입통관 사무처리에 관한 고시」 별표 5)

구 분	지정된 통관지세관
고 철	• 수입물품의 입항지세관, 관할지세관장이 인정하는 고철창고가 있는 내륙지세관 • 고철화작업의 특례를 적용받는 실수요자 관할 세관에서도 통관 가능
해체용 선박	관할지세관장이 인정하는 선박해체작업 시설을 갖춘 입항지세관
수산물 (HS 0302호, 0303호, 0305호, HS 0305호는 염수장한 것에 한함)	• 수입물품의 입항지세관 • 보세구역으로 지정받은 냉장·냉동창고가 있는 내륙지세관 • 수출용 원자재는 관할지세관장이 인정하는 냉장·냉동시설이 있는 수산물제조·가공업체 관할 세관에서도 통관 가능
수입쇠고기 및 관련제품 (HS 0201호, 0202호 해당물품, HS 0206호, 0210호, 0504호는 쇠고기, 소의 것에 한함, HS 0506.90-1020 물품)	관할구역 내 축산물검역시행장 및 보세구역으로 지정받은 냉장·냉동창고가 있는 세관
활어 (HS 0301호, 관상용 및 양식용은 제외)	관할구역 내 활어장치장이 있는 세관

쌀 (HS 1006.20호, 1006.30호 해당 물품)	인천 · 부산 · 평택직할 · 마산 · 울산 · 동해 · 광양 · 목포 · 군산 · 포항세관
중고승용차	인천 · 서울 · 부산 · 평택직할 · 용당 · 마산세관

Plus One

「수입통관 사무처리에 관한 고시」 2024년 9월 개정 이후로 정답이 변경되는 문제이다. 고시 개정 전에는 "한약재 (원료에 한함)"와 "귀석과 반귀석(HS 7103호 내지 7104호의 물품, 원석은 제외)"의 통관지세관이 제한되었으나, 고시 개정에 따라 "한약재"와 "귀석과 반귀석"에 대한 내용이 삭제되었다. 따라서 ③, ④ 모두 정답이다.

14 원산지증명서는 예외적인 경우(원산지증명서 발행 후 1년 이내에 해당 물품이 수입항에 도착하였으나 수입신고는 1년을 경과하는 경우, 천재지변, 그 밖에 이에 준하는 사유로 원산지증명서 발행 후 1년이 경과한 이후에 수입항에 도착한 경우)를 제외하고 제출일부터 소급하여 <u>1년</u> 이내에 발행된 것이어야 한다(「관세법 시행령」 제236조 제4항).

15 부족세액 징수가 수입신고 수리 전 세액심사 결과에 따른 것일 때에는 과세 전 통지 생략대상이지만, 수입신고 수리 후 세액심사에 따라 부족세액을 징수하는 경우는 <u>과세 전 통지를 생략할 수 없다.</u>

> **과세 전 통지 생략사유(「관세법」 제118조 제1항)**
> 1. 통지하려는 날부터 3개월 이내에 관세부과의 제척기간이 만료되는 경우
> 2. 납세의무자가 확정가격을 신고한 경우
> 3. 수입신고 수리 전에 세액을 심사하는 경우로서 그 결과에 따라 부족세액을 징수하는 경우
> 4. 재수출면세 규정(재수출 감면 규정에 따라 준용되는 경우를 포함한다)에 따라 면제된 관세를 징수하거나 관세감면물품의 사후관리 규정에 따라 감면된 관세를 징수하는 경우
> 5. 관세포탈죄로 고발되어 포탈세액을 징수하는 경우
> 6. 그 밖에 관세의 징수가 곤란하게 되는 등 사전통지가 적당하지 않은 경우로서 대통령령으로 정하는 경우
>   - 납부세액의 계산착오 등 명백한 오류에 의하여 부족하게 된 세액을 징수하는 경우
>   - 「감사원법」 제33조에 따른 감사원의 시정요구에 따라 징수하는 경우
>   - 납세의무자가 부도 · 휴업 · 폐업 또는 파산한 경우
>   - 관세품목분류위원회의 의결에 따라 결정한 품목분류에 의하여 수출입물품에 적용할 세율이나 품목분류의 세번이 변경되어 부족한 세액을 징수하는 경우
>   - 「관세법」 제118조 제4항 제2호 후단 및 제128조 제1항 제3호 후단(법 제132조 제4항에서 준용하는 경우를 포함한다)에 따른 재조사 결과에 따라 해당 처분의 취소 · 경정을 하거나 필요한 처분을 하는 경우

16 취하가 아니라 각하이다. 세관장은 「관세법」 제241조 및 제244조의 신고(수입 · 수출 또는 반송신고)가 그 요건을 갖추지 못하였거나 부정한 방법으로 신고되었을 때에는 해당 수출 · 수입 또는 반송의 신고를 각하할 수 있다(「관세법」 제250조 제3항).

17 4단위가 아니라 <u>6단위</u>이다. 실질적 변형기준에 따라 원산지를 결정하는 경우로서 2개국 이상에 걸쳐 생산 · 가공 또는 제조(생산)된 물품의 원산지는 당해 물품의 생산과정에 사용되는 물품의 품목분류표상 <u>6단위</u> 품목번호와 다른 <u>6단위</u> 품목번호의 물품을 최종적으로 생산한 국가로 한다(「관세법 시행규칙」 제74조).

18 동일한 세관의 관할구역에서 입국 또는 입항하는 운송수단에서 출국 또는 출항하는 운송수단으로 물품을 옮겨 실어 외국으로 반출하는 것은 "환적"에 해당한다(「관세법」 제2조 제14호). 반면, "반송"이란 국내에 도착한 외국물품이 수입통관절차를 거치지 않고 다시 외국으로 반출되는 것을 말한다(「관세법」 제2조 제3호). 반송물품의 분류

상 ②는 중계무역물품, ③는 단순반송물품, ④는 위탁가공물품, ⑤는 보세전시장 반출물품에 해당한다(「반송절차에 관한 고시」 제2조).

19 세관장이 정하는 경우가 아니라 <u>대통령령으로 정하는 경우</u>에 해당한다.

> **통관의 보류사유(「관세법」 제237조 제1항)**
> 1. <u>수출·수입 또는 반송에 관한 신고서의 기재사항에 보완이 필요한 경우</u>
> 2. <u>신고 제출서류 등이 갖추어지지 않아 보완이 필요한 경우</u>
> 3. <u>「관세법」에 따른 의무사항(대한민국이 체결한 조약 및 일반적으로 승인된 국제법규에 따른 의무를 포함)을 위반하거나 국민보건 등을 해칠 우려가 있는 경우</u>
> 4. <u>안전성 검사가 필요한 경우</u>
> 4의2. 안전성 검사 결과 불법·불량·유해 물품으로 확인된 경우
> 5. <u>「국세징수법」 제30조 및 「지방세징수법」 제39조의2에 따라 세관장에게 강제징수 또는 체납처분이 위탁된 해당 체납자가 수입하는 경우</u>
> 6. 그 밖에 「관세법」에 따라 필요한 사항을 확인할 필요가 있다고 인정하여 대통령령으로 정하는 경우
>   • 관세 관계 법령을 위반한 혐의로 고발되거나 조사를 받는 경우

20 관세는 직접세가 아닌 간접세의 성격을 가지고 있다. 즉, 판매가격에 조세부담분이 반영되어 최종소비자에게 조세부담이 전가됨으로써 법률상의 납세의무자와 사실상의 담세자가 일치하지 않는다는 뜻이다.

21 수출신고가 수리된 물품은 외국물품에 해당하므로 관리목적상 수출의 완료시점을 운송수단에 적재하는 시점으로 단일화하여, 수출신고가 수리된 물품을 일정 기간 내 운송수단에 적재하도록 의무를 부여하고 있다. 수출신고가 수리된 물품은 수출신고가 수리된 날부터 <u>30일</u> 이내에 운송수단에 적재해야 한다. 다만, 기획재정부령으로 정하는 바에 따라 1년의 범위에서 적재기간의 연장승인을 받은 것은 그렇지 않다. 세관장은 이에 따른 기간 내에 적재되지 않은 물품에 대하여는 대통령령으로 정하는 바에 따라 수출신고의 수리를 <u>취소</u>할 수 있다(「관세법」 제251조).

22 보험에 가입된 등기 또는 등록된 물건은 건물·공장재단·광업재단·선박·항공기 또는 건설기계에 한해 관세 담보로 제공할 수 있으며, 차량은 해당되지 않는다.

> **담보의 종류(「관세법」 제24조 제1항)**
> 1. 금 전
> 2. <u>국채 또는 지방채</u>
> 3. 세관장이 인정하는 유가증권
> 4. <u>납세보증보험증권</u>
> 5. 토 지
> 6. 보험에 가입된 등기 또는 등록된 건물·공장재단·광업재단·선박·항공기 또는 건설기계
> 7. <u>세관장이 인정하는 보증인의 납세보증서</u>

23 수출물품은 원칙적으로 보세구역에 장치한 후 수출하는 것이 아니며, 수출신고를 할 때에는 물품의 장치장소에 관계없이 수출신고를 한 후 적재의무를 이행하는 것을 원칙으로 한다. 이에 따라 수출하려는 자는 해당 물품이 장치된 물품소재지를 관할하는 세관장에게 수출신고를 해야 한다(「수출통관 사무처리에 관한 고시」 제4조).

> Plus One
>
> 예외적으로 중고자동차, 플라스틱 폐기물, 생활폐기물과 같은 보세구역 반입 후 신고대상 물품만 보세구역에 반입 후 수출신고한다(「수출통관 사무처리에 관한 고시」 별표 11). 그 밖에 특수형태의 수출인 경우는 해당 규정에 따른다.

24 세관장이 타당하다고 인정하는 이사물품은 「관세법」 제96조(여행자 휴대품 및 이사물품 등의 감면) 규정에 따른 면세대상이지만, 수입의 의제에 해당하지는 않는다.

> **수입의 의제 대상(「관세법」 제240조 제1항)**
> 1. 체신관서가 수취인에게 내준 우편물
> 2. 「관세법」에 따라 매각된 물품
> 3. 「관세법」에 따라 몰수된 물품
> 4. 「관세법」 제269조(밀수출입죄), 제272조(밀수 전용 운반기구의 몰수), 제273조(범죄에 사용된 물품의 몰수 등) 또는 제274조(밀수품의 취득죄 등) 제1항 제1호에 해당하여 「관세법」에 따른 통고처분으로 납부 된 물품
> 5. 법령에 따라 국고에 귀속된 물품
> 6. 몰수를 갈음하여 추징된 물품

25 「대외무역법 시행령」 제19조에 따른 수출입승인 면제물품은 「관세법」 제226조에 따른 세관장 확인을 생략하지 만, 「마약류 관리에 관한 법률」, 「식물방역법」 등을 적용받는 물품은 세관장이 수출입요건 구비 여부를 확인한다. 「의료기기법」은 이에 포함되지 않으므로 「대외무역법 시행령」 제19조에 따른 수출입승인 면제물품에 해당한다면 「관세법」 제226조에 따른 세관장 확인을 생략한다.

> **세관장 확인 생략대상(「관세법 제226조에 따른 세관장확인물품 및 확인방법 지정고시」 제7조 제2항)**
> 1. 「대외무역법 시행령」 제19조에 따른 수출입승인 면제물품(제2호의 물품은 제외한다). 다만, 다음 각 목의 법령을 적용받는 물품은 세관장이 수출입요건 구비 여부를 확인한다.
>   가. 「마약류 관리에 관한 법률」
>   나. 「식물방역법」
>   다. 「야생생물 보호 및 관리에 관한 법률」
>   라. 「총포·도검·화약류 등의 안전관리에 관한 법률」
>   마. 「수산생물질병 관리법」
>   바. 「가축전염병 예방법」
>   사. 「폐기물의 국가 간 이동 및 그 처리에 관한 법률」
>   아. 「약사법」(식품의약품안전처장이 지정하는 오·남용우려 의약품에 한정한다. 다만, 자가치료 목적으 로 처방전을 세관장에게 제출하는 경우에는 세관장 확인을 생략한다)
>   자. 「수입식품안전관리 특별법」(「수입식품안전관리 특별법 시행규칙」 별표 9 제1호에 해당하는 식품 등 은 제외한다)
>   차. 「통신비밀보호법」
>   카. 「화학물질관리법」(금지물질, 제한물질에 한함. 다만, 제한물질 중 시험·연구·검사용 시약은 제외)
>   타. 「생물다양성 보전 및 이용에 관한 법률」
>   파. 「생활화학제품 및 살생물제의 안전관리에 관한 법률」
> 2. 「통합공고」 제12조(요건면제) 제1항 각 호에 해당되어 요건면제확인서를 제출한 물품
> 3. 법 제255조의2에 따른 수출입 안전관리 우수 공인업체, 자율확인우수기업 등 별표 5의 세관장 확인 생략 대상 법령 및 수출입자가 수출입신고하는 물품. 다만, 제1호 단서에 해당하는 물품은 제외한다.

01	02	03	04	05	06	07	08	09	10
③	①	⑤	⑤	①	③	③	①	⑤	④
11	12	13	14	15	16	17	18	19	20
③	③	①	②	①	④	⑤	②	③	⑤
21	22	23	24	25					
②	④	④	②	⑤					

01 둘 이상의 업체가 공동으로 자가화물을 보관하려는 경우, 즉 자가용으로 이용하려는 경우가 공동보세창고로 특허할 수 있는 경우이다.

> **공동보세구역으로 특허할 수 있는 경우(「보세창고 특허 및 운영에 관한 고시」 제15조 제1항)**
> 1. 둘 이상의 수출입업체가 공동으로 자가화물을 보관하려는 경우
> 2. 정부기관 또는 「공공기관의 운영에 관한 법률」 제5조에 따른 공기업, 준정부기관, 그 밖의 공공기관 등이 수입하는 물품을 일괄하여 보관하는 경우
> 3. 수출입업을 영위할 수 있는 중소기업협동조합에서 회원사의 수입원자재를 수입하여 보관하려는 경우
> 4. 「물류시설의 개발 및 운영에 관한 법률」에 따라 물류단지를 운영하는 자가 입주기업체의 수입품을 일괄하여 보관하는 경우
> 5. 관광산업진흥 및 외화획득을 위하여 주식회사 케이티에스씨가 회원사에 공급할 물품을 일괄 수입하여 보관하는 경우
> 6. 정부 또는 정부투자기관이 관리하는 보관·비축시설에 관련 업체의 수입물품을 일괄 보관하는 경우

02 특허를 받은 자는 두 차례에 한정하여 특허를 갱신할 수 있다(「관세법」 제176조의2 제6항).

Plus One

• 관세법령 개정으로 보기 ①, ④ 관련 내용이 바뀌었다.
• 보기 ① 관련, 보세판매장의 특허갱신은 2014년 조문 신설 당시 중소기업 등에 한해 1회가 허용되었으나, 2018년 개정을 통해 운영인이 중소기업 등인 경우에는 2회를 허용하고, 그 외의 경우에도 1회 갱신할 수 있도록 변경되었으며, 이후 2022년 개정을 통해 특허를 받은 자는 모두 2회 갱신을 허용하도록 변경되었다. 그러나 정답에는 영향이 없다.
• 보기 ④ 관련, 보세판매장 특허기간은 출제 당시에는 "5년"이었으나 법령 개정에 따라 "10년"으로 연장되었다. 해당 문제는 개정 규정을 반영하여 보기 ④가 수정되었다.

03 "인도장"이란 시내면세점, 출국장면세점 및 전자상거래에 의하여 판매한 물품을 구매자에게 인도하기 위한 곳으로 다음의 어느 하나에 해당하는 장소를 말한다(「보세판매장 운영에 관한 고시」 제2조 제6호). 시내면세점 매장에서는 판매물품을 구매자에게 바로 인도할 수 없다.

> **인도장(「보세판매장 운영에 관한 고시」 제2조 제6호)**
> 가. 출국장 보세구역 내 설치한 장소
> 나. 국제무역선 및 국제여객선박의 선박 내
> 다. 통관우체국 내 세관통관장소
> 라. 항공화물탁송 보세구역
> 마. 세관장이 지정한 보세구역(자유무역지역 포함)
> 바. 입국장 보세구역 내 설치한 장소(입국장인도장)

04 세관장은 물품관리에 필요하다고 인정될 때에는 장치기간에도 운영인에게 그 물품의 반출을 명할 수 있다(「관세법」 제177조 제2항). 세관장이 화물 반출을 명하는 대상은 화주가 아니라 보세구역의 운영인이다.

> **특허보세구역의 장치기간**
> 관세의 조기징수와 효율적 보세구역 활용을 통한 화물적체 해소 및 물류신속화를 위해 설정·운영하는 특허보세구역 물품장치기간은 다음과 같고, 세관장은 물품관리상 필요시 장치기간 내라도 운영인에게 반출을 명할 수 있다.
>
> | 보세창고 장치기간 | • 외국물품
  − 1년 범위 내 관세청장 기간 지정. 단, 세관장이 필요하다고 인정할 경우 1년 범위에서 연장가능
  − 주요 공항·항만지역 화물적체 해소 및 물류신속화를 위해 외국물품 보관기능을 수행하고 있는 보세창고는 장치기간을 2개월로 단축 운영
• 내국물품 : 1년 범위 내 관세청장 기간 지정
• 정부비축용 물품·정부와 계약이행을 위해 비축하는 방위산업용 물품·장기비축이 필요한 수출용 원재료와 수출품보수용 물품(세관장 인정 물품)·국제물류촉진 대상물품(관세청장 지정) : 비축에 필요한 기간 |
> |---|---|
> | 기타 특허보세구역 장치기간 | 해당 특허보세구역의 특허기간 |

05 품목분류의 변화를 가져오지 않는 경우가 설치·운영특허 제한사유에 해당한다.

> **보세공장 설치·운영특허 제한사유(「보세공장 운영에 관한 고시」 제8조 제2항)**
> 1. 다음의 어느 하나에 해당하는 보수작업만을 목적으로 하는 경우
>   가. 물품의 보존을 위해 필요한 작업(부패·손상 등을 방지하기 위해 필요한 작업)
>   나. 물품의 상품성 향상을 위한 개수작업(포장개선, 라벨표시, 단순절단 등)
>   다. 선적을 위한 준비작업(선별, 분류, 용기변경 등)
>   라. 단순한 조립작업(간단한 세팅, 완제품의 특성을 가진 구성요소의 조립 등)
> 2. 폐기물을 원재료로 하여 제조·가공하려는 경우
> 3. 손모율이 불안정한 농·수·축산물을 원재료로 하여 제조·가공하려는 경우
> 4. 보세작업의 전부를 장외작업에 의존할 경우

06 A. 거짓이나 그 밖의 부정한 방법으로 특허를 받은 경우는 <u>특허취소 사유</u>에 해당한다(「관세법」 제178조 제2항).
C. 특허보세구역에 반입된 물품이 해당 보세구역의 설치목적에 합당하지 않은 경우는 세관장이 해당 물품을
<u>다른 보세구역으로 반출할 것을 명하는 사유</u>에 해당한다(「관세법」 제180조 제4항).

> **물품반입 정지사유**(「관세법」 제178조 제1항)
> 1. 장치물품에 대한 관세를 납부할 자금능력이 없다고 인정되는 경우
> 2. 본인이나 그 사용인이 「관세법」 또는 「관세법」에 따른 명령을 위반한 경우
> 3. <u>해당 시설의 미비 등으로 특허보세구역의 설치목적을 달성하기 곤란하다고 인정되는 경우</u>
> 4. 그 밖에 제1호부터 제3호까지의 규정에 준하는 것으로서 대통령령으로 정하는 다음의 사유에 해당하는
>   경우
>   • 재고조사 결과 원자재소요량 관리가 적정하지 않은 경우
>   • 1년 동안 계속하여 물품의 반입·반출 실적이 없거나, 6개월 이상 보세작업을 하지 않은 경우
>   • 운영인이 최근 1년 이내에 법에 따른 절차 등을 위반한 경우 등 관세청장이 정하는 사유에 해당하는
>   경우

07 액체화물전용 보세창고에는 창고면적(m^2)기준을 적용하지 않는다. 세관장이 관할구역 내 액체화물 물동량과 액
체화물전용 장치장의 수용능력을 감안하여 보세창고 특허가 필요하고 관할구역 내 다른 액체화물전용 보세창고
와 비교하여 보세창고로 특허하기에 충분하다고 인정되는 저장용적(m^3)을 적용한다(「보세창고 특허 및 운영에
관한 고시」 제11조 제4항).

08 국외가공 등 원재료 원상태 반출제도는 제조·가공공정상 해당 보세공장에서 수행할 수 없는 특수한 공정이 있는
등 불가피한 경우에만 제한적으로 허용되는 것이다. 해당 원재료를 이용하여 국외에서 제조·가공공정의 전부를
이행하는 것은 동 제도의 취지에 어긋나므로 허용되지 않는다.

> **국외가공 등 원재료 원상태 반출 허용사유**(「보세공장 운영에 관한 고시」 제14조 제1항)
> 1. 국외에서 제조·가공공정의 일부를 이행하기 위하여 필요한 원재료
> 2. 보세공장에서 수출한 물품의 하자보수 등 추가적인 제조·가공·수리에 필요한 원재료
> 3. 보세공장의 해외 현지공장에서 제조·가공·수리 그 밖에 유사한 작업에 사용할 원재료
> 4. 생산계획 변경, 제조품목의 사양변경 또는 보세작업과정에서 발생하는 잉여 원재료
> 5. 계약내용과 다른 원재료(다만, 사용신고가 수리된 경우에는 사용신고 당시의 성질이나 형태가 변경되지
>   않은 경우에 한한다)
> 6. 임가공을 의뢰한 해외 공급자가 계약수량 변경, 품질검사 등의 사유로 반환을 요구하는 원재료

09 산업시설 건설에 사용되는 외국물품인 공사용 장비는 수입신고가 수리된 이후에 사용해야 한다. 보세건설장 운영
인은 아래 물품 중 제1호의 외국물품은 수입신고 후 사용해야 하며, 제2호부터 제4호까지에 해당하는 외국물품은
<u>수입신고 수리 전에 사용할 수 없다</u>(「보세건설장 관리에 관한 고시」 제12조 제1항).
1. 산업시설 건설에 사용되는 외국물품인 기계류 설비품
2. 산업시설 건설에 사용되는 <u>외국물품인 공사용 장비</u>
3. 산업시설에 병설되는 사무소, 의료시설, 식당, 공원, 숙사 등 부대시설을 건설하기 위한 물품
4. 그 밖에 해당 산업시설 건설의 형편상 필요하다고 인정되는 물품

10 ①·② 보세전시장 안에서의 외국물품의 사용에는 당해 외국물품의 성질 또는 형상에 변경을 가하는 행위, 당해 박람회의 주최자·출품자 및 관람자가 그 보세전시장 안에서 소비하는 행위가 포함된다(「관세법 시행령」 제208조).

③ 보세전시장에서 불특정다수의 관람자에게 판매할 것을 목적으로 하는 외국물품(판매용품)은 수입신고 수리 후에 사용이 가능하다(「보세전시장 운영에 관한 고시」 제17조).

⑤ 보세전시장 소액증여품 면제기준금액은 미화 5달러이다(증여용품 중 관세가 면제되는 물품은 주최자 또는 출품자가 전시장에서 관람자에게 무상으로 제공할 목적으로 수입하고 관람자 1명당 증여품의 가액이 미화 5달러 상당액 이하인 소액물품으로서 세관장이 타당하다고 인정하는 물품에 한정한다. 이 경우 소액증여품이 전시된 기계류의 성능실연 과정에서 제조되는 것일 때에는 그 제조용 원료도 포함된다(「보세전시장 운영에 관한 고시」 제18조).

11 해당 보세공장에서 건조·수리되는 선박(항공기)에 적재하고자 하는 선박(항공기)용품은 보세공장 반입대상 물품에 포함되지만, 해당 물품이 환급대상인 경우에는 제외된다.

보세공장 반입대상 물품(「보세공장 운영에 관한 고시」 제12조 제3항)
1. 보세공장에서 제조되어 반출된 제품의 하자보수용 물품
2. 보세공장에서 제조·가공하여 반출한 후 하자발생, 불량, 구매자의 인수거절 등으로 인하여 반송된 물품과 하자보수, 성능개선 등 목적으로 보세공장에 재반입되는 물품
3. 해당 보세공장의 생산품목과 동일품목을 보세작업 또는 보수작업을 거쳐 재수출하거나 다른 보세공장에 원재료로 공급할 물품
4. 해당 보세공장에서 건조·수리되는 선박(항공기)에 적재하고자 하는 선박용품·항공기용품(환급대상물품은 제외)
5. 해당 보세공장에서 외국으로 원재료 등을 반출하여 제조·가공한 후 국내 보세공장에서 마무리작업, 성능검사, 조립, 재포장, 상표(LABEL)부착의 작업을 하거나 해당 보세공장에 반입 후 양수도 또는 통관절차를 수행하고자 하는 완성품
6. 해당 보세공장에서 생산하는 제품의 연구개발을 위하여 해당 보세공장의 시설을 이용하여 연구·시험용 제품의 제조·가공에 사용하는 원재료
7. 보세공장 반입물품 또는 보세공장에서 제조·가공한 물품과 세트를 구성하거나 함께 거래되는 물품
8. 보세공장 반입물품 또는 보세공장에서 제조·가공한 물품에 전용되는 포장·운반용품
9. 해당 보세공장의 특허받은 품목의 제조·가공에 소요되는 물품과 동일한 물품으로 위탁가공계약에 의해 보세작업을 위하여 반입되는 타인소유 물품
10. 해당 보세공장에서 제조되어 수출된 물품의 마무리 작업, 유지보수 또는 수리 등을 위해 추가로 수출하는 물품으로서 해당 보세공장에서 보세작업이 필요한 물품
11. 수리를 위해 반입되는 선박 또는 항공기에 적재되어 있는 연료
12. 해당 보세공장 생산품과 함께 보관·관리하고자 하는 해외 현지법인 생산품

---

12 "통합물류창고"란 보세판매장 협의단체장이 회원사의 원활한 보세화물관리와 물류지원을 위하여 「관세법」 제196조에 따른 보세판매장의 보관창고와 동일한 기능을 수행하기 위해 설치한 곳을 말한다(「보세판매장 운영에 관한 고시」 제2조 제15호).

13 지정장치장은 통관을 하려는 물품을 일시 장치하기 위한 장소로서 세관장이 지정하는 구역으로 한다(「관세법」 제169조). 지정주체는 관세청장이 아닌 세관장이다.

14 화재보험요율은 운영인이 특허장을 통해 보세구역 내 일정한 장소에 게시해야 하는 항목이지, 변경 시 세관장에게 지체 없이 보고하여야 할 사항은 아니다(「보세창고 특허 및 운영에 관한 고시」 제16조 제1항).

> **운영인의 세관장 보고사유(「보세창고 특허 및 운영에 관한 고시」 제17조 제2항)**
> 1. 「관세법」 제175조(운영인의 결격사유) 및 제179조 제1항 각 호의 사유(특허의 효력상실 사유)가 발생한 때
> 2. 도난, 화재, 침수, 그 밖의 사고가 발생한 때
> 3. 보세창고에 장치한 물품이 선적서류, 보세운송신고필증 또는 포장 등에 표기된 물품과 상이한 사실을 발견한 때
> 4. 보세창고에 종사하는 직원을 채용하거나 면직한 때
> 5. 보세창고의 건물, 시설 등에 관하여 소방서 등 행정관청으로부터 시정명령을 받은 때

15 특허보세구역의 운영인은 다른 사람에게 자신의 성명·상호를 사용하여 특허보세구역을 운영하게 해서는 안 된다(「관세법」 제177조의2). 이를 위반한 경우 특허취소 사유에 해당한다.

> **특허보세구역 설치·운영 특허취소 사유(「관세법」 제178조 제2항)**
> 세관장은 특허보세구역의 운영인이 다음 각 호의 어느 하나에 해당하는 경우에는 그 특허를 취소할 수 있다. 다만, 제1호, 제2호 및 제5호에 해당하는 경우에는 <u>특허를 취소</u>해야 한다.
> 1. 거짓이나 그 밖의 부정한 방법으로 특허를 받은 경우
> 2. 「관세법」 제175조(운영인의 결격사유) 각 호의 어느 하나에 해당하게 된 경우(다만, 제175조 제8호에 해당하는 경우로서 같은 조 제2호 또는 제3호에 해당하는 사람을 임원으로 하는 법인이 3개월 이내에 해당 임원을 변경한 경우에는 그렇지 않다)
> 3. 1년 이내에 3회 이상 물품반입 등의 정지처분(과징금 부과처분을 포함한다)을 받은 경우
> 4. 2년 이상 물품의 반입실적이 없어서 세관장이 특허보세구역의 설치 목적을 달성하기 곤란하다고 인정하는 경우
> 5. <u>「관세법」 제177조의2(특허보세구역 운영인의 명의대여 금지)를 위반하여 명의를 대여한 경우</u>

16 검량 불합격품을 폐기 또는 반송하는 때에는 반드시 검량을 실시해야 한다(「수입활어 관리에 관한 특례고시」 제10조 제4항).

17 세관장의 허가를 받아야 한다. 보세공장에서는 <u>세관장의 허가</u>를 받지 않고는 내국물품만을 원료로 하거나 재료로 하여 제조·가공하거나 그 밖에 이와 비슷한 작업을 할 수 없다(「관세법」 제185조 제2항).

18 "잉여물품"이란 보세작업으로 인하여 발생하는 부산물과 불량품, 제품 생산 중단 등의 사유로 사용하지 않은 원재료와 제품 등을 말하며, 보세공장 반입물품 또는 보세공장에서 제조·가공한 물품에 전용되는 포장·운반용품을 포함한다(「보세공장 운영에 관한 고시」 제3조 제5호).

19 이고할 보세구역은 운영인이 아니라 세관장이 지정한다. 운영인은 특허가 상실된 때에는 6개월 이내의 범위 내에서 세관장이 정한 기간 내에 재고물품을 판매, 다른 보세판매장에 양도, 외국으로 반출 또는 수입통관절차에 의거 통관해야 하며, 세관장이 정한 기간이 경과한 때에는 지정장치장 또는 <u>세관장이 지정한 보세구역</u>으로 이고해야 한다(「보세판매장 운영에 관한 고시」 제20조 제2항).

20 "판매장"이란 판매물품을 실제로 판매하는 장소인 매장과 계단・에스컬레이터・화장실・사무실 등 물품판매와 직접 관련이 없는 공용시설을 말한다(「보세판매장 특허에 관한 고시」 제2조 제6호). 즉, 공용시설도 판매장에 포함된다.

21 외국물품은 수입될 물품의 보수작업의 재료로 사용할 수 없다(「관세법」 제158조 제6항).

22 재해로 멸실된 경우에는 관세를 징수하지 않는다. 보세구역에 장치된 외국물품이 멸실되거나 폐기되었을 때에는 그 운영인이나 보관인으로부터 즉시 그 관세를 징수한다. 다만, 재해나 그 밖의 부득이한 사유로 멸실된 때와 미리 세관장의 승인을 받아 폐기한 때에는 예외로 한다(「관세법」 제160조 제2항).

23 종합보세사업장의 운영인은 그가 수행하는 종합보세기능을 변경하려면 세관장에게 이를 신고해야 한다(「관세법」 제198조 제3항).

24 보세구역 외 장치허가수수료는 1만 8천 원으로 한다. 이 경우 동일한 선박 또는 항공기로 수입된 동일한 화주의 화물을 동일한 장소에 반입하는 때에는 1건의 보세구역 외 장치허가신청으로 보아 허가수수료를 징수한다(「관세법 시행규칙」 제65조 제1항). 만일 동일한 선박(항공기)이 아닌 서로 다른 선박(항공기)으로 수입되어 반입되는 경우라면 이 규정을 적용할 수 없으므로 선박의 수를 각 건으로 계산하여 보세구역 외 장치허가수수료를 징수해야 한다.

25 특허보세구역 장치물품의 종류 변경은 신고 대상이 아니라 승인 대상이다. 특허보세구역의 운영인이 그 장치물품의 종류를 변경하거나 그 특허작업의 종류 또는 작업의 원재료를 변경하고자 하는 때에는 그 사유를 기재한 신청서를 세관장에게 제출하여 그 승인을 얻어야 한다(「관세법 시행령」 제190조).

01	02	03	04	05	06	07	08	09	10
①	②	⑤	①·③	⑤	①	①	③	⑤	②·③·④
11	12	13	14	15	16	17	18	19	20
①·③	①	④	③	⑤	④	②	③	⑤	④
21	22	23	24	25					
②	⑤	②	①	③					

01 동일세관 관할구역 내에 해당 화물을 반입할 보세구역이 없는 경우가 보세구역 외 장치의 허가기간 연장사유에 해당한다.

> 보세구역 외 장치의 허가기간 연장사유(「보세화물관리에 관한 고시」 제8조 제1항 각 호)
> 1. 동일세관 관할구역 내에 해당 화물을 반입할 보세구역이 없는 경우
> 2. 품목분류 사전심사의 지연으로 수입신고할 수 없는 경우
> 3. 인지부서의 자체조사, 고발의뢰, 폐기, 공매·경매낙찰, 몰수확정, 국고귀속 등의 결정에 따른 조치를 위하여 필요한 경우
> 4. 「관세법」 제226조에 따른 수입요건·선적서류 등 수입신고 또는 신고 수리 요건을 구비하지 못한 경우
> 5. 재해 그 밖에 부득이한 사유로 생산지연·반송대기 등 세관장이 인정하는 사유가 있는 경우

02 지정장치장에 반입한 물품의 반출통고는 화물관리인이 화주 등에게 한다.

반출통고 주체(「보세화물장치기간 및 체화관리에 관한 고시」 제6조)

관할 세관장	보세전시장, 보세건설장, 보세판매장, 보세공장, 보세구역 외 장치장, 자가용 보세창고에 반입한 물품
보세구역 운영인	영업용 보세창고에 반입한 물품
화물관리인	지정장치장에 반입한 물품

03 수출물품을 국제무역선이나 국제무역기에 하역하려면 관세청장이 정하는 바에 따라 물품목록의 제출로써 이에 갈음할 수 있으며, 항공기인 경우에는 현장 세관공무원에 대한 말로써 신고하여 이에 갈음할 수 있다(「관세법 시행령」 제161조 제2항).

Plus One

외국물품을 적재한 운송수단에서 다른 운송수단으로 물품을 환적 또는 복합환적하거나 사람을 이동시키는 경우 세관장에게 신고를 하고, 현장에서 세관공무원의 확인을 받아야 한다(「관세법」 제141조 제3호).

04

> 수의계약(「보세화물장치기간 및 체화관리에 관한 고시」 제22조 제1항)
> 세관장은 다음 각 호의 어느 하나에 해당하는 경우에만 수의계약할 수 있다.
> 1. 2회 이상 경쟁입찰에 부쳐도 매각되지 않은 경우(단독 응찰한 경우를 포함한다)로서 다음 회의 입찰에 체감될 예정가격 이상의 응찰자가 있을 때
> 2. 공매절차가 종료된 물품을 국고귀속 예정통고 전에 최종예정가격 이상의 가격으로 매수하려는 자가 있을 때
> 3. 부패, 손상, 변질 등의 우려가 있는 물품으로서 즉시 매각되지 않으면 상품가치가 저하될 우려가 있을 때
> 4. 1회 공매의 매각예정가격이 50만 원 미만인 때
> 5. 경쟁입찰 방법으로 매각함이 공익에 반하는 때

※ 3과목 A형 4번은 가답안 공개기간 동안 접수된 수험자 의견제시가 받아들여져, 최종답안에서 ①·③이 복수 정답 처리되었습니다.

05 퇴비화작업의 대상물품은 퇴비제조용으로 사용이 가능한 것으로 「비료관리법」에 따라 <u>농촌진흥청장</u>이 고시한 물품으로 한정한다(「보세화물장치기간 및 체화관리에 관한 고시」 제47조 제2항).

06

> 국내 국제항 간 국제무역선에 의한 화물운송(「환적화물 처리절차에 관한 특례고시」 제9조 제1항)
> 국내 국제항 간 국제무역선으로 화물을 운송할 수 있는 경우는 다음 각 호의 어느 하나와 같다.
> 1. 우리나라로 수입하려는 외국물품으로서 최초 입항지에서 선하증권(항공화물운송장을 포함한다)에 기재된 최종 목적지로 운송하려는 화물
> 2. 환적화물
> 3. 수출신고가 수리된 물품
> 4. 내국물품인 공컨테이너

※ 「환적화물 처리절차에 관한 특례고시」가 2023년 1월 개정되어 "수출화물"이 "수출신고가 수리된 물품"으로 표현이 바뀌었습니다. 해당 문제는 개정 규정을 반영하여 수정되었습니다.

07 B/L 단위가 아닌 컨테이너 단위로 신고한다. 컨테이너 보세창고에서 반입되는 컨테이너화물에 대하여는 컨테이너 단위로 컨테이너 반출입신고서를 세관장에게 전자문서로 제출해야 한다(「보세화물관리에 관한 고시」 제11조).

08 재해나 그 밖의 부득이한 사유로 인하여 멸실된 때에는 관세를 징수하지 않는다. 보세구역에 장치된 외국물품이 멸실되거나 폐기되었을 때에는 그 운영인이나 보관인으로부터 즉시 그 관세를 징수한다. 다만, 재해나 그 밖의 부득이한 사유로 멸실된 때와 미리 세관장의 승인을 받아 폐기한 때에는 예외로 한다(「관세법」 제160조 제2항).

09 부두 내에 보세구역이 없는 세관의 경우에는 관할구역 내 보세구역(보세구역 외 장치허가받은 장소를 포함한다) 중 <u>세관장</u>이 지정하는 장소로 한다(「보세화물 입출항 하선 하기 및 적재에 관한 고시」 제15조 제3항).

10 ② 출제 당시에는 일시양륙신고를 하선(기)신고로 갈음한다는 규정이 있었으나, 「환적화물 처리절차에 관한 특례고시」가 2023년 1월 개정되며 환적화물은 하선(기)신고를 하는 것으로 바뀌었다.
③ 출제 당시에는 비가공증명서를 발급받기 전에 환적신고서를 제출해야 한다는 규정이 있었으나, 「환적화물 처리절차에 관한 특례고시」가 2023년 1월 개정으로 해당 규정이 삭제되며 절차가 간소화되었다.
④ 환적화물을 보세운송하려는 자는 입항 선박 또는 항공기의 <u>House B/L</u> 단위로 세관장에게 보세운송신고를 해야 한다(「환적화물 처리절차에 관한 특례고시」 제7조 제1항).
※ 「환적화물 처리절차에 관한 특례고시」 2023년 1월 개정으로 현재 ②, ③, ④ 모두 정답입니다.

11

행정제재(「화물운송주선업자의 등록 및 관리에 관한 고시」 제10조 제2항)
세관장은 화물운송주선업자가 다음 각 호의 어느 하나에 해당하는 경우에는 등록을 취소할 수 있다. 다만, 제1호에 해당하는 경우에는 등록을 취소해야 한다.
1. 「관세법」 제224조의 제1항 제1호부터 제2호에 해당하는 경우
   • 거짓이나 그 밖의 부정한 방법으로 등록을 한 경우
   • 「관세법」 제175조(운영인의 결격사유) 각 호의 어느 하나에 해당하는 경우(다만, 운영인의 결격사유에 해당하는 사람을 임원으로 하는 법인이 3개월 이내에 해당 임원을 변경한 경우 제외)
2. 「물류정책기본법」 제47조에 따른 등록이 취소된 경우
3. 화물운송주선업자가 제1항에 따라 최근 1년 이내에 3회 이상 업무정지 처분을 받은 경우

※ 출제 당시 "관세 및 국세를 체납하고 이를 납부할 가능성이 없는 것으로 세관장이 인정하는 경우"는 화물운송주선업자의 등록취소 사유에 해당했으나 「관세법」 및 「화물운송주선업자의 등록 및 관리에 관한 고시」 개정에 따라 삭제되었습니다. 이에 따라 현재 ①과 ③ 모두 옳지 않은 보기입니다.

12

보세운송하는 물품의 목적지는 「관세법」 제213조 제1항에 따른 지역 또는 <u>자유무역지역</u>으로서 해당 물품을 장치할 수 있는 곳이어야 한다(「보세운송에 관한 고시」 제3조).

보세운송의 신고(「관세법」 제213조 제1항)
외국물품은 다음 각 호의 장소 간에 한정하여 외국물품 그대로 운송할 수 있다. 다만, 수출신고가 수리된 물품은 해당 물품이 장치된 장소에서 다음 각 호의 장소로 운송할 수 있다.
1. <u>국제항</u>
2. 보세구역
3. 「관세법」 제156조(보세구역 외 장치의 허가)에 따라 허가된 장소
4. <u>세관관서</u>
5. <u>통관역</u>
6. 통관장
7. 통관우체국

13 매각된 물품에 대한 과세가격은 <u>최초예정가격</u>을 기초로 하여 과세가격을 산출한다(「관세법」 제210조 제5항).

14 세관장은 견본품반출허가를 하는 경우에는 필요한 최소한의 수량으로 제한해야 하며, 견본품채취로 인하여 장치물품의 변질, 손상, 가치감소 등으로 관세채권의 확보가 어려운 경우에는 견본품반출허가를 하지 않을 수 있다(「보세화물관리에 관한 고시」 제30조 제2항).

15 보세창고에 반입된 정부비축물품 장치기간은 <u>비축에 필요한 기간</u>이다(「보세화물장치기간 및 체화관리에 관한 고시」 제4조 제5항).

16

매각절차 중지사유(「보세화물장치기간 및 체화관리에 관한 고시」 제27조)
1. 매각처분이 공익에 반하는 경우라고 판단되는 경우
2. 이의신청, 심판청구, 소송 등 쟁송이 제기된 경우
3. 해당 물품이 이미 통관되었거나 예정가격, 공매조건 그 밖의 매각절차에 중대한 하자가 발생된 경우
4. 공매공고에 의해 1차 매각절차가 완료된 후, 매각되지 않은 물품으로서 화주의 요청이 있고, 1개월 내에 수출입 또는 반송할 것이 확실하다고 인정되는 경우

5. 검사·검역기관에서 검사·검역기준 등에 부적합 물품으로 판명된 경우
6. 그 밖에 세관장이 필요하다고 인정하는 경우

Plus One

살아있는 동식물이나 부패하거나 부패할 우려가 있는 것은 긴급공매(장치기간 경과 전이라도 공고한 후 매각할 수 있으며, 급박하여 공고할 여유가 없다고 판단되는 경우에는 매각한 후 공고) 사유에 해당한다(「보세화물장치기간 및 체화관리에 관한 고시」 제14조 제1항).

17 중소기업과 같은 사기업의 요청은 국고귀속 조치를 보류할 수 있는 사유에 포함되지 않는다.

국고귀속 보류대상 물품(「보세화물장치기간 및 체화관리에 관한 고시」 제38조)
1. 국가기관(지방자치단체 포함)에서 수입하는 물품
2. 「공공기관의 운영에 관한 법률」 제5조에 따른 공기업, 준정부기관, 그 밖의 공공기관에서 수입하는 물품으로서 국고귀속 보류요청이 있는 물품
3. 법 위반으로 조사 중인 물품
4. 이의신청, 심판청구, 소송 등 쟁송이 제기된 물품
5. 특수용도에만 한정되어 있는 물품으로서 국고귀속 조치 후에도 공매낙찰 가능성이 없는 물품
6. 국고귀속 조치를 할 경우 인력과 예산부담을 초래하여 국고에 손실이 야기된다고 인정되는 물품
7. 부패, 손상, 실용시효가 경과하는 등 국고귀속의 실익이 없다고 인정되는 물품
8. 그 밖에 세관장이 국고귀속을 하지 않는 것이 타당하다고 인정되는 물품

18

복합환적절차(「환적화물 처리절차에 관한 특례고시」 제8조 제1항)
다음 각 호의 어느 하나에 해당하는 복합환적화물은 적재화물목록에 보세운송인과 목적지를 기재하여 제출하는 것으로 보세운송신고(승인)를 갈음할 수 있다.
1. 선박으로 반입한 화물을 공항으로 운송하여 반출하는 물품
2. 항공기로 반입한 화물을 항만으로 운송하여 반출하는 물품
3. 선박 또는 항공기로 반입한 화물을 차량 또는 철도로 반출하는 물품
4. 차량 또는 철도로 반입한 화물을 항만 또는 공항으로 운송하여 선박 또는 항공기로 반출하는 물품
5. 항공기로 반입한 화물을 다른 공항으로 운송하여 반출하는 물품

19 한국관세물류협회장은 보세운송업자 등록에 관한 서류를 5년간 보관해야 한다(「보세운송에 관한 고시」 제62조).

20 보세구역 경유지에서는 보세운송물품의 개장, 분리, 합병 등의 작업을 할 수 없다(「보세운송에 관한 고시」 제40조 제3항).

21 화주 또는 그 위임을 받은 자가 장치장소에 대한 별도의 의사표시가 없는 경우 House B/L화물은 화물운송주선업자가 선사 및 보세구역 운영인과 협의하여 장치장소를 결정한다(「보세화물관리에 관한 고시」 제4조 제1항 제2호). 세관장이 지정하는 것이 아니다.

22   보세사는 보세운송의 신고 또는 승인신청을 할 수 있는 자에 포함되지 않는다.

> 보세운송의 신고 또는 승인신청(「보세운송에 관한 고시」제2조 제1항)
> 보세운송의 신고 또는 승인신청을 할 수 있는 자는 다음 각 호와 같다.
> 1. 화주. 다만, 전매된 경우에는 그 취득자, 환적화물의 경우에는 그 화물에 대한 권리를 가진 자
> 2. 「관세법」제222조에 따라 등록한 보세운송업자
> 3. 관세사 등

23   ① 최대 가산세율은 과세가격의 1천분의 20이다(「관세법 시행령」제247조 제1항).
    ③ 수출용 원재료는 신용장 등 관련서류에 의하여 수출용 원재료로 확인되는 경우에만 가산세를 징수하지 않는다 (「보세화물관리에 관한 고시」제34조 제2항 제3호).
    ④ 신고지연가산세는 부산항의 부두 내의 지정장치장 및 보세창고에 반입된 물품을 대상으로 한다(「보세화물관리에 관한 고시」제34조 제1항 제1호 다목). 부두 밖의 지정장치장 및 보세창고에 반입된 물품은 가산세 대상이 아니다.
    ⑤ 가산세를 계산할 때 보세운송 등의 절차에 따라 보세구역 간을 이동하는 물품에 대한 장치기간은 종전 보세구역의 장치기간을 합산한다(「보세화물관리에 관한 고시」제34조 제4항).

24   외국물품과 내국운송의 신고를 하려는 내국물품은 보세구역이 아닌 장소에 장치할 수 없는 것이 원칙이지만, 수출신고가 수리된 물품은 보세구역이 아닌 장소에 장치할 수 있다(「관세법」제155조 제1항 제1호). 따라서 수출 신고 수리를 받은 물품은 보세구역 외 장치 허가대상 물품이 아니다.

Plus One

크기 또는 무게의 과다나 그 밖의 사유로 보세구역에 장치하기 곤란하거나 부적당한 물품도 예외적으로 보세구역이 아닌 장소에 장치할 수 있지만, 보세구역 외 장치허가를 받아야만 한다(「관세법」제155조 제1항 제2호, 제156조 제1항).

> 보세구역 외 장치의 허가(「보세화물관리에 관한 고시」제7조 제1항 각 호)
> 1. 물품이 크기 또는 무게의 과다로 보세구역의 고내(庫內)에 장치하기 곤란한 물품
> 2. 다량의 벌크화물로서 보세구역에 장치 후 다시 운송하는 것이 불합리하다고 인정하는 물품
> 3. 부패, 변질의 우려가 있거나, 부패, 변질하여 다른 물품을 오손할 우려가 있는 물품과 방진, 방습 등 특수 보관이 필요한 물품
> 4. 귀중품, 의약품, 살아있는 동·식물 등으로서 보세구역에 장치하는 것이 곤란한 물품
> 5. 보세구역이 아닌 검역시행장에 반입할 검역물품
> 6. 보세구역과의 교통이 불편한 지역에 양륙된 물품으로서 보세구역으로 운반하는 것이 불합리한 물품
> 7. 「대외무역관리규정」제2조 제11호에 따른 중계무역물품으로서 보수작업이 필요한 경우 시설미비, 장소협소 등의 사유로 인하여 보세구역 내에서 보수작업이 곤란하고 감시단속상 문제가 없다고 세관장이 인정하는 물품
> 8. 자가공장 및 시설(용광로 또는 전기로, 압연시설을 말한다)을 갖춘 실수요자가 수입하는 고철 등 물품
> 9. 그 밖에 세관장이 보세구역 외 장치를 허가할 필요가 있다고 인정하는 물품

25   압수물품은 외국물품 또는 내국운송의 신고를 하려는 내국물품이라 하더라도 보세구역이 아닌 장소에 장치할 수 있다(「관세법」제155조 제1항 제5호).

Plus One

「관세법」에 따른 압수물품은 세관 압수창고에 보관하거나 소지자·보관자 기타 이에 준하는 자에게 위탁보관할 수 있도록 규정되어 있다(「압수물품의 보관관리에 관한 훈령」제10조·제11조).

01	02	03	04	05	06	07	08	09	10
①	①	③	⑤	③	④	⑤	①	①	④
11	12	13	14	15	16	17	18	19	20
⑤	③	④	③	③·④	⑤	②	②	④·⑤	⑤
21	22	23	24	25					
②	③	①	③	③					

01 국제항은 <u>대통령령</u>으로 지정한다(「관세법」 제133조 제1항).

02 입항보고 시 첨부해야 하는 서류 중 선박(항공기)용품목록, 승무원 휴대품목록은 감시단속에 지장이 없다고 인정될 경우 제출 생략 가능하다(「관세법」 제135조 제1항).

03 "반입 후 검사화물"이란 세관장이 선별한 검사대상화물 중 하선(기)장소 또는 장치예정장소에서 이동식검색기로 검사하거나 컨테이너적출 시 검사하는 화물을 말한다.
※ 해당 문제는 2019년 6월 개정된 「관리대상화물 관리에 관한 고시」 용어 규정을 반영하여 수정되었습니다.

04
> 즉시검사화물의 선별(「관리대상화물 관리에 관한 고시」 제5조 제2항)
> 세관장이 <u>즉시검사화물</u>로 선별하여 검사하는 화물은 다음 각 호의 어느 하나와 같다.
> 1. 실제와 다른 품명으로 수입할 가능성이 있는 화물로서 「컨테이너 관리에 관한 고시」에서 정한 LCL 컨테이너화물 등 검색기검사로 우범성 판단이 곤란한 화물
> 2. 수(중)량 차이의 가능성이 있는 화물
> 3. <u>반송 후 재수입되는 컨테이너화물로 밀수입 등이 의심되는 화물</u>
> 4. 그 밖에 세관장이 즉시검사가 필요하다고 인정하는 화물

05
> 승객예약자료의 요청(「관세법」 제137조의2 제2항)
> 세관장이 열람이나 제출을 요청할 수 있는 승객예약자료는 다음 각 호의 자료로 한정한다.
> 1. 국적, 성명, 생년월일, 여권번호 및 예약번호
> 2. 주소 및 전화번호
> 3. <u>예약 및 탑승수속 시점</u>
> 4. 항공권 또는 승선표의 번호·발권일·발권도시 및 대금결제방법
> 5. <u>여행경로 및 여행사</u>
> 6. <u>동반탑승자 및 좌석번호</u>
> 7. <u>수하물 자료</u>
> 8. 항공사 또는 선박회사의 회원으로 가입한 경우 그 회원번호 및 등급과 승객주문정보

06 보세운송신고인은 선박용품 등이 목적지에 도착한 때에는 <u>보세구역 운영인</u>의 입회하에 인수자에게 인계해야 하며, 인수자는 물품을 인수하는 즉시 도착지 세관장에게 도착보고를 해야 한다(「선박용품 등 관리에 관한 고시」 제20조 제1항).

※ 출제 당시에는 「선(기)용품 및 선(기)내 판매용품의 하역 등에 관한 고시」에 관한 문제였으나 해당 고시는 2019년 9월 「선용품 등 관리에 관한 고시」와 「기용품 등 관리에 관한 고시」로 분리되었습니다.

※ 인쇄일 기준 최신 개정법령인 「선박용품 등 관리에 관한 고시(시행 2023. 9. 1.)」를 바탕으로 문제를 일부 수정하였습니다.

07 ① 관세청장은 재심사를 신청일로부터 <u>60일</u> 이내에 마쳐야 한다(「수출입 안전관리 우수업체 공인 및 운영에 관한 고시」 제12조 제3항).

② 결격사유에 해당하는 형사절차가 현장심사를 마친 날로부터 1년을 넘어서도 확정되지 않고 계속 진행되는 경우 관세청장은 <u>공인신청을 기각</u>할 수 있다(「수출입 안전관리 우수업체 공인 및 운영에 관한 고시」 제12조의 2 제4호).

③ 공인심사 결과 공인기준이 미충족된 경우로서 관세청장이 요구한 개선계획을 제출하지 않은 경우에는 <u>공인신청을 기각</u>할 수 있다(「수출입 안전관리 우수업체 공인 및 운영에 관한 고시」 제12조의2 제5호).

④ 관세청장은 현장심사 결과 신청업체가 나머지 공인기준은 모두 충족하였으나, <u>법규준수도 점수 기준을 충족</u>하지 못한 경우 수출입 안전관리 우수업체 심의위원회의 심의를 거쳐 신청업체를 공인유보업체로 지정할 수 있다(「수출입 안전관리 우수업체 공인 및 운영에 관한 고시」 제11조 제2항 제1호).

08 갱신심사에 따라 갱신된 공인의 유효기간은 기존 공인의 <u>유효기간이 끝나는 날의 다음 날</u>부터 시작한다(「수출입 안전관리 우수업체 공인 및 운영에 관한 고시」 제13조 제3항).

※ 「수출입 안전관리 우수업체 공인 및 운영에 관한 고시」 제13조(보기 ④, ⑤ 관련)가 2020년 1월 아래와 같이 개정되며 갱신심사 신청의 각하 또는 기각을 유효기간의 특례의 조건부 예외 규정으로 명문화하였으나, 문제의 정답에는 영향이 없습니다.

출제 당시	제19조에 따른 갱신심사 실시 중 또는 갱신심사에 의한 공인 갱신 전에 유효기간이 만료하는 경우에도 제15조에 의한 특례는 새로운 증서가 교부되는 날까지 적용하며, 새로운 공인유효기간의 기산일은 제2항에 따른다. 다만, 수출입 안전관리 우수업체 심의위원회에서 공인취소 결정이 있는 경우에는 결정일에 공인유효기간이 만료된 것으로 본다.
현 행	갱신심사가 진행 중이거나 갱신심사에 따른 공인의 갱신 전에 제1항 전단에 따른 기간이 끝나는 경우에도 해당 공인은 유효한 것으로 본다. 다만, 다음 각 호의 어느 하나에 해당하는 경우에는 그 사유가 발생한 날에 공인의 유효기간이 끝나는 것으로 본다. 1. 신청업체가 갱신심사 신청을 철회하는 경우 2. 갱신심사 신청이 각하 또는 기각되는 경우

09 상대국의 AEO제도를 자국의 AEO제도와 동등하게 받아들여 각 국가의 수출입통관절차상에서 상대국 AEO업체에 대하여 신속통관 혜택 등을 부여하기로 한 관세당국 간의 합의는 MRA제도이다.

10 보세운송업자는 여러 수출입업체의 물품을 적재하는 경우에는 안전이 강화된 자물쇠를 사용해야 한다(「수출입 안전관리 우수업체 공인 및 운영에 관한 고시」 별표 1).

11 안전관리 공인기준 중 출입통제관리에 대한 내용이다.

12 관세청장은 공인심사 신청서를 접수한 날로부터 <u>60일</u> 이내에 서류심사를 완료해야 한다.

서류심사 정리(「수출입 안전관리 우수업체 공인 및 운영에 관한 고시」 제8조 참고)

서류심사기간	관세청장은 신청서를 접수한 날로부터 60일 이내에 서류심사를 마쳐야 한다. 이 경우 서류심사를 「수출입 안전관리 우수업체 심사업무 수탁기관의 지정과 운영에 관한 고시」에 따라 지정된 기관에 위탁할 수 있다.
보완요구	관세청장은 신청업체가 제출한 서류를 통해서 공인기준을 충족하는지를 확인하기 어려운 경우에는 30일의 범위 내에서 신청업체에게 보완을 요구할 수 있다. 이 경우 관세청장은 보완을 요구할 사항을 가급적 한꺼번에 요구하여야 하며, 보완에 소요되는 기간(보완기간)은 심사기간에 포함하지 않는다.
보완기간 연장	천재지변, 주요 사업장의 이전, 법인의 양도, 양수, 분할 및 합병 등 부득이한 사유로 보완에 장시간이 걸리는 경우에는 보완기간의 연장을 신청할 수 있다. 이 경우 관세청장은 보완기간을 모두 합하여 180일을 넘지 않는 범위 내에서 보완기간을 연장할 수 있다.
의견청취	관세청장은 보완 요구서를 송부하기 전에 신청업체의 요청이 있을 때에는 해당 업체의 의견을 듣거나 업체에게 소명할 수 있는 기회를 줄 수 있다.

13 관리책임자는 매년이 아닌 <u>매 2년마다</u> 일정 교육을 받아야 한다.

관리책임자의 공인교육(「수출입 안전관리 우수업체 공인 및 운영에 관한 고시」 제16조의2 제1항)

공인 전	• 수출입관리책임자 16시간 이상 • 공인 전 교육의 유효기간은 해당 교육을 받은 날부터 5년
공인 후	• 매 2년마다 총괄책임자는 4시간 이상, 수출입관리책임자는 8시간 이상(처음 교육은 공인일자를 기준으로 1년 이내 받아야 함) • 관리책임자가 변경된 경우에는 변경된 날부터 180일 이내에 해당 교육 이수

14 수출입 안전관리 우수업체의 대표 또는 그 대리인은 지정된 날에 출석하여 의견을 진술하거나 지정된 날까지 서면으로 의견을 제출할 수 있다(「수출입 안전관리 우수업체 공인 및 운영에 관한 고시」 제26조 제3항).

15 ③ 관세청장은 신청업체를 대상으로 갱신심사를 할 때에는 수출입 안전관리 우수업체의 공인부문별로 서류심사와 현장심사의 순으로 구분하여 실시한다(「수출입 안전관리 우수업체 공인 및 운영에 관한 고시」 제19조 제3항).
④ 관세청장은 갱신심사 결과, 수출입 안전관리 우수업체가 공인기준을 충족하지 못하거나 법규준수도의 하락으로 공인등급의 하향 조정이 예상되는 경우에는 현장심사 결과를 보고한 날에 <u>공인기준 준수 개선을 요구</u>하여야 한다(「수출입 안전관리 우수업체 공인 및 운영에 관한 고시」 제20조 제2항).
※ 「수출입 안전관리 우수업체 공인 및 운영에 관한 고시」가 2020년 1월 개정으로 갱신심사 결과 업체가 공인기준을 충족하지 못하였을 경우 공인을 취소하는 것에서 공인기준 준수 개선을 요구하는 것으로 바뀌었습니다 (보기 ④ 관련). 이에 따라 현재 ③, ④ 모두 정답입니다. 나머지 보기들은 정답에는 영향이 없으나, 동 고시 개정에 따라 표현을 일부 수정하였습니다.

16 ④ 관세청장은 갱신심사 결과, 수출입 안전관리 우수업체가 공인기준을 충족하지 못하거나 법규준수도의 하락으로 공인등급의 하향 조정이 예상되는 경우에는 현장심사 결과를 보고한 날에 <u>공인기준 준수 개선을 요구</u>하여야 한다(「수출입 안전관리 우수업체 공인 및 운영에 관한 고시」 제20조 제2항). 정당한 사유 없이 공인기준 준수 개선을 이행하지 않거나 이행하였음에도 공인기준을 충족하지 못한 것으로 판단되는 경우 공인취소 절차를 진행한다(「수출입 안전관리 우수업체 공인 및 운영에 관한 고시」 제25조의2 제1항 제3호).
⑤ 6개월의 범위 내에서 혜택의 전부 또는 일부의 적용을 정지할 수 있는 사유이다. 이 경우 관세청장은 수출입 안전관리 우수업체에게 시정을 명령하거나 개선을 권고할 수 있다.

혜택 적용의 정지(「수출입 안전관리 우수업체 공인 및 운영에 관한 고시」 제25조)

관세청장은 수출입 안전관리 우수업체(대표자 및 관리책임자를 포함한다)가 다음 각 호의 어느 하나에 해당하는 경우에는 <u>6개월의 범위 내에서</u> 제15조에 따른 혜택의 전부 또는 일부의 적용을 정지할 수 있다. 이 경우 관세청장은 수출입 안전관리 우수업체에게 시정을 명령하거나 개선을 권고할 수 있다.

1. 수출입 관련 법령의 위반과 관련하여 다음 각 목의 어느 하나에 해당하는 경우. 다만, 처벌의 확정 여부를 구분하지 않는다.
   가. 「자유무역협정의 이행을 위한 관세법의 특례에 관한 법률」, 「대외무역법」, 「외국환거래법」, 「수출용 원재료에 대한 관세 등 환급에 관한 특례법」 등 관세법이 아닌 수출입 관련 법령을 위반하여 벌금형이 규정된 조항에 따라 벌금을 선고받거나 통고처분을 받은 경우 또는 징역형이 규정된 조항에 따라 통고처분을 받은 경우
   나. 「관세법」 제276조에 따라 통고처분을 받은 경우
   다. 수출입 관련 법령의 양벌 규정에 따라 벌금 또는 통고처분을 받은 경우
2. <u>정당한 사유 없이 제17조에 따른 변동사항을 보고하지 않거나 제18조 제1항에 따른 정기 자율평가서를 제출기한으로부터 1개월 이내에 제출하지 않은 경우</u>
3. 공인의 유효기간 중에 제21조 제3항에 따른 보완요구를 3회 이상 받은 경우
4. 제16조의2 제4항에 따라 교육을 받도록 권고 받은 이후에 특별한 사유 없이 교육을 받지 않은 경우
5. 제20조 제1항에 따라 공인을 유보한 경우. 다만, 공인의 유보사유가 경미하다고 판단되는 경우에는 혜택을 부여할 수 있다.

※ 「수출입 안전관리 우수업체 공인 및 운영에 관한 고시」 개정으로 현재 ④, ⑤ 모두 정답입니다(15번 문제 해설 참고).

17

기업상담전문관의 지정·운영(「수출입 안전관리 우수업체 공인 및 운영에 관한 고시」 제21조)

① 관세청장은 수출입 안전관리 우수업체가 공인기준과 통관적법성을 충족하는지를 점검하고 지원하기 위하여 업체별로 기업상담전문관(AM, Account Manager)을 지정·운영한다.
② 기업상담전문관은 수출입 안전관리 우수업체에 대하여 다음 각 호의 업무를 담당한다. 이 경우 기업상담전문관은 원활한 업무 수행을 위해서 수출입 안전관리 우수업체에게 자료를 요구하거나 해당 업체의 사업장 등을 방문할 수 있다.
   1. 공인기준을 충족하는지에 대한 주기적 확인
   2. 공인기준 준수 개선 계획의 이행 확인
   3. 수입신고에 대한 보정심사 등 관세행정 신고사항에 대한 수정, 정정 및 그 결과의 기록유지
   4. 변동사항, 정기 자율평가, 세관협력도의 확인 및 점검
   5. 법규준수 향상을 위한 정보 제공 및 상담·자문
   6. 〈삭 제〉
   7. 기업 프로파일 관리

※ 「수출입 안전관리 우수업체 공인 및 운영에 관한 고시」 2020년 1월 개정으로 제2조 규정 중 "기업상담전문관"의 정의가 일부 바뀌어 문제에 이를 반영하였습니다.

18 운영인은 선박에서 밀항자 등을 발견하였을 경우에는 <u>세관장</u>에게 즉시 보고해야 한다(「수출입 안전관리 우수업체 공인 및 운영에 관한 고시」 별표 1).

19 ①·②·③ 공인 혜택의 정지 사유가 아닌 공인취소 사유에 해당한다.

> **공인의 취소(「수출입 안전관리 우수업체 공인 및 운영에 관한 고시」 제25조의2 제2항)**
> ① 관세청장은 수출입 안전관리 우수업체(대표자 및 관리책임자를 포함한다)가 다음 각 호의 어느 하나에 해당하는 경우 공인을 취소할 수 있다. 다만, 제1호에 해당하는 경우 공인을 취소하여야 한다.
> 1. 거짓이나 그 밖의 부정한 방법으로 공인을 받거나 공인을 갱신한 경우
> 2. 수출입 안전관리 우수업체가 양도, 양수, 분할 또는 합병 등으로 공인 당시 업체와 동일하지 않다고 판단되는 경우
> 3. 공인기준 준수 개선 또는 자료 제출을 요구(통관적법성 관련 자료 제출 요구를 포함)하였으나 정당한 사유 없이 이행하지 않거나 이행하였음에도 공인기준을 충족하지 못하는 경우
> 4. 공인의 유효기간 내에 제25조에 따른 혜택 적용의 정지 처분을 5회 이상 받은 경우
> 5. 제25조 후단에 따른 관세청장의 시정명령 또는 개선 권고사항을 특별한 사유 없이 이행하지 않은 경우
> 6. 수출입 관련 법령의 위반과 관련하여 다음 각 목의 어느 하나에 해당하는 경우. 다만, 각 법령의 양벌규정에 따라 처벌된 개인 또는 법인은 제외한다.
>   가. 「관세법」(이하 "법") 제268조의2(전자문서 위조·변조죄 등), 제269조(밀수출입죄), 제270조(관세포탈죄 등), 제270조의2(가격조작죄), 제271조(미수범 등), 제274조(밀수품의 취득죄 등) 및 제275조의2부터 제275조의4(강제징수면탈죄 등, 명의대여행위죄 등, 보세사의 명의대여죄 등)까지의 규정에 따라 벌금형 이상의 형을 선고받거나 통고처분을 받은 경우
>   나. 법 제276조에 따라 벌금형의 선고를 받은 경우
>   다. 「자유무역협정의 이행을 위한 관세법의 특례에 관한 법률」, 「대외무역법」, 「외국환거래법」「수출용 원재료에 대한 관세 등 환급에 관한 특례법」 등 수출입과 관련된 법령을 위반하여 벌금형 이상의 형을 선고받은 경우
>   라. 「관세사법」 제29조에 따라 벌금형 이상의 형을 선고받거나 통고처분[같은 조 제4항 및 같은 법 제32조(같은 법 제29조 제4항과 관련된 부분으로 한정한다)에 따라 적용되는 이 법 제311조에 따른 통고처분은 제외한다]을 받은 경우

※ 「수출입 안전관리 우수업체 공인 및 운영에 관한 고시」 2020년 1월 개정으로 양벌 규정에 따라 벌금형을 선고받은 경우는 수출입 안전관리 우수업체의 공인취소 사유에서 공인 혜택의 정지 사유로 변경되었습니다(보기 ⑤ 관련). 이에 따라 현재 ④, ⑤ 모두 정답입니다.

20

> **공인신청의 기각(「수출입 안전관리 우수업체 공인 및 운영에 관한 고시」 제12조의2)**
> 관세청장은 신청업체가 다음 각 호의 어느 하나에 해당하는 경우에는 공인신청을 기각할 수 있다.
> 1. 서류심사 또는 현장심사 결과, 공인기준을 충족하지 못하였으며 보완 요구의 실익이 없는 경우
> 2. 공인심사를 할 때에 제출한 자료가 거짓으로 작성된 경우
> 3. 관세청장이 보완을 요구하였으나, 천재지변 등 특별한 사유 없이 보완 요구기간 내에 보완하지 않거나(통관적법성 검증과 관련한 자료제출 및 보완 요구도 포함한다) 보완을 하였음에도 불구하고 공인기준을 충족하지 못한 경우
> 4. 현장심사를 마친 날부터 1년을 넘어서도 확정되지 않고 계속 진행되는 경우. 다만, 이 경우 최소한 1심 판결이 유죄로 선고되어야 한다.
> 5. 공인기준 준수 개선 계획을 제출하지 않거나, 공인기준 준수 개선 완료 보고를 하지 않은 경우
> 6. 공인유보업체를 재심사한 결과, 공인기준을 충족하지 못한 것으로 확인된 경우
> 7. 공인신청 후 신청업체의 법규준수도 점수가 70점 미만(중소 수출기업은 60점 미만)으로 하락한 경우
> 8. 교육이수 확인서를 제출하지 않은 경우

21

> 변동사항 보고(「수출입 안전관리 우수업체 공인 및 운영에 관한 고시」 제17조 제1항)
> 수출입 안전관리 우수업체는 다음 어느 각 호의 하나에 해당하는 사실이 발생한 경우에는 그 사실이 발생한 날로부터 30일 이내에 수출입 관리현황 변동사항 보고서를 작성하여 관세청장에게 보고해야 한다. 다만, 변동사항이 범칙행위, 부도 등 공인유지에 중대한 영향을 미치는 경우에는 지체 없이 보고해야 한다.
> 1. 양도, 양수, 분할 및 합병 등으로 인한 법적 지위의 변경
> 2. 대표자, 수출입 관련 업무 담당 임원 및 관리책임자의 변경
> 3. 소재지 이전, 사업장의 신설·증설·확장·축소·폐쇄 등
> 4. 사업내용의 변경 또는 추가
> 5. 화재, 침수, 도난, 불법유출 등 수출입화물 안전관리와 관련한 특이사항

22 수출입 안전관리 우수업체가 여러 공인부문에 걸쳐 공인을 받은 경우에는 공인일자가 <u>가장 빠른</u> 공인부문을 기준으로 자체평가서를 함께 제출할 수 있다(「수출입 안전관리 우수업체 공인 및 운영에 관한 고시」 제18조 제1항).

> 정기 자율평가(「수출입 안전관리 우수업체 공인 및 운영에 관한 고시」 제18조)
> ① 수출입 안전관리 우수업체는 매년 공인일자가 속하는 달에 정기 자율평가서에 따라 공인기준을 충족하는지를 자체적으로 점검하고 다음 달 15일까지 관세청장에게 그 결과를 제출하여야 한다. 다만, 수출입 안전관리 우수업체가 여러 공인부문에서 걸쳐 공인을 받은 경우에는 공인일자가 가장 빠른 공인부문을 기준으로 자체 평가서를 함께 제출할 수 있다.
> ② 제1항에도 불구하고 관세청장은 수출입 안전관리 우수업체가 갱신심사를 신청한 경우에는 공인의 유효기간이 끝나는 날이 속하는 연도에 실시하는 정기 자율평가를 생략하게 할 수 있다. 다만, 수출입 안전관리 우수업체가 갱신심사 신청을 취하하는 경우에는 제1항에 따른 기한 또는 갱신심사를 취하한 날의 다음 달 15일까지 정기 자율평가서를 관세청장에게 제출하여야 한다.
> ⑤ 관세청장은 정기 자율평가서 및 확인서에 대해서 공인기준을 충족하는지를 확인할 경우에는 확인자에게 관련 자료를 요청하거나, 수출입 안전관리 우수업체의 사업장 등을 방문하여 확인할 수 있다. 이 경우 방문 절차 등은 현장심사 규정을 준용한다.

※ 「수출입 안전관리 우수업체 공인 및 운영에 관한 고시」 2020년 1월 개정으로 제18조에서 용어 등 세부적인 변경이 있었으나, 큰 틀에서의 내용이 바뀐 것은 아니므로 정답에는 영향이 없습니다. 해당 문제는 개정 고시를 반영하여 일부 표현이 수정되었습니다.

23 통관절차의 혜택으로서 그 경감비율은 수출입 안전관리 우수업체 등급에 따라 각기 달리 적용된다.

수출입 안전관리 우수업체 혜택기준

구 분	혜택기준	수출입 안전관리 우수업체		
		A	AA	AAA
모든 부문	「관세법 등에 따른 과태료 부과징수에 관한 훈령」에 따른 과태료 경감	20%	30%	<u>50%</u>
	「관세범의 고발 및 통고처분에 관한 훈령」 제3조 제2항에 따른 통고처분 금액의 경감	15%	30%	<u>50%</u>
보세구역 운영인	「특허보세구역 운영에 관한 고시」 제7조에 따른 특허 갱신 기간 연장	6년	<u>8년</u>	10년
	「특허보세구역 운영에 관한 고시」 제18조 제3항에 따른 반입정지 기간을 <u>50%</u> 범위 내에서 하향조정 가능	×	○	○

24 보세구역 운영인 부분의 재무건정성 기준

세금 체납 여부	신청업체와 신청인이 관세 등 국세와 지방세의 체납이 없어야 한다.
재정상태	신청업체는 재무제표에 대한 감사보고서의 감사의견이 적정이어야 하며(「주식회사 등의 외부감사에 관한 법률」 적용대상 업체에만 적용), 부채비율이 동종업종의 평균 부채비율의 <u>200%</u> 이하이거나 외부신용평가기관의 신용평가등급이 투자적격 이상 또는 매출 증가 등으로 성실한 법규준수의 이행이 가능할 정도의 재정을 유지해야 한다.

25 수출입관리책임자가 변경된 경우 30일 이내에 관세청장에게 보고해야 한다. 2월 1일에 수출입관리책임자가 교체되었는데 3월 20일에 보고하면 너무 늦다.

> **변동사항 보고(「수출입 안전관리 우수업체 공인 및 운영에 관한 고시」 제17조 제1항)**
> 수출입 안전관리 우수업체는 다음 어느 각 호의 하나에 해당하는 사실이 발생한 경우에는 그 사실이 발생한 날로부터 <u>30일 이내</u>에 수출입 관리현황 변동사항 보고서를 작성하여 관세청장에게 보고해야 한다. 다만, 변동사항이 범칙행위, 부도 등 공인유지에 중대한 영향을 미치는 경우에는 지체 없이 보고해야 한다.
> 1. 양도, 양수, 분할 및 합병 등으로 인한 법적 지위의 변경
> 2. <u>대표자, 수출입 관련 업무 담당 임원 및 관리책임자의 변경</u>
> 3. 소재지 이전, 사업장의 신설·증설·확장·축소·폐쇄 등
> 4. 사업내용의 변경 또는 추가
> 5. 화재, 침수, 도난, 불법유출 등 수출입화물 안전관리와 관련한 특이사항

01	02	03	04	05	06	07	08	09	10
①	④	③	④	②	정답 없음	⑤	①	③	④
11	12	13	14	15	16	17	18	19	20
②	①	①	②	④	⑤	③	③	④	③
21	22	23	24	25					
⑤	①	④	③	②					

01
① 금지품수출입죄 : <u>7년</u> 이하의 징역 또는 7천만 원 이하의 벌금(「관세법」 제269조 제1항)
② 밀수출죄 : <u>3년</u> 이하의 징역 또는 물품원가 이하에 상당하는 벌금(「관세법」 제269조 제3항)
③ 밀수품취득죄 : <u>3년</u> 이하의 징역 또는 물품원가 이하에 상당하는 벌금(「관세법」 제274조)
④ 관세포탈죄 : 최대 <u>3년</u> 이하의 징역 또는 벌금형으로, 벌금은 구체적인 죄목에 따라 액수가 다름(「관세법」 제270조 참고)
⑤ 밀수입죄 : <u>5년</u> 이하의 징역 또는 관세액의 10배와 물품원가 중 높은 금액 이하에 상당하는 벌금(「관세법」 제269조 제2항)

02
① 「관세법」 제37조의4(특수관계자 수입물품 과세가격결정자료 등 제출) 제7항을 위반한 자에게는 <u>2억 원</u> 이하의 과태료를 부과한다(「관세법」 제277조 제2항). 따라서 과태료 최고 금액은 2억 원이다.
② 과태료는 금전적 제재로서 형벌에 해당하지 않는다.
③ 과태료 부과처분에 불복이 있는 자는 「질서위반행위규제법」 제20조에 따라 과태료 부과 통지를 받은 날부터 <u>60일</u> 이내에 이의제기를 할 수 있다(「관세법 등에 따른 과태료 부과징수에 관한 훈령」 제12조 제1항).
⑤ 세관장은 제9조 제2항에 따른 사전통지 및 의견 제출 결과 법 제277조 및 제277조의2를 위반한 과태료 부과대상자에 대하여 일정 사유에 해당하는 경우 <u>과태료를 감경할 수 있다.</u> 다만, 과태료를 체납하고 있는 자에게는 감경을 모두 적용하지 않으며, 법 제277조의2를 위반한 과태료 부과대상자에 대하여는 제1호 및 제2호의 감경을 적용하지 않는다(「관세법 등에 따른 과태료 부과징수에 관한 훈령」 제8조 제1항).

03
① 관세범에 관한 사건에 대하여는 <u>관세청장이나 세관장의 고발이 없으면 검사는 공소를 제기할 수 없다</u>(「관세법」 제284조 제1항).
② 관세청장이나 세관장은 압수물품 중 부패하거나 변질된 것은 <u>피의자나 관계인에게 통고한 후 폐기할 수 있다. 다만, 통고할 여유가 없을 때에는 폐기한 후 즉시 통고하여야 한다</u>(「관세법」 제304조 제1항 제2호).
④ 관세청장이나 세관장은 관세범인이 통고를 이행할 수 있는 자금능력이 없다고 인정되는 경우에는 통고처분 규정에도 불구하고 <u>즉시 고발해야 한다</u>(「관세법」 제319조 제1호).
⑤ 관세범에 관하여는 <u>「관세법」에 특별한 규정이 있는 것을 제외하고는 「형사소송법」을 준용한다</u>(「관세법」 제319조).

04
압수물건의 보관자 또는 <u>압류물건의 보관자가 그 보관한 물건을 은닉·탈루, 손괴 또는 소비</u>하였을 때에도 <u>3년 이하의 징역 또는 3천만 원 이하의 벌금</u>에 처한다(「관세법」 제275조의2).

05
제269조부터 제271조까지(밀수출입죄, 관세포탈죄 등, 가격조작죄, 미수범 등) 및 제274조(밀수품의 취득죄 등)의 죄를 저지른 자는 정상(情狀)에 따라 징역과 벌금을 병과할 수 있다(「관세법」 제275조). 강제징수면탈죄는 징역과 벌금을 병과할 수 있는 죄목에 해당하지 않는다.

06
   A. 특허보세구역의 특허사항을 위반한 운영인은 200만 원 이하의 과태료를 부과한다(「관세법」 제277조 제6항 제1호).

   B. 「관세법」 제240조의2 제1항을 위반하여 유통이력을 신고하지 않거나 거짓으로 신고한 자는 500만 원 이하의 과태료를 부과한(「관세법」 제277조 제5항 제1호).

   C. 외국으로부터 우리나라에 도착한 선박용품을 세관장의 허가 없이 국제무역선에 하역하거나 환적한 자는 1천만 원 이하의 과태료를 부과한다(「관세법」 제277조 제4항 제1호).

   D. 「관세법」 제266조 제1항에 따른 세관공무원의 장부 또는 자료의 제시요구 또는 자료제출 요구를 거부한 자는 5천만 원 이하의 과태료를 부과한다(「관세법」 제277조 제3항 제4호).

   E. 「관세법」 제238조에 따른 보세구역 반입명령에 대하여 반입대상 물품의 전부 또는 일부를 반입하지 않은 자는 물품원가 또는 2천만 원 중 높은 금액 이하의 벌금에 처한다(「관세법」 제276호 제2항 제3호).

07
   「관세법」상 몰수할 물품의 전부 또는 일부를 몰수할 수 없을 때에는 그 몰수할 수 없는 물품의 범칙 당시의 <u>국내도매가격에 상당한 금액</u>을 범인으로부터 추징한다(「관세법」 제282조 제3항).

08
   관세(세관장이 징수하는 내국세 등을 포함한다)의 회피 또는 강제집행의 면탈을 목적으로 하거나 재산상 이득을 취할 목적으로 타인에게 자신의 명의를 사용하여 제38조에 따른 납세신고를 하도록 허락한 자, 타인의 명의를 사용하여 제38조에 따른 <u>납세신고</u>를 한 자는 <u>1년</u> 이하의 징역 또는 <u>1천만 원</u> 이하의 벌금에 처한다.

09
   부정한 방법으로 관세를 환급받은 자는 <u>3년</u> 이하의 징역 또는 환급받은 세액의 <u>5배</u> 이하에 상당하는 벌금에 처한다. 이 경우 세관장은 부정한 방법으로 환급받은 세액을 즉시 <u>징수</u>한다.

10
   제241조 제1항·제2항 또는 제244조 제1항에 따른 신고를 하지 않고 물품을 수입한 자는 5년 이하의 징역 또는 관세액의 10배와 물품원가 중 높은 금액 이하에 상당하는 벌금에 처한다(「관세법」 제269조 제2항 제1호).

11
   행정청은 질서위반행위가 종료된 날(다수인이 질서위반행위에 가담한 경우에는 최종행위가 종료된 날을 말한다)부터 <u>5년</u>이 경과한 경우에는 해당 질서위반행위에 대하여 과태료를 부과할 수 없다(「질서위반행위규제법」 제19조 제1항).

12
   「보세화물관리에 관한 고시」에 따른 재고조사 및 보고의무를 분기별 1회에서 연 1회로 완화할 수 있다(「자율관리보세구역 운영에 관한 고시」 제7조 참고).

13

> 보세사의 직무(「관세법 시행령」 제185조 제1항)
> 1. 보세화물 및 내국물품의 반입 또는 반출에 대한 참관 및 확인
> 2. 보세구역 안에 장치된 물품의 관리 및 취급에 대한 참관 및 확인
> 3. 보세구역출입문의 개폐 및 열쇠관리의 감독
> 4. <u>보세구역의 출입자관리에 대한 감독</u>
> 5. 견본품의 반출 및 회수
> 6. 기타 보세화물의 관리를 위하여 필요한 업무로서 관세청장이 정하는 업무
>   • <u>보수작업과 화주의 수입신고 전 장치물품 확인 시 입회·감독</u>
>   • 세관봉인대의 시봉 및 관리
>   • <u>환적화물 컨테이너 적출입 시 입회·감독</u>

- 다음의 비치대장 작성과 확인(전산신고 등으로 관리되는 경우에는 생략 가능)
  - 내국물품 반출입 관리대장(별지 제8호 서식)
  - 보수작업 관리대장(별지 제9호 서식)
  - 환적화물 컨테이너적출입 관리대장(별지 제10호 서식)
  - 장치물품 수입신고 전 확인대장(별지 제11호 서식)
  - 세관봉인대 관리대장(별지 제12호 서식)
  - 그 밖에 보세화물 관련규정에서 보세사의 직무로 정한 각종 대장

14 운영인 등은 보세사가 아닌 자에게 보세화물관리 등 보세사의 업무를 수행하게 하여서는 안 된다. 다만, 업무대행자를 지정하여 사전에 세관장에게 신고한 경우에는 보세사가 아닌 자도 보세사가 이탈 시 보세사 업무를 수행할 수 있다(「자율관리 보세구역 운영에 관한 고시」 제9조 제1항 제1호). 보세사가 이탈하고 나서 사후에 업무대행자를 지정하는 것은 허용되지 않는다.

15 법규수행능력측정 및 평가대상자에는 선박회사 및 항공사, 화물운송주선업자, 보세운송업체, 보세구역(지정장치장, 보세창고, 보세공장, 보세판매장, 종합보세구역, 보세건설장), 자유무역지역 입주기업체가 있다(「수출입물류업체에 대한 법규수행능력측정 및 평가관리에 관한 훈령」 제13조 제1항 각 호 참고).

16 보세사의 결격사유는 「관세법」 제165조 제1항에 「관세법」 제175조 제1호부터 제7호까지 해당하는 사항으로 규정되어 있으며, 과태료 처분은 보세사의 결격사유에 해당하지 않는다.

보세사의 결격사유(「관세법」 제175조 제1호~제7호)

1. 미성년자
2. 피성년후견인과 피한정후견인
3. 파산선고를 받고 복권되지 않은 자
4. 이 법을 위반하여 징역형의 실형을 선고받고 그 집행이 끝나거나(집행이 끝난 것으로 보는 경우를 포함한다) 면제된 후 2년이 지나지 않은 자
5. 이 법을 위반하여 징역형의 집행유예를 선고받고 그 유예기간 중에 있는 자
6. 다음 각 목의 어느 하나에 해당하는 경우에는 해당 목에서 정한 날부터 2년이 지나지 않은 자. 이 경우 동일한 사유로 다음 각 목 모두에 해당하는 경우에는 그중 빠른 날을 기준으로 한다.
   가. 특허보세구역의 설치·운영에 관한 특허가 취소(이 조 제1호부터 제3호까지의 규정 중 어느 하나에 해당하여 특허가 취소된 경우는 제외한다)된 경우 : 해당 특허가 취소된 날
   나. 제276조 제3항 제3호의2 또는 같은 항 제6호(제178조 제2항 제1호·제5호에 해당하는 자만 해당한다)에 해당하여 벌금형 또는 통고처분을 받은 경우 : 벌금형을 선고받은 날 또는 통고처분을 이행한 날
7. 제268조의2, 제269조, 제270조, 제270조의2, 제271조, 제274조, 제275조의2, 제275조의3 또는 제275조의4에 따라 벌금형 또는 통고처분을 받은 자로서 그 벌금형을 선고받거나 통고처분을 이행한 후 2년이 지나지 않은 자. 다만, 제279조에 따라 처벌된 개인 또는 법인은 제외한다.

17 2년 이상 물품의 반입실적이 없어서 세관장이 특허보세구역의 설치 목적을 달성하기 곤란하다고 인정하는 경우 세관장은 그 특허를 취소할 수 있다(「관세법」 제178조 제2항 제4호 참조).

18 보세사가 해고되어 업무를 수행할 수 없는 경우에 2개월 내에 다른 보세사를 채용하지 않는 경우이다(「자율관리 보세구역 운영에 관한 고시」 제5조 제1항 제3호).

19 입주기업체는 반입한 날부터 <u>6개월</u>이 경과한 외국물품이 화주가 분명하지 않은 경우 등에 해당하면 세관장에게 장기보관화물 매각승인(요청)서로 매각을 요청할 수 있다. 이 경우 입주기업체는 세관장에게 매각을 요청하는 경우 화주, 반입자 또는 그 위임을 받은 자에게 외국물품의 반출통고를 해야 하며, 반출통고 후 <u>30일</u>이 경과한 후에 매각을 요청할 수 있다(「자유무역지역 반출입물품의 관리에 관한 고시」제19조 제8항·제9항).

20 시설재 같은 품목의 역외작업 반출기간은 입주기업체와 역외작업 수탁업체 간에 체결된 계약기간의 범위로 하되, 그 기간은 <u>3년</u>을 초과할 수 없다(「자유무역지역법」제24조 제3항 제2호 전단 참조).

21 내국물품 반입증명서류를 제출하지 아니하거나 거짓 내국물품 반입증명서류를 제출하여 내국물품을 관세영역으로 반출한 자는 <u>200만 원</u> 이하의 과태료를 부과한다(「자유무역지역법」제70조 제2항 제8호).

22 입주기업체는 회계연도 종료 <u>3개월</u>이 경과한 후 <u>15일</u> 이내에 입주기업체의 반출입물품의 관리에 대한 적정 여부를 자체 점검하고 자율점검표 또는 공인회계사가 이 고시에서 정하는 바에 따라 재고조사를 실시하고 작성한 보고서를 관할 세관장에게 제출하여야 한다(「자유무역지역 반출입물품의 관리에 관한 고시」제22조 제2항).

23 자유무역지역의 관리권자(「자유무역지역법」제8조 제1항)
- 산업단지 : 산업통상자원부장관
- 공항 및 배후지 : 국토교통부장관
- 물류터미널, 물류단지 : 국토교통부장관
- 항만 및 배후지 : 해양수산부장관

24 일시반출허가를 받아 반출하거나 재반입하는 물품의 반출입신고는 일시반출허가서나 재반입신고서로 갈음하며 따로 보세운송절차를 거칠 필요가 없다(「자유무역지역 반출입물품의 관리에 관한 고시」제14조 제5항).

25 세관장은 반입신고를 하지 않고 자유무역지역 안으로 반입된 내국물품에 대하여 그 물품을 반입한 자가 신청한 경우에는 내국물품 확인서를 발급할 수 있다(「자유무역지역법」제29조 제3항).

제1과목 | 수출입통관절차

01	02	03	04	05	06	07	08	09	10
①	③	④	③	⑤	③	①	②	②	②
11	12	13	14	15	16	17	18	19	20
⑤	①	③	④	⑤	①	⑤	②	④	①
21	22	23	24	25					
④	⑤	①	③	⑤					

01 "즉시반출"이란 수입하려는 물품을 운송수단, 관세통로, 하역통로 또는 「관세법」에 따른 장치장소로부터 수입신고 전에 반출하는 것을 말한다. 납세자의 편의를 위하여 즉시반출제도를 운영하고 있으나, 조세채권의 확보를 위한 장치 중 일부로서 일정기간 내 수입신고의무와 수입신고 미이행 시 가산세 부과 제도를 시행하고 있다. 즉시반출신고를 하고 반출을 하는 자는 즉시반출신고를 한 날로부터 <u>10일</u> 이내에 수입신고를 해야 하며, 수입신고를 하지 않는 경우 해당 물품에 대한 관세의 <u>100분의 20</u> 상당의 금액을 가산세로 징수하도록 하고 있다(「관세법」 제253조 제3항・제4항).

02 제척기간을 이유로 과세 전 통지를 생략하는 것은 통지하려는 날로부터 <u>3개월</u> 이내에 제척기간이 만료되는 경우이다(「관세법」 제118조). 세관장이 징수한 세액의 부족을 이유로 세액을 경정하여 부족분을 징수하고자 하는 때에는 그 사실을 미리 납세의무자에게 통지(과세 전 통지)를 해야 하며, 통지를 받은 납세의무자가 세액경정 등에 대해 이의가 있는 경우 과세 전 적부심사를 청구할 수 있다. 절차를 수행하기에 기간이 짧거나, 미리 세액에 대하여 심사를 거친 경우나 거치게 될 경우 등 아래 중 어느 하나에 해당하는 경우에는 통지절차를 생략한다.

> **과세 전 통지의 생략사유(「관세법」 제118조 제1항 각 호)**
> 1. 통지하려는 날부터 3개월 이내에 제21조에 따른 관세부과의 제척기간이 만료되는 경우
> 2. 잠정가격의 신고에 따라 납세의무자가 확정가격을 신고한 경우
> 3. 수입신고 수리 전에 세액을 심사하는 경우로서 그 결과에 따라 부족세액을 징수하는 경우
> 4. 재수출면세에 따라 면제된 관세를 징수하거나 감면된 관세를 징수하는 경우
> 5. 관세포탈죄로 고발되어 포탈세액을 징수하는 경우
> 6. 그 밖에 관세의 징수가 곤란하게 되는 등 사전통지가 적당하지 않은 경우로서 대통령령으로 정하는 경우

03 수정신고를 하는 경우 납부기한은 <u>수정신고일의 다음 날</u>이다(「관세법」 제38조의3).

Plus One

납부기한 정리

세액 변경방법	세액의 정정	보정신청	수정신고
납부기한	당초 납부기한	보정신청일의 다음 날	수정신고일의 다음 날

04 통관 단계에서 효율적인 단속을 하기 위해 보호받는 지식재산권은 다음의 6가지로 정해져 있다. 실용신안권은 포함되지 않는다.

> 지식재산권 보호(「관세법」 제235조 제1항 각 호)
> 1. 「상표법」에 따라 설정등록된 상표권
> 2. 「저작권법」에 따른 저작권과 저작인접권
> 3. 「식물신품종 보호법」에 따라 설정등록된 품종보호권
> 4. 「농수산물 품질관리법」에 따라 등록되거나 조약·협정 등에 따라 보호대상으로 지정된 지리적표시권 또는 지리적표시
> 5. 「특허법」에 따라 설정등록된 특허권
> 6. 「디자인보호법」에 따라 설정등록된 디자인권

05 현행 「관세법」 별표 관세율표의 품목분류 체계가 10단위를 기본으로 하는 것은 맞지만, HS국제협약의 규범대상은 <u>6단위</u>이다. HS 국제협약은 6단위번호 수준까지는 첨가 또는 감축 등의 변경 없이 그대로 사용해야 한다고 규정하고 있다. 그러면서도 공통 수준인 6단위번호 수준을 초과하여 품목세분류를 행하는 것을 방해하지 않는다고도 규정하고 있다(「통일상품명 및 부호체계에 관한 국제협약 및 개정의정서(International Convention on the Harmonized Commodity Description and Coding System and Amending Protocol)」 제3조). 이에 따라 우리나라에서는 품목분류체계를 10단위까지 세분화하여 사용하고 있으며 이를 HSK(HS of Korea)라 한다. 참고로, 미국도 10단위까지 사용하며, EU는 8단위, 일본은 9단위까지 사용하고 있다.

06 통관보류는 관세징수권의 소멸시효 중단사유에 해당하지 않는다(「관세법」 제23조). 소멸시효를 진행하기 위해서는 권리를 행사할 수 있음에도 불구하고 이를 행사하지 않는 상태가 계속되어야 한다. 그러한 사실상태가 깨어지는 사유가 발생하면 소멸시효는 중단(또는 정지)되는데, 이러한 사유는 아래와 같다.

관세징수권의 소멸시효 중단사유	관세징수권의 소멸시효 정지사유
• <u>납부고지</u> • <u>경정처분</u> • 납부독촉 • 통고처분 • <u>고 발</u> • 「특정범죄 가중처벌 등에 관한 법률」 제16조에 따른 공소제기 • <u>교부청구</u> • 압 류	• 관세의 분할납부기간 • 징수유예기간 • 압류·매각의 유예기간 • 사해행위 취소소송기간(다만 당해 소송이 각하, 기각 또는 취하된 경우에는 정지하지 아니함)

07 구매자가 해당 수입물품의 대가와 판매자의 채무를 상계하는 금액은 공제요소가 아니며, 실제지급가격(수입물품의 과세가격은 우리나라에 수출하기 위하여 판매되는 물품에 대하여 구매자가 실제로 지급하였거나 지급하여야 할 가격)에 포함되는 금액이다.

> 과세가격의 공제요소(「관세법」 제30조 제2항 각 호)
> 1. 수입 후에 하는 해당 수입물품의 건설, 설치, 조립, 정비, 유지 또는 해당 수입물품에 관한 기술지원에 필요한 비용
> 2. 수입항에 도착한 후 해당 수입물품을 운송하는 데에 필요한 운임·보험료와 그 밖에 운송과 관련되는 비용
> 3. 우리나라에서 해당 수입물품에 부과된 관세 등의 세금과 그 밖의 공과금
> 4. 연불조건(延拂條件)의 수입인 경우에는 해당 수입물품에 대한 연불이자

08 관세 감면을 신청하기 위해서는 해당 물품의 수입신고 수리 전까지 감면신청서를 제출하는 것을 원칙으로 한다. 다만 수입신고 수리 전까지 감면신청서를 제출하지 못한 경우에는 해당 물품이 보세구역에서 반출되지 않은 경우로 한정하여, 해당 수입신고 수리일부터 15일 이내에 신청할 수 있다. 수입신고를 거치지 않아 부과고지되는 물품에 대해서는 해당 납부고지를 받은 날로부터 5일 이내에 관세 감면을 신청할 수 있다(「관세법 시행령」 112조).

09 재수입면세 대상물품 중 재수입 기간이 있는 물품[우리나라에서 수출된 물품으로서 해외에서 제조·가공·수리 또는 사용(장기간에 걸쳐 사용할 수 있는 물품으로서 임대차계약 또는 도급계약 등에 따라 해외에서 일시적으로 사용하기 위하여 수출된 물품이나 박람회, 전시회, 품평회, 국제경기대회, 그 밖에 이에 준하는 행사에 출품 또는 사용된 물품 등 기획재정부령으로 정하는 물품의 경우는 제외한다)되지 않은 물품]의 재수입 기간은 수출신고 수리일로부터 2년 이내이다(「관세법」 제99조).

10 「관세법」 제226조에 따라 수출물품에 관해 세관장이 확인하여야 할 요건과 관련 있는 법령은 다음과 같다(「관세법 제226조에 따른 세관장확인물품 및 확인방법 지정고시」 별표 1).

> 「마약류 관리에 관한 법률」, 「폐기물의 국가 간 이동 및 그 처리에 관한 법률」, 「외국환거래법」, 「총포·도검·화약류 등의 안전관리에 관한 법률」, 「야생생물 보호 및 관리에 관한 법률」, 「문화재보호법」, 「남북교류협력에 관한 법률」, 「원자력안전법」, 「가축전염병 예방법」, 「농업생명자원의 보존·관리 및 이용에 관한 법률」, 「방위사업법」, 「생물다양성 보전 및 이용에 관한 법률」, 「생활주변방사선 안전관리법」

11 여행자가 휴대품 또는 별송품을 자진신고하는 경우에는 20만 원을 넘지 않는 범위에서 해당 물품에 부과될 관세(내국세는 포함되지 않으며, 간이세율을 적용하는 물품의 경우에는 간이세율을 적용하여 산출된 세액)의 100분의 30에 상당하는 금액을 경감할 수 있다(「관세법」 제96조 제2항).

Plus One
수입신고를 해야 하는 여행자 휴대품을 자진신고하지 않는 경우 해당 물품에 대하여 납부할 세액(즉, 관세 및 내국세를 포함한다)의 100분의 20(반복적으로 자진신고를 하지 않는 경우 등 대통령령으로 정하는 사유에 해당하는 경우에는 100분의 60)에 상당하는 금액을 가산세로 징수한다(「관세법」 제241조 제5항).

※ 출제 당시에는 여행자 휴대품 자진신고 시 관세경감액 한도가 "15만 원"이었으나 법령 개정에 따라 "20만 원"으로 한도가 상향되었습니다. 이에 따라 정답이 ④에서 ⑤로 변경되었습니다.

12 밀수출 등 불법행위가 발생할 우려가 높거나 감시단속을 위하여 필요하다고 인정하여 대통령령으로 정하는 물품은 관세청장이 정하는 장소(보세구역 등)에 반입한 후 수출신고를 하게 할 수 있다(「관세법」 제243조 제4항). 현재 컨테이너에 적입하여 수출하는 중고자동차 등 아래 물품들이 반입 후 신고물품으로 지정되어 있다(「수출통관 사무처리에 관한 고시」 제7조의3, 별표 11).

보세구역 등 반입 후 수출신고 대상물품

구 분	품목명	대 상
중고자동차	87류 중 중고차	컨테이너에 적입하여 수출하는 중고자동차
플라스틱 폐기물	HS 3915호 (플라스틱 스크랩)	컨테이너에 적입하여 수출하는 플라스틱 웨이스트·스크랩
생활폐기물	HS 3825호 (생활폐기물 등)	컨테이너에 적입하여 수출하는 생활폐기물 등

Plus One
자동차운반전용선박에 적재하여 수출하는 신품자동차, 현지수출 어패류, 원양수산물에 대해서는 보세구역 반입 후 수출신고 대상 물품은 아니지만 특수형태의 수출로서 수출신고의 시기를 달리 정하고 있다(「수출통관 사무처리에 관한 고시」 제2장 제6절).

13 보세구역에 장치된 외국물품이 도난되거나 분실된 경우 납세의무자는 운영인 또는 화물관리인이다(「관세법」 제19조 제1항 제10호).

14 과세 전 적부심사는 처분(경정)이 발생하기 전에 청구할 수 있는 것으로서 이 문제의 답이 될 수 없으며, 「관세법」상의 사후적 구제수단으로는 이의신청, 심사청구 및 심판청구가 있다(「관세법」 제2절). 또한 「행정소송법」에 따른 행정소송에 의해서도 권리구제가 가능하다(「관세법」 제120조).

15 보세구역 반입명령 대상 중 어느 하나에 해당하더라도 수출입신고가 수리된 후 3개월이 지났거나 관련 법령에 따라 관계행정기관 장의 시정조치가 있는 경우에는 반입명령을 적용하지 않는다(「관세법 시행령」 제245조).

16 수입하거나 반송하려는 물품을 지정장치장 또는 보세창고에 반입하거나 보세구역이 아닌 장소에 장치한 자는 그 반입일 또는 장치일부터 30일 이내(반송방법이 제한된 물품은 반송신고를 할 수 있는 날부터 30일 이내)에 수입 또는 반송신고를 해야 한다. 동 수입신고의 기한 내에 수입 또는 반송의 신고를 하지 않는 경우에는 해당 물품 과세가격의 100분의 2에 상당하는 금액의 범위에서 대통령령으로 정하는 금액을 가산세로 징수한다(「관세법」 제241조).

17 설계도 중 수입승인이 면제되는 것은 수입신고 생략대상이 아닌 간이신고 대상이다(「수입통관 사무처리에 관한 고시」 제70조·제71조). 간이신고는 첨부서류 없이 신고서에 수입신고사항만 기재하여 신고하여 제출하는 것으로서, 수입신고를 생략한다는 뜻은 아니다.

18 "특수형태의 수출"이란 수출신고의 시기와 장소를 달리 정한 수출형태를 말하며, 선상수출신고, 현지수출 어패류 신고, 원양수산물 신고, 잠정수량신고, 잠정가격신고 대상물품의 수출신고가 해당된다(「수출통관 사무처리에 관한 고시」 제2장 제6절).

컨테이너 및 항공기용 탑재용기의 수출은 2015년 9월 「수출통관 사무처리에 관한 고시」 개정 시 특수형태의 수출 부분에서 삭제되었으며, 현재는 「컨테이너관리에 관한 고시」에 수출요령이 규정되어 있다.

19 "통관"이란 「관세법」에 따른 절차를 이행하여 물품을 수출·수입 또는 반송하는 것을 말하며, "환적"은 통관의 정의에 포함되지 않는다(「관세법」 제2조).

20 적재화물목록에 관한 자료에 대한 보관기간이 2년으로 가장 짧다.

신고서류 보관기간(「관세법 시행령」 제3조 제1항)

구 분	관련서류
해당 신고에 대한 수리일부터 5년간 보관해야 하는 서류	• 수입신고필증 • 수입거래관련 계약서 또는 이에 갈음하는 서류 • 지식재산권의 거래에 관련된 계약서 또는 이에 갈음하는 서류(「관세법 시행령」 제237조 지식재산권의 신고 관련) • 수입물품 가격결정에 관한 자료
해당 신고에 대한 수리일부터 3년간 보관해야 하는 서류	• 수출신고필증 • 반송신고필증 • 수출물품·반송물품 가격결정에 관한 자료 • 수출거래·반송거래 관련 계약서 또는 이에 갈음하는 서류
해당 신고에 대한 수리일부터 2년간 보관해야 하는 서류	• 보세화물반입에 관한 자료 • 적재화물목록에 관한 자료 • 보세운송에 관한 자료

21 입항 전 신고는 해당 물품을 적재한 선박 등이 우리나라에 입항하기 5일 전(항공기에 의한 경우에는 1일 전)부터 할 수 있다(「관세법 시행령」 제249조 제1항).

22 수입신고 수리 전 반출승인을 받아 반출된 물품은 내국물품이다.

내국물품의 정의(「관세법」 제2조 제5호)
"내국물품"이란 다음 각 목의 어느 하나에 해당하는 물품을 말한다.
가. 우리나라에 있는 물품으로서 외국물품이 아닌 것
나. 우리나라의 선박 등이 공해에서 채집하거나 포획한 수산물 등
다. 제244조 제1항에 따른 입항 전 수입신고가 수리된 물품
라. 제252조에 따른 수입신고 수리 전 반출승인을 받아 반출된 물품
마. 제253조 제1항에 따른 수입신고 전 즉시반출신고를 하고 반출된 물품

23 관세부과의 제척기간은 해당 관세를 부과할 수 있는 날로부터 5년을 원칙으로 한다. 다만, 부정한 방법으로 관세를 포탈하였거나 환급 또는 감면받은 경우에는 관세를 부과할 수 있는 날부터 10년이 지나면 부과할 수 없다(「관세법」 제21조).

24 기본면세범위는 <u>미화 800달러</u>이며, 보기 중 핸드백이 이를 적용하여 관세가 면제될 수 있다. 나머지는 기본면세한도와 별도로 면세한도가 적용되는 술, 담배, 향수에 관한 내용이다. 술의 경우 최대 2병(용량 합산 2리터)에 한하여 <u>미화 400달러</u> 이하인 것만 여행자휴대품으로서 면세된다.

Plus One

별도면세한도(「관세법 시행규칙」 제48조)

구 분	면세한도			비 고
술	2병			2병 합산하여 2리터 이하이고, <u>미화 400달러</u> 이하인 것으로 한정
담 배	궐 련		200개비	2 이상의 담배 종류를 반입하는 경우에는 한 종류로 한정
	엽궐련		50개비	
	전자담배	궐련형	200개비	
		니코틴용액	20밀리리터	
		기타 유형	110그램	
	그 밖의 담배		250그램	
향 수	100밀리리터			–

참고1) 2022년 9월 「관세법 시행규칙」 개정을 통해 기본면세한도는 미화 600달러에서 미화 800달러로 상향되었으나, 술에 적용되는 별도면세한도는 병수(1병→2병) 및 용량[1리터→2리터(2병 합산)]만 증가되었을 뿐, 가격은 미화 400달러에서 상향되지 않았다.

참고2) 2023년 12월 「관세법 시행규칙」 개정을 통해 향수에 적용되는 별도면세한도가 (기존) 60밀리리터(㎖)에서 (현행) 100밀리리터(㎖)로 상향되었다. 이를 고려하여 ①번 보기를 현행 규정에 맞게 수정하였다.

25 해당 물품이 2개국 이상에 걸쳐 생산·가공 또는 제조된 경우에는 그 물품의 본질적 특성을 부여하기에 충분한 정도의 실질적인 생산·가공·제조 과정이 최종적으로 수행된 나라를 원산지로 하며, 이 경우 해당 물품의 원산지는 당해 물품의 <u>생산과정에 사용되는 물품의 품목분류표상 6단위 품목번호와 다른 6단위 품목번호의 물품을 최종적으로 생산한 국가로 한다</u>(「관세법 시행규칙」 제74조 제2항).

01	02	03	04	05	06	07	08	09	10
③	④	③	③·⑤	④	⑤	③·⑤	①	④	①
11	12	13	14	15	16	17	18	19	20
⑤	③	②	③	①	②	②	⑤	③	④
21	22	23	24	25					
②	②	④	③	①					

01 원칙적인 영업용 보세창고의 창고면적 기준은 1,000m²이고, 컨테이너전용 보세창고의 부지면적 기준은 15,000m²이다(「보세창고 특허 및 운영에 관한 고시」제10조·제11조). 다만, 특정보세창고의 위치 또는 규모가 특허의 요건을 갖추지 못하였으나 그 위치가 세관 또는 다른 보세창고에 근접(직선거리 300m 이내)하여 있는 경우에는 면적기준을 완화하여 영업용 보세창고에는 창고면적 500m² 이상인 경우, 컨테이너전용 보세창고에는 부지면적 3,000m² 이상인 경우 특허한다(「보세창고 특허 및 운영에 관한 고시」제12조).

02 ① 자가용 보세창고(공동보세창고 포함)에는 면적기준을 일괄적으로 적용하지 않고, 물품의 종류 및 특성별로 필요한 면적을 확보해야 한다고 규정되어 있다(「보세창고 특허 및 운영에 관한 고시」제14조).
② 야적전용 보세창고의 창고면적기준은 4,500m²이다(「보세창고 특허 및 운영에 관한 고시」제11조 제2항).
③ 컨테이너전용 보세창고의 부지면적 기준은 15,000m²이다(「보세창고 특허 및 운영에 관한 고시」제11조 제3항).
⑤ 액체화물전용 보세창고에는 창고면적을 적용하지 않고 세관장이 인정하는 저장용적(m³)을 적용한다(「보세창고 특허 및 운영에 관한 고시」제11조 제4항).

03 ①·② 수용능력의 범위를 초과하여 물품을 장치한 경우, 야적대상이 아닌 물품을 야적장에 장치한 경우 경고처분 대상이다(「보세창고 특허 및 운영에 관한 고시」제18조 제2항 제1호).
④ 보관화물에 대한 멸실이 발생한 경우 경고처분 대상이다(「보세창고 특허 및 운영에 관한 고시」제18조 제2항 제2호).
⑤ 보관화물에 대한 중대한 관리소홀로 보세화물의 도난, 분실이 발생한 경우 반입정지 처분 대상이다(「보세창고 특허 및 운영에 관한 고시」제18조 제3항 제5호).

04 ③ 보세운송절차에 따라 반입되는 물품은 즉시 반입신고를 해야 하며, 이 경우 반입신고는 보세운송 도착보고를 갈음할 수 있다(「보세공장 운영에 관한 고시」제13조 제2항). 보세운송 도착보고가 반입신고를 갈음하는 것이 아니라, 반입신고가 보세운송 도착보고를 갈음한다.
⑤ 다른 보세공장 일시보세작업에 소요되는 원재료 중 다른 보세공장 운영인이 사용신고한 물품은 다른 보세공장에서 관리한다(「보세공장 운영에 관한 고시」제24조 제5항).
※ 2과목 B형 4번은 가답안 공개기간 동안 접수된 수험자 의견제시가 받아들여져, 최종답안에서 ③·⑤가 복수정답 처리되었습니다.

05 보세전시장에서 불특정다수의 관람자에게 판매할 것을 목적으로 하는 물품, 즉 판매용품은 수입신고 수리 후에 사용이 가능하다(「보세전시장 운영에 관한 고시」제17조). 즉, 판매 전에 미리 수입신고를 해두어야 한다.

06 지정면세점의 판매한도는 「조세특례제한법」에서 정하는 구매한도 이내로 하고 있으며, 이는 1인당 연간 6회, 1회당 미화 800달러 이내이다(「제주국제자유도시 지정면세점 운영에 관한 고시」제16조).

> **Plus One**
>
> 2022년 12월「조세특례제한법」제121조의13 제5항이 개정되어 제주도 여행객이 지정면세점에서 구입할 수 있는 면세물품의 금액한도가 1회당 미화 600달러에서 800달러로 상향 조정되었다. 해당 문제는 개정 규정을 반영하여 수정되었다.
>
> > 제주도여행객 면세점에 대한 간접세 등의 특례(「조세특례제한법」제121조의13)
> > ⑤ 제주도여행객이 지정면세점에서 구입할 수 있는 면세물품의 금액한도는 1회당 미합중국 화폐 800달러에 상당하는 금액으로서 대통령령으로 정하는 금액으로 한다. 이 경우 대통령령으로 정하는 범위 내의 면세물품은 금액한도 계산에서 제외한다.
> > ⑥ 제주도여행객은 지정면세점에서 면세물품을 연도별로 6회까지 구입할 수 있다.

07 ③ 내국인의 보세판매장 구매한도는 더 이상 제한되지 않는다. 「관세법 시행규칙」 규정의 개정 이력은 다음과 같다[미화 3천 달러 → 미화 5천 달러(2019년 8월 개정) → 폐지(2022년 3월 개정)].
⑤ 운영인이 구매자로부터 국제우편 또는 항공·해상화물로 판매물품의 교환·환불요청을 받은 때에는 국제우편 또는 항공·해상화물로 교환·환불하여 줄 수 있다(「보세판매장 운영에 관한 고시」제19조 제1항). 환불요청은 구매자가 아닌 운영인이 받는 것이다.
※ 2과목 B형 7번은 가답안 공개기간 동안 접수된 수험자 의견제시가 받아들여져, 최종답안에서 ③·⑤가 복수정답 처리되었습니다. 내국인의 보세판매장 구매한도(보기 ③ 관련)가 폐지되었으나 정답에는 영향이 없습니다.

08 보세판매장 물품이 분실 그 밖의 사유로 현품과 대장상의 수량이 일치하지 않은 때에는 그 부족 수량을 월간 매출액과 대비하여 상관례상 불가피하다고 인정되는 범위 이내인 때에는 범칙조사 절차 없이 해당 세액을 추징하고 재고대장에서 공제 처리한다(「보세판매장 운영에 관한 고시」제19조 제5항).

09 종합보세구역에 반입된 외국물품이 사용신고 또는 수입신고되어 수리된 경우에는 반출신고를 생략한다(「종합보세구역의 지정 및 운영에 관한 고시」제13조 제4항).

10 ②·⑤ 운영인이 해산하거나 사망한 경우, 운영하지 않게 된 경우는 특허효력이 상실되는 사유이다(「관세법」제179조 제1항). 특허의 효력 상실은 행정제재의 성격을 띠는 특허취소와는 다르다.
③·④ 반입정지 사유이다(「관세법」제178조 제1항).

11 보세판매장의 인도절차는 인도장을 위주로 규정되어 있으며, 인도자는 판매물품이 인도장에 반입된 후 5일* 이상이 경과하여도 미인도된 물품은 미인도 물품목록을 작성해 세관장에게 보고해야 한다(「보세판매장 운영에 관한 고시」제18조 제1항).
보세판매장에 재반입된 미인도물품은 반입된 날부터 10일**이 경과한 후 미인도 물품 해제신청을 거쳐 재판매할 수 있다(「보세판매장 운영에 관한 고시」제18조 제4항).***

> **Plus One**
>
> * 다만, 판매취소 등 구매자의 미인수 의사가 명확한 미인도 물품에 대하여는 인도장 반입 후 5일 경과 전이라도 운영인에게 인계할 수 있다.
> ** 출제 당시 해당 기간(미인도 물품의 재판매를 위한 의무 보관기간)은 1개월이었으나, 2019년 5월「보세판매장 운영에 관한 고시」개정 시 이를 10일로 단축하였다. 이에 따라 문제 및 해설을 수정하였다.

*** 다만, 부패, 변질 등의 우려가 있거나, 구매자가 구매취소 의사를 표시하였거나, 해당 물품과 같은 물품을 확보할 수 있어 구매자의 물품 인도 요구에 즉시 응할 수 있는 경우에는 반입 즉시 재판매할 수 있다.

12 운영인은 보세창고에 1년(동일한 보세창고에 장치되어 있는 동안 수입신고가 수리된 물품은 6개월) 이상 계속하여 내국물품만을 장치하려면 세관장의 승인을 받아야 한다(「관세법」제183조 제3항).

13
① 지정예정일 3개월 전까지 공고해야 한다(「세관지정장치장 화물관리인 지정절차에 관한 고시」제8조 제2항).
③ 지게차, 크레인 등 시설 장비는 화물관리인 지정을 위한 평가기준에 포함된다. 그 외에도 보세화물 취급경력 및 화물관리시스템 구비 여부, 보세사 채용현황, 자본금, 부채비율 및 신용평가등급 등 재무건전성에 관한 사항, 수출입 안전관리 우수업체(AEO) 공인 여부를 심사한다(「세관지정장치장 화물관리인 지정절차에 관한 고시」제10조).
④ 지정 취소 사유에는 관세에 대한 체납이 포함되어 있지 않다.

> 지정 취소 사유(「세관지정장치장 화물관리인 지정절차에 관한 고시」제12조)
> 1. 거짓이나 그 밖의 부정한 방법으로 지정을 받은 경우
> 2. 화물관리인이 「관세법」제175조 각 호(운영인의 결격사유)의 어느 하나에 해당하는 경우
> 3. 화물관리인이 세관장 또는 해당 시설의 소유자·관리자와 맺은 화물관리업무에 관한 약정을 위반하여 해당 지정장치장의 질서유지 및 화물의 안전관리에 중대한 지장을 초래하는 경우
> 4. 화물관리인이 지정 취소를 요청하는 경우

⑤ 사전통지 및 청문절차를 진행해야 한다(「관세법 시행령」제187조의2).

14 특허보세구역의 설치·운영에 관한 효력이 상실되었을 때에는 해당 특허보세구역에 있는 외국물품 종류·수량 등을 고려하여 6개월 범위 내의 세관장 지정기간 동안 특허보세구역으로 간주(특허 의제)하여 해당 기간 동안 운영인·상속인에게 해당 특허보세구역 장치물품에 관한 특허가 있는 것으로 본다(「관세법」제182조 제2항).

15
> 보세공장 원재료의 범위 등(「관세법 시행령」제199조 제1항)
> 「관세법」제185조에 따라 보세공장에서 보세작업을 하기 위하여 반입되는 원료 또는 재료(보세공장 원재료)는 다음 각 호의 어느 하나에 해당하는 것을 말한다. 다만, 기계·기구 등의 작동 및 유지를 위한 연료, 윤활유 등 제품의 생산·수리·조립·검사·포장 및 이와 유사한 작업에 간접적으로 투입되어 소모되는 물품은 제외한다.
> 1. 해당 보세공장에서 생산하는 제품에 물리적 또는 화학적으로 결합되는 물품
> 2. 해당 보세공장에서 생산하는 제품을 제조·가공하거나 이와 비슷한 공정에 투입되어 소모되는 물품
> 3. 해당 보세공장에서 수리·조립·검사·포장 및 이와 유사한 작업에 직접적으로 투입되는 물품

16 보세공장에서 제조된 물품을 수입하는 경우로서 원료과세를 신청한 경우에는 사용신고를 할 때의 그 원료의 성질 및 수량에 따라 관세를 부과한다(「관세법」제189조 제1항).

17
A. 지정장치장의 장치기간은 6개월 범위이다(「관세법」제170조).
B. 보세창고의 외국물품 장치기간은 1년의 범위이다(「관세법」제177조).
C. 특허 효력 상실 시 특허의제는 6개월의 범위에서 세관장이 정한다(「관세법」제182조 제2항).

18 보세건설장의 특허기간은 해당 건설공사의 기간을 고려하여 세관장이 정하는 기간으로 한다(「관세법」 제176조 제2항). 제시된 보기와 같이 3년의 범위 등 특정 기간 내로 일괄적으로 제한하지 않는다.

19 견본품 반출은 보세사의 직무가 맞지만(「관세법 시행령」 185조 제1항), 반출을 허가하는 것은 세관장의 권한이다 (「관세법」 제161조).

> 보세사의 직무(「관세법 시행령」 제185조 제1항)
> 1. 보세화물 및 내국물품의 반입 또는 반출에 대한 참관 및 확인
> 2. 보세구역 안에 장치된 물품의 관리 및 취급에 대한 참관 및 확인
> 3. 보세구역 출입문의 개폐 및 열쇠관리의 감독
> 4. 보세구역의 출입자관리에 대한 감독
> 5. 견본품의 반출 및 회수
> 6. 기타 보세화물의 관리를 위하여 필요한 업무로서 관세청장이 정하는 업무
>   • 보수작업과 화주의 수입신고 전 장치물품 확인 시 입회·감독
>   • 세관봉인대의 시봉 및 관리
>   • 환적화물 컨테이너 적출입 시 입회·감독
>   • 다음의 비치대장 작성과 확인(전산신고 등으로 관리되는 경우에는 생략 가능)
>   − 내국물품 반출입 관리대장(별지 제8호 서식)
>   − 보수작업 관리대장(별지 제9호 서식)
>   − 환적화물 컨테이너적출입 관리대장(별지 제10호 서식)
>   − 장치물품 수입신고 전 확인대장(별지 제11호 서식)
>   − 세관봉인대 관리대장(별지 제12호 서식)
>   − 그 밖에 보세화물 관련규정에서 보세사의 직무로 정한 각종 대장

20 종합보세구역에 반입·반출되는 물품이 내국물품인 경우에는 신고를 생략하거나 간소한 방법으로 반입·반출하 게 할 수 있다(「관세법」 제199조 제2항). 다만, 혼용작업에 소요되는 원재료에 대해서는 반출입신고를 생략하게 할 수 없다(「관세법 시행규칙」 제70조).

> 내국물품 반출입신고의 생략 예외(「관세법 시행규칙」 제70조)
> 1. 세관장의 허가를 받고 내국물품만을 원료로 하여 제조·가공 등을 하는 경우 그 원료 또는 재료
> 2. 혼용작업에 소요되는 원재료
> 3. 보세판매장에서 판매하고자 하는 물품
> 4. 당해 내국물품이 외국에서 생산된 물품으로서 종합보세구역안의 외국물품과 구별되는 필요가 있는 물품
>   (보세전시장의 기능을 수행하는 경우에 한한다)

21 폐기승인을 받은 외국물품 중 폐기 후에 남아있는 부분에 대하여는 폐기 후의 성질과 수량에 따라 관세를 부과한다 (「관세법」 제160조 제3항).

22 장치물품의 종류 변경은 세관장 승인 대상이다. 특허보세구역의 운영인이 그 장치물품의 종류를 변경하거나 그 특허작업의 종류 또는 작업의 원재료를 변경하고자 하는 때에는 그 사유를 기재한 신청서를 세관장에게 제출하여 그 승인을 얻어야 한다(「관세법 시행령」 제190조 제1항).

23 ⓐ → 보세창고, ⓑ → 보세건설장, ⓒ → 보세전시장

외국물품과 내국물품을 원료 또는 재료로 하여 제조·가공하거나 그 밖에 이와 비슷한 작업을 할 수 있는 특허보세구역은 보세건설장(ⓑ)이 아닌 보세공장이다(「관세법」 제185조).

24 보세공장 외 작업 허가기간이 지난 경우 해당 공장 외 작업장에 허가된 외국물품이나 그 제품이 있을 때에는 세관장은 해당 물품의 허가를 받은 보세공장의 운영인으로부터 그 관세를 즉시 징수한다(「관세법」 제187조 제7항, 「보세공장 운영에 관한 고시」 제22조 제9항). 즉, 반입명령을 하는 것이 아니라 관세를 징수한다.

25 지정장치장의 화물관리인은 화물관리에 필요한 비용(세관설비 사용료를 포함한다)을 화주로부터 징수할 수 있다. 다만, 그 요율에 대하여는 세관장의 승인을 받아야 한다(「관세법」 제172조 제3항).

01	02	03	04	05	06	07	08	09	10
③	⑤	④	①	⑤	①	②	⑤	①	①

11	12	13	14	15	16	17	18	19	20
②	③	③	②	②	④	③	⑤	③	④

21	22	23	24	25
⑤	④	①	⑤	②

01 하선장소의 물품반입신고는 House B/L 단위로 신고하는 것이 원칙이다. 다만, LCL화물로서 해당 하선장소 내의 CFS 내에서 컨테이너 적출 및 반입작업을 하지 않는 물품과, Master B/L 단위의 FCL화물은 <u>Master B/L 단위로 반입신고할 수 있다.</u>

> **하선장소의 물품반입**(「보세화물 입출항 하선 하기 및 적재에 관한 고시」제19조 제2항)
> 하선장소를 관리하는 보세구역 운영인은 해당 보세구역을 하선장소로 지정한 물품에 대해 해당 물품의 반입 즉시 House B/L 단위로 세관장에게 물품반입신고를 해야 하며, 창고 내에 물품이 입고되는 과정에서 실물이 적재화물목록상의 내역과 상이함을 발견하였을 때에는 「보세화물 관리에 관한 고시」제5조에 따라 반입물품 이상보고를 하거나, 반입사고화물로 분류하여 신고해야 한다. 다만, 다음 각 호의 어느 하나에 해당하는 물품은 Master B/L 단위로 반입신고를 할 수 있다.
> 1. Master B/L 단위의 FCL화물
> 2. LCL화물로서 해당 하선장소내의 CFS 내에서 컨테이너 적출 및 반입작업하지 않는 물품

※ 출제 당시에는 컨테이너화물의 하선장소 반입기한은 "3일"이었으나 고시 개정에 따라 "5일"로 연장되었으며, 항공화물의 하기장소 반입기한은 "입항 후 24시간 이내"에서 "입항 다음 날까지"로 연장되었습니다. 해당 문제는 개정 규정을 반영하여 ①, ④번 보기가 수정되었습니다.

02 ① 반드시 등록된 운송수단으로 해야 하는 것은 아니며 예외도 허용된다. 원칙은 '등록된 자가 보유한 운송수단 또는 등록된 다른 보세운송업자의 운송수단(관련법령에 따라 화물자동차운송사업 등의 자격을 갖춘 보세운송업자로 한정)'으로 운송해야 하는 것이지만, 보세운송 물품을 철도차량으로 운송하는 경우에는 그러하지 않으며, 임차보세운송 승인과 같은 예외도 허용된다(「보세운송에 관한 고시」제37조 제1항·제2항).
② 보세운송목적지 또는 경유지 변경승인은 발송지세관장 또는 도착지세관장이 할 수 있다(「보세운송에 관한 고시」제38조 제1항).
③ 보세운송기간 연장승인은 발송지세관장 또는 도착지세관장이 할 수 있다(「보세운송에 관한 고시」제39조 제1항).
④ 보세구역 경유지에서는 보세운송물품의 개장, 분리, 합병 등의 작업을 할 수 없다(「보세운송에 관한 고시」제40조 제3항).

03 견본품 반출 시 담보를 제출하도록 요구하고 있지는 않다.

Plus One

견본품 반출을 위해서는 담보를 제공하는 대신 재반입의무 및 견본 반출된 물품에 대한 제세 및 제반비용 기타 일체의 책임을 신청인이 부담하는 것을 조건으로 세관장의 허가를 받아야 하며, 허가 수량은 필요한 최소한의 수량으로 제한하는 등의 제한이 있다(「관세법」제161조, 「보세화물관리에 관한 고시」제30조).

04 선박으로 출항하는 물품의 적재화물목록 정정신청은 해당 출항물품을 적재한 선박이 출항한 날로부터 90일 이내에 해야 한다(「보세화물 입출항 하선 하기 및 적재에 관한 고시」 제44조 제2항).

05 세관장은 선박 또는 항공기 입항 전에 보세운송신고를 하는 때에는 입항예정일 및 하선(기)장소 반입기간을 고려하여 5일 이내의 기간을 추가할 수 있다(「보세운송에 관한 고시」 제6조).

06 간이보세운송업자로 지정받은 경우 보세운송 신고 및 승인 신청 시 담보제공이 면제된다(「관세법」 제220조). 참고로, 담보생략 이외에도 신고절차 간소화, 보세운송물품 검사 생략 등의 혜택이 주어진다.

07 검역대상이라는 이유만으로 국고귀속 조치를 보류하는 것은 아니다.

> **국고귀속 보류대상(「보세화물장치기간 및 체화관리에 관한 고시」 제38조)**
> 1. 국가기관(지방자치단체 포함)에서 수입하는 물품
> 2. 「공공기관의 운영에 관한 법률」 제5조에 따른 공기업, 준정부기관, 그 밖의 공공기관에서 수입하는 물품으로서 국고귀속 보류요청이 있는 물품
> 3. 법 위반으로 조사 중인 물품
> 4. 이의신청, 심판청구, 소송 등 쟁송이 제기된 물품
> 5. 특수용도에만 한정되어 있는 물품으로서 국고귀속 조치 후에도 공매낙찰 가능성이 없는 물품
> 6. 국고귀속 조치를 할 경우 인력과 예산부담을 초래하여 국고에 손실이 야기된다고 인정되는 물품
> 7. 부패, 손상, 실용시효가 경과하는 등 국고귀속의 실익이 없다고 인정되는 물품
> 8. 그 밖에 세관장이 국고귀속을 하지 않는 것이 타당하다고 인정되는 물품

08 통관절차, 보세운송절차 또는 입출항절차를 밟고자 하는 경우 임시개청을 위해 통보서를 제출해야 한다. 다만, 하역작업 등 통보서 제출의 예외사유에 해당하는 작업을 하는 경우에는 통보서를 사전 제출하지 않아도 된다(「관세법」 제321조 제2항, 「관세법 시행령」 제275조 제1항, 제2항).

> **임시개청 및 시간 외 물품취급 시 통보서 제출의 예외사유(「관세법 시행령」 제275조 제2항)**
> 1. 우편물(「관세법」 제241조의 규정에 의하여 신고를 하여야 하는 것은 제외한다)을 취급하는 경우
> 2. 임시개청 및 시간외 물품취급을 위하여 통보한 시간 내에 당해 물품의 취급을 하는 경우
> 3. 보세공장에서 보세작업을 하는 경우. 다만, 감시·단속에 지장이 있다고 세관장이 인정할 때에는 예외로 한다.
> 4. 보세전시장 또는 보세건설장에서 전시·사용 또는 건설공사를 하는 경우
> 5. 수출신고 수리 시 세관의 검사가 생략되는 수출물품을 취급하는 경우
> 5의2. 국제항(「관세법 시행령」 제155조 제1항에 따른 항구나 공항)에서 하역작업을 하는 경우
> 6. 재해 기타 불가피한 사유로 인하여 당해 물품을 취급하는 경우. 이 경우에는 사후에 경위서를 세관장에게 제출하여 그 확인을 받아야 한다.

09 「관세법」상 보세창고를 제외한 특허보세구역의 장치기간은 해당 특허보세구역의 특허기간으로 하며, 보세창고의 장치기간만 따로 규정하고 있다.

특허보세구역의 물품장치기간(「관세법」 제177조)

보세창고	다음의 어느 하나에서 정하는 기간 • 외국물품 : 1년의 범위에서 관세청장이 정하는 기간. 다만, 세관장이 필요하다고 인정하는 경우에는 1년의 범위에서 그 기간을 연장할 수 있다. • 내국물품 : 1년의 범위에서 관세청장이 정하는 기간 • 정부비축용물품, 정부와의 계약이행을 위하여 비축하는 방위산업용 물품, 장기간 비축이 필요한 수출용 원재료와 수출품보수용 물품으로서 세관장이 인정하는 물품, 국제물류의 촉진을 위하여 관세청장이 정하는 물품 : 비축에 필요한 기간
기타 특허보세구역	보세공장·보세전시장·보세건설장·보세판매장 반입물품 장치기간은 특허기간으로 함

10 공매낙찰 전에 해당 물품이 수출, 반송 또는 수입신고 수리가 된 경우, 착오로 인하여 예정가격, 공매조건 등의 결정에 중대하고 명백한 하자가 있는 경우, 또는 그 밖에 낙찰자의 책임으로 돌릴 수 없는 명백한 사유가 있는 경우에는 낙찰취소 시 입찰보증금을 환불한다. 다만, 그 밖에 낙찰이 취소된 경우에는 해당 물품에 대한 입찰보증금은 환불하지 않는 것을 원칙으로 한다(「보세화물장치기간 및 체화관리에 관한 고시」 제21조).

11 ① "환적"이란 동일한 세관 관할구역 안에서 입항하는 운송수단에서 출항하는 운송수단으로 물품을 옮겨 싣는 것을 말한다(「환적화물 처리절차에 관한 특례고시」 제2조 제1호).
③ "내국환적운송"이란 최초 입항지에서 운송수단을 국제무역선(국제무역기를 포함)으로 변경하여 국내 국제항 간 보세화물 또는 내국물품인 공컨테이너를 운송하는 것을 말한다(「환적화물 처리절차에 관한 고시」 제2조 제3호).
④ "복합일괄운송화물"이란 자동차에 적재한 상태로 해상 및 육로를 일관하여 운송하는 물품을 말한다(「환적화물 처리절차에 관한 고시」 제2조 제4호).
⑤ "하역"이란 화물을 선박 또는 항공기에서 내리는 양륙 작업과 화물을 선박 또는 항공기에 올려 싣는 적재 작업을 말한다(「보세화물 입출항 하선 하기 및 적재에 관한 고시」 제2조 제4호).

12 「화물운송주선업자의 등록 및 관리에 관한 고시」에 따른 행정제재 규정이 다음과 같이 개정되었으나, 정답에는 영향이 없다.

출제
당시
	세관장은 화물운송주선업자가 다음 각 호의 어느 하나에 해당하는 경우에는 등록을 취소할 수 있다. 다만, 제1호 및 제2호에 해당하는 경우에는 등록을 취소하여야 한다.
	1. 「관세법」 제224조의 제1항 제1호부터 제2호에 해당하는 경우
	  • 거짓이나 그 밖의 부정한 방법으로 등록을 한 경우
	  • 제175조 각 호의 어느 하나에 해당하는 경우
	2. 「물류정책기본법」 제47조에 따른 등록이 취소된 경우
	3. 관세 및 국세를 체납하고 이를 납부할 가능성이 없는 것으로 세관장이 인정하는 경우
	4. 화물운송주선업자가 제1항에 따라 최근 1년 이내에 3회 이상 업무정지처분을 받은 경우

현 행	세관장은 화물운송주선업자가 다음 각 호의 어느 하나에 해당하는 경우에는 등록을 취소할 수 있다. 다만, 제1호에 해당하는 경우에는 등록을 취소해야 한다.
	1. 「관세법」 제224조의 제1항 제1호부터 제2호에 해당하는 경우
	  • <u>거짓이나 그 밖의 부정한 방법으로 등록을 한 경우</u>
	  • <u>제175조 각 호의 어느 하나에 해당하는 경우</u>
	2. 「물류정책기본법」 제47조에 따른 등록이 취소된 경우
	3. 화물운송주선업자가 제1항에 따라 최근 1년 이내에 3회 이상 업무정지처분을 받은 경우

출제 당시에도, 현행 규정상으로도 관세 및 국세를 단순 체납한 것만으로는 화물운송주선업자의 등록취소 사유에 해당하지 않는다. 출제 당시에는 "관세 및 국세를 체납하고 이를 납부할 가능성이 없는 것으로 세관장이 인정하는 경우" 등록취소 사유에 해당했다. 그러나 「관세법」 및 「화물운송주선업자의 등록 및 관리에 관한 고시」 개정 시에 이러한 제재가 너무 과하다는 의견에 따라 해당 규정은 등록취소 사유에서 완전히 제외되었다.

13 보세구역 장치물품의 멸실은 신고 대상이다. 보세구역 또는 「관세법」 제155조 제1항 단서의 규정에 의하여 보세구역이 아닌 장소에 장치된 외국물품이 멸실된 때에는 일정 사항을 기재한 신고서를 세관장에게 제출하여 그 확인을 받아야 한다(「관세법 시행령」 제180조).

14 보수작업은 현상을 유지하기 위하여 필요한 작업, 성질을 변하지 않게 하는 범위에서 포장을 바꾸거나 구분·분할·합병작업을 하는 것을 의미하며, HSK 10단위를 변경하게 하는 것은 보수작업으로 인정되지 않는다. 샘플을 추가 적입하는 것은 이러한 범위를 벗어나는 작업이다.

> 보수작업의 허용범위(「보세화물관리에 관한 고시」 제22조 제1항)
> 1. 물품의 보존을 위해 필요한 작업(부패, 손상 등을 방지하기 위한 보존작업 등)
> 2. 물품의 상품성 향상을 위한 개수작업(포장개선, 라벨표시, 단순절단 등)
> 3. 선적을 위한 준비작업(선별, 분류, 용기변경 등)
> 4. 단순한 조립작업(간단한 세팅, 완제품의 특성을 가진 구성요소의 조립 등)
> 5. 상기 제1호부터 제4호까지와 유사한 작업

15 화물운송주선업자가 하우스적재화물목록을 작성하는 것은 맞으나 세관에 직접 제출하지는 않는다. 화물운송주선업자가 하우스적재화물목록을 입항절차에 따라 운항선사(해상화물의 경우) 또는 항공사(항공화물의 경우)에게 전자문서 등으로 작성해 제공하면, 운항선사 또는 항공사가 이를 최종적으로 취합하여 세관장에게 제출한다(「보세화물 입출항 하선 하기 및 적재에 관한 고시」 제8조 제3항, 제21조 제2항).

16 운영인은 수입신고 수리 또는 반송신고 수리된 물품의 반출요청을 받은 때에는 세관화물정보시스템의 반출승인정보를 확인한 후 이상이 없는 경우 반출 전에 반출신고서를 전자문서로 제출해야 한다. 다만, 자가용 보세창고에 반입되어 수입신고 수리된 화물은 반출신고를 생략한다(「보세화물관리에 관한 고시」 제10조 제1항).

17 장치기간 경과물품의 매각처분 보류사유는 아래와 같다(「보세화물장치기간 및 체화관리에 관한 고시」 제9조 제1항). 법률상의 다툼이 있는 경우, 통관지연의 귀책사유가 국가에 있는 경우 또는 정당한 사유가 있는 화주의 보류신청이 있는 경우 등에 한하여 매각이 보류되며, 식품 등의 수입신고확인증을 제출하지 않아 통관이 지연된 경우는 매각처분 보류사유에 해당하지 않는다.

> 장치기간 경과물품 매각처분 보류사유(「보세화물장치기간 및 체화관리에 관한 고시」 제9조 제1항)
> 1. 법 위반으로 조사 중인 경우
> 2. 이의신청, 심판청구, 소송 등 쟁송이 계류 중인 경우
> 3. 화주의 의무는 다하였으나 통관지연의 귀책사유가 국가에 있는 경우
> 4. 외자에 의한 도입물자로서 「공공차관의 도입 및 관리에 관한 법률 시행령」 제14조 및 「외국인투자 촉진법 시행령」 제37조에 따라 기획재정부장관 및 산업통상자원부장관의 매각처분 보류요청이 있는 경우
> 5. 화주의 매각처분 보류요청이 있는 경우
> 6. 그 밖에 세관장이 필요하다고 인정하는 경우

18 지정장치장 반입물품의 장치기간은 6개월로 한다. 단, 부산항·인천항·인천공항·김해공항 항역 내 지정장치장 반입물품의 장치기간은 2개월로 하며, 세관장이 필요하다고 인정할 때에는 2개월 범위 내에서 그 기간을 연장할 수 있다(「보세화물장치기간 및 체화관리에 관한 고시」 제4조 제1항).

Plus One

지정장치장의 효율적인 화물관리를 위하여 장치기간을 제한하며, 유사하게는 특허보세구역의 경우에도 인천공항·김해공항 항역 내 보세창고(자가용 보세창고 제외), 부산항·인천항 부두 내 보세창고와 부두 밖 컨테이너전용 보세창고(CFS 포함)도 장치기간을 2개월(2개월의 범위에서 연장이 가능)로 제한하고 있다(「보세화물장치기간 및 체화관리에 관한 고시」 제4조 제6항).

19 품명미상의 물품으로서 1년이 경과한 물품이 폐기명령 대상이다.

> **폐기명령대상(「보세화물장치기간 및 체화관리에 관한 고시」 제40조)**
> 1. 사람의 생명이나 재산에 해를 끼칠 우려가 있는 물품
> 2. 부패하거나 변질된 물품
> 3. 유효기간이 지났거나 상품가치가 없어진 물품
> 4. 의약품 등으로서 유효기간이 경과하였거나 성분이 불분명한 경우
> 5. 위조상품, 모조품, 그 밖의 지식재산권 침해물품
> 6. 품명미상의 물품으로서 1년이 경과된 물품
> 7. 검사·검역기준 등에 부적합하여 검사·검역기관에서 폐기대상 물품으로 결정된 물품

20 「보세화물 입출항 하선 하기 및 적재에 관한 고시」 개정으로 항공입항화물의 적재화물목록 정정생략 사유가 다음과 같이 변경되었다. 해당 문제는 개정 규정을 반영하여 수정되었다.

출제 당시	적하목록상의 물품과 실제 물품이 다음 각 호의 어느 하나에 해당하는 때에는 적하목록 정정신청을 생략할 수 있다. 1. 포장파손이 용이한 물품으로서 과부족이 5% 이내인 경우 2. 중량으로 거래되는 물품중 건습에 따라 중량의 변동이 심한 물품으로서 그 중량의 과부족이 5% 이내인 경우 3. 적하목록보다 실제 물품이 적은 경우로서 하기결과 이상보고서 제출 이후 7일 이내에 부족화물이 도착되어 병합관리가 가능한 경우 4. 적하목록에 등재되지 아니한 화물로서 해당 항공기도착 7일 이내에 선착화물이 있어 병합관리가 가능한 경우 5. 포장단위 물품으로서 중량의 과부족이 10% 이내이고 포장상태에 이상이 없는 경우 6. 적하목록 이상사유가 단순기재오류 등으로 확인되는 경우
현 행	적재화물목록상의 물품과 실제 물품이 다음의 어느 하나에 해당하는 때에는 적재화물목록 정정신청을 생략할 수 있다. 1. 포장파손이 용이한 물품으로서 과부족이 5% 이내인 경우 2. 중량으로 거래되는 물품 중 건습에 따라 중량의 변동이 심한 물품으로서 그 중량의 과부족이 5% 이내인 경우 3. 포장단위 물품으로서 중량의 과부족이 10% 이내이고 포장상태에 이상이 없는 경우 4. 적재화물목록 이상사유가 오탈자 등 단순기재오류로 확인되는 경우 5. 제32조 제3항에 따라 별도관리물품 해제 승인을 받은 후 반입신고 하는 물품

21 "하선(기)장소"란 선박 또는 항공기로부터 하역된 화물을 반입할 수 있는 보세구역을 말한다(「보세화물 입출항 하선 하기 및 적재에 관한 고시」 제2조 제6호). 화물을 선박 또는 항공기에서 내리는 양륙작업과 화물을 선박 또는 항공기에 올려 싣는 적재작업을 하는 보세구역은 "하역장소"의 정의에 부합한다.

Plus One

- "하역"이란 화물을 선박 또는 항공기에서 내리는 양륙작업과 화물을 선박 또는 항공기에 올려 싣는 적재작업을 말한다.
- "하역장소"란 화물을 하역하는 보세구역(「자유무역지역법」에 따른 자유무역지역 입주기업체의 소재지를 포함)을 말한다. 다만, 항만의 경우에는 보세구역이 아닌 부두를 포함한다.

22 「식품위생법」에 따라 식품검사를 요하는 물품은 보세운송 승인대상이 아니며, 동 물품을 보세운송하려는 경우에는 보세운송신고를 하면 된다.

> 보세운송 승인대상 물품(「관세법 시행령」 제226조 제3항)
> 1. 보세운송된 물품 중 다른 보세구역 등으로 재보세운송하고자 하는 물품
> 2. 「검역법」・「식물방역법」・「가축전염병 예방법」 등에 따라 검역을 요하는 물품
> 3. 「위험물안전관리법」에 따른 위험물
> 3의2. 「화학물질관리법」에 따른 유해화학물질
> 4. 비금속설
> 5. 화물이 국내에 도착된 후 최초로 보세구역에 반입된 날부터 30일이 경과한 물품
> 6. 통관이 보류되거나 수입신고 수리가 불가능한 물품
> 7. 보세구역 외 장치허가를 받은 장소로 운송하는 물품
> 8. 귀석・반귀석・귀금속・한약재・의약품・향료 등과 같이 부피가 작고 고가인 물품
> 9. 화주 또는 화물에 대한 권리를 가진 자가 직접 보세운송하는 물품
> 10. 통관지가 제한되는 물품
> 11. 적재화물목록상 동일한 화주의 선하증권 단위의 물품을 분할하여 보세운송하는 경우 그 물품
> 12. 불법 수출입의 방지 등을 위하여 세관장이 지정한 물품
> 13. 「관세법」 및 「관세법」에 의한 세관장의 명령을 위반하여 관세범으로 조사를 받고 있거나 기소되어 확정판결을 기다리고 있는 보세운송업자 등이 운송하는 물품

23 입항 전 또는 하선(기) 전에 수입신고가 되거나 보세운송신고가 된 물품은 보세구역에 반입함이 없이 부두 또는 공항 내에서 보세운송 또는 통관절차와 검사절차를 수행하도록 해야 한다. 이 경우 본・부선통관 목적으로 입항 전 수입신고를 한 물품은 본・부선 내에서 통관절차와 검사절차를 수행하도록 해야 한다(「보세화물관리에 관한 고시」 제4조 제2항).

24 ① 보세구역 외 장치의 허가기간은 6개월의 범위 내에서 세관장이 필요하다고 인정하는 기간으로 정한다. 장치기간 연장사유에 해당하는 때에는 세관장은 허가기간을 연장할 수 있으나, 그 기간은 최초의 허가일로부터 특허보세구역의 물품 장치기간을 초과할 수 없다(「보세화물관리에 관한 고시」 제8조 제1항).
② 보세구역 외 장치허가수수료는 허가 건수를 단위로 징수한다(「보세화물관리에 관한 고시」 제8조 제4항).
③ 수입대행자가 아닌 실수요자가 수입하는 경우여야 한다(「보세화물관리에 관한 고시」 제7조 제1항 제8호).
④ 제조업체가 수입하는 수출용 원자재는 보세구역 외 장치허가 시 담보를 생략할 수 있으며, 그 수출용 원자재의 범위에서 농・축・수산물은 제외된다(「보세화물관리에 관한 고시」 별표 3).

25 외국물품은 수입될 물품의 보수작업의 재료로 사용할 수 없다(「관세법」 제158조 제6항).

01	02	03	04	05	06	07	08	09	10
④	②	③	③	①	④	③	③	①	⑤
11	12	13	14	15	16	17	18	19	20
①	⑤	②	⑤	①	⑤	①	④	③	④
21	22	23	24	25					
②	④	②	②	③					

01 전략관리는 공인심사 공인기준에 해당하지 않는다. 공인기준은 다음과 같다(「수출입 안전관리 우수업체 공인 및 운영에 관한 고시」 제4조 제3항).
- 법규준수도가 80점 이상일 것. 다만, 중소 수출기업은 심의위원회를 개최하는 날을 기준으로 직전 2개 분기 연속으로 해당 분기단위의 법규준수도가 80점 이상인 경우도 충족한 것으로 본다.
- 내부통제시스템 기준의 평가점수가 80점 이상일 것
- 재무건전성 기준을 충족할 것
- 안전관리 기준 중에서 충족이 권고되는 기준의 평가점수가 70점 이상일 것

02 허위신고죄 등(「관세법」 제276조)에 따라 벌금형을 선고받은 경우 통관절차 등의 혜택의 적용을 중단하고 청문 및 공인취소 절차를 진행한다(「수출입 안전관리 우수업체 공인 및 운영에 관한 고시」 제25조의2 제1항 제6호 나목). 즉, 특례정지 요건이 아닌 공인취소 요건에 해당한다.

> **혜택 적용의 정지(「수출입 안전관리 우수업체 공인 및 운영에 관한 고시」 제25조)**
> 관세청장은 수출입 안전관리 우수업체(대표자 및 관리책임자를 포함한다)가 다음 각 호의 어느 하나에 해당하는 경우에는 6개월의 범위 내에서 제15조에 따른 혜택의 전부 또는 일부의 적용을 정지할 수 있다. 이 경우 관세청장은 수출입 안전관리 우수업체에게 시정을 명령하거나 개선을 권고할 수 있다.
> 1. 수출입 관련 법령의 위반과 관련하여 다음 각 목의 어느 하나에 해당하는 경우. 다만, 처벌의 확정 여부를 구분하지 않는다.
>   가. 「자유무역협정의 이행을 위한 관세법의 특례에 관한 법률」, 「대외무역법」, 「외국환거래법」, 「수출용 원재료에 대한 관세 등 환급에 관한 특례법」 등 「관세법」이 아닌 수출입 관련 법령을 위반하여 벌금형이 규정된 조항에 따라 벌금을 선고받거나 통고처분을 받은 경우 또는 징역형이 규정된 조항에 따라 통고처분을 받은 경우
>   나. 법 제276조에 따라 통고처분을 받은 경우
>   다. 수출입 관련 법령의 양벌 규정에 따라 벌금 또는 통고처분을 받은 경우
> 2. 정당한 사유 없이 제17조에 따른 변동사항을 보고하지 않거나 제18조 제1항에 따른 정기 자율평가서를 제출기한으로부터 1개월 이내에 제출하지 않은 경우
> 3. 공인의 유효기간 중에 제21조 제3항에 따른 보완요구를 3회 이상 받은 경우
> 4. 제16조의2 제4항에 따라 교육을 받도록 권고 받은 이후에 특별한 사유 없이 교육을 받지 않은 경우
> 5. 제20조 제1항에 따라 공인을 유보한 경우. 다만, 공인의 유보사유가 경미하다고 판단되는 경우에는 혜택을 부여할 수 있다.

03 수출입 안전관리 우수업체 공인의 유효기간은 증서상의 발급한 날로부터 5년으로 한다(「수출입 안전관리 우수업체 공인 및 운영에 관한 고시」 제13조 제1항),

04 「수출입 안전관리 우수업체 공인 및 운영에 관한 고시」 개정으로 관리책임자의 업무가 다음과 같이 변경되었다.

출제 당시	1. 수출입관리현황 설명서 및 정기 자율평가서 작성 2. 관련 직원 교육 3. 세관 등 유관기관과 수출입관리 관련 정보의 교류 4. 그 밖에 사내 법규준수도 향상을 위한 지원
현 행	1. 정기 자율평가, 변동사항 보고, 공인 또는 갱신심사 수감 등 공인기준 준수관련 업무 2. 직원에 대한 수출입 안전관리 교육 3. 정보 교환, 회의 참석 등 수출입 안전관리 관련 관세청 및 세관과의 협업 4. 세액 등 통관적법성 준수 관리 5. 그 밖에 업체의 법규준수 향상을 위한 활동

※ 해당 문제는 개정 규정을 반영하여 수정되었습니다.

05 ②·③·④·⑤ 공인신청의 기각사유에 해당한다(「수출입 안전관리 우수업체 공인 및 운영에 관한 고시」 제12조의2 참고).

> 공인 및 공인의 유보(「수출입 안전관리 우수업체 공인 및 운영에 관한 고시」 제11조 제2항)
> 관세청장은 신청업체가 다음 각 호의 어느 하나에 해당하는 경우에는 심의위원회의 심의를 거쳐 공인을 유보할 수 있다.
> 1. 신청업체가 나머지 공인기준은 모두 충족하였으나, 법규준수도 점수 기준을 충족하지 못한 경우
> 2. 신청업체가 수입하는 물품의 과세가격 결정방법이나 품목분류 및 원산지 결정에 이견이 있음에도 불구하고 사전심사를 신청하지 않은 경우(수입부문만 해당)
> 3. 신청업체가 별표 1의 공인부문별 공인기준 중에서 법규준수(공인기준 일련번호 1.1.1부터 1.1.3까지만 해당)의 결격에 해당하는 형사 및 사법절차가 진행 중인 경우
> 4. 신청업체가 사회적 물의 등을 일으켰으나 해당 사안이 공인의 결격에 해당하는지를 판단하는 데 추가적으로 사실을 확인하거나 심의를 위한 충분한 법리검토가 필요한 경우
> 5. 그 밖에 심의위원회에서 공인의 유보가 필요하다고 인정하는 경우

06

> 변동사항 보고(「수출입 안전관리 우수업체 공인 및 운영에 관한 고시」 제17조 제1항)
> 수출입 안전관리 우수업체는 다음 어느 각 호의 하나에 해당하는 사실이 발생한 경우에는 그 사실이 발생한 날로부터 30일 이내에 수출입 관리현황 변동사항 보고서를 작성하여 관세청장에게 보고해야 한다. 다만, 변동사항이 범칙행위, 부도 등 공인유지에 중대한 영향을 미치는 경우에는 지체 없이 보고해야 한다.
> 1. 양도, 양수, 분할·합병 및 특허 등으로 인한 법적 지위의 변경
> 2. 대표자, 수출입 관련 업무 담당 임원 및 관리책임자의 변경
> 3. 소재지 이전, 사업장의 신설·증설·확장·축소·폐쇄 등
> 4. 사업내용의 변경 또는 추가
> 5. 화재, 침수, 도난, 불법유출 등 수출입화물 안전관리와 관련한 특이사항

07 수출입 안전관리 우수업체 심의위원회의 위원은 관세청 정보데이터정책관·통관국장·심사국장·조사국장·국제관세협력국장, 관세평가분류원장, 관세행정에 관한 학식과 경험이 풍부한 사람으로서 관세청장이 위촉하는 사람 중에서 위원장이 지명하는 사람으로 한다(「수출입 안전관리 우수업체 공인 및 운영에 관한 고시」 제27조 제2항).

> **기업상담전문관의 지정·운영(「수출입 안전관리 우수업체 공인 및 운영에 관한 고시」 제21조 제1항·제2항)**
> ① 관세청장은 수출입 안전관리 우수업체가 공인기준과 통관적법성을 충족하는지를 점검하고 지원하기 위하여 업체별로 기업상담전문관(AM, Account Manager)을 지정·운영한다.
> ② 기업상담전문관은 수출입 안전관리 우수업체에 대하여 다음 각 호의 업무를 담당한다. 이 경우 기업상담전문관은 원활한 업무 수행을 위해서 수출입 안전관리 우수업체에게 자료를 요구하거나 해당 업체의 사업장 등을 방문할 수 있다.
> 1. 공인기준을 충족하는지에 대한 주기적 확인
> 2. 공인기준 준수 개선 계획의 이행 확인
> 3. 수입신고에 대한 보정심사 등 관세행정 신고사항에 대한 수정, 정정 및 그 결과의 기록유지
> 4. 변동사항, 정기 자율평가, 세관협력도의 확인 및 점검
> 5. 법규준수 향상을 위한 정보 제공 및 상담·자문
> 6. 〈삭 제〉
> 7. 기업 프로파일 관리

08 ① 미국의 C-TPAT제도는 전 세계 AEO제도의 토대가 되는 제도로서 인증분야는 안전관리에 집중되어 있다.
② EU의 AEO제도는 AEO 인증 유형으로 신속통관(AEO-C), 안보(AEO-S), 신속통관/안보 통합(AEO-F) 유형으로 인증제로 운영된다.
④ 캐나다는 PIP(Partners In Protection)제도를 운영하고 있다.
⑤ 싱가포르의 STP(Secure Trade Partnership)는 안전관리에 초점을 둔 제도이다.

09 **우리나라와 MRA를 체결하고 있는 국가(2024년 기준)**

구 분	체결국
2010년	캐나다, 싱가포르, 미국
2011년	일본, 뉴질랜드
2013년	중 국
2014년	홍콩, 멕시코, 튀르키예(터키)
2015년	이스라엘, 도미니카공화국, 인도, 대만
2016년	태 국
2017년	호주, 아랍에미리트(UAE), 말레이시아, 페루, 우루과이
2019년	카자흐스탄, 몽골
2020년	인도네시아
2023년	사우디아라비아
2024년	영 국

10 직원식별시스템 마련은 안전관리 공인기준에 해당하는 내용이다. 운영인은 직원을 식별하고, 접근을 통제하기 위하여 직원식별시스템을 마련하고, 회사 관리자를 지정하여 직원, 방문자, 납품업자를 식별하는 표식의 발급과 회수를 관리해야 한다.

11 운영인은 물품 취급 및 보관 시설 주변을 둘러싸는 울타리를 설치해야 하며, 울타리의 손상 등 이상 여부를 최소 주 1회 이상 주기적으로 검사해야 한다(보세구역 운영인 AEO 가이드라인 참고).

12 세관직원 등이 검사를 위하여 컨테이너를 개장한 경우에는 검사종료 시 즉시 재봉인해야 하는 것은 <u>보세구역 운영인</u> 부문에 대한 설명이다.

13 관세청장은 수출입 안전관리 우수업체가 <u>4개 분기</u> 연속으로 제5조 제1항에 따른 공인등급별 기준을 충족하는 경우에는 공인등급의 조정 신청을 받아 상향할 수 있다. 다만, 수출입 안전관리 우수업체가 갱신이 아닌 때에 공인등급의 조정을 신청하고자 하는 경우에는 공인의 유효기간이 <u>1년 이상</u> 남아 있어야 한다(「수출입 안전관리 우수업체 공인 및 운영에 관한 고시」 제5조의2 제1항).
※ 「수출입 안전관리 우수업체 공인 및 운영에 관한 고시」 2020년 1월 개정으로 제5조의2 규정의 표현이 일부 바뀌어 문제에 이를 반영하였습니다.

14 「관세법 등에 따른 과태료 부과징수에 관한 훈령」에 따른 과태료 면제가 아닌 경감(20%, 30%, 50%)이다.

15 보세구역 운영인 부문의 AEO 가이드라인상 수출입물품 취급 관련 자격증에는 <u>관세사</u>, <u>보세사</u>, <u>물류관리사</u>가 있으며 국제무역사, 무역영어(1급), <u>IATA Diploma(DGR, Cargo)</u> 자격증도 인정한다.

16 채용 예정자에 대한 이력 점검은 <u>안전관리</u> 중 인사관리 부문의 공인기준에 해당하는 내용이다. 운영인은 채용 예정자의 입사지원 정보에 대한 진위 여부를 채용 전에 확인해야 한다. 운영인은 관련 법령이 허용하는 범위 내에서 채용 예정자에 대한 이력을 점검해야 하며, 채용 후에는 직무수행의 중요성에 기초하여 직원을 주기적으로 점검해야 한다. 운영인은 퇴직직원의 신분증과 시설 및 시스템 접근권한을 회수하는 절차를 마련해야 한다.

17 위험평가 결과에 대한 관리대책을 주기적(6개월을 초과할 수 없음)으로 평가한다.

18 운영인은 사람과 차량이 출입하는 출입구에 인력을 배치하거나 감시하고, 적절한 출입과 안전관리를 위하여 출입 구를 <u>최소한</u>으로 유지하여야 한다.

19 수출입 안전관리 우수업체는 매년 공인일자가 속하는 달에 별지 제11호 서식의 정기 자율평가서에 따라 공인기준을 충족하는지를 자율적으로 점검하고 다음 달 <u>15일</u>까지 <u>관세청장</u>에게 그 결과를 제출하여야 한다(「수출입 안전 관리 우수업체 공인 및 운영에 관한 고시」 제18조 제1항).
※ 「수출입 안전관리 우수업체 공인 및 운영에 관한 고시」 2020년 1월 개정으로 제5조의2 규정의 표현이 일부 바뀌어 문제에 이를 반영하였습니다.

20
> 검사대상화물의 해제(「관리대상화물 관리에 관한 고시」 제13조 제3항)
> 세관장은 검사대상화물 또는 감시대상화물 중 다음 각 호의 어느 하나에 해당하는 화물로서 우범성이 없거나 검사의 실익이 적다고 판단되는 경우 검사대상화물 또는 감시대상화물의 지정을 직권으로 해제할 수 있다.
> 1. <u>등록사유(검사착안사항)와 관련 없는 물품</u>
> 2. <u>「수출입 안전관리 우수업체 공인 및 운영에 관한 고시」 제15조에 따라 수출입 안전관리 우수업체(수입업 체)가 수입하는 물품</u>
> 3. <u>국가(지방자치단체)가 수입하는 물품 또는 SOFA 관련 물품</u>
> 4. 이사물품 등 제11조에 따라 해당 고시에서 정하는 검사절차・검사방법에 따라서 처리되는 물품
> 5. 그 밖에 세관장이 우범성이 없거나 검사의 실익이 적다고 판단하는 화물

21 통관역은 국외와 연결되고 국경에 근접한 철도역 중에서 관세청장이 지정한다(「관세법」 제148조 제3항).

22 국제항이 아닌 공항과 항만도 출입허가를 받고 수수료를 납부하면 입항할 수 있다(「관세법」 제134조 제1항 단서).

23 세관은 항만감시 영역을 효율적으로 감시단속하기 위하여 세관공무원이 상시근무하는 것이 아닌 기동감시체계를 운영하고 있다.

24 「관세법」상 입항절차를 마친 후가 아니라도 세관장 허가를 받고 물품을 하역할 수 있다(「관세법」 제140조 제1항 단서).

25 "테러"란 국가 · 지방자치단체 또는 외국 정부(외국 지방자치단체와 조약 또는 그 밖의 국제적인 협약에 따라 설립된 국제기구를 포함한다)의 권한행사를 방해하거나 의무 없는 일을 하게 할 목적 또는 공중을 협박할 목적으로 하는 행위를 말한다(「테러방지법」 제2조 제1호). 테러위해물품으로 의심되는 물품을 발견하면 물품에 접촉하지 말고 신고해야 한다.

01	02	03	04	05	06	07	08	09	10
⑤	④	②	②	①	③	⑤	④	①·⑤	②
11	12	13	14	15	16	17	18	19	20
⑤	①	①	②	④	②	③	④	①	⑤
21	22	23	24	25					
②	③	④	④	③					

01 ①·②·③·④ 압수물품의 매각사유에 해당한다(「관세법」 제303조 제3항).

> 압수물품의 폐기(「관세법」 제304조 제1항)
> 관세청장이나 세관장은 압수물품 중 다음 어느 하나에 해당하는 것은 피의자나 관계인에게 통고한 후 폐기할
> 수 있다. 다만, 통고할 여유가 없을 때에는 폐기한 후 즉시 통고해야 한다.
> 1. 사람의 생명이나 재산을 해칠 우려가 있는 것
> 2. 부패하거나 변질된 것
> 3. 유효기간이 지난 것
> 4. 상품가치가 없어진 것

02 ① 수입신고를 하지 않은 경우 밀수입죄로 처벌하며, 수입신고를 한 자 중 관세를 포탈하기 위하여 과세가격
또는 관세율을 신고하지 않은 경우 등은 관세포탈죄로 처벌한다(「관세법」 제269조·270조 참고).
② 관세포탈죄를 범할 목적으로 예비를 한 자는 본죄의 2분의 1을 감경하여 처벌한다(「관세법」 제271조 제3항).
③ 관세포탈죄의 행위를 교사하거나 방조한 자는 정범에 준하여 처벌한다(「관세법」 제271조 제1항).
⑤ 몰수 및 추징은 금지품수출입죄, 밀수출입죄, 밀수품취득죄에 적용한다(「관세법」 제282조 참고).

03
> 관세포탈죄 등(「관세법」 제270조 제1항)
> 수입신고를 한 자(구매대행업자 포함) 중 다음 각 호의 어느 하나에 해당하는 자는 3년 이하의 징역 또는
> 포탈한 관세액의 5배와 물품원가 중 높은 금액 이하에 상당하는 벌금에 처한다. 이 경우 제1호의 물품원가는
> 전체 물품 중 포탈한 세액의 전체 세액에 대한 비율에 해당하는 물품만의 원가로 한다.
> 1. 세액결정에 영향을 미치기 위하여 과세가격 또는 관세율 등을 거짓으로 신고하거나 신고하지 않고 수입
>   한 자(구매대행업자 포함)
> 2. 세액결정에 영향을 미치기 위하여 거짓으로 서류를 갖추어 사전심사·재심사 및 재심사를 신청한 자
> 3. 법령에 따라 수입이 제한된 사항을 회피할 목적으로 부분품으로 수입하거나 주요 특성을 갖춘 미완성·
>   불완전한 물품이나 완제품을 부분품으로 분할하여 수입한 자

04 세관공무원은 관세범에 관하여 「사법경찰관리의 직무를 수행할 자와 그 직무범위에 관한 법률」에서 정하는 바에
따라 사법경찰관리의 직무를 수행한다(「관세법」 제295조).

05 마약류는 수출입 요건을 갖추면 수출입할 수 있다.

06

07 양벌 규정에 따라 처벌할 때에는 벌금형만 과한다. 양벌 규정의 취지는 감독자에게 상당한 주의감독을 유도하여 법을 위반하는 자를 방관하지 않고 관세법규를 준수하도록 만드는 것이다. 만약 징역형도 함께 과한다면 과도한 처벌이 되어 이를 피하기 위하여 감독자와 행위자가 모의하여 범죄행위를 은폐하는 등 양벌 규정의 기본 취지가 훼손될 우려가 있다.

08 밀수품 취득죄의 미수범은 본죄에 준하여 처벌한다(「관세법」 제274조 제2항).

09 ① 통고처분을 이행하지 않으면 관세징수권의 소멸시효가 중단된다(「관세법」 제23조 제1항 제4호).
⑤ 벌금에 상당하는 금액을 통고처분하는 경우 해당 벌금 최고액의 100분의 30으로 하며, 일정한 사유에 따라 100분의 50 범위에서 금액을 조정할 수 있다(「관세법 시행령」 제270조의2 제1항~제3항).
※ 5과목 B형 9번은 가답안 공개기간 동안 접수된 수험자 의견제시가 받아들여져, 최종답안에서 ①·⑤가 복수정답 처리되었습니다.

10 허위신고죄는 벌금과 징역의 병과가 없다. 벌금과 징역을 병과할 수 있는 것은 밀수출입죄, 관세포탈죄, 가격조작죄, 미수범 및 밀수품의 취득죄 등이다(「관세법」 제275조 참고).

11 고발 전에 통고처분을 이행하면 고발 대상이 아니다(「관세법」 제316조).

12 ② 운영인 또는 그 사용인이 「관세법」 또는 「관세법」에 따른 명령을 위반하여 「관세법」에 의한 벌금형을 받은 경우 세관장은 자율관리 보세구역의 지정을 취소할 수 있다.
③ 자율관리 보세구역은 「관세법 시행령」 제176조 규정에 의하여 장부를 비치하고 반출입사항을 기록관리하는 경우 내국물품의 반출입신고 절차를 생략한다.
④ 자율관리 보세구역에서는 보세구역 운영상황의 점검을 생략할 수 있다.
⑤ 견본품의 반출 신청은 자율관리 보세구역에 대한 절차생략에 해당되지 않는다.

13 보세사는 다른 업무를 겸임할 수 없다. 다만, 영업용 보세창고가 아닌 경우 보세화물 관리에 지장이 없는 범위 내에서 다른 업무를 겸임할 수 있다(「보세사제도 운영에 관한 고시」 제11조 제1항 제1호).

보세사의 의무(「관세법」 제165조의3)
① 보세사는 「관세법」과 동법에 따른 명령을 준수해야 하며, 그 직무를 성실하고 공정하게 수행해야 한다.
② 보세사는 품위를 손상하는 행위를 하여서는 안 된다.
③ 보세사는 직무를 수행할 때 고의로 진실을 감추거나 거짓 진술을 하여서는 안 된다.

보세사의 의무(「보세사제도 운영에 관한 고시」 제11조)
① 보세사는 다음 각 호의 사항과 세관장의 업무감독에 관련된 명령을 준수해야 하고 세관공무원의 지휘를 받아야 한다.
  1. 보세사는 다른 업무를 겸임할 수 없다. 다만, 영업용 보세창고가 아닌 경우 보세화물 관리에 지장이 없는 범위 내에서 다른 업무를 겸임할 수 있다.
  2. 해당 보세구역에 작업이 있는 시간에는 상주해야 한다. 다만, 영업용 보세창고의 경우에는 세관개청시간과 해당 보세구역 내의 작업이 있는 시간에 상주해야 한다.
  3. 직무와 관련하여 부당한 금품을 수수하거나 알선·중개하여서는 아니 된다.
  4. 〈삭 제〉
② 보세사는 보세구역 내에 장치된 화물의 관리와 관련하여 법령 및 화물관계 제반규정과 자율관리 보세구역 관리에 관한 규정을 항상 숙지하고 이를 준수해야 한다.

14 ① 세관장은 경고처분을 받은 보세사가 1년 내에 다시 경고처분을 받게 되는 경우 <u>보세사징계위원회의 의결에 따라</u> 징계처분을 할 수 있다(「보세사제도 운영에 관한 고시」 제12조 제1항).
③ 세관장은 보세사 징계사유가 발생한 때에는 입증자료를 준비하여 <u>즉시</u> 징계위원회에 해당 보세사에 대한 징계 의결을 요구해야 한다(「관세법 시행령」 제185조의2).
④ 위원회는 세관장으로부터 징계의결의 요구가 있을 때에는 그 요구를 받은 날로부터 <u>30일 이내</u>에 의결해야 한다(동 시행령 제185조의4 제2항).
⑤ 위원회가 징계의 의결을 한 때에는 의결서에 그 이유를 명시하여 즉시 <u>세관장</u>에게 통보해야 한다(동 시행령 제185조의5 제1항).

15 보세공장이 자율관리 보세공장으로 지정받기 위해서 충족해야 하는 수출비중 요건은 별도로 없다. 종전에는 수출 비중 요건이 존재하였으나 「보세공장 운영에 관한 고시」 2022년 11월 개정으로 해당 규정이 삭제되며 요건이 완화되었다.

16 • 세관장은 자율관리 보세구역 보세사가 해고 또는 취업정지 등의 사유로 업무를 수행할 수 없는 경우 <u>2개월</u> 이내에 다른 보세사를 채용(「자율관리 보세구역 운영에 관한 고시」 제9조 제1항 제3호)하지 않은 경우에는 자율관리 보세구역 지정을 취소할 수 있다(「자율관리 보세구역 운영에 관한 고시」 제5조 제1항 제3호).
• 자율관리 보세구역의 운영인은 보세구역에서 반출입된 화물에 대한 장부를 <u>2년간</u> 그 보세구역에 보관해야 한다(「자율관리 보세구역 운영에 관한 고시」 제12조).

17 내부 경영수입 극대화를 위한 업무프로세스 혁신 방안은 기업 경영에 관한 사항이지 세관장이 보세구역 관리를 하기 위한 내부자율통제시스템의 사항이 아니다.

내부자율통제시스템에 포함하여야 할 사항(「수출입물류업체에 대한 법규수행능력측정 및 평가관리에 관한 훈령」 별표 1)
• 내부자율통제시스템을 철저히 운영하여 법규수행능력을 향상하기 위한 사항
• 소속직원이 보세화물 취급과정에서 밀수 등 불법행위에 가담하는 것을 적극 방지하기 위한 사항
• 설비, 장비가 밀수 등 불법행위에 이용되는 것을 사전에 예방하기 위한 사항
• 세관과의 긴밀한 협조를 통해 자율적인 법규수행능력 향상에 필요한 사항
• 보세화물의 안전관리 및 물류 신속화를 위한 사항

18 「관세법」을 위반하여 벌금형이 아닌 과태료 처분을 받은 자는 등록취소 사유에 해당하지 않는다.

19 내국물품을 외국으로 반출하는 경우에 수출신고가 필요한 것이다. 자유무역지역에 반입된 외국물품을 계약상이 또는 중계무역 등으로 반출하고자 하는 경우에는 외국물품을 국외로 내보내는 것이므로 수출신고가 아닌 반출신고를 하고 반출할 수 있다.
※ 「자유무역지역 반출입물품의 관리에 관한 고시」 2021년 12월 개정으로 제17조(보기 ④ 관련) 규정의 표현이 일부 바뀌었으나 정답에는 영향이 없습니다.

20 세관장이 폐기한 경우에도 그 비용은 <u>화주 등</u>이 부담한다(「자유무역지역법」 제40조 제3항).

21 세관장은 업체관리부호를 등록할 때 세관의 물품관리를 위하여 필요하다고 인정되면 사업계획서 등 관련서류 제출을 <u>관리권자</u>에게 요청할 수 있다(「자유무역지역법 시행령」 제10조 제2항, 「자유무역지역 반출입물품의 관리에 관한 고시」 제5조 제5항).

22 자유무역지역 내에서 입주기업체 외의 자가 사용하려는 원재료는 사용소비신고가 아닌 수입신고 대상이며 관세를 납부하고 사용해야 한다(「자유무역지역법」 제29조 제4항).

23 보세사 업무정지 처분은 보세사 개인에게 부과하는 처분이기 때문에 공익을 해칠 우려와는 거리가 멀다.

24 ① 국외반출신고 시 자유무역지역이나 다른 보세구역에서 제조·가공한 물품 및 사용소비신고한 물품에 대하여는 <u>「수출통관 사무처리에 관한 고시」</u>를 준용한다(「자유무역지역 반출입물품의 관리에 관한 고시」 제11조 제3항).
② 단순반송하거나 통관보류되어 국외반출하려는 물품 등에 대하여는 <u>「반송절차에 관한 고시」</u>를 준용한다(「자유무역지역 반출입물품의 관리에 관한 고시」 제11조 제3항).
③ 다른 운송수단으로 환적하는 화물에 대하여는 <u>「환적화물 처리절차에 관한 특례고시」</u>를 준용한다(「자유무역지역 반출입물품의 관리에 관한 고시」 제11조 제3항).
④ 「자유무역지역 반출입물품의 관리에 관한 고시」 2023년 1월 개정으로 전자상거래 국제물류센터(GDC) 운영에 관한 사항이 제6장 내용으로 추가되면서 국외반출신고 관련 사항도 제41조에 규정되었다. 따라서 「수출통관 사무처리에 관한 고시」를 준용한다는 규정은 삭제되었다.
⑤ 국제무역선에 선박용품을 공급하는 경우에는 「선박용품 등 관리에 관한 고시」 중 적재절차를, 국제무역기에 항공기용품을 공급하는 경우에는 「항공기용품 등 관리에 관한 고시」 중 적재절차를 각각 준용한다. 이 경우 허가는 신고로 본다(「자유무역지역 반출입물품의 관리에 관한 고시」 제11조 제4항).

Plus One
• "국외반출신고"란 외국물품 등을 국외반출하기 위한 신고로서 「관세법」의 반송신고와 동일한 성격의 신고를 말한다.
• ④의 근거 조항이었던 「자유무역지역 반출입물품의 관리에 관한 고시」 제11조 제5항이 삭제되었으나, 원래도 옳지 않은 내용이었으므로 정답에는 영향이 없다.
• ⑤는 개정 고시를 반영하여 수정되었다. 「선(기)용품 및 선(기)내 판매용품의 하역 등에 관한 고시」는 2019년 9월 「선박용품 등 관리에 관한 고시」, 「항공기용품 등 관리에 관한 고시」로 분리되었고 「자유무역지역 반출입물품의 관리에 관한 고시」 준용 규정도 이에 따라 바뀌었다.

25 자유무역지역 입주기업체 지정 취소 사유에 해당한다. 관리권자는 입주기업체 또는 지원업체가 부정한 방법으로 입주계약을 체결한 경우에는 <u>입주계약을 해지하여야 한다</u>(「자유무역지역법」 제15조 제1항).

참고법령

■ **법령규정**
- 관세법 [시행 2024. 7. 1.] [법률 제19924호, 2023. 12. 31., 일부개정]
- 관세법 시행령 [시행 2024. 7. 1.] [대통령령 제34278호, 2024. 2. 29., 일부개정]
- 관세법 시행규칙 [시행 2024. 7. 31.] [기획재정부령 제1078호, 2024. 7. 31., 일부개정]
- 국민보호와 공공안전을 위한 테러방지법 [시행 2024. 2. 9.] [법률 제19580호, 2023. 8. 8., 타법개정]
- 국민보호와 공공안전을 위한 테러방지법 시행령 [시행 2022. 11. 1.] [대통령령 제32968호, 2022. 11. 1., 타법개정]
- 자유무역지역의 지정 및 운영에 관한 법률 [시행 2024. 3. 7.] [법률 제20204호, 2024. 2. 6., 일부개정]
- 자유무역지역의 지정 및 운영에 관한 법률 시행령 [시행 2023. 12. 12.] [대통령령 제33913호, 2023. 12. 12., 타법개정]
- 자유무역지역의 지정 및 운영에 관한 법률 시행규칙 [시행 2022. 1. 21.] [산업통상자원부령 제448호, 2022. 1. 21., 타법개정]
- 해운법 시행규칙 [시행 2024. 1. 26.] [해양수산부령 제652호, 2024. 2. 5., 타법개정]

■ **고시규정**
- 관리대상화물 관리에 관한 고시 [시행 2023. 12. 13.] [관세청고시 제2023-65호, 2023. 12. 13., 일부개정]
- 관세법 등에 따른 과태료 부과징수에 관한 훈령 [시행 2024. 1. 29.] [관세청훈령 제2307호, 2024. 1. 29., 일부개정]
- 관세법 제226조에 따른 세관장확인물품 및 확인방법 지정고시 [시행 2024. 7. 30.] [관세청고시 제2024-33호, 2024. 7. 30., 일부개정]
- 관세법 제246조의3에 따른 안전성 검사 업무처리에 관한 고시 [시행 2023. 4. 18.] [관세청고시 제2023-20호, 2023. 4. 12., 일부개정]
- 국제무역기의 입출항절차 등에 관한 고시 [시행 2023. 4. 18.] [관세청고시 제2023-22호, 2023. 4. 12., 일부개정]
- 국제무역선의 입출항 전환 및 승선절차에 관한 고시 [시행 2024. 9. 13.] [관세청고시 제2024-41호, 2024. 9. 13., 일부개정]
- 밀수 등 신고자 포상에 관한 훈령 [시행 2023. 7. 21.] [관세청훈령 제2279호, 2023. 7. 21., 일부개정]
- 반송절차에 관한 고시 [시행 2020. 11. 27.] [관세청고시 제2020-51호, 2020. 11. 27., 일부개정]
- 보세건설장 관리에 관한 고시 [시행 2024. 1. 3.] [관세청고시 제2024-2호, 2024. 1. 3., 일부개정]
- 보세공장 운영에 관한 고시 [시행 2023. 11. 3.] [관세청고시 제2023-60호, 2023. 11. 3., 일부개정]
- 보세사제도 운영에 관한 고시 [시행 2024. 6. 10.] [관세청고시 제2024-24호, 2024. 6. 10., 일부개정]
- 보세운송에 관한 고시 [시행 2021. 2. 3.] [관세청고시 제2021-25호, 2021. 2. 3., 일부개정]
- 보세전시장 운영에 관한 고시 [시행 2017. 7. 28.] [관세청고시 제2017-54호, 2017. 7. 28., 일부개정]
- 보세창고 특허 및 운영에 관한 고시 [시행 2024. 9. 30.] [관세청고시 제2024-44호, 2024. 9. 30., 일부개정]
- 보세판매장 운영에 관한 고시 [시행 2024. 2. 21.] [관세청고시 제2024-9호, 2024. 2. 21., 일부개정]
- 보세판매장 특허에 관한 고시 [시행 2023. 9. 27.] [관세청고시 제2023-57호, 2023. 9. 27., 일부개정]

- 보세화물관리에 관한 고시 [시행 2021. 1. 14.] [관세청고시 제2021-11호, 2021. 1. 14., 일부개정]
- 보세화물 입출항 하선 하기 및 적재에 관한 고시 [시행 2024. 6. 12.] [관세청고시 제2024-25호, 2024. 6. 12., 일부개정]
- 보세화물장치기간 및 체화관리에 관한 고시 [시행 2023. 4. 18.] [관세청고시 제2023-24호, 2023. 4. 12., 일부개정]
- 선박용품 등 관리에 관한 고시 [시행 2024. 9. 10.] [관세청고시 제2024-40호, 2024. 9. 10., 일부개정]
- 선박(항공기)용품 및 용역공급업 등의 등록에 관한 고시 [시행 2023. 12. 18.] [관세청고시 제2023-66호, 2023. 12. 18., 일부개정]
- 세관지정장치장 화물관리인 지정절차에 관한 고시 [시행 2023. 4. 18.] [관세청고시 제2023-25호, 2023. 4. 12., 일부개정]
- 수입물품 유통이력관리에 관한 고시 [시행 2023. 3. 20.] [관세청고시 제2023-15호, 2024. 9. 10., 일부개정]
- 수입통관 사무처리에 관한 고시 [시행 2024. 9. 10.] [관세청고시 제2024-43호, 2023. 5. 3., 일부개정]
- 수입활어 관리에 관한 특례고시 [시행 2022. 9. 21.] [관세청고시 제2022-46호, 2022. 9. 21., 일부개정]
- 수출입물류업체에 대한 법규수행능력측정 및 평가관리에 관한 훈령 [시행 2020. 10. 6.] [관세청훈령 제2025호, 2020. 10. 6., 일부개정]
- 수출입 안전관리 우수업체 공인 및 운영에 관한 고시 [시행 2024. 3. 14.] [관세청고시 제2024-11호, 2024. 3. 11., 일부개정]
- 수출입 안전관리 우수업체 공인 및 운영에 관한 고시 [시행 2024. 3. 14.] [관세청고시 제2024-11호, 2024. 3. 11., 일부개정]
- 수출통관 사무처리에 관한 고시 [시행 2024. 7. 1.] [관세청고시 제2024-28호, 2024. 6. 27., 일부개정]
- 위해물품 보고 및 포상에 관한 훈령 [시행 2020. 6. 22.] [관세청훈령 제2006호, 2020. 6. 22., 일부개정]
- 자유무역지역 반출입물품의 관리에 관한 고시 [시행 2024. 9. 30.] [관세청고시 제2024-46호, 2024. 9. 27., 일부개정]
- 자유무역지역의 운영에 관한 지침 [시행 2023. 2. 28.] [산업통상자원부고시 제2023-35호, 2023. 2. 28., 폐지제정]
- 자율관리 보세구역 운영에 관한 고시 [시행 2019. 12. 20.] [관세청고시 제2019-73호, 2019. 12. 20., 일부개정]
- 제주국제자유도시 지정면세점 운영에 관한 고시 [시행 2024. 9. 4.] [관세청고시 제2024-38호, 2024. 9. 4., 일부개정]
- 종합보세구역의 지정 및 운영에 관한 고시 [시행 2024. 1. 22.] [관세청고시 제2024-3호, 2024. 1. 22., 일부개정]
- 지식재산권 보호를 위한 수출입통관 사무처리에 관한 고시 [시행 2021. 2. 26.] [관세청고시 제2021-28호, 2021. 2. 26., 일부개정]
- 통합 법규준수도 평가와 운영에 관한 고시 [시행 2024. 3. 1.] [관세청고시 제2024-10호, 2024. 2. 26., 일부개정]
- 컨테이너관리에 관한 고시 [시행 2017. 7. 28.] [관세청고시 제2017-50호, 2017. 7. 28., 일부개정]
- 항공기용품 등 관리에 관한 고시 [시행 2023. 1. 9.] [관세청고시 제2023-5호, 2023. 1. 9., 일부개정]
- 화물운송주선업자의 등록 및 관리에 관한 고시 [시행 2022. 12. 19.] [관세청고시 제2022-59호, 2022. 12. 19., 일부개정]
- 환적화물 처리절차에 관한 특례고시 [시행 2023. 1. 2.] [관세청고시 제2023-2호, 2023. 1. 2., 일부개정]

2025 시대에듀 합격자 보세사 기출이 답이다

개정2판1쇄 발행	2025년 01월 10일 (인쇄 2024년 10월 23일)
초 판 발 행	2023년 01월 05일 (인쇄 2022년 10월 19일)
발 행 인	박영일
책 임 편 집	이해욱
저 자	김용승 · 은재
편 집 진 행	박종옥 · 오지민
표지디자인	김도연
편집디자인	차성미 · 채현주
발 행 처	(주)시대고시기획
출 판 등 록	제10-1521호
주 소	서울시 마포구 큰우물로 75 [도화동 538 성지 B/D] 9F
전 화	1600-3600
팩 스	02-701-8823
홈 페 이 지	www.sdedu.co.kr

I S B N	979-11-383-7275-6 (13320)
정 가	27,000원

기초부터 탄탄하게 시작하는

보세사

한권으로 끝내기

CHAPTER 01 | 관세법 일반

학습포인트

01 관세의 개요

1 관세의 개념

(1) 관세의 정의

(2) 관세영역

2 관세의 성격

(1) 조세적 성격

제1과목 | 출제예상문제

01 관세의 성격에 대한 설명으로 옳지 않은 것은?

02 '관세법'의 목적에 대한 설명이다. 빈칸에 들어갈 용어로 옳은 것은?

과목별 핵심이론 &
출제예상문제로
이론 완벽 복습!

2024 기출문제 &
최종모의고사로
실전감각 UP!

CHAPTER 01 | 2024년 기출문제

[제1과목] 수출입통관절차

01 수입한 자가 불분명한 경우 수입화주에 해당하는 자로 틀린 것은?

02 관세징수권의 소멸시효 중단 사유로 틀린 것은?

03 물품의 통관을 보류할 수 있는 경우로 틀린 것은?

CHAPTER 03 | 최종모의고사

[제1과목] 수출입통관절차

01 관세에 대한 설명으로 옳지 않은 것은?

02 과세요건 및 과세가격 결정에 대한 설명으로 옳지 않은 것은?

핵심요약집

합격자

시험 전에 보는

보세사
핵심요약집

※ 도서의 구성 및 이미지는 변경될 수 있습니다.